U0652357

明代妇女生活

著 陈宝良

插图本

中国工人出版社

目 录

礼俗与妇女生活

妇女教育

妇女的服饰

妇女的社会活动

妇女的才艺及其成就

明代女性的"活力"及"多样性"

明代人的女性观

在中国的俗语中，一直有"当局者迷，旁观者清"的说法。就这一角度而言，外国人来到中国以后，对中国妇女社会地位问题的观察，显然便于我们今人作更进一步的思考。古伯察（Huc M. Evariste）在《中华帝国——"鞑靼、西藏游记"续编》一书中，就认为中国妇女的生活状况是最惨的，受苦、受难、受歧视，各种苦难和贬抑无情地伴随她们从摇篮一直走向坟墓。中国妇女从降生那一刻起，就被认为是家庭的耻辱，即使她们没有立即被溺死，也会被当作一个卑贱的动物，几乎不被看作人。他进而指出，传统中国对妇女的奴役包括公开与隐蔽两个层面，具体落实为观念、立法及行为规范三个方面的内容，所有这些也就成为决定中国妇女地位的社会基础。[1]如此论断，同样可以从晚明高僧紫柏大师的说法中得到印证。紫柏从佛教话语出发，认为地狱之苦，算不上"极苦"，唯有女身之苦，才堪称"极苦"。紫柏以访道名山、参禅佛海之类的佛事为例，断言即使贵为天子之母，亦即所谓的皇太后，也是"不若贫贱男子多矣"。究其原因，还是因为妇女"不得自由"所致。这就是说，即使极贵的女人，同样会遭受诸多的障碍，以及多种的嫌疑，一动一静，一出一入，凡是所有的举动，无不会"受人禁缚，不得如意"。反观男子则

---

1 ［英］约·罗伯茨编著，蒋重跃、刘临海译：《十九世纪西方人眼中的中国》，时事出版社1999年版，第104页。

不然。即使是极其贫贱的男子，完全可以纵横自在，去来随意。[1]

在父权文化中，将女性等同于"身体"，忽视女性自我心灵的存在。在资本主义社会之下，女性受到性的物化和劳动的异化。前者将女性的身体视为支离的器官——阴道和子宫；后者将女性视为劳力的机器，剥削女性身体的工具价值。这是女性身体化、性欲化及工具化的物化过程。在父权文化中，女性没有自己的名字，只是社会交换关系中的符号。女性身体是亲属结构中交换的资产，也是婚礼中展示的商品。女性丧失自主权，成为待售的物品。[2]

明代社会正处于一个从传统向近代的转型时期。妇女生活在像明代这样的社会中，一方面，无论是当时人关于妇女的观念，抑或朝廷所建立的立法制度与礼制规范，无不决定了妇女只能局蹐于家庭一隅，无法获得参与政治乃至各项社会活动的正当权利。另一方面，自明代中期以后，由商品经济发展所引发的社会流动的加剧，以及随之而来的文化与社会生活的"活力"与"多样性"，无不证明当时的社会正处于动荡与变迁时期。社会的动荡与变迁，势必导致由法律与礼制所组成的国家控制力量的削弱，进而使妇女获得了较多的自由活动的空间，并最终决定妇女生活的多姿多彩。

明代人的女性观及其行为

自汉代确立独尊儒术之后，中国儒家传统道德下所养成的女性

1　紫柏：《紫柏老人集》卷四《法语》，载明学主编：《紫柏大师全集》，上海古籍出版社 2013 年版，第 100 页。
2　陈玉铃：《寻找历史中缺席的女人·自序》，台湾南华管理学院 1998 年版，第 3 页。

观念，其中的潜势力相当之大。传统儒家道德下所产生的所谓"贤哲"，在女性问题上不曾有什么新的见解，究其实不过是替统治者张目并借此维系传统的纲常伦理而已，其结果则是因为宋元以后理学的出现而更加重了妇女的束缚。

自明代中期以后，因为出现了一个李卓吾，并因为他在女性问题上发了一些正论，才使传统的女性观念产生了诸多改变。当然，从正统的儒家士大夫阶层中分化出一些"异端"之士，这是晚明的特征，而在女性问题上能道一些人所未能道，也并非仅止李卓吾一人，而是当时的一股新思潮。

传统的女性观

明太祖朱元璋建立大明帝国之后，出于维持大明王朝长治久安的目的，儒学仍然成为立国之本，并通过科举制度以使宋代确立的程朱理学成为官方的意识形态。在这种官方意识形态的束缚下，士大夫所持的女性观念不仅是传统的，而且显得较为保守。所以，无论是当时的官方，还是民间，诸如"男尊女卑""红颜祸水"之论，甚嚣尘上，而且被当时的人们恪守不渝。

若对明代传统的男尊女卑观念加以梳理，大抵体现在下面几个方面：

其一，男女之间存在着道德差异。在明代的医家中，普遍信奉这样一句话："宁治百男子，毋治一女人。"[1] 其言外之意，除了对妇女的轻视之外，还通常被引申为男女之间道德的差异。这就是说，即使男子之间以德义相感已属不易，更不用说女子之间了。这是一种赤

---

1 张履祥：《杨园先生全集》卷三《与吴仲木一〇》，第57页。

裸的从先天生理上对妇女的鄙视，武断地断定妇女的德性天生不如男子。尽管自王阳明心学崛起以后，"人人皆可为尧舜"之说已是深入民心，但至少在王学兴起之前，传统儒家士大夫一直秉持这种男女道德差异之论。

其二，鄙视妇言。明代的正统人士，往往简单地将妇言视为"谗言"，而且将其上升到家庭不和的主因。如明代理学家吕柟言："人家兄弟不和，皆起于妇人。马溪田诗云：'小窗莫听黄鹂语，踏落荆花满院飞。'甚切当。"[1] 理学家薛瑄亦言："妇人女子之言不可听，余见仕宦之人，多有以是取败者，不可不以为戒。"[2]

明代传统的儒家人士尤为关注妇女的"谗言"，并指出其中的危害。明人周清原所著小说《西湖二集》收录了下面一诗，堪称指责妇女"谗言"的典型之例。诗云：

> 谗言切莫听，听之祸殊结：君听臣当诛，父听子当决，夫妇听之离，兄弟听之别，朋友听之疏，骨肉听之绝。堂堂七尺躯，莫听三寸舌。舌上有龙泉，杀人不见血。[3]

这首诗是劝人切莫听信谗言。按照传统的观念，在所有谗言的制造者中，尤以妇女为甚。小说作者继续对妇女谗言之害加以阐述。作者认为，枕边之言，絮絮叨叨，如石投水，不知不觉，日长岁久，渐渐染成以是为非，以曲为直。若是那刚肠烈性的男子，只当耳边之风，任他多道散说，只是不听。若是昏迷汉子，两只耳朵就像鼻涕一般，

1　吕柟：《泾野子内篇》卷七《鹫峰东所语》第一二，中华书局 1992 年版，第 54 页。

2　薛瑄：《读书录》卷七，文渊阁《四库全书》本。

3　周清原：《西湖二集》第五卷，人民文学出版社 1989 年版，第 75 页。

或是贪着妻子的颜色，或是贪着妻子的钱财，或是贪着妻子的能事，一味"妇言是听"。那妻子若是老实人便好，若是长舌妇人，翻嘴弄舌，平地上簸起风波，直弄得一家骨肉分离，五伦都灭绝了，岂不可恨！所以道"妇人之言，切不可听"。又有人道："昔纣听妇人之言而亡天下，秦苻坚又因不听妇人之言而亡国。难道妇人尽是不好之人？不可一概而论。"虽然如此，世上不好妇人多，好妇人少，奉劝世人不可将妻子的说话当道圣旨，顶在头上，尊而行之。[1] 简单地将家庭不和、兄弟不和的责任一股脑儿地推卸给妇女，这是相当不负责任的言论，事实上是为"红颜祸水"论作了张本。

其三，否定妇人见识。传统的学者，无不将女子的见识与小人的见识并论。何为"女子"之见，就是好气争胜。明末清初人魏禧认为，自古以来妇人往往酿成父子兄弟婚友乡邻之衅，究其原因，就是因为"妇人之性专一，自是非人，其言偏属有情有理，听言者又每是己妇而非人妇，虽贤智亦阴移而不觉，故不听妇言自是难事"。[2]

其四，倡导妇女"三从"。传统的礼教最为强调的是妇女的"三从"，亦即所谓的"在家从父，出嫁从夫，夫死从子"。[3] 换言之，所谓的妇女，在传统社会中的角色地位，不过扮演一个"从人者"的角色，而且已经渗透到当时的妇女生活及其习俗之中。试以妇女的名字为例，无论是传统的碑传、墓志铭，还是一些法律文书中，妇名

1　周清原：《西湖二集》第五卷，第75页。

2　魏禧：《魏叔子日录》卷一《里言》，载氏著：《魏叔子文集》，中华书局2003年版，第1104页。

3　吕坤《闺范》云："妇人者，伏于人者也。温柔卑顺，乃事人之性情。纯一坚贞，则持身之节操。"可见，妇女始终扮演着一个"伏于人"的角色。参见陈宏谋辑：《教女遗规》卷中《吕新吾闺范》，载《五种遗规》。

通常湮没无闻。按照惯例，妇女虽不可说无名，但其所谓的"闺名"对外往往是保密的，除了娘家的人知晓，或丈夫在婚前通过"问名"仪式方可获知以外，即使其子也对其母出嫁之前的闺名茫然无知。到了夫家，为人之妇，或以本家之姓行，或从夫姓。显然，从妇名上同样可以看出"从父""从夫"观念在其中的影子。

妇女称丈夫之兄为"伯"，这是妇女"从子"现象在称呼上最为明显的证据。清代学者钱大昕根据宋人洪迈《容斋四笔》，认为"兄伯之称，沿自宋代"。而清人沈涛则据《五代史补》，将这种称呼习俗的出现上推到五代。[1] 至明代，仍沿用此习而未改。从史料记载不难发现，女子一旦为人之妇，在亲属称谓上通常所用者是"从子"，即明代典籍所称的"妇人称谓多从子"。如称丈夫之弟为"叔"，称丈夫之兄为"伯"，丈夫之姊妹为"姑"，等等。[2]

其五，倡导妇节。明朝人郎瑛的妇女观应该说代表了当时一部分文人士大夫的意见，即更多地看重妇女之节。他曾作有《二琰不当入列女传》一文，主张蔡琰、钟琰两人不应该收入《列女传》。何以言此？他的理由即为两人均有失节之行为或失节之心。如蔡琰是蔡邕之女，最初嫁给卫仲道，后为胡骑所获，在胡地生有二子，又为曹操赎回，再嫁都尉董祀。可见，蔡琰不仅仅是"再醮"，而且是三嫁。尽管蔡琰天生有知音之才，能辨琴弦之断，又善书能文，但按照传统的观念已是"四德"不具，"大本"已失。钟琰是钟繇的孙女，嫁给王浑，生下王济。一天，王浑与钟琰同座，看见儿子王济

---

1 沈涛：《交翠轩笔记》卷四，载《清人考订笔记（七种）》，中华书局2004年版，第524—525页。
2 谢肇淛：《五杂俎》卷八《人部四》，第145页。

来到厅上，王浑就说："生子如此足慰矣。"钟琰笑道："若是新妇得配参军，生子不翅如此。"上面提到的参军，就是王浑之弟王沦。从这段话中，可知钟琰心系王沦，对自己的丈夫有所不满。按照传统的观念，这是一种"何其淫"的想法。即使钟琰何等的聪慧弘雅，又是能文有识，但正如郎瑛所言："妇人何贵于此哉？"[1]在《晋史列女传未当》一文中，郎瑛更是将"列女"之"列"等同于"烈女"之"烈"，以节烈的标准对《列女传》的妇女加以要求。他指出，《晋史·列女传》中所收人物不过三十，而其中"无中闺之礼者四人焉"。至于其他所收妇女，尽管识明才赡，但都不过是具有一事或一艺之美，即使如陶侃、周颛之母，可以称得上是"贤"，却不能称之为"烈"。为此，郎瑛又专门罗列了下面几人，进一步证明妇烈之重要性：如王凝之妻谢道韫，经常对丈夫不满，以致谢安对其有所谴责，说她又有"何恨"。当她听到小叔子与客人争论不胜，又遣婢白之，想替小叔子解围，尽管她后来因为夫报仇而被掳，但也并没有死节的行为；又如窦滔之妻苏若兰因为丈夫娶妾而顿生妒忌之恨，被丈夫休弃，于是又织锦回文以感动自己的丈夫，尽管其文相当奇妙，但算不上是"女人之德"；还有李玄盛之后尹氏更是再醮之妇，亦收入列女传中。诸如此类，均被郎瑛认为不合《列女传》的标准，并由此对唐太宗提出了批评，认为他尽管是英明之主，却有"惭德"。[2]

明代正统人士不但信奉传统的"男尊女卑"观念，而且将其落实到具体的行为上。传统社会"男尊女卑"观念反映在行为上，其最明

1　郎瑛：《七修类稿》卷一五《义理类·二琰不当入列女传》，上海书店出版社 2001 年版，第 153 页。

2　郎瑛：《七修类稿》卷一五《义理类·晋史列女传未当》，第 146 页。

显之处就是男人将妇女视为自己的私有财产，不许他人侵占。换言之，所谓的"淫妒"之念，不仅是妇女的专利，同样在男子中存在，甚至至死不移。以皇帝为例，死前强迫宫女殉葬；以豪贵为例，在临死之时，则逼勒诸姬削发为尼，或逼迫她们悬梁自尽。[1] 所有这些，无不体现出男子对妇女强烈的占有欲，即使在临死之时，不但要在肉体上摧毁她们，甚至还要在精神上对她们加以摧残。

此外，明代士大夫在选拔姬妾之时，无不崇尚小脚。究其原因，除了受时尚的影响之外，显然亦有束缚女性，并将其圈养、禁锢在家内的用意。如史载明末内阁首辅周延儒，曾用千金购得一位丽人，因其脚小之至，乃至寸步难行，每次行走必须用人抱，所以人称"抱小姐"。[2] 这种对脚小女子的极端追求，不能不说是男尊女卑观念在明代士大夫行为中的一种反映。"抱小姐"之例，从某种程度上体现了当时士大夫希望将女性变成"泥塑美人"的一种变态理想，事实上还是视妇女为掌中玩偶思想在作怪。

男尊女卑发展到极致，也就形成"红颜祸水"论。传统的女祸史观，即使到了明代，还是根深蒂固，深植于士大夫与一般民众的内心世界中。小说《金瓶梅》开篇讲述了项羽与虞姬、刘邦与戚夫人的故事，其意是说刘邦、项羽固然堪称当世之英雄，但也不免为了两位妇人，以屈其志气。尽管小说的作者对虞姬、戚夫人也抱有同情的一面，认为她们作为妻或妾，身份有所不同，但她们在侍奉丈夫的过程中，"欲保全首领于牖下"，都很难做到。但在情色二字上，作者还是持一种否定的态度，而且将很多英雄豪杰的错误责任，归咎

1　相关的记载，可参见魏禧：《魏叔子日录》卷三《史论》，载《魏叔子文集》，第1162页。
2　李渔著，江巨荣、卢寿荣校注：《闲情偶寄·声容部·选姿》第一《手足》，第136页。

于女子之情色。小说中有一句话，云："士矜才则德薄，女炫色则情放。"[1]其意是说，情女炫色，已与淑女大为不同，其招致杀身之祸，应该是罪有应得。

新女性观的崛起

在论及明代的新女性观之前，有一个现象显然值得引起我们的关注。在明代，即使是理学家之流，在母子之间礼仪方面的阐述上，已不再对传统的礼教恪守不渝，而是根据当时的实情提出了较为理性的看法。这可以吕枏的看法为例，并简单概括为下面两点：首先，母子之礼的变化。按照传统的古礼，为人子者一旦做官，穿上官服见母亲，母亲反而需要"拜子"。这是母从子的典型例子。但从明代的俗礼来看，显然已有所变化，即为人子者"四拜于母"，母则"坐受"。对于这种变化，明代理学家吕枏却给予了宽容的认同，他说："子虽黄耇台背，不可无亲也。母而拜子，古之不可从者也。"[2]换言之，"母而拜子"，尽管是一种古礼，但它背离人情，同样可以不从。其次，子与"出母"之间的关系。明代理学家吕枏对"出母"之礼也有自己的独特看法。当时其弟子王光祖曾问他："母有被父出，其父亡而母复归焉。为子者事之乎？不事之乎？不幸而死，其服又如之何？"吕枏答："事之。其服也，犹服其出服。"[3]换言之，被父亲所抛弃的母亲，同样需要得到儿子在礼仪上的尊重，并替"出母"服表。

上述吕枏之论，大抵已经说明，作为官方意识形态表现形式的

1　兰陵笑笑生：《金瓶梅词话》第一回，第1—3页。
2　吕枏：《泾野子内篇》卷三《东林书院语》第五，第24页。
3　吕枏：《泾野子内篇》卷六《柳湾精舍语》第一〇，第41页。

礼教制度在明代已经开始出现部分的松懈，随之而来者则是新的女性观念的普遍崛起。探究明代新的女性观念，大致可以概括为如下几点：

其一，肯定妇女见识。在晚明，出现了很多新的女性观念，其中最为重要的就是肯定妇女的见识。传统的观念，正如俗语所言，所奉行的无非是"头发长，见识短"这样一种观念。正是从这一观念出发，传统社会才限制妇女参与政事。

在晚明的士大夫中，肯定妇女见识者大有人在。李贽曾经与人专门就妇女见识长短问题进行过讨论。他不得不承认，由于妇女生活不出"阃域"，而男子则可以"桑弧蓬矢以射四方"，导致妇女"见短"，这是一种事实。但随之他又就"短见"与"远见"作了自己的新阐述："所谓短见者，谓所见不出闺阁之间；而远见则深察乎昭旷之原也。短见者只见得百年之内，或近而子孙，又近而一身而已；远见则超于形骸之外，出乎死生之表，极于百千万劫不可算数譬喻之域是已。短见者只听得街谈巷议，市井小儿之语；而远见则能深畏乎大人，不敢侮于圣言，更不惑于流俗憎爱之口也。"正是对"短见"与"远见"作了有效的辨析与区分，李贽才得以肯定妇女的见识，认为并非男子之见为远、妇女之见为短。他断言：

> 故谓人有男女则可，谓见有男女岂可乎？谓见有长短则可，谓男子之见尽长，女人之见尽短，又岂可乎？设使女人其身而男子其见，乐闻正论而俗语之不足听，乐学出世而知浮世之不足恋，则恐当世男子视之，皆当羞愧流汗，不敢出声矣。[1]

1　李贽：《焚书》卷二《答以女人学道为见短书》，中华书局 1975 年版，第 59 页。

这番关于妇女见识的讨论，无疑就是新型女性观的宣言书。在湖广麻城，男子见了李贽，无不个个"攒眉"，倒是一些女子，颇多识得李贽。一见之下，反生出许多欢喜之想。[1] 李贽生活在这样的环境中，不能不说出肯定女子见识的话来。

李贽的看法，得到了当时士大夫的普遍回应。如谢肇淛也说："狄梁公之仕女主也，有取日之绩；姚广孝之佐难也，有化国之勋，而皆为其姐所羞。士君子之见识固有不及妇人女子者，抑亦为功名所迷耶？"[2] 这显然也是肯定妇人女子的见识有高于士君子之论。

其二，对世情之偏加以纠正。在传统社会中，继母之虐，嫡妻之妒，这几乎成为一种通例，而且常常被人们引以为一件可恨之事。这种"虐母""妒妻"形象，更因戏曲、小说一类文学作品的渲染而深入人心。其实，这是一种世俗的偏见。这些情况的出现，本来就有一些客观的原因，诸如：前子不孝，致使继母之虐；丈夫不端，致使嫡妻生妒。令人奇怪的是，按照明朝人很正常的观点，对前子、丈夫的行为大多"舍然不问"，而对由此而来的继母、正妻的反常行为却抓住不放。所有这些，在明代学者吕坤看来，都是"世情之偏"。[3] 而吕坤所能做的，就是敏锐地发现世情习以为常的偏见，并加以纠正。

其三，肯定妇女之刚。按照传统的观念，妇女属于阴类，理应柔顺，不必刚明，行事不免因循姑息。无论是官方的《列女传》，还

---

1 如李贽游麻城万寿寺，因途中遇雨而在一秀士家避雨。此家中一老姆，见到是李贽，不觉发声道："是卓吾老爹，何不速报。"便转身入内，口中道："卓吾老爹在堂，快报知！快报知！"欢喜之情，溢于言表。参见李贽《焚书》卷四《寒灯小话》，第192页。

2 谢肇淛：《五杂俎》卷八《人部四》，第154页。

3 吕坤：《呻吟语》卷一《伦理》，上海古籍出版社2001年版，第41页。

是私家所修的妇女传记，无不都是代表妇女阴柔之美的女性人物。明初著名学者宋濂，对妇女之刚柔问题却别具新解。他认为，"苟有人焉，能严以驭众，如奇丈夫，则其家蕃盛无疑"。换言之，假若妇女能一改柔顺之态，而有阳刚之气，无疑可以使家庭兴旺。宋濂发表这番议论，其实也并非空穴来风，而是基于事实之上。其中一个事实，就是陈善足这一妇女，在嫁入黄家之后，严厉治家的事实。另一个事实，就是宋濂自己的祖母金夫人，也是相当有家法。宋濂之父日侍左右，不敢有失声嚏咳，唯恐拂意。[1]其刚严之相，可见一斑。换言之，女德唯一，而其行为却可以各种各样。从明末清初人张怡所记载的明代"列女"来看，这些妇女无不感恩知报，誓死靡忒，其事灿灿而可陈，其心耿耿而如结。尽管就妇女的性格与行为而言，有"苕荣"与"蕙穆"之别，但最终并不妨碍她们成为女中"丈夫"。[2]

从"义夫"看夫妻情感伦理关系的新转向

传统中国关于夫妇关系之最典型论断，就是夫妇如"衣服"之说。这一说法，究竟是说夫妇相互的关系如身体之于衣服，还是只以男子方面为主呢？对此，近人周作人的分析，显然有利于我们对传统夫妇关系作更进一步的剖析。周氏认为，由后一说来看，固然不免视女子为器具，即使是从前一说的角度来看，也并不见得高明，不过是加上了"人尽夫也，父一而已"这一层面的意思，进而演变

1　宋濂：《翰苑别集》卷七《建宁黄母夫人陈氏墓版文》，载氏著：《宋濂全集》，浙江古籍出版社 1999 年版，第 1070—1072 页。
2　张怡：《玉光剑气集》卷二七《列女》，第 936 页。

为男女之间交互成为器具而已。其实,照理说来,亲族关系完全出于天然,人们无法选择,其间也难得至深的契合,这显然是实情。[1]可见,正是"人尽夫也"一说,使传统的妇女同样有了选择的自由,于是也就被传统的道德视为一种违碍。

自明代中期以后,商业经济的发展、城市生活的繁荣、社会流动的加速等原因,导致传统儒家伦理面临来自商业社会的诸多挑战,并使其陷入困境,诸如儒家"五伦"的排列顺序受到了质疑,夫妇或朋友两伦已经上升为五伦之首;儒家的"五常"也受到了很多经商者的怀疑,甚至发展成为有人骂"五常"为"五贼"。[2]即使是五伦中的夫妇一伦,同样出现了诸多新的动向,如妇女不再对男子逆来顺受,随之在当时的妇女中出现了"妒妇"与"悍妇"现象,与之相应的则是男子"惧内"之事不乏其例。[3]至于士大夫为妇女在男女关系中所处地位之卑贱而鸣不平者,更是大有人在。

毫无疑问,这是社会大变动所带来的思想史乃至家庭、社会伦理关系的新转向。而"义夫"现象的出现,乃至为当时的文人士大夫所广泛关注,正好说明这种新转向不仅具有社会史的价值,而且更具思想史的意义。

1. 释"义"及"义夫"

"义"属儒家"五常"之一,而"义夫"则应归属于儒家"五伦"中的夫妇一伦。可见,所谓的义及义夫与儒家的伦理及道德观念存在

---

1 周作人:《沟沿通信之二》,载黄开发编《知堂书信》,华夏出版社 1994 年版,第 38 页。

2 相关的探讨,可参见陈宝良所撰《明末儒家伦理的困境及其新动向》《明代致富论——兼论儒家伦理与商人精神》两文,分别载《史学月刊》2000 年第 5 期、《北京师范大学学报(社会科学版)》2004 年第 6 期。

3 相关的研究,可参见赵轶峰:《儒家思想与十七世纪中国北方下层社会的家庭伦理实践》,载《明史研究》第七辑。

着千丝万缕的联系。这就需要我们对义及义夫这两个概念作一简单的梳理。

近人的研究成果已经显示，"义"这一概念基于人伦关系，内源于天性的道德概念。根据赵志裕的研究，在《四书》中，儒家强调义是一种本能，它不是受外来刺激激发的。人们尊敬长者不是因为看到了长者的老态而启发的仁爱之心，而是因为人们内萌敬长之心，此心外射而自觉老者当敬。此外，中国人的公平观似乎摆脱不了人情的框架。这里指的人情，并非指个人的情绪，而是指个人在社会关系中应有的处世之道。在儒家思想中，义正是以理化情，合情合理的人伦道德。因此，在评价怎样待人才符合情理，便不能不考虑伦常义理了。身份和角色义务等关系性概念已成为中国人公平观的一部分。于是，在儒家公平观的遮蔽下，只讲具普遍性的原则或一视同仁的法治精神很容易会被认为是不近人情，麻木不仁。[1]

按照陈弱水的研究，"义"又可以作为德行的总称。如《礼记·礼运》云："何谓人义？父慈，子孝，兄良，弟弟，夫义，妇听，长惠，幼顺，君仁，臣忠，十者谓之人义。"可见，所谓的义，当然可以代表人世间的所有基本伦理价值，亦即所谓的"人义"，但若是落实到夫妇一伦关系上时，义又指丈夫必须具备的德行。所以，所谓的"义夫"，事实上又可以将其解释为丈夫必须"依理而行"。既然丈夫必须依理而行，这显然也在某种程度上制约着丈夫的行为，使其在男女情感关系上不可有"淫"的行为。《左传》就将"义"与"淫"置于一种对立的关系。如《左传》"隐公三年冬"记载："贱妨

1　赵志裕:《义: 中国社会的公平观》，载高尚仁、杨中芳合编:《中国人·中国心——传统篇》，台湾远流出版事业股份有限公司 1991 年版，第 279 页。

贵，少陵长……淫破义，所谓六逆也。"而"文公六年八月"又记，晋襄公去世，大臣争论立新君事，赵孟亦有"母淫子辟"和"母义子爱"之言，同样以"淫"作为"义"的反面，显示"义"是节制、守规矩之意。[1] 换言之，在夫妇关系上，原始儒学尽管强调"妇听"，妻子必须对丈夫柔顺，但同时也强调"夫义"，丈夫必须对妻子忠诚，不可淫滥。这种解释同样可以从明代的史料中得到部分的印证。如明初沈得四的后人沈鋆，少年时就丧偶不娶，被人称为"义夫"，甚至得到地方官员的旌表。[2] 可见，明代史籍所谓的"义夫"，主要也是指那些丧偶不娶的守节男子。这种守节男子，在明代还可以找到一些例子。如龚情，少年时曾聘韩氏为妻，然此女身患"废疾"，于是有人劝他另行婚娶，但遭到了龚情的拒绝。直到此女死后，龚情"始议婚"。松江府华亭县人蔡汝贤，壮年时失去妻子，"义不再娶，所至携二童以行，萧然如僧舍"。[3]

值得注意的是，妇顺夫义当然是传统儒家伦理的理想境界，但这种理想境界亦因宋代理学的崛起而逐渐偏向于仅仅是对妻子一方的"守节"以及"守礼"要求。[4] 于是，对"贞女""节妇"的表彰成为

1　陈弱水：《说"义"三则》，载氏著《公共意识与中国文化》，新星出版社 2006 年版，第162—164 页。

2　李绍文：《云间人物志》卷一《洪武至天顺间人物·沈得四》，载《明清上海稀见文献五种》，人民文学出版社 2006 年版，第 54 页。

3　李绍文：《云间人物志》卷三《嘉靖间人物·龚方川》、卷四《嘉靖至万历三十八年人物·蔡龙阳》，载《明清上海稀见文献五种》，第 200、235 页。

4　所谓"守节"，是指妇女对丈夫在感情上的忠诚，乃至始终不渝。这已经是众所周知的事实。而所谓的"守礼"，则是指在夫妻关系上必须守之以礼，不能过分亲昵。以妻子对丈夫的称谓来说，也有一定之礼。如妻子必须称丈夫为"相公""官人"之类，而不能直接称"尔"或"汝"。否则，夫妇之伦"亵矣"。参见陈宏谋辑：《教女遗规》卷下《唐翼修人生必读书》，载《五种遗规》。

朝廷的定制，而颂扬贞女、节妇更是充斥官方史籍与许多私家历史记载。至于这种旌表义夫的个别例子，很少在社会上得到反响，并引起很多儒家士人的共鸣。换言之，地方官员更为关注的是对寡妇守节的鼓励与倡导。如史载任勉之在洪武年间任江西鄱阳县知县时，曾有一位寡妇到衙门告状，状告其丈夫之兄"弗育己"，即对自己缺乏供养，言外之意即自己打算改嫁。这位知县听了之后，首先就是反问道："汝他适乎？"意思是说你想改嫁吗？随后，将自己的判决书写在这位寡妇衣衫的背上，判词云："饿死事小，失节事大。"这位寡妇对他的一番话甚为感动，终于不再改嫁。[1] 这事实上已经证明，宋代理学家"饿死事小，失节事大"之说，在明代尚存在着相当大的影响力，由此也就造成了明代官方更为关注的是对节妇的旌表，而忽略了对义夫的褒奖。于是，当时的社会上贞女、节妇不乏其人，而义夫则寥若晨星。更有甚者，男子娶妾视为当然之事，而寡妇改嫁则被视为不符合礼教的失节行为。

这种礼教上对妇女的苛求和对男性的纵容，同样得到了当时的法律与宗族规条的保障。首先，从明代法律制度看，《大明律》将"不义"定为"十恶"之一，其中就包括对妇女轻易改嫁的限制，如妻子"及闻夫丧，匿不举哀，若作乐释服从吉及改嫁"，均被视为"十恶"。[2] 此外，明代的法律尽管限制男子以妾为妻，或妻在而另行娶妻，或对男子娶妾作出年龄限制，但从总体上说，男子娶妾，还是在法律许可的范围之内。一方面，法律对丈夫娶妾行为的认可，其

<hr />

1　李绍文：《云间人物志》卷一《洪武至天顺间人物·任薇庵》，载《明清上海稀见文献五种》，第55页。
2　怀效锋点校：《大明律》卷一《十恶》，第2页。

实已经承认了丈夫的强势地位；另一方面，法律又强制规定了妻妾之间的地位关系，其目的就是维护正妻在家庭中的地位。

其次，从家法族规看，明代的家法族规中也对守节之妇，作了一些鼓励与优待的规定。如修订于万历年间的《余姚江南徐氏宗范》规定了下面两条：其一，"宗妇不幸少年丧夫，清苦自持，节行凛然，终身无玷者，族长务要会众呈报司府，以闻于朝，旌表其节。或势有不能，亦当征聘名卿硕儒，传于谱，以励奖"。其二，"少妇新寡，贫不能存者，族中务要会众量力扶持，以将顺其美"。[1]

2. 士大夫对"义夫"的倡导

传统的中国社会，显然在"妇道"与"夫道"之间，存在着一条鸿沟。换言之，按照儒家的礼制，丈夫可以再娶，妇人则必须从一而终，所以服有轻重，情有隆杀。可见，即使是夫妇之情，也有等级差异，妻子为丈夫殉情而死，这是理所当然之事，而丈夫为妻子殉情，就被视为是一种"妇道"。当时的史籍，无不以荀奉倩为例。据史料记载，荀奉倩笃燕婉之情，在他的妻子死后，悲不自胜，抑郁而亡。这被一般传统的"君子"之流称为"妇而不夫"。究其原因，按照传统的礼教，丈夫在妻子死后有"再娶"的权利，而且完全符合礼教与法律，而妇女则必须"从一而终"。换言之，传统的礼教在夫妻关系上制定了一个最为重要的原则，即"服有轻重，情有隆杀"。所谓的"服有轻重"，即指夫妻在各自为对方守制服丧时，有一种轻重之分；所谓的"情有隆杀"，则指男女之间的情感关系，也有深浅之别。这就是说，即使是男女之间的真情实感，传统礼教也只允许妇女思慕丈夫，伤悼悲痛，甚至为此而不思饮食，直

1　费成康主编：《中国的家法族规》，第273—274页。

至殉情而死。而对于丈夫而言，在"笃于情"的同时，尚需"得其正"，而并非一味沉溺于夫妻的情感而不能自拔。其实，说得通俗一点，即丈夫尽管身处夫妻情笃之时，但他还是需要尽传宗接代的孝道，这就为他们的再娶或娶妾找到了合法的理论与法律依据。所以，即使像明季颇有思想的归庄，也认为苟奉倩所守的是一种"妇道"，只有"易道而处，则得其正矣"。[1]这就是说，只有妇女为丈夫殉情才是正道。

换句话说，在传统的礼制下，夫妻之间是一种"终身相倚"的关系。但这种终身相倚，仅仅是妻子对丈夫的依赖，而无论是礼制还是法律并不规定丈夫对妻子必须忠诚。所以，在现实中多有一些负心之汉，违背了夫妻之间感情的承诺，而去另寻新欢，导致妇女一生怨恨。对于这些负心汉，传统的法律与礼制却是无可奈何，只能仰仗于"冥冥"与"剑侠"，即让冥冥之中的天公对负心汉加以惩罚，或者让一些剑侠出来打抱不平，诛杀这些负心男子。这就是传统所谓的生死冤家，一还一报。

这显然是一种不公平。明代学者吕坤首先发现了这种礼教对男女之间要求的不平等。他说："夫礼也，严于妇人之守贞，而疏于男子之纵欲，亦圣人之偏也。"[2]换言之，传统的儒家礼教一方面要求妇女"守贞"，另一方面却又允许男子可以有三妻四妾，甚至"纵欲"。于是，吕坤不得不承认，这是圣人在创立礼教时存在着一种偏差。小说《二刻拍案惊奇》的编者凌濛初也已敏锐地觉察到了这种不公平的

1　归庄：《归庄集》卷四《书柴集勋顾孺人传后》，上海古籍出版社1984年版，第301—302页。

2　吕坤：《呻吟语》卷五《外篇·治道》，第323页。

存在，他感叹道：

> 假如男人死了，女子再嫁，便道是失了节、玷了名、污了身子，是个行不得的事，万口訾议；及至男人家丧了妻子，却又凭他续弦再娶，置妾买婢，做出若干的勾当，把死的丢在脑后不提起，并没人道他薄幸负心，做一场说话。就是生前房室之中，女人少有外情，便是老大的丑事，人世羞言；及至男人撇了妻子，贪淫好色，宿娼养妓，无所不为，总有议论不是，不为十分大害。所以女子愈加可怜，男人愈加放肆，这些也是伏不得女娘们心里的所在。[1]

正是看到了现实中这种男女之间的不公平，才使凌濛初越发感到了妇女的可怜与无奈。所以，他在小说中通过痴情女与负心汉所发生的冤家故事，以说明"男子也是负不得女人的"，这显然也是对"义夫"的倡导。

在社会普遍颂扬"节妇"的同时，与之相对的则是薄幸之夫的广泛存在，甚至结发妻子刚死，就匆匆将新人娶进家门。鉴于此，明末清初人魏禧倡导树立一种"义夫"的典范，以便与"节妇"相对应，并抚平妇女之心。一方面，他对传统儒家经典中的"妇人之义，从一而终"之说持肯定的态度，认为传统儒家伦理所规定的丈夫死后妻子不再改嫁，男子则在妻子死后可以更娶，并非"重于责妇人，轻于责男子"，而是出于下面的理由，即"妇人从人，不自制，男子制人者也"。另一方面，魏禧又强调，根据"圣王"之典，忠臣、孝子、节妇、义夫必须同时旌表。"圣王"尽管不禁止妇人之再嫁，但

---

1 凌濛初：《二刻拍案惊奇》卷一一，第118页。

又特设节妇旌表制度，其目的就是使妇女能"慕而知耻"；"圣王"允许男子再娶，却又特设义夫旌表制度，其目的也是"代天下之为夫者报天下之节妇，以平妇人之心"。现实却使魏禧感到困惑，孝子、节妇确实已被民间多所称述，但所传的"义夫"甚少，这难道是"义夫"难为，抑或天下男子不以此为意，虽有"义夫"的事实而不替他们作传宣扬？在魏禧看来，节妇之难，难于忠臣，义夫难于节妇。忠臣临难，慷慨捐生，比于烈妇。求其久而不变，见可欲而不乱，唯节妇为难。然妇女再嫁则是断绝"故夫"，会被视为"阴为淫佚则不齿于人类"，所以凡是女子自爱其身，都不会轻易作出改嫁的选择。而男子不然。于是也就不乏这样的例子，当妻子为自己守身殉义，甚至"刎颈碎首，支解裂肝"，作为丈夫，却"不愈年月而更娶"，甚至与新的妻子绸缪燕婉，将前妻忘到九霄云外，这实在是太过分的行径。最后，魏禧断言："世无义夫，则夫道不笃；夫道不笃，则妇人之心不劝于节；妇人不劝于节，则男女之廉耻不立。"[1]显然，这也是通过对"义夫"的鼓励与倡导，重新确立一种新型的夫妻情感伦理关系。

3. 义夫：痴情男子的故事

在明代，流传着很多相当动人的男女之间的哀情故事。这些真实故事的女主人公大多是妓女，而男主人公则不一，或为书生，或为商人。下面选择四个比较有代表性的哀情故事，以示说明明代男女之间的真实感情，以及由此对夫妻情感伦理关系所造成的影响。

第一个故事，是一个书生（举人）与妓女之间感情的纠葛。其故事如下：

---

1 魏禧：《魏叔子文集外篇》卷一五《义夫说》，第713—714页。

角妓杜韦，吾郡城中人也，以妖艳冠一时。云间范牧之（允谦）孝廉，故学宪中吴之长公，今学宪长倩之伯兄。少时佻达，一见契合，两人誓同生死。而范妇翁为陆阜南（树德）中丞，闻之大怒，讼之官，系韦狱中。牧之以重赏窜取而出，携之远逃。迨丙子（按：万历四年）冬，挈以计偕抵京，已病濒殆，不复能入试，春尽则殁于邸中矣。韦扶枢归，自度归时，陆氏必不容其活，甫渡江中流，两袖中一实滇棋，一实宋砚，二物俱牧之所日用，且性重能沉也。一跃入水，救之无及矣。[1]

范、杜二人的爱情故事，松江很多名士的传记中都有记载。这件事表面上看来，似乎是一个轻佻士人与妓女之间的一段简单恋爱之情，但其间却蕴含着很多新的感情动向。范牧之是一个举人，又出身于仕宦之家，自己也有才气，应该是一个颇有身份的人。尽管他已经娶妻，在一个士人娶妾成风的年代里，范牧之却不能自由与杜韦结合，甚至害得所爱之人入狱，最后两人不得不离家出逃，两人的境遇可想而知。但两人的感情却不能以一般嫖客与妓女之间的关系加以衡量。换言之，绝不是金钱与美色之间的交换关系，而是真正蕴含着一段发自内心的真实情感。关于此，沈德符又记道：

　　吴中张伯起曾语余曰：丁丑（按：万历五年）春临场时，往省牧之病。时韦坐其榻旁，牧之咯血在口，力弱不能吐，则韦以口承之，即咽入喉，一咽一殒绝，顷刻间必数度。吾观牧之在死法不必言，即韦韵致故在，亦憔悴无复人理矣。牧之曰："汝可代我与张伯伯一语。"韦应曰："君怯甚，不可多语丧伤神，

1　沈德符：《万历野获编》卷二三《杜韦》，第600页。

我上天入地必随君。"范亦为哽咽，此时已心知二人，必无独死理矣。[1]

这确实是一个男女之间的哀情故事，一如梁山伯与祝英台一般。当时人张伯起与人说起这段事时，也难免"泪尚承睫"，而听者也不得不为之掩袂。

明代士大夫显然明白这样一个道理，人最难得者是得一知已为自己而死。若是青楼女子为人殉情，更是不易。道理很简单，这些青楼女子与人的交往，相互之间不过是怜花惜月，流连景光，甚至视名检信义不知为何物，孰肯为人殉死？相同的例子，还可以丘长孺与白姬的一段交往为例。白姬原本是苏州的娼女，后流落到湖广，与丘长孺相识，两人欢爱逾常，可与文君之遇相如相比。但随着时间的推移，时势的龃龉，自知不能归于长孺，就以死自誓，饮恨裁诗，甘心永诀，不久果然殉死。反映两人情感的临终之诗，也是其词悲伤悽婉，读之令人涕泗。[2]

第二个故事，是一位商人与名妓之间的一段感情纠葛。故事发生在万历初年，其中女主人公名叫刘凤台，是一位北京歌妓，以艳名于一时，所交游者均是一时的名士。男主人公是林尚昃，福建福清人，是一位商人。尽管与刘凤台交游的士人，如沈君典、冯开之，分别是万历五年（1577）科的会元与状元，但刘凤台最后还是选择了林尚昃，委身于他。

林尚昃与沈、冯二人都是至好。万历十六年（1588），刘凤台在北京死去。当时林尚昃正好在杭州经商，听到讣告以后，就星夜北

1 沈德符：《万历野获编》卷二三《杜韦》，第601页。
2 江盈科：《雪涛阁集》卷八《百六诗引》，载《江盈科集》，上册，第427页。

驰。冯开之因谪居在家，作诗一首送于林氏，诗云："昔年曾醉美人家，却恨花开又落花。司马青衫旧时泪，因风吹不到琵琶。"对歌妓最终选择商人，感慨颇深，但林尚炅并不以此为忤。他到了北京以后，就将刘凤台之母迎养于家。此外，又用玉刻一玉主，上面写上凤台之名，并再在背面题上一词，其中云："入时倒郎怀，出时对郎面，随郎南北复东西，芳草天涯空绕遍。胜写丹青图，胜妆水月殿，玉魄与香魂，都在这一片。愿作巫山枕畔云，愿作卢家梁上燕，莫作生前轻别离，教人看作班姬扇。"此后，就整日抱着玉主，昼则供食，夕则附枕，并带着它一同游贾四方。

故事的结局更具悲剧与离奇。当林尚炅带着代表刘姬化身的玉主到广西经商时，被当地的巨盗陈亚三等所杀，并将他的尸体沉于江中。后来陈亚三因为其他的事被逮捕。当时的梧州府推官也姓林，是林尚炅的同乡，对玉主这件事颇为了解。在审讯陈亚三的案子时，搜出了玉主，盗贼才最终交代了罪状，并从江中找到了尸体，加以殓葬，使冤情得以昭雪。[1]

故事的记录者刻意宣传了林尚炅随身携带玉主这件事，说明林氏对刘姬在感情上的思念之情，有"始终之谊"。林尚炅是一位商人，他有的是金钱。刘凤台是一位艳妓，其美色固不待言，即使是荐枕之时，其肌体之柔腻，情致之婉媚，兼飞燕合德而有之。林、刘的结合，林之金钱、刘之美色固然无法排除，但两者之间有情感加以牵连，显然也是其中的原因。

第三个故事，是京城一个序班与妓女之间的情感故事。山东兖州府人李天祥，随兄李天祺住在北京，与草场院妓女张氏相狎，情

1　沈德符：《万历野获编》卷二三《刘凤台》，第 601—602 页。

好甚笃。张氏发誓不再见客，她的父母多次强迫她见客，但她都坚拒不纳。

时日一久，天祥染上了瘵疾，不能再去见张氏，当病情加重时，很想再见张氏一面。他的母亲与妻子都想顺从他的意思，因此将张氏叫来，留下侍奉汤药。过了两月，天祥多次死后复苏，其意无非是留恋张氏。一天，张氏抱住他的头，死去已经多时，忽然又瞠目回顾。张氏就对他说："君行，妾随矣。"于是就佯告天祥之妻说："我稍倦，欲求歇息，姊可少代。"随即整束衣裾，偷偷来到床后，自缢而死。天祥听到这一消息，也就闭眼而去。[1]

俗语通常是说"痴心女子负心汉"，所批评的多是男子的无情，但我们确实也可以从明代的很多史实中看到"痴心汉子负心女"的事情。第四个例子所反映的就是这样一件事。冯梦龙记载了妓女张润与商人程三郎之间的一段感情纠葛，而女子负心之事正可衬托男子之痴情。据冯梦龙的记载，妓女张润与商人程三郎相交甚善，张润已许诺必嫁程三郎。为此，程三郎为其所惑，甚至荡尽家产。于是，三郎不敢再登张润之门。一天晚上，张润在门前遇到三郎，急忙喊他进来，两人相抱痛哭。无奈，三郎只好说出自己不敢登门的理由。张润拿出自己的钱，替三郎安排吃住。到了夜半，张润对三郎说："侬向以身许君，不谓君无赖至此。然侬终不可以君无赖故，而委身他姓。侬有私财五十金许，今以付君，君可以贸易他方，一再往，有赢利，便图取侬。侬与君之命毕此矣。"两人一直谈到天亮，张润尽倾自己囊中之银交付三郎，互道珍重而别。谁知三郎既已心荡，就不再有经营之志，而且贫儿骤富，不免诲态不禁，于是

---

1 王锜：《寓圃杂记》卷七《妓女张氏》，中华书局 1984 年版，第 61 页。

又往别的红楼买欢，荡尽银子而归。此事张润一直不知。很久以后，张润又在门前遇到了三郎，居然还是原先窭子之容。听到张润叫他，急忙躲避。张润叫婢女请他进来，询问其中的原因，三郎只好假称"中道遇寇，仅以身免，自怜命薄，无颜见若"，云云。张润听后悲痛欲绝。三郎也甚感后悔，道："如此，当奈何？"张润说："此吾两人命绝之日也。生而暌，何如死而合。君如不忘初愿，惟速具毒酒，与君相从地下尔。"说完，泪下如注。三郎不知所措。无奈之下，张润偷偷拿了毒酒，且泣且饮，不觉间就喝下了半壶。三郎觉得有异，大感惊恐，于是就将剩下的半壶喝了下去。事情的结局却颇令人意外。喝下毒酒之后，张润最后被人救活，而三郎却不治身亡。为此，三郎的父亲将官司告到长洲县衙门。知县在调查清楚事情经过亦即三郎起初"负心始末"之后，对三郎之父稍加责备，随后释放了张润。从此以后，张润在苏州一府的名声大噪。当地的一些好事者都前去探望，而且以见张润一面为荣。有人称她为"药张三"，其意是说她可以吞药殉情；有人则称她为"痴张三"，意思是说她"所殉非人"。

如此不厌其烦地叙述张、程两人的情感纠葛，目的就是说明妓女张润如何从一个殉情女子演变为一个负心人。事情后来的发展，正好可以说明这一切。张润病好以后，苏州人士争相与她交欢，为此声价颇隆。所惜者，张润因为性好豪狎，在士大夫圈子中并无多少声誉，所以，一直浮沉于青楼，最后只好嫁给一个卖丝的商人，了其终身。这个故事，前半段所记应该说是"痴情女子负心汉"之事，但事情的结果却出乎意料，最后演变成了"痴心汉负心女"之事。冯梦龙就此大为感慨，认为张润赠金、服毒这两件事都令人称奇，所恨者只是毒酒无灵，不肯成全张润一个好名，使她死后复醒，"碌碌晚节，卒负死友"，确实可以说是故事最后的"赘疣"之笔。但冯梦龙还是将它讲了出来，甚至后面还加了另外一则简短的故事。当时另外有一个妓女与她的相好一同相约殉情而死。她的相好信之不疑，于是准备了两瓯毒酒。妓女执板侑酒，相好喝下一瓯，随之问妓女："你为何不饮？"妓女答道："吾量窄，留此与君赌拳。"冯梦龙再举此例的目的，是证明在青楼盛行"赌拳"之风，妓女专以赌拳骗嫖客之钱。正因为此，张润之举才会因为"情痴"而名闻于世。不过冯梦龙进而加了下面一句：如果死者三郎在地下有知，问张润在饮毒酒时，卖丝的商人何在？恐怕张润不能因此而独自苟活于世。[1]从三郎的负心而变为痴情，及张润的痴情而变为负心，冯梦龙记载这一故事的目的显然是证明"痴心汉子负心女"在当时的社会上确实尽有其例，而不是仅仅为了贬斥妓女无情。

上面所举痴情男子，从广义上说也是一种"义夫"之举，而且其在伦理思想史上的精神价值，甚至远过"义夫"。这种现象，在明代的小说中也不乏其例。如明代无名氏所撰小说《百断奇观重订龙图公案》（今印本改为《包青天奇案》）中之《阿弥陀佛讲和》一则，记载了秀才许献忠与邻家女萧淑玉的情感故事。从小说的记载中可知，许献忠是当时德安府孝感县的一名秀才，年方十八，生得眉清目秀，丰神俊雅。对门有一屠户萧辅汉，有一女儿名淑玉，年方十七，甚有姿色，每天在楼上绣花。绣楼靠近道路，经常可以看见许生走过，两下相看，也就有了各自相爱的意思。时日积久，于是私通言笑。许秀才经常用言语挑逗淑玉，淑玉也微笑道肯。到了夜晚，许秀才就通过梯子，进了淑玉的绣房，两人携手兰房，情交意美。

不料两人的私情，不久就被一个和尚明修所破坏。明修在晚上

1　冯梦龙编：《挂枝儿》卷五《隙部·负心》，载《明清民歌时调集》，上册，第117—121页。

叫街时，私自闯入淑玉之房求欢，不成之后，就将淑玉杀死。为此，引发了一桩人命官司。当然首先受到怀疑的就是许秀才，后经包公审理，才将真凶明修正法。案情尽管已经了结，许秀才与淑玉两人的关系却并未了断。小说的作者借助于包公之言，给许秀才出了下面的一道难题，以供其采择。包公对许秀才说："杀死淑玉是此贼秃，理该抵命。但你做秀才奸人室女，亦该去衣衿。今有一件，你尚未娶，淑玉未嫁，虽则两下私通，亦是结发夫妻一般。今此女为你垂帘，误引此僧，又守节致死，亦无玷名节，何愧于妇？今汝若愿再娶，须去衣衿；若欲留前程，将淑玉为你正妻，你收埋供养，不许再娶。此二路何从？"在自己的秀才身份与感情两者之间，许秀才毅然选择了感情，认为淑玉既然是为自己死节，自己也就不愿再娶，只愿收埋淑玉，将她认为自己的正妻，以不负淑玉死节之意。

后来许秀才中了举人，还是死抱不再娶妻之意，情愿做一个"义夫"。但这种义夫的行为，显然又会与传统的儒家伦理产生一些冲突。按照儒家传统的观念，"不孝有三，无后为大"。许秀才若是不续娶，当然可以保全"义夫"之名，但从此也不再有后，这是一种不孝的行为。可见，在"义"与"孝"之间，确实很难两全。而许秀才自己也是抱定只愿"全义"，不能"全孝"的信念。面对这种矛盾，作者显然想出了一个两全之策，即以萧淑玉为正妻，再娶第二房霍氏为妾，而且在同年录中，只填萧氏，不填霍氏。[1] 在作者看来，这是一个"妇节夫义，两尽其道"的美满结局，但显然缺乏了一种男女之间哀情的感染力，这是"义夫"向孝道的妥协。

1　无名氏撰、锦文标点：《包青天奇案》卷一，第1—4页。

4. 从情、德两分到情、德融合

冯友兰在《中国哲学史》中曾经说过："儒家论夫妇关系时，但言夫妇有别，从未言夫妇有爱。"[1]这种说法同样在费孝通的著作中得到了部分的印证。按照费孝通的观点，在传统中国的夫妇之间，尽管也存在着讲求趣味兴味之例，如宋代词人李清照与清代《浮生六记》的作者沈复即为其例。然不幸的是，这些在性灵上求得自我满足的夫妇，在家庭事业上却常常会成为一个失败者。于是，他们在观念上留给后人的仅仅是鉴戒，而不是榜样的魅力。更有甚者，重情的女子会被贬为尤物或不祥之物。从另一个角度来看，男子的感情生活却并不仅仅限于夫妇之间。费孝通进而认为，在中国的传统社会里，男人无疑有他们发展感情生活的其他女性对象。《桃花扇》里所描写的士大夫与歌妓的关系，在那个时代想来是很普遍的。才子们的风流超出夫妇之外，欧阳修的艳词并不影响他家庭里的夫妇关系。若是再来看《金瓶梅》里所描写的乡绅的生活，正夫人对于妾的态度，那样容忍实在是出乎现代夫妇的想象之外。中国传统社会很严格地把夫妇关系弄得"上床夫妻下床客"，但是对于男子的感情生活却很少加以严格的拘束。[2]

平心而论，冯友兰、费孝通之说确实把握住了传统中国夫妻情感伦理关系的本质，即夫妻之间，伦理关系重于情感关系。[3]但有一点

1　冯友兰：《中国哲学史》，华东师范大学出版社 2000 年版，上册，第 264 页。

2　费孝通：《生育制度》，北京大学出版社 1998 年版，第 147—149 页。

3　传统中国的夫妇关系，往往受制于礼教，倡导夫妻相敬如宾，排斥夫妻之间的任何"狎昵"之行。如吕坤《闺范》云："余尝谓闺门之内，离一礼字不得。而夫妇反目，则不以礼节之故也。"又云："夫妇之间，以狎昵始，未有不以怨怒终者。"参见陈宏谋辑：《教女遗规》卷中《吕新吾闺范》，载《五种遗规》。

需要指出，在明清文人士大夫家庭内，丈夫与小妾乃至正妻与小妾和睦相处的融洽关系，一向为当时之人所歆羡，甚至不乏将其夸张为一种典范。这就是说，丈夫与小妾之间的情感关系正在取代甚至超越家庭生活中原本已经存在的夫妻伦理关系，而且逐渐形成为家庭情感伦理关系的一种新趋势。如明末清初人冒襄有《影梅庵忆语》，自写与小姬董小宛的闺房之乐，以及在一起时那段风流雅致的生活，一直为世所艳称。清人陈孟楷著《香畹楼忆语》，回忆自己与亡姬紫湘从相识到紫湘去世期间的闺房生活，应该说也是反映闺房之乐的典型之例。从陈孟楷自著《香畹楼忆语》中可知，孟楷纳紫湘为侧室，虽事出有因，却还是得到他的夫人允庄的同意，甚至是其夫人亲自为其物色选定。反观紫湘，到了陈家之后，对家中堂上之人亦极尽孝道，太夫人患病危急，紫湘焚香告天，愿以身代。紫湘与孟楷情爱甚挚，耻为忮嫉之行。孟楷家中虽有妻妾，有时仍不免花街柳巷，诸如香影阁赠孟楷鬓花绡帕，香霏阁赠孟楷冰纨杂佩，秋雯阁赠孟楷瓜瓤绣缕，紫湘并无多语，反而说："窥墙掷果，皆属人情。苟非粉郎香掾，又谁过而问之者！"通过对这段姻缘的刻画，作者显然是为了显示一种身份等级社会中家庭情感伦理关系的和谐，亦即"名分之正，堂上之慈，夫人之惠，皆千古所罕有"。[1]

如何看待这样一段情缘，事实上牵涉到家庭伦理关系，而且已初步证明明清时期在家庭情感伦理关系方面出现了新的转向。这显然在明清两代的读书人中间也引发过一些争论。《香畹楼忆语》的事实证明，正妻尽管在家庭中还有名分上的地位，但在夫妻之间的情感

---

1 《湘烟小录·香畹楼忆语》《湘烟小录·序》，载《中国香艳全书》十二集卷二，第 3 册，第 1432—1433、1438、1440、1442 页。

关系方面无疑已被边缘化了。当然，作者作为男女情感关系方面占有优势地位的男性，不得不承认其正妻的豁达大度，甚至不惜为自己丈夫娶妾而奔走操心，但在作品中我们很难看到他与正妻之间真诚的夫妻情感生活。职是之故，有人就认为，《香畹楼忆语》所记，有点"过情"，甚至怀疑其"逾礼"。对此，清人吴沈则别出新论，反映了当时五伦关系中确实出现了一些新的转向，而且这种新转向也被文人士大夫所认可。通观吴沈的观点，可以概括为下面三点。一是惟有至性至情之人，才会沉溺于夫妾之情。吴沈的论据如下："凡人笃于一伦者，五伦皆尊。漓于一伦者，五伦皆薄。"换言之，凡是"性情独挚"之人，其理学方能达到"独醇"的境界。二是朋友可以补五伦中兄弟一伦之阙，这是对朋友之间友谊的肯定。三是王道本乎人情。在吴沈看来，只有"至愚陋"与"大奸慝"两类人，才会没有男女之间的真情。对待那些沉溺于小妾并与之情感甚笃的丈夫来说，不能直接贬斥其为"过情逾礼"，而是应该抱有一种"乐成人之美"的心态。[1]

概括言之，在明清两代的五伦关系中，正在逐渐演变为以夫妻一伦为重；而在夫妻一伦中，夫妻关系正在被夫妾关系所取代。这是儒家伦理文化氛围中的明清家庭伦理关系的新变化。但在这种新变化中，明代与清代具有诸多的相似性，但其间亦稍有区别。明代大量出现的"义夫"，以及传统士人对"义夫"现象的宣扬与鼓吹，不能简单地将其归结为只是对原始儒家伦理观念的一种复兴，而是情感逐渐取代伦理的新反映，是基于新的社会土壤之上伦理关系的新动向。

---

[1] 《湘烟小录·香畹楼忆语》，载《中国香艳全书》一二集卷二，第 3 册，第 1449—1450 页。

明代的女性生活及其转向

自五四运动以后，在中国的知识阶层中，一度流行婚姻"自主"，反对父母"包办"。他们无不认为，基于父母之命而成的婚姻，不及自己自由选择而成的婚姻美满。其实，对这种新思潮，在新型的知识分子中同样存在着不同的见解。如1914年1月27日，胡适在演讲中国婚制时，就曾表明过下面这样一层意思，即婚姻的幸福并不取决于制度层面的"自主"抑或"包办"。近人萧公权也力主此说。他认为："婚姻是否美满，主要关键在当事人是否有志愿，有诚意，有能力去使之臻于美满，而不是达成的方式是自主或包办。"[1] 毫无疑问，这种看法是出于对婚姻的理性思考。但值得指出的是，婚姻从"包办"向"自主"的转变，不能不说是女性自我意识的一种增长以及社会的一种进步。明代小说《二刻拍案惊奇》有言："从来女子守闺房，几见裙钗入学堂？文武习成男子业，婚姻也只自商量。"[2] 应该说是当时部分女子在婚姻上追求自主的一种侧面反映。从婚姻观念来看，晚明的社会确乎处于这样一种转变过程之中。

明代中期以后，男女之间的婚姻主要来自下面两个方面的挑战：首先，按照传统的观念，婚姻论财，不过是一种"夷虏之道"，为儒家道德所不齿，但明代中期以后的民间婚姻风气却多受金钱、财产关系的冲击，[3] 一改过去专讲"门当户对"以及讲究门第，随之而

---

1 萧公权：《问学谏往录》，台湾传记文学出版社1972年版，第84—85页。按：胡适之论，收于《胡适文存》，此处转引自萧公权之书。

2 凌濛初：《二刻拍案惊奇》卷一七，第181页。

3 徐霈：《四礼议》，载黄宗羲编：《明文海》卷七五，中华书局1987年版，第704页。

来的则是离异与妇女再嫁蔚成风气。其次，则是"情"对礼的冲击，男女之间的结合，不再以"父母之命"为准绳，而是以男女之间是否相合、相投为准绳，随之而来的则是妇女的"淫奔"之风。

与明代社会风尚的变化相适应，大概自明代中期以后，一直到明末，妇女的生活及其风尚也发生了一些变化。晚明大量的女教书的涌现，一方面说明了明代妇女教育的发达，另一方面也是妇女在社会生活方面突破传统以后在著述上的一种侧面反映。换言之，因为妇女在实际生活中，并非完全按照这些妇女规范生活、行动，才导致大量女教书的出现，以便对妇女生活及其行为进行新的规范。吕坤的记载，就比较全面地反映了晚明妇女生活及其行为方式方面所出现的新动向，引述如下：

> 自世教衰，而闺门中人竟弃之礼法之外矣。生间阁内，惯听鄙俚之言；在富贵之家，恣长骄奢之性。首满金珠，体满縠罗，态学轻薄，语习儇巧，而口无良言，身无善行。舅姑妯娌，不传贤孝之名；乡党亲戚，但闻顽悍之恶，则不教之故。乃高之者，弄柔翰，逞骚才，以夸浮士；卑之者，拨俗弦，歌艳语，近于倡家，则邪教之流也。[1]

这无疑是当时妇女生活的实录。但这种情况的出现，显然也与家庭的女教逐渐流于形式有关。换言之，在妇女中出现一些传统礼教所谓的"出丑败坏的事"，其实就是家教不严所致。在晚明的一些大家族里，

1　吕坤：《闺范序》，载《闺范》，上海古籍出版社1994年版，第1—4页。按：吕坤的另一段阐述，可以作为上引之说的补充。他说："妇道之衰也久矣。贵族之女嫁贱，富室之女嫁贫，则慢肆舅姑，轻侮夫婿。舅姑、夫婿，亦不敢以妇礼责之。见夫党尊长，则倨傲轻浮。"云云。参见陈宏谋辑：《教女遗规》卷中《吕新吾闺范》，载《五种遗规》。

男女已不再有别，而是混淆，全无别嫌明微的道理，甚至一些妇女还出头露面，恬不知羞。[1]

自明代中期以后，尤其是在晚明时期，妇女生活出现了一些新的动向，诸如对"才子佳人"式婚姻的追求，妇女离婚与改嫁形成一时的风气，"奸妇"的出现与"淫居"之风的形成，悍妇现象的出现以及由此而形成的妇妒之风。如此等等，不一而足。

女性争取婚姻自主

明代中期以后，女性群体中出现了一股追求婚姻自主的风气。大抵言之，主要体现在下面两个方面：一是"才子佳人"式婚姻的理想与追求；二是婚姻观的转变。所有这些，恰好证明当时的女性在自我上逐渐趋于张扬。

1."才子佳人"式婚姻的理想与追求

在才、德、色这三者的关系上，事实上包括如何处理德与色、德与才这两者的逻辑关系。

首先，在传统中国，"女祸"史观根深蒂固。按照这样一种观念，女性有色，或者女性用权，都可以导致家或国的祸害。[2]一至晚明，在关于女子之"色"的问题上，出现一些新观念。所有这些观点，大都起源于荀粲（字奉倩）之说。根据史料记载，荀粲与妻子感情至笃。有一年冬天，他的妻子得了热病，荀粲"乃出中庭自取冷，还以身熨之"。荀粲有一段名言，认为"妇人才智不足论，自宜以色

---

1 相关的记载，可参见涂时相：《养蒙图说·祖孙有礼》，清乾隆十三年刻本。

2 关于传统中国的"女祸"史观，刘咏聪作了相当完整的梳理，参见其著《中国古代的"女祸"史观》一文，载《女性与历史——中国传统观念新探》，香港教育图书公司1993年版，第3—12页。

为主"。正是抱着这样一种观念，荀粲在其妻子死后一年多，因为思念过甚，随之亦亡。[1]

荀粲的言论乃至行为，显然在明代的士大夫中引起了共鸣。如谢肇淛认为，荀粲关于妇女的才色之论，堪称"千古名通"，所以他说："妇人以色举者也，而慧次之，文采不章，几于木偶矣。"[2]基于这种看法之上，谢肇淛又将"女之色"与"士之才"并称。[3]此外，如李贽称家国之亡，不能徒然归咎于声色；[4]唐甄也说像妹、妲、褒这样的绝代美色之女，如果能"入于文王之宫"，同样可以成为"窈窕之淑女"。[5]曹学佺将女之"色"与士之"才"相提并论。他说："夫士之有才，犹女之有色。必其修之于身，藏之于家者，非一日矣，而后为玉帛之所致，媒氏之所营也。"[6]上述诸家之说，尽管在妇女论上尚反对"舍色而论才"，仍将女色放在首位，而女才次之，但与传统的"女色"祸国之论已是大相径庭。

将女子之色与士人之才并称，始于王黄州，显然是中国士人妇女观念的传统。那么，如何处理才、色关系，明末清初人钱澄之之说显然已经突破了荀粲的拘束，对"才"与"慧"作了辨析。其中云：

> 昔荀奉倩谓女子才慧易得，吾尝怪之。彼之所谓慧，亦才

1 李贽：《初潭集》卷一《夫妇三·丧偶》，中华书局1974年版，第13—14页。

2 谢肇淛：《五杂俎》卷八《人部四》，第152页。

3 谢肇淛：《五杂俎》卷八《人部四》，第154页。

4 李贽：《初潭集》卷三《夫妇三·俗夫》，第49—50页。

5 唐甄：《潜书》下篇下《女御》，中华书局1955年版，第170—171页。

6 曹学佺：《曹能始先生小品》卷一《林初文诗选序》，载《曹学佺集》，江苏古籍出版社2003年版，第25页。

也，非慧也。凡世间文章伎巧一切可惊可喜之事，皆才为之；至于发心证道，则非慧不办。故释氏所贵者慧也。才者，吾人得意之事；于得意而生贪著，即谓之痴。佛氏所贵夫慧者，贵其即得意即厌离，善于转也。[1]

钱澄之此论的依据在于莲道人此人之行与诗。莲道人原本是一位声伎，色艺在福建一带闻名数十年。"一旦弃去，诸贵公子争欲得之，道人不乐也，志在厌繁华而甘淡素"，最后嫁与永安人曾也愚。这位曾也愚，家中甚贫，却能诗。两人局促斗大一室，终年唱和。其后，莲道人又舍诗不谈，改为"栖心白业"，皈依佛门。凡是人在得意处，随之舍弃，即可称为"慧"，所以，在钱澄之看来，这位莲道人尽管有"才"，却更属一种"慧"。[2]

其次，在传统中国，在妇女才、德关系问题上，才可妨德、才可妨命的观念根深蒂固。尽管"女子无才便是德"一语至明朝人的著述中才开始出现，但这种意识却早已植根于传统的文化土壤之中。[3] 换言之，按照传统的观念，男女之间的职责各有不同。男子"主四方之事"，女子则不过"主一室之事"。作为主四方之事的男子，那么就会顶冠束带，被人称为大丈夫，出将入相，无所不为，所以必须博古通今，达权知变。女子既然只是主一室之事，三绺梳头，两

1　钱澄之：《田间文集》卷一六《莲道人诗引》，黄山书社 1998 年版，第 309 页。

2　钱澄之：《田间文集》卷一六《莲道人诗引》，第 310 页。

3　"女子无才便是德"一语，无论在学术界，还是民间，早已耳熟能详。过去的论者大多从陈东原《中国妇女生活史》之说，认为起源于清代。而刘咏聪的研究则表明，在冯梦龙的《智囊补》和陈继儒的《安得长者言》二书中，均收录了"女子无才便是德"一语，而且均说"语有之"，说明在明末以前久已流传。详细的考察，见刘氏《"女子无才便是德"的文化涵义》一文，载《女性与历史——中国传统观念新探》，第 89—108 页。

截穿衣，一日之计，最多不过是饔餐井臼，终身之计，也只是生儿育女。所以即使是大家闺秀之女，尽管家庭的经济状况允许她们可以读书识字，但也仅仅限于让她们识些姓名，记些账目等。因为女子不可能出应科举，不求名誉，所以诗文一类，她们就很少学习，传统的制度也不鼓励她们学习。[1]

值得引起关注的是，在女子之才与德的关系问题上，晚明人的观念同样出现了新的转向。如李贽与女史论学，并对有"言语"与"文学"之妇大加称赞；[2]冯梦龙也主张女子如果无才，就不能成全妇德，对闺房女子的才智多有颂扬；[3]而叶绍袁更是把"德""才""色"三者并列，称之为女子的"三不朽"。[4]李贽对妇女的才智亦作了正面的肯定。他在选取记录了25位女子的传记资料之后，称她们"才智过人，识见绝甚，中间信有可为干城腹心之托者"。更有甚者，李贽认为这些妇女所具有的聪明才智，"男子不如"，而这样的女子才称得上是"真男子"！[5]李渔对"女子无才便是德"一语出现的原因进行了考察，认为这句话的出现，无非是因为聪明女子失节较多，反而不如无才。但他同时指出，这不过是前人的愤激之词，正如男子一旦因官得祸，于是就有人视读书做官为畏途，并留下遗言告诫子孙，

---

1 如明末人文元发就认为，"妇人惟主中馈、饮食、衣服，其分也。书史文墨，非其事"。这种观念显然也影响到当时的妇女。如文氏之姑，嫁给通儒王氏，号称"大家"。尽管精通史书，但绝不肯为诗文，见人之诗文，亦略不置目，云："此非吾妇人事也。"参见文元发：《学圃斋随笔》，台湾伟文图书出版有限公司1976年版，下册，第539—540页。

2 李贽：《初潭集》卷三《夫妇》，卷二《言语》《文学》，第26—31页；李贽：《焚书》卷二《书答》，第164—168、219—220页。

3 冯梦龙：《智囊全集·闺智部总序》，江苏古籍出版社1986年版，第504页。

4 叶绍袁：《午梦堂全集·序》，上海贝叶山房石印本。

5 李贽：《初潭集》卷二《才识》，第26页。

让他们不读书、不做官。李渔直言指出，这不过是因噎废食之说。李渔认为，才、德二字原不相妨。他说："有才之女，未必人人败行；贪淫之妇，何尝历历知书。"[1] 而明代妇女的生活事实确实也印证了这些观念有着深厚的生活土壤。当时的妇女不再以女德为重，而是炫耀自己之才。正如吕坤所言，当时的妇女，"高之者，弄柔翰，逞骚才，以夸浮士；卑之者，拨俗弦，歌艳语，近于倡家"。[2] 而明末清初大量出现的才子佳人小说，其塑造的"才女"形象，固然是作者歌颂妇女才华的观念反映，但确实也是当时妇女生活的真实体现。

2. 婚姻观的转变

若是一个女子，有着国色天香般的美貌，却又嫁了一个村夫，世俗的观点当然认为是"一朵鲜花插在牛粪上"。内无主见却又迎合世俗的美女，自然也会生出不满之意。这应该说是理所当然之事。有一首题为《也傍桑阴》的民歌，其中所反映的就是大家小姐在嫁了农夫之后的悔恨心情。歌曲云："香香小姐嫁子个丑冤家，两鬓蓬松面又介麻，家中物件，锄头水车，扒泥挑粪，插秧种麻。（姐道）：我依嫁子个样老公有儅风流处，只得也傍桑阴学种瓜。"[3] 明代著名文人李开先作有一首《女有美而嫁村夫者叠前韵为诗惜之》一诗，所表示的就是这样一种世俗的意见，诗云："丽姬下嫁老村农，淡扫蛾眉绾发浓。长叹幽兰生粪壤，堪怜废鼓伴金钟。房栊那得安身处，井臼亲操弱臂舂。愿逐阳台神女去，朝云暮雨杳无踪。"但切勿将这种世俗的意见强行加在李开先的头上，李开先在男女婚姻上，应该说还

---

1 李渔著，江巨荣、卢寿荣校注：《闲情偶寄·声容部·习技》第四，第166页。

2 吕坤：《闺范序》，载《闺范》，第1—4页。

3 冯梦龙编：《夹竹桃》，载《明清民歌时调集》，上册，第473页。

是比较通脱的。随后他就仿照美女之意，又代美女作了一首代答诗，即《推美妇之意代为答诗》，诗云："勿论经商与力农，礼成夫妇自情浓。莫轻去手同秋扇，每话同心及晓钟。为了三缫常少睡，能精五饭在多春。齐眉举案何人者？今古虽殊愿比踪。"[1]换言之，嫁人不必论男方是经商，还是力农，以及他们的地位高低，所要考虑的应该是否"情浓""同心"。

这样的观点，同样得到了冯梦龙的支持与应和。冯梦龙在论及男女之间关系时，最为强调一种真情。一旦有了真情，就不一定是才子佳人式的配合，即使是"村里夫妻"，平常所过只是柴米油盐酱醋茶的琐碎生活，但只要他们真心相爱，那么他们的生活与情感就是最真实的。除此之外，即使是男女之间的私情，只要是"痴心""真心"，亦无不是值得肯定的真情实感。[2]

揆之明代妇女的婚姻生活，在择偶问题上，其中一些妇女确实也存在着一种不为荣华富贵所动，甘愿自己选择真情的气魄。明代一首题为《富贵荣华》的民歌云："富贵荣华，奴奴身躯错配他。有色金银价，惹的傍人骂。（嗏，）粉红牡丹，绿叶青枝又被严霜打，便做尼僧不嫁他！"[3]金银有价，情义无价。宁可出家为尼，也不愿嫁与自己不喜欢的人，即使他是富贵之家。追求婚姻自由，这是何等坚定。一旦自己确定了感情，那么两者的感情又是多么的真挚与坚贞！有一

---

1 李开先：《闲居集》卷三，载《李开先全集》，上册，第285页。

2 冯梦龙编：《挂枝儿》卷三《想部·想嫁》，载《明清民歌时调集》，上册，第93页。按：冯梦龙又说："痴心便是真心，不真不痴，不痴不真。"参见冯梦龙编：《挂枝儿》卷一《私部·真心》，载《明清民歌时调集》，上册，第53页。

3 无名氏辑：《新编四季五更驻云飞》，载蒲泉、群明编《明清民歌选甲集》，上海出版公司1956年版，第4页。

首题为《分离》的民歌，基本表明了女子对爱情的坚定信念："要分离，除非天做了地！要分离，除非东做了西！要分离，除非是官做了吏！你要分时分不得，我要离时离不得，就死在黄泉也，做不得分离鬼！"[1]这种生死相许的精神，不能不说是明代妇女情感世界的一种新现象。

女子对爱情如此投入，若是出现了负心的男子，那么痴情女子为了维护自己的爱情，甚至敢于到衙门上堂告状。一首题为《告状》的民歌，已经很好地说明了这种现象的存在。歌云："猛然间，发个狠，便把冤家告。等不及，放告牌，就往上跑。一声声连把青天叫，告他心肠易改变，告他盟誓不坚牢。有无限的冤情也，只恨状格儿填不了真情上！"[2]为了自己的爱情，亲自赴官府衙门告状，这又是何等的大胆！

离婚和改嫁风气

从男女之间的婚姻关系来看，明代中期以后也出现了一些不合礼教的现象。照理说来，男女之婚，无不都有百年之期，亦即俗语所谓的白头偕老。其实并非如此。对婚姻誓言的违背，似乎首先来自男子一方的薄情。如男女之间已经订婚，在未婚之前，女子一旦意外死亡，男方大多向女方索要聘礼，甚至导致两家为此而诉讼。男子的薄情，最终导致了女子也可以不守礼节，诸如女子已嫁，因为丈夫是佣奴，或悔婚，或改嫁；或者丈夫一死，尸骨未寒，做妻子者

1　熊稔寰辑:《精选劈破玉歌》，载蒲泉、群明编《明清民歌选甲集》，第 76 页。
2　熊稔寰辑:《精选劈破玉歌》，载蒲泉、群明编《明清民歌选甲集》，第 80 页。

就归居别室，甚至"朝尚括发，夕即画眉"。[1]

尽管明代的礼教鼓励妇女为丈夫守节，但法律并不禁止妇女改嫁。关于此，《大明令》有如下规定：

> 凡妇人夫亡无子，守志者，合承夫分，须凭族长择昭穆相当之人继嗣。其改嫁者，夫家财产及原有妆奁，并听前夫之家为主。[2]

法律从财产分割方面，固然鼓励妇女为丈夫守节，但并不限制妇女改嫁，只是妇女一旦改嫁，不但失去了财产的继承权，即使原本嫁来的妆奁，也只能听凭前夫之家处理。下面有一份格式化的明代寡妇再嫁契约文书，基本可以反映这种情况：

> 主婚房长某人，有弟、侄某人近故，侄、弟妇某氏自愿主志，奈家贫日食无措，兼以弟、侄等棺衾银两无可别出，理还凭媒某氏，议配某人为婚。本日受到聘礼若干两正，以还棺椁及买地坟砌等事完葬某人外，即听从某先择吉过门成婚。此系两愿，各无异说。今欲有凭，故立婚书为照。[3]

在明代，很多寡妇改嫁，确实也有其具体的经济上的原因。正如民歌《孤孀》所云："俏孤孀除下白，脱下麻孝，弃着男撇着女，打扮得娇娇，（只为）门房亲戚无依靠，孩儿等不得他大，家私日渐消。

1　叶春及：《石洞集》卷七《惠安政书·明伦五条》，上海古籍出版社 1993 年版，第 495 页。

2　怀效锋点校：《大明令·户令》，法律出版社 1999 年版，第 241 页。

3　明佚名：《五刻徽郡释义经书士民便用通考杂字》卷二，转引自谢国桢选编、牛建强校勘《明代社会经济史料选编》，福建人民出版社 2004 年版，下册，第 204 页。

（只得嫁）一个养家的新人也。天！（你在）重泉不要恼。"[1] 可见，因为丈夫死后，没有家族或亲戚可以依靠，而丈夫遗留下来的子女又需要抚养，在家中财产日渐消尽的前提下，寡妇选择一个可以"养家的新人"，实在情理之中。有些寡妇甚至守孝未满，就重新改嫁，如小说《金瓶梅》中的孟玉楼、潘金莲，均为孝服未满，便嫁与西门庆；李瓶儿也是守孝未满，就嫁与蒋竹山。[2]

　　在明代以前，丈夫"轻出其妻"，即所谓的"休妻"现象司空见惯，导致夫妇之间恩情很薄，而女子从一而终之节亦渐有衰微之象。但在明代，除非有大的变故或者是舅姑之命，并经过向官府陈告这一必要的法律程序，才可以休妻。否则，一般不得轻易"出其妻"。[3]这当然在法律上部分尊重了妇女的权利。正是由于有了这样一种基本的法律保障，明朝人对妇女的再嫁问题，也不再一律从礼教的角度出发加以禁止，而是持一种合乎人情的态度，既鼓励妇女为丈夫守节，却又规定守节年限。在守节满年限之后，允许妇女再嫁。即使是妇女自己，也并不一味恪守寡居，而是主张"不必劝之守"。如明末温璜之母陆氏，在其训子之言中云："少寡不必劝之守，不必强之改，自有直截相法。只看晏眠早起，恶逸好劳，忙忙无一刻丢空者，此必守志人也。身勤则念专，贫也不知愁，富也不知乐，便是铁石手段。若有半晌偷闲，老守终无结果。吾有相法要诀，曰：寡妇勤，一字经。"[4]正是在这样一种气候之下，于是也就出现了年已80岁的老

1　冯梦龙编：《挂枝儿》卷一〇《杂部》，载《明清民歌时调集》，上册，第235页。
2　《金瓶梅词话》第一八回（第219—220页），有一段吴月娘与孟玉楼就李瓶儿改嫁时所发的议论，基本反映了当时妇女守孝未满就改嫁的事实。
3　谢肇淛：《五杂俎》卷八《人部四》，第146—147页。
4　张履祥：《杨园先生全集》卷三二《言行见闻录二》，第920页。

婆婆，也开始耐不住寂寞，想要重新嫁人。有些妇女甚至在丈夫死后，先后一共改嫁七次。[1] 至于江西铅山县，当地的妇女更是被称为"恶薄"，寡妇改嫁已成一时风气。有的寡妇，丈夫一死，马上改嫁；更有甚者，丈夫生病未死，就先接下聘财，"以供汤药"。[2]

再嫁之妇，所获得的身份大多以妾为主。如明末有一位再嫁之妇徐氏，因家贫，且又无子，不能靠自己存活，不得已就再嫁与贡生杨一水为侧室。但改嫁之后，再加上无子，照例应该完全割断与前夫之家的关系，事实却并非如此。还是这位徐氏，在嫁给杨一水之后，就恳求丈夫，希望能为其死去的前夫岁时祭扫。她说："妾不幸以至于此，虽改事君，不敢忘其故。念某氏贫、无子，其鬼不食，坟草不除，将不守矣。岁清明，妾敢私遣人扫其墓，致酒浆，亦君之德也。"在得到认可之后，就岁时扫祭不绝，一直至死。[3] 当然，这种既已改嫁，在感情上仍不忘旧夫之人，仅仅是一种特例。

"奸妇"的出现与"淫居"之风的形成

从儒家礼制与明代法律的角度来看，男女之间私通，大抵被归于"奸情"。何以言此？其意是说"其人皆奸诈之人也"。[4] 可见，男女之间的越礼行为，不仅是人品问题，而且为法律所禁止。

春花秋月，恼乱人心。于是，才子有悲秋之词，佳人也有伤春

1　冯梦龙编：《山歌》卷五《杂歌四句·八十婆婆》，载《明清民歌时调集》，上册，第349页。按：冯梦龙编《山歌》卷五《杂歌四句·杀七夫》后引一则《哭七夫清江引》，其词云："张皮赵铁王打毯龚锡匠陆弓箭阿寿官孙搭爷尽来吃虀饭，我的天天天天天天天。"（载《明清民歌时调集》，上册，第350页）其词颇有趣味，正好说明一女先后嫁了七夫。

2　文元发：《学圃斋随笔》，下册，第443页。

3　魏禧：《魏叔子文集外篇》卷一八《杨母徐孺人墓表》，第954—955页。

4　赵南星：《笑赞·米》，载《明清笑话四种》，人民文学出版社1983年版，第26页。

之咏。在说明代男女之间偷情之前，我们不妨先将"奸情"一词作一简单的解释。偷情在明代已经是一种俗称，是指男女之间不合法的感情交往乃至性关系。在明代，偷情另外还有一种名称叫"挨光"。挨光的说法，应该说还是以男人为中心，是男子占女人的便宜。在明代男女之间私情相对比较混乱的情况下，那么总结偷情的经验之谈也就应运而生了。它显然适应了当时的趋势，并为人们所津津乐道。小说《金瓶梅》借助于那位专做"马伯六"的王婆之口，[1] 将偷情的经验总结为下面五条：第一，男子要有潘安的貌；第二，男子要"驴大行货"；第三，男子要像邓通般有钱；第四，男子要青春年少，还需要绵里针一般，软款忍耐；第五，就是要有闲工夫。[2] 而小说《警世通言》的作者冯梦龙更是将男女私情作为一种妇女生活的新动向，并给以适当的概况与总结。冯梦龙将当时男女私情概括为下面三种情况：一是男女之间两下相思，各还其债。为此，男女之间往往诗谜写恨，目语传情，月下幽期，花间密约，只图一刻风流，不顾终身名节。二是男贪女不爱，女爱男不贪。虽非两相情愿，却有一片精诚。这就犹如冷庙泥塑之神，有了朝夕焚香拜祷，也不免会变得灵动起来。若是其缘短的，合而终睽；倘是缘长的，疏而转密。这应该说是当时风月场中经常出现的情况。三是男不慕色，女不怀春，志比精金，心如坚石，但因没来由被人播弄，设下圈套，一时失了把柄，堕其术中，事后悔之无及。这种男欢女爱，属于偶然一

1　据陶慕宁为《金瓶梅词话》所作的校注，所谓马伯六，亦作"马泊六""马八六"，指为不正当男女关系撮合牵线的妇女，犹今言"拉皮条的""拉纤的"，实即"马伯乐"的谐音。伯乐善相马，淫媒善撮合，为人选荐"马子"，故附会为马伯乐。参见兰陵笑笑生：《金瓶梅词话》第二回，第34页，注5。
2　兰陵笑笑生：《金瓶梅词话》第三回，第36页。

念之差。[1]

为了便于分析的需要，不妨先引冯梦龙所辑的民歌《问信》作为例子：

> 俏冤家，家去了，便无音信。你去后，我何曾放下心，那一日不着人（在你家）门前问。愁只愁你大娘子狠，怕只怕令堂与令尊。担惊受怕（的）冤家也，（怎样来得）这等艰难得紧。[2]

此歌所言，无非是情意正浓的男女分别以后，女方焦急等待的艰难滋味。歌中所云，男方家中有"大娘子"，可见这是一种非法的男女偷情行为，亦即有妇之夫的奸情，难免会担惊受怕。我们必须清楚，自明代中期以后，社会上多了一些"卖俏哥"，他们无不是轻薄浪子。在平常日子里，总是在衣袖里笼捉一些白汗巾、棕竹扇，在街上卖俏，时不时还唱上几句"昆山调"。[3] 人既伶俐，又长得丰标，风流俊雅，再加上一副轻薄相，怎会不引起怀春女子的羡慕与青睐？

接下来《骂杜康》一歌，则显然是一位有夫之妇的奸情，歌曲云：

> 俏娘儿指定了杜康骂，你因何造下了酒，醉倒（我）冤家，进门来一交儿（跌在）奴怀下，那管人瞧见，（幸遇我）丈夫不在家。好色贪杯的冤家也，（把）性命儿当做耍。[4]

从歌中可知，这是一位家中有了丈夫的女子的偷情行为。在一则《月

1　冯梦龙：《警世通言》第三五卷，岳麓书社 2002 年版，第 298 页。
2　冯梦龙编：《挂枝儿》卷一《私部》，载《明清民歌时调集》，上册，第 49 页。
3　冯梦龙编：《挂枝儿》卷二《欢部·卖俏》，载《明清民歌时调集》，上册，第 69 页。
4　冯梦龙编：《挂枝儿》卷一《私部》，载《明清民歌时调集》，上册，第 50 页。

上》为题的山歌之后，冯梦龙引用苏州李秀才的一则奇遇，更是说明当时"独居"的"主妇"与人偷情的事例，并不仅仅限于文学作品中，而且是有事实依据的。这则故事记载了苏州一位李秀才为了至昆山就试，路途投宿一户人家，但"主妇以独居坚却"。李秀才不顾这位主妇的反对，擅自宿于外屋小柜之上。随后发生的事情，进一步证明这位主妇拒绝李秀才，并不是为了避孤男寡女独自相处之嫌，而是怕李秀才搅了她月上之时与人私情相会的好事。过不多久，就有一位男子送来猪蹄与酒，前来与这妇人相会。[1] 其间虽发生了诸如这位男子误把李秀才当作主妇，并由此发生一些可笑之事。但整个故事确实说明，独居主妇与人偷情，在明代并不是个别的例子。

既然是偷情，当然是被传统道德与法律所不容。换言之，既然要与人眉来眼去，就很难逃得过邻里的眼睛，一些喜欢管"盐事"（闲事）的邻里，甚至会前来捉奸。所以，明代以《捉奸》为题的民歌，就细腻地反映了偷情女子害怕被邻里所捉的复杂的心理状态。为了能使自己的奸情不被暴露，一些"私情姐"自然会分两种情况：其中的弱者只能"奉乡邻"，亦即给邻里陪小心，平常茶水供奉着；其中的强者则是"骂乡邻"，骂他们是多管闲事。[2]

按照一般的规律，男女之间私情的发生，多是男方主动，而女方则因为过分矜持，即使是在偷情行为的过程中，也无不处于被动的地位。然而至明代末年，一些山歌的内容已经显示出，男女之间偷情行为的发生，并非仅仅是"郎偷姐"，而且有"姐偷郎"，这是

1　冯梦龙编：《山歌》卷一《私情四句》，载《明清民歌时调集》，上册，第281—282页。按：冯梦龙所辑《娘打》与《瞒夫》两首山歌，分别反映了当时少女与少妇偷情的现象。同注，第286—287页。

2　冯梦龙编：《山歌》卷一《私情四句》，载《明清民歌时调集》，上册，第290页。

一种新的动向。山歌中也坦言如今是"新泛头世界"，[1]是一种不同于传统的新现象。这种妇女的大胆行为，在另一首题为《偷》的山歌中得到几乎淋漓尽致的反映。歌云："结识私情弗要慌，捉着子奸情奴自去当。拼得到官双膝馒头跪子从实说，咬钉嚼铁我偷郎。"[2]敢于做，又敢于坦承是"我偷郎"，这不仅仅限于女子的"义气"，而是一种为了新追求而敢于牺牲的精神。

近人周作人认为，妇女问题的实际，只有两件事，即经济的解放与性的解放。他进而主张，人生有一点恶魔性，这才使生活有些意味，正如有一点神性也同样重要。对于妇女之狂荡之攻击与圣洁之要求，结果都是老流氓的变态心理的表现，实在是要不得的。[3]这是"五四"以来经过近代思潮洗礼之人的看法，当然对妇女"性"的解放持一种宽容的态度。但在明代这样一个尚以传统礼教为主流的社会里，妇女的偷情确实还很难为一般大众所容忍。

按照明初的法律规定，假若男女两人通奸，其中的"奸夫"与"奸妇"，都会被处以斩首之刑。[4]即使官员犯"奸宿军妇"之罪，也会被"论如律"。[5]这尽管是行于一时的严刑，但至少说明明朝廷对男女通奸深恶痛绝。此外，已经规范化的明代法律也禁止男女之间的"和奸"。《大明律》对男女之间通奸的惩治作如下规定：凡是男女

1 冯梦龙编：《山歌》卷二《私情四句·偷》，载《明清民歌时调集》，上册，第299—300页。
2 冯梦龙编：《山歌》卷二《私情四句》，载《明清民歌时调集》，上册，第300页。
3 周作人：《北沟沿通信》，载黄开发编《知堂书信》，第116—117页。
4 洪武二十七年（1394）十月三十日所出禁约之榜，其中就规定，在京犯奸的奸妇与奸夫，"俱各处斩"。参见《南京刑部志》卷三，清钞本。
5 如洪武年间，给事中王默、进士易聪、序班洪文昌三人，均周旋于明太祖朱元璋之前，或从游于殿庭，却因"性务奸顽，苟合无藉之妇，通奸不已"，最终法司"论如律"。此即其例。参见朱元璋《御制大诰续编》第六四《奸宿军妇》，载《洪武御制全书》，第840页。

和奸，杖八十；若是已婚女子与人和奸，则杖九十。凡是男女通奸，双方同罪。通奸所生男女，照例责付奸夫收养，而奸妇则由其丈夫嫁卖。若是丈夫仍愿收留，法律亦不加禁止。不过有一条作了特别规定，就是不能将奸妇嫁卖与奸夫，否则奸夫、本夫各杖八十，妇人离异归宗，财物入官。[1] 这显然是为了限制通奸双方通过嫁卖的形式而成其好事。

尽管法律禁止男女之间的通奸，但明代正史的史料也证实，大概从成化年间以后，在京城已经出现了大量的"奸妇"，进而形成一股"淫居"之风。所谓"奸妇"，就是妇女在没有婚姻之约的前提下与人私通，事实上就是一种通奸的行为。所谓"淫居"，就是无夫妇名分，却在一起同居。所有这一切，完全有悖于传统的道德观念，却在当时已经成为一种风气。这种风气的形成，大体上是建立在当时"京师淫风颇盛"的大前提之下。[2] 为此，究竟如何处理这一类奸妇，当时明朝廷内部出现了两种意见：一种意见认为，应该下令禁约，并通过将奸妇"枷号示众"，起到禁遏淫风的作用。而另一种意见则相对平和一些。尽管他们同样将这种男女通奸视为一种不道德的行为，但同时也承认枷号示众这种做法不符合法律的本意。在他们看来，既然示众，就必然在大庭广众的市场之上，其结果是使监守者与那些奸妇昼夜混处，本来是要使其知耻，而结果却越发不知羞耻。他们主张，对这种通奸之风，只需让五城兵马司及巡城御史官校加

1　怀效锋点校：《大明律》卷二五《犯奸》，第 197 页。
2　如明代史料载，弘治年间，北京义勇卫舍余张通，内交刑部诸司官，"常匿乐妓及尼姑于其家，每宴集，辄出之行酒，剧饮歌呼，倡优杂处，率至夜分而罢"。此即其例。说具《明孝宗实录》卷一六九，弘治十三年十二月癸卯条，台湾"中央研究院"历史语言研究所 1966 年校印本。

强缉捕即可。最后，明宪宗采纳了后一种建议。[1]这说明在对待妇女通奸这一类行为时，当时的明朝廷已经逐渐抛弃严刑峻法，而是采用一种较为缓和的措施。

清初史家在纂修《明史·列女传》时，显然是为了从正面树立一些"贞妇"的形象。殊不知，在这些贞洁的儿媳妇背后，却反衬出一些不守妇道、性有淫行或与人私通的恶婆婆的丑行，这正好印证了当时民间社会所普遍盛行的另外一面的"淫风"。《明史》记录了下面三则故事，不妨详引如下：

第一则故事记载，当时有一位叫王妙凤的女子，是吴县人，嫁与吴奎为妻。她的婆婆性有淫行。正统年间，吴奎出外经商。婆婆与私通之人在家一起饮酒，奸夫对妙凤也起了欲心，于是就命妙凤取酒，但妙凤只是拿着酒瓶，并不想进入房内。婆婆屡次催促，妙凤无奈，只好拿酒进入房间。奸夫就暗自将她的手臂绑了起来，妙凤深感气愤，就拔刀砍下自己的手臂。因为此事，她的父母就打算告官，但妙凤却说："死则死耳，岂有妇讼姑理邪？"过了一旬，妙凤死。

第二则故事的女主人公是唐贵梅，安徽贵池人，嫁给同里朱姓人家为妻。她的婆婆曾与一位富商私通，富商看见贵梅之后，又心怀不轨，就拿金帛贿赂她的婆婆，希望通过她的关系，迫使贵梅就范。于是，这位婆婆就百般教唆自己的儿媳妇与富商相通，但一概为贵梅所拒绝。无奈之下，就只好用刑，先是箠楚，继而炮烙，但终究没有得逞。于是，婆婆就以不孝之罪将贵梅告官。当地的通判

1 《明宪宗实录》卷三三，成化二年八月辛丑条，台湾"中央研究院"历史语言研究所 1966 年校印本。

大人已被富商买通，就对贵梅多次用刑，几乎气绝。富商的目的是借此迫使贵梅改节，随后就令其婆婆将贵梅从牢房中保出。一些乡里或亲戚知道此事后，颇为不平，就劝贵梅再以实事告官，贵梅却说："若尔，妾之名幸全，如播姑之恶何？"到了晚上，就换了衣服，在后花园梅树底下上吊而死。

第三则故事发生在嘉靖二十三年（1544）。当时在嘉定县有一位张氏女子，嫁给汪客之子。她的婆婆多与人私通，所通之人中，有一位是恶少胡岩，为人最为桀黠，很多手下都听他调遣。于是，胡岩就与她婆婆谋议，故意派她的丈夫到县中服役，而胡岩等就在汪家早晚饮酒淫乐。一天，就喊张氏同坐，被张氏所拒。胡岩从后面攫其梳，张氏夺过梳子掷于地下。不久，胡岩就闯入房中，想对张氏实施强暴。张氏就大呼杀人，并用杵击打胡岩。胡岩没有得逞，愤怒出走。张氏自己拿头撞地，哭了终夜，已是奄奄一息。第二天早上，胡岩与其婆婆怕事情败露，就将张氏绑在床脚上，整天守备，又将各恶少召至家中醋饮。到了二鼓天，就一起将张氏捆绑，槌斧交下，张氏痛苦不已，就说："何不用利刃刺我！"其中一人就向前刺她的脖子，一人刺她的肋下，甚至割她的阴部，其行为之残忍，已是令人发指。将张氏杀死后，打算将其尸体焚毁，但因尸体太重，无法运送，就将房子一同烧掉。邻里救火者破门而入，见到死人，就向官府报告。地方官就将家中小奴或诸恶少逮捕讯问，才得知其中的缘由，将他们分别判刑。[1]

上面所引三则故事，故事的记录者无非是为了说明贞洁儿媳妇的节行，但我们却从中看到了恶婆婆与人私通的淫行。这或许是历史记

1　上面所引三则事例，均载于《明史》卷三〇一《列女一》，第 7700—7701 页。

录者所始料不及者。尤其应该引起注意的是，这种事例见诸正史的记载，其传播的范围乃至影响力尚不为大，而一旦成为民间百姓所喜闻乐见的话本小说的主题，那么，其在社会大众中的影响力就绝不可以低估。而冯梦龙就是这样一位有敏锐观察力的作家，他适时地迎合大众的需要，将其中的故事编入小说中。

按照传统的妇德观念，妇人之职，无非是"烹调饮膳"，如《易》之"主中馈"及《诗》之"惟酒食是议"就是这种观念的体现。但根据明代的史料记载，明末的妇女已经变得骄倨起来，开始"不肯入庖厨"。[1] 妇女不入厨房，甚至走出闺房，显然扩大了自己的社会交往。

一旦走出闺房，那么必然会出现一些"淫奔""苟合"之事。按照传统的观念，一说"奔"，往往将它视作"淫奔"，如朱熹《诗传》的解释，就是持这种观念。明人谢肇淛却对男女之间的婚姻或情事有着自己独特的解释。他的观念包括两个方面：一方面，由于贫贱之家的存在，难免会出现一些"旷女冤夫"，而他们私自相约而奔，也是礼所不禁；另一方面，所谓的"奔"，就不一定将它落实为"淫奔"，凡是六礼不备，都可视为"奔"。[2] "聘则为妻，奔则为妾"，所说的就是这种意思。至明末，谭元春更是认为，才子与佳人因为父母之命的原因，最后无法成双结对，甚至"赍情而死"。其最好的办法，就是学卓文君奔司马相如之法，才堪称为"上上妙策"。[3]

在明代，妇女"淫奔""苟合"之事，同样见诸史籍记载。这不

1　张履祥：《杨园先生全集》卷三五《经正录》，引司马光《居家杂仪》，第974页。
2　谢肇淛：《五杂俎》卷一三《事部一》，第259页。
3　程羽文：《鸳鸯牒》，载《中国香艳全书》一集卷一，第1册，第3页。

仅不为一些士大夫所诟病，而且还被他们津津乐道，甚至期望这种艳遇能发生在自己身上。据张岱记载，在嘉兴，当地人开口就说烟雨楼。其实，烟雨楼的出名，并非全是由于它的美景，而是在此楼附近的鸳泽湖上，时常有一些风流韵事的发生。湖中有很多精致的船舫，由一些美人撑航，载上书画茶酒，与客人在烟雨楼相期。客人一到，就载之而去。舣舟于烟雨缥缈之中，十分悠闲，茗炉相对，随意之所安，可以经旬不返。一路柳湾桃坞，景色宜人。但所宜者更是人，在船上，客人与美人相对，痴迷伫想，仿佛若遇仙缘，洒然言别，不落姓氏。这些美人当然是船女，其身份虽不可断之为妓女一类，但亦近之。在这种风气的影响下，确实也有一些"倩女离魂，文君新寡"，[1] 开始效颦，做一些如"美人"一样的事情。本为淫靡之事，却以风韵出之，难怪使客人着迷。当时有一位叫徐安生的妇女，既入"美人"之列，却又可归于"荡妇"。此人是苏州人，为徐季恒之女，美慧多艺，而性颇荡。曾经嫁与杭州邵氏，因失行而被逐出邵家。从此以后，徐安生就恣为非礼。她的写生画出入宋元名家，曾经仿梅道人画一风雨竹，赠给当时名士沈德符，上面题有绝句，其一云："夏月浑忘暑酷，堪爱酒杯棋局。何当风雨齐来，打乱几丛新绿。"其二云："满拟岁寒持久，风伯雨师凌诱。虽云心绪纵横，乱处君能整否？"[2] 次诗所用乃唐李季兰语，其中寄意不浅。但沈德符怪其无因，置不复答，也算不为所动。这不仅反映了在江南地区女子的开放以及由此而来的男女关系的混乱，而且也说明了当地女子开始走出闺房，自己去寻求幸福，尽管这些女子尚不过是"倩女

1　张岱：《陶庵梦忆》卷六《烟雨楼》，上海古籍出版社 1982 年版，第 56—57 页。

2　沈德符：《万历野获编》卷二三《徐安生》，第 598 页。

离魂，文君新寡"之流。

此类例子甚多，不妨再引一例加以说明。崇祯年间的一天晚上，著名画家陈洪绶与张岱曾一同在杭州西湖赏月，曾与一位女郎萍水相逢。张岱记载：

> 章侯怅怅向余曰："如此好月，拥被卧耶？"余敕苍头携家酿斗许，呼一小划船再到断桥，章侯独饮，不觉沾醉，过玉莲亭，丁叔潜呼舟北岸，出塘栖蜜橘相饷，邑唼之。章侯方卧船上嗫嚅，岸上有女郎命童子致意云："相公船肯载我女郎至一桥否？"余许之。女郎欣然下，轻纨淡弱，婉瘱可人。章侯被酒挑之曰："女郎侠如张一妹，能同虬髯客饮否？"女郎欣然就饮。移舟至一桥，漏二下矣，竟倾家酿而去，问其住处，笑而不答。章侯欲蹑之，见其过岳王坟，不能追也。[1]

这是何等的风流韵事，虽无越轨行为的发生，但此类能够独自夜游的"女郎"，却属于新现象。

妇女之"奔"，或为寡妇，或为商人之妇，其私奔之例也时常见诸明代史册。仔细剖析这些史料记载，出现了一个共同的现象，即大多是女子主动追求或挑逗男子，一如卓文君之"奔"司马相如，而男子却不学司马相如，均为坐怀不乱的柳下惠。这或许是史料记录者刻意所为，是为了刻画男子在个人行为上的"谨严"，但也从侧面反映了当时的女子确实大胆开放。为示说明，不妨引用下面十则记载：

第一则故事是主人家的小妾公然挑逗"西宾"先生。如明末刘

1　张岱：《陶庵梦忆》卷三《陈章侯》，第29页。

汉，"少时为塾师，有姬夜奔之，不纳；明早，以他故辞去，亦终不言。"[1]

第二则故事如下：吴讷在成名之前，以医士身份到达南京。在他下榻之处，有一位"嫠妇"，年少美貌。到了晚上，"穿壁欲奔"吴讷住所。吴讷急忙命令仆人开门，冒着大雨逃出住所。第二天，即迁往他处。[2]

第三则故事如下：钱琦少年时到海宁祝虚斋先生之门游学。刚到一个多月，先生未让他入内馆，而是让他住在"外室家"。有一妇女，素有淫行，到了晚上潜入书室，卧于钱琦之榻。即使如此，钱琦尚能读书不辍，"若为弗知也者"。此妇甚感羞愧，"后遂不复来"。[3]

第四则故事如下：信州人林茂先，高才过人，已中乡试举人。但家还是极贫，闭户读书。邻居家一位富人妻，厌恶丈夫不学无术，羡慕茂先的高才，"暮夜奔之"。茂先呵斥道："男女有别，礼法不容。天地鬼神，罗列森布，何可以此污我乎！"此妇惭愧而退。[4]

第五则故事如下：松江府华亭县人彭应麟，嘉靖十九年（1540）到南京参加乡试时，在寓居的旅店中，有一位少妇公开挑逗他，却被他"骂却之"。第二天就换了寓所。

第六则故事如下：松江府上海县人顾元启，在"外舍"读书时，就有一位邻家女子对他进行"目挑"，其实就是眉目传情的意思，顾元启只好"仓皇闭户"。到了晚上，这位女子又偷偷来到他的卧室，似由荐寝之意。顾元启大怒，急忙喊"侍者燃烛"，这位女子才怏怏

---

1 钱澄之：《田间文集》卷二四《文学刘臣向墓表》，第472页。
2 张履祥：《杨园先生全集》卷四三《近古录一》，引钱裘《厚语》，第1259页。
3 张履祥：《杨园先生全集》卷四三《近古录一》，引钱裘《厚语》，第1260页。
4 张履祥：《杨园先生全集》卷四三《近古录一》，引钱裘《厚语》，第1260页。

离去。

第七则故事如下：松江府上海县洋泾里人盛铁，其朋友之妻"寡而贫"，前来投靠他，盛铁对她"收恤甚至"。时间一久，这位寡妇对他有了"狎意"，但被他"正色拒之，以礼遣去"。

第八则故事如下：松江府人俞明时少年之时，有一位邻居少女"夜奔"，却被他"正色拒之"，"女惭而去"。[1]

第九则故事如下：太仓人陆容，少年时"美风仪"。天顺三年（1459），到南京参加乡试，住在一家客店里。客店主人有一女儿，善于吹箫。一天晚上，私奔陆容寝室，陆容假称有病，"期之后夜"，此女才离去。第二天清晨，就"托故迁寓"。[2]

第十则故事如下：崇祯十二年（1639），浙江鄞县（今宁波市鄞州区）人邵仲陟在袁化祝氏家处馆。秋天参加乡试时，寓所家主妇有意"挑之"，仲陟不为所动。先是侍女借口馈赠"茗饵"而加以挑逗，被他"却之"。无奈之下，这位主妇只好亲自前来，仲陟更是避而不见，并告诫祝氏家童，不要将此事泄露出去。其后，仲陟得中举人。[3]

上面十则记载中的男主人公均属正人君子，没有对这种投怀送抱之事安然处之，而是为了避嫌，或匆匆离开主家，或搬离是非之地，或直接对"奔妇"加以斥责，但明代妇女与人私通现象，在当时确实并不罕见。

1　上面所引松江府的四则记载，分见李绍文《云间人物志》卷三《嘉靖间人物·彭鲁溪》和《嘉靖间人物·顾子贤》、卷四《嘉靖至万历三十八年人物·盛铁》和《嘉靖至万历三十八年人物·俞寅山》，载《明清上海稀见文献五种》，第184、195、211、220页。
2　文元发：《学圃斋随笔》，下册，第416—417页。
3　谈迁：《枣林杂俎》和集《丛赘·科第阴德》，第613页。

其实，大家闺秀或官宦姬妾生活开始出现这些新变化，与三姑六婆的关系相当密切。正是因为这些市井妇女经常出入大家闺房，并不断地向闺房女子透露社会上一般生活的信息，或以自己的言行潜移默化地影响闺房女子，才使这些大家小姐与官宦姬妾对外面的世界有了新的憧憬。

男女之间私情相通，免不了在彼此之间有情书的传递。明代的民歌中有很多题为《空书》《得书》之类的情歌，其中就反映了男女之间私情的传递完全需要情书的表达。从当时的记载来看，已经出现了专门的"捎书人"，替男女之间传递情书。[1]

当然这种男女之间私情的媒介体，尚有另外一类人物，即丫鬟。说到丫鬟，可以先引一首诗如下：

> 送暖偷寒起祸胎，坏家端的是奴才。
>
> 请看当日红娘事，却把莺莺哄得来。

诗虽较为通俗，所说却是那些"坏法丫鬟"之事。正因为此，明代小说《西湖二集》的作者周清原特意告诫人们："人家妇女不守闺门，多是丫鬟哄诱而成，这是人家最要防闲的了。"[2]这或许是经验之谈，却从中反映了丫鬟在男女情感交流方面所起的角色作用。

尽管如此，在一些牵涉到通奸一类的人命案子时，朝廷的处理意见总是从纯洁道德风化的前提出发，过分责罚于奸妇，而轻宥奸

1　冯梦龙：《挂枝儿》卷三《想部》，载《明清民歌时调集》，上册，第93页。按：冯梦龙辑《捎书》一歌云："捎书人才出得门儿外，唤了丫鬟替我去唤转他来。"云云。尽管歌曲未言明捎书人是何种身份，但基本可以说明男女之间情书的往来，有时是通过捎书人完成的。参见冯梦龙《挂枝儿》卷五《隙部》，载《明清民歌时调集》，上册，第115页。

2　周清原：《西湖二集》第一九卷，人民文学出版社1989年版，第318页。

夫。即使奸夫之子，也都是将满腔的怨气撒在奸妇身上，而不是责怪自己父亲的好色，甚至做出杀死奸妇的鲁莽行为。而这种行为也被朝廷认定为义举，归属"孝烈"之列，即使杀了人，也可以得到宽大处理。嘉靖中叶所发生的一件通奸事例基本可以证明上面所述。当时在山西保德有一位叫崔鉴的人，年已14岁，其父与邻女魏氏私通，并斥逐其母。出于义愤，崔鉴亲手杀了魏氏。这件事情上报到朝廷以后，明世宗考虑到他虽年幼，却能激义，就特旨免除他的死刑，只是发附近徒工三年。[1]

通观男女私通现象，其情况也是相当复杂。有些不过是一些士大夫利用自己的特权，私自占有属下衙役之妻。万翼的例子最为典型。据载，万翼是大学士万安之子，四川眉州人。此人小有才，然性格狂荡，黩货荒淫，无乡曲之行。在他任南京礼部郎中时，在回家路上，地方官员拨给他快手二人作为随从，但万翼一看到快手之妻颇有姿色，"皆私通之"。更令人诧异的是，万翼"内乱为尤甚"，与家族内女子的私通也习以为常，于是被家乡人称为"万郎猪"。[2]

正统十三年（1448），刑部尚书金濂在上奏中说："奸义男妇：洪、永以来，有论依奸子孙之妇应斩者，有论奸妻前夫之女应徒者。"可见，其处理的轻重不一。为此，明英宗专门下求刑部、都察院、大理寺拿出一个处理意见。三法司按照明英宗的旨意，就此进行了讨论。其讨论的结果则一致认为，亲男与义男，情有亲疏，所以应该"比奸前夫之女"，处以徒罪。此外，明英宗还要求就奸情明

1　沈德符：《万历野获编》卷一八《崔鉴孝烈》，第483页。
2　《明孝宗实录》卷九八，弘治八年三月戊子条。

确区分强奸与通奸。[1] 这一条文的出台，亦即对主人强奸义男之妻行为的处罚减轻，事实上使主仆之间的奸情变得一发不可收拾。一至晚明，主人与仆媳通奸，已成为一时的"末俗"。[2] 正如明人李乐所言："近时末俗，有大恶不义之事而已，不知其非，人亦不以为非。彼妇人视之似若以为当然而不丑者，何也？主人之于仆媳是也。"[3] 当时有一首题为《窃婢》的民歌，其中就记载了主人瞒着自己的妻子，将"爪子"伸向家中的使婢。歌云：

> 小丫头偏爱他（生得）十分骚，顾不得他油烟气被底腥臊，（那管他）臀高奶大掀蒲脚。背地里来勾颈，捉空儿便松腰。（若）还惊醒了娘行也，那时双双跪到晓。[4]

通俗文学作品对生活的描摹相当真实。主人与婢女偷情，当时的史料也有反映。据张履祥记载，浙江桐乡县乌镇有一贵人，其性好淫，广置童仆，"仆人妻无得免于乱者"。除了主人与仆妻相通之外，当时在一些富贵人家，因为家法荡然，"强仆"也开始乱主人之室，甚至与主母相通。这些主母，有些本身就是"寡妇"，因耐不住寂寞，只好与家仆相通，暂解饥渴。[5] 按照明代法律规定，凡是奴仆"奸家

1　龙文彬：《明会要》卷六四《刑一·刑制》，第1239页。

2　明末清初学者张履祥记道："乌镇某氏，惟一子，年弱冠。一夕，逆仆弑之而遁，其家遂无后。或曰：'淫仆妻而仆愤，故弑之。'或曰：'仆通于寡母，幼主知之，度不免，故弑之。'"无论是主人"淫仆妻"，还是仆人与主母相通，即使推测不一，但基本可以说明当时男女通奸之事也时常发生。说具张履祥《杨园先生全集》卷三八《近鉴》，第1024页。按：小说《金瓶梅》中西门庆就与其仆来旺媳妇惠莲通奸。参见兰陵笑笑生：《金瓶梅词话》第二二回，第278—279页。

3　李乐：《续见闻杂记》卷九，上海古籍出版社1986年版，第762页。

4　冯梦龙编：《挂枝儿》卷一〇《杂部》，载《明清民歌时调集》，上册，第231—232页。

5　这方面的通奸例子，张履祥曾记下了三则事例，参见张履祥《杨园先生全集》卷三八《近鉴》，第1025—1026页。

长妻、女者，各斩"。[1] 刑法不可谓不严，但在晚明，主母或小妾与仆人相通，仍不乏其例，这不能不说是一种社会风气的新转向。[2] 为此，一些人就提出了告诫之言，云："凡家主，切不可与奴仆并家人之妇苟且私狎，久后必紊乱上下，窃弄奸欺，败坏风俗，殆不可制。"[3]

无论是主人与使婢相通，还是主母与男仆偷情，无不是对传统社会伦常的冲击。更有甚者，出现了女婿与丈母娘相通的例子，也即当时所谓的"姐夫"与"阿姨"偷情之例，如明代山歌题为《阿姨》的民歌，所反映的就是一个女婿在船上送阿姨时，成就了一段露水姻缘之事。[4] 从阿姨一称，再兼之"主人未吃你先尝"一句来看，这位阿姨显然是这位女婿老丈人的小妾。至于小说《金瓶梅》中陈经济与潘金莲的偷情，从某种程度上说也是丈母娘与女婿的乱伦。小说《金瓶梅》中还记录了一则养老女婿与丈母娘通奸的故事。所谓养老女婿，即俗称"赘婿"，其特点是"养老不归宗"。故事中的女婿叫宋得，年纪尚小，不上三十岁。后来因为亲丈母娘死了，其岳父又娶了一位后丈母娘周氏，不到一年，岳父也死去。周氏因为年小，守不住寡，就与女婿时常言笑自若，最后发展到两人通奸。这在法律上称为奸妻之母，即使是后丈母，从法律乃至伦常上言，周氏与宋得为缌麻之亲，尚是在五服之内的亲属。若是落实，两人将均被判绞刑。[5]

1 怀效锋点校：《大明律》卷二五《奴及雇工人奸家长妻》，第 199 页。
2 小说《金瓶梅》记潘金莲因为嫉妒而与小厮琴童私通。又小说《警世通言》记守寡十年的孀妇邵氏，作为一个主母，最后也与小厮得贵私通。此即主母或大家小妾与童仆相通之证。参见兰陵笑笑生：《金瓶梅词话》第一二回，第 138—139 页；冯梦龙：《警世通言》第三五卷，第 301 页。
3 兰陵笑笑生：《金瓶梅词话》第二二回，第 280—281 页。
4 冯梦龙编：《山歌》卷四《私情四句》，载《明清民歌时调集》，上册，第 336—337 页。
5 兰陵笑笑生：《金瓶梅词话》第五三、七六回，第 711、1154—1155 页。

到了后来，男女通奸之风，甚至蔓延到了一些读书人中间。这方面的事例，可引张履祥的两则记载加以说明：

> 乌程生某，年少有才名，同邑某氏延为弟子师，然无行，潜与主人女婢通。遂因女婢传意于内，嫂与姑欲奔之。门户严，垣墙峻，乃以布为梯，系楼檐自垣悬下，其人扳援上，逾垣夜入。既久，人始知，不齿士类。郡缙绅怒，闻于学使者，以劣行褫黜，几毙杖。
>
> 石门秀才有弑其父者，不容于乡，潜遁宦室。日久，宦妻通焉，渐令授女童句读。书室与中馈近，声相闻，颜相望，几无内外之限。渐及家政，司出纳，丑声大布。而以主人远宦，妻专横，亲党莫敢言。二氏一慕浮名，一庇鸟兽，秽乱遂成。[1]

秀才属于斯文之士，理应恪守儒家伦理纲常。而实际上，明末的秀才不但有"弑父"的行为，而且借助教授之名，与使婢、主母私通。

男女之间的私通，在民间妇女中也广泛存在。弘治十六年（1503），宣府有一妇人郭氏，"托鬼神，诵佛书，为佛事"，类似于一个女巫，却也与一位名叫孟麟的男子私通。[2]万历二十一年（1593），苏州阊门外有宋姓商人，其妻年已四十，荡而悍，与家中一位余姚籍塾师"淫通"，甚至最后谋杀其夫。[3]

在社会上淫风甚炽的影响下，一些人家的妻妾已不再恪守妇道，甚至与僧人私通。明代的法律，完全禁止僧人与民间妇女通奸，一

---

1 张履祥：《杨园先生全集》卷三八《近鉴》，第 1030—1031 页。

2 《明孝宗实录》卷二〇六，弘治十六年十二月辛丑条。

3 沈德符：《万历野获编》卷一八《冤亲》，第 479—480 页。

且发现，就会在一般通奸罪之上，加罪二等。[1]不过，这些僧人大多是那些挟有"采战术"的异僧，而且很多民间女子的求子欲望，往往使僧人与妇女之间能在互相知情的情况下，各取所需，成其好事。如当时有一异僧陈宾竹，"挟采战术甚奇，不假力气运动，而龟头呼吸若神，能令妇人承之者坦手蔽目"。据史料记载，当时上海县一康姓吏员家的妻妾，"皆为淫妒"。后事情败露以后，这位僧人被严刑处死。[2]

男女之间私情的存在，一般都是将责任推在女子身上，认为是女人水性杨花。其实，细究起来，还是男人自己的行为不检所致。小说《金瓶梅》的作者在描述了花子虚之妻李瓶儿与西门庆私通之后，有下面一番比较道出实情的话：

> 大抵只是妇人更变，不与男子汉一心，随你咬折钉子般刚毅之夫，也难防测其暗地之事。自古男治外而女治内，往往男子之名都被妇人坏了者何？皆由御之不得其道故也。要之乎夫唱妇随，容德相感，缘分相投，男慕乎女，女慕乎男，庶可以保其无咎；稍有微嫌，辄显厌恶。若似花子虚终日落魄飘风，谩无纪律，而欲其内人不生他意，岂可得乎？[3]

但在另一回中，小说《金瓶梅》的作者又借助于吴月娘之口，将男女之间通奸的罪责归于妇女："大不正则小不敬。母狗不掉尾，公狗不上身。大凡还是妇女心邪，若是那正气的，谁敢犯边！"[4]

---

1 怀效锋点校：《大明律》卷二五《居丧及僧道犯奸》，第199页。
2 范濂：《云间据目钞》卷二《记风俗》，清光绪四年上海《申报》馆仿聚珍版印本。
3 兰陵笑笑生：《金瓶梅词话》第一四回，第172页。
4 兰陵笑笑生：《金瓶梅词话》第七六回，第1155页。

这种男女淫乱之风，尤其是女子亦多"淫纵"的行为，已经成为某些地方的一种风俗。成书于万历年间的小说无名氏所著的《百断奇观重订龙图公案》(今印本改为《包青天奇案》)，其中之《扮戏》一则，开篇作者就说建中风俗浮靡，男女性情滥恶，"女多私交不以为耻，男女苟合不以为污"。当地之人，整天想的是丰衣足食，穿戴齐整华靡，不论行检卑贱。所以当时有民谣揭示道："酒日醉，肉日饱，便足风流称智巧。一声齐唱俏郎君，多少嫦娥争闹吵。"反映了当地男子的淫乱之风。又有俚语道："多抹粉，巧调脂，高戴髻，穿好衣，娇打扮，善支持，几多人道好蛾眉。相看尽是知心友，昼夜何愁东与西。"反映了当地女子的"淫纵"之习。小说中所塑造的女性仙英，多私爱情人，显然就是为了证实这种时代风气。[1]

传统的礼教与法律无不允许甚至鼓励一夫多妻，这对只能一女嫁一夫的妇女来说，显然是一种不公平。妇女偷情行为的存在，无疑是对这种不公平的婚姻制度的无声反抗。正因为有了这种众多的偷情行为，也就激发起一些文人对一女嫁一夫制度的质疑。冯梦龙的朋友苏子忠就是其中的典型代表。他的新作《捉奸》一首，被冯氏收录在《山歌》中，其中云："古人说话弗中听，郎了一个娇娘只许嫁一个人。若得武则天娘娘改子个本《大明律》，世间啰敢捉奸情。"[2]苏子忠借助妇女之口，公然对《大明律》提出质疑，希望有武则天一样的人物出现，重新修订《大明律》，使妇女的偷情合法化。苏子忠是一位"笃士"，却能作如此异想，可见，"文人之心，何所不有"！

---

1 无名氏撰、锦文标点：《包青天奇案》卷一〇，第252—256页。
2 冯梦龙编：《山歌》卷一《私情四句》，载《明清民歌时调集》，上册，第291页。

妒风与悍妇

按照传统的观念，"夫者，妇之天"。说得通俗一点，做丈夫的就好像妻子头上所顶的天。儒家经典，亦记载了"妇有七去"之说，作为男女之间的"大防"，事实上是对妇女的一种制约。这种"七去"之说，同样载入《大明律》。但到了晚明，在一些士大夫家中，所谓的那些"大丈夫"，大多忍声隐忍，反而为妇人所制。为示说明，先看下面两则史料记载：

> 今之士大夫于妇之可去者，如鬼怪神妖，非惟不能去，且莫敢犯焉。或去之，人以为薄德而瑕疵之，居官者往往坐是而不振。[1]

> 古来妒妇制夫之条，自罚跪、戒眠、捧灯、戴水，以至扑臀而止矣；近日妒悍之流，竟有锁门绝食，迁怒于人，使族党避祸难前，坐视其死而莫之救者；又有鞭扑不加，囹圄不设，宽仁大度，若有刑措之风，而其夫慑于不怒之威，自遣其妾而归化者。[2]

"妒悍"之妇惩治那些"大丈夫"，其伎俩确乎层出不穷。这样的事实在明代的小说中也有反映。如小说言道："当今之世，天道斜行，人人怕了老婆，个个欺了丈夫。"[3]可见，夫妻关系方面不免有些男女颠倒的现象，而其直接的后果就是当时的妇女肆行而毫无顾忌。

1　顾彦夫：《礼解》，载黄宗羲编《明文海》卷一二八，第1280—1281页。

2　李渔著，江巨荣、卢寿荣校注：《闲情偶寄·此曲部·结构》第一《戒荒唐》，第30页。

3　西湖伏雌教主：《醋葫芦》第三回，百花文艺出版社1992年版，第31页。

明代的山歌有"秀才娘子吃醋精"之说，[1] 这可能源于当时一些轻薄秀才惯于出入花街柳巷的事实。然从总体上说，穷秀才确实还是以怕老婆出名。穷秀才怕老婆，这当然也是有其原因的。关于此，明代小说有下面的解释："可怜做秀才的人，终年穿的、吃的、用度的，都是坐热了板凳、磨破了唇皮弄来的馆谷。除了自己读些书，又教学生读些书，辛辛苦苦的宿在馆中，再那里有闲工夫去看好女人，闲钱钞去嫖好娼妓么？……可见穷秀才没有一个不怕老婆，就是这缘故。"[2] 明代的民歌已经显示，嫖资便宜的是一次三钱银子，多的更需要五钱银子。即使如此，这还算是"时值估价，也不十分贵"。[3] 若是名妓，其价格更是令人望而却步。我们知道，穷秀才辛辛苦苦教书一年，少的不过挣几两银子，多的也不过是几十两银子，确实已无闲钱去嫖妓。无奈，只好守得一个黄脸婆，所以穷秀才没有一个不怕老婆的。

在传统中国，从孔老夫子开始，就流传着"女子小人为难养"的训条。此外，如《尚书》称"纣用妇言"，《诗经》称"哲妇倾城"，无不透出对妇女的蔑视，以及在男女关系上的"男尊女卑"现象。传统的典籍，对妇女之性也有相当严厉的规范，并将妇女的不善之性亦即不符合妇德的女子之性概括为下面几种，即妒、吝、拗、懒、拙、愚、酷、易怒、多疑、轻信、琐屑、忌讳、好鬼、溺爱。在这几种不良妇性中，则又将"妒"列为首恶，认为妇人只要不妒，就可以掩盖百拙。

1　冯梦龙编：《山歌》卷四《私情四句·会》，载《明清民歌时调集》，上册，第330页。
2　酌玄主人编辑、谐道人批评：《闪电窗》第六回，载《明清稀见小说丛刊》，齐鲁书社1996年版，第224—225页。
3　冯梦龙编：《挂枝儿》卷九《谑部·鸨儿》，载《明清民歌时调集》，上册，第223页。

明代中期以后，"妒妇"大量涌现，而男子"惧内"现象也史不乏载。这是一个新动向。早在宋代时，由于道学家法谨严，妒妇、悍妇相对较少。但到了明代，妒妇、悍妇已不可胜数。如李绍文就亲眼见到松江六家悍妇，并记录下了悍妇行为，颇便于我们对晚明的悍妇有一感性认识，引述如下：

> 松之悍妇，不能枚举。因夫以得贵，因贵以虐夫。有披发通衢，呼夫名而稠诟；有数娶美妾，实禁锢以终身；有夫将荣任，披麻衣以咀咒；有禁不置副，斩夫嗣而不恤。夫桯腹而偏薪爨飧，客在堂而故挞奴婢。过听六婆，大捐黄白，出入由己，不告舅姑，自谓夫之无乃我何。[1]

民间百姓家的妇妒暂且不说，即使是一些道学家、名士、名将，也往往有"惧内"的倾向。如：王阳明内谈性命，外树勋猷；申时行、王锡爵两位内阁大学士，官至极品；戚继光南平北讨，威震四方；萧如薰，也是矫矫虎臣，著庸边阃；汪道昆锦心绣口，旗鼓中原，也算文坛健将。即使是这么有名的人物，却都是"令不行于阃内，胆常落于女戒，甘心以百炼之钢化作绕指也"，[2]有惧内之病，实在是很可怪的现象。

明代著名文人李开先以"山坡羊"调写有一首《你性情儿随风倒舵》歌，对悍妇形象作了栩栩如生的刻画，不妨引述如下："你性

1　李绍文：《云间杂识》卷二，上海黄氏家藏旧本，上海瑞华印书局 1935 年版。
2　谢肇淛：《五杂俎》卷八《人部》四，第 150 页；沈德符：《万历野获编》卷五《惧内》，第 138—139 页。按：据沈德符的记载，汪道昆不但惧内，甚至被他的夫人阉割，成为阉人，实在令人咋舌。又据谈迁记载，都督萧如薰夫人杨氏，"才而妒"，尽管没有子嗣，却不容萧氏"纳箴"。参见谈迁：《枣林杂俎》义集《彤管·妒内》，第 286 页。

情儿随风倒舵，你识见儿指山卖磨。这几日无一个踪影，你在谁家里把牙儿磕？进门来，床儿前与我双膝跪着！免的我下去揣你的耳朵。动一动就教你死，那一那惹下个天来大祸。你好似负桂英王魁，更在王魁头上垒一头儿窝。哥哥，一心里爱他，一心里爱我。婆婆，一头儿放水，一头儿放火。"[1]男人在外寻欢作乐，回家之后，难免要受家中悍妇的拷问，甚至受罚下跪。但若换一个角度来说，作为一个妻子，当得知自己丈夫有了新欢，却又受家中婆婆夹板气的时候，除了凶悍，似乎别无他法。

家有悍妇，被传统的士大夫视为一种不幸之事，甚至可以绝祀。那么，一旦悍妇死去，就会被他们认为是一件值得庆幸的事情。如解缙曾去参加一位友人妻子的丧事，进门就向友人说"恭喜"，进而又说："四德俱无，七出咸备，呜呼哀哉，大吉大利。"闻者无不绝倒。究其原因，就是因为这位友人的妻子是一位悍妇。后来官至吏部尚书的崔恭，他的妻子李氏也是一位悍妇，崔恭见到她就栗栗畏顺，甚至向她下跪求饶。李氏将死之时，崔恭在病床前听候省视，还是不敢有所违抗。等到李氏一死，他的小妾得以专宠，并为他生下二子。[2]

"惧内"或"畏妇"的原因，各不相同，可以概括为下面八种，诸如：愚不屑之畏妇，是怵于妒妇之威；贤智者之畏妇，是溺于妇人之爱；贫贱者之畏妇，是仰仗妇人之余沫以自给；富贵者之畏妇，是惧怕妒妇发威而求苟安；男人怕丑妇，是由于丑妇操持家秉；男

1 李开先：《一笑散》，载蒲泉、群明编《明清民歌选甲集》，第29—30页。
2 尹直：《謇斋琐缀录八》，载邓士龙辑《国朝典故》卷六〇，北京大学出版社1993年版，第1342页。

人怕少妇，是因为惑于床笫；男人怕有子之妇，是因为妇人可以有所要挟；而男人怕无子之妇，则纯粹由于妇人有威，而男人被其气势所慑。但最重要的一条，还是因为明代的法律允许男子可以三妻六妾，而妇女却必须从一而终。而当时的实际，无论是士大夫，还是商人，娶妾已成一时风气。在这样的状况下，妇女只有靠"妒"方可保持在家庭中的地位。事实也证明如此。在明代，妒妇现象之盛，以地域言，当数安徽的徽州与福建的浦城为甚。[1] 这显然与此两地之人多外出经商有关。

为了对明代妇女的"妒风"作更深层次的探讨，有必要将明朝人丁雄飞的说法引述在下面：

> 妇人多幸，生逢今世。举朝略是无妾，天下殆皆一妻。设令人强志广娶，则家道离索，身事迍邅，内外亲知，共相嗤怪。凡今之人，通无准节。父母嫁女，则教之以妒；姑姊逢迎，必相劝以忌。持制夫为妇德，以能妒为女工。自云受人欺，畏彼笑我。王公犹自一心，以下何敢二意？夫妒忌之心生，则妻妾之礼废；妻妾之礼废，则奸淫之兆兴。[2]

这当然还是传统之说。其意无非是说，尽管男子可以妻妾成群，但在"妒风"之下，则如同无妾。不过作者有一点倒是道出了当时的实情，即妇女确实已经"持制夫为妇德，以能妒为女工"。

妇女的吃醋使性，其实责任在男子，完全怪不得妇女。何以见得？明代一首题为《跳槽》的民歌，已经基本说明妇女醋情之生，

1　谢肇淛：《五杂俎》卷八《人部四》，第 147 页。
2　丁雄飞：《小星志》，载《中国香艳全书》一集卷一，第 1 册，第 18 页。

无不因为男子首先违背自己所许坚贞不渝之愿，而是瞒了相好的女子，"偷情别调"，亦即所谓的"跳槽"，[1] 然后才引发妇女捻酸吃醋。吃醋这种似乎体现妇女小心眼的行为，恰恰表明妇女对男子的一片真情恩义。还是冯梦龙最为理解妇女的心态，他说："说到恩义，吃醋也不淡，使性也不妨。不切己，不吃醋；不相知，不使性。"[2] 可见，吃醋使性不仅仅说明事情关乎妇女自己的切身利益，而且也是妇女对男子的"相知"。

当然，也有一些学者从佛家因缘的角度对妇妒现象加以阐释，借此说明家中出现妒妇，无不是因为男性前生先有辜负女子之举，才有今生遭受妒妇折磨之苦。这是一种因果报应。下面一个例子显然可以说明这一倾向。如侍郎张鼐，学行著称当世，但其夫人陆氏颇妒悍，以致"侍郎苦之"。当时达观大师号称颇有道术，张鼐就向达观询问自己的"夙命"。达观让张鼐持佛咒，虔诚诵念半载，自当有悟。半年之后，张鼐恍惚觉得"前生恋某妓，登第负之，转生陆氏"。[3] 这当然属于佛家的话头，不可令人信服，但从中也道出了一个实情，即因为男子有负于女子，才导致妇妒现象的风行。

妒妇的广泛出现，乃至妇妒之风的形成，从妒妇的心态来看，显然也是对现实社会中男女不平等的一种抗争。周清原所编小说《西湖二集》，大体说出了妒妇胸中有"六可恨"，这六大恨无疑反映了妇女的一种不平心态。其中六大恨分别如下：第一，按照妇女的心态，一夫一妻，此是定数。"怎么额外有什么叫作小老婆。我却嫁不

1　冯梦龙编：《挂枝儿》卷五《隙部》，载《明清民歌时调集》，上册，第128—129页。

2　冯梦龙编：《挂枝儿》卷五《隙部》，载《明清民歌时调集》，上册，第126页。

3　谈迁：《枣林杂俎》和集《丛赘·张次仲》，第606页。

得小老公，他却娶得小老婆，是谁制的礼法，不公不平，俺们偏生吃得许多亏。"第二，妇人偷了汉子，便道是不守闺门，甚至成为莫大之罪，该杀该休；但男子偷了妇人，不曾见有杀、休之罪。无论是传说，还是各种善书，大多是惩罚妇女的不忠行为。如妇女像宜城公主那样，就会被剥了阴皮，贴在驸马脸上，借此说明不忠妇女是何等的罪大恶极而不可饶恕。更有一些"傻鸟""书呆子"，造言生事，说谎弄舌，恐吓妇女，说什么阎罗王十八层、十九层地狱，安排锻炼，让不忠妇女吃苦不尽。第三，男子娶小老婆、偷妇人，已是异常可恨之事，偏偏男子又生出一种"男风"的习气来，"夺了俺们的乐事，抢了俺们的衣食饭碗"。第四，妇人偷了汉子，便要怀孕，生出私孩子来，毕竟有形迹，难以躲闪，就如供状一般，所以妇人不敢十分放手，终究有些忌惮。男子偷了妇人、小官，并无踪影可以查考，所以他敢于作怪放肆，恣意妄为。第五，妒妇对男人的性生理特征也抱有一种愤愤不平之情。按照她们的理想，男子的阳具，理应只许见了自己的婆子方才发作、方才鼓弄便好，若是自己婆子不在面前，这件"东西"便应该守着家教，一毫不敢作怪，依头顺脑使唤，随别人怎么引诱，断然不肯做非礼之事，这便是守规矩的"东西"。但事实并非如此。男人的这件"东西"，偏生见了生客，分外狰狞，分外胆大，及至交战之时，单刀直入，再也不肯休歇，就像孙行者的金箍棒一般，好不凶狠，还要头面紫胀，粗筋暴露，磊磊块块，如与人厮打模样；若是回到家中，见了熟客熟主，反而没张没智，无精打采，畏畏缩缩，塌塌撒撒，垂头落颈，偷闲装懒，有如雨打鸡儿一般，全然不肯奉承，不肯着力。第六，妒妇既然绝了男子的小老婆、小官儿，使他不敢胡走乱行，原本应该可以放心了。其实并非如此。男子随身还有那五个指头，也还要作怪。此外，还有"夜壶"，活像妇女那件"东西"的模样，一出一入于其间，男子同样有放肆之事。更有日常的用品之中，诸如"竹夫人""汤婆子"这样的名色，也可以引坏男子那不良的心肠。[1]

从上面的妒妇所怀六大恨来看，事实上已经包括了男女在生理与社会上的诸多不平等。妇女心中所恨，不仅仅针对社会乃至礼教在对待男女之间各个方面的"不公不正"，而且对男女在天生的生理特征方面的不公正，同样提出了很多的怨恨。小说不同于正史，不同于文人士大夫的正经文章，在后者的那些记载里已经很难见到反映妇女心态的真实记录。而小说则不同，尽管所说有点俚俗，甚至有点"不经"，但毕竟痛快淋漓地说出了妇女的心中话，因而它是实在的，可信的。

妇女之妒，其初级的表现形式是吃醋使性。明代有一首题为《醋》的民歌，大体反映了这样一种情形。歌曲道：

> 我两人要相交，不得不醋。千般好，万般好，为着甚么？行相随，坐相随，不离（你）一步，不是我看得（你）紧，（只怕你）脚野往别处（去）波。你若怪我吃醋捻酸也，（你）索性（到）撑开了我。[2]

吃醋的目的，无非是争风，还是为了独自对男子感情的占有。在争风吃醋的过程中，其法已是无所不用其极，甚至用上了压镇、回背之术。如小说《金瓶梅》中记载，自从西门庆与院中的李桂姐好上之后，时常出入院中，不再回家，于是引发了西门庆的小妾潘金莲的

---

1 周清原：《西湖二集》第一一卷，第177—178页。
2 冯梦龙编：《挂枝儿》卷五《隙部》，载《明清民歌时调集》，上册，第127—128页。

醋劲。为此，两人各自为争夺西门庆而较上了劲。李桂姐采用的是"压镇"之术，即让西门庆从潘金莲头上剪下一绺头发，将头发"絮在鞋底下"，每日践踏。而潘金莲为了重新夺回西门庆，则听从阴阳人之说，采用了一种"回背"之法。所谓回背之术，即当大小妻妾争斗之时，用镇物安镇，镇书符水吃后，就可以妻妾不争。至于具体的方法，小说有下面的描述："用柳木一块，刻两个男女人形像，书着娘子与夫主生时八字，用七七四十九根红线，扎在一处。上用红纱一片，蒙在男子眼中，用艾塞其心，用针钉其手，下用胶粘其足，暗暗埋在睡的枕头内。又朱砂书符一道，烧成灰，暗暗搅在酽茶内。若得夫主吃了茶，到晚夕睡了枕头，不过三日，自然有验。"所有上面的这些做法，无不都有讲究：用纱蒙眼，其目的就是使丈夫见了自己一似西施一般娇艳；用艾塞心，则是为了使丈夫心爱自己；用针钉手，意思是说随便女人怎么不是，丈夫再不敢动手打人；用胶粘足，其目的是限制丈夫在外面胡行。[1]

悍妇现象的广泛出现，说明明代妇女在家庭中地位的部分上升。"悍"自然是一个贬称，其实，在明代凡是说一个妇女能自强、自立，有时也会用一个比较隐晦或中性的说法，即"自健"。如明代官员许殿卿之妻孟氏，就被乡里邻居称为"自健"。那么，什么样的妇女可以称得上是"自健"？明代文人就以孟氏为例进行解释，并将其概括为下面几个特点：一是"夫力贫支备，甘荼习蓼，备所不堪，一无难色退言"。这是指可以与丈夫共患难，并鼓励丈夫上进，显然是传统"相夫"说的转化。二是"困于捐筐剪结，而不变于装橐千金"。这是劝丈夫为官，应以清廉自持，甚至视非法的金钱如粪土。

1　兰陵笑笑生：《金瓶梅词话》第一二回，第148—151页。

这是指有见识。三是"即不变于装橐千金，而家人稍入簿计缗策百不失一"。这是指尽管可以视非法金钱为粪土，但在家庭的日常生产中，却能主持，又管理得头头是道，显示出一种精明的经济管理才能。四是人虽在千里之外，却又能通过传敕遥控丈夫衙舍中的婢妾，这显示出一种主妇女持家的才能。[1]这样一种"自健"之妇女，尽管近于"悍"，却是明代妇女趋于自强、自立的新特点。

城市化对乡村夫妻生活的影响

明代有一首题为《乡下夫妻》的民歌，已经明白地透露了下面这样一种信息：一对本来甚是和谐恩爱的夫妻，当在一个清明节时，乡农见到从城里前来上坟的城市"俏娘"之后，开始变得魂不守舍，羡慕城市的女子。歌曲很直白，就直接转引在下面：

> 俏娘儿遇清明，（把）先茔来上。乡下人看见了，手脚都忙。若不是小脚儿（就认做）观音样。一般样父娘养，偏生下这俊娇娘，引掉我的魂灵也，回家就乱嚷。
>
> 见妻儿在灶跟前，（不觉）冲冲发怒，作甚业，晦甚气，讨（你这）夜叉婆，黄又黄，黑又黑，成什么货！（别人家）老婆娇滴滴的美，（看不上）你这车脚夫，（你不见那）上坟的姑娘也，爱杀爱杀了我。
>
> 莽喉咙叫一声：（我的）乡下大舍，龙配龙，虎配虎，姻缘簿不差。臭野蛮配村姑也是天生天化，天鹅肉想不到口，痴杀你这癞虾蟆。（我若比那）上坟（的）姑娘也，（自有上坟的）姑夫配

1　李攀龙：《李攀龙集》卷二三《明孟宜人墓志铭》，齐鲁书社 1993 年版，第 521—522 页。

着（我）耍。

好乡邻好言语（劝你争）什么大事，乡下夫，乡下妻，（比不得）城里（的）丰姿，一年庠水兼插莳，（这大娘子）黄黑（也不是）胎生的，就是大舍（原好个）小官儿，（你若一年半载）住在（那）城中也，（包你比着那）上坟的无彼此。[1]

农村赋税日重，渐趋凋敝，城市商业化的发展却带来繁华的景象，导致城乡生活反差趋大。于是，人们对乡村生活日渐厌倦。即使是村女，也不再安于农村生活，而是向往城市生活，梦想能嫁一个城市郎君。李开先有一首《村女谣》，云：

三条路儿那条光，那条路可上东庄？东庄有个红娥女，不嫁村夫田舍郎。村田虽好他不喜，一阵风来两鬓糠。灶旁门外鸡随犬，院后家前马伴羊。一心嫁在市城里，早起梳头烧好香。一壶美酒一锅饭，一盏清茶一碗汤。从今不见恼怀事，里老催科又下乡。[2]

作为一个"红娥女"，若是嫁了"村夫田舍郎"，就只能过"一阵风来两鬓糠。灶旁门外鸡随犬，院后家前马伴羊"这样一种乏味的生活。反之，若是能嫁个城市郎君，则完全可以过上"早起梳头烧好香，一壶美酒一锅饭，一盏清茶一碗汤"的理想生活。城市繁华所产生的吸引力，对"田舍郎"与"村妇"是一样的。换言之，城乡对立，最终必然引发农村家庭生活的动荡。

1　冯梦龙编：《挂枝儿》卷一〇《杂部》，载《明清民歌时调集》，上册，第241—242页。
2　李开先：《闲居集》卷一，载《李开先全集》，上册，第87页。

妇女的社交圈及其扩大

在论及妇女社交圈之前，有必要对明代妇女的地域性差异先加以讨论。这种地域性的差异，尤其是南方与北方，或者更精确地说，东南地区妇女与西北地区妇女的差异，首先是习俗使然。在明人著作中，对各地妇女大多喜欢作一区分，说明妇女作为一个社会群体，同样存在着一些地域特点。

在对妇女特点的评述上，明人尤其注重北京的妇女。按照明代士大夫的观点，北京作为当时的都城，生活在这座城市里的妇女显然以"淫悍著闻"。[1] 何以言此？无非是因为很多读书人在京城做官，有些没有带家小的官员，为了解除宦途的寂寞，就在京城娶妾。一旦娶京城女子为妾，就对北京的女子有了深切的感受与体验。关于此，明人沈德符有下面揭示：

> 缙绅羁宦都下，及士子卒业辟雍，久客无聊，多买本京妇女，以伴寂寥。其间岂无一二志节可取者，无奈生长辇毂，馋惰性成，所酷嗜惟饮馔衣饰，所谙解惟房闱淫酗。吾辈每买一姬，则其家之姑姊姨妹麇至而翾蕫砧，稍不自爱者，一为所蛊，辄流连旬月，甚至更番迭进，使子居男子髓极告终，则邸中囊橐皆席卷而归，不浃旬又寻一南人与讲婚媾矣。以余所目睹，覆辙相寻，而士友辈尚如猩猩试酒，未能尽悟。其间命高福厚者，每迫他事南还，则此曹相率先行，所饷不满所望，必龂齿弹舌，狞凶万状，以故晋人有比之"京官牙牌"者，谓其出京不

1　沈德符：《万历野获编》卷二三《窦氏全印》，第589页。

用也。古人云：燕赵多佳人。意者别是一种耶？[1]

据上可知，北京女子"馋惰性成，所酷嗜惟饮馔衣饰，所谙解惟房帏淫酣"，是当时士大夫的普遍感受。究其原因，除了地域性的风俗因素之外，其中"生长辇毂"亦为其中一个原因。换句话说，妇女生活在京城，日常所见所闻，其信息量均比外地女子为多，相对眼界较宽。

北京妇女嫁给外地人做妻妾，在明代相当普遍，但其中多有欺骗行为。如有人要娶妾，就上门去看人，初看时，就用美女替代，等到临娶之时，就又换成丑女，这在当时称为"戳包儿"。有些过门才一宿，就将家中财物盗窃一空，然后逃走，这在当时被称为"挈殃儿"。更有一种，就是以幼男假充女子，傅粉缠足，其神态相当逼真。等到娶过门，再乘人不备，偷偷逃走。[2]这种"美人计"的存在，显然也与都城的人文环境有关。

在明朝人所著小说中，通常也将南北方的妇女在性体验上作一区分，以说明北方女子在性方面具有更多的主动性。江左樵子编辑的小说《樵史通俗演义》，曾就南方妇女与西北妇女在性体验乃至性风俗存在的差异分别作了详细的比较，以此证明西北妇女相较于南方妇女而言，更为"妖声浪气"，即更为大胆、开放。[3]这显然是地域因素使

---

1 沈德符：《万历野获编》卷二三《燕姬》，第597页。

2 陆容：《菽园杂记》七，载邓士龙辑《国朝典故》卷七九，北京大学出版社1993年版，第1706页。

3 小说记道："只有一件，那西人与南方不同，男女才上交，女人口里就道：'我的亲哥哥，亲爹爹，射死我了！射死我了！'又有的道：'亲亲！你射死了小淫妇儿罢！射死不要你偿命。'妖声浪气，不只一样，若不叫唤，男子汉就道他不喜欢了。"参见江左樵子编辑：《樵史通俗演义》第二七回，第204页。

然。以明代妇女的教育程度来说，东南地区的妇女显比西北地区妇女为高。妇女一旦接受了较多的"女教"，反而会受到礼教的束缚，在男女情爱问题方面显得束手束脚。

在崇尚妇女小脚的时代风气下，一些地方性的女子凭借其脚小而逐渐被士大夫所认可，而且在当时形成了一定的名气。如兰州、大同的名妓，无不以脚小而著称。尤其是兰州女子之足，大者三寸，小者尚不及三寸，且又能步履如飞，男子有时追之不及。脱其凌波小袜，用手抚摩，犹觉刚柔相半，有些甚至柔若无骨。[1]

列举上面这些史实，无疑可以发现如下一些问题：第一，何以在性体验方面，西北女子反而比东南女子更为开放？第二，女子小脚，应该是传统礼教的产物，何以女子小脚较为著名者出在西北的兰州、大同，而不是东南的苏州、杭州？这或许就是地域因素使然。

值得指出的是，无论是京城的妇女，还是江南的妇女，她们的社交圈子正在逐渐扩大。按照明代一般的惯例，妇女"出必拥蔽其面"。这有一些事实可以作为例证。即使是那些社会交往颇多的有才女子，亦无不遵守这一习惯。明人郎瑛《七修类稿》曾记杭州女子金丽卿，颇有诗才，有"家住钱塘山水图，梅边柳外识林苏"之句，颇得当时名士欣赏。正是这位金丽卿，一般人认为她不能守礼，但"出则拥蔽其面"。[2]然自明代中期以后，妇女开始抛头露面。明人的记载生动地记述了这种变化趋势："妇人出必拥蔽其面，今则粲粲

1　李渔著，江巨荣、卢寿荣校注：《闲情偶寄·声容部·选姿》第一《手足》，第136页。

2　王士禛：《香祖笔记》卷一，上海古籍出版社1982年版，第11页。

彼姝，露妆行路，而听经礼忏，入山宿寺，秽德彰闻矣。"[1] 这当然是一种"怪事"。但时日一久，也就见怪不怪了。尤其是在北京，妇女"好嬉游，亟聚会"，更是成为一种时风习俗。每当仲夏之时，北京妇女甚至有"水滨之观"，[2]"嬉游"已经成为北京妇女日常生活的主要内容。

这种风气在江南最为盛行。从隆庆二年（1568）苏州知府所立的《苏州府示禁挟妓游山碑》中可以清楚地知道，当时苏州虎丘山寺已是"游人喧杂，流荡淫佚"。游人的来源主要有下面三类人：一是士大夫览胜寻幽，超然于情景之外；二是一些荡子，他们也挟妓携童，遨游于虎丘山寺；三是一些妇女，她们冶容艳妆，结队游览。[3] 在这三类人中，尽管第一类史料没有明言他们是否带有女眷或歌妓，但从明代士大夫的生活实践来看，显然也多为携妓而游。至于后两类，均与妇女有关。可见，苏州地方妇女外出旅游已是蔚然成风。

为了进一步剖析的方便，不妨详细引述伍袁萃的记载：

> 吴、浙之间，风俗淫荡。每遇春月，妇女艳妆冶容，什伍成群，遨游山水。而浙之天竺、法相，吴之虎丘、观音诸山寺，屡相错也。髡徒、少年、无赖子聚而观之，又肩相摩也。[4]

可见，妇女外出游览之风，不仅仅限于苏州，杭州妇女亦然。

1　钱永治：《枝山志怪序》，载黄宗羲编《明文海》卷二二二，第2261页。
2　陈子龙：《安雅堂稿》卷一五《杨进士侧室王姬墓志铭》，辽宁教育出版社2003年版，第300页。
3　王国平、唐力行主编：《明清以来苏州社会史碑刻集》，苏州大学出版社1998年版，第565页。
4　伍袁萃：《林居漫录多集》卷二，《四库全书存目丛书》本。

此外，明代史料又有下面的记载："余少闻苏、松间妇女，夜走城市步月。檇李则目及睹之。不意湖城敦朴地，二十年以来，亦踵其陋风，恬不知耻。至于设席，则湖尤在苏、松之上。盖作俑于大官家，可慨也！"[1] 可见，这种风气，初起于苏州、松江，后来渐及嘉兴、湖州。

其实，妇女之间聚会社交，或借宗教之名外出游览，不仅限于江南地区，而且已经遍及全国。明人王士晋《宗规》有如下揭示：

> 至于近时恶俗人家，妇女有相聚二三十人，结社讲经，不分晓夜者；有跋涉数千里外，望南海、走东岱祈福者；有朔望入祠烧香者；有春节看春、灯节看灯者；有纵容女妇往来，搬弄是非者。[2]

无论是妇女聚会，还是远足旅游，或者是看春、看灯，无不证明妇女社交已经相当广泛。

至明末，妇女外出在台前看戏，更是蔚然成风。关于此，明末清初学者申涵光有如下揭示：

> 妇女台前看戏，车轿杂于众男子中，成何风俗！且优人科诨，无所不至，可令闺中女闻见耶？[3]

申涵光的担心不无道理。无论是妇女外出游览，还是公然在台前看戏，无不迥异于传统礼教规范下的"风俗"，是"风俗淫荡"的一种

---

1 李乐：《续见闻杂记》卷一〇，第799—800页。
2 陈宏谋辑：《训俗遗规》卷二《王士晋宗规》，载《五种遗规》。
3 申涵光：《荆园小语》，载《借月山房汇钞》，民国上海博古斋据清张氏刊本。

反映，但确实又是明末妇女生活的实际。这种生活动向，大抵就是妇女社交圈子逐渐扩大的最好证据。

明代妇女不但外出游览、看戏，而且主动参与一些政事、国事的活动。崇祯时周延儒被罢职乃至东山再起，无不是当时朝内政治斗争的产物。当周延儒再起为内阁首辅之时，他的门生故吏、姻亲幕客无不弹冠相庆，这是理之常情。令人奇怪的是，当周延儒在"疏辞候旨"之时，前来送行的队伍当中，出现了很多妇女的身影，甚至"驾彩鹢送相公"。[1] 这一方面说明周延儒日常生活之奢华，即使是在候旨再起之时，亦不妨有一些"银烛高烧，笙歌鼎沸"的热闹场景，但另一方面，更是说明明末的妇女确实也在时刻关注朝局的变化。一旦自己相亲的人在政治上得意，就按捺不住自己心里的激动，甚至不顾礼教的约束，抛头露面，前往送行。

如何看待明代中期以后的男女通奸以及外出游览、看戏之风？今人绝不可以"老流氓的变态心理"去看待这种男女关系混乱的现象，也不能以卫道士的姿态断言其为"风俗淫荡"，而是更应看到商业化与城市化生活的大势，已经开始对传统礼教封锁下的妇女生活形成冲击，以及由此而引发的妇女生活的新转向。

综上所述，从明代正德年间（1506—1521）开始，由于社会与文化机制内部的矛盾运动，明代妇女的生活从结构的深层发生了剧变。像晚明这样的时代，势必给人一种风气突变的感觉，至于像《牡丹亭》中的女主人公杜丽娘那种不顾一切的爱情，冯梦龙所辑《山歌》中的女性大胆承认"咬钉嚼铁我偷郎"的坦诚，以及大量"自健妇"或

---

1 林时对：《荷牐丛谈》卷三《王季重规阳羡》，载《台湾文献丛刊》，台湾银行经济研究室1958—1969 年版。

"悍妇"的出现，男女通奸或外出游览之风的流行，乃至妇女主动参与政事，只有在这样的时代才可能出现，而在传统的礼教关系的封锁世界中是根本不可能存在的。[1]

1　相关的阐述，可参见陈宝良：《悄悄散去的幕纱——明代文化历程新说》，陕西人民教育出版社1988年版，第 8 页。

社会各阶层妇女

"妇女"一词，由妇、女组成。未出嫁，为人之女；出嫁以后，为人之妇。未出嫁，生活在"闺阁"之中，尚是"处子"（即处女），又称"闺女"。出嫁，则称"出阁"。[1]

　　在传统中国，士大夫乃至一般民间百姓一直信奉这样一种观念，就是妇人没有贵贱，母以子贵，妻以夫贵，是古代的定礼。近人周作人也认为，妇女没有"阶级之分"。他说，在中国，有产与无产这两个阶级俨然存在。但是，说也奇怪，这只是经济状况之不同，其思想却是统一的，即都怀抱着同一的资产阶级思想。中国资产阶级弄许多婢妾，表面上加上一点圣贤之话作修饰，如"不孝有三，无后为大"之类，无产阶级的妇女观大要相去不远，或者不过说得还要老实显露一点而已。[2]

　　显然，这一看法部分反映了传统中国社会的特点，说明了传统妇女对儿子、丈夫的人身依附关系，但并非礼制的实质。传统的礼制，其目的就是确立一种等级名分，这种等级名分，不仅仅是针对男性，同样包括女性，其特点就是贵贱有分，甚至良贱有别。

---

1 《尔雅》云："小闺谓之阁。"据此，所谓"闺"，所指即门，故金门亦称"金闺"，处子又称"闺女"，以其尚处门内也。在明代，已将"闺阁"概作"闺阁"。关于这方面的阐释，可参见谢肇淛：《五杂俎》卷三《地部一》，上海书店出版社 2001 年版，第 59 页。

2　周作人：《文学谈》，载《谈龙集》，江西人民出版社 1986 年版，第 106—107 页。

贵族妇女

明太祖朱元璋立国以后，刻意建立起一套维系传统统治的礼教制度。他尤其强调男女有别，禁止男女混杂，以免败坏风俗。鉴于此，朱元璋一方面将礼教制度公诸天下，另一方面又将它首先实施于宫中，以便对宫中后妃、宫女加以有效的管理。

后　妃

尽管明代的后妃大多来自民间，但女子一旦入宫，得以受到皇帝恩宠，并被册封为后妃，则在身份上已属贵族妇女，从而享受与民间女子迥然有别的礼仪待遇。

后妃制度

明代的后妃制度，源于《周礼》，上承汉、唐两代之制，并自具时代特色。这大抵可以从后妃选拔、后妃等级、后妃教育（详见后文"后妃：母仪天下"）三个方面加以考察。

1. 后妃选拔

按照明代制度，凡是天子或亲王的后、妃、宫嫔，一般慎选良家之女充任，进奉者一概不受，所以明代的后妃大多出自民间。尽管明初之时，成祖朝的仁孝皇后是徐达之女，但显然是明初制度未定时的产物，而且有政治联姻的因素。一旦制度确立，后妃则多出自民间，所以每当新君登极，就有选秀女之说。

明代选秀女之制，其实也并非通行于天下，仅仅是在京师附近地区加以推行。起初还是两京并重，所以后妃中尚有南人，如：宣宗胡后，济宁人；孙后，邹平人；吴妃，丹徒人；郭嫔，凤阳人。英宗钱后，海州人。宪宗王后，武宗夏后，全是上元（今江苏江宁区）人。世宗方后，江宁人。但自明代中期以后，选妃大多是在京师，不及远方。究其原因，一是出于地近易采，二是为了防止滋扰。如英宗周妃，昌平人；景帝汪后及宪帝吴后，全是顺天人；世宗杜妃（穆宗生母），大兴人；穆宗李后，昌平人；穆宗陈后，通州人；穆宗李妃（神宗生母），漷县人；神宗王后，余姚人而生于京师；神宗郑贵妃，大兴人；光宗郭后，顺天人；光宗王妃（熹宗生母），顺天人；光宗刘妃（崇祯帝生母），海州人，但入籍宛平；崇祯皇帝周后，苏州人，但家在大兴。[1] 诸如此类，不一而足。

明代宫中妃子，有些甚至来自朝鲜。如明太祖第十四女含山公主的母妃韩氏，就是朝鲜人。永乐年间（1403—1424），朝鲜贡女更是很多，如光禄寺官员权永均之女（一说妹）权氏就是朝鲜人，后被封贤妃。[2] 除贤妃外，如顺妃任氏、昭仪李氏、婕妤吕氏、美人崔氏，都是朝鲜人。[3]

---

1 赵翼著、王树民校证：《廿二史札记校证》卷三二《明代选秀女之制》，中华书局 2001 年版，第 753—754 页。

2 沈德符：《万历野获编》卷三《国初纳妃》，第 72 页。按：辽简王母妃韩氏，沈德符亦怀疑是高丽人，但苦于无所证据，暂且存疑。

3 黄瑜：《双槐岁钞》卷三《玉箫宫词》，中华书局 1999 年版，第 58 页。

2. 后妃等级

明代有选淑女之制，选入宫中的淑女，当然尚无名分，但一旦得到皇帝的宠幸，就很快列入嫔妃之列。如嘉靖十四年（1535）十一月，下诏选淑女。河南延津人李拱震献其女。次年二月，此女就被封为"敬嫔"。[1]

明代内廷嫔御，尊称"贵妃"已至极顶。如太祖时，有贵妃孙氏，谥成穆；成祖时，有贵妃张氏，谥昭懿，贵妃王氏，谥昭献；仁宗时，有贵妃郭氏，谥恭肃。但当时的贵妃，尚无"皇"字，所以有册无宝（印）。

"皇"字之用，明初即有，如太祖朝册李氏为"皇淑妃"，又进封郭氏为"皇宁妃"，但贵妃却不用"皇"字。至宣宗时，孝恭皇后原先曾拜贵妃，于是开始尊称"皇贵妃"。此后，"皇"字专属贵妃。[2]如宪宗封万贵妃，亦称"皇"字。万历十三年（1585），册郑氏为皇贵妃；三十四年，进封恭妃为皇贵妃。崇祯元年（1628），封田氏为皇贵妃。[3]

在皇贵妃之下，就是贵妃。按照明代的制度，只有皇后才有金宝、金册，贵妃以下，则只有金册，无金宝。如洪武三年（1370），册孙氏为贵妃，仅授予她金册，却无金宝。宣宗宠信孙贵妃，专门

1　沈德符：《万历野获编》卷三《李氏再贡女》，第 94 页。
2　沈德符：《万历野获编》卷三《列朝贵妃姓氏》《封妃异典》，第 73、77 页。
3　龙文彬：《明会要》卷二《帝系二·妃嫔》，中华书局 1998 年版，第 28 页。按：《明会要》云贵妃称"皇"字，始于明宪宗册封万贵妃，与沈德符的记载稍异。参见《明会要》卷二《帝系二·妃嫔》，第 29 页。

向太后请求，制一金宝赐予她。贵妃有金宝，自此始。[1]

贵妃之下，则为一般的妃子。妃嫔没有金宝，也无金册，只是用涂金的银册。明代宫中诸妃的位号，只取"贤、淑、庄、敬、惠、顺、康、宁"等字作为称呼，[2] 如洪武十七年（1384）册李氏为"淑妃"，又正德元年（1506），册沈氏为"贤妃"，吴氏为"德妃"之类，均可为证。

贵妃册封，照例需要下一册封之文，而这种册文一般由皇帝身边的近侍大臣代作。为示明晰，下引永乐年间由杨士奇代作一篇册文为例：

> 维永乐七年岁次己丑二月甲戌朔初六日己卯。皇帝制曰：朕祗承大统，仰率圣谟，永维王化之基，实系彝伦之重。致明禋于宗庙，必有相奠之人；正内治于宫内，必有协宣之职。眷言贤淑，礼用褒隆。尔某氏懿哲徽明，端庄诚一，和惠本乎天性，静顺合于坤柔。率履多仪，益谨珮环之节；含章有美，不忘图史之规。惟乃令猷，宜膺显册，特封尔为贵妃。于戏！贵贰轩龙，既超承于恩命；光昭褕翟，伫益懋于德华。惟孝敬为福之源，惟勤俭为化之本，惟肃雍以自牧，惟敬戒以相成。往服训词，永膺福录。钦哉！[3]

1 《明史》卷一一三《后妃一》，中华书局1984年版，第3514页。按：另外一例，可证明代太妃亦可掌管太后之玺。万历六年（1578），明神宗册刘氏为昭妃。天启、崇祯时，刘太妃曾居住于慈宁宫，掌管太后玺。事载《明史》卷一一四《后妃二》，第3536页。
2 《明史》卷一一三《后妃》，第3504页。
3 杨士奇：《代言录·册贵妃文》，载氏著《东里别集》，中华书局1998年版，第437—438页。

后、妃以下，则为嫔。明初，无九嫔之名。在后、妃之下，杂置诸宫嫔，而赐以婕妤、昭仪、贵人、美人、昭容、选侍、淑女等名号。[1] 一旦获得昭容一类的称号，同样可以得到来自皇帝的册封诰文，下引一则册封昭容的诰文为例：

> 制曰：帝王之治，必本于家，彝典所书，尤详内职。眷言淑善，宜用升叙。尔某氏洵美端庄，惠和柔顺。本其天性，凤表著于德仪；只事宫闱，益谨循于图史。动必由礼，劳而能谦。肆显示于褒嘉，俾荣迁于名品。今特命尔为昭容，往服隆恩，益勤只慎。[2]

嘉靖十年（1531）三月，明世宗仿古礼，选置九嫔，如册方氏为德嫔，而郑氏、王氏、阎氏、韦氏、沈氏、卢氏、沈氏、杜氏，则分别册为贤嫔、庄嫔、丽嫔、惠嫔、安嫔、和嫔、僖嫔、康嫔。位列九嫔，即可头戴九翟冠，身穿大衫、鞠衣，圭用次玉谷文，再用涂黄金之册，其礼仪仅低于皇后五分之一。[3] 这是明代礼制在嘉靖朝得以革新的又一例子。

宫女一旦得到皇帝的初幸，成为妃子之后，其中皇帝的临幸之

---

1 诸如才人、婕妤、昭仪、美人、昭容、选侍、淑女诸嫔之名，在明代后宫均曾使用。如万历二十二年（1594），曾进才人；永乐年间，赐封一位李婕妤，是朝鲜人；永乐年间，赐封一位李昭仪，是朝鲜人；永乐年间，赐封一位崔美人，是朝鲜人；正德十二年（1517），太原人刘氏被赐美人；永乐初年，王氏被册为昭容；光宗时，有两位李选侍，另孝和王太后，最初侍光宗东宫，为选侍；嘉靖十年（1531）正月，曾选淑女48人；又孝纯刘太后，初入宫时也不过是淑女。参见《明会要》卷二《帝系二·妃嫔》，第29—30页。
2 杨士奇：《代言录·昭容诰文》，载《东里别集》，第438页。
3 上面所引，均可参见《明会要》卷二《帝系二·妃嫔》，第28—30页；《明史》卷一一四《后妃二》，第3531页。

制，在明代宫中也自有一套体制。按照明代的制度，宫中女官中的尚寝，专门侍候皇帝寝处之事。另外太监中的文书房内官，也负责记载每晚皇帝幸宿何处，以及临幸宫嫔的年月。所记之册，称《钦录簿》，以便他日稽考。又据记载，每晚，各宫之门上都挂上两盏红纱灯笼，等候皇帝的临幸。一旦皇帝临幸某宫，那么此宫门上之灯先行卸下。宫中东西巡街之人，即刻传令，各宫俱卸灯歇息。[1]

明代的后妃制度，除中宫皇后之外，尚有东、西二宫。如明宪宗大婚之时，初选吴氏为中宫，柏氏与王氏为东、西二宫。这就是所谓的"三宫"。[2]除"三宫"之外，尚有"六院"之说，在明代一般又称"六宫"。如弘治元年（1488），左庶子谢迁上奏，其中有"六宫当备"之言；弘治末年，孝康皇后张氏擅宠，"六宫不得进御"，[3]云云，都是最好的例证。

从后妃之别到后妃之争

后妃之别，在于皇后为六宫之长，皇帝赋予其掌管后宫一切的权利。但从明代事实来看，皇后尽管掌管后宫一切之事，但一人通常很难通摄全局，有时也会找一个贵妃协助自己治理后宫之事。如明初洪武朝时的孙贵妃，敏慧端丽，娴熟礼法，言动皆中规中矩，深得马皇后的赏识，称其为"古贤女"之流，辅佐马皇后治理六宫之

---

1 王誉昌：《崇祯宫词一百八十六首》；程嗣章：《明宫词一百首》；史梦兰：《全史宫词》。均载《明宫词》，北京古籍出版社 1987 年版，第 93、142、164 页。按：宫中群妃御见之事，称"阴事"。又《明史》卷一一四《后妃二》（第 3537 页）亦言："故事，宫中承宠，必有赏赉，文书房内侍记年月及所赐以为验。"云云。此类《钦录簿》，史又称内起居注。
2 沈德符：《万历野获编》卷三《孝宗生母》，第 83 页。
3 沈德符：《万历野获编》卷三《谢韩二公论选妃》《郑旺妖言》，第 85、86 页。

事。洪武一朝后宫，马皇后治理的秘诀是一个"慈"字，而孙贵妃则是一个"法"字，堪称相济得治。若是皇后死后，别无他人承后，那么后宫管理之事，则有其中一位妃子代摄。这在明初就可以找到一些事例。如马皇后死后，就将李氏册封为淑妃，"摄六宫事"；淑妃李氏死后，则由宁妃郭氏"摄六宫事"。[1]

从谥法来看，后妃之间也存在着等级差别。按照明代的典制，皇帝死后，尊谥十七字，皇后十二字，而皇妃或太子妃，却只用两字而已。不过在明代，妃子死后有谥四字甚至六字之例，全都属于异典，并非常制。如永乐年间，明太祖之妃惠妃崔氏死，谥"庄靖安荣"，妃子四字谥始于此。明成祖的嫔御，有很多也是四字谥，诸如淑妃杨氏之谥"端静恭惠"，惠妃李氏之谥"恭和荣顺"，丽妃陈氏之谥"恭顺荣穆"，顺妃王氏之谥"昭惠恭懿"，贤妃王氏之谥"昭肃静惠"，贤妃喻氏之谥"忠敬昭顺"，丽妃韩氏之谥"康惠庄肃"，顺妃钱氏之谥"惠穆昭敬"，惠妃吴氏之谥"康穆懿恭"，都是妃子四字谥之例。成化二十三年（1487）正月，皇贵妃万氏死，谥为"恭肃端顺荣靖"六字，在明代开创了妃子六字谥的先例。嘉靖十八年（1539），贵妃阎氏死，赐皇贵妃，谥为"荣安惠顺端僖"，也是六字，显然是仿成化年间万妃之例。[2]

在明代宫中，后妃同样奉行一种母以子贵的原则。假如无子，即使已有皇后的名分，同样会遭遇贬黜的不幸。明宣宗之后胡氏一生的波折，大体可以说明在宫中确实存在着后妃之争。

---

1 《明史》卷一一三《后妃一》，第 3509 页；毛奇龄：《胜朝彤史拾遗记一》，载《中国香艳全书》四集卷三，第 1 册，第 459—460 页。
2 沈德符：《万历野获编补遗》卷一《妃谥》，第 802—803 页。

据史料记载，宣宗之后胡氏无子，当时宫中有一宫女（一说纪氏）产下一子，这就是后来的明英宗，但被孙贵妃攮为己子，于是孙氏就被册封为皇后，而将胡氏废去，贬为仙姑。当时仁宗之后张氏为皇太后，深知胡氏之贤，且悯其无辜，并没有让她别居，而是让她进自己所处的清宁宫，并进膳如常仪。每次朝会、宴享，也一定命胡氏坐在孙氏之上。为此，孙氏常常怏怏不乐。

英宗即位以后，尊奉张太后为太皇太后，孙氏为皇太后。每次有事，胡氏总是谦让，不敢居于孙氏之上。正统七年（1442），太皇太后张氏死，凡是六宫有名号者全都参加了祭奠仪式，但胡氏不敢站在太后之列，只是与众嫔妃一起站立。孙太后知道此事，颇为生气，拟对胡氏加以谴责，胡氏因痛哭而死。

胡氏死后，孙太后命内阁诸臣商讨治丧仪式。当时杨士奇正好卧病在家，诸臣前去向他请教。士奇道："当以礼殓，葬景陵。"问者说："此非内中所欲。"士奇于是面壁不答，只是说："后世骂名。"最后，诸臣商议以嫔御之礼葬胡氏。

天顺六年（1462），孙太后死，英宗还不知自己不是孙氏所生，只有英宗之后钱氏知道事情的真相，但也不敢对英宗明说。到了天顺八年，英宗病危，钱后才对英宗泣诉道："皇上非孙太后所生，实宫人之子，死于非命，久无称号。胡皇后贤而无罪，废为仙姑。其死后，人畏孙太后，殓葬皆不如礼。胡后位未复，惟皇上念之。"至此英宗才大悟，遗命大行尊崇之典。[1]

与上面的例子正好相反者，一些妃子若是生了儿子，即使在死前不能正位，但在死后，一旦儿子当上了皇帝，同样可以得到新的

1　王锜：《寓圃杂记》卷一《胡皇后》，中华书局 1984 年版，第 3—4 页。

封号，正位为皇太后。如孝恪杜太后，是明穆宗的生母，嘉靖十年
（1531）封为康嫔，十五年晋封为妃，三十三年去世。在死时，因仅为
妃子身份，所以只是葬于金山。但一等其子穆宗继承皇位，很快就
被谥为"孝恪渊纯慈懿恭顺赞天开圣皇太后"，迁葬于永陵，并将木
主祀于神霄殿。又如穆宗为裕王时，其妃李氏生下宪怀太子。李氏死
于嘉靖三十七年四月，死时仅葬于金山。穆宗即位以后，改谥"孝
懿皇后"。明神宗即位，又上尊谥为"孝懿贞惠顺哲恭仁俪天襄圣庄
皇后"，合葬昭陵，并祔太庙。[1]

  在唐宋时期，凡是妃嫔所生的皇子，等到他御极成为皇帝以后，
一般尊皇后为太后，而晋自己的生母为皇太妃，虽然恩礼无异，但
其中还是可以看出嫡庶之分。至后唐庄宗时，反而以嫡母为太妃，
而以生母为太后，完全是一种冠履倒置的做法，显然与少数民族的
风气有关。至明代，凡不是皇后所生的皇子，等到他即位以后，大
体不将两宫并尊。当然，其中也有一些例外，如景帝即位后，尊皇
太后孙氏为"上圣太后"，生母贤妃吴氏为"皇太后"。成化初年，
宪宗尊嫡母皇后钱氏为"慈懿皇太后"，生母贵妃周氏也为皇太后，
但无尊号，以使两者之间的等威稍有差别。成化二十三年（1487）四
月，周氏才得徽号，称"圣慈仁寿皇太后"。至弘治十七年（1504）三
月，周氏死，谥"孝肃贞顺康懿光烈辅天承圣睿皇后"，合葬裕陵。
因当时大学士谢迁、李东阳上议，别祀周氏于奉慈殿，不祔庙，但
仍称太皇太后。嘉靖十五年（1536），与纪、邵二位太后一同移祀陵
殿，题主只称"皇后"，而不系帝谥，以便使嫡庶有所区别。

  按照明代的制度，新天子继位，尊母后或母妃为皇太后时，则

1 《明史》卷一一四《后妃二》，第3533—3534页。

上尊号。若有生母称太后，则加徽号以示区别。其后亦有因为遇到庆典而推崇皇太后，则加称二字或四字为"徽号"。上徽号时必须致词，而上尊号则仅仅进册、宝，其仪式两者大体相同。[1]至嘉靖十五年（1536），两宫皇太后徽号增至八字，如皇太后张氏加上"昭圣恭安康惠慈寿"，皇太后蒋氏加上"章圣慈仁康静贞寿"。[2]

从一些史料记载中可知，上皇太后尊号，始自明宣宗登极。明英宗复辟之后，岷王朱徽煣上疏，要求上皇太后尊号。当时的礼部官员认为"非本朝故事"，没有表示同意。不久，尚宝司少卿钱溥对陈汝言说："复辟之初，非奉皇太后诏，谁敢提兵入禁？今论功行赏无虚日，而母后徽号未加，宁非阙典？"陈汝言深以为然，就将此建议上报英宗。此议正合英宗之意，不觉圣心大悦，并将此事向李贤询问。李贤称："此莫大之孝也！"于是，明英宗就上皇太后尊号为"圣烈慈寿皇太后"。[3]明代的宫闱徽号，始于此。

明代两宫太后徽号并尊，始于成化年间。明宪宗即位以后，下令议两宫徽号。当时太监夏时打算独尊贵妃为太后，此议遭到了李贤、彭时的反对。随后，太监又传出贵妃的旨意，说："子为皇帝，母为皇太后。岂有无子而称太后者？宣德间有故事。"贵妃为了独自成为皇太后，已经援引了宣宗年间胡后之例。对此，彭时进行了反驳，说："今日事与宣德异。胡后上表让位，故正统初不加尊。今名分固在，安得为比？"太监威逼道："如是，何不草让表？"彭时回答："先帝未尝行，今谁敢草？"太监再次厉声威胁，彭时无奈，只

1　申时行等纂：《明会典》卷五〇《上尊号》，中华书局1989年版，第333页。
2　龙文彬：《明会要》卷一三《礼八·上尊号徽号》，第210页。
3　龙文彬：《明会要》卷一三《礼八·上尊号徽号》，第209页。

好拱手对天道："太祖、太宗神灵在上，谁敢二心？钱后无子，何所规利而为之争？不忍默者，欲全主上圣德耳！若推大孝之心，则两宫并尊为宜。"可见，在贵妃、太监的威逼下，彭时只好作了妥协，提出两宫并尊之说，并得到了李贤的附和，最终确定下来。当上册宝时，彭时又说："两宫同称，则无别；钱皇后请加二字，以便称谓。"此议最终得到了宪宗的认可。[1] 从这一事例中可知，在明代，皇后与贵妃终究存在着等级差异，即使皇后无子，贵妃母以子贵，但在尊号问题上，贵妃若想一人独占皇太后之称，显然会遇到相当大的压力，甚至引起群臣的反对。于是，其最好的折中方案就是两宫并尊为皇太后。即使如此，皇后前所加"二字"，同样说明皇后在礼制上仍高于贵妃。

万历元年（1573），明神宗即位以后，太监冯保为了向神宗生母李贵妃献媚，就将并尊一事示意张居正，后经张居正主持，于是再次出现了两宫并尊之制，同时进为皇太后，其中嫡母陈氏为"仁圣皇太后"，生母李氏为"慈圣皇太后"。仁圣皇太后居住在慈庆宫，慈圣皇太后则居住在慈宁宫。其后，张居正为了请太后照顾神宗的起居，于是慈圣皇太后才搬迁到乾清宫居住。神宗刚即位时，宫中下旨，其开头即为皇后懿旨、皇贵妃令旨、皇帝圣旨，云云。这里所谓的皇后，指嫡母陈氏，而皇贵妃则指生母李氏。[2] 可见，从一开始，就已是三宫并列，至后出现嫡母、生母之制，实不足怪。

关于皇帝生母与嫡母之间的礼制区别，基本定于嘉靖十五年

1　龙文彬：《明会要》卷一三《礼八·上尊号徽号》，第209—210页。

2　沈德符：《万历野获编》卷三《圣母并尊》，第95页。《明史》卷一一四《后妃二》，第3534—3535页。

（1536），其后如穆宗生母孝恪、神宗生母孝定、光宗生母孝靖、熹宗生母孝和、崇祯帝生母孝纯，基本都是遵守嘉靖时所定礼制。[1]

按照《皇明典礼》的规定，皇太子正妃，可以封为妃子，其次只可封为才人。如万历三十四年（1606），皇太子第一子出生，其生母是钦命选侍王氏，尚无封号。于是下令内阁及礼部拟议进呈。先后所拟有"皇太子嫔""皇太子夫人"，均没被神宗允准。最后神宗下旨，进封为"才人"。[2] 这显然是遵典礼而行。

在明代，一些贵妃为皇帝宠幸，如宪宗之宠万贵妃，[3] 神宗之宠郑贵妃，即是其例。为此，也就形成了内闱之争，其中最为突出的就是成化年间万贵妃之宠冠后宫一事。据史料记载，当万贵妃受宠之时，其人专宠而妒，凡是后宫宫女、妃子有妊，无不想法使其堕胎。于是柏贤妃在生下悼恭太子之后，亦被万贵妃所害。宪宗一次行经内藏，见到了当时的女史纪氏，因纪氏应对称旨，使龙颜大悦，幸之，遂有孕。此事被万贵妃知晓之后，深感愤怒，为此纪氏被谪安乐堂。随后生下孝宗，万贵妃又让门监张敏将其溺死。张敏深感惊讶，道："皇上无子，奈何弃之？"于是违抗万贵妃之令，以粉饵饴蜜哺育孝宗，并将其藏之他室。贵妃每日派人搜寻，始终没有发现。直至孝宗长到五六岁时，仍未敢剪胎发。宪宗自悼恭太子死后，一直没有后嗣，当时中外无不以此为忧。成化十一年（1475），宪宗召

---

1 《明史》卷一一三《后妃一》，第3519页。

2 沈德符：《万历野获编》卷三《东宫妃号》，第98页。

3 明宪宗早在东宫时，万贵妃即已擅宠。天顺八年（1464）七月，宪宗立吴氏为皇后，于是也就形成后妃之争。皇后吴氏摘贵妃万氏之过，并对万氏行杖责，因此激怒宪宗。于是，废吴氏，别立王氏为皇后。此为明代后宫史上一次重要的后妃争宠之例。参见《明史》卷一一三《后妃一》，第3520页。

见张敏栉发，照镜叹道："老将至而无子。"张敏听后，伏地道："死罪，万岁已有子也。"宪宗听后大惊，问其所在。张敏答："奴言即死，万岁当为皇子主。"于是太监怀恩也顿首道："张敏所言甚是。皇子潜养西内，今已六岁矣，匿不敢闻。"宪宗听后大喜，即日临幸西内，遣使往迎皇子，父子才得以相见。随后，宪宗派遣怀恩赴内阁，说出其中缘由，群臣听后无不大喜。明日，宪宗颁诏天下，将纪氏迁至永寿宫，数次召见。纪氏最后亦暴死。关于死因，史有两说，或称被贵妃害死，或称自缢身亡。[1] 无论是哪一说，无不与万贵妃有关。

其实，后宫之争宠，不仅仅是宠妃之嫉妒皇后，同样那些皇后也会为妃子吃醋。据史料记载，一天，明世宗与孝洁皇后陈氏同坐，当时张、方二位妃子进茗，世宗因为多看了这两位妃子之手，使皇后陈氏大怒，甚至投杯而起。众所周知，明世宗是一位性格严厉之人，当场为此大怒。皇后遭此惊吓，堕娠而死。[2]

尽管受宠贵妃得以礼遇隆重，但皇帝的内宫家法还是相当严峻，对她们防维甚峻。这可从下面两个例子中得到证实。万历年间宫中有一太监史臣，在宫内已是相当贵显。正好遇到文书房缺员，神宗认为史臣可补此缺，而郑贵妃从旁也力赞史臣。正是因为郑贵妃的干预，才导致神宗发怒，将史臣笞责，并发到南京。又万历年间，吕坤曾撰《闺范》一书，上面有郑贵妃所作之序，并加以刊刻，为此招来很多臣下的弹劾。神宗见到这些弹劾奏章之后，心中大为不悦。只是因为郑贵妃的缘故，才下旨说此书是御赐，以平息朝中风波。

1 《明史》卷一一三《后妃一》，第3521—3522页。
2 《明史》卷一一四《后妃二》，第3530页。

但经此一事，吕坤也不安于位，只好去位离职。[1] 不仅如此，后、妃之间终究由于等级差别而享受不同的礼仪待遇。贵妃不管如何受宠，但还是不得不接受皇后的约束，甚至需要看皇后的脸色行事。崇祯年间周皇后与田贵妃之间的关系，就是最好的例证。李清记载：

> 田妃之宠，周后颇不能容。一日，妃疏列后过，上曰："妃可无礼于后耶！"命罚处某宫半年。其实妃不能文，上故命为之，以讽止后，又量示罚处，以存大体耳。此亦十库内官为予言者。[2]

从很多史料记载中可知，田贵妃深得崇祯皇帝的宠爱，但也不得不接受周皇后"裁之以礼"。史载："岁元日，寒甚，田妃来朝，翟车止庑下。后良久方御坐，受其拜，拜已遽下，无他语。"[3] 这种冷淡，行之皇后对待贵妃则可，若是由贵妃对待皇后如此，则不可。

宫闱之事，照例说来自有皇帝自己处理，不必臣下进言。换言之，宫闱与外廷应该说有着很大的隔离。所以，即使是宫中之事，臣下在上奏时，也只能小心翼翼地说是得之"传闻"，而不敢加以公开坐实。正是因为宫闱之事往往会因为传闻而播之外廷，所以在内廷与外廷之间，"视听犹咫尺"，信息并无完全隔断。换言之，若皇帝专宠一位妃子，而此妃的地位对正宫皇后构成一定的威胁时，皇帝的行为同样会受到朝臣言论的制约。这也有两个例子可以说明，不妨详引如下。

---

1 沈德符：《万历野获编》卷三《今上家法》，第98页。

2 李清：《三垣笔记》上《崇祯》，中华书局1982年版，第21页。

3 《明史》卷一一四《后妃二》，第3544页。

成化年间，明宪宗对万贵妃形成专宠之势时，一些朝臣就开始坐不住了，为了维系内廷之纲常，他们纷纷上奏，借助彗星、灾异之说，对皇帝加以劝谏。首先，彭时等上奏云：

> 外廷大政，固所当先；宫中根本，尤为至急。谚云："子出多母。"今嫔嫱众多，惟熊无兆，必陛下爱有所专，而专宠者已过生育之期故也。望均恩爱，为宗社大计。

其次，给事中魏元等人也上奏言：

> 入春以来，灾异叠至，近又彗星见东方，光拂台垣，皆阴盛阳微之征。臣闻君之与后，犹天之与地，不可得而参贰也。传闻宫中乃有盛宠，匹耦在中宫。尚书姚夔等向尝言之。陛下谓："内事朕自裁置。"屏息倾听，将及半载，而昭德宫进膳未闻少减，中宫未闻少增。夫宫闱虽远而视听犹咫尺，衽席之微，谪见天象，不可不惧。且陛下富有春秋，而震位尚虚。岂可以宗社大计，一付之爱专情一之人，而不求所以固国本、安民心哉！愿明伉俪之义，严嫡妾之防，俾尊卑较然，各安其分。
>
> 本支百世之基，实在于此。[1]

上面的两段上奏，表面上显得冠冕堂皇，说是为了"宗社大计"，亦即"国本"，其实就是为了要求明宪宗"严嫡妾之防，俾尊卑较然，各安其分"，即对专宠的万氏形成某种制约，以平衡后、妃之间的等级差异。

另外一个例子发生在隆庆年间（1567—1572），说明皇帝一旦耽于

1　上引彭时、魏元奏疏，均见龙文彬：《明会要》卷二《帝系二·后妃杂录》，第30—31页。

声色，疏远皇后，同样会招致臣下的反对之声。如明穆宗沉溺于妃子声色，陈皇后就稍加劝谏，导致穆宗大怒，将陈皇后贬之别宫。为此，外廷官员无不感到担忧。隆庆三年（1569），御史詹仰庇入朝，遇到御医从宫中出来，就向御医询问，才知陈皇后"寝疾危笃"，于是就上疏劝谏，其中云：

> 先帝慎择贤淑，作配陛下，为宗庙社稷主。陛下宜遵先帝命，笃宫闱之好。近闻皇后移居别宫，已近一载，抑郁成疾。陛下略不省视。万一不讳，如圣德何？臣下莫不忧惶，徒以事涉宫禁，不敢讼言。臣谓人臣之义：知而不言，当死；言而触讳，亦当死。臣今固不惜死。愿陛下采听臣言，立复皇后中宫，时加慰问。臣虽死，贤于生。[1]

我们原本一直与明穆宗怀着相同的疑问：内廷之事，关乎宫禁，外臣何由得知？然从上面的这段记载中不难知道，宫禁中的消息通常会通过御医外泄，有时可能是太监。皇帝不喜欢皇后，将她贬住别宫，看似只是皇帝的家事，但在儒家士大夫看来，却又牵涉到"圣德"，亦即皇帝的道德问题。所以，他们一旦知晓其事，就会不顾"宫禁"，直接上言。

后妃：母仪天下

后妃既是皇帝所定"内令"的忠实执行者，又为天下妇女的表率。她们一方面秉承皇帝的旨意，小心侍候，恪守妇道，希望自

1　龙文彬：《明会要》卷二《帝系二·后妃杂录》，第32页。

己的行为能母仪天下；[1] 另一方面，她们自己也创制了《女诫》《内训》等书，作为规范宫中女子的道德准则。洪武初年马皇后作《女诫》，开了此类训导妇女书籍的风气之先。至成祖朝，仁孝皇后徐氏于永乐二年（1404）冬撰成《内训》一书，发扬光大马皇后"教训之言"，以教宫壸，垂法万世。《内训》共计20篇，分别包括妇女德行、修身、慎言、谨行、勤励、警戒、节俭、积善、迁善、崇圣训、景贤范、事父母、事君、事舅姑、奉祭祀、母仪、睦亲、慈幼、逮下、待外戚等方面的内容，其主旨无非是使妇女恪守礼教，以从妇道。[2]

这位徐皇后，幼年时就读书史，一过不忘，被人称为"女诸生"。她自己也说："吾幼承父母之教，诵《诗》《书》之典，职谨女事。"据《彤丹拾遗》一书载，徐皇后曾召见命妇，对命妇作了如下训示："凡妇相夫，岂止衣服馈食云尔，必将有德行之助。朋友之言，有从有违；夫妇之言，婉而易入。尔其思之！"这番训示与她所撰《内训》的宗旨若合符节。

此后，明兴献皇后蒋氏也著有《女训》一书。《女训》计12篇，内容涉及闺训、修德、受命、夫妇、孝舅姑、敬夫、爱妾、慈幼、妊子、教子、节俭等，基本上是《内训》的翻版。

至万历朝，慈圣皇太后李氏尤其重视妇女教育。一方面，她下令让儒臣注解曹大家所撰《女诫》一书，"以弘内范"；另一方面，又让"诸保傅姆"，在宫廷内朝夕进讲仁孝皇后所撰《内训》，甚至

1　明太祖之后马氏，号称一代贤后。死后，仍被宫人所怀念，作歌云："我后慈圣，化行家邦。抚我育我，怀德难忘。怀德难忘，于斯万年。毖彼下泉，悠悠苍天。"事载《明史》卷一一三《后妃一》，第3508页。
2　《大明仁孝皇后内训》，明永乐内府刻本。

将此书雕刻，"颁示中外，使民庶之家，得以训诲女子，有资闺教"。[1]
此外，慈圣皇太后还撰述《女鉴》一书，尤为详明典要，神宗亲自
为文作序。据载，慈圣皇太后擅长书法。文华殿后殿所悬之匾，共
12字，其文为"学二帝三王治，天下大经大法"，就是慈圣皇太后之
亲笔。[2]

王室妇女

明代的王室妇女亦自有一套礼仪等级制度。按照明代典章制度
规定，同姓王分为二等，将军分为三等，中尉分为三等。与此相应，
王室之女的封号分为从公主至乡君五等。这套制度完整地记载于《皇
明祖训》《诸司职掌》等书之中。其后，宗室人口日繁，朝廷对他们
的禁防亦更为完备，凡是奏封等项，无不严加稽核。至嘉靖末年，
定为《宗藩条例》。万历十一年（1583），将其删订划一，定名为《宗
藩要例》。

王　妃

从明代典章制度规定可知，亲王选婚之后，其妻例应封为亲王
妃，而亲王世子之妻，则封世子妃。郡王之妻封郡王妃，世孙之妻
封世孙夫人，长子之妻封长子夫人，长孙之妻封长孙夫人。镇国将
军之妻封镇国将军夫人，辅国将军之妻封辅国将军夫人，奉国将军
之妻封淑人。镇国中尉之妻封恭人，辅国中尉之妻封宜人，奉国中

1　明神宗：《御制女诫序》，载王相笺注《状元阁女四书》卷首，清光绪十一年刻本。
2　沈德符：《万历野获编》卷三《母后圣制》，第71页。

尉之妻封安人。弘治十年（1497）规定，郡王出府之后，只能有一妃可以封为郡王妃，镇国、辅国将军只封一位夫人，奉国将军只封一位淑人，镇国中尉只封一位恭人，辅国中尉只封一位宜人，奉国中尉只封一位安人。至于其他妾媵，均不加封号。[1]

太子或亲王同时册立二妃，亦即二妃并尊，这是明代所独有的制度。如洪武年间（1368—1398），明太祖替太子朱标册立常氏为妃，可见常氏为太子的元妃。然常氏在世时，继而又册吕氏为妃。常氏死后，吕氏才独居东宫。相同的例子也存在于秦王府中。秦王朱樉先纳王保保之妹为妃，随后又以邓愈之女为配。[2] 这种例子均为前代所无。

关于王室妇女之封诰及祭葬，明代制度有一些基本的规定，并随着时代的变迁而稍有变化。根据《明会典》，洪武二十五年（1392）议准，凡是请封生母，王妃以下有所出者，一律称为夫人。弘治四年（1491）规定：亲王庶子受封，其母始封夫人。弘治十三年规定，凡是妾媵生女，不得援引生子之例，请封为夫人。至嘉靖三十二年（1553）十二月，礼部议准：亲王之妾，其子已袭封亲王，而又嫡妃不存，允许请封为次妃，但仍照例请敕知会，不给诰命冠服，并裁减身后祭葬。嘉靖四十三年五月，因为蜀王朱宣圻奏乞，封其生母林氏为继妃。世宗下旨同意。于是重新规定，亲王之妾，其子已经袭封亲王，而嫡妃已经死亡，准许封为继妃。与此相应，郡王之妾，其子已经袭封郡王，而嫡妃亦已死亡，准许封为次妃。两者只须请敕知会，但不给诰命冠服，死后亦减半祭葬。万历七年（1579）议

1　申时行等纂：《明会典》卷五五《封爵》，第346页。
2　《明史》卷一一五《兴宗孝康皇帝》，第3550—3551页。

准，将军以下，他们的生母年过七十，允许通过陈情，各自根据其儿子的爵位，准予封号。万历十年又议准，亲王庶子袭封亲王之后，而嫡母又已死亡，那么其生母可以封为次妃，但不得滥请继妃封号。郡王庶子袭封郡王，而嫡母已死亡，其生母可以封为次妃，只须请敕知会，但不给诰命、冠服，死后仅给祭一坛，不能享受葬礼。若生母已经去世，那么只准追封次妃，亲王庶子初封郡王，其生母只能封夫人，不在加封次妃之例。将军、中尉，如嫡母已死，其生母各自按照自己儿子的爵位，分别加封淑人、恭人、宜人、安人，只须行文该王府知会，但均不给诰命、祭葬。若是生母已经去世，亦准许追封。至于养母、庶母，则不许一概滥请。[1]

对于王室妇女封号之制，徐学谟提出了下面两点不同意见。首先，他认为："夫继之云者，绝而复续之谓也。如鲁惠公元妃卒而继室，以声子为隐公之母是也。今制正妃故，而遵例继选者，方谓之继妃。以所生母而称之曰继，岂所谓名之正而言之顺乎？"又云："考之典礼，委为未妥。既经该司查有次妃事例，相应遵奉。今后亲王生母，止照正德年间例，许进封次妃，不得仍前滥请继妃封号，以为定例。"其次，他说："礼有隆有杀，不当隆而隆，与不当杀而杀者，其失均也。今观亲、郡王正配，生前授封为妃者，身后例得赐祭，无容议矣。其以子贵封妃者，名号原奉钦依，先年节经题议，止为其与遣官册封者不同，故祭典量为裁减耳。至四十四年

1　申时行等纂：《明会典》卷五五《封爵》，第346—347页；徐学谟：《题正亲王妾冒封继妃疏》，载陈子龙等编《明经世文编》卷三四一，中华书局1997年版，第3655—3656页。按：徐学谟在引用嘉靖间条例时，则云嘉靖四十四年二月，礼部根据《宗藩条例》会议，请封生母，主张亲王生母封为继妃，郡王生母则封次妃，但亦仅仅止于请敕知会，不给诰命、冠服，身后裁革祭葬。两者所记稍异，疑是徐氏引用笔误，当以《明会典》所记为准。

条例，则已一概裁革矣。夫以夫、淑、恭、宜人等例，俱与祭一坛，而进封为妃者，其子见居王爵，反不得一沾恩祭，似非所以通人情而广孝思也。此又条例之不得杀而杀者。查得本部见行事例，凡郡王长子未封先故，其夫人以子袭王，加封为妃者，亦以未经遣官册封，身后止照原封夫人例，与祭一坛。合无今后亲、郡王生母，除追封者不得请祭外，其生母前加封为次妃者，身后祭典，比照前例，量给予祭一坛，以示优礼。"[1]

照例说来，正妃是王宫事务的管理者。然在明代王府的实际运作中，一些亲王因为宠信偏妃，甚至将正妃贬居别宫，而且让一些行院女子来管理王宫事务。如明太祖朱元璋之子秦王朱樉，生活相当糜烂，而且宫中混乱。首先，他听信偏妃邓氏之言，将正妃王氏"处于别所，每日以敝器送饭与食"，形同"幽囚"。其次，秦王从杭州买来一位女子王官奴，与行院女子二名，一同管理王宫事务。最后，经常让行院中人二三十人进入王宫住宿，"趣促宫人做衣服与穿。或过半月、一月，打发出去。"[2]

公主（附郡主、县主）

公主是帝王之女，号称金枝玉叶。按照明代的制度，皇家的公主，也有一定的等级层次，分别有大长公主、长公主、公主、郡主、县主、郡君、县君、乡君之分。所谓"大长公主"，就是"皇姑"，也就是皇帝之姑；所谓"长公主"，就是"皇姊"或"皇妹"，也就

---

1 徐学谟：《题正亲王妾冒封继妃疏》，载《明经世文编》卷三四一，第3655—3656页。
2 朱元璋：《太祖皇帝钦录》，收入张德信《太祖皇帝钦录及其发现与研究辑录》一文，载朱诚如、王天有主编《明清论丛》第六辑，紫禁城出版社2005年版，第95—96页。

是皇帝之姊妹；所谓"公主"，就是"皇女"，也就是皇帝之女。三者都授金册，岁禄可达 2000 石。一旦新主即位，公主即可进封为长公主、大长公主，此制定于仁宗即位之后，其后就成为一代定制。所谓"郡主"，就是"亲王女"，也就是亲王之女；所谓"县主"，就是"郡王女"，也就是郡王之女。此外，如郡王的孙女、曾孙女、玄孙女分别为"郡君""县君""乡君"。[1]

洪武九年（1376）二月定制：凡是公主尚未受封，就每年给纻丝纱绢不限；若是已经受封，就赐给庄田一区，每年征租 1500 石，钞 2000 贯。因太祖尤其钟爱寿春公主，就赐给她吴江县田 120 多顷，全是上腴之田，每年可征租 8000 石，超过其他公主几倍。[2]

明代公主的婚姻，大多选择民间子弟中貌美者为婿，不许文武大臣子弟娶公主为妻。[3] 所以公主出嫁，称"下嫁"，其中即含恩赐之意；而民间子弟娶公主为妻，则称"尚公主"，其中也有高攀的意思。而这些民间子弟一旦娶大长公主、长公主、公主为妻，就成了"驸马都尉"，也就是民间俗称的驸马。至于娶郡主、县主、郡君、县君、乡君为妻者，则称"仪宾"。[4]

---

1 龙文彬：《明会要》卷五《帝系五·公主》，第 68 页；《明史》卷一二一《公主》，第 3661、3667 页。按：照明太祖朱元璋的说法，自古帝王之女，别之为三：一曰帝之姊或帝之妹，皆称"大长公主"；一曰帝之亲女，称"公主"；一曰其余兄弟之女，称"郡主"。分此三等的目的，无非是别尊卑，明嫡庶。所说与上面所引记载稍别，或许是明初制度尚未确定所致。然一些亲王之女，经皇帝的亲自册封，亦可称公主。如洪武时期，福成公主为南昌王女，庆阳公主为蒙城王女，均在洪武元年被册封为公主。参见朱元璋：《明太祖御制文集》卷三《驸马都尉黄琛诰》，载张德信、毛佩琦主编：《洪武御制全书》，黄山书社 1995 年版，第 49 页；《明史》卷一二一《公主》，第 3667—3668 页。
2 《明史》卷一二一《公主》，第 3666 页。
3 沈德符：《万历野获编补遗》卷一《公主下嫁贵族》，第 808 页。
4 余继登：《典故纪闻》卷五，中华书局 1981 年版，第 95 页；龙文彬：《明会要》卷四二《职官一四·驸马都尉》，第 740 页。

按照明代各朝的定例，驸马的选取有一定的规矩。凡是遇到公主长成，例当选择婚配，皇帝就下旨礼部出榜文，告知在京官员军民人等，只要他们的子弟年龄在14—16岁者，又容貌齐整，行止端庄，且父母的家教很好，都允许他们报名，赴内府供选择。礼部先将报到的子弟作一次初步的筛选，然后向皇帝请旨，由皇帝命司礼监在诸王馆会选。如果初选没有选中之人，就再下文京城五城访报，或差司官到顺天等八府，或行文到山东、河南两省，会同巡按御史选择，选到之后，再集中到京城诸王馆会选。一般是先选中三人，送入春曹受教育，再选择一个吉日，将他们带到皇帝面前，由皇帝亲自从三人中选定一人为驸马。另外没被选中的两人，则亦会得到优厚的待遇，可以进入本处的儒学，成为一个廪膳生员。至于其他没被选中之人，早期还被允许充当附学生员。至万历八年（1580），此例渐废。至万历十三年，则分别地方，行文顺天府，给予那些没被选中者一些奖赏。

　　至于那些已被选中的驸马，亦须接受朝廷提供给他们的系统教育。宣德三年（1428）下诏，认为驸马如果不务《诗》《书》，通古今，晓忠孝仁义之道，必然会导致他们怠惰骄纵，很难保持富贵。所以，必须让他们亲近儒生。按照过去的惯例，驸马家曾设有学录，所以明宣宗要求选择端重儒者一人，以负责驸马的教育。正统以后，凡是被选中为驸马之人，必须赴国子监习礼读书，国子监的祭酒就按照学规对他们进行教育。如果驸马不听从教诲，那么祭酒可以向皇帝奏闻。成化十一年（1475）下令，凡是驸马年龄在25岁以下，必须进入国子监读书。自弘治六年（1493）始，对驸马的教育制度得到了完善。当时规定，驸马所读之书，不但有兵家之书，而且包括《五伦书》一类的儒家伦理教育之书。每季，将这些书送给国子监祭酒、司业，由他们每天教驸马两本，各定学习的起止之日，任由驸马在家诵读。到了季度之末，再赴国子监考试。如果已经熟读，但只是大义未晓，即由祭酒、司业给予讲解。再授予他们其他图书，回家阅读，季末再行考试。只有驸马到了 30 岁，才可以免除读书的拘束。嘉靖六年（1527），驸马的教育制度更趋完备。当时下令吏部会同礼部，查照先朝勋戚之家训导教书之例，从国子监博士、助教中，或者从附近教官中，选择一名行止端庄、年力英锐、文学优长、义理精明之人，到驸马府中，专门负责教育驸马，包括读经书、习字，以便使驸马知晓忠孝仁义，并通晓礼乐名物。此后，凡是选中驸马，就由礼部移咨吏部，推升礼部主事一名，专门在驸马府教驸马读书。[1]

公主选取驸马，有时采用一种金瓶抽签的方式。如万历年间（1573—1620），曾为公主选驸马，事先选取民间子弟三人，入宫进见皇帝。明神宗就亲自将他们的名字上呈给太后，太后将其放到金瓶中，焚香祝天，再从瓶中抽取一人。选上者，就马上让他穿上绯袍，将他送到礼部。其他落选的二人，赐予金绮，送入顺天府学校。[2]

公主的婚姻，无论是选婚，还是婚后的生活，实际上大多掌握在太监、管家婆的手中。公主尽管贵为金枝玉叶，其实她们的婚姻生活并不幸福。如弘治八年（1495），富民袁相通过向内官监太监李广行贿，尚德清公主，被选为驸马。婚期已经定下，此事被科道官所告发。孝宗下旨废袁相，别选驸马。嘉靖六年（1527），永淳公主已经选定永清卫军余陈钊为驸马，即将下嫁，却又因听选官的上

---

1 申时行等纂：《明会典》卷七〇《公主婚礼》，第 416—417 页。

2 于慎行：《谷山笔麈》卷一《纪述二》，中华书局 1997 年版，第 21 页。

奏，说陈钊家中世代得恶疾，而且其母是再醮庶妾，不可尚主，于是作罢。后来又选定谢诏为驸马。但这位谢诏，天生秃头少发，不能缩髻，于是当时北京就有人造了"十好笑"之谣，其中最后一则云："十好笑，驸马换个现世报。"万历十年（1582），神宗胞妹永宁公主即将下嫁，选定北京富室子梁邦瑞为驸马。当时这位梁驸马已经病入膏肓，靠贿赂大太监冯保，才得以保全这门亲事。婚礼之时，梁邦瑞就大流鼻血，沾湿袍袂，几乎不能行成婚礼。尽管如此，大太监还说这是喜事，挂红属于吉兆。刚满月，驸马就一病不起而死，而永宁公主在寡居了数年之后也随之死去，死前仍是处女，竟不识房帏之事。[1]

按照明代的制度，公主下嫁之后，照例会派老宫人掌管公主的"阁中事"，这种老宫人一般称为"管家婆"。这些管家婆不仅视驸马如奴隶，即使公主的举动，也常常受到她们的制约。当时的礼制规定，行选尚之仪以后，公主就出居于王府，必须捐数万金，遍赂内外，驸马才得以与公主行伉俪之好。不妨试举一例加以说明。如万历四十年（1612）秋天，神宗爱女寿阳公主，是郑贵妃所生，下嫁给冉兴让，相欢甚久。偶月夕，公主宣驸马入，而当时的管家婆梁盈女正好与她的"对食"太监赵进朝饮酒，来不及向她禀告，盈女乘醉打了驸马，并将他赶出府去。公主前来劝解，也被管家婆所骂。等到第二天公主入宫告状，却已落在太监与管家婆之后，所以最后的处理，仅仅是将梁盈女取回另差，而参与打驸马的太监则一概不问，反而驸马冉兴让被夺蟒玉，送到国子监反省三月。[2]

1　沈德符：《万历野获编》卷五《驸马再选》，第131—132页。
2　沈德符：《万历野获编》卷五《驸马受制》，第133—134页。

有一个现象值得引起注意，在此顺便一提，即明代公主所选驸马，多为河南安阳人。如太祖第七女大名公主，下嫁安阳人李坚；太宗第二女永平公主，下嫁安阳人李让；英宗长女重庆公主，下嫁安阳人周景；英宗第五女广德公主，下嫁安阳人樊凯。[1]

明代公主府自洪武时期就例设"中使司"，有官属，分为正、副之职，由宦官统领。此制在洪熙年间犹有遗存。如洪熙元年（1425），封皇女六人为公主，命先为嘉兴、延平、庆都三位公主造府第，设中使司。此制何时废罢，时间不详。[2]

公主生时有封号，如前面提到的大名公主、永平公主之类。死后，公主照例没有谥号，但也有一些特例。如洪武元年（1368），太祖册封已死的皇姊为"陇西公主"，谥号为"孝亲公主"。仁宗登极后，追封第四女为德安公主，谥号为"悼简"。嘉靖年间（1522—1566），武定侯郭勋凭借恩宠，请求世宗追谥他的远祖郭镇所尚永嘉公主为"贞懿"。[3]

王室之女一旦出生，必须奏报朝廷，并将其登载于《玉牒》之中。弘治十年（1497）下令，凡是王府宗支有新生子女，必须报知本支郡王，再启奏亲王审实，至年终类奏。长史造册两本送到礼部，一本送宗人府比对，另一本留在礼部，以备查考。至于那些各城另住的郡王，照例可以不必经过亲王，直接上奏朝廷，由教授造册，上交礼部。正德四年（1509）题准，各王府若是有初生子女，出生三天以后就需要上报。其册一年一造，一样两本，分送礼部、宗人府，

---

1 沈德符：《万历野获编》卷五《同邑尚主》，第129页。

2 沈德符：《万历野获编》卷五《公主中使司》，第130页。

3 沈德符：《万历野获编》卷五《公主追谥》，第129页。

以备查考。万历十年（1582）议准，宗室有新生子女，三天后就启奏各亲王或郡王，由管理王府之事者审实，向收生的亲识或宫眷人等取得证明，由她们取保，按季类奏，若是因为意外之事漏报，则须于下季补奏。每年年终，一起将已经上报过的子女造成文册，一样两本，送至礼部，其中一本转送宗人府比对，另一本则藏于礼部，以备查考。[1]

明代的《玉牒》，其登载内容当然包括男女，下面引亲王、郡王二府生女登载《玉牒》格式为例，以观王室妇女出生时所需要登载的内容。其中亲王府生第一女时，其《玉牒》册式如下：

> 第一女，某年月日，母妃内助几妾某氏嫡庶生，收生妇某氏。某年月日奏报，某年月日具奏请封，某年月日奉礼部某字几号勘合，封为某郡主，选配仪宾某人，某年月日冠带成婚。郡主某年月日卒，仪宾某年月日卒。

其郡王府生第一女时，其《玉牒》册式如下：

> 第一女，某年月日，母妃内助几妾某氏嫡庶生，收生妇某氏。某年月日奏报，某年月日具奏请封，某年月日奉礼部某字几号勘合，封为某县主，选配仪宾某人，某年月日冠带成婚。县主某年月日卒，仪宾某年月日卒。[2]

从上述两例《玉牒》册式可知，《玉牒》所登载宗室女子的内容大体包括下面几项：一是出生年、月、日；二是生母为谁，而且必须注明

1　申时行等纂：《明会典》卷五五《封爵》，第347页。
2　上引两例《玉牒》册式，均见申时行等纂：《明会典》卷五五《封爵》，第348页。

是嫡出还是庶出；三是注明收生婆的姓名，以便日后出现冒牌时以备稽考；四是奏报、具奏请封的年、月、日；五是结婚的年、月、日，以及选配的丈夫姓名；六是宗室之女乃至其丈夫死亡的年、月、日。

此外，上面史料中所提到的"内助"，应该是一种正妻与妾媵之间的中间职位。如何看待内助的身份，下面的三段史料记载颇便于我们对此作进一步的理解：

其一，明代关于宗室婚姻条例规定，亲王或郡王的妃子病故之后，有权选娶继妃。然条例同时又规定："如已有子，不分嫡出庶出，俱不许选继，止照内助事例，有妾推举一妾，无妾奏选一人，以管理家事，抚育子女，不许请授次妃封号。将军、中尉正配病故，而未有子及已经授封，未经成婚病故者，俱许选继，如年五十以下子尚幼小者，亦许选娶内助。"

其二，明代关于宗室婚姻的条例中，其中有专门的关于选娶内助的上奏范本，其中有云："今据某等具启前来，已令长史、教授某等查勘明白，理合按季开列类奏，伏乞敕下礼部，将某等照例题请，令于本境官员军民良家女内选娶内助，就作本位第一妾。"

其三，若是郡王府中将军、中尉选娶内助，条例又提供了奏请的范本，其中有云："某王镇、辅、奉将军、中尉某，见年若干岁，于某年月日，奏请授封为某爵，于某年月日奉礼部某字几号勘合，选到某府州县某籍某人第几女某氏为配，于某年月日授封为某妃、夫、淑、恭、宜、安人，于某年月日病故。除报丧外，并未娶有妾媵，遗下子女无人抚育，例应选娶内助。"这段文字下面又有小注云："如本位下有妾者病故。下云：因年足若干岁，正配无出，先于某年月日奉礼部某字几号勘合，娶到某府州县某籍某人第几女某氏为第一妾，例应进为内助。"[1]

从上面三段史料中基本可知下面事实：所谓的内助，无论是亲王、郡王，抑或各类将军、中尉，均可以迎娶；内助的来源，或是从已经具有妾身份的人中选取，一般是选择第一妾，若是无妾，则另外从本境内官员军民的良家女子中选取；内助的职责，在于"管理家事，抚育子女"，显然具有管家婆的特色。综合上面三个特点，可知内助既不是正室，如妃子、继妃、次妃或夫人、淑人、恭人、宜人、安人，但亦不同于妾媵，理应处于妻妾之间。换言之，凡是妃子所生，为嫡出；而妾媵所出，则为庶出。[2]而内助既不是嫡母、继母，亦不是庶母，不过是承担起管理家事乃至抚育子女职责的管家婆而已。条例已经明确规定，内助不可能成为次妃。至于内助而后生子，其地位是否会因此而随之变化，明代的文献并无另文记载，在此不敢妄测。

明代宗室孙女的封号，仅及于五世。凡是各类中尉之女，均无封号，并无禄米。嘉靖三十二年（1553），欧阳铎上疏建议，将封号推及到中尉之女，称"宗女"，而所嫁之婿，则称"宗婿"。其中云：

> 凡各王府中尉女，选配子弟，合无听本部题请圣恩，授以宗女、宗婿名色，仍给与冠服婚资。其冠服，宗婿视文职，宗女视命妇。出镇国位下者，冠服七品，并婚资共给银百两，猪、

1　上面所引三段史料，均可参见申时行等纂：《明会典》卷五七《婚姻》，第355—356页。

2　明代的典章制度亦规定了王室继承方面的嫡庶之别。爵位的继承，照例应由嫡子承袭。庶子虽说有时亦有继承爵位权力，但必须有所限制。如万历十年（1582）议准：亲、郡王娶有内助，妾媵不论入府先后，已未加封，所生之子，皆为庶出。如嫡子有故，庶子袭封父爵，定以庶长承袭。若有越次争袭、朦胧奏扰者，将本宗参究罚治。参见申时行等纂：《明会典》卷五五《封爵》，第346页。

羊各十只；出辅国位下者，冠服八品，并婚资共给银九十两，猪、羊各八只；出奉国位下者，冠服九品，并婚资共给八十两，猪、羊各六只。俱行各该布政司关领。其宗婿就各该王府冠带谢恩，不必赴京，仍听其自便，不必在府随众朝参，有司以礼相待。照品官例，免其杂泛差役，如有志科举者，听提学官比照教官科举例，考选进场。[1]

此建议，得到了嘉靖皇帝的批准。这是宗室礼制在嘉靖朝得以革新的又一例证。

女 官

洪武五年（1372），明太祖下令定女职。当时礼部具陈，认为周制后宫设有内官，以赞内治。汉设内官十四等，共计数百人。唐设六局、二十四司官，共计190人，而又设女史50余人，全都选用良家女子充任。太祖说："古者所设过多，宜防女宠，垂法将来。"下令重新加以裁定，改设六局、一司。

六局分别为尚宫、尚仪、尚服、尚食、尚寝、尚功，都为正六品官。尚宫下设司纪、司言、司簿、司闱，尚仪下设司籍、司乐、司宾、司赞，尚服下设司宝、司衣、司仗、司饰，尚食下设司馔、司酝、司药、司供，尚寝下设司设、司舆、司苑、司灯，尚功下设司制、司珍、司彩、司计，总计二十四司。一司即宫正司，也是正六品官，主要掌管戒令责罚之事。其中尚宫局总领六局之事，凡是出

---

1 欧阳铎：《中尉女授宗女宗婿名号疏》，载《明经世文编》卷二一二，第2214—2216页。

纳文籍均由尚宫局"印署之",如六局有向在外诸司征取之事,一般是由尚宫局领旨、署牒、用印,再付内使监,内使监在接受了牒文之后,发行移给在外诸司。当时共设女官 75 人,女史 18 人。自后妃以下至嫔御女史,"巨细衣服之费,金银、币帛、器用、百物之供,皆自尚宫取旨,牒内使监覆奏移部取给焉"。通观明代女官,并无参与政治之职,仅仅是"凡以服劳宫寝、祗勤典守而已"。[1]

洪武十七年(1384),重新更定女官的品秩:其中二十四司的司正为正六品;增设二十四掌,为正七品;宫正司增设司正,正六品。至洪武二十七年,又重定品职:增设二十四典,正七品;改二十四掌为正八品;尚仪局增设彤史一职,为正六品;宫正司增设典正一职,为正七品。共计宫官 187 人,女史 96 人。至洪武二十八年九月,明太祖朱元璋在给予六尚局官的敕文中,大体道出了他设立女官的本意:

> 朕观帝王为治,必自齐家始,未有家不齐而能治国平天下者。周之内宰以阴理教六宫九嫔,以妇职之法教九御各有司,非细故也。朕起布衣,陟尊位,而于内治之道不敢忽焉。是以内设六尚以职六宫,斯列生相继之道也。近年精选民间淑德入宫者数人,使兼六尚事,人各克勤,事多周备。今特命某为某官,尔尚克遵前规,慎守乃职,毋怠毋忽!其外有家者,女子服劳既多,或五载六载归其父母,从其婚嫁,受命年高者许归以终

---

1 以上所引,均见《明史》卷一一三《后妃》,第 3503—3504 页;龙文彬:《明会要》卷二《帝系二·宫官》,第 33—34 页;孙承泽:《天府广记》卷一五《礼部上·宫官之制》,北京古籍出版社 1983 年版,上册,第 196 页。

天命，愿留者听。其宫闱及见受职者，家与禄视外品官等。[1]

可见，女官的设立，其目的在于替皇帝"齐家"，亦即"以阴理教六宫九嫔，以妇职之法教九御各有司"，其中蕴含着"内治之道"。

就在这一年，朱元璋重新制定了宫官六尚品职，其中规定如下：

尚宫局尚宫二人正五品，掌导引中宫，统领司记、司言、司簿、司闱四司之官属，凡六尚事物出纳文籍皆印署之。司记二人正六品，典记二人正七品，掌记二人正八品。司记掌印，宫内诸司簿书出入录目审而付行，典记、掌记佐之；女史六人掌执文书。司言二人正六品，典言二人正七品，掌言二人正八品。司言掌宣传启奏之事，典言、掌言佐之；女史四人掌执文书。司簿二人正六品，典簿二人正七品，掌簿二人正八品。司簿掌宫人名籍廪赐之事，典簿、掌簿佐之；女史六人掌执文书。司闱二人正六品，典闱六人正七品，掌闱六人正八品。司闱掌宫闱管钥之事，典闱、掌闱佐之；女史四人掌执文书。

尚仪局尚仪二人正五品，掌礼乐起居，统领司籍、司乐、司宾、司赞四司之官属。司籍二人正六品，典籍二人正七品，掌籍二人正八品。司籍掌经籍、图书、笔札、几案之事，典籍、掌籍佐之；女史十人掌执文书。司乐四人正六品，典乐四人正七品，掌乐四人正八品。司乐掌率乐人习乐、陈悬、拊击、进退之事，典乐、掌乐佐之；女史二人掌执文书。司宾二人正六品，典宾二人正七品，掌宾二人正八品。司宾掌朝见、宴会赏赐之事，典宾、掌宾佐之；女史二人掌执文书。司赞二人正六品，典赞二人正七品，掌赞二人正八品。司

1　孙承泽：《天府广记》卷一五《礼部上·宫禁》，上册，第202页。

赞掌朝见、宴会赞相之事，典赞、掌赞佐之；女史二人掌执文书。彤史二人正六品，掌宴见进御之事，凡后妃群妾御于君所，彤史谨书其日月。

尚服局尚服二人正五品，掌宫内服用采章之数，统领司宝、司衣、司饰、司仗四司之官属。司宝二人正六品，典宝二人正七品，掌宝二人正八品。司宝掌宝玺、符契，典宝、掌宝佐之；女史四人掌执文书。司衣二人正六品，典衣二人正七品，掌衣二人正八品。司衣掌衣服、首饰，典衣、掌衣佐之；女史四人掌执文书。司饰二人正六品，典饰二人正七品，掌饰二人正八品。司饰掌巾栉、膏沐之事，典饰、掌饰佐之；女史二人掌执文书。司仗二人正六品，典仗二人正七品，掌仗二人正八品。司仗掌羽仪、仗卫之事，典仗、掌仗佐之；女史二人掌执文书。

尚食局尚食二人正五品，掌供膳馐品齐之数，统领司膳、司酝、司药、司馆四司之官属，凡进食先尝之。司膳四人正六品，典膳四人正七品，掌膳四人正八品。司膳掌割烹煎和之事，典膳、掌膳佐之；女史四人掌执文书。司酝二人正六品，典酝二人正七品，掌酝二人正八品。司酝掌酒醴飐饮之事，典酝、掌酝佐之；女史二人掌执文书。司药二人正六品，典药二人正七品，掌药二人正八品。司药掌药方、药物之事，典药、掌药佐之；女史四人掌执文书。司馆二人正六品，典馆二人正七品，掌馆二人正八品。司馆掌给宫人廪饩薪炭之事，典馆、掌馆佐之；女史四人掌执文书。

尚寝局尚寝二人正五品，掌天子之宴寝，统领司设、司舆、司苑、司灯四司之官属。司设二人正六品，典设二人正七品，掌设二人正八品。司设掌床帷、茵席、洒扫、张设之事，典设、掌设佐之；女史四人掌执文书。司舆二人正六品，典舆二人正七品，掌舆二人正八品。司舆掌舆辇、伞扇、羽仪之事，典舆、掌舆佐之；女史二人掌执文书。司苑二人正六品，典苑二人正七品，掌苑二人正八品。司苑掌园苑种植蔬果之事，典苑、掌苑佐之；女史二人掌执文书。司灯二人正六品，典灯二人正七品，掌灯二人正八品。司灯掌灯烛膏火之事，典灯、掌灯佐之；女史二人掌执文书。

尚功局尚功二人正五品，掌女工之程课，统领司制、司珍、司彩、司计四司之官属。司制二人正六品，典制二人正七品，掌制二人正八品。司制掌衣服裁制、缝彩之事，典制、掌制佐之；女史四人掌执文书。司珍二人正六品，典珍二人正七品，掌珍二人正八品。司珍掌金玉宝货之物事，典珍、掌珍佐之；女史六人掌执文书。司彩二人正六品，典彩二人正七品，掌彩二人正八品。司彩掌彩物缯锦丝枲之事，典彩、掌彩佐之；女史六人掌执文书。司计二人正六品，典计二人正七品，掌计二人正八品。司计掌庶支衣服、饮食、薪炭之事，典计、掌计佐之；女史四人掌执文书。

宫正司宫正一人正五品，掌纠察宫闱、责罚戒令之事，司正二人正六品，典正四人正七品；女史四人掌执文书。[1]

就其大的趋势而言，永乐以后，因为重用宦官，原本属于女官的宫中服役之事，转而移交到宦官的身上，故此后仅存尚宝数司而已。[2]

宫闱阴事，多属神秘，常为一些好事者所津津乐道。其实，作为一种史事，其中也无多少神秘之处，正所谓饮食男女，人之性存

---

1 龙文彬：《明会要》卷二《帝系二·宫官》，第34页；孙承泽：《天府广记》卷一五《礼部上·宫官之制》，上册，第196—199页。
2 黄百家：《明制女官考》，载《中国香艳全书》十一集卷二，第3册，第1328页。

焉。明代宫闱之事，尽管一部分是由太监负其责，但仍有专门的女官掌管此事。既是女官，又所掌乃宫闱之责，就不能不涉及宫女的月事乃至皇帝临幸宫女的一套制度。中国自古就传有妇女"月运红潮"的说法，指的就是妇女所特有的"桃化癸水"，古人又称为"入月"，如唐诗所言的"密奏君王知入月"，所指即是妇女的月事。因牵涉到皇帝的临幸是否适宜，所以需要及时报知君王事先知晓。所谓月事，医书中又称为"月经"，其意是说按月而经脉行也。取妇女月经入药，称为"红铅"，一般用作长生或房中术。古代宫中当妇女月事之时，就在额上点上朱，称为"丹的""玄的"，借此表示一种"进退之节"。说白了，就是借此表明皇帝是否适合临幸宫女。一旦点朱，证明正值月事，不适合皇帝临幸。这种点朱之法，就成为后来女子脸部化妆的滥觞。又有一种说法，妇女手上所戴的金镯，其中也包含着禁止男女接触之意，说明手上的装饰物，同样与妇女的月事有关。

明代宫中有一种《钦录簿》，专由女官掌管，里面就记载宫女的月事。明朝人田艺蘅的高祖姑蔡氏之姐，是杭州丰宁坊人，在成化年间曾经入宫成为女官，而且深得宠幸。从她所言中，可知一些明代宫闱之事。这种《钦录簿》，其中所记，包括报宫之笺、卫门之寝、承御之名、纪幸之籍等，所记之事甚详且密，即使皇帝也不得观览。不妨试举一例，以说明这种簿记的详细。如宫女发巾左右系上金钱，而两鬓皆秃，既可以用来掠发，但同时也蕴含着这么一层意思，说明她是"伴驾早起"。[1]

洪武二十二年（1389），下令六尚局的女官，在宫中服劳时间既

1　田艺蘅：《留青日札》卷二○《月运红潮》，上海古籍出版社1985年版，第681—682页。

久，或五年，或六年，就可以放出宫去，归其父母，允许她们"从宜婚嫁"。而一些年事已高的女官，也可以出宫归乡，"以终天命"。若愿意留在宫中，也听从其便。如果是仍在宫中服职的女官，可以支与其家俸禄，与外品相等。[1]明成祖即位之初下诏，凡是宫中女官年龄已经到达50岁，愿意回到老家，或女子在宫中已经服务十年，愿意回老家嫁人，都在允许出宫之列。[2]

女官的来源，主要是一些江南女子。明初洪武年间，曾两次选择江南女子入宫。洪武五年（1372），选苏州、杭州二府妇女愿入宫者，共计44人，授予她们内职，并蠲其家中徭役。在这44人中，有30人年未到20岁，各赐白金遣还，任其重新嫁人。洪武十四年，又敕谕苏州、松江、嘉兴、湖州及浙江、江西地方有司，凡是民间女子13岁以上、19岁以下，妇人30岁以上、40岁以下，无丈夫却又愿意入宫供使令之人，令各支给钞作为路途之费，选送入京。其中的女子是为备后宫之需，而妇人则是充任宫中女官。这是明初重视选择江南女子进入后宫的开始。[3]此外，在洪武、永乐年间，来自广东地区的女官亦颇有名望。如陈妹，广东南海人，洪武二十年选入宫中，被任命为司宝。至永乐初年，赐名为黄惟德，更受皇帝信任。

---

1 郑晓：《今言》卷一，中华书局1984年版，第32—33页。按：据明人沈德符考证，明代女官之制，在洪武朝凡三定，最后以洪武二十八年重定者为准。此重定之职，基本与郑晓所记相同，惟沈记女官之长品秩，后从正六品升为正五品。此为郑晓失载。参见沈德符：《万历野获编补遗》卷一《女官》，第805页。
2 龙文彬：《明会要》卷二《帝系二·宫官》，第35页。
3 明初宫中从江南选人，或选寡妇，入宫充当绣娘。下面之例即可为证：吴江吴璋之母陆氏在家守节。永乐二十一年（1423），"命选孀妇，给事内庭"。从另一则记载可知，吴氏被选入宫，充任绣娘之职。参见张履祥：《杨园先生全集》卷四三《近古录一》，引李乐《见闻杂记》、钱薇《厚语》，中华书局2002年版，第1243、1256页。

宣德七年（1432）"乞骸南归"，皇太后下令留于宫中，并以诗赐之。陈二妹，字瑞贞，陈仲裕之女，广东番禺人，貌甚端庄。洪武二十年选入宫中，二十四年出任司彩一职。陈氏擅长六书，通晓大义，精于女红，嫔嫱均以她为师，人称"女中君子"。又有叶氏女官，广东番禺人，少有淑质，通晓《列女传》。洪武二十四年选入宫中，擢为女官。还有司彩王氏，广东番禺人，永乐二年（1404）选入宫中，成为女官。[1]

至洪武三十五年（建文四年，1402），因为需要补充六尚官，让礼部出榜，凡是军民之家，只要有识字妇人而年龄又在 30 岁至 40 岁之间，自己亦愿意进宫，那么地方官员就必须将她们起送至京城。若是女子识字，即使容貌丑陋，或年龄十七八岁以上，只要本人愿意进宫，亦可以一起付给她们脚力，让她们到京城选用。不过，所有听选宫人，均必须由她们的父母亲自送来。给予她们家庭的赏赐，则按所授品级给俸，以厚养其家，并免其本家杂泛差役。妇人入宫之后，若是年龄到了 50 岁，而且愿意还乡，允许她们回到故里。女子入宫十多年之后，若另有识字人替用，而且又愿意回乡嫁人，亦听从其便。[2]

天顺三年（1459），因宫中缺少女官，英宗又敕谕镇守浙江、江西、福建的太监，密访良家女子年 15 岁以上或年 40 以下而又无丈夫的妇人，共计四五十人，选入宫中，充任女官。当时对这些女子或妇人的要求，是既能读书写字，又能熟谙算法。自明初以后，宫掖之人，多为北方女子，且不谙文理。这次英宗重新从江南选女子入

1　谈迁：《枣林杂俎》义集《彤管·孝慈高皇后无子》，中华书局 2006 年版，第 269—270 页。
2　申时行等纂：《明会典》卷六七《选用宫人》，第 405 页。

宫，不仅是取其美丽，而且考虑到江南女子多聪慧，可以满足宫中任事的要求。当时孝庄钱皇后正好正位中宫，而钱氏为浙江仁和（今杭州）人，宫中选南人，或许也与她追念桑梓之情有关。

隆庆三年（1569）四月，明穆宗下旨礼部，按照旧例，选取民间年11岁以上、16岁以下者300人进宫，充任宫中女官。当时礼部尚书建议差官从京城内外并顺天等八府及州县选取。穆宗又下旨，各府太远，只从京城内外选取。[1] 这条材料证明，宫中女官的选取已经开始偏重北方，尤其是京畿地区。

万历十九年（1591）正月，正值皇长子册立届期并长公主长成，缺人使役，命礼部选民间女子，年10岁以上、15岁以下，共计300人，进宫预教应用。最后分两次在宛平、大兴两县及北京五城各卫中选出300人入宫。[2]

宫中女官中，有"女秀才"。据载，永乐二年（1404），左都御史陈瑛上奏，"诬驸马梅殷与女秀才刘氏为邪谋"，云云。可见，女秀才之名，在永乐年间就已出现。至嘉靖初年，女秀才已与夫人并称。按照明代的惯例，宫中女子都曾经接受内臣的教习，读书通文理，先授予她们为女秀才，而后升为女史、宫官甚至六局掌印之官。凡是圣母、皇后、妃子有关礼仪之事，均以女秀才充任引礼、赞礼等官。[3]

女官与宫中后妃、宫女的最大区别，在于后妃对皇帝应尽侍寝

---

1 《明穆宗实录》卷三一，隆庆三年四月甲申条，台湾"中央研究院"历史语言研究所1966年校印本。

2 沈榜：《宛署杂记》卷一五《以字·宫禁》，北京古籍出版社1982年版，第142页。

3 沈德符：《万历野获编补遗》卷一《选江南女子》《采女官》《女秀才》，第804—806页；龙文彬：《明会要》卷二《帝系二·宫官》，第35页。

之责，宫女虽服杂役，却随时会因为得到皇帝的临幸而上升为妃子。而女官则不过是"左右后妃以供事者，皆非进御于王者也"，所以她们凭借的是"贤"，而不是"色"。明代女官的很多结局也可以证明女官的独特性。如黄惟德，洪武二十二年（1389）入宫充当女官，永乐初年出任尚服局局正，得到五品诰命。等到宣德七年（1432）春要求回归老家，还是处女之身。又如王氏，永乐二年（1404）入宫，为司彩。当时宫中为年少权妃受宠，特别推荐王氏"同辇之爱"，但被王氏拒绝，道："臣固嫠妇也，敢当下陈哉！"为此得到明成祖的礼重，从其意志，礼遇甚厚。[1]

后宫女性服役人员

明代宫中的服役人员，分为太监与女性服役人员两类。女性服役人员以女官为主，此外，宫外的奶婆、医婆、稳婆、女轿夫也可以出入宫中。

从根本上说，无论是奶婆、医婆、稳婆，还是女轿夫，并非真正属于贵族妇女的范畴，显然更应归于劳动妇女之列。在此将其附列于贵族妇女加以阐述，主要出于下面两个考虑：一方面，这是一个特殊的女性社会阶层，尽管属于劳动妇女，却可以出入宫中；另一方面，在这一女性阶层成员中，有些人借助于特殊的方便而得到了皇帝的宠信。

---

1 屈大均：《女官传》，载《中国香艳全书》八集卷二，第 2 册，第 912—913 页。

"三婆": 奶婆、医婆、稳婆

按照明代惯例，民间妇女不许随便进入宫中，即使宫女已经承恩赐名号，她的母亲不得旨，也不能进入宫内。只有"三婆"，可以时常进入宫中。此"三婆"分别为奶婆、医婆、稳婆。

奶婆从大兴、宛平二县奶口中选用。北京城内设有礼仪房，俗称"奶子府"，设在东安门外稍北。每年的四个仲月，各坊将少妇初孕之名上报，称为"奶口"，验其容貌，辨其乳汁，留下以后，以供宫中不时之宣。[1] 假若内廷有诞喜，"则预召数人候之内直房，产男用乳女者，产女用乳男者"。进入宫中的奶婆，其要求相对比较严格，首先要看乳汁的厚薄，然后检验其有无隐疾。[2]

奶子府隶属于锦衣卫管辖，有提督司礼监太监，有掌房，有贴房，俱锦衣卫指挥。按照明代的制度，每季精选奶口40名养之内府，称为"坐季奶口"，别选80名在官府造册登记，称为"点卯奶口"，候守季者子母或有他故，即以补之。季终则更之。先期，大兴、宛平两县及各衙门博求军民家有夫女口，年15岁以上、20岁以下，夫男俱全，形容端正，第三胎生男女仅三月者杂选之。除五兵马司及各卫所外，两县各额送20名，每季于佐领中轮委一员，集各里良家妇，如前行令，稳婆验无隐疾，呈之正官，当堂复选相同，具结起送，候司礼监请旨特差内秉笔者一人，同各衙门所送奶口会选而定。奶口每口日给米8合，肉4两，光禄寺支领；每年更番什物，每季

1　沈德符：《万历野获编》卷二一《礼仪房》，第540页。
2　王肯堂：《郁冈斋笔麈》，明万历刻本。

煤炭杂器，两县召商办送，约费铺行银 400 两银子。[1]

医婆取精通方脉之人，"候内有旨，则各衙门选取，以送司礼监会选，中籍者名待诏"。入选以后，妇女多以此为荣。有些医婆甚至可以"留住宫中"。如万历时，慈圣皇太后久病目疾，屡治屡发。万历四十一年（1613），有一位医妇彭氏，入宫医治，颇奏微效。这位医妇善于谈谐，还能道市井杂事，甚惬太后之意，因此得以留住宫中。[2]

稳婆选自民间的收生婆，"预选籍名在官者，惟内所用之"。[3]

医婆、稳婆一旦被宫中传宣，立时自高身份，出入一般都是高髻彩衣，如宫妆一样打扮，以便与普通的同行之人有所区别，民间也会因为她们是可以出入宫廷之人，而对她们格外信任。[4]一般说来，医婆、稳婆事竣以后，都自动出宫。只有奶婆，一旦有幸，就能留在宫中，"则终其身事所乳，得沾恩泽"。[5]有些乳母（又称保母）甚至获得封号。当然，稳婆也有得到恩宠的特例。如崇祯十三年（1640）九月，崇祯帝下旨给兵部，要求给予"收生妇"王氏的孙、男李化龙、王化以及侄子钱天祐"冠带总旗"之职。[6]

所谓乳母，亦称"阿保"，又称"保母"，俗称"奶妈"。明代宫中皇子乳母，照例有"夫人"之封。此例始于永乐三年（1405），当时明成祖追封乳母冯氏为"保圣贞顺夫人"。若在封号中带有"圣"，一般都是皇帝的乳母。如明仁宗初登极，就封乳母为"翊圣恭惠夫

---

1 沈榜：《宛署杂记》卷一〇《居字·奶口》，第 81 页。

2 沈榜：《宛署杂记》卷一〇《居字·三婆》，第 83—84 页；沈德符：《万历野获编》卷二三《女医贷命》，第 598 页。

3 沈榜：《宛署杂记》卷一〇《居字·三婆》，第 83—84 页。

4 王肯堂：《郁冈斋笔麈》。

5 沈榜：《宛署杂记》卷一〇《居字·三婆》，第 84 页。

6 谈迁：《枣林杂俎》和集《丛赘·收生妇》，第 618 页。

人"，不久又封乳母杨氏为"卫圣夫人"；宣德元年（1426），封乳母李氏为"奉圣夫人"。此外，明穆宗的乳母柴氏被封"奉圣夫人"，世宗乳母徐氏被封"佑圣夫人"，熹宗乳母客氏被封"奉圣夫人"，均可为例。乳母不但有封号，而且有谥号，甚至其谥号多达四字。如万历二十八年（1600）九月，佑圣夫人徐氏卒，最后被赐"勤敬荣安"之谥。[1]

宫中乳母，其中最为得宠的是奉圣夫人客氏。熹宗多次下旨，予以赏赉。先是恩加三等，"赏银三百两，彩段六表里，羊四只，酒六十瓶，新钞五千贯"，甚至"各荫弟侄一人，与做锦衣卫指挥使，世袭，给与应得诰命"。继又下旨，让户部"速行择给地二十顷，以为护坟香火之用"。[2] 更有甚者，王体乾为了奉迎客氏，专门奏请明熹宗下诏赐给客氏金印一颗，方四寸余，为四爪龙钮，玉箸篆文，印文共九字，分为三行，为"钦赐奉圣夫人客氏印"。[3]

同为生活在掖廷之中的"阿乳""保母"，其生活却有天渊之别。在江左樵子编辑的小说《樵史通俗演义》中，对保母客氏之荣宠有较为详细的描述，尽管属于小说之言，却也有一定的史实依据。小说引用了史科给事中侯震旸的上疏，说明明熹宗即使已经大婚，还是"恋恋于保母"。上疏中有言："昨者梓宫在途，千官拥立，独一乘轩在后，道路指目，曰：'此奉圣夫人客氏也。'"而另外一位曾经当过明光宗保母的老妇，其结局显然相当悲惨。当光宗神主过德胜门时，这位曾为"先帝"保母的老姬，却只能"伏尘号恸"。[4]

1　沈德符：《万历野获编》卷一三《四字谥》、卷二一《乳母异恩》，第 344、542 页。

2　朱长祚：《玉镜新谭》卷四《赏赉》附《客氏》，中华书局 1997 年版，第 60—61 页。

3　张怡：《玉光剑气集》卷一《帝治》，中华书局 2006 年版，第 35 页。

4　江左樵子编辑：《樵史通俗演义》第二回，人民文学出版社 1989 年版，第 13 页。

何以客氏能得到熹宗如此的恩宠？显然并不能简单从乳母这一身份给予合理的解释。因为是皇帝从小就用的乳母，皇帝与乳母有一定的感情，这可以理解。但按照明代的制度，乳母即使如何受宠，只要皇子长大成人，乳母就不得不出宫，再无自由进出皇宫的权利。而客氏却不同，仍然受到熹宗的恩宠。这一定另有其因。据小说《樵史通俗演义》记载，熹宗在大婚之前，因为情窦已开，曾与乳母客氏有染，被客氏"污了圣体"。[1]这显然是一种比较合理的解释，尽管尚无具体的史料加以印证。

当然，下面的史料记载，可以部分解答客氏的出身以及得到恩宠的缘由。据史料记载，客氏原先与太监魏朝相好，两人成为"对食"。魏忠贤得志之后，就乘隙与客氏相通，并与魏朝结为兄弟。魏朝为人，"佻而谅"；魏忠贤为人，"憨而壮"。客氏对两人都有点儿难舍。一次，魏朝与魏忠贤两人一同与客氏在乾清宫暖阁酣饮，因事喧攘争骂，惊动"上驾"，只好跪在御榻前，听凭处分。明熹宗说："客奶，你处心要跟谁？我替你做主。"魏朝是大珰王安的"名下"，当时王安也在熹宗身旁，厌恶魏朝有此丑秽之行，就打了魏朝一掌，并勒令他告病。从此以后，客氏就专归魏忠贤。

客氏移居乾、西二所，熹宗亲临设宴。每次客氏生日，熹宗亦临幸欢宴，赏赐无算。这种待遇，即使皇后的生日，也万万不及。熹宗每次进膳，若非客氏名下造办，就食之不甘。客氏每年数次出宫，回到自己的私第，熹宗必派遣近侍诸珰护行，"而一应监局各珰，摆导随行。具供张者不下二三千人，烛炬如星，沉香如雾，呼殿之声，侍从之盛，远出大驾之上"。回到自己家中，升厅而坐，自

1　江左樵子编辑：《樵史通俗演义》第一回，第3页。

各大珰乃至近侍，都挨次叩头，口称"老祖太千岁"，其声殷然震天，确实是亘古未有之事。

更有甚者，一次熹宗召客氏的圣谕云："朕思客氏朝夕勤侍朕躬，未离左右。自出宫去，午膳至晚，通未进用。暮夜至晓，忆泣痛心不止。安歇勿宁，朕头眩恍忽。以后还着时常进内奉侍，宽慰朕怀。外廷不得哓激。"[1] 细玩谕文，此谕或是客氏奸党所为，所言全是浪子私情，小儿呓语，甚至不顾褒尽王言之体，真是笑破四海之口。但若果真如此，那么熹宗对客氏的依恋已是相当之深。

女轿夫

明代宫中有一种服役之人，称"女轿夫"，专门负责大驾、婚礼、选妃及亲王、公主婚配时应用。照例给女轿夫家一定的优免权，下帖令其男子在外供给，免其杂差，属于大兴县管辖。

女轿夫属专门之户。闽俗妇女有抬轿为业者，多为福建闽、侯、怀三县之人。洪武初年拨送南京应当女轿户，专门居住在南京竹桥一带，以便出入宫掖。至洪武二十年（1387），又下令取福州女轿户，共计200余户。[2]

永乐年间，这些女轿夫随驾北都。天顺年间，原本出自福建三县的轿户陆续消乏，于是就从五城及宛平县内的民户中照数佥补。至嘉靖三十一年（1552），只剩下八户，又题佥楚相妻王氏等100余名补足。万历五年（1577），顺天府又题请补佥，下旨从各铺行殷实人

1 张怡：《玉光剑气集》卷三一《惩诫》，第1114页。
2 《明太祖实录》卷一八七，洪武二十年十一月己卯条，台湾"中央研究院"历史语言研究所1966年校印本。

户内金补，并给予优免，"着永远应当，以后再不许夤缘改拨"。到万历二十年，女轿夫之数，大兴县有 100 名，宛平县有 93 名，专供宫中使用。此外，永宁公主府有女轿夫 100 名，延庆公主府有 100 名，瑞安公主府有 100 名。

女轿夫享有优免特权。每当大婚，可以铺行银全免。而在各公主府服役的女轿夫，也可享受免四钱的优待。

女轿夫所用衣帽，每遇大婚、上陵，凤辇合用花纱帽、红绢彩画衣、绿绢彩画汗褂、红绵布鞋、铜带，都可以临时赴内府关领。而各轿所用锦汗巾、红布汗褂，均由大兴、宛平二县新置。至于那些在各公主府服役的女轿夫，她们所需的衣帽就必须自备。[1]

这种女轿夫在民间也有存在。如鄢懋卿依仗严嵩的势力，才得以总理两浙、两淮、长芦、河东盐政。在他上任时，曾与妻子同行，所乘为五彩轿，专门雇用 12 名女子抬轿。[2] 这 12 名女子显然就是女轿夫。

宦门妇女

宦门妇女，实际上是就出身而言，说明这些妇女出身于官宦人家，或者说成为官宦的内眷。在明代史籍中，有时也称她们为"名家女"。从其婚姻而言，则又指嫁入宦门的妇女。照一般世俗的观点，名家妇女，自小就有丫鬟使女侍奉，并接受了初步的教育，她们与出身劳动人家的妇女不同，嫁人之后不可能忍受艰辛的日子。其

1　沈榜：《宛署杂记》卷二〇《书字·女轿夫》，第 284 页。

2　赵翼：《廿二史札记》卷三四《明仕宦僭越之甚》，中华书局 2001 年版，第 784 页。

实，也并非一概如此。明末文人谭元春以刘济甫之母为例，对名家女作了新的认识。他说："惟名家女故知文字之难，而不以家人生产点子旷怀；惟名家女故知田宅之轻，而不以子母钱房挫子逸气；惟名家女故知师友之益，而不以交游道广谪子烦费；惟名家女故知遭遇之奇，而不以剪铩羽翰尤子寡效。其本末动静所从来深远矣。"[1]这当然是就名家女的气度而言，与劳动人家妇女相较，确乎有些不凡。

明代家庭中的父母，均依靠儿子而获得封诰及所有的荣耀。一旦获得封诰，父亲则称"封翁"或"封君"，母亲则称"命妇"。所谓命妇，说得通俗一点，就是诰命夫人。明代妇女的封诰，主要源于丈夫与儿子，真正体现了母以子贵或妻以夫荣的特点。

所谓母以子贵，就是儿子一旦中了科举，并出仕做官，母亲因此可以得到封诰。如钟惺生母冯氏，因钟惺出仕而得封"宜人"。[2]此即其例。又官员之妻若得以封安人、宜人，那么其母亦可以得相同之封号，但私下记载中则称"太安人"或"太宜人"，以便与安人、宜人有所区别。李开先就记载了他母亲受封的过程，其中云：

> 不肖先任户部，后吏部，遇国恩，初封母为太安人，后加封太宜人。珠冠霞帔，锦褙绣带，命服煌煌，母谦若不敢当，非有大吉庆事，未尝服之，恐人以为夸耀里间。[3]

明代妇女封诰之制，先引明人叶盛的记载为例加以阐释。叶盛记道：

---

1 谭元春：《谭元春集》卷二四《刘济甫贤母序》，上海古籍出版社 1998 年版，第 651 页。

2 谭元春：《谭元春集》卷二五《退谷先生墓志铭》，第 684 页。

3 李开先：《闲居集》卷八《封太宜人先母墓志铭》，载《李开先全集》，文化艺术出版社 2004 年版，上册，第 631 页。

国朝定制，母止封两人。正统中曹文襄公陈情，乞封前母，诏从之，不为后例。景泰七年冬，盛亦冒昧自陈，蒙恩得封前母。天顺改元四月二十七日，命下，今上龙飞，为天顺八年，是年八月，盛自广东赴阙。时金都御史已逾二考，吏部以闻，而先母淑人、今老母太淑人复俱被荣命。闻之得封前母者甚少，而封母三人者尤少，如邹侍郎干等皆未得如愿。[1]

这段记载的意思是说，按照明代的制度规定，官员之母只能有两人得封，即嫡母与继母。若是生母为妾，则无得封诰之例。叶盛此段记载，随后又作了一些补充，亦即加进了一些特例。如加封"前母"，甚至"封母三人"。

李开先对封诰之制也有下面的补充记载：

又尝观乎昭代锡封之典矣：部院等秩满，其三年之考勘实，咨呈吏部，隶属司功以其绩具闻，可其请，司封按令甲以覆，敕下，诰敕房代撰制词；八九品封其身，一品封三代，二品、三品二代，四品至七品惟及其父母而已；中书关轴书写，尚宝以时奏乞用宝，仍以文簿编号，藏之内府，诰敕轴俱在御前颁给；其父祖曾居官者，又必无过，乃许加授。[2]

这就是说，明代的封诰之制，最高者为一品官，可以封及三代，最底者则为八九品官，只能"封其身"。所谓的三代，当然包括父母、祖父母、曾祖父母；所谓的"封其身"，则其父母不得封，只能封其

1　叶盛：《水东日记》卷二七《三母俱被荣命》，中华书局 1997 年版，第 266 页。
2　李开先：《闲居集》卷五《贺双溪杨公孺人时氏同封偕寿序》，载《李开先全集》，上册，第 409 页。

妻子。

叶盛、李开先的说法，从明代的典章制度中同样可以得到印证。洪武二十四年（1391）五月，明太祖朱元璋下诏，定文武官员封赠之例：一品封赠三代，二品、三品封赠二代，四品至七品封赠一代。[1]

景泰六年（1455）十二月二十三日，当时的刑科右给事中乔毅因为"发身贤科，给事廷陛，精详勤敏，克举厥职"，而被皇帝颁发了敕命，以示褒荣。这一敕封已被刻碑而传，说明乔氏家族对此荣誉相当重视。在诰敕中，不仅乔毅之父乔监被赠予征仕郎、刑科右给事中，而且其母李氏被封"太孺人"，其妻王氏被封"孺人"。其中敕封其母李氏的敕文云：

> 国家于任职之臣，必褒显其亲者，所以重源本也。刑科右给事中乔毅之母李氏，有子效用，克勤厥职，皆尔善德所致。兹特封为太孺人，服此隆恩，尚懋敬之。

而敕封其妻王氏的敕文云：

> 夫妇人之大伦，故朝廷推恩群臣，命必及之。刑科右给事中乔毅之妻王氏，克谨妇道，以相其夫。兹特封为孺人，祗服荣恩，永光闺阃。[2]

那么，继母之封究竟又是如何？下面再引一则记载细加分析。当时南京太仆寺寺丞文林，照例上奏，请求给予他的故父文洪、故

---

1 龙文彬：《明会要》卷四四《职官一六·封赠》，第816页。
2 《乔毅职任敕封碑》，收入张正明编《明代山西碑刻选刊》，载王春瑜主编：《明史论丛》（二），兰州大学出版社2003年版，第367—368页。

母陈氏、故继母顾氏，以及见在继母吕氏等人敕命。这件奏请下发到吏部后，吏部官员首先要查验典章制度与成例。他们首先找到了成化二十三年（1487）四月十七日明宪宗曾下的一道诏书，其中一款云："两京文武官员，未关诰敕者，七品以上至四品，若父母见在，先与诰敕封之；三品以上，俱与应得诰命。不为常例。钦此。"其次，吏部官员又查到了天顺年间一道诏书，其中"题准各官父在兼赠其母，母在兼赠其父，共给诰敕一轴，以省多费"。事例具题，宪宗皇帝圣旨：照天顺年间例给予。最后，吏部官员又查到吏部的"见行事例"，其中规定："凡子应封父母者，继母亦该受封。"当然，在《诸司职掌》内，"不曾开有继母二人、三人俱封赠，亦不曾开有继母止封一人。止有应封妻者，继室止封一人之说。"有了这些依据，吏部官员开始提出自己的主张。他们认为：首先，"子之于继母，礼有斩衰三年之服。继母或一人，或二人、三人，遇有大故，为之子者，皆当依例守制"。鉴于此，封诰一类恩典，应该与守制相应，"似不可止及一人"。其次，文林请给父母并二继母敕命，"揆诸天理民彝，似合给予，但往时未见有二继母并受封赠者，所以再三踌躇，未敢轻易与之奏请。若照继室止封一人，例不与之奏请，不审今后见在继母奉养有缺，及有所违犯，宜何如治罪，而其服制，宜何如守也？"随后，吏部官员出于"均仁恩而劝慈孝"的考虑，请求批准文林的要求，"封赠父母并二继母，共给敕命一轴，以后遇有应请诰敕官员，或有二三继母者，亦照此例，一体请给，庶几恩典均及，而母子之心安矣"。[1]

上面这件事情，发生在弘治元年（1488），尽管《诸司职掌》内

1　王恕：《议封赠继母奏状》，载《明经世文编》卷三九，第311页。

无封继母之例，但明孝宗还是同意按照现行事例，加封文林继母一人。[1]

在明代大臣的诰敕中，存在下面这样一种情况，即只给夫封，而不给妻封。究其原因，正如清人全祖望所言，是因为当时嫡母、生母并存，一时无法给封。全氏引明朝人陆钶《病逸居漫记》，按照明代的制度，嫡母在，其生母不得受封，则子妇也停给诰封。在唐、宋两代，均无此制，显然是明代的特例。这里所谓的生母，显然是指原本只是妾一类身份的庶母。令人感到困惑的是，明世宗以藩王的身份而入正大统，随后通过议大礼而尊奉自己的生母，但此礼并没有"上下一体"，对臣子而言，生母却因为无嫡母身份而得不到封诰。[2]

诰命的取得，照例需要官员在考满之后，才可以得到封诰。这种封诰，既可荣亲，又慰孝思。诰命与封赠，理应有所区别。大抵说来，诰命只及于本身及其妻子；而封赠则可及于父母乃至上面三代。相对来说，明代官员获得诰命比较容易，而获得封赠则需要等待更多的时间。洪熙元年（1425），明仁宗下令：方面官到京，凡是已经经过一次考成而又称职者，给予本身诰命；九年考满，才给予封赠。换言之，本身诰命的取得，只需要等待三年，而封赠的取得，则需要等待九年。但正是在这一年，同样出现了将诰命改赠父亲之例。当时河南布政使李昌祺照例应给诰命，却在上奏中说自己父亲已80多岁，愿意将本身诰命给予父亲。这一奏请得到了明仁宗的嘉许，

1　龙文彬：《明会要》卷四四《职官一六·封赠》，第818页。
2　全祖望：《鲒埼亭集外编》卷四六《答施东莱问明代诰敕帖》，载朱铸禹汇校集注《全祖望集汇校集注》，上海古籍出版社2000年版，中册，第1743—1744页。

随后也就成为定例。这就是说，一旦诰命可以给予父亲，那么在诰命与封赠之间，其界线就日渐变得模糊起来了。

至正统初年，明英宗下令："文、武诰敕非九年不给。"这就是说，诰命的获得也需要等上九年。但这一诏令遭到了李贤的反对，他在上疏中言："限以九年，或官不能满秩，或亲老不待，不得者十八九，无以劝臣下。请仍复三年便。"于是英宗收回成命，诰命还是改为三年。

至于遇到国家大喜之事，官员之父母、妻子不必再等到考满，即可获得诰命或封赠。如天顺八年（1464），因为上两宫皇太后的徽号，明英宗下诏封两京文武七品以上官父母。弘治十八年（1505），也因为上两宫的徽号，明孝宗下诏：凡是两京七品以上文官，未及一考，亦均给予诰敕。父母已封者，服色许与子同。可见，官员之母若已封得封号，可以穿与其子官品相同的服色。[1]

所谓妻以夫荣，是指丈夫一旦做官，其妻照例可以得到封诰，成为名副其实的"诰命夫人"。如钟惺之妻黄氏，因钟惺出仕做官而得封"宜人"。[2]此即其例。

从封赠之制来看，明代的制度规定，封赠只及正妻，不及姜婢。正妻，通常是指"元配"，当然还包括继室。所谓的继室，就是士大夫之妻死后另娶一妻，也即民间所称的"填房"。明代的史料证明，士大夫的继室，同样可以得到封号。如历仕永乐、洪熙、宣德三朝的大臣蹇义，元配刘氏、继室张氏，均被封"夫人"；同为历仕永乐、洪熙、宣德三朝的大臣金善，故妻刘氏、继室屠氏，也均被封"夫

1 上面几段阐述，均可参见龙文彬：《明会要》卷四四《职官一六·封赠》，第816—818页。
2 谭元春：《谭元春集》卷二五《退谷先生墓志铭》，第684页。

人"。[1] 万历二十年（1592），焦竑修撰考满之后，除了其父母得到封赠之外，其妻子也分别得到了封赠。当时他的前妻朱氏已经去世，被赠"安人"，而继室赵氏也被封"安人"。[2] 明末杨嗣昌在 14 岁时其亲生之母就已去世，家中所存，实为其继母丁氏，所以丁氏也被封为"诰命夫人"。[3]

那么，再醮之妇和婢，在封诰制度上又是作何体现？对此，张履祥有下面记载：

> 《会典》："再醮之妇与婢所生子，虽贵，母不得受封。"古礼：庶子庶女不与嫡等，所以定尊卑、明贵贱也。今日无论民庶之家，不顾斯义，即士大夫，往往昧于等威，以至酿成祸本。总由心志迷惑，不知礼义之不可犯也。上不念祖宗为不孝，下不念子孙为不慈，家门何不幸而生若人？[4]

这就是说，虽然明代的制度规定了母以子贵，但根据《大明会典》的规定，若是再醮之妇或婢所生之子，则不能受封。究其原因，还是为了维护"定尊卑、明贵贱"的礼教秩序。

从谥号来看，妻、妾理应有等级之分。在正统以前，皇帝死后，凡是嫔妃从殉，照例可以赐给谥号，并称皇庶母，而亲王、郡王府

1　杨士奇：《东里文集》卷一九《故少师吏部尚书赠特进光禄大夫太师谥忠定蹇公墓志铭》、卷二〇《太子太保礼部尚书兼武英殿大学士赠荣禄大夫少保谥文靖金公墓志铭》，中华书局 1998 年版，第 280、299 页。

2　焦竑：《澹园续集》卷一五《亡室朱赵两安人合葬墓志铭》，中华书局 1999 年版，第 1079 页。

3　杨嗣昌著、梁颂成辑校：《杨嗣昌集》卷八《遵旨候代再具实情苦情疏》，岳麓书社 2005 年版，第 190 页。

4　张履祥：《杨园先生全集》卷四八《训子语下·正伦理》，第 1369 页。

中嫔妃有殉节者，也可以向朝廷请谥。就臣下而言，其妾照例不能有封赠与谥号。当然也有例外。如洪武年间，中书省平章政事李思齐妾郑氏得谥"贞烈"；燕山卫指挥使费德妾朱氏得赠"德人"，赐谥号"贞烈"；宣德年间，安陆侯吴复妾杨氏得"贞烈"之谥，都指挥使王俶妾时氏也得"贞烈"之谥。宣德以后，妾媵大体上不再有谥，只有大同指挥范安死，其妾杨氏自缢为殉，遂下诏赠"恭人"，赐以诰文，但也无谥号。其后，列朝基本遵循这一制度。[1]

明代妇女"诰命"之文，从某种程度上说可以等同于民间的祝词，其文风也处于变化之中。据明人曹学佺的考察，在嘉靖、隆庆年间，诰文比较平实，如某官封赠其母，一般只写"某氏，以子某官封"，如某官封赠其妻，则写"以某官封其妻某氏"。仅此而已，相当简单。但随后，文风则起了变化，无不骈偶雕缋，洋洋洒洒。[2]

妇女一旦成为命妇，就有机会进入皇宫，朝见皇后。下面以崇祯五年（1632）命妇朝见皇后为例，对此作一简单介绍：

> 崇祯五年三月二十八日周皇后寿辰，命妇入贺，自西华门外下舆入门，复肩舆至武英殿门外下。黎明，皇后升殿，诸命妇排班下手立，四拜，女官宣笺表跪，班首成国夫人入殿内致词，命妇皆跪，三叩头起，四立拜而出，以立为拜，不复俯伏。其奏乐教坊司奉銮等官妻李氏四名口、女乐来定三十六名口。[3]

命妇朝见皇后，应该说是妇女一生中最高的荣耀，所以其礼仪显得

1　沈德符：《万历野获编》卷一三《臣下妾谥》，第335页。
2　曹学佺：《曹能始先生小品》卷一《题黔阳公配吴母画意小引》，载《曹学佺集》，江苏古籍出版社2003年版，第57页。
3　孙承泽：《天府广记》卷一五《礼部上·中宫朝仪》，上册，第192页。

相当隆重。

妇女要做诰命夫人，必须嫁与读书士子为妻。不过，做一个士人之妻，尽管将来有可能夫贵妻荣，但平常的分离生活，确实也令一些士人妻子感到难熬。他们往往分别许久之后，才能相见相亲；刚得相亲，则又要远行，匆匆起程，去参加秋闱，或参加春试。士人为浮名所绊，而别离的苦趣却由他们的妻子独自承担。所以，即使有将来的凤冠霞帔在等着这些士人之妻，但她们更多的还是想过一种平安的柴米夫妻生活，正所谓"想渔家翁姬，村醪共斟；想樵家夫妇，山蔬共羹"。[1]

即使丈夫做了官，明代官员出任地方，虽然也是可以带家眷随任，但确实也有许多官员，因为种种原因，并未带家眷上任，导致夫妻别离。[2] 所以，每当七夕，一些官员通常在诗歌中会留恋平常人家夫妻的团聚生活。江盈科《七夕篇》一诗就是其中的一例，诗云：

> 并头莲，滋味甜。相思草，苦不了。男儿逸志如悍骡，左跳右踷无奈何。蜗利蝇名枉追逐，车尘马足徒奔波。君不见，梁家汉子孟家女，他自羹藜与衣苎，蓬门相对似鸳鸯，那知个是

1　冯梦龙编：《夹竹桃》之《何用浮名》《直欲渔樵》，载《明清民歌时调集》，上海古籍出版社1999年版，上册，第491、493页。

2　明代部分官员上任之时，不带家属随行，其原因应该说是多方面的。不过有一点则是肯定的，即官俸太薄，也是官员不带家属上任的原因之一。如正统六年（1441）二月，御史陈泰在上奏中言："今在外诸司文臣去家远住，妻子随行，禄厚者月给米不过三石，薄者一石、二石，又多折钞。九载之间，仰事俯育之资，道路往来之费，亲故问遗之需，满罢闲居之用：其禄不赡，则不免失其所守。"云云。可见，贪赃者因为官俸太薄，只好失操守而行贪污；至于清廉者，则只好不带属以节省开支。参见龙文彬：《明会要》卷四三《职官一五》，第799页。

牵牛渚？[1]

可见，明代有些官员从内心还是想与妻子做"并蒂莲"，不愿如"相思草"那样苦情不了。

劳动妇女

在明代社会中，依然流传着一个相当根深蒂固的观念，就是"嫁出去的女儿，泼出去的水"，或者说生女是一件赔钱的事，这其实也是有原因可寻的。在明代的民间，往往流行一种"厚嫁"之俗，嫁女之时必须准备一份丰厚的嫁妆。正是担心日后嫁女之时需要"婚嫁之费"，才导致出现了"溺女"这样一种陋俗，即民间百姓有的一旦生下女儿，就将其溺死。这种习俗主要存在于浙江温州、台州、处州三府，甚至延及宁波、绍兴、金华以及江西、福建、南直隶等地。[2]在当时浙江的淳安县，专门流传着一首劝戒人们不要溺女的歌曲，其中云：

---

1 江盈科：《雪涛阁集》卷二《七夕篇》，载《江盈科集》，岳麓书社 1997 年版，上册，第111 页。
2 《明宪宗实录》卷二六四，成化二十一年夏四月己未条，台湾"中央研究院"历史语言研究所 1966 年校印本。按：正德年间，萧山县儒学训导何重上奏，言"浙东俗畏婚嫁过侈，生女类不举，虽有例禁，俗犹未改"，云云，说明至正德年间溺女之风犹存。参见《明武宗实录》卷一一三，正德九年六月戊午条，台湾"中央研究院"历史语言研究所 1966 年校印本。

虎狼之性至恶，犹知有父子，人为万物灵，何独不如彼！生男与生女，怀抱一而已。生男既收养，生女顾不举，我闻杀女时，其状苦难比：胞血尚淋漓，有口不能语；伊嘤盆水中，良久乃得死。吁嗟父子心，残忍一至此！我因训吾民，无为杀其女。荆钗与布裙，未必能贫汝。随分而嫁娶，男女得其所。此歌散民间，吾民当记取。[1]

其实，除了需要花费"婚嫁之费"外，一般人家若是生了女儿，最后还会因为女儿出嫁而缺少劳动力。所以，民间将女儿称为"赔钱货"，并有"养儿防老"之说。尽管如此，在明代确实存在着诸多劳动妇女，她们除了承担家务劳动之外，同时也在外从事一些生产劳动。

农 妇

明人沈氏所著《沈氏农书》云："麦盖潭要满，撒子要匀，不可惜工，而令妇女小厮苟且生活。"[2] 这段史料大体反映出，一些田主为了节省工本，不用雇工专门用来播撒麦种，而是用妇女、小厮承担这种播种之职。农家妇女，照例应该下农田干活儿。

明代学者陈献章之诗有云："夫出妇亦随，无非分所安。"[3] 每当丈夫外出到农田干活儿，农妇亦追随其后，一同下田。

---

1 嘉靖《淳安县志》卷一《风俗》，《天一阁藏明代方志选刊》本。
2 《沈氏农书》卷上《运田地法》，载《学海类编》，上海涵芬楼据清道光十一年安晃氏木活字排印本影印，1920 年版。
3 陈献章：《陈献章集》卷四《庚子岁九月中，于西田获早稻》，中华书局 1987 年版，第295 页。

收获之后，需要重新耕种。家中缺乏耕牛，就只好采用一种"藕耕"之法，其实就是农家夫妻的一种合作劳动方式。明代理学家吕柟记载："自河以北，夫差之苦，不分男妇。又有男把犁，妇牵犁以代牛者。"[1]在江南松江府，妇女除了承担家中饮食之外，"耘获车戽，率与男子共事"。[2]妇女同样承担着田中耕耘、收割、车水等田间劳动。

明代江北妇女，大多务农，插秧不过是其中之一，于是也就有了"插秧妇"之称。戴九灵《插秧妇》诗云："青袱蒙头作野妆，轻移莲步水云乡。裙翻蛱蝶随风舞，手学蜻蜓点水忙。紧束暖烟青满把，细分春雨绿成行。村歌欲和声难调，羞杀扬鞭马上郎。"[3]明人田艺蘅在引用这首诗时，曾提出过怀疑。他认为，既然能在田中插秧，想必这些插秧妇均为大脚，怎么能说"轻移莲步"？当然，田艺蘅也用自己的所闻所见，以证明这种插秧妇的广泛存在。他所举的例子就是江北的习俗，妇女全都务农，而她们的丈夫反而不下田，仅仅是在田边"讴歌击鼓"。[4]

蚕妇与织妇

传统中国农村家庭的生活模式是男耕女织，为了维持女织的工作，首先需要养蚕。在江南地区，凡是负责养蚕之事的妇女，就可

1 吕柟：《泾野子内篇》卷一九《鹭峰东所语》第二四，中华书局1992年版，第191—192页。

2 顾炎武：《天下郡国利病书·江南九·松江府·风俗》，《四库全书存目丛书》本。

3 褚人获：《坚瓠九集》卷四《插秧妇》，载《笔记小说大观》，江苏广陵古籍刻印社1983年版，第15册，第310页。

4 田艺蘅：《留青日札》卷二一《插秧妇诗》，上海古籍出版社1985年版，第704—705页。

称"蚕妇"，又称"蚕娘"。从明末人徐光启的家信中可知，他的家乡松江府多养蚕，而且他家就专门雇用了"看蚕妇"，专门从事养蚕之事。又从另一封书信可知，这些在松江府的看蚕妇，很多就来自浙江的湖州府。[1]这与湖州的蚕桑业发达有很大关系。史料记载显示，在浙江湖州府，除了正常的农事之外，家中又多养蚕。每当养蚕之月，"夫妇不共榻，贫富彻夜搬箔摊桑"。[2]一些富家养蚕，多由女仆承担。如朱国祯云："一时任事诸女仆，又相兴起率励，咸精其能，故所收率倍常数。"[3]可见，湖州从事养蚕的女仆大多精通养蚕之术。

关于蚕妇的劳动生活，江盈科又一首《蚕妇吟》，给予详细的描绘。其中云：

> 桑叶似钱蚕似蚁，蚕娘辛苦从此起。侵晓持篮去采桑，儿啼掷在空闺里。饲过三眠蚕渐老，夜半篝灯束韦篙。结成茧壳如卵形，黄者似金白似银。抽丝织帛光绫绫，染就五彩相鲜新。买钱输租官不嗔，尺寸何曾勾上身？曲房垂头泪如线，青楼娘子君不见，一曲笙歌一匹绢，借问何曾识蚕面？[4]

养蚕的一辈子辛劳，却无尺寸绸缎上身；而满身"五彩相鲜新"的妇女，却从无养蚕、丝织之苦。

李开先也有一首《蚕妇》诗，云："少妇采柔桑，养蚕日夜忙。叶须防浥臭，椹恐污衣裳。九老方归簇（王氏《农书》云：'卜蚕九老，

1　徐光启：《徐光启集》卷一一《书牍二》之《家书三》《家书五》，上海古籍出版社 1984 年版，第 483、485 页。

2　王士性：《广志绎》卷四《江南诸省》，中华书局 1981 年版，第 70 页。

3　朱国祯：《涌幢小品》卷二《农蚕》。

4　江盈科：《雪涛阁集》卷二《蚕妇吟》，载《江盈科集》，上册，第 106 页。

方可入簇。'），三眠色正黄。茧丝组织后，温暖却寒凉。"[1]诗歌对蚕妇生活多有描摹。

这些看蚕娘子，工作虽然辛苦，但也能苦中作乐。她们在工作期间，还不忘唱唱山歌，思想自己的情哥。有一首题为《不道人间》的民歌，大体说出了这些蚕娘的感情生活，歌曲道："悠悠咽咽听得唱山歌，看蚕娘子忆情哥。守蚕辛苦，未曾约哥，（偶尔）采桑行去，（他先在）桑中候奴。（姐道：郎呀，）我只道七月七夜头方是巧，不道人间巧已多。"[2]

明人高濂记载了农家养蚕"初成蚕箔"之时的生活习俗，其中云："初成蚕箔，白茧团团，玉砌银铺，高下丛簇，四联蓓蕾，俨对雪峤生寒，冰山耀日。时见田翁称庆，邻妇相邀。村村挝鼓赛神，缲车煮茧，仓庚促织，柳外鸣梭，布谷催耕，桑间唤雨。"[3]

在明代，棉花的种植相当普遍。明末清初诗人吴伟业有一首《木棉吟》，其中有句云："豆沟零落湿衣裳，捃拾提筐逐兄嫂。"[4]这一记载已基本说明，明代的劳动妇女同样从事棉花采摘的工作。

男耕女织，是江南农家的本务。在浙江桐乡县，几乎是"家家织纴"。至于织妇的劳动生产率，张履祥曾根据自己的经验，亲自算了下面一笔账：

> 其有手段出众、夙夜赶趁者，不可料。酌其常规，妇人二名，每年织绢一百二十四。每绢一两，平价一钱，计得价

1　李开先：《闲居集》卷二，载《李开先全集》，上册，第184页。
2　冯梦龙编：《夹竹桃》，载《明清民歌时调集》，上册，第476页。
3　高濂：《遵生八笺·四时调摄笺·夏时幽赏十二条》，巴蜀书社1988年版，第172页。
4　叶廷琯：《鸥波渔话》卷四《吴梅村木棉吟》，载《笔记小说大观》。

一百二十两。除应用经丝七百两，该价五十两；纬丝五百两，该价二十七两；篓丝钱、家伙、线蜡五两；妇人口食十两，共九十两数。实有三十两息。若自己蚕丝，利尚有浮，其为当织无疑也。但无顿本，则当丝起加一之息，绢钱则银水差加一之色。此外，又有鼠窃之弊，又甚难于稽考者。若家有织妇，织与不织，总要吃饭，不算工钱，自然有赢。[1]

这是一种相当精明的计算。比较富有的自耕农之家，往往自己家中就有织妇。即使是雇用织妇为其纺织，同样可以取得可观的经济效益。

据史料记载，三吴之地，其人大多以织作为业，即使是士大夫家也多以纺织求利，其俗勤啬好殖，所以相当富庶。如内阁首席大学士徐阶，在位时，也"多蓄织妇，岁计所积，与市为贾"。[2] 松江府是明代棉纺织业的中心，无论城乡，均从事棉纺织业。史称："里姬晨抱绵纱入市，易木棉花以归，机杼之声，有通宵不寐者。田家收获，输官偿债外，未卒岁，室庐已空矣。其衣食全恃此。"[3] 妇女的纺织收入，成为家庭收入的主要来源。

关于织妇，明初杨维桢有两首乐府诗，作了比较细腻的描述。一首是《绩妇词》，其中云："蟋蟀入秋堂，青缸夜未央。李吾今夜恶，东壁灭余光。"另一首是《织妇曲》，其中云："盈盈白面娥，新丝织扇罗。当机不应客，掷地碎金梭。"[4] 此外，明末诗人吴伟业也有一首《木棉吟》，大抵可以反映明代织妇的辛劳生活，其中有

1　张履祥：《杨园先生全集》卷四九《补农书上·蚕务》，第1405页。

2　于慎行：《谷山笔麈》卷四《相鉴》，中华书局1997年版，第39页。

3　顾炎武：《天下郡国利病书·江南九·松江府·风俗》。

4　杨维桢：《铁崖乐府》卷九，载《杨维桢诗集》，浙江古籍出版社1994年版，第119页。

云："木棉未开妇女绩，缉麻执枲当姑前。徐王庙前洴澼洸，卖得官机佐种田。"[1]细玩诗意，是说在棉花采摘以前，妇女所织是麻布，而且婆、媳一起纺织；到了棉花采摘以后，妇女则开始纺纱织布。吴伟业又有一首《织妇词》，云："黄茧缲丝不成匹，停梭倚柱空太息。少时织绮贡尚方，官家曾给千金直。孔雀蒲桃新样改，异缕奇文不遑识。桑枝渐枯蚕已老，中使南来催作早。齐纨鲁缟车班班，西出玉关贱如草。黄龙袱子紫橐驼，千箱万叠奈何尔何！"[2]

　　由于江南纺织业的发达，故织妇大多集中于江南一带。而在北方，则以下田劳动的农妇或插秧妇居多。万历二十二年（1594），河南大荒，钟化民奉命赈灾，曾经对农妇纺织之事作了下面的计算：

　　　　一妇每日纺棉，三两月可得布二匹，数月之织，可供数口之用。其余或换钱易粟，或纳税完官。但布之成也，纺而为缕，络而成线，分而为纬，合而为经，织而成布，一寸一丝皆从辛苦中来。[3]

这是希望将江南家庭经济中占据一席之地的织妇，引入北方农村的家庭生产中。这种做法在寿阳也得到了推广。如蓝尚质于万历十九年（1591）出任寿阳知县时，下令制作纺织器械，专门雇用"织妇"，"分四乡教之"。[4]

　　在明代，流传着"北有姑绒，南有女葛"之说。姑绒其实就是

1　叶廷琯：《鸥波渔话》卷四《吴梅村木棉吟》，载《笔记小说大观》。

2　吴伟业：《吴梅村全集》卷一〇《诗后集二》，上海古籍出版社1999年版，第258页。

3　钟化民撰：《赈豫纪略·救荒图说》，载李文海、夏民方主编《中国荒政全书》第一辑，北京古籍出版社2003年版，第282页。

4　祁寯藻：《马首农言·织事》，《续修四库全书》本。

羊绒，因为西域番语称为"孤古绒"，所以又称"姑绒"。[1] 其意与女葛为女子所织稍有不同。所谓的"女葛"，主要产自广东雷州、增城。关于女葛，明末清初人屈大均有详细记载。从他的记述中大抵可以知道，明代广东所产女葛布，当以增城女葛为上，然通常不在市场上出售。增城女子，一般要花费一年时间才能织成一匹葛，所以只是供给家里的夫人穿用。在葛布中，有一种精品，其重仅有三四两，据说只有未字少女才能织，出嫁以后就不能织成，所以有"女儿葛"之称。其实，这不过是一种夸张的说法，仅是形容其纺织工艺之精而已。葛布所用原料为葛，以竹丝溪、百花林二处所产品质最为优良。采葛必须是女子，而一女之力，一天只能采得数两。雷州妇女也多以织葛为生。屈大均有诗云："雷女工绨绤，家家买葛丝。"又云："蛮娘细葛胜罗襦，采葛朝朝向海隅。"又云："雷女采葛，缉作黄丝，东家为绤，西家为绨。"所织出的葛布，细如毫芒，视若无有，卷其一端，甚至可以出入笔管。可见，织葛需要的是一种精细功夫，织成以后的葛布，薄如蝉翼，重仅数铢，均是纯葛无丝。[2]

广东的织妇还善织蕉布。蕉布以蕉麻为原料，主要产自高要县（今高要市）宝查、广利等村。屈大均写有《蕉布行》一首，云："芭蕉有丝犹可绩，绩成似葛分绤绤。女手纤纤良苦殊，余红更作龙须席。蛮方妇女多勤劬，手爪可怜天下无。花彩白越细无比，终岁一匹衣其夫。竹与芙蓉亦为布，蝉翼霏霏若烟雾。入筒一端重数铢，拔钗先买芭蕉树。花针挑出似游丝，八熟珍蚕织每迟。增城女葛人皆

---

1 宋应星：《天工开物》卷上《乃服》第二《褐毡》，江苏广陵古籍刻印社 1997 年版，第 99 页。

2 屈大均：《广东新语》卷一五《葛布》，中华书局 1985 年版，第 422—425 页。

重，广利娘蕉独不知。"[1]广东织妇之勤劬苦辛已是跃然纸上。

明代松江露香园顾氏所出绣品，号称"顾绣"，在明末清初已是海内驰名，陈继儒称为"精洁在蜜香冰翼之上"。据《程墨仙纪事》记载，顾绣这种绣品，"自顾伯露母夫人始"。顾绣不仅所绣翎毛花卉巧若天成，而且山水人物也无不逼肖活现。正因为所绣均为精品，所以在当时的价格相当昂贵，尺幅之素精者，值银几两，至于全幅高大的绣品，价格更是高达数十两银子。[2]

商人妇

所谓的"商人妇"，通常是指商人之妇，她们并不需要承担社会性的劳动，但家务劳动同样必不可少。但在明代，商人妇尚有一层延伸出来的含义，即指那些从事经商的妇女。福建建阳出现的"书贾妇"，堪称典型的商人妇。据史料记载，建阳人杨鳌的母亲余太孺人，"幼而为儒家女，称诗习礼者若而年。长而为书贾妇，椎髻操作者若而年"。[3]细绎史料之义，实则可作两种解释：一是这位余太孺人，仅仅是"书贾"之妇，亦即书商的妻子；二是若从"椎髻操作者若而年"一语观之，或许她亦曾承担买卖书籍的职责，是一位真正从事买卖书籍的女书贾。

明代富室能够称雄天下者，江南应推徽州，江北当数山西。徽

1　屈大均：《广东新语》卷一五《葛布》，中华书局 1985 年版，第 426 页。

2　叶梦珠：《阅世编》卷七《食货六》，上海古籍出版社 1981 年版，第 163 页；杨复吉：《梦阑琐笔·识物》，收入《昭代丛书》，清道光间吴江沈氏世楷堂刻本。

3　周之夔：《弃草集·文集》卷二《寿杨母余太孺人序（代）》，江苏广陵古籍刻印社 1997 年版，第 2 册，第 652 页。

州大贾基本以鱼盐为业，家中财产有至百万者，其他如二三十万资金者，不过是一"中贾"而已。至于山西商人，其商业经营范围有盐、丝、粟，甚至从事转贩，其富更是超过徽州商人。从两地商人的生活风俗来看，徽州商人比较奢侈，而山西商人则相对俭朴。当然，徽州商人在衣食方面也相当吝啬，喝点粥，吃点腌菜，就可以欣然一饱。只是在娶妾、宿妓、争讼三方面，徽州商人则挥金如土。如当时有一位徽州巨商叫汪宗姬，出万金纳一妓女为妾，鲜车怒马。[1]

作为商人妇，一人独守空房，不但要能守节，而且必须将家里治理得井井有条。但是否所有的商人妇都是如此能坚守贞节，而且概无思念丈夫之情呢？这当然也是各不相同的。明末人杨文聪作有《洞庭竹枝词》，专记洞庭商人，其中一首云："层楼高锁碧纱窗，每遣奚奴问客舡，锦字寄郎青店里，西风一夜到松江。"这首词的小注云："洞庭贾店在云间名青店。"[2]细玩诗意，商人妇思念丈夫之情跃然纸上。

在江南，大体以徽州、洞庭两地商人著名。从明代的史实来看，商人因长年在外经商，多在外置有外室。[3]有些甚至长期宠信在外小妾，不回老家。[4]如钱谦益曾言："新安之富家行贾，多在武林，其丈夫十九居外，买田宅，置家室，治生产，与其家等，其习俗然也。"

1　谢肇淛：《五杂俎》卷四《地部二》，第 74 页。

2　杨文聪：《洵美堂诗集》卷四《洞庭竹枝词》，民国二十五年陈氏花进楼刻本。

3　如徽州商人汪文鉴，在开封经商，"置汴室，举子一女二"。此即其例。参见施闰章：《施愚山集·文集》卷二〇《处士汪长公墓志铭》，黄山书社 1992 年版，第 416 页。

4　汪道昆记浙江钱塘商人张荣，"贾南海，系外孽，留不归"。此即其例。参见汪道昆：《太函集》卷六一《明故旌表节妇封太安人凌母张氏墓表》，黄山书社 2004 年版，第 1269 页。

最明显的例子，就是钱谦益所记徽州商人吴氏，先在家乡娶一妻毕氏，后至杭州经商，再娶仇氏，已而又娶蒋氏、孙氏。[1]杨文聪的一首竹枝词亦云："陈钟伐鼓闹鼍鼋，新置吴姬细马驮。画阁有人军令肃，推查字号上新河。"这首竹枝词下面作者有小注云："洞庭贾店大半在白门上新河，开店谓之字号。"[2]这是说，名义上称为"大妇"的商人妇，时刻面临着丈夫从外面南京上新河产美女之地娶一个"小妇"回来。作为商人之妇，尽管丈夫在外可以寻花问柳，但自己却独自生活在"重垣如城"的家庭环境中，甚至还必须恪守妇道，使"厅屏清肃"。

在中国传统的诗歌中，多言商人重利而轻别离。对商人妇来说，不但娶于空房，而且还必须长期守于空房。根据清人尹似村的记载，这种特点在山西商人中表现得尤为突出。他记道，清代山西商人"发犹未燥"之时，就随人在外商贩，常常数年不归。他们的父母也不等在外经商的儿子归来，就替他们在家娶了媳妇，这在当时称为"娶空室"，而且习俗不改。[3]明代的山西商人中是否存在着这样一种"娶空室"的习俗，目前尚无史料加以证实。若以常理推之，大体也应该有这种习俗。商人长期在外，家中父母无人奉养，有父母做主，娶妇于家，以供孝养，也属人之常情。

关于商人妇，明初诗人杨维桢有两首乐府诗，题目叫《商妇词》，有很好的反映。其一云："荡荡发航船，千里复出万里。愿持金剪刀，去剪西流水。"其二云："郎去愁风水，郎归惜岁华。吴船

1 钱谦益：《初学集》卷五九《汤孺人墓志铭》，载《钱牧斋全集》，上海古籍出版社2003年版，第1440页。

2 杨文聪：《洵美堂诗集》卷四《洞庭竹枝词》。

3 尹似村：《萤窗异草初编》卷三《李念三》，载《笔记小说大观》，第21册，第75页。

若屋里，南北共浮家。"[1]明代史料基本可以证实杨维桢诗中之言。如徽州有一商人之妻，由于丈夫在外经商，终年无宁居，所以所有家政全由其妻主持。[2]

商人妇在丈夫外出经商期间，不得不独立承担起支撑门户和教子的职责。[3]关于此，明末清初文人吴伟业有下面的一段记载：

> 余观江以南，惟新安善治生，其丈夫转毂四方，女子持门户，中外咸有成法。盖吴之洞庭亦然，过其地，见重垣如城，厅屏清肃，终日行里中，不见有游闲之迹、笑语之声。[4]

商人妇不仅要承受独守空房之苦，而且家中公婆也需要亲自照料。下面的例子就是一个明证：

> 兖州贺织女，为妇未浃旬，夫外处负贩。每出，数年方归。归则数日复出，不闻一钱济其家。所得微利，别供给小妻。贺知之，每夫还，辄忻然承事，饮食漱濯必尽其力，未尝言及小妻，及干以衣食。夫自以惭负，时以非礼毁骂之，亦不酬对。佣织以养姑，己则寒不营衣，饥不饱食。姑又不慈，日凌虐益加，恭谨下气，怡声以悦其意。虽暗室亦无怨叹。夫常挈小妻至家，以女弟呼之，殷勤待之，略无愠色。为妇二十余年，夫

1　杨维桢：《铁崖乐府》卷九，载《杨维桢诗集》，第120页。

2　焦竑：《澹园续集》卷三《寿金母六十序》，中华书局1999年版，第810页。

3　如徽州歙县鲍希轼，商游四方，有时一年才回家一次。其儿子鲍楠的教育，就完全由其妻子吴氏承担，"每躬课肄业，不少假借。出学于外，必令久之乃归省"。参见倪岳：《青溪漫稿》卷二四《封太安人鲍母吴氏传》，上海古籍出版社1991年版，第341页。

4　吴伟业：《吴梅村全集》卷五二《文集三〇·吴淑人传》，第1070页。

在家前后无半载，而能勤力奉养，始终无怨，可谓贤妇矣。[1]

一个"贤妇"美名之下，则是妇女一生青春的耽误与虚度。另外一条史料同样印证了这样的事实。如商人吴钏在娶妻之后，就外出经商，家中寡母已老，全靠其妻查氏"奉母欢"。[2]

值得人关注的是，商人外出经商，可以在外置小妾，甚至出入花街柳巷，而他们的妻子则在家乡辛勤料理家务，而且必须为丈夫守节。明代徽州经商成风，但同时妇女贞节牌坊又鳞次栉比，这是一种相当奇怪的现象。明末清初人魏禧论徽州商人妇与节妇之间的关系道：

> 徽州富甲江南，然人众地狭，故服贾四方者半土著。或初娶妇，出至十年、二十年、三十年不归，归则孙娶妇而子不识其父。呜呼！内无怨女，外无旷夫，圣王于男女之际盖重矣。余尝心恶其俗，他日得志，当为法绳之。而其妇人乃勤俭贞醇，鲜淫僻，贞女节妇往往而见。[3]

这一说法确实有事实依据。从明代的很多史料记载可知，徽州的商人在家乡娶妻数月之后，就开始外出经商，数十年不回家乡，甚至出现了父子邂逅也互不认识的怪现象。尽管如此，在家的商人妇还是安于现状，从无陌头柳色之悔。

当然，在明代确实也有一些商人妇，会跟随丈夫一同外出经商。如孙氏，吴县（今江苏苏州）人卫廷珪之妻，"随夫商贩，寓浔阳小江

1 张履祥：《杨园先生全集》卷三○《阐德之厚》，第 867 页。
2 汪道昆：《太函集》卷四七《吴处士配严氏合葬墓志铭》，第 992 页。
3 魏禧：《魏叔子文集外篇》卷一七《江氏四世节妇传》，中华书局 2003 年版，第 789 页。

口"。当时随同者还有两位女儿，即金莲、玉莲。[1]

其他劳动妇女

妇女除了从事下田劳动、纺织或经商，即上面的农妇、蚕妇、织妇、商人妇之外，其他诸如女佣、苏州梢婆、三姑六婆、绣花娘、插带婆、瞎先生、堕民之妇、樵妇之类，亦可归于劳动妇女之列。

女 佣

明代的拟话本小说中，经常会提到一些大户人家雇用了下面三种人，分别为管家婆、丫鬟与养娘。所谓的管家婆，就是女佣，用来管理家中的一切家务事，又称"管家老姆姆"；丫鬟即使女，应该说属于婢的身份，虽也是劳动妇女，但人身上缺乏自由；养娘就是乳母。

在明代，除了宫廷需要奶婆之外，奶婆在民间也有很大的市场需求。按照明代的惯例，凡是官宦人家生子，很少自乳，一般都必须请乳母喂养。[2]如浙江湖州的乡俗，雇用乳母，以三年为期。在这三年内，乳母不得回家，更不得与其丈夫同房。[3]

从其职责而言，保母不过是一"传婢"而已，但她们与所乳之子的关系，有时亦相当情深，乳子甚至将其视同母亲。如袁祈年有一首诗，专哭其保母吴氏，其中曾说及保母之事，道："记昔摇头

---

1 《明史》卷三〇一《列女一》，第7712页。

2 焦竑：《澹园续集》卷一五《陈孺人墓碣铭》，第1089页。

3 李乐：《见闻杂记》卷三，第310页。

梨枣时，恩深如海难屈指。雪夜啼号绕床行，披衾冲寒燃膏纸。盛夏鼓扇葛帏中，自身多病亦不止。视我如子欲速成，一问日者亦欢喜。"[1] 母子之情，跃然纸上。

女佣的出现，往往是在自然灾害之后。在大旱或大水之后，百姓不得不到处流亡，有些人就"自卖为佣"。[2] 这里所谓的"佣"，显然应该包括佣工与女佣。如无为州（今属安徽）人周凝贞妻吴氏，丈夫死时，才24岁，就毁容誓死，不再嫁人，"佣女工以奉孀姑"。[3] 又如明人郑灏，"其家织帛工及挽丝佣各数十人"。[4] 所谓的"挽丝佣"，虽不明言是佣工还是佣妇，但考虑到纺织业的特点，还是以佣妇为主。

苏州梢婆

在明代，苏州专有一种"梢婆"，一般在游船上撑船。因为是劳动妇女，相对来说脚较大。[5]

三姑六婆

在明代城乡民间，专有这么一等妇女，周旋于富豪大族或小户人家的妇女中间，有一张利辩之嘴，从事买卖，说事传言，她们就是影响明代妇女生活极为深远的"三姑六婆"。小说《禅真逸史》第六回有一首诗，道出了三姑六婆的厉害："老妪专能说短长，致令灾

---

1 袁祈年：《楚狂之歌》，载袁中道《珂雪斋近集》附录，上海书店1982年版，第252页。

2 娄枢：《娄子静文集》卷一《送诸友之四方训蒙自养序》，《四库全书存目丛书》本。

3 《明史》卷三〇二《列女二》，第7722页。

4 陆粲：《庚己编》卷四《郑灏》，中华书局1997年版，第43页。

5 谭元春：《谭元春集》卷三二《寄四弟广陵买婢》，第891页。

祸起萧墙。闺中若听三姑语，贞烈能叫变不良。"

1. 三姑六婆

古人将尼姑、道姑、卦姑称为"三姑"。其中的三姑，即为"觋"的角色。觋的名色，除三姑外，其他如尸娘、看香娘、看水碗娘，[1] 均为觋的别名。而"六婆"则为牙婆、媒婆、师婆、虔婆、药婆、稳婆。明代有人主张应将三姑六婆拒之门外，方才做得人家，对她们避之如蛇蝎，显然是因为厌恶她们会贻害无穷，败坏家风。[2]

尼姑，在明代又称"女僧"。从小说《金瓶梅》中可知，这些尼姑通晓一些佛教经典，会讲说《金刚科仪》以及各种因果宝卷。她们"专在大人家行走，要便接了去，十朝半月不放出来"。当然，这些尼姑也会替一些大家族女子寻找符药，以便能及时怀上孩子。可见，她们在深宅大院中，陪伴着妇女，借着讲天堂地狱、谈经说典之由，背地里就干些说媒拉纤、送暖偷寒的事。[3]

卦姑，又称卦婆，其职业是替人"卜龟儿卦"。小说《金瓶梅》是这样描写卦婆的："穿着水合袄、蓝布裙子，勒黑包头，背着褡裢。"这些卦姑通常也出入妇女闺房之门。其卜卦的方法，是求卜者先将属相、出生的干支相告。卦姑把灵龟一掷，在停住之处，再来看卦帖。至于卦帖之上，会有一些卦画，卦姑再根据画面作一些推测。[4]

---

1 徐复祚：《花当阁丛谈》卷七，《续修四库全书》本。

2 明人吕得胜《女小儿语》云："三婆二妇，休教入门。倡扬是非，惑乱人心。"其中的"三婆"，即指师婆、媒婆、卖婆；而"二妇"，则指娼妇、唱妇。参见陈宏谋辑《教女遗规》卷中《吕近溪女小儿语》，载《五种遗规》，清道光庚戌年重刊本。

3 兰陵笑笑生：《金瓶梅词话》第四〇回，人民文学出版社 2002 年版，第 526、528 页。

4 兰陵笑笑生：《金瓶梅词话》第四六回，第 609—612 页。

牙婆，又称"牙媪""牙嫂"，主要是指以介绍佣工或买卖人口为职业的妇女。小说《喻世明言》第一卷中的薛婆，属于牙婆一类。她们能言快语，又逐日走街串巷，而且可以穿房入户，如果一些女眷感到冷清寂寞时，就会招致牙婆，与她们交往。从薛婆所从事的卖珠子的职业来看，所谓的"牙婆"，又可以视为卖婆。[1]

媒婆，主要是指替人说媒撮合之人。在明代，媒婆虽已成一种职业，但也不是专职的，往往是一些妇女的兼职。如小说《金瓶梅》中的王婆，其正业是开茶坊卖茶的，但也兼做媒人，小说称其"积年通殷勤，做媒婆，做卖婆，做牙婆，又会收小的，也会抱腰的，又善放刁"。又说她也会"针灸看病"，也会做贼。[2] 上面所谓的"收小的"，即替人接生，属于稳婆的职业行当；所谓"抱腰的"，即指接生时抱产妇腰以助产。可见，王婆虽非专职的稳婆，有时也充当稳婆的助手，甚至直接充当稳婆。于是，小说中的这位王婆已是媒婆、卖婆、牙婆、稳婆、医婆诸种职业集于一身。

在明代有这样一个说法，说是天下有三种口嘴最是厉害：秀才口，骂遍四方；和尚口，吃遍四方；媒婆口，传遍四方。可见，媒婆之口是何等的厉害。所以，当时有人作了几句口号，专说媒婆之伶牙俐齿，道："东家走，西家走，两脚奔波气常吼；牵三带四有商量，走进人家不怕狗。前街某，后街某，指长话短舒开手；一家有事百家知，何曾留下隔宿口？要骗茶，要吃酒，脸皮三寸三分厚；若还羡他说作高，拌干涎沫七八斗。"当时的人普遍知道世间最不可信的是媒婆之口。她要说是穷，石崇也变成了无立锥之地；她要说是

1 冯梦龙：《喻世明言》第一卷，岳麓书社 2002 年版，第 5、10 页。
2 兰陵笑笑生：《金瓶梅词话》第二回，第 32、34 页。

富，即使是范丹也变成有万顷之财产。确乎是富贵随口定，美丑趁心生，根本没有一句实话。[1]可见，媒婆不但替人保媒，还将闺房女子的秘密事到处传播。

师婆，主要是指那些巫婆。虔婆，即妓女的假母，俗称"鸨子""鸨儿"。师婆、虔婆，下面将另有阐述，在此不赘述。

药婆，又称医婆，通常出入大家之中，替妇女看病。如小说《金瓶梅》记潘金莲茶饭慵餐之后，吴月娘就让人请来了经常在家中走动的刘婆子前来看病，刘婆子"一面打开药包来，留了两服黑丸子药儿，晚上用姜汤吃"。[2]这位刘婆子就是经常出入大户人家的医婆。

关于医婆，李东阳曾就一位"女医"有以下详细记载：

> 京师有女医，主妇女孩稚之疾。其为人不识文字，不辨方脉，不能名药物，不习于炮炼烹煮之用。以金购太医，求妇女孩稚之剂，教之曰：某丸某散，某者丸之，某之散之。载而归。人有召者，携所购以往，脉其指，灸其面，探药囊中与之，虽误投以他药，弗辨也。然而妇女之爱其身若子者，举其躯付之无疑焉。幸而不至于丧败，捐谷帛金珠予之不少吝。其恒丧且败者，曰命也。且传引誉之于邻里；而不足，则誉之乡党；而不足，又誉之姻戚识知之人。邻里、乡党、姻戚，凡识知之人有疾者，皆乐而求之。幸而不至于丧败，则又引誉之。其丧且败者，则又曰命也。非女医之所治者，虽名家术士未尝信之，其

1　冯梦龙：《喻世明言》第二八卷，第231页；凌濛初：《初刻拍案惊奇》卷二，岳麓书社2002年版，第15页。

2　兰陵笑笑生：《金瓶梅词话》第一二回，第148—149页。

强而治之者，虽治亦弗之贵也。其不幸而丧且败者，则悔且咎
之矣，曰：不用女医之过也。虽士大夫家亦不免焉。[1]

从上所记可知，尽管所谓的"女医"，不过是一个"不识文字，不辨
方脉，不能名药物，不习于炮炼烹煮之用"的冒牌货，甚至丸、散
一类的药剂，亦不过是用金钱购自太医，却是生意相当红火，甚至
不乏为一些士大夫家庭所礼请。这种对"女医"的过分信任，显然源
自传统中医中小儿科、妇科医术的匮乏，以及传统礼教中男女授受不
亲观念对医学实践的影响。

稳婆，主要是指替人接生的妇女。小说《金瓶梅》借稳婆蔡老娘
的自我介绍，将稳婆的职业性质作了下面的描绘：

> 我做老娘姓蔡，两只脚儿能快。身穿怪绿乔红，各样鬏髻
> 歪戴。嵌丝环子鲜明，闪黄手帕符擦。入门利市花红，坐下就
> 要管待。不拘贵宅娇娘，那管皇亲国太。教他任意端详，被他
> 褪衣刮划。横生就用刀割，难产须将拳揣。不管脐带包衣，着忙
> 用手撕坏。活时来洗三朝，死了走的偏快。因此主顾偏多，请
> 的时常不在。[2]

为了对三姑六婆的生活有更感性的认识，下面引两首关于卖婆、
稳婆的民歌，以示说明：

> 货挑卖绣逐家缠，剪段裁花随意选，携包挟裹沿门串。脚
> 丕丕无近远，全凭些巧语花言。为情女偷传信，与贪官过付钱，

1　李东阳：《记女艺》，载黄宗羲编《明文海》卷三四二，中华书局 1987 年版，第 3506 页。
2　兰陵笑笑生：《金瓶梅词话》第三〇回，第 384 页。

慎须防请托衾缘。（卖婆）

  收生有年，五更半夜，不得安眠，手高惯走深宅院，几辈流传。看脉知时辰远近，安胎保子母完全。搞镘的心不善。刚才则分娩，先指望洗三钱。（稳婆）[1]

卖婆所从事的事情，主要是兑换金银首饰，或者贩卖包帕花线，包揽做面篦头，甚至假充喜娘说合。[2] 可见，有时卖婆也充当媒婆的角色。从上面两首歌曲中可知，卖婆沿门向闺房小姐兜售绣品，但同样也干一些替情女偷偷传信，或者为贪官说事过钱的事情。明人范濂也说这些卖婆"俏其梳妆，洁其服饰，巧其言笑，入内勾引，百计宣淫，真风教之所不容也"。[3] 而稳婆虽名为收生婆，专门替人接生，但也惯走深宅大院，难保不做一些替情女传信甚至偷偷打胎的事。刚刚才替人接生，就盼望着"洗三"这一天的到来，以便能得到洗三钱。

  再来看媒婆，小说《金瓶梅》在说到王婆的本事时，其实已经将媒婆的那套本领如数家珍地道了出来：

  开言欺陆贾，出口胜随何。只凭说六国唇枪，全仗话三齐舌剑。只鸾孤凤，霎时间交仗成双；寡妇鳏男，一席话搬唆摆对。解使三重门内女，遮么九级殿中仙。玉皇殿上，侍香金童把臂拖来；王母宫中，传言玉女拦腰抱住。略施奸计，使阿罗汉抱住比丘尼；才用机关，交李天王搂定鬼子母。甜言说诱，

---

1 路工编：《明代歌曲选》，上海古典文学出版社 1956 年版，第 6、14 页。

2 范濂：《云间据目钞》卷二《记风俗》，清光绪四年上海《申报》馆仿聚珍版印本。

3 范濂：《云间据目钞》卷二《记风俗》。

男如封陟也生心；软语调和，女似麻姑须乱性。藏头露尾，撺掇淑女害相思；送暖偷寒，调弄嫦娥偷汉子。这婆子端的惯调风月巧安排，常在公门操斗殴。[1]

上面提到的"封陟"，出典是唐代裴铏的传奇，其中叙述唐代士人封陟居太室山，三遇仙女，不为所动的故事。"麻姑"出典于曹丕的《列异传》与葛洪的《神仙传》，是道教传说中的著名仙女，传说她十指如鸟爪，道行高深，不可测度。媒婆以口惑人的本领，从中已是不难想见。

2.绣花娘

所谓"绣花娘"，即为一些善于针刺女红的妇女。她们凭着自己的技艺出入一些官宦大族，教导闺中女子学刺绣女红。时日一久，有的大家闺秀就被她们引诱成"花娘"。所谓"花娘"，即杭州人骂娼妓淫妇之称。

3.插带婆

富贵大家的妇女去赴宴席时，往往满头尽是金玉珠翠首饰，自己无法簪妆，就需要专门雇用插带婆，由她们来妆插。首饰颜色间杂，四面均匀，一首之大，几如合抱。即一插带，顷刻间就费银二三钱。等到上轿时，几乎不能入帘轿。到了别人家里，入席，又需俊仆四五人在左右服侍，仰观俯察，但恐遗失一件首饰。而那些作为从人的俊仆，时刻跟随左右，难免熟视动心，以致做出通奸露丑的事情来。为了避免礼教之失，于是插带婆也就应运而生。这种插带婆主要存在于杭州，后在江西建昌也日渐流行。

1　兰陵笑笑生：《金瓶梅词话》第二回，第32页。

4. 瞎先生

所谓"瞎先生",即双目失明的女子,也即宋代陌头盲女之流。[1]这些人自幼学习小说、词曲,靠弹琵琶为生。她们多有美色,精技艺,善笑谑,颇能吸引动人。大家贵族妇女生性骄奢,无以度日,就招致瞎先生,将她们养在深院静室中,昼夜狎集宴饮。淫词秽语,污人闺耳,引动春心,多致败坏门风。有些家主人也宠幸她们,留荐枕席,反而忘了她们是盲女。在杭州,又将瞎先生称作"陶真",学琵琶,唱古今小说、平话。她们所说多为宋事,大概就是汴梁的遗俗,有时也唱近世所拟作的杭州异事,如"红莲""柳翠""济颠""雷峰塔""双鱼扇坠"等。

堕民之妇

堕民,一作"惰民",又称"大贫",是明代存在于绍兴的贱民,属于一种"丐户"。堕民之妻,其所习的职业,一般是"习媒或伴良家新娶妇,又为妇贸",或者是替人家做"保媪";而堕民之女,则为人家捎发髻,或者替人梳发为髻。这些身入丐户的妇女,类似于苏州的"伴婆",妇女不许缠足,群走市巷,善为流言,"乱是非,间人骨肉"。[2]

樵　妇

古代士大夫有渔樵之隐的理想,说明从事渔樵者多为男性,所

1　在明代,开封还保留着一种"女先弹唱",大概就是瞎先生之流。参见明佚名著、孔宪易校注:《如梦录·小市纪》第八,中州古籍出版社1984年版,第81页。

2　万历《会稽县志》卷三《风俗论》,载《天一阁藏明代方志选刊续编》,上海书店1990年版;沈德符:《万历野获编》卷二四《丐户》,第624页。

以又有"渔夫""樵夫"之称。可见，所谓"樵妇"，其实就是樵夫之妻，并非属于职业妇女。因明代诗歌中有此名目，姑且系此，加以简单叙述。

明人李开先有《樵妇吟》五首，引述如下：

> 郎入深山去采薪，远无伴侣近无亲。明朝要往长街卖，卖得钱来且济贫。

> 更深月上是归期，月满柴门尚未知。岂是侬处山低月上早，多应郎处山高月上迟。

> 厮守何曾暂别离，别离一夜胜多时。侬情好似机头锦，横也丝来竖也丝。

> 寻郎寻到日三竿，郎已跌在山前积水滩。残臂病躯无气力，寺门失火救郎难。

> 强扶樵郎走且停，登高涉险几曾经。虽然此日同辛苦，胜似夫欠官钱妻受刑。[1]

从诗中可知，为了还清"官钱"，或用柴薪卖钱"济贫"，樵夫只能去深山"采薪"，为此而跌倒在"山前积水滩"，断伤手臂。诗中所云，多为樵夫家庭生活之艰辛，以及樵夫、樵妇夫妻情感之笃。

---

1 李开先:《闲居集》卷一，载《李开先全集》，上册，第87页。

娼　优

　　在明代，娼妇往往被民间百姓称为"淫人"，与"棍人""妖人"相提并论，甚至不被官方的户口册籍所收，成了真正的"无籍之徒"。如在广东香山县，其册籍不收之民包括下面三类：第一类是"棍人"，这些人经常性的活动是打点衙门，俗称为"光棍"；第二类是"妖人"，主要是指那些从事"师巫斜术"之人；第三类是"淫人"，主要是指"妖童娼妇"。[1] 当然，若是更为确切地说，娼妇也有自己的户籍，虽不为良民之籍所收，却被归入贱籍（又称花籍）。

　　根据明人的记载，娼妓的数量已是相当之多，"两京九街，至数万计"，而且这些娼妓"多流溢于外，往往为奸盗之薮"，[2] 影响到地方上的风俗。即使在一些穷州僻邑，娼妓也在在有之。如江苏山阳，其地并不繁盛，明弘治年间，在窑沟一带，也是"妓馆环列"。[3] 在山西忻州，一些流娼更是"僦居僧舍"，并被一些"荡子谐狎"所控制。[4]

　　明代城市，妓院林立，妓女人数陡增，从中涌现出了许多色艺

1　嘉靖《香山县志》卷二《食货》，载《日本藏中国罕见地方志丛刊》，书目文献出版社1992年版。

2　林希元：《同安林次崖先生文集》卷二《王政附言疏》，清乾隆十八年陈胪声诒燕堂刻本。

3　相关的记载，可参见谢肇淛：《五杂俎》卷八《人部四》，第157页。

4　顾炎武：《天下郡国利病书》，引《忻州志》，《四库全书存目丛书》本。

俱全的名姬。史载，嘉靖年间，海宇清宁，南京最称富饶，而平康极盛，当时著名的妓女，前有刘、董、罗、葛、段、赵，后则有何、蒋、王、杨、马、褚，在青楼中号称"金陵十二钗"。[1] 明末，南京旧院中的名姝，名扬四海的则有董小宛、李香君、卞玉京几位。除了名妓之外，尚有很多处于底层的"站门"妓女，真可谓是"倚门卖笑"。名妓名声在外，自然公子哥、名士、大贾会闻风而至。而站门妓女则不同，她们只能站在门前，招揽生意，即使"倚破了门儿磨穿了壁，站酸了脚儿闷肭了腰"，[2] 却还是眼巴巴地看着那些俏丽郎君进了别人家的门。

娼　妓

在金元时期的戏曲作品中，妓女的形象经常出现，而且在戏曲方言中均有一些特殊的称呼，诸如"小扒头"（游娼）、"中人"（娼妓）、"王母"（官妓）、"行首"（唱妓）、"行院"（妓女）、"科子"（妓女）、"猱儿"（女优、妓女）、"滥包搂"（妓女、淫妇）、"搅蛆扒"（妓女）。[3]

妓女一般是指那些终日倚门卖笑、卖淫为活之辈。明代的妓女分为官妓与私妓两种。在南北两京，教坊司所隶则为官妓，专门由官府向其收税，称为"脂粉钱"。在地方府、县，官妓则称"乐户"，又称"水户"，不过是供地方官府的使令而已。所谓私妓，就是那些不隶属于官府、家居而卖奸之人，又称"隐名娼妓""土妓""私窠

1　冯梦龙：《情史》卷七《情痴类·老妓》，岳麓书社 1986 年版，第 206 页。
2　冯梦龙编：《挂枝儿》卷一〇《杂部·站门》，载《明清民歌时调集》，上册，第 234 页。
3　金元戏曲方言中关于妓女的称谓，可参见徐嘉瑞：《金元戏曲方言考》，商务印书馆 1956 年版，第 6、7、9、13、14、23、35、48、53 页。

子"。[1]

官　妓

皇帝嫖妓，甚至有外嬖，宋代已有其例。如宋徽宗有李师师、赵元奴，均被封为"才人"；宋理宗晚年也眷顾杭州妓女唐安安，不时召幸。

按照明代的制度，皇帝并无"平康更衣"之事，只有明景帝与明武宗两人有嫖妓之举。明景帝曾行幸教坊司妓李惜儿，还召其兄李安，任命他为锦衣，并赏赐金帛、田宅。明英宗复辟以后，李安谪戍，而钟鼓司宦官陈义、教坊司左司乐晋荣，因向皇帝进献妓女而被诛杀。[2]天顺元年（1457），明英宗下令，"放教坊司乐工、乐妇四百八十六名还原籍从良"。[3]

明代娼优业相当兴盛，其中最值得一记的是，明武宗作为一国君主，不但亲自至教坊司"嫖院"，而且自己还在北京西角头开设"花酒店房"，并经常出现在这家店房中，乃至"竞锥刀之利于娼优之馆"。[4]

明武宗的嫖妓行为更为明显，在他临幸太原时，取晋王府乐工

1　关于私妓，小说《金瓶梅》作了下面解释："原来不当官身，衣饭别无生意，只靠老婆赚钱，谓之隐名娼妓，今时呼为私窠子是也。"小说《喻世明言》亦言："原来这人家是隐名的娼妓，又叫作'私窠子'，是不当官吃衣饭的。"参见兰陵笑笑生：《金瓶梅词话》第九八回，第1472页；冯梦龙：《喻世明言》第三卷，第37页。

2　沈德符：《万历野获编》卷二一《主上外嬖》，第544页。

3　《明英宗实录》卷二七八，天顺元年五月甲戌条，台湾"中央研究院"历史语言研究所1966年校印本。

4　《明武宗实录》卷一〇九，正德九年二月庚子条；卷一四三，正德十一年十一月己卯条，台湾"中央研究院"历史语言研究所1966年校印本。

杨腾之妻妓女刘良女，大为爱幸，携带她一同游幸，甚至被称为"刘夫人"；到了扬州仪真，他也挑选妓女，不可胜数；在宣府镇城，他更是乐不思蜀，称之为"家里"，禁止人们称宣府为口外。到了万历年间，宣府城中的二三妓家"尚朱其门户，虽枢已脱，尚可辨认"，显然就是明武宗曾经游幸之地。[1]正德年间，明武宗曾多次选取地方的乐户至宫中服役。正德四年（1509）四月，河间等府奉武宗之诏，选取一些艺业精通的乐户送入宫中，"给与口粮，工部仍相地为之居室"；同年十二月，武宗又命各院乐户"选乐艺精通者八百户食粮应役"。[2]这里仅是笼统地说到乐户，自然应包括乐工与乐妓。

明人王锜记道："唐、宋间，皆有官妓祗候，仕宦者被其牵制，往往害政，虽正人君子亦多惑焉。至胜国时，愈无耻矣。我太祖尽革去之。官吏宿娼，罪亚杀人一等，虽遇赦，终身弗叙。其风遂绝。"[3]其实，这一说法多有夸张。明初法律虽然禁止官员及其子孙宿娼，但实际的处罚并不如此之重。再者，明初仍然有官妓的设置，如南京十六楼之类以及教坊司等，就是最好的例证。

南京教坊司所属官妓十四楼，史籍记载甚详，却互有出入，分别有十四楼、十五楼、十六楼之说。

据《明实录》载，先是在江东诸门外建十楼，其名分别为鹤鸣、醉仙、讴歌、鼓腹、来宾、重译等。到洪武二十七年（1394），又建成五楼，号称十五楼。[4]据明人沈德符的考证，明太祖所建十楼，除上述所列六楼之名外，还有清江、石城、乐民、集贤四楼。而后建五

---

1 沈德符：《万历野获编》卷二一《主上外嬖》，第 544 页。

2 《明武宗实录》卷四九，正德四年四月辛巳条；卷五八，正德四年十二月庚戌条。

3 王锜：《寓圃杂记》卷一《官妓之革》，第 7 页。

4 《明太祖实录》卷二三四，洪武二十七年八月庚寅条。

楼，则分别为轻烟、淡粉、梅妍、柳翠，剩下一座楼名，史所未载。[1]
又据《洪武京城图志》载，明初所设之楼，当为十六楼，分别为江东、鹤鸣、醉仙、集贤、乐民、南市、北市、轻烟、翠柳、梅妍、淡粉、讴歌、鼓腹、来宾、重译、叫佛。据谢肇淛的记载，明初明太祖在南京建十六楼，以处官妓，分别为来宾、重译、清江、石城、鹤鸣、醉仙、乐民、集贤、讴歌、鼓腹、轻烟、淡粉、梅妍、柳翠、南市、北市。[2] 两相比较，两者所记，不同者只有一楼，一称"叫佛"，一称"石城"。嘉靖年间编的《南畿志》，也说只有十四楼，分别为南市、北市、鸣鹤（当作鹤鸣）、醉仙、轻烟、淡粉、翠柳、梅妍、讴歌、鼓腹、来宾、重译、集贤、乐民。

从上面的考述可知，明初南京当为十六楼，其中十楼是酒楼，但也不排除有妓女在楼内侑酒现象的存在。后来增建了五楼，完全仿照宋朝的故事，专以处侑酒歌妓。如洪武时进士李泰，有集句咏十六楼，其中就提到清江、石城二楼。因为有些记载中认为佚失一楼之名，故又有十五楼、十四楼之说。如永乐年间，晏振之《金陵春夕诗》说："花月春江十四楼。"显然，十四楼之说也相沿已久。[3]

明初之时，缙绅大体均可用官妓，"不惟见盛时文网之疏，亦足见升平欢乐之象"。如明初江西临川人揭轨，因入贡南监而来到南京，参加了南市楼的宴会。他有诗记道："诏出金钱送酒垆，倚楼胜会集文儒。江头鱼藻新开宴，苑外莺花又赐酺。赵女酒翻歌扇湿，燕姬香袭舞裙纡。绣筵莫道知音少，司马能琴绝代无。"[4] 从上诗可

---

1 沈德符：《万历野获编补遗》卷三《禁歌妓》，第900页。

2 谢肇淛：《五杂俎》卷三《地部一》，第49页。

3 顾起元：《客座赘语》卷六《十四楼》，中华书局1997年版，第202—203页。

4 沈德符：《万历野获编补遗》卷三《禁歌妓》，第900页。

知，明初不第儒臣赐宴，也在妓楼高会。然自万历末年以后，刑法日密，吏治日见操切，而粉黛歌妓之辈也几乎无以自存，非复盛时景象。王穉登送王世贞诗云："最是伤心桃叶渡，春来闻说雀堪罗。"[1]说的就是南京官妓略有衰落。自明代中期以后，南京官妓十六楼（或称十四楼），大多荡然无存，独存南市楼一处。在万历年间，南市楼尽管还属于六院之一，但其价格以及品位已经位居中下，成为一些商人游集之处。[2]北市楼在乾道桥东北，似乎就是猪市，明初刘辰《国初事迹》所记"富乐院"，即此地。在明初，富乐院也有两处，一处在武定桥东南，一处在聚宝门外东街。至明末，官妓所处的旧院人称"曲中"，前门对武定桥，后门在钞库街，妓家鳞次，比屋而居。

在明代，各个藩王府中，都设有乐院，原本仅仅承应王国宗庙祭祀之事。[3]乐院又称"富乐院"，其中设有乐工、乐妇。这些王室成员往往与乐妇有染，生子袭封。嘉靖四十四年（1565）议定的条例中就云："各王府有广置女乐淫纵宴乐，或因而私娶花生滥封。"[4]很多史料记载更是证明了王府成员与乐妇之间的暧昧关系。如辽府之辽王，曾收府中乐工张绍之女，生有一子，名川儿，甚至"朦胧请名，希图承袭。"最后因该省御史相继纠察，才使承袭一事未遂。[5]如襄藩乐户，大多居住在襄阳府城西门外堤上，不下数千人。"士人商贾，南北行者，必假宿焉。每旦，妓人盛饰，百十为群，俱从浮桥步至樊

1　谢肇淛：《五杂俎》卷三《地部一》，第49页。

2　沈德符：《万历野获编补遗》卷三《禁歌妓》，第900页。

3　《明世宗实录》卷三〇四，嘉靖二十四年十月甲午条，台湾"中央研究院"历史语言研究所1966年校印本。

4　申时行等纂：《明会典》卷五六《乐》，第354页。

5　何起鸣：《条议宗藩至切事宜疏》，载《明经世文编·补遗》卷一，第5546页。

城酒馆，挟客以归，犹有大堤之遗风焉。"[1] 可见，王府乐户从负责府中祗应，到公开接待客人，显然是官妓向私妓的一种转变。

随着城市生活的日趋繁华，妓女人数也在逐渐增多。即以大同为例，王府所蓄乐户之数，多出他藩数倍。即使到了衰落之时，隶属于花籍的人数，也达 2000 人，歌舞管弦，昼夜不绝。

明代官妓的设置，其至渗透到了儒家的孔圣人家族。换言之，曲阜衍圣公府先圣俎豆之区，亦同样变得"淫乐相溷"。正如山东巡抚杨俊民所言，倡优杂用，原本应该是元代的一种陋习，所以衍圣公府在元代一向设有女户、乐户。然令人感到不解的是，朱元璋建立大明帝国以后，却在衍圣公府中保留了女乐 26 户，凡是遇到宴会，无不都用这些女乐供应。尽管在宣德初年，因为都御史的上奏，将官妓、女乐全都革去，公私典礼乃至宴会不再杂用女乐，但衍圣公府却一直保留了女乐。[2] 我们当然不能推测，这些女乐就会导致衍圣公的后人做出一些狎昵之私的事情，但在先圣的家中，明目张胆地使用女乐，终究不是君子远嫌之道。

按照明朝法律的规定，禁止官吏挟妓饮酒。《大明律》中有下面的条款："凡官吏宿娼者，杖六十。……若官员子孙宿娼者，罪亦如之，附过，候荫袭之日，降一等，于边远叙用。"[3]

事实上，这条法律条文不过形同虚设。早在宣德年间，著名的"三杨"就有挟妓饮酒之举。据史料记载，三杨曾与一任职兵部之官会饮，座中杨溥建议用酒令行酒，各自诵诗一句，以"月"字在下，

1　徐咸：《西园杂记》卷下，《盐邑志林》影印明刻本。

2　徐学谟：《题革衍圣公女乐疏》，载《明经世文编》卷三四一，第 3660 页。

3　怀效锋点校：《大明律》卷二五《刑律八·官吏宿娼》，法律出版社 1999 年版，第 200 页。

而分为四时。行令毕后，杨溥指着席中之妓说："不可谓秦中无人。"于是其中一妓就成一小词，并捧琵琶歌曰："到春来梨花院落溶溶月（杨溥句），到夏来舞低杨柳楼心月（杨荣句），到秋来金铃犬吠梧桐月（兵官句），到冬来清香暗度梅梢月（杨士奇句）。呀，好也，么月总不如俺寻常一样窗前月。"[1] 这是妓女为士大夫侑酒之举。

万历年间，明神宗倦于政事，不坐朝，不阅章奏，于是京城士大夫也大多陶情花柳。正是在这种形式下，教坊司的妓女，竞尚容色，投时好尚，以博资财，甚至出现了联布党羽，设局诳骗的行径。其行骗之法如下："妙选姿色出众者一人为囮，名曰'打乖儿'。其共事者，男曰'帮闲'，女曰'连手'。必择见景生情、撮空立办者乃与之共事。事成，计力分财。而为囮者，独得其半。于是构成机巧，往往变幻百出，不可究诘。"[2] 至崇祯年间，有一位御史风闻其状，就上奏要求裁汰在京乐户，于是这些教坊司的妓女就纷纷散入各省，以流寓扬州者为最多。

青楼女子的出现，可谓历史悠久。然与前代相较，明代曲中女子，无论是数量，还是识见、社交活动，均超越前代而独具特色。

明代官妓均由礼部所属的教坊司统一管理。按照明代的制度，南北两京都设有教坊司。北京有东西二院，南京有十六楼，均为官妓所聚之处。教坊司设一官，主持其事，有衙署，也有公座，甚至有人役、刑杖、签牌之类。教坊司官有冠带，不过见客则不敢拱揖。隶属于教坊司的官妓要从良落籍，则必须通过礼部，并获得批准。妓女出籍从良，亲母所要之钱并不很多，主要是假母勒索高价。谚语

1　蒋一葵：《尧山堂外纪》卷八三《杨士奇》，《四库全书存目丛书》本。
2　严虞惇：《思庵闲笔》，载《虞阳说苑》乙编，初园丁氏校印本。

167

所说的"娘儿爱俏，鸨儿爱钞"，[1]所说就是假母。娼家生活，完全是虚心冷气，又包藏着坑人的见识。富家郎进来，可以如胶似漆；穷姐夫进来，财散人离。有钱时，终日就是夫妻；手内消乏，"夫妻"二字休要提起！

院中妓女，一般称为"姑娘"。"小姐"一称，原本是指大家闺秀，但至清末，一般也普遍称妓女为"小姐"。这些变化，应该说始于明代晚期。在晚明，大多通称各地妓女为"姐"，如"临清姐""扬州姐"之类。院中的假母，称"鸨母"，或称"鸨子"，又称"鸨儿"。[2]鸨儿之夫，则称"龟头"，或称"忘八"。[3]去院中嫖妓者，民间称之为"艾猳"，俗称"嫖客"。[4]至于那些比较固定的嫖客，则称"孤老"。[5]

南京旧院姝丽，赋性好游。她们通过外出冶游，扩大自己的影

1　余怀：《板桥杂记》上卷《雅游》，上海古籍出版社 2000 年版，第 13 页。按："娘儿爱俏，鸨儿爱钞"这句谚语，在明代又作"姐爱俏，妈爱钞"。

2　鸨子，原是一种鸟。此鸟是大雁，无后趾，虎皮纹，性喜群居，又像雁一样，飞翔时自然有行列，蹄不树止，俗称为"独豹"。因老妓性行似此鸟，故称之为"鸨子"。相关的解释，可参见田艺蘅《留青日札》卷二一《私科子、鸨子》，第 701 页。

3　在明代，如妻在外与他人相通，就称其夫为"乌龟"。相传龟不能交，而纵其牝者与蛇交配，故有此名。而院中鸨儿，很多就是由妓女摇身变来，于是又称其夫为"龟头"。相关的阐述，参见谢肇淛：《五杂俎》卷八《人部四》，第 158 页。"忘八"一称，又作"王八""王霸"，见于民歌《鸨妓问答》，参见冯梦龙编：《挂枝儿》卷九《谑部》，载《明清民歌时调集》，上册，第 223 页。

4　"艾猳"一称，从《左传》与《方言》的解释中可知，原本是指公猪。在明代，一般又将男子淫于他室者，称之为"艾猳"。又明清时期俗称"邪淫"为"嫖"，嫖字读若"瓢"音。无论是《说文解字》还是《汉书》，嫖字原本均作"轻"解，无淫邪之义。清人沈涛引程大昌《演繁露》，可见当时称淫靡、泛滥之音为"嫖唱"，借此证明嫖字原本当作"嫖"，可具一说。分见谢肇淛：《五杂俎》卷八《人部四》，第 158 页；沈涛：《铜熨斗斋随笔》卷八《嫖》，载《清人考订笔记（七种）》，中华书局 2004 年版，第 865 页。

5　清人朱骏声《说文通训定声》云："今谚谓女所私人曰姻嫽，俗作孤老。"参见兰陵笑笑生：《金瓶梅词话》第一二回，第 136 页，注 4。按：犹忆儿时在家乡越地，民间称女子所私之人为"男鬼三"，此三字据音造出，不知何所出典。俟考。

响，寻觅意中人。明代苏州，繁盛一时。南京名姬常常轻装一舸，
翩然而至。因为她们来自南都，被当地人称为"京帮"，借此与土著
妓女相别。其中如卞玉京、董小宛诸妓，文采风流，倾倒一时。其
后，至者益众，于是她们在苏州本地妓女之外，俨然别树一帜。此
外，维扬帮妓女也托庇其宇，混入京帮妓女之中。[1]

　　私妓（包括家姬）

　　除官妓外，尚有私妓。北京私妓会聚之处，均在西河沿，为一
处"斜狭"。[2]草场院，或西瓦厂墙底下，也是北京私妓丛聚之处。[3]
南京私妓会集之处，叫勾栏，分为两处，一处在武定桥东，一处在
会同桥南。[4]另外，还有一处，称"珠市"（又作猪市），在内桥旁。[5]

　　在明代，一些官宦士大夫家中，多设有家姬与家乐。如正德年
间，都督昌佐家中养着一些善于跳西域舞的回族女子，其中12人还
被明武宗选入宫中，成为宫妓。[6]苏州娼妓的落脚之处，大体上是在
张公巷、新马头一带。[7]

　　在明代，有一些士大夫还私开妓院，使私妓的数量大量增加。
无锡藏春院与水西楼，就是士大夫所设私家妓院。藏春院，由高政

1　余怀：《板桥杂记》中卷《丽品》，第20—52页。

2　张潮辑：《虞初新志》卷四，民国广智书局铅印本。

3　王锜：《寓圃杂记》卷七《妓女张氏》，第61页；西周生：《醒世姻缘传》第六九回，上海古
籍出版社1985年版，第986—987页。

4　《洪武金陵图志·楼馆》，民国十八年影印本。

5　余怀：《板桥杂记》中卷《丽品·珠市名姬附见》，第49页。

6　《明武宗实录》卷三三，正德二年十二月辛卯条。

7　明人陆人龙编《型世言》小说引姚明之语道："只不要张公巷、新马头顽得高兴，忘了旧人。"
云云。此即其证。参见《型世言》第二三回，中华书局1993年版，第319页。

所设。高政是成化元年（1465）的举人，曾任监利县知县。致仕回到老家无锡后，富于赀，又性豪奢，不事绳检，就在高家巷口创设了这座藏春院，"选曲中艳异者居之"。藏春院废后，继起者就是水西楼。水西楼在无锡试泉门外，由曾任州判的王召、举人钱可宗以及钱宪等人创设，专门"招致吴越名艳聚处其中，结肆情之社，日夕游娱，若恐不及"。王召之弟王文有一首诗，专咏藏春院，其中云："玳筵罗绮醉淹留，狼籍箫筝去不收。犹恐彩云容易散，明朝重上水西楼。"[1]

在北京，自天顺以后，一些不知廉耻之徒，纵容妇人为娼，"大开门面，接纳官舍客商人等在京宿歇，歌唱饮酒，全无顾忌"。另外还有一些人买来良家女子，假借义女、使女或妾的名头，或弹唱接客，或纵容她们与人通奸，觅取财物。自景泰以后，南北直隶、十三布政司下的府、卫、镇、市，娼优日增月盛，"多者聚有数千门，少者不下数百人"。[2] 其实已与私娼无异。在这种淫风甚炽的情况下，北京的私娼数目也必然会有很大的增加。万历十年（1582）以前，南京教坊司房屋盛丽，连街接弄，几无隙地。当时南院妓馆有十余家，西院也有三四家，[3] 从业的妓女人数相当可观。

私妓与一些地方光棍无赖的关系较为密切。一些私妓，通常会被无赖霸占。如万历年间，北京的无赖有"积义十兄弟"，分别是西城李七（即李拱）、詹大（即詹计福）、吴古岗、贾三、白云，南城李二、景永受，中城牛二，此外还有锦衣卫总旗韩朝臣、校余傅宗仁。

---

1 黄印：《锡金识小录》卷一〇《声色》，清光绪二十二年王念祖活字本。
2 戴金编：《皇明条法事类纂》卷二二《申明禁奢僭服用纵容犯奸例》、卷四三《激劝风俗以隆治化等项条例》，日本古典研究会 1966 年影印本。
3 顾起元：《客座赘语》卷七《女肆》，第 232 页。

这些人专门夺人妻女，如李拱有陈爱儿，詹计福有司娇儿，吴古岗有李官儿，牛二有陈香儿；还霸占娼妇，如霸奸宣武门外娼女任氏，将她的寡母谋害致死。[1]

风月场生活举隅

风月场生活，不同于一般的民间生活，自有其独特的规矩，无论是官妓，还是私妓，无不都有自己的行规及其伎俩。自明代中期以后，士大夫狎妓成风，从某种程度上也影响了妓女的从良抉择。

1. 士大夫狎妓之风

自明代中期以后，秀才狎妓已成一时风气。两者的相交，仅仅是一种性交易，秀才所图的是妓女之色，而妓女所图的是秀才之财。[2]

至晚明，士人不但狎妓成风，而且喜欢品评妓女，出花榜。这种风气影响到了一般的读书人之中。如松江府华亭县的沈濬，原本是一个生员，家中富有赀财，放荡不羁，出入于青楼之中，后被除去生员之名。越数年，改名休文，再次进入学校，成为生员。自此以后，为人更加狂肆，越发放纵自己，经常作狎邪之游。他深以松江没有名姝为憾，于是出游苏州，每日来往于平康，品题色妓，"作花案，某为状元，某榜眼，某探花"，称为"群花榜"。那些为了使自

---

1 郑锐：《伯仲谏台疏草》卷下《棍徒结党虐害良善凌辱大臣疏》，载《丛书集成新编》，台北新文丰出版公司 1985 年版，第 31 册，第 371—372 页。
2 史载赵城刘秀才喜欢一妓，妓一再信誓旦旦。在一个夏天的晚上，妓女开门而睡，刘秀才就潜入其家偷听。其时妓女正与其夫相狎。其夫问："我亲乎，刘大亲乎？"妓答："刘大以钱亲耳。"刘秀才听后深感诟怨。这是妓爱钞之例。参见姚旅：《露书》卷七，明天启刻本。

己声名能位列前茅者，就纷纷向其行贿。[1]

士大夫狎妓，通常是用妓女侑酒。按照明代的一般惯例，妓女从妓院被招外出，理应由嫖客付轿钱。然据黎遂球的记载，杭州则是一个例外。当时杭州妓女被招侑觞，嫖客均不出轿钱，而是由妓女自办，所以妓女往往强笑不欢，"视日思去"。[2]

妓女不限于与文人士大夫相交，有时嫖客与妓女之间也会成为朋友。据冯梦龙记载，名妓冯喜生，"喜美容止，善谐谑"，被冯梦龙称为"好友"。在嫁人之前的晚上，喜生招冯梦龙话别，两人相处一直到夜半。当冯梦龙打算离去时，喜生歌《打草竿》及《吴歌》各一首，作为赠别之言。[3]

2. 妓院行规及其伎俩

妓女第一次接客，称为"上头"，又称"梳弄"，而在当时小说所引的市井之谈中，则将此称为"破瓜"，意思是说女子第一次破身。[4]青楼女子梳弄有一定的规矩。一般说来，若是 13 岁时第一次接客，显然还是太早，所以称为"试花"。有时鸨儿贪财，强迫妓女接客，不顾其痛苦。至于上青楼找乐子的子弟，也不过是博一个虚名

1　毛祥麟：《墨余录》卷二《群芳榜》，载《笔记小说大观》，江苏广陵古籍刻印社 1983 年版，第 21 册，第 367 页。

2　黎遂球：《西湖杂记》，载王国平主编：《西湖文献集成》，杭州出版社 2004 年版，第 3 册，第 1146 页。

3　冯梦龙编：《挂枝儿》卷四《别部·送别》，载《明清民歌时调集》，上册，第 107 页。

4　"破瓜"一说，出自乐府"碧玉破瓜时"，一般将其解释为"月事初来，如瓜破则红见"。考诸事实，这种解释显然有点勉强。其实，破瓜一词的本义，应该是将"瓜"字拆而为二，即"二八"，当指 16 岁解，这从李群玉诗"碧玉初分瓜字年"可以得到部分印证。又《谈苑》载吕岊赠张洎诗云："功成当在破瓜年。"后洎以 64 岁卒，亦作二八解。由此可见，"破瓜"一词，原本作男女二八之年解，并非专指女子月事。至于以破瓜为女子破身，则是明代以后的市井之谈。参见邱菽园：《菽园赘谈节录·破瓜解》，载《中国香艳全书》八集卷三，第 2 册，第 957 页。

而已，其实并无十分畅快受乐。到了14岁时，再行梳弄，时称"开花"。从医学的角度说，此时的女子天癸已至，男施女受，算是正是时候。至于女子到了15岁时被人梳弄，则称"摘花"。对一般平常人家的女子而言，15岁出嫁，还算年小。但对青楼门户人家来说，女子到了15岁，就已经算是过时了。按照当时的规矩，前来梳弄的子弟，早晨起来时，鸨儿就会进房贺喜，其他妓院中的人也来庆贺，还要吃几日喜酒。至于嫖客子弟，多则住一两月，最少也住上半月或二十日。[1]

结盟起誓之法，种类甚多，诸如牲盟、臂盟、神盟之类。崇祯九年（1636），张明弼、吕兆龙、陈梁、冒襄等文士聚集在秦淮河的眉楼上，并从此结盟。当时陈梁就作了一篇盟文，末云："牲盟不如臂盟，臂盟不如神盟。"中国自古就有割臂以盟的习俗。明代的娼妇一旦与子弟两情相悦，通常采用一种"烧香刺臂"的方法，发誓起盟，表示互不负情。此外，还通过结"同心罗带"的方式，表示两人情感的真挚。[2]至于像南京秦淮河中的名妓，与一些名公或名士两情相悦，往往是一纸"红笺"即可订下终身。明末清初著名诗人钱谦益在《金陵杂题绝句》中有云："一夜红笺许定情，十年南部早知名。"[3]所指即此。另外，如"新诗小扇""柬帖儿""汗巾"，都可以成为男女之间的定情之物。[4]

尤其是赠汗巾，更是成为青楼女子传情的惯用伎俩。题为《扯汗

1　冯梦龙：《醒世恒言》第三卷，岳麓书社2002年版，第20—21页。

2　薛论道：《林石逸兴》卷一〇《良遇》，载路工编：《明代歌曲选》，第128页。

3　余怀：《板桥杂记》下卷《轶事》，第57页；田艺蘅：《留青日札》卷二一《锲骨、弹骨》，第712页；余怀：《板桥杂记》上卷《雅游》，第17页。

4　这方面的记载，可分别参见赵南星《芳茹园乐府·锁南枝半插罗江怨》、冯梦龙《歌曲六首·锁南枝》、浮白主人《夹竹桃·多少工夫》，载路工编：《明代歌曲选》，第130、135、138页。

巾》的两首民歌，颇能反映其中所蕴含的风月场中的一些风习。歌曲如下：

> 这两日，松了你，（你就）有些作怪，衣袖里洒出条汗巾来，小字儿现写着，（你）还要赖。快快地说与我，莫讨我做出来，就扯做个条儿也，（这）冤家还未解。
>
> 汗巾儿，汗巾儿，谁人扯破？快快说，快快说，不要瞒我。若还不说，（就有）天大的祸，汗巾儿人事小，汗巾儿人意多，作贱我的汗巾也，如同作贱我。[1]

确实如歌曲所言，汗巾虽是小"人事"（礼物），但里面所蕴含的"人意"却很多。上面两首民歌，前一首是嫖客在袖中露出了他人赠送的汗巾，上面"小字儿现写着"，或许就是一种"诗帨"，女子由此而起疑、生嫉，于是将汗巾扯成条。到了后一首，嫖客回到原来的相好那儿，一条汗巾被扯，又会面临被拷问的尴尬境地。这就不能不说到当时青楼女子赠人之物的一些习惯。

据冯梦龙的观察，青楼女子凡是接受了嫖客的馈赠，无不以为当然之物，"或酷用"，"或转赠"，其实并不爱惜。一旦自己偶然以一把扇子、一条汗巾赠给相好，却又故作珍秘，即使过了很长时间，还要询问是否还保存着。至于那些沉溺青楼的"痴儿"，更是将这些馈赠物视若珍宝，永为珍藏，甚至人已去，而物犹存，不免对其中的余香恋恋不舍，真是令人可笑。接着冯梦龙以自己少年时"从狎邪游"的亲身经历，以说明妓女所赠之物，所谓的情感实在是靠不住的。何以言此？一般说来，以"诗帨"赠人，本来希望所受之人能

1　冯梦龙编：《挂枝儿》卷五《隙部》，载《明清民歌时调集》，上册，第142—143页。

将它"留诸箧中，永以为好"。但事实并不如此，过不了多久，妓女就将它赠给了另外的相好。这就是明代青楼中的"汗巾套子"，但颇令一些"痴儿"沉溺。[1]明代有一首民歌，专门描写了烟花寨中女子的骗人伎俩，其中云：

> 烟花寨伏下红绵套，绣房中香喷喷（是）刑部（的）天牢，汗巾儿上小字儿是个勾魂票。（没法了，）他把头发剪，苦肉计将皮肉烧。动不动说嫁也，（你问他：）嫁过几个人儿了？[2]

除此之外，明代娼妓尚有两种习惯做法用来勾引嫖客，时称"娼妓家风"。一是"贺生辰"，二是"昧年"。所谓贺生辰，就是娼妓要求自己相好的嫖客替自己祝贺生辰，而且一年经常过生辰，其目的就是骗取嫖客之财，或通过生辰的庆贺以提高自己的知名度。如当时献县有一位致仕的官员，与一位妓女相处甚洽，一次偶然忘替妓女祝贺生辰，妓女就相当气愤，拒不相见。无奈之下，这位官员就只好隔着窗户对她说："他家一岁作两生，至有三四生者，犹不闻《反王魁负桂英》词云：'半载常逢两度生'，吾家一岁一度，犹然失误！"妓女听后，即封一方帕，在上面书写一首《落梅风》词云："你生日，我怎知，知道时做个准备。白绫手帕权当做礼，愿一丝只添一岁。"所谓昧年，就是妓女在接客时经常隐瞒自己的真实年龄。如本来年已二十多岁，只说自己十八九岁。有人问她说："观汝面貌，宜不止此，余年置之何处？"妓女就会笑答："借之老道人矣！"这句话背后是有典故的。在明代，道士若是年龄仅有六七十

————————

1　冯梦龙编：《挂枝儿》卷五《隙部》，载《明清民歌时调集》，上册，第143页。

2　冯梦龙编：《挂枝儿》卷一〇《杂部·妓》，载《明清民歌时调集》，上册，第235—236页。

岁，一般就诈称自己八九十岁，或者称已经一百岁，借此显示自己有修养之术。如当时有一位妓女年龄已大，还假称自己年少，于是一些轻薄子弟就作了一首《山坡羊》加以讥讽，其中有几句道："尝记得老彭祖，滴溜着洒跋挈，就在你家行走。谁知你是一个织机梭儿，一包穗都在里边。难言，心坎里埋伏着一万把杀人不眨眼的刀山；详观，眼角旁斜挂着一领捏褶子的人肉布衫。"[1] 这是市井的戏谑之词，把妓女隐瞒自己真实年龄的伎俩已经清楚地揭示出来了。

风月场中事，一切都是钱财交易关系，若说"情"字、"真"字，那确实是罕见。正如小说《金瓶梅》作者所言："院中唱的，以卖俏为活计，将脂粉作生涯。早辰张风流，晚些李浪子；前门老子进，后门接儿子。弃旧迎新，见钱眼开，自然之理。"[2] 风月场中的"小娘们"，其认钱已被嫖客视为"活强盗"。她们虽然满口是蜜，却是杀人不用刀，"哄了你的银子"，却"又与别人好"。[3] 既为钱，难免就互相欺骗，这在明代风月场中又有专门的称呼，叫"闪"。明代有一首题为《怕闪》的民歌，其中所言就表达了一个妓女打算真心从良时，又担心被人"闪"的矛盾心理："风月中的事儿难猜难解，风月中的人儿个个会弄乖。难道就没一个真实的在？我被人闪怕了，闪人的再莫来，你若要来时也，（将）闪人的法儿改。"当时有人认为，"有闪人心，方有闪人法"，因此主张将末句改为"闪人的心肠"。对此，冯梦龙持不同的看法。他认为，在风月场中，闪人的法子最多。谚语云："只怕乖而不来，哪怕来而使乖。"不闪人又不为人闪者，

1　李开先：《词谑·戏妓多贺生辰及昧年》，载《李开先全集》，中册，第1268—1269页。
2　兰陵笑笑生：《金瓶梅词话》第八〇回，第1249页。
3　冯梦龙编：《挂枝儿》卷一〇《杂部·妓》，载《明清民歌时调集》，上册，第235页。

在当时的风月场中确实是罕见。他说："有闪人之法，因生防闪之法，又生防防闪之法。法法相生，闪闪莫悟，可悲亦可畏也。法儿其显者，人犹不知，况心乎？"[1] 其言外之意，就是说，风月场中骗人之法已是不可胜数，至于各人之心，更是令人难测。

简言之，对于一个久在风月场中行走的人而言，他自然知晓所谓之"情"，"十分真"，只好当"三分用"。正如一首名叫《闲》的民歌中一位妓女所云，若是嫖客当真，要妓女做"烈女贞娘"，那么"你也如何识面孔"？这句反问很有意思，可以惊醒那些沉溺于青楼的痴情人。冯梦龙曾对明代青楼中的"三字"真言作了详细的剖析，不妨引在下面：

> 青楼中有三字经，曰：烘、哄、闲。又曰：烘如火，哄如虫，闲如虎。金樽檀板，绣帏香衾，馋眼生波，热肠欲沸，所谓烘也。粉阵迷魂，花妖醉魄，情浓若酒，盟重如山，哄人伎俩，兹百出矣。已而愿奢未遂，誓重难酬，寡醋谁堪，闲槽易跳，百年之约，一闲而止。故曰：十分真只好当三分用。识得此意，大落便宜。[2]

久在风月场中应酬的妓女，照例说她们阅人很多，那么她们有没有乱了方寸的时候？当明末著名文人冯梦龙拿这个问题去问名妓侯慧卿之时，她的回答却是否定的。她说："我曹胸中，自有考案一张，如捐额外者不论，稍堪屈指，第一第二以至累十，井井有序。他日情或厚薄，亦复升降其间。倘获奇材，不妨黜陟，即终身结果，

---

1 冯梦龙编：《挂枝儿》卷五《隙部》，载《明清民歌时调集》，上册，第131—132页。
1 冯梦龙编：《挂枝儿》卷五《隙部》，载《明清民歌时调集》，上册，第131—132页。
2 冯梦龙编：《挂枝儿》卷五《隙部·闲》，载《明清民歌时调集》，上册，第139页。

视此为图，不得其上，转思其次，何乱之有！”[1] 言下之意，妓女在与客人的应酬中，心中有的只是买卖二字，绝不会被私情乱了方寸。当然，她们心中自有一张考案，私下将这些嫖客分出个高低，以便为他日从良作准备。

3. 妓女从良

女子一旦沦为娼妓，名落贱籍，犹如跳入火炕。为此，娼妓在出卖色艺的生涯中，通过广泛交游，结交各方人士，千方百计从孤老中物色中意的人，以便有朝一日脱籍从良。妓女的色艺样样俱全。她们善诙谐，抚操丝弦，撇画、手谈、鼓板、讴歌、蹴圆、舞旋、酒令、猜枚，无不精通。她们就是依靠这些色艺接客，并从中物色人。

究妓女从良一事，正如明人冯梦龙所言，确实是变态多端，其原因也是各式各样："或本非情愿，而弄假成真；或委系志诚，而入门生悔。或霜欺雪炉，迫成少妇坚心；或月白风清，勾起暮年憨兴。"冯梦龙在小说《醒世恒言》中，将妓女从良更是细化为下面几等不同：一是"真从良"。大凡才子必配佳人，佳人必配才子，方成佳配。然而好事多磨，往往求之不得。幸而两下相遇，你贪我爱，割舍不下，一个愿讨，一个愿嫁，好像捉对的蚕蛾，死也不放。这就是真从良。二是"假从良"。有一等子弟爱着小娘，小娘却不爱子弟。本心不愿嫁他，只是用一个"嫁"字哄得子弟心热，让他撒镘使钱。等说到从良时，小娘却又推故不成。但也有一种痴心的子弟，晓得小娘心中不愿，却偏要娶她回去，即使出大钱也在所不惜。勉强进门之后，小娘心中不顺，故意不守家规。小则撒泼放肆，大

---

1 冯梦龙编:《山歌》卷四《私情四句·多》，载《明清民歌时调集》，上册，第331页。

则公然偷汉。人家容留不得，多则一年，少则半载，依旧放她出来，为娼接客。可见，她们只是将"从良"二字当作赚钱的工具。这就是假从良。三是"苦从良"。子弟爱小娘，小娘不爱子弟，却被子弟以势凌辱。鸨儿惧怕有祸，只好允许。做小娘的，身不由己，含泪而行。一入侯门，如海之深，家法之严，抬头不得。半妾半婢的身份，只好让她忍死度日。这就是苦从良。四是"乐从良"。做小娘的，正当择人之际，偶然相交一个子弟，见他性情温和，家道富足，又且大娘子乐善，无男无女，指望他日过门之后，给他生育一男半女，于是也就有了"主母"的名分。若是从此嫁他，就可以图个目前安逸，日后出身。这就是乐从良。五是"趁好的从良"。做小娘的，风花雪月，受用已够，趁这盛名之下，求之者众多，可以任意选择一个满意的嫁人，急流勇退，及早回头，不致受人怠慢。这就是趁好的从良。六是"没奈何的从良"。做小娘的，原无从良之意，或因官司逼迫，或因强横欺瞒，又或因债务太多，将来赔偿不起，无奈之下，只好憋一口气，不论好歹，得嫁便嫁，买静求安。这是没奈何的从良。七是"了从良"。小娘半老之际，风波历尽，刚好遇个老成的孤老，两人志同道合，收绳卷索，白头到老。这就是了从良。八是"不了的从良"。一般是你贪我爱，火热地跟了他，却是一时之兴，根本没有一个长远的打算。或者尊长不容，或者大娘嫉妒，闹了几场，再次被打发回妓院，追取原价。还有一种情况是因为家道凋零，养她不活，苦守不过，依旧出来赶趁。这就是不了的从良。[1]可见，妓女在万般无奈之下，她们只能从良，做人家的"小"。

1　冯梦龙编:《挂枝儿》卷二《欢部·愿嫁》，载《明清民歌时调集》，上册，第77页；冯梦龙:《醒世恒言》第三卷，第22—23页。

需要指出的是，即使妓女铁了心肠，一心只管从良去了，但从良以后的结局也并不太妙，所以从良的妓女中，"十人中到有九人翻悔"。究其原因，很多妓女从良，无非是做人的偏房。进了人家的门，一方面，"男子汉心易变"，另一方面，"大娘子醋易吃"。无奈之下，只好放下自己的矜持与娇痴，格外小心，"睡迟还要起早，妆扮要老成些"。[1]

妓女的出路，大致不外以下三条：一是由于偶然的机遇，得到皇帝的宠幸，但这毕竟是少数，甚至是极个别的例子。二是结交名公或名士，从中选择一人，做人之妾。三是寻觅富商大贾，作为自己一生最后的归宿。

得皇帝宠幸，明景帝、明武宗堪当其例。前已引述，此处不赘。其实，并非所有妓女都有幸结识天子。于是，她们就退而求其次，只好从名公巨卿或名士中物色人选。按照明代的法律规定，禁止官吏"娶乐人为妻妾"，如果娶乐人为妻妾，就会被杖六十，并判离异。官员之子孙娶乐人为妻妾，罪亦相同。所谓"乐人"，据姚思仁的注解，"乃教坊司乐妓"，若娶流娼为妻妾，也在此例。[2] 然自明代中期以后，在任官员或士大夫娶乐妓为妾之例，俯拾即是。史籍记载，明代南都名姝与士大夫的交往蔚然成风。明末复社同人的诗文聚会，也大多在妓家举行。为此，名妓纷纷归身于公卿名士。如王微之归于许誉卿，葛嫩之归于孙临，董小宛之归于冒襄，顾媚之归于龚鼎孳，马骄之归于杨文骢，柳如是之归于钱谦益，朱媚儿之归于耿章光，

1　冯梦龙编：《挂枝儿》卷七《感部·从良》，载《明清民歌时调集》，上册，第164—166页。
2　姚思仁：《大明律附例注解》卷六《户律·娶乐人为妻妾》，北京大学出版社1993年版，第368页。

尹文之归于张维则，王月之归于蔡如蘅。[1]

伴随着城市商业繁荣而来的是商人地位的日渐提高。"卖油郎独占花魁"中的卖油郎，不过是小本经营的小贩，他之所以深得名妓的欢心与青睐，当然靠的是诚实可靠的品行。然而毋庸置疑的是，商人财富的不断积累，必然也会深得名妓的垂青，从而使自己在与名公巨卿或那些名士争竞名妓的天平上，增加相当诱人的筹码。如北京歌妓刘凤台，艳名一时，与很多公车入京举子相好，最后却委身于福建福清籍商人林尚炅。[2]那些与名公俊士演出了一幕幕"才子佳人"喜剧的妓女，在从良观念上，同样不可避免地向拜金主义靠拢。

明代苏州市井语言多称"妆乔作势"为"者"。当时有一首题为《者妓》的民歌，所描绘的就是一位喜欢装腔作势的妓女，歌曲云："小大姐模样儿生得尽妙，也聪明，也伶俐，可恨妆乔，一时喜怒人难料。一时甜如蜜，一时辣似椒，没定准的冤家也，（看你）者到何时了。"正因为有几分姿色，才有资本装腔作势。但结局也并不太妙，冯梦龙在这首民歌后，已经作了回答："门前冷落车马稀，者妓嫁作商人妇。"[3]等到人老珠黄，再无客人上门，只好嫁作"商人妇"。

按照传统的观念，世间之人可贵而亦可贱，可爱而亦可憎，上

1　余怀：《板桥杂记》中卷《丽品》，第20—52页；李清：《三垣笔记》中《崇祯》，第84—85页；刘献廷：《广阳杂记》卷一，中华书局1957年版，第45页。按：冒襄与董小宛之情缘，虽出乱世流离，却也是缠绵与疾苦并存。两人相合，正如吴伟业所说，是"名士倾城，相逢未嫁，人谐嬿婉，时遇漂摇。"妓女从良，读书的秀才是妓女作出选择较多的对象。如沈隐，字素琼，原本是一娼女，艳于姿，且工诗，落籍之后，嫁给徽州诸生夏子龙。分别参见吴伟业：《吴梅村全集》卷二〇《诗后集》一二《题冒辟疆名姬冬白小像八首并序》，第525页；全祖望：《鲒埼亭集外编》卷一二《沈隐传》，载朱铸禹汇校集注：《全祖望集汇校集注》，上海古籍出版社2000年版，中册，第976页。

2　沈德符：《万历野获编》卷二三《刘凤台》，第601页。

3　冯梦龙编：《挂枝儿》卷九《谑部》，载《明清民歌时调集》，上册，第224页。

可以陪王公，而下又受辱于里胥，应当数妓女与僧人。所以，自古以来，名妓、高僧皆能奔走一时，流芳千古。明代高僧与士大夫相交成风，在此姑且不论。而从秦淮名妓的社会动向来看，确乎如此。

4. 妓女见识差异

明末名公、名士娶妓女为妾，已是蔚然成风。但在这些成为名公之妾的妓女中，其人品却也有高下之分。这可以名妓王微与柳如是作一对比。

王微是许誉卿之妾，为人就比较有远见。据史料记载，弘光朝廷在南京建立后，王微就已生病。临终之时，她将一个封好的包袱交给许誉卿，说："我死必乱，汝可启之。"等到清兵攻入南京，许誉卿打算远匿，于是就将包袱打开，看到里面只是破衣一件，碎银一包。[1] 显然，王微已为许氏远匿做好了准备。这当然无法与诸葛孔明的锦囊妙计相比，但至少说明了下面两点：一是王微已经料到弘光朝必然覆亡；二是王微希望许誉卿不要事奉新朝，并为他远匿作了准备。破衣显然是为了乔装打扮，碎银是为了便于行途所用。

柳如是是钱谦益之妾。弘光朝亡后，谦益降清北上，柳如是留在南京，"与一私夫乱"，谦益之子将此事告到官府，并将这位私夫杖杀。谦益听说此事后，颇为愤怒，一直不见其子，对人说："当此之时，士大夫尚不能坚节义，况一妇人乎！"我们不排除钱谦益说这番话，或许有自责的含义在内。但允许自己之妾与他人私通，在当时的节义观看来，不免显得有些无耻，难怪"闻者莫不掩口"了。[2] 当然，闻者的掩口，并非仅是为了钱氏这番话，同时也是为了柳氏

1　李清：《三垣笔记》中《崇祯》，第85页。

2　李清：《三垣笔记》中《崇祯》，第85页。

与人的私通。

　　清人全祖望从南京、苏州、淮扬妓女的晚节中，亦感叹流品无常，坚信妓女应当以晚节为准。他认为，尽管这些妓女早年失身，但从她们的晚节来看，还是可以归入清流。为了证明自己的说法，全祖望还在余怀《板桥杂记》的基础上，对这些晚节可称的妓女归纳如下：

> 予尝推广澹心板桥轶事，不独桐城孙职方葛嫩也，于南中得许光禄誉卿之姬草衣道人，临殁以薙刀、缁衣属光禄，令其丧乱之中得为全身之计。吴中得吴职方易姬香娘，职方殉节，主者欲收香娘于下陈，泣而对曰：“相公每饭不忘故君，妾以何忍负之，必欲见辱，有死不难。”主者肃然敬，凄然不忍，听其所之。香娘削发洁身以老。若侯朝宗所狎李氏不肯屈于阮大铖、田仰。朝宗末路，无乃愧之。[1]

依次数来，这些在民族大义面前能保持晚节的妓女，分别有葛嫩、草衣道人王微、香娘、李香君。更有一位崇祯年间扬州名妓沈隐，字素琼，擅长诗歌。沈隐曾随同母亲游杭州西湖，卜居于楼外楼。她曾对人言：“但得一真才士，不复为楼中人矣。”一日，寻访苏小小墓，遇见徽州才子夏子龙，见其负才使气，傲岸不羁，顿生情意，最后嫁给夏子龙，甚至做出了为夏子龙殉节之举。夏子龙为人倜傥有志行，好诗酒，不同于一般的章句腐陋之士。在娶了沈隐之后，两人诗歌唱和，尽得闺房之乐。甲申之变以后，夏子龙怏怏不乐，再加之得了奇疾，最终不治而死。夏子龙死后，沈隐亦自缢殉节。如

1　全祖望：《鲒埼亭集外编》卷一二《沈隐传》，载《全祖望集汇校集注》，中册，第976页。

果说夏子龙是求死而得死，那么沈隐堪称求仁而得仁。沈隐原本不过是一个"倚市门"的美姬，但在两朝鼎革之际，当时的实情确如征士钱光绣所云："谁谓臣能忠，乃在樵与牧；谁谓妇能贞，乃在桑与濮。"面对臣子失忠、士大夫家族妇女失节的这样一种现实，沈隐作为一个娼妓，却能为夏子龙殉情，这不能不说是"幽涧泉清，幽谷兰芬"的实证。[1]

　　一般认为，风尘之女身处富贵之地，淫亵无耻，当变故之时，只会贪昧忘义，只认钱，不认人。其实，这也不可一概而论。明朝人陆容就记载了三位有情有义的青楼女子。第一位是南京妓女刘引静，幼年时为一位商人所眷爱。当商人死后，刘引静亲自替商人持服。岁时修斋设祭，哭泣甚哀，每天只是靠女工养活自己，发誓不再接客。后来商人之家家境衰败，刘引静又拿出自己的钱周济商人的妻子儿女。当时有一位富翁听说刘氏之贤，打算娶她为妻，但终究还是被拒绝。第二个例子是北京有一位郭七公子，是定襄伯郭登的从子。这位郭公子曾与一妓相好。后公子死，此妓正当妙年，却"削发解足纨为尼"。第三个例子是北京有一位大商人，名屠宝石，曾因获罪而被发遣辽东充军，家破无可托之人，就以白银万两寄存在所昵的一位妓女家。过了数年，这位商人被释放回家，妓女就还回所寄存之银，而且"封识如故"。[2]可见，观人不可以类。妓女虽名落贱籍，其中之人确亦不乏贪图别人钱财之辈，但从上面三位风尘女子来看，显然也是具有卓异品质之人。

1　全祖望：《鲒埼亭集外编》卷一二《沈隐传》，载《全祖望集汇校集注》，中册，第976—977页；吴雷发：《香天谈薮》，载《中国香艳全书》一集卷二，第1册，第36页。
2　陆容：《菽园杂记》卷九，中华书局1997年版，第109页。

明仇英《贵妃晓妆图》

明禹之鼎《女乐图》

嫦娥执桂图　　　　　　小青像　　　　　　侍女图

明陈洪绶《举案齐眉图》

明唐寅《孟蜀宫妓图》

《六十仕女图》局部

江苏泰州明张盘龙墓出土的女裙

明陈洪绶《授徒图》

明陈洪绶《仕女图》

明孝陵佚名墓出土的金凤钗

江西南昌宁靖夫人吴氏墓出土的金钿花

明佚名《千秋绝艳图》局部

明佚名《王锡爵像轴》中的侍女

明陈洪绶《斜倚薰笼图》

明佚名《春庭行乐图》

明陈洪绶《斗草图》局部

妓女也并非只是一味认钱之辈，而且有些妓女为人还相当巧慧。据记载，当"三杨"（明代名臣杨士奇、杨荣、杨溥）当国时，有一位名叫齐雅秀的妓女，性最巧慧。一日被唤，众人对她说："汝能使三阁老笑乎？"雅秀答道："我一入，就会笑也。"进见"三杨"，问她何以来迟，答道："在家看些书。"问看何书，答道：《列女传》。"三位阁老听后果然大笑，于是就戏言："我道是齐雅秀，乃是脐下臭。"这是根据其姓名之声而加以讥讽。雅秀听后，应声而答："我道是各位老爹是武职，原来是文官。"这是以"文"为"闻"。"三杨"随之说："母狗无礼！"雅秀又答："我是母狗，各位老爹是公侯。"这是以"侯"谐"猴"。[1]

5. 妓女与湖山韵事

名妓可以装点湖山韵事。南京秦淮、杭州西湖、苏州虎丘之著名，除了各自的胜景之外，其中尚得益于风雅的名妓故事。

（1）秦淮

在明代，金陵一地，公侯戚畹，甲第连云，宗室王孙，翩翩裘马。乌衣子弟的生活奢侈糜烂。游湖海，则有挟弹吹箫；开筵宴，则有妓女侑觞。秦淮河畔，喧阗达旦；桃叶渡口，闹声不绝。真是人间的仙都、升平的乐国！

然而，南京秦淮胜景，需要美人加以装点。若无美人，秦淮也就失去了影响力。正如余淮所言："金陵古称佳丽地，衣冠文物盛于江南，文采风流甲于海内。白下青溪，桃叶团扇，其为艳冶也多矣！"[2]"艳冶"一语，显然已经道尽其中的风流故事。

1　李诩：《戒庵老人漫笔》卷一《妓巧慧》，中华书局 1982 年版，第 11 页。

2　余怀：《板桥杂记·序》，第 3 页。

秦淮多名妓，根据余怀在《板桥杂记》中所记，可将秦淮旧院名妓胪列如下：尹春，字字春，"姿态不甚丽，而举止风韵，绰似大家"；李十娘，名湘真，字雪衣，"生而娉婷娟好，肌肤玉雪，既含睇兮又宜笑"；葛嫩，字蕊芳，才艺无双，"双腕如藕，面色微黄，眉如远山，瞳人点漆"；李大娘，一名小大，字宛君，"性豪奢，女子也，而有须眉丈夫之气"；顾媚，字眉生，又名眉，"庄妍靓雅，风度超群"；董白，字小宛，一字青莲，"天姿巧慧，容貌娟妍"；卞赛，一名赛赛，后为女道士，自称玉京道人，"知书，善画兰、鼓琴"；卞敏，卞赛之妹，"颀而白如玉肪，风情绰约"；范珏，字双玉，"廉静，寡所嗜好"；顿文，字少文，"性聪慧，识字义，唐诗皆能上口"；沙才，"美而艳，丰而柔，骨体皆媚，天生尤物也"；马娇，字婉容，"姿首清丽，濯濯如春月柳，滟滟如出水芙蓉"；顾喜，一名小喜，"性情豪爽，体态丰华"；朱小大，"颇著美名"，"纤妍俏洁，涉猎文艺"；王小大，"生而韶秀"；刘元，"佻达轻盈，目睛闪闪，注射四筵"；董年，号称"秦淮绝色"，与董小宛"姊妹行，艳冶之名，亦相颉颃"；李香，"身躯短小，肤理玉色，慧俊宛转，调笑无双"。[1] 所有这些艳丽名妓，无不与王公名士交往，除了参与饮酒赋诗、评点花榜一类的活动之外，有些甚至与王公名士喜结良缘，如冒襄与董小宛、侯方域与李香君之类，留下千古才子佳人的风流佳话。

（2）西湖

西湖不可无美人，这好像人的须发，尽管与人的神明无关，但如果人缺少了须发，就会显得难以入目。昔日有言：无此不成京师。若是套用这句话，那么无美人，便不成西湖之美。美人通过西湖，

---

1 余怀:《板桥杂记》中卷《丽品》，第20—48页。

固然传下不少佳话，但西湖与美人确实是一种相得益彰的关系。所谓的美人，当然不是指那些俗妓，而是指懂得琴棋书画的名妓，或者是那些新寡之后却喜与文人交往的文君之辈，当然她们除了色相之外，还能与文人诗歌唱和。至于那些俗妓，且不论她们的言行、容貌，她们本身所具的气质，也无不都是受习俗的濡染，让人厌恶。若是西湖边上到处是这般的俗妓，倒不如独自面对西子，雨鬟晴笑，自堪倾国。

与西湖相关的美人，明人李鼎举出了下面三位：第一位是林天素，风鬟雾鬓，人多高韵。尤其是她的画，更是名擅一时。第二位是王修微，诗惊四座，读书谈道，而且多有胜情。她们都不是杭州人，但无不与西湖发生了关系，为西湖平添了一道亮丽的风景。所可惜的是，林天素后来回到了福建，王修微也到了其他地方。第三位是王云友，精于六法，其书法已是足参管姬之座。西湖风流得以不坠，堪称实赖此君。[1]

通过汪汝谦的记载，不难发现，一至明末，文人士大夫与那些"女校书"之类的名妓相交，已经成为湖上一景。当时杭州主盟骚坛者为冯梦桢、徐茂吴、黄贞父等人，而四方韵士随之。每当他们诗酒之会时，"二三女校书焚香擘笺，以诗画映带左右"。汪汝谦是当时杭州的闻人，经常参与此类盛会。每次与会，他就率领一些"黄衫人"，傲睨其间。所谓的黄衫人，其实就是美女、名妓之流。诸如南屏之竹阁，雷峰之云岫，岣嵝之山庄，灵鹫之准提阁，西泠之未

1　李鼎：《西湖小史·八艳》，载《西湖文献集成》，第3册，杭州出版社2004年版，第1197—1198页。

来室，都是他们经常聚会的地方，并陆续建置藻绘，整修一新。[1]尤其是冯梦桢，尽管做过国子监祭酒，是当时读书士子的领袖。但此人与一般正统士大夫不同，不仅信佛，而且与名妓的交往颇为密切。他在放鹤旧址之阳建成一座快雪堂，有时泛轻舸挟歌伎，焚香瀹茗，徜徉于两湖之间，引得"女史"薛素素闻风远访，冯氏赠诗一首，云："赋成神女云同艳，唱出新词雪与工。"其见赏若此。一时名姝如林天素、杨云友辈，字绘超群，辄同唱和。当冯梦桢与这些名妓聚会时，尚有女乐助兴。如松江朱云崍、苏州徐清之所带来的女乐，最擅胜场，莫可比拟，轻歌缓舞，绝代风流，共数晨夕。[2]

天启三年（1623）秋，明人浦祊偕亲友游览西湖。他于农历九月十一日离家出发，至十月二十三日结束游程归家，历时共43天，其中在杭州逗留了33天。回家后，他将此次旅游经历写成《游明圣湖日记》一书。在书中，浦祊记载自己游西湖时与妓女的交往经历。先是九月二十九日，他首次与妓女吴二娘交往，其中记道："寓后有吴二娘者，青楼中人也。向居毗陵，色艺绝伦。余招之，请于叔父曰：'有一妙人，能容劝酒乎？'叔曰：'何妨！吾以不惜白首与红颜共醉也。'二娘闻命即至。浅斟低唱，愈增妩媚，不识比当日苏小何如？酒阑，叩所自来，知其从朱公子游，不得如约，羁滞于此。赠以一绝：'烟水湖头昼掩扉，重重啼痕湿罗衣。芳心欲诉无人诉，空向东吴几度飞。'"[3]至十月初二日，吴二娘又派小丫鬟来，说："女郎不日东归，欲与诸君言别。"随后，二娘冉冉而至，于是浦祊就摆下

1　汪汝谦：《西湖韵事·重修水仙王庙记》，载《西湖文献集成》，第3册，第1049页。
2　汪汝谦：《西湖韵事》附刻《西湖纪游》，载《西湖文献集成》，第3册，第1056页。
3　浦祊：《游明圣湖日记》，载《西湖文献集成》，第3册，第1133—1135页。

酒席，替二娘壮行。二娘略微饮了数杯，就洒涕辞去。浦祊不免为之嘘唏不已，自称是"无情被有情恼也"。到了十月初四日，吴二娘要回常州，浦祊的叔父说："吴姬今日东归，可联骑出郭相送。"等到了城外，吴二娘已在船中等候。相别之时，二娘颦蛾作惜别之语，眼中泪水淫淫而下，若梨花带雨，不禁让人觉得楚楚可怜。无奈，浦祊又作诗赠之，云："武林门外送行舟，万种离情逐水流。今夜月明何处泊？天涯回首不胜愁。"二娘谢道："既蒙雅爱，更辱新词。后会如期，方不负此日耳。"船家催促开船，送行者只好登岸。风便帆轻，浦祊至此时又有"红颜随流水逝矣"之叹。

至于湖上冯小青的韵事，更是人所熟知，甚至还留下了小青墓，以供后人凭吊。于是，有人路过孤山，必访小青之墓，过苏州虎丘，必洒酒真娘墓，同为一理。[1] 小青之诗，盛传天下。不过到了清初，开始流行一种说法，说冯小青实无其人，不过是将"情"字分拆为"小青"二字，而造出其人。清初文人施闰章到杭州后，曾就此询问陆圻。从陆圻的回答中可知，小青实有其人，原本是冯梦桢之子冯云将的小妾。当时钱塘进士杨廷槐与冯云将为亲旧之识。杨夫人雅

---

1 关于冯小青，诸家有多种记载，明末清初人周亮工有一则综合记载，引述如下："丙寅年予在秣陵，见支小白如增，以所刻《小青传》遍贻同人。钟陵支长卿语余曰：实无其人，家小白戏为之。俪青妃白，寓意耳。后王胜时语予：小青之夫冯某，尚在虎林。则又实有其人矣。近虞山云：小青本无其人，其邑子谭生造传及诗，与朋侪为戏，曰小青者，离'情'字，正书'心'旁，似'小'字也。或言姓钟，合言成钟情字也。予意当时或有其人，以夫在，故讳其姓字，影响言之。其诗文或亦一二流传者，众为缘饰之耳。但虞山云：传出谭生手，而余实见小白持以贻人。或言谭生为之，小白梓之耶，抑竟出小白之手也？郑超宗谓陈元朋所改传，胜小白旧传，殊不然。虎林徐野君谱为《春波影》，荆溪吴石渠谱为《疗妒羹》，词皆绮丽可观。即无其事，文人游戏为之，亦何不可！"云云。参见周亮工：《因树屋书影》卷四，上海古籍出版社1981年版，第117页。按：小青之事，真实与影响并存，颇难一时考证。姑存之，以俟后日有心君子考之，以成定案。

谙文史，对小青相当怜爱，所以频频借书给她读。杨夫人曾替小青出谋划策，让她脱身他归，遭到小青拒绝。等到杨夫人随丈夫为官北去，小青郁无可语，遗书为诀，书中云云，全属实录。小青以命薄甘死，宁作霜中兰，不肯作风中絮，其人确实仅凭才色而重。有人问陆圻："小青固能诗，恐未免文人润色？"陆圻笑答："西湖上正少此捉刀人。"[1]可见，不管小青其人是否真实，小青是否诗才别具，小青故事的流传，其实已经说明，美女、名妓韵事确可为湖山增色。

（3）虎丘

苏州虎丘也是名妓荟萃之处。虎丘之得名，能引得天下人慕名而来，除了虎丘塔、名人之园林以及山塘之店铺之外，名妓效应实亦不可忽视。在这些名妓中，当数卞赛、董小宛、柳伴月最为著名。

卞赛原本是秦淮名妓，自称玉京道人。在她18岁时，移居虎丘。她的寓舍，就在虎丘。[2]根据余怀《板桥杂记》记载，卞赛工小楷，能画兰，风枝袅娜，一落笔就能画十余纸。她在虎丘的寓所，湘帘棐几，地无纤尘。著名诗人吴伟业曾作《听女道士卞玉京弹琴歌》赠之，与同侪相唱和。[3]

---

1 施闰章:《蠖斋诗话》卷上《小青》，黄山书社1992年版，第6页。

2 顾禄:《桐桥倚棹录》卷八《第宅》，载王稼句点校编纂:《苏州文献丛钞初编》，古吴轩出版社2005年版，下册，第636页。

3 余怀:《板桥杂记》中卷《丽品》，第37页。按: 吴伟业曾为卞赛作一小传。从传记中可知，梅村与卞赛亦有一段情缘。卞赛初与梅村相见，就有以身相许之意，可惜梅村假装"弗解"，卞赛就不再提起。其后归秦淮，又至常熟，寓于一"故人"。从梅村所提及"尚书某"来看，这位故人当为柳如是。梅村至常熟，经钱谦益安排，拟与卞赛一见，终遭拒绝。梅村为此悒怏自失，殆不能为情。从梅村所记尚可知道，卞赛后嫁与"东中一诸侯"。最后，又依于苏州"良医保御氏"，其人为"东中诸侯"宗人。卞赛死后，墓在惠山衹陀庵锦树林之原。参见吴伟业:《吴梅村全集》卷一〇《诗后集二·过锦树林玉京道人墓并传》，第250—251页。

董小宛之宅，在苏州半塘。[1] 根据余怀《板桥杂记》记载，董白，字小宛。天资巧慧，容貌娟妍，性爱闲静。慕吴门山水，徙居半塘，小筑湖滨，竹篱茅舍，经其户者，则闻咏歌诗声或琴声而已。[2]

柳伴月宅，在东塔院西。《百城烟水》云："闽人黄处安寓东塔院时，有名媛柳伴月来为西邻，欲以所绣诗画行世，大书于寺门，以招徕贵客。"顾苓《塔影圆集》载《赠柳伴月序》，中有"鸳湖宛转，来从西子溪边；虎阜逶迤，暂憩真娘墓下"之句。[3]

优伶艺人

中国传统的观念往往倡优并称，说明优伶艺人的身份其实就与娼妓一般。在明代，当然不乏专业的优伶艺人，但妓女串戏现象的普及，更使倡优混合在一起。

娼妓与优伶

明代妓女从事优伶之业，大抵可以从下面三个方面加以考察：

其一，妓女参与庙会。明代的庙会，民间扮演戏剧故事，一般采用自己扮演，但有时为了达到较好的效果，就专门聘请妓女饰演。如在松江府，倭乱之后，每年二三月间，一些乡镇就举行赛会。于是，就请妓女三四十人，"扮为《寡妇征西》《昭君出塞》，色名华丽"。[4]

1　顾禄：《桐桥倚棹录》卷八《第宅》，载《苏州文献丛钞初编》，下册，第637页。
2　余怀：《板桥杂记》中卷《丽品》，第34—35页。
3　顾禄：《桐桥倚棹录》卷八《第宅》，载《苏州文献丛钞初编》，下册，第637页。
4　范濂：《云间据目钞》卷二《风俗》，清光绪四年上海《申报》馆仿聚珍版印本。

其二，妓女参与家庭喜丧之事的歌舞活动。在明代，无论是官宦之家，还是一般民间有钱人家，无论是喜庆之事，还是居丧之家，无不需要歌舞伎乐。如史料载，成化年间，北京的居丧之家，大多"张筵饮宴，歌唱戏剧"；又后府署都金事刘清家的家宴，也采用了"妓乐"。[1] 黄琳在元宵节时在富文堂宴集，除了徐子仁、陈铎参加外，还"大呼角伎，集乐人赏之"，一时传为盛事；徐子仁在 70 岁时，在快园丽藻堂开宴，妓女百余人，称觞上寿。[2]

其三，妓女串戏成风。所谓"串戏"，其意是说这些妓女不是专职的戏子，而演戏仅仅是客串，亦即清代所谓的"玩票"。从明末文人张岱的记载可知，当时南京南曲中的妓女，无不以串戏为韵事，甚至达到了"性命以之"的地步，正可谓如醉如痴。如杨元、杨能、顾眉生、李十、董白均以串戏著名。张岱家中自己养有戏班，这些名妓就前去串戏。当时所串是《教子》一出，其中顾眉生饰演周羽，杨元饰演周娘子，杨能饰演周瑞隆。当然，这些串戏的名妓，除了向家乐班子中的名伶拜师学艺之外，还以懂戏的张岱为"导师"。[3]

家乐班子

在吴、越之间，士大夫习曲并与俳优为伍，已成一时风气。关于此，明人管志道有下面的揭示：

> 唯今之鼓弄淫曲，搬演戏文，不问贵游子弟，庠序名流，

---

1 《明宪宗实录》卷三三，成化二年八月辛丑条；卷八八，成化七年二月丁卯条，台湾"中央研究院"历史语言研究所 1966 年校印本。
2 顾起元：《客座赘语》卷六《翦仙秋碧联句》，第 179 页。
3 张岱：《陶庵梦忆》卷七《过剑门》，上海古籍出版社 1982 年版，第 69—70 页。

甘与俳优下贱为伍，群饮酣歌，俾昼作夜。此吴越见极浇极陋
之俗也。[1]

　　自魏良辅创昆山腔之后，苏州人开始喜欢南曲，而北调几乎流
于废弃。万历三十二年（1604），马四娘以生平不识金阊为恨，为此
携带其家女郎十五六人来到苏州，唱北曲《西厢记》全本。在这些
女优中，其中有一位叫巧孙，原本是马四娘的粗婢，其貌虽然奇丑，
但她的声音响遏云霄，于北词折关窈妙之处，备得真传，独步一时，
其他女优不得其十分之一。自马四娘回到南京曲坊中，随即得病身
亡，她手下的诸妓也多散去，巧孙更成为一个市姬，不再打理歌谱。
此后，南京教坊司中有一位妓女叫傅寿，字灵修，为人豪爽，谈笑
倾坐，也工北曲，主要得自家传，而且发誓不教一人。[2]

　　明代很多史料记载已经显示，当时士大夫家中大多养有一些家乐
班子，全由歌姬组成。为了阐述的需要，引述三个家乐班子如下：

　　一是朱云崃家所养的女戏班子。据张岱记载，朱云崃自己就是懂
戏之人。他教家中歌姬学戏，自有一套方法，即"未教戏，先教琴，
先教琵琶，先教提琴、弦子、箫管、鼓吹、歌舞，借戏为之，其实
不专为戏也"。正因为这种独特的教授方法，使得家姬的演出效果相
当好，一如张岱在下面的描述：

　　　　丝竹错杂，檀板清讴，入妙腠理，唱完以曲白终之，反觉
　　　多事矣。西施歌舞，对舞者五人，长袖缓带，绕身若环，曾挠

1　管志道：《从先维俗议》卷五《家晏勿张戏乐》，收入《太昆先哲遗书》，太仓俞氏世德堂
1931 年铅印影印本。
2　沈德符：《万历野获编》卷二五《北词传授》，第 646—647 页。

摩地，扶旋猗那，弱如秋药。女官内侍，执扇葆璇盖、金莲宝炬、纨扇、宫灯二十余人，光焰荧煌，锦绣纷叠，见者错愕。[1]

二是刘晖吉家的女戏班。女戏子的演出，自当有其本身的特点，亦即张岱所谓的"女戏以妖冶恕，以啴缓恕，以态度恕，故女戏者全乎其为恕也"。然在女戏子的扮演中，亦有不同于以"恕"为特点者，这就是刘晖吉家养的女戏班，其演出别具特色。关于此，张岱有下面的描述：

> 刘晖吉奇情幻想，欲补从来梨园之缺陷。如唐明皇游月宫：叶法善作，场上一时黑魆地暗，手起剑落，霹雳一声，黑幔忽收，露出一月，其圆如规，四下以羊角染五色云气，中坐常仪，桂树吴刚，白兔捣药。轻纱幔之内，燃赛月明数株，光焰青藜，色如初曙，撒布成梁，遂蹑月窟，境界神奇，忘其为戏也。其他如舞灯：十数人手携一灯，忽隐忽现，怪幻百出，匪夷所思，令唐明皇见之亦必目睁口开，谓氍毹场中那得如许光怪耶！彭天锡向余道，女戏至刘晖吉，何必男子，何必彭大。天锡，曲中南董，绝少许可，而独心折晖吉家姬，其所赏鉴，定不草草。[2]

可见，刘晖吉家女戏子的演出，以布景擅长。彭天锡在明末有"曲中南董"之称，在戏曲界颇具名头。即使是他，也对刘晖吉家女戏子的演出独有心折。

1　张岱：《陶庵梦忆》卷二《朱云崃女戏》，第13页。
2　张岱：《陶庵梦忆》卷五《刘晖吉女戏》，第49页。

三是削籍御史钱岱家中，也养有 13 名女优，可以考知者 11 名，分别如下：

老生张寅舍，家人女。两眉疏秀，颜色洁白，颊有微靥，体态端雅，弓足（指缠足或缠足后发育不正常的脚）。得幸于钱岱，改名素玉，为侍妾 30 年。钱岱死后，入尼庵，奉佛终身。

正旦韩壬壬，北京人。紫堂色，颐额方称，风姿绰约，略弓足。后适张仆之子张五郎。

正旦冯观舍，名翠霞，扬州人。姿容秀丽，长大姣好，弓足。钱岱于侍妾中命为首领。钱岱死后，旋卒第中。

老旦张二姐，小东门竹匠女。姿色红白停匀，身材五短，弓足。钱岱死后，年已 40 多岁，嫁人。

小生徐二姐，名佩瑶，苏州人。脸如鹅子，丰满洁白，小口花牙，态度娴雅，弓足。为钱岱妾，貌独冠群妾上，后终其家。

小旦吴三，苏州人，眼微似斗鸡，而风姿俏丽，色态双绝，弓足而纤小。后适顾氏子为妾。

小旦周桂郎，苏州人。姿容妍丽，体态娉婷，弓足而纤小，其平正轻利为众妾莫及，有凌波微步之致。为钱岱妾，改名连璧。

大净吴小三，家人女。面白而圆，身材微胖，足未弓。后适家人长寿。

二净张五舍，扬州人。姿色红晕，身材短俏，略弓足。终于钱岱家。

小净徐二姐，韦县（按：疑误）人。面洁白唇，有一黑痣，颇妩媚，独足未弓。后适苏州一富人。

贴旦月姐，眉梢长曲，面颊微靥，姿色颇艳，弓足。后配家人子谭四。[1]

这些歌姬通常会有一些唱戏的"女教师"加以辅导。这些戏曲女教师，既能尝试演唱文人的新作，又可以辅导其他人唱戏。[2] 此外，这些家乐班子还会聘请老乐工教唱。这些老乐工有丰富的实践经验，在教唱时必然需要遵循一套特定的程序。关于此，明人沈德符有下面的记载：

> 老乐工云："凡学唱从弦索入者，遇清唱则字窒而喉劣。"此亦至言。今学南曲者亦然。初按板时，即以箫管为辅，则其正音反为所遏，久而习成，遂如蚨蝓相倚，不可暂撇，若单喉独唱，非音律长短不谐，则腔调矜持而走板。盖由初入门时，不能尽其才也。曾见一二大家歌姬辈，甫启朱唇，即有箫管夹其左右，好腔妙啭，反被拖带，不能展施。此乃以邯郸细步，行荆榛泥泞中，欲如古所云"高不揭，低不咽"，难矣。[3]

在明末的女戏子中，当以朱楚生最为著名。朱楚生，最擅长调腔戏，其科白之妙远胜过本腔戏。朱楚生的演技，得益于四明姚益城先生。姚先生精通音律，与楚生辈讲究关节，妙入情理，如《江天暮雪》《霄光剑》《画中人》等戏，即使昆山老教师细细摹拟，断不能加其毫末。楚生色不甚美，虽绝世佳人无其风韵，楚楚谡谡，其孤意在眉，其深情在睫，其解意在烟视媚行。尤其可贵的是，楚生

---

1 《笔梦序》，载《中国香艳全书》二集卷二，第 1 册，第 133—134 页。
2 如李开先《归休家居病其蒙诸友邀入词社》其中一首云："仕途不作词，朝省日奔驰。官罢非无兴，病多几不支。秋来吾已健，夜宴客相随。新作谁能唱？须烦女教师。"参见李开先《闲居集》卷二，载《李开先全集》，上册，第 89 页。
3 沈德符：《万历野获编》卷二五《弦索入曲》，第 642 页。

"性命于戏，下全力为之，曲白有误，稍为订正之，虽后数月，其误处必改削如所语"。[1]

上面所谓的"调腔戏"，大多与"本腔戏"相对。从现有的史料来看，若说本腔戏是指男子演男子，那么调腔戏理应是指女扮男装。当时活动在杭州的女伶，尚有一位陈素芝。从张岱的记载中可知，崇祯七年（1634）十月，朱楚生、陈素芝等女伶曾在杭州西湖边的定香桥与张岱及画家陈洪绶有过一次聚会。当时参与者还有串戏名家彭天锡，并与朱楚生、陈素芝串调腔戏，堪称妙绝。[2]

赶唱妇人

在明代，歌舞与杂技往往交相存在，很难给予明确的区分。有些娱乐形式，看似歌舞，实则就是杂技。这可以明人李日华之记载为例：

> 古歌变为胡曲，既已绝响，而舞尤失传。今优场中走三方、摆阵、跌打之类，皆其遗意。余在中州，与士大夫燕会，见有戴高竿、舞翠盘、狮子生儿、沐猴戏狗之技，想古之善舞柘枝、鹧鸪，亦不逾是。又见一女童贴地蛇行，惊跃数四，备极疾徐之妙，与金鼓相应。久之，忽于尻间又生出一头，一两足代手拱揖，反复旋转，首尾浑不可辨。[3]

从上面的史料中可知下面几点：其一，明代"优场"已成为一种专

1　张岱：《陶庵梦忆》卷五《朱楚生》，第50页。
2　张岱：《陶庵梦忆》卷四《不系园》，第30页。
3　李日华：《紫桃轩杂缀》卷三，《四库全书存目丛书》本。

门的称呼，其实相当于现在所谓的"演艺圈"。在这种优场中，其演员就是优伶、乐工和艺伎，或者是赶唱妇人。既然是"场"，就必须有演出的场所，就会"赶场"，说明这些优伶艺人生活漂泊不定。其二，杂技艺术已经成为当时士大夫宴会时必用的娱乐形式，借此侑酒。其三，明代杂技艺术的形式，丰富多彩，单是上面所记，就有走三方、摆阵、跌打、戴高竿、舞翠盘、狮子生儿、沐猴戏狗等。其四，杂技与金鼓并行，显然与舞蹈结合在一起。

在宋元时期，一般将各种民间艺人，尤其是那些走江湖卖艺的妓女或艺人，称为"路歧人"。这种称呼在小说《金瓶梅》中还能见到，如西门庆称他的"外宅"，亦即专门"唱慢曲儿"的张惜春为"路歧人"。[1]

在明代，专门有一些"赶唱妇人"，到处跑码头，赶场子，借此糊口。如海瑞在浙江淳安知县任内时，就下过一道禁约，其中云："各地方凡有赶唱妇人到，图里总人等即时锁拏送县，以凭递解回籍。"[2] 妇人赶唱，既有单独行动者，亦有随全家一起外出逐食者。如史载唐姓妇女，为汝阳人陈旺妻，曾"随其夫以歌舞逐食四方"。正德四年（1509），陈旺偕同妻子及女儿环儿、侄子成儿到江夏九峰山跑场子，[3]更可证明此类江湖艺人是全家一起行动的。可见，尽管自明代中期以后，社会流动更趋频繁，但这些赶唱妇人并没有到处流动的自由。

在这些赶唱妇人中，最为著名的应该说是来自凤阳的专唱花鼓的

1　兰陵笑笑生：《金瓶梅词话》第三回，第47页，注4。

2　海瑞：《海瑞集》上编《禁约》，中华书局1981年版，第188页。

3　《明史》卷三〇一《列女一》，第7703页。

女子。凤阳花鼓在晚明已是相当出名，以至于其唱花鼓的场景已经出现在传奇作品中。如周朝俊所作《红梅记》，就记载了唱花鼓艺人的演出场面。从作品中可知，唱花鼓者，其艺人主要来自安徽凤阳，既有男子，又有妇人，或许就是夫妇。既名为花鼓，自然在演唱时必须打鼓，而且还要敲锣，亦即"紧打鼓儿慢筛锣"。所唱除了"动情歌"之外，还有一些诸如《白头吟》《乌夜啼》之类的古曲。唱花鼓的女艺人，通过演唱以获得"赏钱"。而从演唱花鼓的艺人甚至被丫鬟骂为"臭花子"之例，可知演唱花鼓的女艺人，其身份犹如乞丐。[1]

赶唱妇女中，有些是由"瞽妓"充任。如万历初年，京城有一游侠儿首领朱国臣，其初不过是一屠夫，专畜两位瞽妓，"教以弹词博金钱，夜则侍酒"。[2]这是瞽妓在一些酒楼中赶唱的例证。另外，从桂萼的上疏中可知，京城一些养济院已经被奸徒所把持，他们专门收养"瞽目妇女能弹唱占卜者，出入势家，投作恩主。其权势大臣，亦利其通情纳贿，非有司所能禁治"。[3]明末文学家冯梦龙所称"弹词之盲女"与"行歌之丐妇"，[4]无不说明在赶唱妇女中，很多就是"盲女"与"丐妇"之流。

从吕坤的记载可知，在河南归德府宁陵县，也有一些专门从事唱曲、说书的瞽妇。如嘉靖二十六年（1547）八月，吕坤的母亲李氏犯了眼病，随之失明。为了安慰母亲因为眼瞎以后的躁急之情，吕坤"乃召瞽妇弦歌以娱之。歌者辞穷则更其人。或令之说书，如前

1　周朝俊：《红梅记》第十九、二十出，上海古籍出版社 1985 年版，第 100、105 页。
2　沈德符：《万历野获编》卷一八《冤狱》，第 479 页。
3　桂萼：《应制条陈十事疏》，载《明经世文编》卷一七九，第 1830 页。
4　冯梦龙编：《挂枝儿》卷五《隙部·嗔妓》，载《明清民歌时调集》，上册，第 149 页。

汉、前后齐、七雄、三国、残唐、北宋之类"。[1]

此外，明末有一位名叫阿圆的琵琶妇，亦属于赶场妇人之列。她善于唱"新声"，尤其擅长清唱，颇为当时的文人冯梦龙所赏识。当冯梦龙刻《挂枝儿》歌曲集时，阿圆前来拜访，以求得此歌曲集，并且将《帐》一首歌曲赠予冯氏。[2]

女尼、女冠与女巫

在佛教经典中，一般称尼姑为"优婆夷"，民间则俗称"师姑"。而在明代正统的法律条文或典章制度文书中，则称之为"尼僧"或"尼姑"。如明代的法律条例规定："凡寺观庵院，除见在处所外，不许私自创建增置，违者杖一百还俗，僧道发边卫充军，尼僧女冠入官为奴。"[3]洪武六年（1373），明太祖朱元璋下令："民家女子年未及四十者，不许为尼姑女冠。"嘉靖六年（1527）奏准："尼僧道姑，发还原籍出嫁。其庵寺房屋土地，尽数入官。"[4]这是官方记载称出家皈依佛教女子为"尼僧"或"尼姑"之例，而女道士则称"女冠"。

1　郑涵编：《吕坤年谱》，中州古籍出版社 1985 年版，第 3 页。

2　冯梦龙编：《挂枝儿》卷三《想部·帐》，载《明清民歌时调集》，上册，第 85 页。

3　《大明律集解附例》卷四《户律·户役·私创庵院及私度僧道》，《明代史籍汇刊》影印明万历间浙江官刊本，台湾学生书局 1970 年版。

4　申时行等纂：《明会典》卷一〇四《礼部六二·僧道》，第 569 页。

尼姑生活及其世俗化

尼姑属于一群脱离尘俗、皈依佛门的出家人，理应不再留恋红尘，并与世俗隔绝，在庵院中与青灯、佛卷、木鱼为伴，过一种清修的生活。从明代的史料记载来看，在整个尼姑群体中，确实不乏恪守佛门规矩之人。值得注意的是，明代儒佛道三教合流思想的盛行，乃至佛教的世俗化，[1]无疑对尼姑的清修生活造成很大的冲击，随之而来的则是尼姑不再局蹐于庵院一隅，而是走出庵院，进入民间，与民间闺房女子或家庭妇女结缘，进而成为民间妇女与外界交流的媒介。更有甚者，尼姑在与世俗民间交往的过程中，恋世情结日深，宗教情感日淡，进而出现了超脱佛门樊篱的"淫尼"。这不仅是明代宗教史的新动向，更是明代社会演进历程中出现的新的历史转向。

从明代的小说中可知，尼姑通常是头戴清净僧帽，身穿茶褐袈裟，或说尼姑"尺布裹头颅，身穿直裰，系个黄绦"。至于尼姑庵中所用的女童，其穿戴则为身穿缁衣，腰系丝绦。

尼姑属于"三姑六婆"之一。明代的小说对尼姑多用一种负面的塑造，甚至称她们为"马泊六""撮合山"，意思是说男女之间的私情，十件中倒有九件是尼姑做成，甚至男女是在尼庵私会。小说将她们说成是借着佛天为由，庵院为囮，可以引得内眷来烧香，可以引得子弟来游耍。一些大户人家的内室闺房，若是有念佛看经之事，终究还是妇女方便。尼姑就是借助自己的身份，为男女之间的私情穿

1　相关的探讨，可参见陈宝良：《明代儒佛道的合流及其世俗化》，载《浙江学刊》2002年第2期。

针引线。[1]

在明代，尼姑庵中照例也有一些规矩。当烧香或游览尼庵的客人到来时，通常都是由老年尼姑前去迎接答话。至于庵中的少年尼姑，正好像闺女一般，深居简出，只有那些相熟的主顾或是亲戚，方才得以见到。若是老年尼姑外出，或是病卧在床，庵中就一概辞客不见。即使是那些非常有势力之人，诚心想见那些少年尼姑，也少不得三请四唤，让人等个不耐烦，才出来相见。[2]这或许也是为了保持尼庵的清净门风。

在尼姑庵中，除了出家的尼姑之外，尚有一些担任杂役却并没有出家的女子，如负责烧香火、上灶烧火的丫头。而在有些尼姑庵中，甚至还有专门负责香火的男性"香公"。[3]

尼姑出家：逃避还是宗教虔诚？

在论及尼姑出家原因之前，不妨将明代官方对尼姑出家年龄所作的规定稍作梳理。关于女子出家为尼的年龄，明代的法律作了基本的规定，并与男子出家为僧的年龄限制大有差别。洪武六年（1373）明太祖朱元璋下令："民家女子年未及四十者，不许为尼姑女冠。"[4]建文三年（1401），更是将女子出家的年龄上升到59岁。如当时建文帝曾经下令，凡是民间女子年龄不及59岁，禁止她们出家成为尼姑。[5]

1 凌濛初：《初刻拍案惊奇》卷六，岳麓书社2002年版，第48页。

2 兰陵笑笑生：《金瓶梅词话》第五〇、五七回，第656、777页；冯梦龙：《醒世恒言》第一五卷，第157—158页。

3 冯梦龙：《喻世明言》第四卷，第46页；凌濛初：《二刻拍案惊奇》卷三，第29页。

4 申时行等纂：《明会典》卷一〇四《礼部六二·僧道》，第569页。

5 徐学聚：《国朝典汇》卷一三四《释教》，《北京大学图书馆藏善本丛书》影印本，北京大学出版社1993年版。

从中可知，明朝廷对女子出家的年龄限制，洪武时期定为必须40岁及以上，至建文年间更是升至必须59岁及以上。这是规定中年以上妇女方可出家为尼。与此相应，明朝廷对男子出家的年龄限制却大有不同。如洪武二十二年（1389），明太祖朱元璋下令："民年二十以上者，不许为僧。"[1]换言之，男子出家必须是在20岁以下。这是要求幼年或少年方可出家为僧。这种在年龄上的两反规定，究其用意而言，显然就是为了使尼姑、僧人能安于清修，并保持佛门庵院的宗教纯洁性。

需要引起关注的是，自明代正统以后，出家为尼者已不再遵守朝廷的法律规定。如在北京的一些寺庙中，私自剃度为尼的妇女日渐增多。根据史料的记载，这些妇女"有因不睦六亲，弃背父母夫男，公然削发为尼"。可见，其中女尼的来源，既有已婚的妇女，亦有未婚的少女。究其出家的原因，显然很多是因为家庭内的矛盾。每当遇到令节或每月的朔望，她们在寺院内传经说法，"诱引男妇，动以千计，夜聚晓散"。[2]

在说到尼姑的来源及其出家的原因之前，不妨对整个僧侣集团的出家原因稍作探讨。清初人尤侗论僧尼出家的原因道：

> 今日僧尼，几半天下。然度其初心，愿不及此。其高者惑于福慧之说，下者为饥寒驱迫，不得已而出此。或幼小无知，父母强而使之，及其中道而悔，无可如何者多矣。[3]

1　申时行等纂：《明会典》卷一○四《礼部六二·僧道》，第569页。

2　《明英宗实录》卷一七，正统元年五月丙戌条。

3　尤侗：《艮斋杂说》卷四，中华书局2006年版，第77—78页。

从上面的阐述不难发现，僧尼出家，大多不是出于"初心"，而是一种被迫或无奈之举，亦即所谓的"其高者惑于福慧之说，下者为饥寒驱迫"，显然缺乏纯真的宗教虔诚情感。如果转而分析尼姑出家的原因，那么明末清初人陆衡所作的分析也堪称一针见血。他说："每见人家妇女，或丧夫，或无子，即有夫有子，而别有不得已，辄忿然出家，薙去其发。"[1]这就是说，在出家为尼的群体中，多为"丧夫"或"无子"的妇女。至于那些"有夫有子"的妇女出家，当然有其"不得已"之处，只好"忿然出家"。一句"忿然出家"，更是道出了其逃避家庭或世俗的心态。当然，节妇、贞女出家为尼更是当时的世风。正如陆衡所言："女子不幸而失所，天不再醮，礼也……尝有缙绅之家，许嫁而未婚者，偶值其变，父母翁姑好名，高谈守节，强其女从之，非不传誉一时，其如青春难度，白日无聊，每借焚修之计，以出家为上策。未几而祝发矣，未几而尼姑为伴伍矣，未几而参善知识矣，名刹听讲，禅房卧宿，肆焉无忌。"[2]女子丧夫，朝廷的礼教要求其守节，这就是所谓的"节妇"。许嫁而未婚，未婚夫一死，也被迫守节，这就是所谓的"贞女"。尽管这种守节的行为可以为家庭乃至自己带来一时的虚名，但时日一久，青春难度，白日无聊，最好的结局就是遁入空门。

妇女为了守节而出家为尼，在当时的史料中可以得到广泛的印证，试举三例如下：其一，苏州府吴江县有一座守贞庵，在震泽镇观音桥内。明隆庆年间，巡宰杨忠之妻节妇毛氏建。据吴名函《隆庆庚午守贞庵建观音阁碑记》云："忠，武林人。在任病亡。其妻毛

---

1 陆衡：《蒿庵随笔》卷五，清光绪二十三年刻本。
2 陆衡：《蒿庵随笔》卷五。

氏哀毁过礼，结庐矢志，事死如生，依倚为尼，而居者焚修日盛。"[1]
可见，毛氏在自己的丈夫死后，为了守节，只好"结庐"为尼，打发余生。其二，苏州府昆山县灵峙庵，旧名水月庵，明万历末年念印禅师开山。念印禅师是举人傅冲之妹，归有光之儿媳。傅氏年十九而寡，于是剃发径山，募置马园蔬圃为兰若，初构三楹，继建禅堂、韦驮殿、净业楼、二桂堂。崇祯十五年（1642）示寂，塔葬于放生池北。念印禅师有弟子三人，均为士大夫家族女子。一位是顾文康公六世孙女，字仁风；一位是张泰符女，字无歇；一位是钱约斋女，字妙光。[2]其三，苏州府昆山县胜莲庵，在许墓塘北。顺治初年，无歇禅师所建。无歇禅师，张泰符的长女，嫁给诸生戴襄，进士徐扬贡元配之母。崇祯九年，戴襄死，张氏成为守节的寡妇。崇祯十七年，明朝灭亡，张氏弃俗出家，传律华山，嗣法灵隐，以禅律教诫尼众，其道行为诸方所推重。无歇禅师即上文提到的念印禅师的弟子。胜莲庵原本为无歇禅师外祖的旧圃，其弟生员张旅庵、举人张冰庵倡购，遂成一方法席。[3]

当然，在明代的尼姑中确实存在着一些抱有宗教虔诚而出家者，明代名僧莲池大师（即袾宏）的妻子汤氏即为一例。宋应昌曾是莲池大师的同学，下面根据他的记载，对汤氏出家为尼的经过概述如下：莲池大师是晚明佛教界的一代高僧，他的出家时间可以追溯到嘉靖四十四年（1565）。莲池夙志方外，鉴于父母尚在，不敢离而

1　徐崧、张大纯纂辑：《百城烟水》卷四《吴江县》，江苏古籍出版社 1999 年版，第 338 页。
2　按：仁风六岁丧父，十五岁易服，十九岁礼念西为师。年二十，上径山披剃，崇祯十五年（1642）夏掩关本庵，力参三七，闻檐瓦落水缸声得省，邑中士绅敦请继席。康熙五年（1666）示寂。参见徐崧、张大纯纂辑《百城烟水》卷六《昆山县》，第 394 页。
3　徐崧、张大纯纂辑：《百城烟水》卷六《昆山县》，第 390 页。

出家。父母双亡之后，就力酬所愿，当时其妻子汤氏才 19 岁。再加之前面的儿子殇亡，为此"忆子舆之规，疑未决"。莲池已而念风灯石火，时不我延，毅然薙染出家。他的妻子汤氏则回到娘家，与自己的母亲生活在一起，斋戒禅诵。不久，其母亡故，汤氏孑然寡居。当时同族之人替她立后嗣，最后选中三侄文彬。不久，汤氏亦脱簪珥为尼僧。出家之前，对嗣子文彬说："兹无所事，后不后我，固无害。彼生而养，死而服、而殡、而祭，世法也。吾学佛，存资钵衲，殁归阇维耳，夫何求哉！"为此，将所有田产房屋散给群侄，而将自己的住宅分给嗣子文彬。至于汤氏自己，则"从邻僦舍，绳枢蓬门，夕灯晨香，阒如也"。汤氏出家为尼之后，法名袾锦，与莲池一同师从关中南五台性天和尚。[1] 上面的这段史料记载已基本道出了这样的信息，即汤氏出家，虽因其丈夫出家而成为事实上的寡妇，但从中亦可看出她自己在宗教情感上的觉悟，当然亦与莲池大师的熏染不无关系。

尼姑在庵院的清修生活

照理说来，尼姑所过的应该是尼庵中的清静生活。明代有一位姓孟的小姐，在去苏州惠日庵访尼姑时，曾在亭上写下一诗，诗云："矮矮墙围小小亭，竹林深处昼冥冥。红尘不到无余事，一炷香消两卷经。"[2] 此诗甚雅，基本道出了尼姑日常的清修生活。

正如明末名僧袾宏所记，在佛教整体世俗化的大势下，尼姑群

1　宋应昌:《孝义庵记》，载吴之鲸:《武林梵志》卷一《城内梵刹·孝义庵》，载王国平主编《西湖文献集成》，杭州出版社 2004 年版，第 22 册，第 19—20 页。
2　黄昀:《蓬轩吴记》卷上，载《苏州文献丛钞初编》，上册，第 202 页。

体中还是不乏清修苦行、终身不干谒富贵之家者。如他笔下的严氏，在出家为尼后，仍然能保持"苦行终身"。[1]另外，钱谦益笔下的女尼潮音，显然也是一位守戒律的尼姑。从钱谦益的记载可知，女尼潮音俗姓金，常熟县大河人。嫁给同里人龚某，孀居自誓，仪法井井。其长子娶妻之后，辞亲出家，字曰定晖。定晖死后，潮音对次子端吾说："汝兄往矣，吾母子何苦徽缠人世？"端吾尊母亲之旨，于是弃妻落发，与母亲一同到了苏州。潮音到了苏州后，拜尼姑真如为师。不久，潮音回到故乡，"僦居焚修，昼夜六时，佛声浩浩"。钱谦益在后面对潮音有下面的评述："予观近日宗门，女戒锋起。阇黎上座，林立镜奁。语录伽陀，交加丹粉。咸有尊宿印证，支派流传。可羞可憨，莫斯为甚。是比丘尼，却避市廛，远离俗姓，不唱参访之缘，不挂大僧之籍。一声佛号，十念往生。旌表末法，甚难希有。斯则墨穴之电光，狂水之圣药也。"[2]细究钱氏言外之意，在佛教界普遍世俗化的明代，尼古潮音出家清修的经历堪称"墨穴之电光，狂水之圣药"。

更有一位性恒女尼，以兴复佛寺为职责。如天台天封寺，一直被视为灵墟之处。至明万历年间，佛应运兴，寺庙达到鼎盛。但至崇祯年间，因遭劫火，寺庙顿成灰场废墟。正值此时，女尼性恒，俗姓张，从金陵（今江苏南京）来到天台，以兴复寺庙旧观为志。钱谦益记其人其事道：

> 有一比丘尼，张氏名性恒。剃染来金陵，誓愿为兴复。坚

---

1 袾宏:《竹窗三笔·三贤女》，台湾印经处1958年版，第174页。
2 钱谦益:《有学集》卷三六《坐脱比丘尼潮音塔铭》，载《钱牧斋全集》，上海古籍出版社2003年版，第1276页。

修头陀行，一麻复一麦。誓以此身命，回向僧伽蓝。苦行五六载，地行夜叉知。乃至夜摩天，分分相传报。人天感咸悦，钱刀响然臻。梵刹黄金容，僧寮经藏阁。如移四天宫，又如地涌出。[1]

可见，性恒女尼自剃染之后，确乎能做到"坚修""苦行"，犹如头陀一般。此外，黄宗羲笔下的女尼月尼，尽管已经是入清之人，但从其生活的时代来看，应该属于南明时期，所以暂且也将其置于明代尼姑的考察之列。黄宗羲著有《月尼传》，其中记道：月尼，俗姓莫，浙江杭州人。性慧，有才，又有静德。其母原本失身青楼，当时莫氏才十二三岁，当然也不能免俗自奋，只好依从母亲一同在青楼生活。不过，莫氏人虽在青楼，却有自己的定见，即非学士、大夫不见。等到与客人见面，则又非道德文字不谈。一日，问潘大夫："所谓名业者，学从孰始？"大夫答道："有志于名则名立，于业则业成，否则是无志者焉，足以言名业耶？"莫氏听后默然良久，道："如斯而已。"自此以后，更加自励。一日，又问道："所谓文词者，人从孰求？"大夫答道："妙由天传，机由人究。致天以尽人，则文字之玄，得矣。"莫氏闻之默然良久，道："如斯而已。"从此以后，开始每天诵诗读书，遇到学士、大夫，即稍稍能撰五七言之诗，并与他们讨论当世之务，故吴、越间往往有传诵其诗者。康熙十四年（1675）三月望，莫氏到天竺山院，礼拜慈像，寻求超脱，因而大恸。在回家路上，突然迷路，见一樵夫倚薪卧树间，莫氏前往问道："孰路归城中？"樵夫答："路固歧，苟致之皆可归。"莫氏

1　钱谦益：《有学集》卷四二《送性恒比丘尼归窆灵墟颂》，载《钱牧斋全集》，第1454—1455页。

问："尔何滞于此耶？"樵夫答："吾逃樵而归于樵也。"莫氏听后顿然醒悟，因拜樵夫并乞旨，樵夫于是看着所卧之薪，对莫氏道："夫薪也，始出土中，天机莫遏焉。但为类材纠缪，遂屈上达之性。今吾伐之，方得脱根株断，萌蘖就败，藏瑕于烈阳之中，变其凡姿，反其静质，群妄消融，截然寂灭，以复于命，此薪之所能也，吾固怜而樵焉。"尼因进而问道："问路知归，问薪悟脱，然吾生营营，何求可了？"樵夫答："人性本直，流行惟光，一有所制，则直者屈，施光者受昧，不有见勇之士，力反其光，孰得其子哉？惟山中之松，溪上之月，抑之不偃，蒙之不灭，初性自如，本体常澈，人诚求之，即可了其生矣。"尼于是豁然大觉，来到清溪旁，洗去铅粉，卸却绮衣，"草曳韦入家，辞其母，往清波郭门，遂拜老尼为师，削发修禅，终其身，自号松月尼云"。在这篇传记的后面，黄宗羲作有下面评述："世传唐吕岩，度女妓白牡丹；宋苏轼，默化琴操事。余每论之，未尝不异其人。以为声乐之场，亦有回头向道者焉。月尼本背法失从，当艳盛之年，一旦断情欲，远凡归真，倘后日采而传之，未必非牡丹、琴操者之流欤？"[1]一个妓女，转而向道，削发为尼，樵夫的一番开道无疑是关键。所谓的樵夫，其人绝不简单，他给女妓所讲的是一堂佛教人生课，最终使女妓皈依佛祖。

妇女一旦出家为尼，就不再涂脂抹粉，在穿着上也不可艳丽旖旎，以便与她们的清修生活相应。关于尼姑的服饰打扮，我们不妨引周清原所著小说《西湖二集》记载尼姑为例，其中记载尼姑穿戴

1　胡祥翰辑：《西湖新志》卷一二《方外·尼松月》，上海古籍出版社1998年版，第537—538页。

云：“头上戴一顶青布搭头，身上穿一件缁色道袍，脚下僧鞋僧袜。”[1]

恋世情结及其世俗化

清初学者尤侗认为，出家是一种违背人性之举，最后难免会出现超脱佛门清规的行为。他说："夫饮食男女，人之大欲存焉。今使舍酒肉之甘，而就蔬水之苦；弃室家之好，而同鳏寡之衰。此事之不近人情者。至于怨旷无聊，窃行非法，转陷溺于淫杀盗之中，不已晚乎？"[2] 明末清初人陆衡也认为，妇女无论是与尼姑往来，还是出家为尼，其结果均为"男女溷杂，无所不至"，而且"最伤风败俗"。[3] 鉴于此，他主张对妇女出家加以严禁。上述看法，当然无不都是儒家传统学者之论，但也确实反映了妇女出家之后所面临的一些问题。

那么，妇女出家成为尼姑，其心情究竟如何？她们果真可以抛却世俗的烦恼，安心沉浸于青灯念佛的生活？当然，事情并非如此简单，而人的感情却又最为复杂。明代著名文人徐渭作有一首《陈女度尼》诗，专门描写了一个陈姓少女在即将度身为尼时的心情。诗云：

> 青春正及笄，削发度为尼，别母留妆粉，参师歇画眉。幻真临镜现，生灭带花知，未必今来悟，前身受记谁？[4]

一个青春年少的少女，不再傅粉画眉，而是削发为尼，难道真的是

---

1 周清原：《西湖二集》第二八卷，人民文学出版社 1989 年版，第 459 页。

2 尤侗：《艮斋杂说》卷四，第 77—78 页。

3 陆衡：《啬庵随笔》卷五。

4 徐渭：《徐文长三集》卷六，载《徐渭集》，中华书局 1983 年版，第 174—175 页。

今生已经大彻大悟？真如徐渭所言，其实未必。在少女做出这种无奈选择的行为背后，只能将之归为"前身受记"，亦即前身的一种佛缘。陈铎也有一首题为《尼姑》的散曲，其中云：

> 卸除簪珥拜莲台，断却荤腥吃素斋，远离尘垢持清戒。空即空色是色，两般儿祛遣不开。相思病难医治，失心风无药解，则不如留起头来。[1]

可见，尼姑尽管已经身持清戒，远离尘垢，但在情感问题上终究还是要得"相思病""失心风"。明无名氏辑《新编题〈西厢记〉咏十二月赛驻云飞》中有一首《寺里尼姑》歌曲，其中云："寺里尼姑，缺少儿孩没丈夫。每日吃斋素，又没个神仙度。嗦，扯碎大衣服，变规模，留起头发，走上烟花路，嫁个丈夫不受孤。"[2]尼姑受不了空门的寂寞，其最后的结局只能是留起头发，重新嫁人，回到世俗的生活中去，亦即所谓的"还俗"。

在明代的尼姑群体中，固然不乏在庵中清修之人，但很多还是出入于缙绅官宦家中，甚至出现了一些游方尼姑。万历二十四年（1596）冬天，有一位尼姑游方到了浙江嘉兴。这位尼姑在湖广出家，为人慧辩知书，自称出自湖广名族，并从某位和尚处受法。她一到嘉兴，缙绅人家的妇女无不与她交游，势倾一府，并打算聚众设法。当时嘉善县人沈元听说此事，就对朋友说："嘉禾，东南名郡，士大夫甚众，竟不能出一言去之，任妖尼惑乱若此乎？"于是，就写诗一首，寄于此尼，示以道理，并在诗后用大字写道："当急还家室以正

1　陈铎：《坐稳先生精订滑稽余韵》，载路工编《明代歌曲选》，第5页。

2　蒲泉、群明编：《明清民歌选甲集》，上海出版公司1956年版，第11页。

首邱。"此尼得诗之后，只好悄悄引去。[1]

在明代的官方法律条文中，对尼姑犯奸有惩治条例。如弘治七年（1494），明孝宗下令："僧道尼姑女冠有犯奸宣淫者，就于本寺门首枷号一个月，满日发落。"[2] 即使如此，在明代的女尼中，还是出现了与世间俗人私通的现象。如饶州有一女尼，与士人张生私通，最后还嫁给了张生。有人专门就此事赠一诗，云："短发蓬松绿未匀，袈裟脱却着红裙。于今嫁与张郎去，赢得僧敲月下门。"[3] 何以会出现这种现象？究其原因，有些尼寺本来就是贵族家庭姬妾出家之处，这些大家族出来的削发之尼，难免尘根不断，甚至做出与人淫乱的丑事。如北京英国公宅东有一尼姑庵，就是他家退闲姬妾出家之处，门禁相当严慎，一般之人也不敢进入。但并非所有的尼寺都有如此严厉的门禁，有些也并不禁止一般男子进入礼拜。这些男子进入尼寺之后，就不免为里面那些不安分的尼姑所惑，甚至被养在寺中，直至死亡。这绝不是虚言，完全可以拿发生在永乐与天顺年间的两件事情加以证实。永乐年间，有工匠在修理一座尼寺时，在寺里发现了缠棕帽，帽上还有水晶缨珠。工匠就将寺中所得之珠拿到市上出售，被主家发现而告到衙门。官员在审问此案时，问工匠珠子的来处，工匠就如实交代，才知有一少年因为偷入尼寺，而为纵欲尼姑所留，最后死于色欲。为了隐瞒事实，尸体无法运到外面，就只好将其肢解，埋在墙下。又天顺年间，常熟有一位到京城参加会试的举人，闲来出游，七天没有回家，无人知道他去了哪里。其实，那举人也

---

1 张履祥:《杨园先生全集》卷三一《言行见闻录》一，第 895 页。

2 申时行等纂:《明会典》卷一〇四《礼部六二·僧道》，第 569 页。

3 赵吉士:《寄园寄所寄》卷一〇《驱睡寄·二氏》，引《驹阴冗记》，清康熙三十四年刻巾箱本。

是到了一所尼寺，被群尼所留。每天早上，尼姑开门出去，到了晚上再偷偷携带酒肴回到寺中，与这位举人饮酒取乐，所以根本无人知晓。一天，举人起了惧怕之心，于是跳墙出来，已是"臞然一躯矣"，身子瘦得令人难以相认。[1]

明代尼姑的世俗化倾向，主要体现在以下两点：其一，尼姑不再拘囿于庵院的清修，而是留恋尘世的繁华，不仅在穿戴上模仿世俗妇女，而且与民间妇女多所交往。如当时南京一些"尼之富者"，不仅"衣服绮罗，且盛饰香缨麝带之属"，而且"淫秽之声，尤腥人耳目"。[2] 又如在赵州，在每年的四月八日、二十八日，各寺的尼姑就作会，"富愚赴会施供"。[3] 明人归有光也有下面的揭示："尼媪往来富贵家，与妇人交杂膜呗，尤数从寡妇人游。"[4] 其二，尼姑在与世俗交往过程中，不再坚守佛门清规戒律，而是熏染了很多"淫污"习气。如明代史料揭示道："又南京尼僧，视别省为尤盛，淫污之俗，视别省为尤剧。尼僧外假清修，内实淫恣，有暗宿奸僧，袈裟莫辨，诱招女妇入庵礼佛，恣肆奸淫者，有群诸恶少，窃伏庵院，诱妇女礼佛，潜通奸宿者。"[5] 可见，这些尼姑不仅自己"暗宿奸僧"，而且引诱妇女进入庵院，"潜通奸宿"。

明人李开先所著《新编林冲宝剑记》一剧，就尼姑对世俗生活的追求有深刻的揭示，显然可以与史料相互印证。剧中所塑造的尼姑，

---

1 陆容：《菽园杂记》六，载邓士龙辑：《国朝典故》卷七八，第 1682 页。

2 顾起元：《客座赘语》卷二《尼庵》，第 68 页。

3 隆庆《赵州志》卷九《风俗·四时节仪》，载《天一阁藏明代方志选刊》。

4 归有光著，周本淳校点：《震川先生集》卷二一《陈处士妻王孺人墓志铭》，上海古籍出版社 1981 年版，第 497 页。

5 霍韬：《渭厓文集》卷四《正风俗疏》，明万历四年霍与瑕刻本。

确实正如她自己所说："脸是尼姑脸，心还女子心。空门谁得识，就里有知音。"作为一个出家人，原本已是六根清净，但这些尼姑对民间流传甚广的山歌，诸如《锁南枝》《山坡羊》《清江引》之类相当熟悉，而且经常挂在口头哼哼。随后，剧作为了对这些尼姑作更深入的描摹，就故意写了一首《清江引》，让尼姑清唱，其中云："口儿里念佛，心儿里想：张和尚、李和尚、王和尚。着他堕业根，与我消灾障。西方路儿上都是谎！"尼姑不但与张和尚、李和尚、王和尚之流偷情，而且惯于说些风月话，诸如借佛之言云："法轮常转图生育，佛会僧尼是一家。"尤其值得注意的是，这些尼姑与世俗的交往相当密切，时常拜认一些干爹、干娘、干兄、干弟，甚至结识一些"好风月的游僧"。[1]

针对女尼交接大家妇女的行为，自明初以来，朝廷乃至地方官员，无不采取一些措施，以抑制这种佛教门风的衰败。洪武年间，明太祖曾经派人暗访在京将官家庭奸情之事。当时女僧引诱功臣华高、胡大海之妾数人，奉西僧，行金天教法。获知确切消息之后，明太祖下令将两家的妇女与西僧、女僧一同投入河中处死。万历三十三年（1605），周孔教巡抚江南，正好苏州发生了假尼行淫之事，于是就下令，"罗致诸尼，不笞不逐，但以权衡准其肥瘠"，[2]每斤按照猪肉价格卖给鳏夫。霍韬任南京礼部尚书之时，也对尼姑此风进行了清理，允许尼姑嫁人，限定三月以后则将尼姑配作军人为妻。其中 50 岁以上的尼姑，则别有处分。至于妇女，则严禁她们进入寺庙

---

1 李开先：《新编林冲宝剑记》，载《李开先全集》，中册，第 1027—1028 页。
2 沈德符：《万历野获编》卷二七《女僧投水》，第 681 页。

拜佛。[1]

　　按照明朝很多人的说法，或者用佛家的话头，晚明是一个"末法"世界。生活在这一"末法"世界中的尼姑，"多游族姓"，亦即与大族妇女交往，当然是一种大众化的习俗。明人周清原在其所著小说《西湖二集》中，对尼姑曾作了较为全面的评价，不妨引述在下面结语。按照他的说法，世上的人大多有好有歹，难道尼庵都是不好的吗？当然，尼姑中尽有修行学道之人，不可一概而论。随后，周氏话锋一转，对尼姑败坏妇女风气的危害性直言相告。他认为，尼姑中毕竟不好的多于好的。况且那不守戒行的尼姑，谁肯说自己不好？她们往往是假至诚、假老实，通过甜言蜜语哄骗妇人。更兼尼姑可以直入内房深处，毫无回避，不唯"窍"己之"窍"，"妙"己之"妙"，还要"窍"人之"窍"，"妙"人之"妙"。那些妇人女子心粗，误信了她至诚老实，终日到尼庵烧香念佛，往往着了道儿。还有的男贪女色，女爱男情，幽期密约，不得到手，走尼庵去私赴了月下佳期，男子汉痴呆懵懂，一毫不知。一言以蔽之，"大抵妇女好入尼庵，定有奸淫之事"。[2]周清原的这种担心并不孤立，而是当时文人士大夫普遍的看法。正因为此，时人才将尼姑归入"三姑六婆"中，成为文学作品所刻意描摹的范型人格。这或许是因为那些文人士大夫为了挽回世风，而不得不将尼姑世俗化的危害加以夸大，但确实部分道出了当时佛教界的实情。这有史料可以证实。如弘治年间，延绥巡抚黄绂奉明孝宗之诏，毁掉庵寺，并将尼姑解送巡抚衙门，

1　李开先：《闲居集》卷七《太子少保礼部尚书谥文敏渭厓公墓志铭》，载《李开先全集》，上册，第572页。

2　周清原：《西湖二集》第二八卷，第454—455页。

"给配镖士"。此令下达之后，人人大悦，尼姑无不愿配，甚至出现了"去位尼有携子拜跪路傍远送者"的景象。[1] 尼姑中确实存在着留恋世俗的情结。

尽管在明代的尼姑群体中不乏具有恋世情节者，有些甚至僧尼相通，但从总体来说，佛门尼姑尚有不少能恪守清规，过着安静的清修生活。如明末崇祯年间，兵科给事中沈迅上疏，其中有"即不能如唐臣傅奕所言，命僧尼匹配，增户口数十万，亦宜量汰"等语。此疏被人误读，一时哄然讹传，认为朝廷不日将推行"僧尼匹配"政策，于是"京城诸尼，或易装越城，远匿村墟，皆以偶僧为惧"。[2] 就尼姑"以偶僧为惧"的心态而言，尼姑的恋世情结显然仅仅存在于部分的尼姑群体之中，尚未构成尼姑的普遍现象。换言之，尼姑的世俗化行为尽管已经较为风行，但她们中的大多数人既然已经出家，就不再留恋世俗的情感生活，更遑论与和尚结为配偶！

女　冠

所谓"女冠"，在明代又称"女真"，俗称女道姑。

尽管明代史料关于女道士的记载较少，但通过钩稽史料，还是可以发现她们部分生活的踪影。尤其是一些号称"仙姑"者，更是得到皇帝的宠信。

永乐年间，仙姑焦奉真奉诏入京，推荐其母舅冯仲彝为太常寺丞。仲彝死后，焦奉真又上奏，要求明成祖授予冯仲彝之孙冯必正

1　徐学聚：《国朝典汇》卷一三四《释教》。
2　李清：《三垣笔记》上《崇祯》，第28页。

为真武庙官，不久又升为赞礼郎。永乐二十二年（1424），仁宗刚即位，冯仲彝因妄言甥女是谪仙人，被降为江西南康府照磨。但到了正统年间，焦奉真又奏请乞升，英宗下令任命冯必正为太常寺丞。至正统十四年（1449）十二月，给事中林聪等上奏，弹劾冯必正为"妖妇"焦奉真之侄，"邪佞近身，不由其道，当斥"。礼部覆奏当如林聪之议，终究被削职为民。[1] 此女是不是仙，可以暂且抛开不论，但她历事四朝，屡祈恩泽，有求必允，不难看出她必有深当皇帝之意之术。至于她是否"承恩"，侍奉皇帝之寝，则因史料没有记载，已不可考。

嘉靖年间，明世宗崇尚道教，又有下令求仙姑之举。当时参议顾可学因向世宗进献秘方，而深得世宗宠信，出任礼部尚书。明世宗命他至太和山，其中在石门山，传说有一仙姑，可以不食、不寝、不衣，还能预知未来之事。顾可学亲至石门山求见，但没有成功。回到京城以后，他就向世宗密奏。世宗得知这一信息后，就命巡按御史谷峤以礼延聘这为仙姑入京。此命刚下，仙姑就知道此事，焚毁所居之地，逃往他处。等到使者到了石门山，已经不知踪迹。嘉靖末年，世宗自觉身体渐衰，又下令天下求长生之术，派御史王大任至湖广，专门访求仙姑。在岳州，御史找到了这位仙姑，但这位仙姑说："我无秘术，但能绝粒。此非帝王事，使者偕我入朝，其技止此，御史且得罪，奈何？"还是没有至京。[2] 与后来许多方士大多失旨伏诛相比，这位仙姑却能预知先机，却是女冠中别有的一流

---

1 沈德符:《万历野获编》卷二七《仙姑保荐》，第704页。按：明人叶盛亦记载此事，被称"焦奉真，大类宋于尼云"。参见叶盛:《水东日记》卷一《奏黜寺丞冯必政》，中华书局1997年版，第5—6页。

2 沈德符:《万历野获编》卷二七《仙姑避迹》，第704—705页。

人物。

正德年间的一个事例，基本反映了女道士与一些权臣交结的史实。如正德十三年（1518）八月，玄应观女道士叶崇真请敕观名，并请求让其徒赵演钟任住持。当时礼部认为此举不合礼法，但明武宗还是下了一道特旨，任命赵演钟为住持。据史料记载，这位叶崇真曾经为权臣钱宁诵经，而赵演钟等人又凭借她们的"洪行"得以经常出入钱宁之家。[1]

嘉靖、隆庆年间，在观国山中有一位女真名苟瑞仙，在赤霞洞修道。据史料记载，苟瑞仙原本不过是一田间之妇而已，后遇一老妇，吃了其所送异草，于是绝火食，其后冰心朗彻，洞明教典，发言奇中，尤其神于卜筮之术，不可枚举。此位女真，同样与士人有所交往，或谈学，或论《素问》一类医学。[2]

明代女冠中人，有些还颇谙吟咏之事。如女冠朱桂英有一绝专咏白发，道："白发新添数百茎，几番拔尽白还生。不如不拔由他白，那得功夫与白争！"[3]此诗浑然具有道气。

女　巫

在先秦时，妇女就承担了"主祭事"的职责。齐国之俗，长女不嫁，在家主祠，称为"巫儿"；即使出嫁，也是主夫家之祭。古人

1　《明武宗实录》卷一六五，正德十三年八月庚辰条。
2　袁中道：《珂雪斋近集》卷一《澧游记二》，上海书店1982年版，第6页。
3　金埴：《不下带编》卷五，中华书局1997年版，第93页。

相当重视祭祀，其主祭者自有其特殊的地位。[1] 这既可说明当时妇女之地位，也证明了妇女与祭祀之间的关系，与后世女巫承担祀事大有渊源关系。

无论是明代的官方文献，还是私家记载，一般多对巫师一类有专门的称呼，男巫称为"端公"，而女巫则称为"师婆"。[2] 如正统元年（1436）八月，河南布政使李昌祺在上奏中言："比见河南各府县卫所有军民男妇，自称端公、师婆，托神惑众，人有病者，不事医药，惟饮符水，以故死常八九，伤人坏法，有甚僧尼。"[3] 从这条记载中可知，女巫基本靠符水替人治病。

在明代官方文献中，一般把犯事的女巫称作"妖妇"，说明在官方的心目中，这些女巫就是妖言惑众、触犯国家刑律之辈。如永乐八年（1410），都察院左都御史陈瑛上奏，"苏州府妖妇邹氏诬降邪神，律法当绞"，[4] 云云。又弘治十六年（1503），宣府有妇人郭氏，"托鬼神，诵佛书，为佛事"。[5]

这种信女巫之俗，在明代北京民间尤其兴盛，而且女巫多以此骗人。关于此，明人陆容有下面的揭示：

1　顾颉刚：《缓斋杂记》三《妇人首祭事》，载《顾颉刚读书笔记》，台湾联经出版事业公司1990年版，第6卷，第4322页。

2　明初所定《大明律》中，有言："凡师巫假降邪神，书符咒水，扶鸾祷圣，自号端公、太保、师婆"，云云。这是女巫称"师婆"之证。参见怀效锋点校《大明律》卷一一《礼律一·禁止师巫邪术》，第89页。

3　《明英宗实录》卷二一，正统元年八月庚午条。

4　《明太宗实录》卷一〇二，永乐八年三月己丑条，台湾"中央研究院"历史语言研究所1966年校印本。

5　《明孝宗实录》卷二〇六，弘治十六年十二月辛丑条，台湾"中央研究院"历史语言研究所1966年校印本。

京师间阎，多信女巫。有武人陈五者，厌其家崇信之笃，莫能制。一日含青李于腮，绐家人疮瘴痛甚，不食而卧者竟日。其妻忧甚，召女巫治之。巫降神，谓五所患是名丁疮，以其素不敬神，神不与救。家人罗拜恳祈，然后许之。五佯作呻唤甚急，语家人云："必得神师入视救我，可也。"巫入按视，五乃从容吐青李示之。捽巫，批其颊而出之门外，自此家人无崇信者。[1]

明代文人李东阳著有《记女巫》一文，专门揭示女巫骗人之术，可与上面陆容之说互相印证。从李东阳的记载可知，所谓女巫，其职责就是"呼召鬼物，问吉凶祸福，祛疾病"。民间百姓若是得了疾病，一般先请女医医治，若是女医不能医治，则请女巫前来驱鬼祛病。李东阳记道：

女巫焚香，饰盛服，或披发，手刀剑自试，以神其不能伤。或衣锦衣，腰数十铃，跳叫呼号，或啸以呼。鬼且至，则呼先姓名，曰：某为神，某为女神，某为祟，某为祸，可禳可除，惟令之从。祈而听者曰：某之先诚有是，诚有是。或稽首伏地不能起，愿杀鸡烧酒化楮以为谢。盖人之死者，无有不为神。神者，无有不祟且祸焉者也。又令图其神之形于家，以祀以祷。[2]

可见，女巫在民间的影响力相当之大。民间百姓家中有喜，"则召女巫至，鼓舞号叫以为福"；有所忧患，"则因以除之"。其信奉女

1　陆容：《菽园杂记》卷七，第87页。
2　李东阳：《记女巫》，载黄宗羲编《明文海》卷三四二，第3507页。

巫，有时甚至超过沉溺佛老。尽管李东阳已经理性地指出，女医害人，不过"杀人之身"；而女巫害人，则可以"丧其心"。但是，在民间百姓不能普遍得到医疗保障的明代，百姓信奉女巫，实亦属情理中事。

奴　婢

清人钱泳言："古者奴婢皆有罪者为之，谓之臧获。"[1]云云。可见，最初的奴婢均来自有罪之人，并被称为"臧获"。奴婢的职责，不过是供驱使、尽执役而已。

"奴婢"一词，在明代包括男仆与女婢。男仆之称，在明代相当之多，诸如苍头、家人、纪纲之类，均是男仆的别称。至于女婢，则有丫鬟、使女、青衣诸称。奴婢属于社会的最下层，与主人有着很多的人身依附关系，明代的法律甚至禁止其子孙参加科举考试。值得引人注意的是，自明代中期以后，在一些士大夫中陆续出现了人性化看待奴婢的观念。谢肇淛就是其中代表性的人物之一。他认为，奴婢也是人子，他们并非生而下贱。作为一个人子，被迫成为他人的奴婢，也是一种不幸。他甚至说："天固不以族类限人矣，而人顾苛责此辈，至犬彘之不若，亦何心哉？"[2]

1　钱泳：《履园丛话》八《谭诗·以诗存人》，中华书局1997年版，上册，第214页。
2　谢肇淛：《五杂俎》卷八《人部四》，第156页。

婢之取名，最常见的是以花命名，诸如春香、夏莲、秋菊、冬梅之类，近乎滥俗。但自古以来，也有一些比较雅致的婢侍美名，诸如墨娥、绿翘、白苎、红绡、紫玉、丽华、轻红、云容、晓妆、佛娥、轻娥、红香之类。[1]

宫婢与官婢

在奴婢中，首先应该介绍的是宫婢与官婢。两者虽亦属婢，但与民间一般家庭中的婢女稍有区别。

宫　婢

所谓宫婢，顾名思义就是宫中从事杂役的宫女。为了对宫婢有所了解，必须从明代的宫廷制度说起。按照明代的制度，宫中妃子以下，则通称"宫人"，其中包括管家婆、老宫人、小宫人。[2]

早在洪武二十九年（1396），就已经对宫人的选取作了详细的规定。当时规定，除了富豪女子不能选入宫中之外，其余不问贫难之家，只要是年龄在15岁至20岁之间的女子，均可送入宫中，作为宫人。宫人的职责，则为洒扫宫院、晒凉幔褥、浆糨衣服、造办饭食。凡是将女儿送入宫中之家，可以赏赐其父母钞50锭。另外，凡是在京军民之家，若是有女子及没有丈夫的妇人，只要能写、能算，不论贫富丑陋，亦都可以送入宫中，其家一同赏赐。但当时亦有一条严格的规定，就是不许将身上有"体气"（亦即狐臭）或者身患恶疾

1　卫泳：《悦容编·选侍》，载《中国香艳全书》一集卷二，第1册，第29页。
2　刘若愚：《酌中志》卷二二《见闻琐事杂记》，北京古籍出版社2001年版，第203页。

之女子，选入宫中。[1]

明代后宫姬侍甚多，正可谓"列在鱼贯"。宫女"一承天眷"，次日就要报名谢恩。自此内廷就以"异礼待之"，而皇帝也命内廷给已幸之女"铺宫"，以待拜封。这是明代各朝基本遵行的内宫制度。但在嘉靖朝时，由于世宗常在西宫奉玄，其掖廷体例就与大内稍有不同。更因世宗平日所吃热剂太多，对宫女稍有属意，就"非时临幸"，不能尽行册拜，于是出现了虽已被临幸，却尚未封妃嫔之称的情况，只好死后追封。[2]

明代宫中，只有为皇帝临幸之后，宫女方有出头之日，甚至一步登天。但事实是大部分宫女根本无此幸运，这才有了自古以来在宫中广泛流传的"宫怨"之曲。按照明代宫廷制度，凡是宫女死后，在给她们盛殓时，必须进行搜身，若是身上留有宫女的长物，必须上报。嘉靖年间，宫女张氏凭借自己的美貌，不愿阿谀奉承皇帝，所以匿闭无宠。张氏死后，在盛殓时找到一幅罗巾，上面有这位宫女所写之诗，云："闷倚雕栏强笑歌，娇姿无力怯宫罗。欲将旧恨题红叶，只恐新愁上翠蛾。雨过玉阶天色净，风吹金锁夜凉多。从来不识君王面，弃置其如雨露何！"明世宗听到这些，甚是伤悼。[3]

而《宫词》中所反映的"宫怨"生活，多有这方面的描摹，诸如："可怜空长彤宫里，一世光阴半世闲""静院深深昼悄然，几时

1　申时行等纂：《明会典》卷六七《选用宫人》，第 405 页。

2　沈德符：《万历野获编》卷三《封妃异典》，第 77 页。按：所谓"铺宫"，据《思陵典礼志》的解释，是"上初幸妃宫，谓之铺宫"。然据沈德符之说，"铺宫"之礼当在宫女初次被皇帝临幸之后。

3　蒋一葵：《长安客话》卷三《郊坰杂记·宫人斜》，北京古籍出版社 1994 年版，第 62 页。

好梦得扪天""空有华堂十数重，等闲不复见君容"。[1]绝大部分的宫女都是在这种期盼中而不知老之将至。无奈，为了打发这种宫中毫无希望的无聊生活，宫女们或人人争唱"御制词"，人虽娇嗔，不识伊州之谱，甚至错把"腔儿念作诗"，但还是希望以歌声打动君王之心，以便得到宠幸；或借时令节日，赏秋海棠，结吃蟹之会，以打发余暇；或茹菜事佛，将希望寄托于神灵。[2]

韩邦靖有一首《长安宫女行》，为我们提供了很好的明代宫女生活的资料。诗中有句云："日给行粮米半升，大官空有珍羞馔。"[3]在一般人的眼中，只要生活在皇宫内院，即使是一般的宫女，似乎也能吃到珍馐美味。其实不然。诗中已明确指出，一般的宫女，每天所能得到的行粮仅仅只有米半升。

当然，宫女对宫廷生活的怨怅，并不仅仅限于物质生活的匮乏，而是精神乃至情感上所受到的种种折磨。在被选为宫女之前，这些女子心中即抱有一份担忧。诗云："平昔娇痴在母旁，黄昏不肯出前房。如今却向何处去，似堕深渊身茫茫。"进了皇宫以后，很难亲近皇帝，更遑论能得到皇帝的宠幸！有诗云："京师暂欲驻鸾旗，属车还载蛾眉归。却向豹房三四月，欲近龙颜真是稀。空有娼家色艺高，随人望幸亦徒劳。宫花枉自羞妆面，御柳何曾斗舞腰。君王不御人转贱，尽日谁来问深院。"[4]

正是因为入宫以后，会面临如此让人不堪忍受的宫怨生活，所

---

1 朱让栩：《拟古宫词三十首》，载《明宫词》，第 8 页。
2 朱权：《宫词七十首》、秦征兰：《天启宫词一百首》、蒋之翘：《天启宫词一百三十六首》，均载《明宫词》，第 4、23、52 页。
3 张怡：《玉光剑气集》卷二三《诗话》，中华书局 2006 年版，第 811 页。
4 张怡：《玉光剑气集》卷二三《诗话》，第 811 页。

以朝廷一旦有选秀女入宫之令，民间女子就纷纷提前婚嫁。有时讹传此事，反而造成新的鸳鸯乱点、错配。照例明代宫女的选取，一般是选用北方人，而不是南方人。隆庆元年（1567），大江以南普传一种流言，说是朝廷要在江南选取宫人。于是，民间凡是8岁以上的女子，纷纷出嫁，甚至出现"良贱为婚"的状况。[1]这是一种民间"讹言"。所谓讹言，就是一种谣传。先从浙江湖州传来，后及于杭州，最后连江西、福建、广东都有了这样的传言。随后又传言还要选寡妇伴送秀女入京，于是孀居的老少寡妇，也纷纷重新嫁人。对此，当时有童谣云："正月朔起乱头风，大小女儿嫁老公。"有人就此事作一诗，云："大男小女不须愁，富贵贫穷错对头。堪笑一班贞节妇，也随飞诏去风流。"[2]相同的情况，也出现在明熹宗登极这一年。何伟然撰写了一篇《淑女记》，专门记述了因选淑女而引发的民间婚姻混乱之状。他记载道：

> 天启皇帝登极，下诏选人间淑女充椒掖。诏止凤阳，曾未及于江南，风闻所递，讹言辄布，三吴有女之家，咸栗如霜色，市井亡赖，乘机摇鼓，为诈姻地。俄而曰：某家皇已封矣。某家闻之郡邑矣。自润州而金昌，而苕霅，无不思所以毕婚嫁者。吾杭为甚。才闻井里，忽彻乡曲，父母之命，媒妁之言，一时金举。不特及时破瓜作缘成偶，即发未覆额，口尚乳气者，亦指童子为盟，或议归，或议赘，冰人竭蹶，应千门之命，市上

---

1 李乐：《见闻杂记》卷三，上海古籍出版社1986年版，第301页。
2 田艺蘅：《留青日札》卷九《风变》，第342—346页；叶权：《贤博编》，中华书局1997年版，第10—11页。

尽作定婚店矣。[1]

弘光朝时，当朝廷选秀女之令一下，在江南嘉兴、苏州一带同样引起了骚动。正如小说所言："有女儿的人家，那一个不害怕，那一家不惊慌，连夜着媒人寻女婿，富家女儿嫁与贫家儿子，标致女子嫁与丑陋儿郎。还有那十五六岁的闺女，媒人撺掇嫁了三四十岁的丈夫，那管白头之叹。几日之间，弄得个嘉兴城中举国若狂，嫁的、娶的日夜不停，路人为之挤塞。苏人闻风效尤，亦是如此。其间错配的不可胜记，后来有许多笑话出来，难以枚举。当时巴不得推了女儿出来，有人受领，就算是造化了。甚至有缙绅人家，也是这般。愚民越以为真，那一个不忙碌去干这件事件，岂不可叹。"[2]

明代宫中宫女，命名相当不雅，大多为莲、菊、兰、荷之类，与民间的粗婢命名一般无异。宫女出外，其名则稍有不同。如遣出监公主、驸马府，一般为联其父之姓名，诸如赵甲称"赵甲女"、钱乙称"钱乙女"之类。[3]

每当宫女选入宫院之后，就派宫内博学善书而且有德行的人对她们进行教育。宫女所读之书，除了《百家姓》《千字文》等入门书外，再就是《孝经》《诗经》《大学》《中庸》《论语》等儒家经典，而最重要的则是《女训》《女孝经》《女诫》《内则》等妇女礼教训条的学习。[4]

嘉靖初年，桂萼曾密奏四事，其中之一就是要求"放宫人"。他

---

1 何伟然：《淑女记》，载《明文海》卷三五〇，第 3597 页。
2 江左樵子编辑：《樵史通俗演义》第三六回，第 275 页。
3 沈德符：《万历野获编》卷三《宫人姓名》，第 99 页。
4 抱阳生编：《甲申朝事小纪初编》卷一〇《禁御秘闻》，书目文献出版社 1987 年版，第 244 页。

说："今皇上齐圣清明，声色不迩，而后宫女御，方诸古制，犹为太盛。愿择贤者，敕留数十人，余悉出之，使各有归，则内外无怨旷，而天地之和应矣。"[1] 随后，史称明世宗两次选取宫人，所积不下数千人。明穆宗即位以后，两次释放宫女，共计数百余名。关于释放宫女，其归宿在当时引起了一些争论：一派意见认为，被释放的宫女，理应"任求伉俪"，亦即随她们自己的意愿，任意与人结婚成家；但另一派意见则认为，宫中宫女，其中有一部分曾经皇帝临御，照例不应外放。至于一些老成晓事，或自己不愿告出之人，亦应照例留在宫中。只有那些衰耄病废，或者轻佻僄薄之宫女，才酌量释放。最后，就被释放出宫外的宫女的归宿达成了下面的意见：

> 凡若老若幼与轻佻不堪者，尽数查出，将各姓名贯址一一开送本部，臣等立为期限，移文各原籍官司，查其见有父母兄弟亲属者，令其赍执本部原给帖文，前来伺候。本部转行该监照名发出，俾各认识无异者，令具令回还，听其从便适嫁。如无亲属来领者，本部将名数开付五城巡视御史，令其出示军民人等，如有身家无碍，未娶妻室之人，情愿婚配者，许其告领，逐一查审结勘是的，类行该监照数发出，各给与为妻。其查审及给发之时，各御史务要亲自用心稽察，毋得容令无籍之徒，冒伪领去，致使失所。[2]

清初人吴兆骞《白头宫女行》云："长安女冠头似雪，曳地黄绦悬百结。手执金经泪暗流，云是前朝旧宫妾。"又云："一托香台已

1　桂萼：《密谕四事》，载《明经世文编》卷一八〇，第1843页。
2　高仪：《议放宫女疏》，载《明经世文编》卷三一一，第3288—3289页。

十秋，每谈遗事自生愁。室中漫礼金仙席，梦里还随玉辇游。惆怅生年遭阳九，戒珠持遍甘衰朽。天家龙种尚飘零，贱妾蛾眉亦何有？晚树沉沉禁苑斜，山川满泪思悲笳。伤心欲到扶风市，零落金箱忆汉家。"[1] 上面这首诗中所云，其实即为明末崇祯朝时一个宫女，在清初出家为尼的经过。清初，北京有一尼姑，法名妙音，是崇祯朝时宫内的宫人。明亡之后，出居民间，后在北城文殊庵出家。据这位尼姑所谈，可知三月十九日这一天李自成的军队攻入北京之时，紫禁城内宫女的一些动向。当十九日夜漏将尽之时，崇祯皇帝遍召宫内之人，让她们出宫躲避。此时黄雾四塞，对面不能见人。崇祯皇帝泪下沾襟，六宫为之大哭。这位尼姑又说，宫中的侍姬，出宫之时均以青沙护发，外施钗钏。自遭丧乱之后，她自己的香奁宝钿，均为人所夺，仅存青纱数幅，犹是昭阳旧物。

宫婢在宫中，除非得到皇帝的意外临幸，否则一辈子只能在宫中服侍他人，或从事一些低贱的体力劳动。于是，有些人也就产生了不满情绪。最为明显的例子，就是嘉靖年间宫婢杨金英等谋杀世宗一事。

据史料记载，明世宗因为曹妃有色，就对其宠爱有加，并将她册为端妃。嘉靖二十一年（1542）的一天晚上，世宗宿于端妃之宫。宫婢杨金英等趁世宗熟睡之后，就用丝带勒杀世宗，因匆忙而误打了死结，才使世宗逃过一劫，得以不死。当时一同参与此事的张金莲知道事情不成，就向皇后方氏告密。皇后随后快速赶到，解开丝带，世宗得以苏醒。皇后随之下令内监张佐等逮捕这些宫婢治罪，认定杨金英等为"弑逆"之罪，而王宁嫔等为主谋。又认定曹端妃等

1　陈维崧：《妇人集》，载《中国香艳全书》一集卷二，第1册，第39页。

虽不参与此谋，但也知道其事。当时世宗还处于病悸不能说话，于是皇后就传帝命，将曹端妃、王宁嫔及杨金英等人全部处以磔刑，并诛杀族属十余人。[1]

这一事件的起因，不过是宫婢杨金英等人不堪世宗之凌辱，才有谋杀之举，但其结局却成为皇后清除自己对头的借口，这正好是明宫之中后妃之争的另一典型之例。事件发生之后，因世宗一时未醒人事，就由孝烈皇后全权处理这一事件，将自己平日所憎恨之人，乘机置入参与者之列。但从明朝人沈德符对此事的详细记载与考证中可知，这一事件的主谋是嫔妃，而宫婢不过是实际的执行者而已。主谋之人是宁嫔王氏。至于端妃曹氏，事虽不与，然开始也参与了谋杀。有一说法，认为这位曹妃为世宗所宠幸，孝烈皇后因为嫉妒而将其名列入，其实并未参与。当然，宫禁中事，很多都是秘密的，外界并不能够详细知道。今传《实录》所载姓名，与沈德符所得当时审案时的底案稍有不同。根据这份底案，曹妃之名并未列入其中，料想已经在宫中正法，并未受到刑部的审判。曹氏原本封端嫔，因生下了皇长女，于是在嘉靖十四年（1535）进封为端妃。可见，事情的经过可能是这样：本来这天晚上世宗在端妃之处就寝，当事情发生以后，就让宫婢张金莲向孝烈皇后告发。显然，是事先参与，后因事情败露才告发。[2]

官　婢

所谓官婢，就是官员因获罪而使子女没官为奴者。洪武五年

1　《明史》卷一一四《后妃二》，第 3531—3532 页。
2　沈德符：《万历野获编》卷一八《宫婢肆虐》，第 469—470 页。

（1372）五月下诏，蒙古、色目人等，既然已经居住在中原，允许他们与汉人结成婚姻，不许他们同族人互相嫁娶。若有违反此令，男女两家均"抄没入官为奴婢"。洪武十七年又下令：各处抄札人口家财，都解送本处卫所，分成丁男子同妻小，收充军役，其余人口给官军为奴。[1]

按照明初所定制度，凡是叛臣妻女，照例赐予勋臣为奴，从无与文臣为奴之例。这是明初所定之例。[2] 这一制度规定至万历年间仍在执行。万历二十九年（1601），兵部郎中上奏："逆酋杨道汉等，分给功臣王承勋、徐文璧家。仍遵前旨，严加约束，不许婚配。"[3] 另外，凡是官员坐法而死，其妻子按例"当没为官婢"。至时，地方官员会"按籍取之"。[4] 当时明太祖赐右丞相汪广洋之死时，其中有一妾从死，此妾为故陈知县之女，以罪谪为官婢。经过此事，明太祖重申禁令，只许勋臣之家方可拥有官婢，而文臣则不许。可见，在明初，对官婢拥有者的规定相当严密。

此例至正德年间已有所改变。当时的内阁大学士焦芳，就有钦赐"土官岑濬之妾"之例，于是文臣也开始拥有官婢。[5]

私　婢

明代拟话本小说中，多提及一些大户人家中有三种雇用之人，

1　龙文彬：《明会要》卷五二《民政三·奴婢》，第968页。
2　沈德符：《万历史野获编》卷一八《罪臣家口异法》，第456页。
3　龙文彬：《明会要》卷五二《民政三·奴婢》，第970页。
4　《明史》卷三〇一《列女一》，第7692页。
5　沈德符：《万历野获编》卷三《文臣赐官婢》，第99—100页。

分别是管家婆、丫鬟与养娘。

按照明代法律规定，民间庶民之家，绝不允许存养奴婢，一旦违犯存养，就会被处以"杖一百，即放从良"。[1]法律另外规定，凡是收留人家迷失的子女，不送官府而直接将他们卖为奴婢，处以徒罪。若是得到迷失奴婢而卖与他人，各减良人罪一等。若收留在逃子女，并将他们卖与人做奴婢，也处以徒罪。若是得到在逃的奴婢并将他们卖掉，各减等处罪。即使不卖，而自己收留当作奴婢、妻妾、子孙，也处以相同之罪。若是隐藏在家，则处以杖罪。[2]

从明代的实际情况来看，《大明律》的规定并未得到很好的执行。民间富贵之家，买女为婢现象相当普遍。究其原因，每当荒歉之年，农民只有卖妻鬻子。卖掉的妻、子，不过是为人作"奴"。如嘉靖二十三年（1544），湖州荒歉，当地百姓卖妻成风。当时上江人闻风而来，"收取为奴，然只买妇女，男子则否"。[3]在明代，一些地方豪强，甚至凭借自己在地方上的势力，就恣意妄为，虐害良善，甚至"准折良家子女为奴"。[4]可见，明代很多私婢完全是惧怕豪强的淫威而被迫为奴。

婢身份为贱流，所以一些儒家学者在买婢之时，就戒买良为贱。明代学者陈白沙即为一例，史载：

> 陈白沙先生尝买婢，得邑人尹氏女。既而知之，叹曰："良家也！"命内人抚育如己女，及笄，择婿嫁之。[5]

1　怀效锋点校：《大明律》卷四《户律一·立嫡子违法》，第 47 页。

2　龙文彬：《明会要》卷五二《民政三·奴婢》，第 967—968 页。

3　陈良谟：《见闻纪训》卷下，清初钞本。

4　戴金编：《皇明条法事类纂》卷一《禁豪强以免民患》。

5　张履祥：《杨园先生全集》卷四三《近古录一》，引钱薇《厚语》，第 1260 页。

正因为身份卑贱，所以她们的生活亦相当悲惨。如福建建宁之婢，无不赤脚，"终身无夫"。[1]

明代士大夫家庭中之婢，可以分为"堂上之婢"与"本房之婢"两类。所谓"堂上之婢"，当指服侍于公婆堂上之婢，在家庭仆婢之中，地位相对显得高一些。所谓"本房之婢"，即为服侍于下面各房之婢，地位相对低一些。本房仆婢，见到堂上仆婢，应该加以尊称，如称长者之婢为"阿奶"，少者之婢为"阿姆"，或称已冠之仆为"阿伯""阿叔"，稚者之仆为"阿兄"。[2]明代大户人家丫鬟甚多，上面所谓的"堂上之婢"，也是各有"执事"，亦即各司其职。小说《警世通言》中的一篇，记无锡华学士家夫人身边有四个执事的丫头，分别为：春媚，掌管首饰脂粉；夏清，掌管香炉茶灶；秋香，掌管四时衣服；冬瑞，掌管酒果食品。[3]

婢有时又可起到公子或少爷伴读的功能，这或许就是"红袖添香"的遗风。如邹枢《十美词纪》记载：

> 余在襁褓，即外祖母抚育。十二岁，外祖母怜余深夜读书无有伴者，乃命媒婆庄姬，以三十金买得徐氏一女。年十二，眉目秀丽如画，以七夕来，呼为阿巧。
>
> 余年十五，外祖母以二十五金买一女，名如意。年十四，色态俱绝。外祖母于寝室旁辟一小轩，俾余夜诵。女洗砚拥书拂几扫榻莹洁一尘不到，余甚喜之。[4]

1　钱澄之：《田间文集》卷二六《建宁风俗纪》，第503页。

2　陆圻：《新妇谱·待堂上仆婢》《待本房仆婢》，载《中国香艳全书》三集卷三，第1册，第298—299页。

3　冯梦龙：《警世通言》第二六卷，岳麓书社2002年版，第222页。

4　邹枢：《十美词纪》，载《中国香艳全书》一集卷一，第1册，第23页。

在明代，婢又称"选侍"，是专门用来服侍家中所娶美人，其所承担的职责为烹茶、浇花、焚香、披图、展卷、捧砚、磨墨等项。[1]

从上面关于使婢的介绍不难发现，使婢大抵可以分为两类：一类是通房丫头，她们主要在妻、妾等主人房内服侍，主要做一些照顾起居或端茶倒水之活。明人周清原在小说《西湖二集》中称她们为"精致"的丫鬟，并称这些丫头日常之事，"也不过是在妆台旁服侍梳头洗面、弄粉调朱、贴翠拈花、打点绣床针线、烧香薰被、剪烛薰媒、收拾衣服、挂帘起钩"而已。[2]通房丫头经主人收用过后，有可能上升为妾的身份。另一类则是粗婢，主要在灶下忙碌，干一些烧火一类的粗活。正如小说《西湖二集》的作者所言，此类丫头"不过是抹桌扫地、烧火添汤、叠被铺床"而已。[3]

至于那些粗婢，一般均成为文人士大夫嘲讽的对象。如苏轼有一首《咏婢》谑词，有"揭起裙儿，一阵油盐酱醋香"之句，东坡之巧于嘲笑如此，确实令人捧腹。当然，对那些生活在江南一带粗婢的嘲讽，常熟人顾成章的一首诗更为形象贴切。诗云：

> 两脚鏊糟拖鞋破，罗乖像甚细娘家？手中托饭沿街吃，背上驮拿着处捱。间壁借盐常讨碟，对门兜火不带柴。除灰换粪常拖拽，扯住油瓶撮撮筛。[4]

这首诗完全是嘲讽鏊糟丫鬟之作，都用吴语凑合而成，句句形容惟妙惟肖。

1　卫泳：《悦容编·选侍》，载《中国香艳全书》一集卷二，第1册，第29页。
2　周清原：《西湖二集》第一九卷，第312页。
3　周清原：《西湖二集》第一九卷，第312页。
4　周清原：《西湖二集》第一九卷，第312—313页。

官宦人家女子出嫁之后，一般都会从自己家中带上仆、婢，以便到了丈夫之家后，可以得到更好的照应。这种跟随女子随嫁的仆、婢，与主母之间的关系仍然是主仆关系，在明代的司法实践中，其地位低于一般的民间良民。请看下面一例：

> 有仆毁主母，而母雉经者，母兄张生捶杀之。前司理坐张杀人论死，公（指佘敬中，时任武昌府推官——引者）曰："仆以飞语死主母，死固当。况仆从主母来，于张名义未绝也。"竟出张生。[1]

上述记载所言，虽是"仆"，而非"婢"，但仆、婢实亦可视同一例。正是因为仆人是随同主母一同到了新家，因此尚未割断与原先主人家的主仆关系。[2]

明代士大夫家庭中所使婢女，大多是从扬州买取，而且价格相当之高，每名需要二三十两银子。谭元春在给他四弟的书信中，就委托其四弟在扬州买婢，其中云：

> 要两婢子答应，此方人粗蠢，弟可便船带回。每婢价可二三十金，却要面不可憎，长于寒碧一尺五寸，手莫似悬槌，脚比苏州梢婆要小一尺，又要是女身，十二尚不足，十岁颇有余，是其年也。[3]

---

1 焦竑：《澹园续集》卷一三《嘉议大夫广东提刑按察司按察使内斋佘公墓志铭》，第996页。
2 在明代民间，一般有钱人家，只要能供养起仆婢，也可以蓄养丫头、小厮。如小说《金瓶梅》记孟玉楼再嫁西门庆时，其中兰香、小鸾两个丫头和小厮琴童，亦一同带至西门庆家，服侍主母。参见兰陵笑笑生：《金瓶梅词话》第七回，第88页。
3 谭元春：《谭元春集》卷三二《寄四弟广陵买婢》，第891—892页。

从上述可知，士大夫买婢，尽管所出价格甚高，但要求也相对严格许多，在容貌、身长、手、脚、年龄等方面均有要求，甚至还要求是"女身"。显然，名义上是买"答应"的使婢，其内心还是抱将来收房为妾之想。丫头在被主人收房之前，其头式为鬟，等到被收房为妾，一般称为"上头"，于是就改梳鬟为髻。

从明末人叶绍袁的记载中可知，士大夫家中之婢，年长之后，若是主人自己不收用，则会将其卖出，退回其父母家中，任由父母嫁人。叶绍袁在自撰《年谱》48岁条中记，他有二婢，一名素韦，年已19岁，一名红于，年已18岁。此二婢尽管整日周旋于屏帏之间，但叶绍袁还是"有分伤感，无心消遣"，显然并未将此二婢收用。于是，叶绍袁就令她们的父亲将人领回，自由嫁人。而叶绍袁不但不取价钱，而且将平日所用炉匜奁具之类随二婢携走。最后二婢各嫁士人为妾。[1]

在明代，大户人家的使婢，均通过媒婆买入。等到主人死后，主母有权将使婢卖出，而且必须"罄身"而出，甚至衣裳也不能带走。小说《金瓶梅》中的春梅，可以说是明代使婢的典型代表。她原本是通过薛妈买入，花了16两银子，专门用来照顾潘金莲的起居，而且曾经被西门庆收用过。照例说来，凡是被主人收用过的丫头，在被卖出之时，为了主人的名声，会让她带走一些箱笼和衣服。然春梅因犯败坏家风之罪，所以被吴月娘卖掉时是"罄身"而出。[2]

明朝人所著的戏曲作品，也可以证明明代的一些丫鬟已经不愿意别人称她们为"丫头"，而是要求别人称她们为"姑娘"。当然，这

---

1 吴雷发：《香天谈薮》，载《中国香艳全书》一集卷二，第1册，第37页。

2 兰陵笑笑生：《金瓶梅词话》第八五回，第1303页。

种所谓的"姑娘",也不过是"小花娘"而已。如沈自晋根据水浒故事改编的《翠屏山》,记本卫军牢张保去杨雄家时,见到杨雄家的丫鬟迎儿,称其为"丫头",遭到了迎儿的一顿抢白,要求张保改称"姑娘"。另外,迎儿在出场时所作的一番自我介绍与表白,也可以让我们对丫鬟在晚明所发生的一些变化加以重新的认识。戏曲记迎儿自白道:

> 我做了丫鬟绝妙,自小生来佶倬。男子汉爱我知趣在行,女娘们喜咱关风识窍。原是潘巧姐裙带上使旧的梅香,今做了杨大郎被窝中嗜新的草料。百忙里学个鹅步徘徊,一会儿讨得个狐冰消耗。怎知我大娘吃醋难熬,正新年把迎儿无端聒噪。说道我的娘,你不要将迎儿恁般样看承,这腥儿那个猫儿不要?倘然间娘行也有事关心,少不得要迎儿从长计较。若还要紧闭了半扇门儿,枉了云娘千般风调。干抹煞旧日乖张,那显得新来波俏?[1]

上面这段简短的自白,至少说明了下面两个问题:其一,丫鬟迎儿应该属于通房丫头,已经被主人收用,兼有小妾的身份,而且引起了大娘的吃醋嫉妒。其二,丫鬟为了奉迎主人,自有一套"佶倬"的本领,可以让"男子汉爱我知趣在行,女娘们喜咱关风识窍",这似乎已经与"三姑六婆"的行径无多少差异,所以又有了"小花娘"之称。

1　沈自晋:《翠屏山》第四出,载张树英点校《沈自晋集》卷一,中华书局2004年版,第9—10页。

礼俗与妇女生活

礼既是生活的规范准则，又是生活的艺术。在历史上的任何一个时代，无论是男性，抑或女性，无不是在礼的等级规范下生活，并进而形成一种与之相关的生活习俗。

毫无疑问，明代妇女同样生活在礼制的规范之下。第一，妇女通过礼制下的婚姻这种形式与男性组成家庭。第二，在传统的家庭中，妇女一方面受到贞节观念的束缚，另一方面又有自己独特的情感表达及其性情生活。第三，妇女在家庭中扮演着不可或缺的角色，诸如繁衍后代亦即所谓的生育职责，包括相夫、教子、管理仆婢等。第四，在家庭中，妇女在饮食、居住生活中也承担着自己的职责，并且形成独具特色的礼俗。概言之，一方面，妇女生活受到传统礼教的规范，决定了她们只能扮演"相夫教子"这一内助的角色；另一方面，妇女在家庭生活中的地位日趋提高，甚至起到能顶"半边天"的作用。

婚姻与家庭生活

在明代妇女的婚姻以及家庭生活中，有下面四点无疑值得引起关注：一是在传统的贞节观念的制约下，妇女婚姻生活的实际状况；二是妇女尽管受到贞节观念的束缚，但离婚与再嫁现象仍然相当普遍；三是在两性交往乃至生活中，女性尽管属于被动的一方，但无可否认的是，她们亦有自己独特的情感表达方式以及性情生活；四是在妇女的婚姻生活中，一方面朝廷从礼制与法律两个层面对其加以规范，另一方面民间承继传统，形成一整套的婚俗程式。

婚姻礼俗

若是从礼俗的角度探讨明代妇女的婚姻生活，大抵包括下面两个层面：一是婚姻之礼与法，亦即从礼制与法律的角度考察妇女的婚姻；二是婚姻习俗，诸如政治性婚姻，婚姻论财的时代风气，民间存在的冥婚习俗，兄弟合娶一妻的独特风俗，媒妁在两性婚姻中所扮演的角色，庚帖、婚券在婚姻礼俗中的作用以及相关的其他一些婚姻习俗。

婚姻礼法

所谓"婚姻礼法"，事实上包括两个方面的内容：一是朝廷关于婚姻所制定的法律规定，相当于"婚姻法"；二是朝廷关于婚姻所制定的礼仪规定，相当于"婚礼"。

1. 婚姻的法律规定

明朝廷分别就婚龄、聘礼、主婚之人、民族间通婚、婚书与休书等方面作了法律规定，并明确同姓或亲属尊卑之间、服丧期间、良贱之间应实施哪些法律禁令。此外，明代的家法族规，也就婚姻问题作出了一些规定。

（1）婚龄

在明代民间，存在着一种指腹为婚的习俗。所谓"指腹为婚"，在当时的典籍中又称"指腹结襟"，也就是男女双方家长在孩子尚在腹中或襁褓之时，就先行聘礼，结成亲家。在行此礼时，男女双方家长"各割衫襟，彼此互藏"，有时还要写下合同文字作为凭信。[1]这种习俗，早在明初之时，就已被明太祖严令禁止，要求必须男子15岁以上、女子14岁以上，方可行聘礼。[2]事实上，在明代民间尤其是一些士大夫家族中，指腹为婚的习俗一直存在。[3]

指腹为婚的弊端显而易见。一旦男女双方长大成人，并且如约成婚，往往就会感到匹配不合适。到了嘉靖九年（1530），当时的大学士桂萼曾向明世宗建议，重新申明太祖的禁令，要求男子必须在十四五岁以上、女子必须在十三四岁以上，才允许行聘定之礼。另外，他还建议，即使男女双方已经行了聘礼，只要尚未完婚，如果发现双方"匹配不宜"，准许双方"告官改聘"。[4]

"三十而娶，二十而嫁"，见于《周官》《曲礼》《内则》诸文，如出一口。果若如此，那么男女之间必须相差十年，才可以结为夫妇。清人于鬯引王子邕《家语》所载，鲁哀公问孔子云："礼，男必三十而有室，女必二十而有夫也。岂不晚哉？"孔子答："夫礼，言

1　凌濛初：《二刻拍案惊奇》卷三〇，岳麓书社 2002 年版，第 308 页。

2　如《明会典》记："凡男女婚姻，各有其时，或有指腹割襟为亲者，并行禁止。"云云。事载申时行等纂：《明会典》卷二〇《户部·婚姻》，中华书局 1989 年版，第 135 页。

3　如小说《金瓶梅》中记载了西门庆之子与乔大户家女孩"割了衫襟"。所谓割衫襟，亦即为小儿女定亲时，双方母亲各剪下一块衣襟，以为信物。参见兰陵笑笑生：《金瓶梅词话》第四一回，人民文学出版社 2002 年版，第 538 页，注 1。

4　《明世宗实录》卷一一八，嘉靖九年十月壬戌条，台湾"中央研究院"历史语言研究所 1966 年校印本。

其极也，不是过也。男子二十冠，有为人父之端；女子十五许嫁，有适人之道。于此以往，则为昏矣。"可见，"三十而娶，二十而嫁"，不过是一种极端的说法，而比较圆通的说法，应该是男子二十而娶，女子十五许嫁。[1]

男女婚嫁以时，这是儒家礼仪教育的传统，从某种程度上也符合男女的生理特点。叶春及在福建惠安知县任上时，就认为：男子未到16岁，女子未到14岁，这种年龄段结婚，就被称为"先时"；反之，男子25岁以上，女子20岁以上，尚未成婚，则被称为"过时"。从男女各自的生理特征而言，"先时"成婚，就容易夭折，而"过时"成婚，则会得病。两者均不能顺阴阳，以保太和。可见，按照明朝人的观念，男女结婚的最佳年龄，应该是男子在16—25岁，女子在14—20岁。[2]

在明代的婚姻实践中，妇女的婚龄究竟如何？这从一些妇女碑传乃至其他记载中同样可以得到一个粗略的估计。如李敬之妻胡氏，其结婚时为16岁；黄龙冈之妻徐氏，19岁时嫁入黄门；闻启祥之母朱氏嫁入闻家之时，才15岁；王叔果之妻林氏，在21岁嫁入王门；廖氏，嫁入沈门时，年16岁；金子丞之妻汪氏，在20岁时嫁入金门；丁维南之妻徐氏，在23岁时嫁入丁门；明初"三杨"之一的杨

1 于邺：《花烛闲谈》，载《中国香艳全书》十五集卷一，团结出版社2005年版，第3册，第1818页。按：《大戴记》所载，男女的婚龄，各说其均有一定的讲究，如：男子十六，女子十四，合于"三小节"；男子三十而娶，女子二十而嫁，合于"五中节"；男子五十而室，女子三十而嫁，"备于三五合于八十"。可谓别具一说。

2 叶春及：《石洞集》卷七《惠安政书·昏十二条》，上海古籍出版社1993年版，第492页。

士奇，其妻严氏，也是在 23 岁时才嫁给杨士奇。[1] 可见，当时女子大多是在十五六岁时出嫁。当然也有超过 20 岁出嫁之例，这在当时属于婚龄"过时"。

说到明代妇女的婚龄，不能不提及童养媳。所谓"童养媳"，就是在未及法定婚姻年龄之时，就被夫家迎至家中，等到了结婚年龄，再正式结婚。这方面的例子在明代的史料中尽管较少，但若仔细爬梳，还是可以找到一些。如歙县有一孝节之妇方氏，在 14 岁时，就被迎归至丈夫佘氏家，"以童妇畜于家"，再过了两年，才正式结婚。[2]

（2）聘礼

洪武二年（1369），官方对民间婚姻的订婚制度亦作出了以下规定：若是已经订婚，但尚未成亲，那么男女双方有一方死亡，可以不追还财礼。订婚以后，若是丈夫因为犯了贼盗或其他罪被处以徒、流之刑者，女方如果愿意放弃婚姻，允许退还男方财礼。若是已经订婚，女方因为犯了通奸之罪，经过官方断理，如果男方愿意放弃这桩婚姻，那么可以向女方追还财礼。若是订婚五年之后，丈夫无故不迎娶，或者丈夫逃亡三年而不再回家，那么经过官方断理，由官方给予执照，法律允许女方改嫁他人，并不再追还财礼。[3]

在明代男女之间的婚姻问题上，聘礼占有相当重要的地位。一旦

1　上面所引妇女婚龄之例，分别参见焦竑：《澹园集》卷三二《云南永昌府同知简斋李公配宜人胡氏墓志铭》《别驾龙冈黄公元配孺人墓志铭》《太恭人王母林氏墓志铭》《太孺人沈节母廖氏墓志铭》，中华书局 1999 年版，第 508、510、518、523 页；谭元春：《谭元春集》卷二一《闻母传》，上海古籍出版社 1998 年版，第 571—572 页；焦竑：《澹园续集》卷一五《广西全州同知金公元配汪孺人墓志铭》，中华书局 1999 年版，第 1085 页；杨士奇：《东里文集》卷二一《故妻夫人严氏墓志铭》，中华书局 1998 年版，第 305 页。

2　焦竑：《澹园续集》卷一〇《孝节佘母方氏传》，第 937 页。

3　申时行等纂：《明会典》卷二〇《户部·婚姻》，第 135 页。

男方行了聘，女方纳聘许允，就不能再另行许配他人。这在明代有一个皇帝亲自处理过的案子可以证明。永乐二十二年（1424），明仁宗刚刚即位。当时灵山卫指挥张忠路过真定，纳民间女子为妾，并已纳聘。但这件事情并非如此简单，反而引出了纠纷，以至官司最后打到皇帝那里。原来这个女子先前已经受过他人之聘，而其父母又经不起厚赏的诱惑，悔掉原先的婚姻，而将女儿重新许配给张忠。为此，原先下聘之家就向官府上告。仁宗闻知此事以后，就对大臣说："婚姻风化之原，既有成言，义不可易。今嗜利而中易之，循夷虏之陋而败风化。此父母之过，法司罪主婚者，女子归先聘者。如忠不知，即不坐。"[1] 可见，在行聘阶段，明代的法律也同样规定了女子从一而终的理念。一些地方官员在处理相关的悔婚案件时，同样也会惩治悔婚的一方。如嘉靖年间，武昌府有一富人熊相，已将女儿许配给冷朝阳，但之后获知朝阳已病，而且人还佝偻，于是熊相将自己女儿藏匿，并假装为女儿发丧，企图悔婚。此事被冷朝阳讼至武昌府衙，案子一直拖了数年，了无结果。佘敬中出任武昌府推官后，就派人从其他府找到藏匿的熊氏之女，并坐熊相之罪。[2] 从这一事例中可以看出，悔婚在明代法律条文乃至司法实践中，都是一种非法的行为。

聘礼在明代婚姻制度上占据着相当重要的位置。如果说明初官方所定聘礼的地位，类似于一纸婚书，那么桂萼在上面所提出的男女双方未合婚龄而允许改聘的建议，尽管其本意仅仅是为了使"阴阳郁

1 《明仁宗实录》卷二中，永乐二十二年九月壬午朔条，台湾"中央研究院"历史语言研究所1966 年校印本。
2 焦竑：《澹园续集》卷一三《嘉议大夫广东提刑按察司按察使内斋佘公墓志铭》，第996 页。

抑为之畅达",但更多的还是体现了一种人性化的色彩。

（3）主婚之人

洪武二年（1369）规定，凡是女子嫁人或男子娶妻，全都由祖父母或父母主婚。若是祖父母或父母均已死亡，则允许家中其他长辈主婚。若是男性长辈均已死亡，而妻子携带女儿另外嫁人，那么其女则允许由她的亲生母亲主婚。[1]

（4）对民族间通婚的规定

明代对各民族间的通婚作了一些新的规定，其中主要包括下面两项内容：一是洪武五年（1372）下令，若是蒙古、色目人，凡是已经居住在中原，就应该与汉人互通婚姻，不许他们在族内自结婚姻。若是违犯此例，那么就将男女两家抄没入官为奴婢。当然，色目钦察不在此禁之列，可以自相婚姻。二是正统十一年（1446）规定，云南、贵州、四川所属宣慰、宣抚、长官司以及边地府、州、县的土官衙门，其所属不分官吏军民，凡是男女婚姻，都必须按照朝廷的礼法进行，违者有罪。[2]

（5）禁止同姓或亲属尊卑为婚

洪武二十六年（1393）规定，凡是民间男女嫁娶，不许同姓为婚，更不许亲属中尊卑结成婚姻。违者，根据法律治罪。[3]

（6）禁止服丧期间结婚

明代的法律禁止在服丧期间结婚。至弘治年间，这一条例得到部分的修正。其中规定：若是遇到有人讦告在服丧期间成婚，经过审

1　申时行等纂：《明会典》卷二〇《户部·婚姻》，第135页。

2　申时行等纂：《明会典》卷二〇《户部·婚姻》，第135页。

3　申时行等纂：《明会典》卷二〇《户部·婚姻》，第135页。

理，确实是因为亲病已危，由尊长主婚招婿或纳妇，法律上只处罚主婚之人，可以免除判他们离异的惩罚。若是亲死，虽未成服，就互相婚配，那么仍按照法律将他们判处离异。[1]

（7）良贱不可通婚

明代法律规定，官员以及他们的子孙，都不允许娶乐人为妻、妾，如果官员违犯，就会被处以"杖六十，并离异"，官员子孙违犯，处罚亦同。[2]

（8）婚书与休书

男女之间的婚姻，婚书应该是相当关键的法律凭证。按照明代福建惠安知县叶春及的司法实践经验来看，凡是男女双方结亲，男方在行纳采、纳征、请期之礼时，无不需要"具书女氏"，而女方也必须回书。这虽然仅仅是一种礼节，但在初定时，确实不可缺少。尽管明代的法律规定，即使没有婚书，只要女方接受了聘礼，就等于承认双方婚姻关系的存在，但若是没有必要的婚书，照例就会带来许多不必要的麻烦。举例来说，若是男女双方父母或媒妁已经死亡，那么即使已经下了聘礼，终究无法查考。这就不可避免地带来悔亲之举，并导致两家为此而诉讼。[3]

婚书的存在，从某种程度上说是对婚姻双方的约束。凌濛初所编小说《初刻拍案惊奇》中记载了一件婚姻诉讼案件，从中即可看到婚书在里面所起的作用。

婚姻诉讼案件的男方韩子文是一位秀才，女方是开典当铺的金朝

---

1 申时行等纂：《明会典》卷二〇《户部·婚姻》，第135页。
2 怀效锋点校：《大明律》卷六《户律三·娶乐人为妻妾》，法律出版社1999年版，第64页。
3 叶春及：《石洞集》卷七《惠安政书·昏十二条》，第492页。

奉的女儿。当时正值明世宗登基，需要点选秀女入宫。此事传至浙江，民间百姓不加选择，纷纷嫁女。金朝奉正好有一位16岁的女儿，为了避免被选中入宫，就找到韩子文，求其结亲。韩子文深知点选秀女之事，但因自己正好没有娶妻，也就答应此事。但为了避免将来金朝奉悔亲，就要求金朝奉写下一份婚约，再让自己的好友押了花字，作为见证。此外，又要求将金朝奉女儿的衣裳或头发、指甲作为信物，以防后来的变卦。于是，双方就写下了下面这样的婚书：

> 立婚约金声，系徽州人。生女朝霞，年十六岁，自幼未曾许聘何人。今有台州府天台县儒生韩子文礼聘为妻，实出两愿。自受聘之后，更无他说。张、李二公，与闻斯言。
>
> 嘉靖元年　月　日。立婚约人　金声　同议友人　张安国、李文才。

在婚书上，金声与张安国、李文才均画了押，将婚书交与韩子文收藏，就算将婚姻关系最终确定下来了。接下来是选择一个吉日，约定行礼。韩子文拿出所积束脩银50余两，置办一些衣服、首饰之后，包括剩下的现银均交给金声，行纳币之礼。而金声也将女儿的青丝头发剪下一缕，交给子文收好，以示诚信。

至嘉靖二年（1523），朝廷点选秀女的谣传慢慢平息下去以后，金氏夫妻见平安无事，不舍得将女儿嫁给一个穷秀才，渐渐有点后悔，打算赖掉这桩婚事。于是他就与自己的亲舅子合计，打算通过行贿、打官司赖去婚姻。韩子文因为无钱打官司，无奈之下只得同意退婚，其唯一的附加条件就是退还聘金50两银子，再在此聘礼基础上，加倍赔偿。此事最后至官府调解，知府为一清廉之人，又见韩子文一表人才，有意加以成全，于是就亲自审理，并以韩子文所具备的吉帖、婚书、头发等证据，判定韩子文赢了这场官司。[1]从这件婚姻诉讼中可以看出，婚书在两家婚姻发生矛盾时，是一个很好的证据。

在明代，若是女子犯了"七出"之条，男方就可以通过写一封休书将女子休弃。冯梦龙《喻世明言》记载了一封比较完整的休书，不妨引述如下：

> 立休书人蒋德，系襄阳府枣阳县人。从幼凭媒聘定王氏为妻。岂期过门之后，本妇女多有过失，正合七出之条。因念夫妻之情，不忍明言，情愿退还本宗，听凭改嫁，并无异言，休书是实。
>
> 成化二年　月　日　手掌为记。[2]

从上述这封休书格式可知，当时的休书包括下面几项内容：其一，立休书人的姓名、籍贯；其二，被休人的姓氏；其三，休妻的原因；其四，妻子被休之后的出路；其五，立休书的日期及立休书人画押。

（9）家法族规对婚姻的规定

除了上述婚姻法的内容规定外，明代的家法族规也分别就男女婚姻作出了一些规定。如《浦江郑氏义门规范》中规定："娶妇三日，妇则见于祠堂，男则拜于中堂，行受家规之礼。先拜四拜，家长以家规授之，嘱其谨守弗失，复拜四拜而去。又以房扁授之，使其揭

1　凌濛初：《初刻拍案惊奇》卷一一，岳麓书社2002年版，第86—92页。
2　冯梦龙：《喻世明言》第一卷，岳麓书社2002年版，第15页。

于房闼之外，以为出入观省。会茶而退。"[1]

2. 婚姻的礼制规定

在中国传统社会，礼制是对法律的补充。下面以皇室婚礼、品官纳妇、庶人纳妇、官民婚礼的礼物规定四个方面，对明代的婚姻礼制稍作介绍。

（1）皇室婚礼

明代的皇室婚礼，包括册立、宫廷婚礼、王室婚礼三个方面。

其一，介绍册立制度。明代的册立制度，大体可以区分为中宫、东宫、亲王及妃嫔、公主几种。所谓中宫，就是皇帝册立皇后之仪；所谓东宫，就是太子册立妃子之仪；所谓亲王，就是亲王册立妃子之仪。此外，就是皇帝册立妃嫔及公主外嫁之仪。

按照《明会典》的记载，明代皇帝册立皇后之礼，早在洪武初年就已经确立，然当时一般不预祭告，亦不特地向天下颁发诏书。至永乐年间，才开始实行祭告、颁诏诸仪。直至嘉靖年间，又开始有所变化，出现了谒庙之仪。此制至隆庆时得以完备。

洪武初年定下遣使册立皇后之制。按照这一制度，在册立前一天，内使监官按常仪之式在奉天殿设置皇帝的御座，尚宝司卿在御座前设御宝案，侍仪司在御宝案之南设册宝案，册东宝西。等正式举行册后仪式之时，皇帝身穿衮冕，乘御轿，至奉天殿。文武百官亦身穿朝服，站班侍立。在举行完所有的仪式后，由承制官宣制，道："册妃某氏为皇后，命卿等持节展礼。"礼毕，将册、宝迎送至中宫门外。

上述之礼为皇帝遣使册立之仪。与此同时，皇后在中宫亦举行受

1　转引自费成康主编：《中国的家法族规》，上海社会科学院出版社1998年版，第260页。

册受贺之仪。按照制度规定，在册封前一日，内使监官照常仪在中宫殿上陈设皇后御座，并在正中设置香案，内外命妇前来观礼，立于皇后位之北。在一阵鼓乐之声之后，皇后行四拜之礼，由内臣授予皇后册、宝，皇后跪受。按照惯例，先应由内命妇班首一人到殿中向皇后表示祝贺，并跪下致祝词，云："兹遇皇后殿下，膺受册宝，正位中宫，妾等不胜欢庆，谨奉贺。"礼毕，再由外命妇班首一人上前祝贺，其仪相同。此后，皇后升座，再回阁。

皇后接受册、宝之后，到了当天晚上，在奉天殿中，新受册封的皇后接受百官的祝贺以及百官所上的称贺表笺。

此后，则为新受册封皇后谒庙之礼。所谓谒庙，亦即皇后谒见太庙之礼。在皇后将谒见太庙之前，皇帝就先遣官用牲劳行事，事先向太庙中的祖宗告知皇后将前来谒见的意思，其仪式基本与时享相同，祝文也是临时撰定。派遣官员之日，皇帝亲自降香，由官员捧香至太庙告毕，皇后才亲行谒见。在谒见以前，皇后必须事先吃斋三日，内外命妇及执事内官也须各吃斋一日。在谒庙的前一天，执事官员将庙庭内外洒扫干净，在庙门外设皇后的拜位。又在庙中香案前设置皇后的拜位，拜位均朝北，并在庙庭之南设置内命妇陪祀之位，朝北，又在内命妇之南设置外命妇拜位。庙见之日，皇后头上戴九龙四凤冠，并有首饰，身穿祎衣，在庙内行上香三次之礼。然后回宫。皇后受册封完毕之后，皇帝在谨身殿会见群臣，皇后在中宫会见内外命妇。

至永乐初年，续定册后之制。永乐改定之制，主要在于增加了祭告、颁诏诸仪式。按照制度规定，先期三日斋戒，遣官祭告天地、宗庙，用香帛、酒脯，行一献之礼。前一日，礼部与鸿胪寺官在奉天殿中设诏案。册封礼毕，翰林院将诏书授予礼部官员，由礼部官员手捧诏书，在承天门开读。此外，永乐初年续定册封之仪，其册词与命妇贺词亦与洪武年间所定之制稍有差异。如册词云："某年某月某日，册妃某氏为皇后，授以册宝，命卿等持节行礼。"其内外命妇祝贺之词则云："妾某氏等，恭惟皇后殿下，荣膺册命，正位中宫，礼当庆贺。"[1]

　　按照明代的制度，洪武初年所定制度，后妃尚有谒见太庙之礼。至永乐初年，改新册封皇后为在奉先殿行谒告之礼，此后后妃已无谒庙之礼。此制在嘉靖初年世宗即位之后就遇到了挑战。挑战主要来自如何制订迎接世宗生母蒋氏的礼仪上。世宗入承大统，即位以后三天，就遣使至安陆迎接自己的生母入京，并下令让廷臣议定迎接蒋氏的尊礼。当时臣下多主张世宗应该以孝宗为皇考，称其生父兴献王为皇叔父，而蒋氏则称皇叔母。议案总共上了三次，均被世宗所否。而此时蒋氏将至，礼臣又将商议所定的入宫礼仪上报给世宗，大体是让蒋氏由崇文门入东安门，皇帝再在东华门迎接。此议被世宗所否。于是，礼臣又主张由正阳门入大明门、承天门、端门，再从王门入宫。所谓王门，就是诸王所出入之门。世宗又将此议否决，并下敕文道："圣母至，御太后车服，从御道入，朝太庙。"众所周知，御道为专供皇帝所行之道，而且明代的制度亦无后妃谒见太庙的旧例。礼臣感到颇为难。当时蒋氏已经到了通州，得知以孝宗为皇考，深感愤怒，道："安得以吾子为他人子！"就留在通州，不再进京。于是，世宗亦以避位相要挟。无奈之下，礼臣在得到慈寿太后之命后，不得不取折中方案，改称蒋氏为兴献后，并以太后礼仪谒见奉

1　申时行等纂：《明会典》卷四六《册立一》，第321—323页。

先、奉慈二殿，但不谒见太庙，蒋氏才同意入京。[1]

明代册立皇后之制，在嘉靖年间稍有变化。这基本与嘉靖礼制的改革是同步进行的。皇后谒庙之礼，重定于嘉靖十三年（1534）。[2]按照原先的制度，皇帝册立皇后，仅仅是在宫中谒见内庙（即奉先殿）而已。至嘉靖年间，因张后被废，世宗册方氏为后，于是下令让臣下议庙见之礼。群臣以为天子立三宫以承宗庙，《礼经》有庙见之文，于是考据《礼经》，再参稽《大明集礼》，拟上仪注。至册后之日，世宗率领皇后谒见太庙及世庙。事后三日，向天下颁发诏书。第四日，接受命妇朝见。

隆庆元年（1567），增定命妇向新册封的皇后上表笺之仪。在颁诏次日，命妇向皇后行进见之礼。在进见的前一日，女官在宫中陈设皇后的宝座，并在丹墀之南设置香案。至进见之日，内官在丹陛、丹墀，东西陈设仪仗，内外命妇向皇后上表笺，并行四拜之礼。[3]

皇妃册立之仪，初定于洪武三年（1370）。按照这一定制，在册封前一日，礼部官员就必须将册、印置于谨身殿御座宝案之前，册东印西。至日，由承制官宣制，云："妃某氏特封某妃，命卿等持节展礼。"然后礼官将册、印置于龙亭中，持至妃所在之宫。到了内宫门外，请妃服花钗翟衣，在宫中迎接册封，行四拜之礼。文武百官、内外命妇亦一同随行观礼祝贺。行礼毕，由内使监引导新册之妃谢皇帝、皇后。

永乐七年（1409），续定册封皇妃之仪。其中所行之仪大体继承

1 《明史》卷一一五《睿宗兴献皇帝》，中华书局 1984 年版，第 3553 页。
2 《明史》卷一一四《后妃二》，第 3531 页；申时行等纂：《明会典》卷四六《册立一》，第 324 页；龙文彬：《明会要》卷一四《礼九·婚礼》，中华书局 1998 年版，第 237 页。
3 申时行等纂：《明会典》卷四六《册立一》，第 324 页。

了洪武礼制，所不同者，其赞礼官所宣之词有所变化，改云："永乐七年某月某日，册某氏为某妃，命卿等持节行礼。"另外，在整个册封过程中，宫中女官亦承担了诸多司仪之事。至册封之后一天，内官先准备好祭仪，翰林院准备好祭文，皇帝穿上礼服，皇妃亦穿礼服，一同至奉先殿，行谒告之礼。礼毕，长公主、公主、各亲王妃、郡王妃、辅国将军夫人以及各命妇各入见新封皇妃，行四拜之礼，皇妃俱坐受。

成化二十二年（1486），册贵妃有宝，先赞授册，后赞授宝。册德妃无宝，只赞授册。在谒告奉先殿后，新册之妃先至皇太后前行八拜之礼，再至内殿，等皇帝穿上皮弁服，皇后穿上燕居服，再行八拜之礼。礼毕，回宫。

嘉靖十九年（1540），进封妃、嫔同为一日。其中皇贵妃用金册、金宝，妃、嫔无宝，只用镀金银册。至册封之日，皇帝身穿常服，告于皇祖，再分遣文武大臣告于列圣宗庙，由太常寺准备香帛脯醢酒果，翰林院撰写告文。告庙毕，皇帝身穿皮弁服，至华盖殿，再如常仪行礼。[1]

皇嫔册立之仪，定于嘉靖十年（1531）。九嫔之设，这是嘉靖宫闱制度的新变化。按照当时所定的礼制，在册封之前，太常寺就必须备告太庙、世庙，再由翰林院撰写祝文。在册封前一日，鸿胪寺在奉天殿设置节册案。至册封之日，皇帝身穿衮冕服，将册封九嫔之事祭告太庙、世庙。回到宫中，再改穿皮弁服，上华盖殿，行册封之礼，由传制官宣制，云："嘉靖十年三月初二日，册某氏为德嫔，某氏为贤嫔，某氏为庄嫔，某氏为丽嫔，某氏为惠嫔，某氏为

1　申时行等纂：《明会典》卷四六《册立一》，第324—325页。

安嫔，某氏为和嫔，某氏为僖嫔，某氏为康嫔，命卿等持节行礼。"礼毕，再由内官手拿节册至九嫔之宫，将节册授予九嫔。九嫔接受册封之后，各自穿上本等服饰，在皇后率领下，至奉先殿、奉慈殿、崇先殿行谒告之礼，仍各穿本等服饰至各位皇太后前行八拜之礼。行礼完毕，皇帝身穿皮弁服，皇后亦穿本等服饰，新册封之嫔向皇帝、皇后行八拜礼。礼毕，九嫔各自回宫。[1]

　　皇太子妃册立之仪，初定于永乐二年（1404）。在册封前一日，在东宫内殿设置节册。至册封之日，皇太子妃身穿礼服，由宫人引至，接受册封之礼。行礼毕，皇太子妃再穿礼服，至奉先殿行谒告礼。礼毕，由女官导引至宫门，等皇帝穿上皮弁服，皇后穿上燕居服，再由女官引至内殿，在皇帝、皇后之前行八拜之礼。[2]

　　公主册立之仪，定于洪武九年（1376）。按照制度规定，在册封之前，由内使监在乾清宫御座东南设置册案。皇帝身穿皮弁服，皇后穿翟衣，由传制官传制，其制云："今册长女为某公主，命尚宫正某行礼。"至册封之日，公主头戴九翚四凤冠，身穿翟衣，在华盖殿接受册封。接受册封之后，在皇帝前谢恩，行八拜之礼；再至中宫皇后前，行八拜之礼。然后，再依次拜见皇妃、东宫太子和太子妃以及各王和王妃。[3]

　　其二，介绍明代宫廷婚礼。明代皇帝纳后，俗称"大婚"，照例都要先遣官祭告天地、宗庙，皇帝临轩，命使行六礼。东宫太子纳妃，则先告庙。所有这些制度，大多详细记载于《大明集礼》一书

1　申时行等纂：《明会典》卷四六《册立一》，第325页。

2　申时行等纂：《明会典》卷四七《册立二》，第329页。

3　申时行等纂：《明会典》卷四八《册立三》，第331页。

中。正统年间，明英宗纳后，以及成化末年明孝宗在东宫纳妃，全是遵用旧的仪制，并在此基础上稍作损益。

明代皇帝纳后礼制，尽管详细载于《大明集礼》一书，但从史料记载来看，其真正成为成例却是始自正统七年（1442）明英宗纳后之时，所以现在保留于《明会典》中关于皇帝纳后的礼制，其实就是以此作为基础。万历六年（1578），新定的仪注对正统年间所定仪注稍有损益，于是《明会典》就将其附注在本文之下。下面依据《明会典》的记载，对皇帝纳后之礼作一简单的概述。

根据当时史料的记载，皇帝纳后之仪式分别包括纳采、问名、纳吉纳征告期、发册奉迎、庙见、合卺、朝见两宫、谢恩、受贺、盥馈等几个程序。从这一婚礼程序来看，基本继承了古代的六礼制度，并且与民间的婚俗亦无多少差别。唯一不同者，就是皇家的婚礼，其仪式之繁复，聘礼之奢华，则是一般民间百姓所无法比拟的。

先说纳采、问名。按照礼仪制度规定，在纳采、问名之前必须选择一个日子，皇帝派遣官员告祭天地、宗庙。至纳采、问名前一天，就在奉天殿设置皇帝的宝座，再由鸿胪司负责在宝座前设置制案、节案，内官监、礼部在文楼下陈设好礼物，教坊司在殿内奏中和之乐。到了正式举行纳采、问名这一天的早上，锦衣卫在丹陛、丹墀上陈设卤簿，再由礼部将礼物陈设在丹陛上及文楼下，内官监在奉天门外设置彩轿，教坊司在奉天门内奏起大乐。随后，鸿胪寺奏请皇帝升殿，皇帝身穿冕服，按照常仪升座，文武官员身穿朝服叩头。叩头毕，左右侍班。执事官员就引导身穿朝服的正、副使来到拜位前，行四拜之礼。在传制官传制完毕以后，再由东门出去，执事官员举着制案、节案从中门出去，将其置于丹墀中道，礼物则在丹陛上。传制官接着宣制，云："兹选某官某女为皇后，命卿等持节行纳采、问名礼。"正、副使又行四拜之礼。鸿胪寺上前奏礼毕，皇帝从宝座中站起，由引礼官引导着将制案、节案用伞盖遮护，再由奉天门中门出去，执事官就拿着文楼下的礼物跟随而出。至奉天门外，正、副使将节与制书放到彩轿中，前面由仪仗、大乐引导，走中门中道，出大明门外。到了门外，正、副使就身穿吉服，骑马前往皇后的府第行礼。

在皇后的府第，事实上在礼仪举行的前一天已有了一番布置。据记载，就在前一天，皇后府第就在家中大门外左设置了迎接正、副使的幕次，朝南，在正堂中设置香案，又在香案之南设置制案、节案，另外在香案之北设置一案。到了纳采、问名这一天，正、副使来到大门外，仪仗、大乐、彩轿分别布置在正中，在彩轿之北设置制案、节案，引礼之人就将正、副使引入幕次。执事官将礼物摆设在正堂中。正、副使从幕次中出来，取制书置于案上。一名礼官先入正堂，立于东面，主婚之人身穿朝服，出来相见，立于西面。礼官说："奉制建后，遣使行纳采、问名礼。"主婚之人出迎，引礼之人引导正、副使手捧制书及节先行，主婚之人跟随着进入正堂，将制书与节置于案上。正使立于案左，副使立于案右，东西相对。引礼之人引导主婚之人就拜位，行四拜之礼，至案前跪下。正使取纳采制书宣读，其中纳采制词云："朕承天序，钦绍鸿图。经国之道，正家为本。夫妇之伦，乾坤之义，实以相宗祀之敬，协奉养之诚，所资维重。祗遵圣祖母太皇太后圣母皇太后命，遣使持节，以礼采择。"

完毕，将它授予主婚之人。主婚之人接受，再给予执事之人，执事之人跪受，将其置于北案之上，稍微靠左。副使取问名制书宣读，其中云："朕惟夫妇之道，大伦之本。正位乎内，必资名家。特

255

遣使持节，以礼问名，尚仵来闻。"完毕，将它授予主婚之人，主婚之人接受，再给执事之人，执事之人跪受，将其置于北案上，稍微靠右。主婚之人俯伏，站起，平身，执事之人在主婚之人后稍西举答问名表，取表授予主婚之人。主婚之人接受，跪着给正使，正使接下以后，就置于案上。主婚之人俯伏，站起，平身，退就拜位，又行四拜之礼。礼毕，正、副使置表彩轿中。主婚之人出大门外，至正、副使前致辞。正、副使再入，酒馔毕，主婚之人捧币帛犒劳正、副使。正、副使出，主婚之人送至大门外。正、副使进发彩轿从大明等门左门入，至奉天门，将表、节授予司礼监官，由他们捧入复命。

纳采、问名的礼物，比起纳吉、纳征、告期的礼物来，相对简单一些，不妨将礼单开列如下：

> 玄纁纻丝四段（玄色二段、纁色二段），金一百两，花银八百两，珍珠五样，纻丝八十匹，大红线罗四匹，白生土纱四匹，各色熟绢八十匹，绵臙脂一百个，蜡臙脂二两（用金合二个），珠儿粉十两。

此外，礼物尚包括开合，礼单如下：

> 纻丝六匹，木红绢六匹，珠翠花一朵，羊八只，猪四口，酒一百六十瓶，鹅四十只，末茶二十袋，圆饼一百六十个，白熟米四石，白面八十袋，枣子四合，粟子四合，木弹四合。

再说纳吉、纳征、告期。按照礼仪制度规定，在此仪式前一天，就必须设置制案、节案、礼物、中和乐。到了举行仪式这一天的早上，再设置卤簿、彩轿、大乐，其中传制、遣使均与纳采问名之仪相同。纳征用玄纁束六马等物。制词云："兹聘某官某女为皇后，命卿等持节行纳吉、纳征、告期礼。"

在皇后的府第，前一天就已经设置好迎接正、副使的一切准备工作，大体与前面所提到的纳采、问名之礼相同。所不同者，只是另外要设立一个玉帛案。行礼这一天，正、副使就来到皇后府第，从彩轿中取出节及制书、玉帛，将其置于案上。随后，执事之人将皇后的冠服及各色礼物置于正堂，六马陈设于堂下。礼官一名进入正堂，主婚之人身穿朝服出见，礼官说："奉制聘皇后。"所遣使者就行纳吉、纳征、告期之礼。主婚之人出迎，执事之人手举玉帛案在前行走，正使从案上取纳吉、纳征的制书，捧在手上，副使则取告期制书及节，捧在手上，跟在后面，主婚之人走在最后。至正堂，正、副使各将制书及节置于案上，退立在案的左右，置玉帛案在节案、制书案之南。引礼之人引导主婚之人就拜位，行四拜之礼，再引导至案前跪下。正使取纳吉、纳征制书，依此宣读。其中纳吉制书云："大婚之卜，龟筮卿士协从，敬循礼典，遣使持节告吉。"而纳征制书则云："卿女有贞静之德，称母仪之选，宜共承天地宗庙，特遣使持节，以礼纳征。"宣读完毕，授予主婚之人，主婚之人接受之后，又将其授予执事之人。执事之人跪受，将其置于北案。正使手捧圭，授予主婚之人，主婚之人接受圭以后，又将其授予执事之人。执事之人跪受，将其置于北案。副使捧玄纁授予主婚之人，主婚之人接受以后，再将其授予执事之人。执事之人跪受，将其置于北案。副使取告期制书宣读，其中云："岁令月良，吉日某甲子，大婚维宜。特遣使持节，以礼告期。"宣读完毕，授予主婚之人，主婚之人接受制书后，又将其授予执事之人。执事之人跪受，将其置于北案。主婚之人俯伏，起身，平身，复位，行四拜之礼。礼毕，正、副使持节出，将节置于彩轿中。主婚之人走出门外，请礼待随从，再犒劳正、副使者，无不与纳采、问名之礼相同。正、副使回到奉天门外，将节授予司礼监官，由他们捧入复命。

　　纳吉、纳征、告期礼物，显然已经较为丰厚，再详细开列礼单如下：

　　　玄纁纻丝四段（玄色二段、纁色二段），玉谷圭一枝，金龙珠翠燕居冠一顶（配置全部金簪），燕居服素夹四件，纻丝一件，线罗二件，银丝纱一件，大带各色线罗四条，玉革带一条（配置全部金事件），玉花采结绶一副（配置全部金事件），玉佩玎珰一副（配置全部金钩、金事件），玉云龙霞帔坠头一个，金钑花钏一双，金素钏一双，金连珠镯一双，首饰一副（天顺八年加一副），珠面花二副，翠面花二副，四珠葫芦环一双，八珠环一双，排环一双，玉禁步一副，青素纻丝滴真珠描金云龙舄一双（配置全部青罗袜），珠翠花四朵，翠花四朵，珠儿粉十两，蜡臙脂二两（金合两个），金镶合香串一副，金八百两，花银二千六百两，宝钞二千锭，白绵五十斤，五样珍珠二十八两，纻丝八十匹，银丝纱八十匹，素线罗八十匹，大红素线罗八十匹，熟绫八十匹，妆花绒锦四十段，白生阔土纱八匹，各色熟绢二百八十匹，各色衣服七十件，纻丝二十件，纱十八件，罗二十件，绫十二件，各色被六床，锦二床，纻丝二床，绫二床，白绢卧单四条，裁剩纻丝纱罗锦二束，朱红漆饯金皮箱三十对，翟服匣一座，朱红漆柳箱二对，擎执宫人用衣帽等件九十六件，红绿平罗销金衣二十四件，硬翠竹叶乌纱帽二十四件，皂麂皮靴二十四双，钑花银束带二十四条，马十三匹（配置大红熟绢销金盖马袱十二条），乘马四匹，回礼八匹，金鞍四副。

此外，礼物尚包括开合，礼单如下：

> 纻丝八匹，木红熟绢八匹，珠翠花一朵（配置全部抹金银脚），
> 羊五十二只，酒三百四十瓶，猪三十二口，鹅六十四只，末茶
> 六十四袋，圆饼一千二百个，白面二百四十袋，胶枣四合，栗
> 子二合，榛子二合，木弹二合，胡桃二合，响糖四合，缠碗四
> 合，莲肉缠四合，杏仁缠四合，碯砂缠四合。

往下所行，则是发册奉迎之礼。按照史料记载，在发册奉迎前
一日，就必须事先根据常仪设置乐队、仪仗。到了奉迎这一天早上，
鸿胪寺在御座前设置制书案、节案、册案、宝案，礼部在丹陛下陈
设雁及礼物，内官监在奉天门外设置彩轿，又在彩轿之南设置皇后
用的卤簿、车辂、礼物。至于传制、遣使等仪式，与纳采、问名之
仪相同，只是将制词稍作修改，云："兹册某官某女为皇后，命卿等
持节奉册宝行奉迎礼。"其中节与制书、册宝，用伞盖遮护，从中门
出，执事之人举雁及礼物随行，正、副使亦随行，到了皇后的府第
行礼。其中奉迎之礼，用旗手卫的鼓吹手，作为前导，只是作为摆
设，并不吹奏，而教坊司却如常仪吹奏。这一天，内官在内殿之南
设立皇后的幕次，朝北，并在内殿设置皇帝与皇后更衣之处。而在
皇后的府第，就在前一天，即须在大门外设置正、副使的幕次，朝
南，并在正门中设置香案、制书案、节案、册案、宝案，又在正堂
设置香案、制书案、节案，另在正堂北别设一案。到了奉迎这一天，
正、副使到了皇后的府第，从彩轿中取出节及制书、册、宝，将其
置于案上。过少许，女官替皇后戴上首饰并穿上祎服，进入中堂之

左。内官在大门内陈设仪仗、车辂等物。礼官一员先入，主婚之人穿着朝服，出来相见。礼官道："奉制册后，遣使持节，奉册、宝行奉迎礼。"主婚之人出来迎接，执事之人举册、宝向前行，正、副使手捧制书及节次行，执事之人手拿雁及礼物随行，主婚之人亦从行。至正堂，正、副使将制书、节置于案上，执事之人将册、宝亦置于制案、节案之南，册东宝西。正使立于案左，副使立于案右。引礼之人引导主婚之人就拜位，行四拜之礼，退立于西南。女官将首饰、袆服进献给皇后，内官在中堂前进献皇后所用仪仗，并在堂下设女乐，演奏一如常仪。司礼监官向前，接受节、册、宝。正、副使从案上取节、册、宝授予司礼监官，仍在前站立等候。内赞二人引导手捧节、册、宝的司礼监官进入中堂前，各将节、册、宝置于案上。皇后穿好礼服出阁，女官及宫人拥护着各至香案前，向阙立，内赞官赞行四拜之礼，并赞宣册，内赞官跪，皇后跪，宣册官取册，立着在皇后之左宣读。完毕以后，内赞官受册，又赞搢圭，宣册官将册授予皇后。皇后受册，并将其交付女官，女官跪受，立于西面。赞宣宝，宣宝官取宝，立于皇后之左。赞受宝，宣宝官将宝授予皇后，皇后受宝，并将其交付女官，女官跪受，立于西面。赞出圭。赞完以后，又行四拜之礼。礼毕，皇后入阁。持节监官由正门出，授予正、副使，行授册宝礼毕，正使受节，置于案上。引礼官引导主婚之人至案前跪下，正使取奉迎制书宣读。宣读完毕，授予主婚之人，主婚之人又将它给予执事之人，执事之人跪下接受，并将其置于北面案上。执事之人将雁及礼物进献，副使依此接受，将其授予主婚之人，主婚之人给予执事之人。执事之人跪下接受，置于案上。又赞行四拜之礼，礼毕，正、副使持节出大门外，将节置于彩轿中。主婚者礼待从人，并以币犒劳正、副使者。司礼监官严整卤簿，再用奉迎礼入达女官。女官奏请皇后穿戴好冠服出阁，女乐作为前导，宫人擎执拥护，自东台阶下，立于香案前，内执事赞四拜之礼，礼毕，请皇后升堂，朝南立。主婚之人立于皇后之东，朝西，说："戒之敬之，夙夜无违。"命毕，退立于东台阶，朝西。其母立于皇后之西，朝东，实衿结帨，说："勉之敬之，夙夜无违。"完毕后，退立于西台阶，朝东。执事之人奏请上轿，皇后从台阶上下来，上轿，侍从如仪。内执事引导着出门，前面为仪仗大乐，彩轿随后，正、副使又随后，而司礼监官拥导皇后卤簿、册宝、彩轿行，宫人亦乘轿，女官、内使护卫，从大明门中门进入。文武百官各穿朝服，在承天门外东西向站班迎候。彩轿入承天门，退皇后舆辂于午门外，鸣响钟鼓，卤簿停止。正、副使将节授予司礼监官，先入复命，捧册宝官捧册、宝、伞扇，仪仗、女乐作为前导。宫人拥护皇后彩轿，从奉天门进入内庭幕次。捧册宝监官将册宝交付女官。皇后从彩轿中出来，从西台阶进，皇帝由东台阶下来迎接，让皇后入内殿。内侍请皇帝至更衣处穿上衮冕，女官亦请皇后至更衣处换上礼服。皇帝同皇后先到奉先殿行礼，捧册宝女官将册宝置于皇后宫中，内官领着皇后舆辂、卤簿入午门，过御桥，由中右门，进入皇后宫中。

发册奉迎之时，亦有专门的礼物，其礼单可开列如下：

> 串五大红纻丝二匹，金册一副，金宝一副，冠一顶，首饰一副，翟服一副，大衫三件（其中纻丝一件、罗一件、纱一件），鞠衣绣四件（其中纻丝一件、罗二件、纱一件），霞帔各色罗绣三副，舄一双（配置袜与珍珠），驾一副，雁一只，羊十二只，酒六十瓶，胶枣二合，栗子二合，木弹二合，胡桃二合。

再往下行，就是皇后行庙见之礼。根据史料记载，就在成婚这一天早上，内官就在奉先殿陈设牲醴祝帛，等候皇帝与皇后。等到他们到了奉先殿，赞引官引导就拜位，皇帝在东面，皇后在西面，按照常仪行礼。祭毕，回到宫中。

再往下行，又是合卺之礼。根据史料记载，正是在成婚这一天，内官事先在宫殿内，东面设置皇帝的座位，西面设置皇后的座位，两座相对。在正中稍南设酒案，在上面放置四个金爵、两个卺。等到皇帝、皇后在奉先殿庙见完毕，回到宫中。内官、女侍就请皇帝与皇后各自更换衣服，皇帝穿皮弁服，升内殿，皇后亦在更衣后随从。赞礼官请升座，执事官就举着馔案到皇帝与皇后前，女官司中一位尊者就取金爵，倒上酒，请皇帝与皇后饮酒。饮毕，女官又进馔、举馔毕，再取金爵，倒上酒，以进献给皇帝、皇后。饮毕，再进馔、举馔毕，女官又用卺、盏倒酒和合进献，饮毕，又进馔、举馔毕。内侍奏礼毕，皇帝、皇后起身，内侍、女官、执事奏请皇帝与皇后至更衣处更换常服。随后，皇帝的侍从吃皇后吃剩之馔，皇后的侍从则吃皇帝吃剩之馔。

婚后第二天早上，必须行朝见两宫之礼。所谓"朝见两宫之礼"，其实就是朝见东、西两宫皇太后。皇帝穿上冕服，皇后穿上礼服，一同到宫中等候。皇太后穿上礼服，升座，赞引官引导皇帝与皇后至皇太后前，宫人赞礼官引皇帝、皇后行四拜之礼。执事二人举案到皇太后前正中，宫人将修盘给皇后，皇后将其捧到案上。执事女官举案，皇后就随案到皇太后前。皇后再回原位。赞礼官赞皇帝与皇后行四拜礼。礼毕，皇后回宫。

婚后第三天早上，必须行谢恩之礼。皇帝穿上冕服，皇后穿上礼服，一早来到皇太后宫前，行八拜之礼。行礼完毕后，皇后至内殿等候，皇帝身穿皮弁服，升座。赞引女官引导皇后穿上礼服，到皇帝前就拜位，行八拜之礼。礼毕，回宫。引礼官引皇后升座，带在内亲属，行八拜之礼。其次，带六尚等女官，行八拜之礼。最后，带各监属内官、内使，行八拜之礼。礼毕，从座位上下来，入阁。这一天，受皇后谢恩礼毕，皇帝穿上礼服，到奉天殿上朝，颁诏布告中外。

婚后第四日，皇帝、皇后则接受百官的祝贺，文武百官各自穿上朝服，向皇帝上表，表示庆贺。皇帝身穿衮冕，在华盖殿上朝。首先由亲王行八拜礼，表示庆贺；其次，执事官行五拜三叩头礼。礼毕，鸿胪寺奏请皇帝升殿，由导驾官前导，百官按照常仪进表行礼。礼毕，至内殿某宫前，在皇后前行庆贺八拜之礼。就在这一天，皇后亦穿礼服，接受内外命妇庆贺之礼，而外命妇则按照常仪进笺，表示祝贺。

婚后第五天清晨，行盥馈之礼。尚膳监准备好膳馐之后，皇后穿上礼服，至皇太后宫前，等到膳馐到达后，赞引官引导皇后向前，行四拜之礼。礼毕，尚膳监将膳食授予皇后，皇后捧膳食放到案上，再回到原来的位置上，行四拜之礼。赞礼官再引导皇后退立于西南，等皇太后膳毕，引皇后回宫。[1]

按照明代的制度，宫中皇帝或太子大婚时，若选一后，必须另选二位贵人作陪。若是中选，则皇太后就用清色纱帕盖在中选者的头上，又取金或玉制成的跳脱系在她的手臂上。若是没有选中，就以记有年月的庚帖放在淑女的袖中，再赠送银币遣还。[2]

1　上面所引皇帝纳后诸礼，均可参见申时行等纂：《明会典》卷六七《皇帝纳后仪》，第402—405页。

2　《明史》卷一一四《后妃二》，第3543—3544页；毛奇龄：《胜朝彤史拾遗记》六，载《中国香艳全书》四集卷四，第1册，第494页。

皇太子纳妃之礼，多有与皇帝纳后相同之处，在此略去不述。

接下来谈一下公主下嫁礼仪。洪武元年（1368），将临安公主嫁与李善长的儿子李祺，封李祺为驸马都尉。正是在这一年，朱元璋下令让礼部官员定下公主下嫁的礼仪，大体如下：在确定婚姻之后，必须告奉先殿；在下嫁前二日，遣使者册封公主；册封后次日，再谒奉先殿。随后又定驸马接受诰封的礼仪，大体如下：吏部手捧诰命，将其置于龙亭，送到驸马之家，驸马穿上朝服，拜受封诰。第二日，再由驸马的父亲带领驸马一同谢恩。拜封之后十日，才上疏请旨，定下婚期。[1]

洪武二十六年（1393），对公主下嫁仪注稍作更定，其中包括谒庙、公主受醮戒、驸马受醮戒、亲迎、合卺、见舅姑诸项内容。

所谓"谒庙"，其实就是公主在受册的次日，引礼之人引导公主谒见奉先殿。

其后，专门选择一日，作为公主受醮戒的日子。在这一天，公主穿上礼服，辞奉先殿。到了申时，内官在正宫内丹陛之东西陈设仪仗，在丹墀陈设大乐，执事女官准备好金爵、酒壶、果盒等候。其中内赞女官二员立于殿之东西，皇帝身穿常服，升座。公主穿礼服，引礼女官将公主引到皇帝前，赞礼之人说拜，音乐响起，行四拜之礼。起身，音乐停止。赞礼之人跪下，赞受爵，女官用爵斟上酒，授予公主，公主接过酒，饮尽，将空爵授予执事之人，执事之人跪下接过。公主退复位，赞礼之人说恭听戒命，大体上是随意说一些训诫之词。公主听诫命结束，赞礼之人说起身，赞礼之人复位，又说拜，音乐再次响起，行四拜之礼，起身，音乐停止。礼毕，公

---

1 龙文彬：《明会要》卷五《帝系五·杂录》，第71页。

主改穿燕居之服，由命妇送至宫门，引礼之人引导公主从宫门的东门出去，过宫门西，上辇，至右门内。公主从辇上下来，驸马揭开辇上的帘子，公主坐上轿子。内使准备好仪仗、鼓乐作为前导，合女乐36人，接引到府第。公侯、百官、命妇送公主至府，各自回家。

除了公主需要接受醮戒，驸马同样也有这一仪式。就在这一天的早上，驸马之父与驸马均穿上家用的祭服，到祠堂告知祖宗。完毕后，在午后，驸马坐在正堂上，穿上见尊长的服装，引礼之人引导驸马到拜位上，赞鞠躬、两拜，然后平身。再赞跪、搢笏、受爵。执事之人斟酒授予驸马，驸马接过酒饮尽，将爵还给执事之人。赞礼之人又唱听训诫，由驸马的父亲随意说一些训诫之词。驸马听毕，赞礼之人说出笏，俯伏、起身；说复位，说鞠躬、两拜，然后平身。礼毕，驸马穿上便服，上马，行亲迎之礼。

驸马在接受了醮戒之后，接下来就是亲迎之礼。先准备好仪从、鼓乐作为前导，至午门西下马。然后到朝房东穿上朝服等候。至申时，序班二人穿上本等服饰，引导驸马从午门西角门入，至右红门。在那里，由内官二员身穿本等服饰，接引驸马到内使监前等候。等到公主醮戒完毕，引驸马至右门西，向东站立。公主到达以后，驸马揭开帘子，公主坐上轿子。驸马先由午门西角门出去，至上马之处再上马，先到达自己的府第，等到公主到了以后，再揭开帘子，公主从轿上下来，一同前去谒祠堂。

驸马与公主共谒祠堂，亦有一番仪式。在此之前，执事之人先在祠堂内布置祭物。至时，引礼女使引导驸马和公主到祠堂的拜位，驸马站在东面，公主站在西面。赞礼之人称鞠躬、拜，驸马、公主都是两拜。引礼之人引驸马到高祖考妣神位之前，公主仍立在拜位上。赞礼之人称跪，驸马跪下，公主亦跪下。赞礼之人称搢笏，驸马播笏。称进爵，执事之人拿爵跪着进献给驸马。称受爵，驸马接过爵给执事之人。称献爵，执事之人将爵奠于高祖考神位之前。称再进爵，执事之人以爵进献。称受爵，驸马接过爵给执事之人。称献爵，执事之人将爵奠于高祖妣神位之前。赞礼之人称出笏，俯伏，起身，公主亦起身。引礼之人又引驸马至曾祖考妣、祖考妣各神位前，按照前述仪式再分别行礼一次。完毕后，赞礼之人称至读祝之位，驸马至读祝位。称跪，驸马跪下，公主亦跪下。读祝文毕，俯伏，起身，公主亦起身。赞礼之人称回到拜位，称拜，驸马、公主均两拜。礼毕，回到府中，行合卺之礼。

至行合卺之日，女使在室东陈设驸马的座位，朝西。在室西设公主的座位，朝东。各设拜位于座位的南面，在室中稍南设酒案，在酒案上放两盏、两卺。所谓"卺"，其实就是葫芦盏。又在室中设两个馔案。赞礼、引礼二人，引导驸马，另赞礼、引礼二人引导公主，各就拜位。赞礼之人称两拜，驸马、公主相对，全朝南拜。赞礼之人称就位，驸马、公主各自就位。执事之人奉馔案，放在驸马、公主之前，执事之人各以二盏斟酒，进献给驸马、公主，两人各自将酒饮下。执事之人又进献馔，驸马、公主就举起筷子。执事之人再斟酒，两人又饮酒。执事之人再进馔，两人又举筷。最后，执事之人拿两卺盏斟酒，和合以进，两人又饮酒。执事之人又进馔，两人又举筷。执事之人撤去馔案，赞礼之人称驸马、公主平身，各就拜位，两人相对，各两拜，礼毕。

合卺完毕之后，就是公主见舅姑。当行此礼之时，舅姑坐在东面，朝西，公主立于西面，朝东，行四拜之礼，而舅姑则以两拜答礼。

当驸马一旦被选中，皇帝就会赐予驸马冠带衣服，其中包括纱帽一顶、金带一条（后改为玉带）、纻丝罗衣各一袭、斜皮靴一双、鞍马二副。[1]

值得指出的是，公主拜见舅姑，及公主、驸马夫妻相向而拜之礼，尽管朝廷已经定下礼仪，但在实际实施的过程中，始终没有具体执行。[2]公主与驸马之间礼仪的不平等，至崇祯年间还得以存在。崇祯元年（1628），专门教习驸马的陈锺盛上疏云：

> 臣教习驸马巩永固。驸马黎明于府门外月台四拜，云：至三月后，则上堂、上门、上影壁，行礼如前，始视膳于公主前。公主饮食于上，驸马侍立于旁，过此方议成婚。驸马馈果肴，称"臣"；公主答礼，书"赐"。皆大失礼。[3]

公主与驸马既已合卺，则俨然已成夫妻。尽管如此，驸马还必须向公主跪拜数月。按照《会典》中的规定，在合卺之前，驸马应该向公主行四拜之礼。换言之，合卺之后，驸马就不用再向公主行四拜之礼。上面这一例子基本可以说明，公主借助于皇家的势力，并不与驸马行家庭之礼，而是迫使驸马行君臣之礼。这不能不说公主之蛮横无理。从这一点可以看出，皇家之女确乎金枝玉叶，即使是婚礼，公主也可以享受特权，免除拜见公婆乃至夫妻对拜之礼。

其三，介绍王室婚礼。从明代的史实来看，王室婚礼理应包括

---

1 上引公主婚礼，均参见申时行等纂：《明会典》卷七〇《公主婚礼》，第416页。

2 龙文彬：《明会要》卷五《帝系五·杂录》，第72页。按：公主下嫁之后，虽仍可保持皇家的高傲气派，不行家人之礼，但确实也有一些比较贤惠的公主，在下嫁之后，按照家人礼在丈夫家生活。如天顺五年（1461），重庆公主下嫁周景后，事奉公婆甚孝，衣服、鞋子都是自己亲自制作。岁时拜谒，如家人礼。周景每天早晚，公主都亲自做早餐。同注，第73页。

3 龙文彬：《明会要》卷五《帝系五·杂录》，第75页。

两类：一是亲王、郡王之迎娶妃子、宫人、妾媵；二是郡主等之选择仪宾。按照明太祖朱元璋所定的《祖训》，凡是亲王之妃子、宫人，必须选择良家女子，以礼聘娶，不得接受大臣进送，这显然是为了避免大臣借此包藏奸计。尤其规定王室成员不许狎近娼妓。其后，更是择婚有令，选婚有期，擅婚有禁，妾媵有限，至于滥妾、花生有罚，禁例渐趋严厉。

为避免重复烦琐，此处略去亲王婚礼不述，但就王室婚姻制度详加阐述。

第一，选婚之制。弘治年间规定，凡是王府选婚，务必会同长史、承奉、教授等官员，在本地选择家道清白、人物俊秀及年岁长成之人，并下文当地按察司核勘明白，才允许上奏。条例尤其规定王室选婚时，不许出现伦理失序、于例有违的事情。如果出现通过媒人或者通过纳贿而营求婚姻，并导致婚姻不当，那么负责官吏与媒人就会以枉法之罪而受到惩处。万历十年（1582），王室婚姻条例得到了进一步完善。当时议准，宗室子女15岁以上，从本境内官员军民之家及居官入籍年久之人中，选择婚配，务必要家道清白、年岁相应。若是有远方流移军匠或父祖过犯及本王府内军校厨役子女朦胧冒选，必须革退另选。同时规定，宗室选择正配，必须先请封号，在获得批准之后，才允许成婚。否则，如已经选配并授封成婚，夫人、淑人、恭人、宜人等，就应革去封号，所生子女亦应按擅婚之例，只允许请名，不允许请封。[1] 至于郡、县主及郡、县君的丈夫仪宾，亦革去职事。至于那些保勘官员或者主婚的媒证之人，均依律治罪。如果出现凭借贿赂而营求与王室成婚，或本王府内军校厨役之

1　龙文彬：《明会要》卷一四《礼九·婚礼》，第238页。

人与王府成员结婚，那么就会被处以永发边卫充军。万历所定条例，显然加大了对王室成员婚姻的审查力度。如制度规定，在选婚之初，长史、教授等官员，就必须找来媒证之人，让她们出具甘结，重新加以审核。在此基础上，再上报给巡按御史，由巡按御史转行布政司核勘，只有其中无碍，才可以按照类奏事例，在每季的仲月具奏一次。事先巡按御史行长史、教授等官，上启亲王具本齐发，至于布政司文结，免其复具，只是用长史、教授等官，黏连媒证人等甘结，缴到礼部。若是亲王的上奏已到礼部，而巡按御史的上奏尚未到部，那么就按季下咨文给都察院，让其行文催促巡按御史。若是巡按御史的上奏先到部，那么一面查题，迟至半年以外，而亲王的上奏与长史、教授的甘结尚未到部，那么在上、下半年，随同名、封一道，类参一次。再行文至巡按御史，将辅导等官提问，坐以抑勒之罪。[1]

第二，选继之制。亲王、郡王等选择继配，朝廷亦作了一些规定。万历十年（1582）议准，凡是亲王、郡王的王妃病故，而且未生有儿子，那么允许他们可以选择继妃，但只是请敕封为继妃，不给册命冠服。若是原配题封之后，未及遣官行礼就已病故，亲王的继妃可以给册命冠服，仍遣官册封；而郡王继妃则只给册命，不再遣官册封，亦不给冠服。若已经有了儿子，不分嫡出还是庶出，那么就不再允许选择继妃，只能按照内助事例，选取内助。换言之，若是已经有妾，就从已有的妾中推举一妾；若是无妾，则奏选一妾成为内助，由她来管理家事，抚育子女，但不许请封为次妃的封号。此外，将军、中尉正配病故之后，并无有子，或者已经请封，未经

<hr>

1　申时行等纂：《明会典》卷五七《婚姻》，第355页。

成婚而病故，那么条例亦允许他们重新选继。若是年龄在 50 岁以下，而且儿子尚年幼，亦允许选娶内助。若是无子，只是奏请选内助、妾媵，那么条例对此并无限制。至于继室病故，而且又没有儿子，那么就只允许选妾，不许再奏请选继室。至于那些亲王世子或郡王长子，则不分有无子嗣，条例均允许他们选继室，以便能传承宗祧。只需要请敕知会，等到袭封为王爵之后，世子的继妃就可以进封为亲王继妃，长子继夫人亦可以进封为郡王继妃，一同遣官册封。[1]

第三，妾媵之制。明代的制度对宗室成员的妾媵同样规定了一套制度加以限制。正德四年（1509）下令，凡是长女已经成为王妃的家庭，就不可以再将次女进与王室成员为妾，否则罪坐所进之人。嘉靖二十三年（1544）议准，各王府选娶妾媵，都必须事先奏请，在奏疏之内则须开明年纪若干，有无嫡子及曾否娶有几位妾，上报礼部，等礼部查明。若果系缺乏子嗣及照例在应该娶妾之数内，再给予行文复勘，复勘属实，才可以选娶；假若是例外滥收妾媵，就任凭礼部参题革退。

至万历十年（1582），各王府宗室成员例应所娶妾媵之数得到了具体的规范。当时规定，凡是亲王妾媵，允许奏选一次，最多只能为 10 人；世子与郡王，可以娶妾 4 人；长子及将军，可以娶妾 3 人；中尉，可以娶妾 2 人。世子、郡王在选婚之后，年龄已达 25 岁，其嫡配尚无生子，那么可以请示亲王，由亲王转奏，再由长史司申呈巡按御史核实具奏。在这一系列合法程序之后，才可以从良家女子内选娶二人。此后不拘嫡庶，如已经生有儿子，就只能限制在这两位

1　申时行等纂：《明会典》卷五七《婚姻》，第 355 页。

妾之内。等到了 30 岁，再无新生儿子，才允许他们照前上奏，选足条例所规定的四妾之数。长子及将军、中尉在选婚之后，到了 30 岁，嫡配尚无生子，照例可以上奏，选娶一妾。此后不拘嫡庶，若已生有儿子，则只能限有一妾。等到了 35 岁，再无新生儿子，才允许他们照前上奏，长子、将军选足条例所规定的三妾之数，中尉选足二妾之数。至于那些宗室中的一般庶人，则必须在年龄达到 40 岁以上，而确又无子，才可以通过上奏，选娶一妾。

至于选妾禁例，一如选婚，条例不允许滥选流移过犯及本府军校厨役之家。各个王府每年必须将妾媵姓氏、来历及入府年月，攒造成文册，送到礼部。她们所生子女的出生年月日，以及名位行次，亦填注本妾项目之下，以备名封查考。若有不遵明例，或者年未及而预陈，或者已生子而再娶，将本宗室参奏罚治。所生子女，凡是中尉以上，按照滥妾例行，庶人不给名粮。[1] 换言之，就是滥收妾媵所生子女，不被王室承认，更不被朝廷认可。

第四，庶人婚嫁。景泰三年（1452）下诏，各王府庶人的子女成年以后，因无父母主持婚姻，而又无人敢给他们议婚，那么由所在官司审察，具名上奏，由朝廷加以定夺。天顺四年（1460）又奏准，凡是宗室成员已经被降为庶人者，那么他们的子女若是婚嫁，官府必须赠予他们 4 表里首饰、20 两银子、4 口猪、4 只羊，由他们自己婚配。万历七年（1579）又议准，各王府庶男结婚，完全按照庶女成婚之例，一概免给赠与。[2]

第五，擅婚子女。所谓"擅婚子女"，就是各王府未经申报朝廷

1　申时行等纂：《明会典》卷五七《婚姻》，第 356 页。

2　申时行等纂：《明会典》卷五七《婚姻》，第 357 页。

并经朝廷许可情况下擅娶继室，其继室所生子女，即成为擅婚子女。关于此类子女，明代的条例作了相应的规定。

嘉靖二年（1523）下令，凡是王府有不遵禁约，擅自成婚者，都革退另选。尽管条例作了如此规定，但各王府仍不乏我行我素之人，不遵朝廷禁例，擅自成婚。于是，朝廷必须从他们子女的继承问题上加以限制。嘉靖二十八年（1549）题准，王府擅自选娶继室，并已经革去封号者，那么其所生子女，就按照革爵庶人所生子女之例，不许请乞封号。

万历七年（1579）议准，凡是查出宗室成员有擅自成婚之事，就照例分别成婚。其中规定：在嘉靖二十八年（1549）以前擅自成婚者，其所生子女已经得到封号者，可免革除；未封者查无别碍，姑且准予请封。若是成婚在嘉靖二十八年（1549）之后，那么其所生子女，就照例只许请名，不许请封；其已经得到封号者，姑且终身准予一半俸禄，其子孙却只能得到名粮。万历十年（1582）又议准，宗室奏选正配之时，仍必须奏请封号，等到获得准许，才可以成婚。若是成婚在未获得封号之先，就被视为"擅婚"，那么所生之子，只许请名，不许请封。其所生之子，年满15岁以上，岁给口粮50石，本色、折色米各半支给。其所生之女，则任其择配，都不给婚嫁之资。若是不经奏选，不请封号，私自成婚，那么比起擅婚来就更为违碍，所生子女如同滥妾所生之例。如果在候选继承王爵之人中，有人属于擅婚、私婚之子，当属有碍请封，必须临期请皇帝定夺。[1]

第六，滥妾子女。所谓"滥妾子女"，即指王室成员在未获得朝廷准许的情况下，私自所收之妾所生子女。对此类子女，明代的条

1　申时行等纂：《明会典》卷五七《婚姻》，第357页。

例亦作了相应的规定。

弘治九年（1496）议准，王府中有未成婚而先纳宫人生子者，所生子女，不许请名、请封。嘉靖四十四年（1565）议准，王府成员若是不经奏请，擅自滥娶妾媵，或将一些流移妇女或有夫之妻额外收为妾媵，都必须查革。其所生子女，只给口粮。

万历十年（1582），对所谓的"滥妾"又作了重新的规范。宗室庶生子女，他们的母亲必须是额内应娶之妾，并曾经奏选明白，才准许请名、请封。如果不经奏选，或增立"陪从宫人"名目，或入宫在正配未封之前，均属于"滥妾"。若经查实，确系额内妾媵所生之子，姑且准予请名，岁给本色米12石；若属额外者，就一律不给禄养。至于其所生之女，则任其择配，都一律不给婚嫁之资。如果在王爵候选继承者中，有人属于滥妾所生之子，那么临期必须由皇帝定夺。[1]

第七，花生子女。所谓"花生子女"，理应包括下面两部分人：一是将外面之人收入王府乳养，其实就是一些养子女。如正德四年（1509）议准，王府中若将外人滥收，留于宫闱之中乳养，那么长史必须告知亲王，严加禁约。假若违反，辅导官就会被从重治罪。二是王府成员奸收乐女与不良之妇成婚，其所生子女亦属于花生子女。如万历十年（1582）议准，宗室如有奸收乐女与不良之妇为婚者，其所生子女并选配夫人等，或者已经选了仪宾并已授封号者，那么爵职、封号、禄米都必须全都革去。至于那些尚未授名、封之人，就不许朦胧冒请。新生子女不许造入《玉牒》，以免混淆天潢。女妇一概逐出，乐工人等全都问发边卫永远充军。此外，本宗室仍必须听

1　申时行等纂：《明会典》卷五七《婚姻》，第357页。

从参奏降革，辅导官及保勘人员一并治罪。[1] 从万历十年（1582）所定条例中不难看出，明朝廷为了纯洁天潢血统，对花生子女的禁约是相当严厉的。

第八，释放宫眷。从明代的史实来看，不但皇宫中因为宫人太滥，需要定期释放宫眷，而且各王府中亦因滥收宫人，同样需要定期释放宫眷。

正德三年（1508）题准，凡是被禁锢于高墙之内的庶人，[2] 在他们病故之后，所遗留下来的姜媵，就按照户部题准的事例，一律予以释放，由她们的父母亲领出王府，随意嫁遣。若已无父母亲，就量为处置疏放，务必做到不使她们流离失所。正德四年（1509）又题准，今后各王府在袭封之初，凡是先王侍从宫人，除了已经生了子女者仍可留于王府内给予赡养外，其他没有生有子女的宫人，一概照例释放。此外，各将军以下及庶人病故，他们的宫人若是无子女，亦照例释放，由宫人原籍亲属领出嫁遣。[3]

第九，仪宾婚配。皇室女子所嫁，除公主的丈夫称"驸马都尉"之外，其他郡主以下所嫁者均称"仪宾"。仪宾既是一种称谓，又是一种职事散官。早在洪武二十七年（1394），明太祖朱元璋就下令，让郡主、县主的丈夫，均参与宗人府仪宾职事散官，并按照品级授予诰命。其中靖江王之女封郡君，婿之禄秩相当于从四品，亦一同

1　申时行等纂：《明会典》卷五七《婚姻》，第357页。

2　所谓"高墙"，是明朝的一种特别监狱，主要用来囚禁有罪的皇族人员，设置于安徽凤阳。被羁押于高墙内的宗室人员，均已被革去封号，成为庶人。关于明代高墙制度的最新研究成果，可参见黄培：《明代的高墙制度》，载香港《中国文化研究所学报》第44期（2004年），第61—82页。

3　申时行等纂：《明会典》卷五七《婚姻》，第357页。

参与仪宾职事。

宣德三年（1428），将各类仪宾的职官品级作了系统的规范。其中规定：郡主仪宾，秩从二品；县主仪宾，秩从三品；郡君仪宾，从四品；县君仪宾，从五品；乡君仪宾，从六品。凡是遇到行礼，可以列在同等官员之左。按照明代的惯例，仪宾娶了郡主之类的王族女子，无权系牙牌。成化六年（1470），礼部官员上疏，要求给郕王府仪宾王宪牙牌，得到了明宪宗的认可。这位王宪娶的是明景帝之女固安公主，所以有此特殊的礼遇。[1]

至弘治年间，对仪宾的选择作出了规定：凡是各个王府选择仪宾，务必要选取年龄在 15 岁以上，而且俊秀之人，才可以上奏成婚。同时又下令，各王府子女，不许在本府军校的子女中选配。此外，当时还议准，各王府选中仪宾，本府长史、教授都要将他们送到本处提学处，让他们读书习礼，不时考验，一直到 30 岁为止。

嘉靖五年（1526）下令，各王府选婚，若是有失伦序，就不允许保结起送。嘉靖六年（1527）议准，各王府选取子弟婚毕谢恩，只允许在三年以内举行，如超过三年，就必须照例治罪。嘉靖十六年（1537）题准，宗室中郡君等选择配偶，不系本土人氏，或擅自成婚，只能给予冠带荣身。嘉靖三十二年（1553）制定则例：镇国中尉之婿，授予七品宗婿职事；辅国中尉之婿，授予八品宗婿职事；奉国中尉之婿，授予九品宗婿职事。又议准，各王府中尉之女及所选配的子弟，由礼部题请，授予"宗女""宗婿"等名号，仍给予冠带婚资。其中所服冠带，宗婿与文职相同，宗女与命妇相同。嘉靖三十四年（1555）议准，选到仪宾，或有未婚而郡主、县主病故，若愿意将次女续亲，

---

1 龙文彬：《明会要》卷五《帝系五·杂录》，第73页。

275

朝廷给予准许，仍准许该给诰命。嘉靖四十四年（1565）议准，被选中的仪宾，除了亲王、郡王家的仪宾照例可以赴京外，其他如镇国将军以下家的仪宾，及各中尉宗婿，都免除他们赴京，年终类奏，其中他们的诰命、禄米、从人，照例题给。

万历七年（1579）议准，亲王、郡王家的仪宾，照例可以给予祭典，其余一律裁革。凡是郡主、县主乃至郡君、县君一类，因为丈夫死亡而又缺乏子嗣可以依靠，则照旧例给予赡养。若丈夫死亡后尚有子嗣，或者仪宾自郡主、县主、郡君、县君死亡之日起，一律停发常俸，不许冒领。万历十年（1582）议准，亲王、郡王及将军之女所选中的仪宾，都免于他们进京谢恩。自选中之日起，长史、教授等官申呈巡抚、巡按衙门，在得到了地方长官允许之后，便冠带成婚，各自在年终具本类奏。若所选仪宾因未成婚而先病故者，那么郡主、郡君、县主、县君可以重新选择婚配。仪宾在成婚之后，各王府就照例请给诰命、禄米、从人，由所在地方布政司上报到礼部，以便礼部据此题复奏请。

各类仪宾照例可以得到恩恤。万历十年（1582）题准，仪宾所应得的禄米完全凭借郡（县）主、郡（县）君而得，所以当他们在丁忧期间，仍然全给禄米。等到妻亡之后，就必须截日停发。若是仪宾先亡，不分有无子嗣，郡（县）主、郡（县）君等只能支取一半，以便养赡，至于他们的诰命仍可请给。仪宾身后恤典，一概停免。至于中尉之女，听从选配，不必请授"宗女""宗婿"等名号，亦不给予婚嫁之资。长史、教授等官将选配子弟开报给巡抚衙门，由巡抚衙门直接给予札符、冠带成婚，并酌量免除本身杂泛差役，仍听随他们自便，不必在府中朝参。此外，这些中尉家的女婿，若是有意于科举仕进，不愿冠带荣身，那么亦允许他们读书仕进，与民生一起考试，应举出仕。[1]

（2）品官纳妇

洪武三年（1370）规定，凡是有品级的官员婚娶，或为他们的儿子聘妇，必须先派媒氏通书，其次则派使者或媒氏行六礼。新妇到了丈夫之家，主人则设宴款待送亲之人。第二日，谒见祖宗完毕，则拜见舅姑，行盥馈之礼。舅姑款待新妇，如家人之礼。下面根据明代官方典籍所定，将品官纳妇的婚礼仪式叙述如下。

第一，举行一种纳采的仪式。前一日，主婚之人在大门外设立傧相的位次，而在客厅内则设傧相之席。到了举行纳采这一天，在客厅及庭院中放置雁及礼物。媒氏亲点之后，执事之人举礼物进，傧相及媒氏跟随在后。天刚亮，主婚之人具祝版告庙。傧相至女方家中，媒氏进去告知，赞礼之人引傧相入列，执事之人在大门内各陈礼物。女方主婚之人身穿礼服，在大门外出迎。赞礼之人引导傧相出列，主婚之人揖傧相入，傧相及媒氏走上东台阶，主婚之人走上西台阶。到了客厅，傧相在左边站立，主婚之人在右边站立，媒氏站在傧相之南。执事之人将礼物陈设在客厅与庭院中，傧相及主婚之人再拜，傧相对主人说："某官以伉俪之重施于某，某率循礼典，谨使某纳采。"主婚之人说："某之子弗娴姆训，既辱采择，敢不拜嘉。"主婚之人向傧相作揖，傧相向西坐，而主婚之人向东坐。执事之人撤去礼物，傧相再在客厅陈设雁与礼物。傧相对主婚之人说："某官甚重婚礼，将加卜筮，请问名。"主婚之人答道："某第几女，妻某氏出。"或以红罗，或以销金纸，在上面写上女子的行第及年岁。傧相告辞，将出，主婚之人说："请礼从者。"傧相再次就座，行饮食

1 申时行等纂：《明会典》卷五七《婚姻》，第357—358页。

之礼。礼毕，傧相从东台阶下，主婚之人送到大门外。

第二，则行纳吉之礼。此礼大体上与纳采相同。只是傧相致辞稍有不同，改云："某官承嘉命，稽诸卜筮龟筮协从，使某告吉。"主婚之人则说："某未教之女，既以吉告，其何敢辞。"

第三，则是行请期之礼，大体与纳吉相同，不赘述。

第四，则是行亲迎之礼。在行礼前一天，主婚之人在大门外设立位次。到了亲迎这一天，新郎的父亲身穿公服，到祖庙祭告。天刚亮，新郎就身穿公服，行亲迎之礼。执事之人在客厅的正中设置新郎父亲的座位，新郎的父亲就座。赞礼之人引导新郎进入，从西台阶至其父前，北面再拜，进而站立在父亲座位前。父亲命之道："躬迎嘉偶，厘尔内治。"新郎亦说："敢不奉命。"退复位，再拜。媒氏带新郎到女方家。这一天，女方主婚之人亦身穿公服，告庙完毕后，举行宴会，款待亲戚。新郎至女方门外下马，媒氏进去告知。赞礼之人引新郎就列。新娘的使女请新娘身穿盛服，在寝门南坐。赞礼之人引导新郎出列。主婚之人出来，在大门之东迎接新郎，在西面向新郎作揖，一同进入。主婚之人从右面进门，而新郎则从门左而入。执雁之人在新郎之后至寝户前，北面而立，主婚之人立于寝户之东，向西。执雁之人将雁陈列于庭院，新郎再拜。拜毕，就列。主婚之人不送。新郎出去之后，新娘父母在正厅朝南坐，保姆引导新娘来到父母座前，北面四拜。父亲命之道："往之女家，以顺为正，无忘肃命。"母亲命之道："必恭必戒，毋违舅姑之命。"庶母亦训导说："尔悦听于训言，毋作父母羞。"保姆及侍女引导新娘出门，坐上车，仪卫在前面引导，送亲之人则乘车跟随在后。新郎先回家，在家等候新娘的到来。

第五，则是行同牢之礼。所谓"同牢"，其实相当于合卺。新娘将至新郎家，执事之人在寝室内设置座位，新郎东，新娘西。在寝室的东南设置新郎的盥洗之器，在寝室的西北设置新娘的盥洗之器，又在寝室的南楹正中设置酒案，放置四爵、两卺于酒尊之北，又在酒案之北放置食案。初昏之时，新娘之车到达门外，保姆请新娘下车。赞礼之人引导新郎在大门内出迎，新郎、新娘一同入内。到了寝室之门，新郎先走上台阶，保姆等带新娘入室。新郎在南面的洗器内盥洗，新娘的侍从手执毛巾，倒水洗沃；新娘在北面的洗器内盥洗，新郎的侍从手执毛巾，倒水洗沃。盥洗完毕，侍从请新郎、新娘各自就座。执事之人各将食案举于新郎、新娘之前，专司酒尊之人注酒，侍女将酒置于酒案之上，新郎、新娘一同饮下。撤去酒盏，专司食馔之人进奉食馔，侍女将食馔置于食案之上，新郎、新娘同吃。撤去食馔，还要饮酒、食馔一次。侍女将酒注入卺中，进奉于新郎、新娘之前。两人饮酒毕，赞礼之人请两人一同站立在座位之南，东西相对，赞礼之人称拜，两人就对拜。侍从带新郎、新娘入室更衣，新郎的随从就吃新娘吃剩之物，而新娘的随从则吃新郎吃剩之物。

　　第六，则是行庙见之礼。新娘到了男方家中的第二天，必须谒见宗庙。在东台阶下设置主婚之人的拜位，在其后面则设新郎的拜位，在西台阶下设主妇的拜位，在其后面则设新娘的拜位。至于各类亲戚的拜位，按照男女之别，各设于主婚之人或主妇之后。到了这一天，新娘刚起床，就须沐浴，穿上盛服，主婚之人和主妇亦穿上盛服，各就位再拜。赞礼之人带新娘进庙，到了庭中，向北站立。主婚之人从东台阶上去，到了神位前跪下，三次上香，三次祭酒。读祝文毕，起身，主婚之人站于神位之西。新娘行四拜之礼，退复位。主婚之人从东台阶下来，就自己的拜位。主婚之人以下，全再拜，礼毕。

第七，则是行见舅姑之礼。在行了庙见之礼后，新娘就必须行见舅姑之礼。执事之人先在堂上设置舅姑的座位，舅在东，姑在西。新娘沐浴后，穿上盛服，站立于堂下。等舅姑就座之后，赞礼之人就引导新娘就拜位，行四拜之礼。保姆从西台阶带新娘至舅面前，侍女将枣、栗给新娘，新娘接过后置于拜位前案子上，从台阶上下来，再行四拜之礼。礼毕，至姑前，同样行见舅之仪。执事之人各自撤去，新娘亦退下，从西台阶下到庭院，行四拜之礼。礼毕，新娘退下，舅、姑以家人礼对待新娘。

第八，则是行盥馈之礼。新娘在见了舅姑以后的第二天，就可以行盥馈之礼。到了这一天，新娘家准备好丰盛的食馔，来到新郎之家。新娘的从人在堂上设置舅姑的座位，在堂中设置食案。新娘刚起床，就沐浴，穿上盛服，站立在庭下。在舅姑就座以后，新娘行四拜之礼。保姆带新娘从西台阶上，至舅座位之前，新娘的从人在舅前举着食案，执事之人就将食馔授予新娘。新娘捧上食馔，进奉于舅前。至于进献给姑之仪，亦大体相同。食毕，新娘的从人撤去食馔，新娘就从西台阶下来，到了拜位，再行四拜之礼。礼毕，舅姑用家人之礼对待新娘。

第九，则是行招待之礼，一般是公公设宴招待新郎送亲之人，而婆婆则负责招待新娘送亲之人。[1]

（3）庶人纳妇

洪武元年（1368）下令，凡是民间嫁娶，则按照朱熹所定《家礼》行礼。洪武三年（1370）又规定，凡是男子年龄在16岁以上，女子

1　申时行等纂：《明会典》卷七一《品官纳妇》，第417—418页。

年龄在 14 岁以上，就可以婚娶。婚娶的礼仪，一般是先派媒氏向女方家"通言"，亦即传话、说亲；其次，则命媒氏纳采、纳币。到了娶亲这一天，新郎就穿上盛服，至女方家亲迎。主婚之人礼待宾客。第二天，新娘行庙见之礼，其次则见舅姑，而新郎亦见新娘的父母。其婚礼的具体过程，可以概述如下：

其一，行纳采之礼。就在行纳采礼这一天天刚亮，主婚之人就去祠堂，祭告祖宗云："某之子某，年已长成，未有伉俪，已议娶某郡某之女。今日纳采，不胜感怆。"若是宗子自己娶妻，则自己至祠堂祭告。媒氏手捧婚书及礼物，前往女方之家。至大门外，主婚之人出来迎接媒氏，媒氏从右面进门，主婚之人从左面进门。一同到厅堂，相对而立。执事之人在堂上及庭中放好礼物，媒氏向前对主婚之人说："吾子有惠，贶室于某。某亲某有先人之礼，使某请纳采。"主婚之人答道："某之子蠢愚，又弗能教。吾子命之，某不取辞。"侍从之人就将婚书授予媒氏，媒氏将婚书交给主婚之人，主婚之人接受婚书，将它交给左右之人。其后，主婚之人请媒氏就座，执事之人各撤去礼物。主婚之人就拿着婚书到祠堂祭告。完毕后，出来迎接媒氏，在堂上升座，侍从之人再将婚书授予主婚之人，主婚之人将它交给媒氏，媒氏接过婚书，将它交给执事之人。完毕后，请退，主人以酒馔款待媒氏，又在另外一室款待、赏赐随从。使者回到新郎之家复命，新郎家再次在祠堂祭告。

其二，行纳币、请期之礼。在古代婚礼中，纳采之后有问名、纳吉之礼。朱熹《家礼》，只用纳采、纳币，以从简便。明代民间百姓纳妇，仅仅采用朱熹所定《家礼》，而不再使用古代婚礼。

在这一天，新郎家主婚之人在庭院中准备好婚书及礼物，媒氏盘点之后，就拿着婚书与礼物到新娘之家。到了新娘家，主婚之人出来迎接，媒氏从门的右边进去，主婚之人从门的左边进去。一同到客堂，东西相对而立，随从在堂上及庭院中陈设好礼物。媒氏走到主婚之人面前，道："吾子既修好于某，某使某来成礼。"主婚之人说："备礼有加，敢不重拜。"随从将函中所装婚书交给媒氏，媒氏又将它交给主婚之人。主婚之人接过婚书，又交给左右之人。其后，左右之人又将婚书交给主婚之人，主婚之人交还给媒氏。媒氏接过婚书，再次致辞道："某使某请吉日。"主婚之人说："某固听命。"媒氏说："请以某甲子。"主婚之人说："敢不承命。"媒氏请告退，主婚之人留媒氏参加宴会。

其三，行亲迎之礼。按照惯例，亲迎之礼，必须新郎亲自去新娘家迎接新娘。但在明代的礼制规定中，同样亦规定，若是新郎有故，可以由媒氏代为前往迎接。

在亲迎前一日，女方家就派人安排好新郎的寝室，俗称"铺房"。到了亲迎这一天，天刚亮，新郎的父亲就穿着盛服，到家庙中祝告。祝告完毕，新郎的父亲坐在正厅中间，朝南。新郎则穿着盛服，站在他父亲之西稍南，朝东。赞礼之人称鞠躬、拜，于是就鞠躬、拜、平身。执事之人用盏注酒，新郎就用酒少许祭告，再吐出酒，然后将酒交给随从。站起，走到父亲前。其父命之曰："厘尔内治，往求尔匹。"新郎亦说："敢不奉命。"赞礼再称鞠躬、拜，新郎再行礼一次。完毕后，就出门，乘上马，前面由二烛作为前导。到了新娘家，司宾之人延请入列。这一天，新娘的父母请来亲戚，替女儿大宴亲戚。新郎到后，主婚之人在祠堂中祝告，道："某之第几女，将以今日归于某，不胜感怆。"祝告完毕，出来在中门之外迎接新郎。向新郎作揖，迎入。主婚之人从东台阶上，朝西，新郎从东台阶上。到了新娘的寝室前，执雁之人在阶庭上陈设雁（无雁，以

他物代替），新郎道："某受命于父，以兹嘉礼，恭听成命。"主婚之
人说："某固愿从命。"赞礼之人就称鞠躬、再拜、平身，新郎行鞠
躬、再拜之礼。随后，赞礼之人带新郎从台阶上下来，回到自己的
行列，而主婚之人不下台阶送新郎。不久，新娘的父母穿上盛服，
朝南而坐。侍女引新娘来到父母面前，朝北站立。赞礼之人称四拜，
新娘行四拜之礼。其父亲诫之道："往之尔家，无忘肃恭。"其母亦
诫之道："夙夜以思，无有违命。"其他诸母又诫之道："无违尔父母
之训。"赞礼之人又称四拜，新娘行四拜之礼。侍女带新娘出门，上
轿，二烛在前。新郎先骑马回家，在门外等候。新娘到了门外，赞
礼之人请下轿。新娘下轿入门，朝北而立。新郎出来，到了中门外，
朝南，请新娘一同入室。新娘的侍从在新房之东布置好为新郎准备
的酒席，新郎的侍从在新房之西替新娘布置好酒席。赞礼之人带新
郎、新娘入席，东西相对，互相行对拜之礼。新郎请新娘就座，新
娘的侍从举食案放到新郎之前，新郎的侍从举食案放到新娘之前。新
娘的侍从斟好酒，新郎接过酒，饮尽。新郎的侍从斟好酒，新娘接
过酒，饮尽。饮酒完毕，双方的侍从又进食馔，新郎、新娘分别吃
过。新娘的侍从就用卺斟酒，进献给新郎，新郎接过酒。新郎的侍
从也用卺斟酒，进献给新娘。新郎、新娘一同饮毕，站起，进入洞
房。新郎脱下衣服，新娘的侍从接过；新娘脱下衣服，新郎的侍从
接过。新郎的侍从吃新娘吃剩之物，新娘的侍从吃新郎吃剩之物。另
外，按照一定的礼仪，主婚之人在外厅招待男性送亲之人，主妇在
中堂招待女性送亲之人。

其四，行见舅姑之礼。新娘到了男方家的第二天，就必须拜见
舅姑。这一天天刚亮，新娘穿上盛服，站在堂下。舅姑坐在堂上，
舅位在东，姑位在西，放桌子在舅姑之前，家人男女站立在两旁。

侍女带新娘站在东台阶下，赞礼之人称四拜，新娘行四拜之礼。侍女带新娘从东台阶上，来到舅姑之前。侍女用赘币（俗所谓见面钱）交给新娘，新娘接过，放在桌子上。舅抚摸赘币。侍女带新娘从台阶上下来，朝北站立。赞礼之人称四拜，新娘行四拜之礼。侍女带新娘从西台阶下，站立。赞礼之人称四拜，新娘又行四拜之礼。侍女带新娘从西台阶上，来到姑的座位前。侍女将赘币交给新娘，新娘接过，放在桌子上。姑抚摸赘币。侍女带新娘从台阶上下来，朝北而立。赞礼之人称四拜，新娘行四拜之礼。礼毕，舅姑如家人一般款待新娘。

其五，行见祖祢之礼。按照古代之礼，新娘理应三月而庙见。朱熹嫌其太久，于是在《家礼》中改为三日而庙见。

新娘嫁到男方家的第二日，就见祖祢。若是家中无庙，就在厅堂中设神位。在东台阶下设主婚之人的拜位，朝北，其后为新郎的拜位。在西台阶下设主妇的拜位，其后为新娘的拜位。至于亲属的拜位，则分别按照他们的辈分，立在主婚之人、主妇之后。到了这一天，新娘一早就沐浴盛服。主婚之人和主妇亦穿上盛服。赞礼之人带主婚之人、主妇就位，又带亲属按照位次站定。赞礼之人称再拜、平身，主婚之人以下均再拜、平身。赞礼之人带新娘到庭中，朝北立，引礼之人带主婚之人从东台阶上站起，到神位之前。引礼之人称跪，主婚之人跪；引礼之人称上香，就三次上香；引礼之人称祭酒，又三次祭酒。祭酒完毕，引礼之人称读祝文。读完祝文，引礼之人称俯伏、兴、平身，主婚之人九行礼。引礼之人带主婚之人立于神位之西，赞礼之人称四拜，新娘行四拜之礼。拜毕，回到自己原来的位置。引礼之人带主婚之人从东台阶回到原来的拜位，赞礼之人称鞠躬、再拜、平身，主婚之人以下就鞠躬、再拜、平身。赞礼之人唱礼完毕，主婚之人以下均退下。

其六，行婿见妇之父母之礼。新娘嫁到男方家第二天，新郎就穿上盛服，去见新娘的父母。至大门外等候，赞礼之人先进去禀告，新娘之父出来，在大门外迎接，请新郎进家。侍从拿着礼币随后。新娘之父从西台阶上，新郎从东台阶上。到了厅堂，就东西相对，新娘之父在西，新郎在东。赞礼之人称鞠躬、四拜、平身，新郎一一行礼。新娘之父扶新郎起来，侍从就将礼币交给新郎。新郎接过，交给新娘之父。新娘之父接过，交给左右。赞礼之人带新郎到后堂门外，稍候，侍从拿着礼币跟随。新娘之母身穿盛服从后堂出来，朝南立。赞礼之人带新郎来到堂楹下，朝北立。赞礼之人称鞠躬、四拜、平身，新郎一一行礼，新娘之母答礼。侍从将礼币交给新郎，新郎将其进献给新娘之母。新娘之母接过，交给左右。礼毕，赞礼之人带新郎见新娘家的亲戚，全按照宾客相见之礼互相行礼。其后，按照各自家庭的经济状况，新娘家设宴款待新郎。[1]

（4）官民婚礼的礼物规定

洪武五年（1372）六月，定官民婚礼，其中纳采、问名、纳吉、纳征、请期、亲迎六礼，其中的礼物，既有官员中的品级限定，又有官员与庶民之别。

以官员为例，其所行六礼大体如下：

纳采、问名合在一起下礼，公侯或品官一品至四品，为红文绮二匹；五品至九品，文绮或绫罗随便选用，其数为一匹。

纳吉之礼，一品、二品，文绮、绢各八匹，红罗、纱各二匹；三品、四品，文绮、绢各四匹，红罗、纱各二匹；五品至七品，文

1　申时行等纂:《明会典》卷七一《庶人纳妇》，第418—419页。

绮、绢各二匹；八品、九品，文绮、绢各一匹。

纳征之礼，一品、二品，玄𫄸束帛，用青文绮三匹，红文绮二匹。礼服用山松特髻，大袖衫，霞帔褙子。常服用珠翠漆纱冠，绿襕长袄、长裙四袭，钏、镯全用金。文绮、纱、绫、罗各八匹，绢三十二匹，绵一百两，大红罗二匹，绵十六两，余同二品。五品，玄𫄸束帛，青红文绮、罗、绸随所用，常服用绿襕长袄、长裙二袭，钏、镯用银镀金，文绮、绫、罗随用。六品不用绵与大红罗，余同四品。六品、七品常服，钏镯用银，文绮、绫、罗随用，绢四匹，余同五品。八品、九品不用山松特髻，通用庆云冠，常服绿襕长袄、长裙一袭，文绮、绫、罗随用，绢二匹，钏、镯同七品。

请期之礼，一品至四品，文绮二匹，五品以下不行此礼。

亲迎之礼，一品至四品，红文绮二匹；五品至九品，文绮、绫、绢随用一匹。

至于庶人的婚礼，显然与官员相比显得更为简易。其中纳采、问名、纳吉合在一起行礼，上户红绢四匹，中户二匹，下户一匹。纳征之礼，上户为漆纱庆云冠，首饰用银，桃红绢大袖衫，蓝青云素霞帔，绿襕长袄、长裙各二袭，用绢及细布，钏、镯用银，彩绢八匹，纱、罗六匹或四匹；中户彩绢六匹或四匹，纱、罗四匹或二匹，不用钏，余同上户；下户彩绢二匹，不用钏、镯、纱、罗，余同中户。亲迎之礼，上户红绢或布一匹，中户、下户随所有用之。此外，所用牲、酒、果、面之类，也各有等差。[1]

1　孙承泽：《天府广记》卷一六《礼部下·官民婚礼》，北京古籍出版社 1983 年版，上册，第208—209 页。

婚姻习俗

朝廷所定婚礼，是对婚姻的一种礼制性规范。但在实际的婚姻过程中，官民婚姻并非一概按照礼制而行，而是自有民间的婚姻习俗。

1. 政治性婚姻

联姻、裔婿、民族间的联姻，无不带有政治性的目的，均可归于政治性婚姻。

明太祖朱元璋早在尚未统一全国以前，就采用了一种政治联姻的手段，让自己的侄子朱文正娶谢再兴的长女，又将朱文正的幼女嫁给大将徐达。[1]

所谓"裔婿"，为状元、进士出于政治的目的，成为势宦之家的赘婿。在明代，裔婿之俗已经很少见到，如程敏政成为李贤之婿，是在他未中进士之前，即使如此，也被一些有识之士所议论。但在嘉靖年间，还是出现了裔婿之例。当时的翰林编修赵祖鹏是浙江东阳人，居住在北京，有女嫁给了权臣陆炳为继室，就倚靠陆炳的权势，富贵擅于一时，但为士林所不齿。赵祖鹏的幼女刚刚及笄，才而艳。嘉靖三十八年（1559），殿试出榜以后，状元是丁士美，正好丧偶。赵祖鹏拟将女儿嫁给丁士美，但丁氏坚拒不从。赵氏深感难堪，正好会元蔡茂春的妻子也亡故，羡慕赵家的势焰，就托人向赵家求亲，于是蔡氏就成为赵家的赘婿，一时清议沸然。[2]

民族间的联姻，古有"和亲"之例。明代皇帝、亲王甚至臣子，

---

1 《明太祖实录》卷一二，癸卯四月乙丑条，台湾"中央研究院"历史语言研究所 1966 年校印本。

2 沈德符：《万历野获编》卷二六《裔婿》，第 672 页。

均有娶少数民族妇女为妻之例。这种不同民族间的通婚乃至联姻，或许有其政治上的目的，而有些却是一种旧俗。

民族间的联姻，在明初仍相当普遍。明太祖第三子秦王，娶元太傅中书右丞相河南王扩廓帖木儿之女王氏为正妃，次妃邓氏是功臣邓愈之女，反而屈居其下。洪武十八年（1385）状元，襄阳人任亨泰，其妻是蒙古人，赐国姓朱氏，而亨泰之母为乌古论氏，也是色目人。永乐年间，明成祖纳高丽所献女数人，其中一人为敬妃权氏，曾经随明成祖北征。[1]

2. 婚礼论财

照例说来，古之婚礼，原本不过是结两姓之好，以重人伦。但在明代，婚姻之家，唯论财物，不尚礼教，这是明代婚俗中的通病。为此，朝廷不时下发禁令，希望能将婚姻习俗中的奢侈之风有所纠正，早在洪武五年（1372），明太祖朱元璋就下令，要求中书省就婚礼集议定制，颁发天下，其目的就是倡导节俭，以厚风俗。至嘉靖八年（1529）题准，要求婚礼男女双方之家，对于"仪物"，"俱毋过求"，显然也是为了提倡一种节俭办婚礼之风。[2]

即使如此，民间婚礼论财之风仍很流行。如明末清初学者陈确说："古之嫁女者，荆布而已；今之嫁女者，必珠玉绮绣，光耀白日，迎奁之舟相衔而进，而后嫁。"[3] 所反映的就是这种婚姻奢侈之风。这种婚姻论财之风，各处均有其例，尤以陕西为甚。关于此，王廷相揭示道："下户妇女，财礼动至二三十金，以至男女年近三十，多

---

1 沈德符：《万历野获编补遗》卷一《亲王娶夷女》，第 806—807 页。

2 申时行等纂：《明会典》卷七一《庶人纳妇》，第 419 页。

3 陈确：《陈确集·文集》卷六《丧实议》，中华书局 1979 年版，第 178 页。

未婚嫁，弃亲悔聘，习以为常。"[1]正因为此，当时有一谣谚，说："盗不过五女之门。"[2]其意是说，生女一多，为了准备丰厚的嫁妆，最终会将家产耗尽。

鉴于此，明末清初学者陈确倡导一种新的礼俗。他在所作家约中，对妇女的妆奁给以简约化，一般以 30 两银子为准。我们以陈确所附的一份奁单为例，以观当时嫁女若花 30 两银子，可以置备一份什么样的嫁妆：

> 衣厨一口，衣箱二口，火箱一只，梳卓一张，琴凳二条，大杌头二条，小杌头二条，衣架一座，面架一座，梳匣一个，镜箱一只，铜镜二面，面盆一个，灯台一个，烛千一对，脚炉一个，布衣一袭，绸衣二袭，铺陈一副，床帐一条，床幔一条，门帘一条，面桶一只，脚桶一只。[3]

当然，此约仅仅是对士绅家庭嫁妆而言，若是对民间小户人家来说，这份嫁妆应该说已经相当丰厚了。

3. 冥婚

所谓"冥婚"，就是生者与死者行婚姻之礼。根据通行的说法，认为冥婚之制始于曹操统治时期。当时曹操的爱子苍舒死后，他就替儿子聘甄氏"死女"合葬。这种习俗在明代尚有遗存。如大学士叶向高之女曾受聘于给事中林梓之子为妻。林梓早死，叶向高女死

1　王廷相：《浚川公奏议集》卷一《请守令多选进士疏》，载《王廷相集》，中华书局 1989 年版，第 1223 页。

2　侯一元：《婚范》，载黄宗羲编：《明文海》卷一四三，中华书局 1987 年版，第 1436 页。

3　陈确：《陈确集·别集》卷九《丛桂堂家约》，第 515—516 页。

后，就将两人合葬在一起。[1] 又据史料记载，明代山西石州风俗，凡是男子未娶而死，他们的父母必定等到乡里人有死女之家，求为配偶。诸如议婚、定礼、纳币这一套仪式，全与活婚礼相同。等到下葬之日，也同样要为亲戚设宴。而女子死后，她们的父母想纳一赘婿，其仪式也大体与此相同。[2]

4. 兄弟合娶一妻

究其源头而言，兄弟合娶一妻，应该是贫穷人家子弟的无奈之举。但在随后，却成为某些地区的特殊婚俗。在明代，浙江温州乐清县一带，就有兄弟合娶一妻的婚俗。这种风俗主要存在于三山黄渡这一村落。凡是家中无兄弟者，女家反而不乐与其家结亲，因为害怕其孤立，不能养活自己的妻子。一旦娶妻回家，兄弟两人就各以手巾作为标记。当日暮时，兄先悬巾，那么其弟不敢入，或者弟先悬巾，则兄也不敢入，所以此地又名"手巾嶴"。[3]

5. 媒妁

媒妁之言，这是传统男女婚姻程序中继父母之命之后必要的一环。虽然传说认为男女的结合是月下老人红线所牵，但实际上媒妁才是真正将男女牵在一起之人。明代地方官在司法实践中，显然已经注意到了媒妁在男女婚姻中的作用，进而发现其中所存在的问题，于是给予适当的规范。叶春及在福建惠安知县任上时，曾对媒妁作了如下规定：

> 凡媒妁为人议昏，须通二家之情，待其许诺，毋得欺诳，

1 朱国祯：《涌幢小品》卷六《冥婚》，中华书局 1959 年版，第 133 页。
2 陆容：《菽园杂记》五，载邓士龙辑：《国朝典故》卷七七，第 1675 页。
3 陆容：《菽园杂记》一一，载邓士龙辑：《国朝典故》卷八三，第 1777 页。

但求成事，以贻他日之悔。事发，罪之。谢礼上户不过一两，中户五钱，下户一钱。溺阴阳年月而不成昏，及论财者，罪其父母。[1]

所谓的"谢礼"，俗称谢媒钱。从上述这段史料中可知，福建惠安县民间婚礼的谢媒钱，根据家庭经济状况，大体上是在一钱银子至一两银子之间浮动。而在明代民间的婚姻习俗中，同样相当看重媒人的作用，故明人徐霈有言："乡俗缔姻，央媒人多用亲党。"[2]

6. 庚帖、婚券

男女之间订婚之前，照例需要讨一个庚帖，看双方是否合适。庚帖上面所写内容，小说《金瓶梅》提供了一个比较完整的例子："韩氏，女命，年十五岁，五月初五日子时生。"[3]

所谓"庚帖"，在明清时期又称"八字"。明代已很少行问名之礼，不过是将女子出生之年、月、日、时写在一个帖子上，称为"八字"。可见，所谓的问名之礼，已流为请"八字"之俗。[4]

所谓"婚券"，这是男女双方订婚的凭证。由于岁月沧桑，尽管如今已经无从看到明朝人留下来的婚券实物，但从明朝人的一些记载中，还是可以知道这些婚券的样子乃至其中所写的内容。

成化年间，浙江钱塘县定北乡大青岭居民邵士贤在土中掘得一块银牌，上面镌刻如下文字："陕西兰县民人回官，本年丙午九月二十二日午时建生。"在银牌的背面，则又有"花篮二十五对"等

---

1 叶春及：《石洞集》卷七《惠安政书·昏十二条》，第493页。

2 徐霈：《四礼议》，载黄宗羲编《明文海》卷七五，第704页。

3 兰陵笑笑生：《金瓶梅词话》第三七回，第482页。

4 于鬯：《花烛闲谈》，载《中国香艳全书》十五集卷一，第3册，第1818页。

字。[1] 据明朝人郎瑛的考证，这应该是当时的婚券。可见，有些民间婚券，采用银牌的式样，其正面镌刻男方的生辰八字，后面则刻聘礼之数。

7. 其他婚俗

除了上面这些婚俗之外，在明代的民间，尚存在着其他一些与婚姻相关的习俗，诸如纳币、整容开面、傧相等。

在明代民间婚俗中，仍流行纳币之礼。关于此，可引下面一段史料予以证实：

> 林贞女，侯官人。父舜道，官参政。女幼许长乐副都御史陈省子长源，既纳币，长源卒。女蓬首削脂泽，称病卧床，哭无声而神伤。或谓位成婚，何自苦。答曰："予名氏、岁月，饰而椟之以归陈，忍自昧哉！"固请于父，欲赴陈丧，父为达其意。[2]

从上面记载不难知道，明代纳币之制，就是将女子之闺名、生辰八字放在椟中，呈送男方之家。

民间百姓女子，在出嫁前三日，必须整容开面。在明代，一般小户人家女子出嫁前的整容开面，多由男性整容匠或栉工承担。[3]

男女婚礼举行之时，必须由傧相主持。傧相多为男性担任。傧相的职责即为在赞礼时节在旁高声说"请茶""请酒"，所以在明代一般又将此类傧相称为"婚筵茶酒"。[4]

---

1 郎瑛:《七修类稿》卷四九《奇谑类·婚券相合》，上海书店出版社 2001 年版，第 520 页。
2 《明史》卷三〇三《列女三》，第 7739 页。
3 凌濛初:《二刻拍案惊奇》卷二五，岳麓书社 2002 年版，第 267 页。
4 凌濛初:《二刻拍案惊奇》卷二五，岳麓书社 2002 年版，第 267 页。

此外，北京的民间婚俗，也具有一定的代表性，需要专门予以介绍。按照史料记载，北京庶民家的男女若是年命合婚，得吉即往相亲，并留一物示意，诸如簪花、戒指、巾帕之类，表示凭信。其次，则行"小茶礼"，礼物不过是羹果一类，"数用四或六，甚至十六"，一般根据自己家庭而定丰俭。小茶礼之后，则行"大茶"，需要另外加上一些衣饰之物。若是勋戚富贵之家，那么行大茶礼时，所用金珠、玉石，甚至花费百千两银子之巨。在迎娶前一日，新郎家用一席，外加两只雄鸡及其他杂物，前往女家，称为"催妆"。新妇及门，初出轿时，新郎将马鞍置地，令妇跨过其上，暗含"平安"之意。新妇进房时，有一位阴阳先生高唱催妆诗，并将五谷及诸果遍撒，称为"撒帐"。其后，女方家以饮食供送其女，或加服饰、酒礼，遍拜女婿家的亲戚，随时举会，号称"做三朝"，或称"做单九""做双九"。女方家嫁女一月之后，将女婿迎回家，夫妻在女方家一直住上一个多月，才回男方家。[1]

贞节观念束缚下的婚姻生活

按照明末清初著名思想家黄宗羲的观点，烈妇应该包括下面两类：一类是"殉礼"之妇女，当"强暴侵陵，猿鹤沙虫，变化俄顷，从人入兽，故不得不死"。这一类妇女是"以义礼制其心也"。另一类是"殉情"之妇女，亦即"闺房之内，青灯敝帏，古井无波，坐享令名，无端而欲以柔丽之身，函委土木"。《诗经》云：临其穴，揣揣其慄。这些妇女的行为尽管是"《诗》《书》所不劝，清议所不

---

1 沈榜：《宛署杂记》卷一七《上字·民风一·土俗》，北京古籍出版社 1982 年版，第 192 页。

闻", 但还是 "锐然必欲行之", 可见其 "至性在是非毁誉之外, 冰魂雷魄, 天之所独钟也"。[1]

黄宗羲的这番分析, 事实上已经为我们探讨明代"烈妇"提供了理论的起点, 亦即所谓的"烈妇", 除了符合传统道德规范的"殉礼"之妇外, 尚有一种不符合传统礼教的"殉情"之妇。这无疑牵涉到"情"与"礼"的矛盾冲突。传统的儒家道德以及受其左右的史家, 竭尽全力所要塑造的是符合礼教的烈妇。而事实上, 在明代的社会中, 同样不乏情有独钟、为情而死的烈妇。

中国历史上关于妇女记载的史传, 对妇女历史的记录, 应该说经历了一个从关注不同类型的妇女转向专记贞女烈妇的过程。清初官修《明史》对此作了下面一番概述:

> 妇人之行, 不出于闺门, 故《诗》载《关雎》《葛覃》《桃夭》《芣苢》, 皆处常履顺, 贞静和平, 而内行之修, 王化之行, 具可考见。其变者,《行露》《柏舟》, 一二见而已。刘向传列女, 取行事可为鉴戒, 不存一操。范氏宗之, 亦采才行高秀者, 非独贵节烈也。魏、隋而降, 史家乃多取患难颠沛, 杀身殉义之事。盖挽近之情, 忽庸行而尚奇激, 国制所褒, 志乘所录, 与夫里巷所称道, 流俗所震骇, 胥以至奇至苦为难能。而文人墨客往往借佪傥非常之行, 以发其伟丽激越跌宕可喜之思, 故其传尤远, 而其事尤著。然至性所存, 伦常所系, 正气之不至于沦澌, 而斯人之所以异于禽兽, 载笔者宜莫之敢忽也。[2]

---

1 黄宗羲:《南雷诗文集·碑志类·毛烈妇墓表》, 载《黄宗羲全集》, 浙江古籍出版社 2005 年版, 第 10 册, 第 281 页。
2 《明史》卷三〇一《列女一》, 第 7689 页。

这段话基本透露了下面的信息，这就是史传关于妇女的记载，已经从关注其"处常履顺，贞静和平"，转而关注妇女"患难颠沛，杀身殉义之事"，亦即由《列女传》，转而成为千篇一律的《烈女传》和《贞女传》《节妇传》。[1] 这是一种意识形态的变动而引起的社会变动，说明礼教社会对妇女的控制越发严厉。清初的史家在修《明史》时，应该说已经注意到了这一转变现象，而且亦认为这种现象本身所具有的片面性。但因受到社会乃至个人思想的拘囿，他们不得不还是更多地将注意力转到那些"节妇""烈女"的身上，而不是全面关注社会各阶层乃至仅仅具有庸言庸行的妇女。

贞女、节妇表彰：法律和礼制的规定

明代政府对节妇、烈女的表彰，已经著为规条，并使其制度化。凡是地方上出现了节妇、烈女，巡按御史、提学道每年无不将其上报朝廷，予以旌表。旌表之制，大小不一，大者赐祠祭祀，小者竖坊表彰，乌头绰楔，照耀井间，即使是那些身处穷乡僻壤的下户妇女，也能以贞白自砥，并凭借自己的节烈之行而受到朝廷的旌表。[2] 有一

1　明朝人洪朝选已经敏锐地发现，刘向所作《列女传》，所载共计62人，仅有一人属于"节妇"，其余均为"闺门之常数也"。正是在这一点上，洪氏称刘向堪称"善学《诗》者"。参见洪朝选：《洪芳洲先生归田稿》卷三《书纯节许氏卷》，载《洪芳洲公文集》上卷，台湾洪福增1989年重印本。

2　明朝廷对妇女的旌表制度，起初不论家庭出身，只要有节行，均可得到朝廷的旌表。然至嘉靖二年（1523）之后，则更多地偏向于一般的"委巷妇女"，而不及于那些命妇。但这仅仅是制度规定，而在实际的执行过程中，妇女节行的表彰，正如明代公案小说《百断奇观重订龙图公案》（新印本改名为《包青天奇案》）所言："就如那守节的女子，若不是官宦人家，又没有银子送与官吏，也不见有什么名色在那里。"这应该说反映了当时的现实，即节妇旌表所凭的不是真正的节行，而是地位与金钱。分见申时行等纂：《明会典》卷七九《旌表》，第457页；无名氏撰、锦文标点：《包青天奇案》卷三《忠节隐匿》，岳麓书社2004年版，第79页。

个数字颇能说明朝廷的这套妇女旌表制度，又是何等的深入人心。清初《明史》的作者已从《明实录》与全国各地的府、州、县方志中，作了一个粗略的统计，在这些史籍中被记录的妇女不下万人。[1] 正是这些有着历史记录的妇女，尽管间有以文艺著名者，但还是以节烈妇女居多。

《大明律》将"不义"定为"十恶"之一，其中就包括对妇女轻易改嫁的限制，如妻子"及闻夫丧，匿不举哀，若作乐释服从吉及改嫁"，均被视为"十恶"。[2] 从这条律文不难看出，明代的法律禁止妇女在丈夫丧期内改嫁的"不义"之举。

明代对妇女的旌表制度，事实上包括对贞、节、孝、烈四者的不同表彰。所谓的"旌表"，其实就是由官方替贞节之女在其乡里立一牌坊，或称"坊表"，又称"旌门"，以示表彰。此制始于唐，其制为"乌头二柱，双阙一丈，坊以白而赤其二角，使其观者回心而悛行焉"。[3] 所谓的"坊表"，就是古代"表宅里、树风声"之意。妇女旌表牌坊，其名不一，或称"贞烈坊"，或称"贞节坊"。[4] 而对妇女的旌表，除了建牌坊之外，朝廷通常还采用另外两种方式：一是将妇女的节烈之行书写在地方上的旌善亭中。如洪武二十七年（1394）奏准，天下军民衙门，将已经旌表军民孝子、节妇，在所在旌善亭内，附写行孝守节缘由；二是在旌善亭旁另立贞烈碑，以示表彰。

1 《明史》卷三〇一《列女一》，第7689—7690页。
2 怀效锋点校：《大明律》卷一《十恶》，第2页。
3 钱谦益：《牧斋有学集》卷一六《霜哺篇墨迹卷序》，上海古籍出版社1996年版，第754页。
4 如浙江金华府兰溪县，有贞烈坊，在桃花坞，为王瓘妻柳氏立；贞节坊，在五都马涧，为方良规妻章氏立；又有一座贞烈坊，在十四都，为包氏女姜姑立。参见王懋德：《金华府志》卷二三《坊表》，载《中国史学丛书》，台湾学生书局1987年版。

如正德六年（1511）下令，"近年山西等处，不受贼污贞烈妇女，已经抚、按查奏者，不必再勘。仍行有司各先量支银三两，以为殡葬之资。仍于旌善亭傍立贞烈碑，通将姓字年籍镌石，以垂永久"。[1]

明代法律对寡妇守节有一套具体的旌表制度，其中规定："凡民间妇寡，三十以前夫亡守志者，五十以后不改节者，旌表门闾，除免本家差役。"[2]这条法律规定，其实包含了下面两点：一是寡妇守志的最初年限，也就是必须是 30 岁以前守寡；二是守寡的年限必须超过 20 年。只有达到这两个基本条件，才符合旌表。用明朝人李开先的话说，"人非逾五十不表，时非待岁终不题"。换言之，只有超过 50 岁并已守节 20 年的妇女，才有获得旌表的资格。至于旌表妇女上报的时间，通常是在每年的年末，经过地方官员申覆结勘之后，才上报礼部。为了使被旌表的妇女更容易获得"申覆结勘"，那么通常又会请一些地方上的乡绅或著名文人，替妇女写一篇赠序。[3]

早在明代初年，明太祖在旌表女节方面就分出了不同的等次，从中部分反映了一些人性化的色彩。其主要内容，就是将传统所谓的"贞节"妇女分出高低：上者"生则同室，死则同穴"，这是为夫守节；下者"剔目割鼻，誓死不嫁"。而从洪武十一年（1378）延安府洛川县民张敏之妻赵氏的旌表例子中，可知明初所定旌表制度，其中包括下面两项内容：一是"旌表其门"，这是一种荣誉；二是"蠲其

1　申时行等纂：《明会典》卷七九《旌表》，第 457 页。

2　《大明令·户令》，载怀效锋点校：《大明律》附录，第 242 页。按：明末清初归庄也说："国家之制，民间女子未三十夫亡守节者，年至五十，輶轩之使以闻于朝而旌之。"参见归庄：《归庄集》卷三《陈节妇归孺人五十寿序》，上海古籍出版社 1984 年版，第 259 页。

3　李开先：《闲居集》卷五《赠刘门双节序》，载《李开先全集》，文化艺术出版社 2004 版，上册，第 419 页。

家杂役"，这是节妇之家因荣誉而得的实惠。[1]

　　洪武十四年（1381）十月，杭州府仁和县民何富之妻平氏因守节而获得了朝廷的旌表。据史料记载，平氏在23岁时，其丈夫何富就已死去，平氏"誓不再适，孝养舅姑，教其子至于成"。在她66岁之时，由地方有司将其事迹上报朝廷，才最终获得旌表。[2]而洪武十五年（1382）七月，真定孝妇刘氏所获旌表，则颇能代表明朝廷对孝妇的旌表。据载，刘氏是韩太初妻，新乐县人。刘氏侍奉婆婆宁氏甚谨。她的孝行主要有两项：一是她的婆婆得病以后，刘氏就刺臂血和汤，进奉，其婆婆病得痊愈；二是其婆婆得病临终之时，刘氏又在神明前号呼，"并刲股肉和粥以进"。这两件事上报到朝廷，明太祖朱元璋就遣使者赐与刘氏衣一袭、钞20锭，其婆婆的葬事也由官方负责，又"旌表其门，复其家徭役"。[3]

　　早在明初洪武年间，在对妇女孝道的旌表上，明太祖就已经反对一种极端化的孝道做法。明朝廷所定的旌表制度，其实质可以明宣宗的一段话作为例证。他说："孝者，人道当然。贤智之人不待劝勉，中人以下须激励，乃能为善。旌表之意正如此。"[4]可见，旌表制度是为"中人以下"之人所设，其目的在于劝勉。既然是劝勉，就必须更显人性化，以使一般民众容易践行。所以，直至宣德年间，明宣宗仍然将妇女采用"剖腹割肝"一类的做法排斥在孝道旌表之

1 《明太祖实录》卷一一八，洪武十一年夏四月丁卯条。

2 《明太祖实录》卷一三九，洪武十四年冬十月戊午条。

3 《明太祖实录》卷一四六，洪武十五年七月己巳条。按：刘孝妇之事亦载《明史》，称"旌门闾，复徭役"。参见《明史》卷三〇一《列女一》，第7691页。

4 《明宣宗实录》卷一八，宣德元年六月庚辰条，台湾"中央研究院"历史语言研究所1966年校印本。

外。[1]原因很简单，这种极端化的行为，正好又与儒家所倡导的"身体发肤，受之父母，不敢毁伤"这一孝道观念凿枘不合。

洪武十六年（1383），晋州安平县烈妇张氏受到了旌表。从这一事例中，可以看出明代官方对"烈妇"的旌表。据载，张氏是国子监监生翟德之妻。翟德偷盗了同舍国子生的衣物，事情败露以后，张氏深感羞耻，说："夫者，非但仰望以终吾身，将冀其力学成名，以显荣父母也。今若此，我何面目见乡里人乎！"最后自缢身亡。[2]

朱元璋所定旌表妇女的制度，在永乐年间仍然得到很好的执行。洪武三十五年（建文四年，1402），明成祖就对三位"贞节"妇女进行了旌表。这三位妇女分别是处州府丽水县民郑子廉妻戴氏、饶州府乐平县民詹伯尹妻倪氏和程启明妻汪氏，她们共同的贞节之行就是"早寡守志不贰"。[3]

朝廷旌表节妇之制，在具体的实施过程中，显然也有一定的程序。为此，可引王阳明在江西任上之《旌奖节妇牌》为例：

> 访得吉水县民人陈文继妻黄氏，庐陵县生员胡兖妻曾氏，俱各年少守制，节操坚厉，远近传扬，士夫称叹。当兹风俗颓靡之时，合行旌奖，以励浇薄。为此仰府官吏即行吉水、庐陵二县掌印官，支给无碍官钱，买办礼仪，前去各家，盛集乡邻

1　如宣德元年（1426）五月，总旗卫整之女，在其母亲病后，"割肝煮液，母饮之而愈"。为此，礼部特地上奏，请求加以旌表其孝，但遭到明宣宗的反对。明宣宗认为："孝亲有道，剖腹割肝，岂可为孝？若因此伤生，其罪益大。女子无知，不必加罪。所请不允。"事载《明宣宗实录》卷一七，宣德元年五月庚子条；龙文彬：《明会要》卷一四《礼九·旌表》，第242页。
2　《明太祖实录》卷一五二，洪武十六年二月丁亥条。
3　《明太宗实录》卷一三，洪武三十五年冬十月丁巳条，台湾"中央研究院"历史语言研究所1966年校印本。

老幼之人，宣扬本妇志节之美，务使姻族知所崇重，里巷知所表式，用奖贞节，以激偷鄙。仍备述各妇节操志行始末，及将奖励过缘由，同依准随牌缴报，以凭施行。[1]

从上可知，两位节妇在地方上的声誉，首先被作为巡抚的王阳明所知，然后下发到所属之府，由府官再行文所属之县的掌印官，由知县亲自到节妇之家，集中乡邻老幼，举行旌表仪式。完成仪式之后，这些知县需要"备述各节妇节操志行始末，及将奖励过缘由，同依准随牌缴报"，再由巡抚决定正式施行。

妇女旌表，虽经地方府、州、县官员上报到朝廷，有时为示慎重，朝廷会派巡按御史加以核实。如史载：

陈简讨继，幼孤，母某节妇，守义甚坚，教公严笃。郡邑上其事，朝命巡按御史廉核之。御史得其状，复微行至其邻家楼上潜窥之。节妇方率子灌园，节妇前行，检讨抱盎从，步趋整肃，如朝廷然。已而同灌。少顷，节妇入内，久之，手持茶二瓯来，检讨遥望见，遽掷盎趋迎，至前跪，两手捧一瓯而起，饮之。御史不觉动容称叹，即以上奏旌表焉。[2]

在明代的民间文化系统中，同样鼓励妇女的节义，甚至通过将节义之妇塑造为神灵，以倡导妇女固守节义。明代小说中所记载"露筋庙"中的神灵露筋娘娘，就是最好的例证。小说《三刻拍案惊奇》记道：

1　王阳明：《王阳明全集》卷一七《别录》九，上海古籍出版社 1995 年版，第 604 页。
2　张履祥：《杨园先生全集》卷四四《近古录二》，引钱裘《厚语》，中华书局 2002 年版，第 1284 页。

行不过一二日，早是高邮湖。这地方有俗语道："高邮湖，蚊子大如鹅。"湖岸上有一座露筋庙。这庙中神道是一个女子，生前姑嫂同行，避难借宿商人船中。夜间蚊子多，其嫂就宿在商人帐中，其姑不肯。不期蚊子来得多，自晚打扑到五鼓，身子弱，弄得筋骨都露，死在舟中。后人怜他节义，为他立庙，就名"露筋娘娘"。[1]

对于守节之妇，明代的家法族规也作了一些鼓励与优待的规定。如修订于万历年间的《余姚江南徐氏宗范》规定了下面两条：其一，"宗妇不幸少年丧夫，清苦自持，节行凛然，终身无玷者，族长务要会众呈报司府，以闻于朝，旌表其节。或势有不能，亦当征聘名卿硕儒，传于谱，以励奖"。其二，"少妇新寡，贫不能存者，族中务要会众量力扶持，以将顺其美"。[2]

明朝廷在建立了一整套旌表妇女节行制度之后，对前朝所留下的贞烈之妇，则采用一种建立祠堂并予以祭祀的方式，"以励风俗"。"贞烈祠"的设立堪称是典型的一个例子。据史料记载，江西吉安府永新县有一位谭节妇，是宋朝的宗室之女。"元兵入城，妇从其家俱匿县学中。兵至，杀其舅姑与夫，执妇欲污之，妇哭骂不从，遂并其子皆死"。至明弘治十三年（1500）正月，江西吉安知府张本上奏，请求修缮旧祠，春秋致祭，得到了孝宗的认可，并赐祠额为"贞烈"。[3]

———————————

1 梦觉道人、西湖浪子辑：《三刻拍案惊奇》第一二回，北京燕山出版社1987年版，第173页。
2 转引自费成康主编：《中国的家法族规》，上海社会科学院出版社1998年版，第273—274页。
3 《明孝宗实录》卷一五八，弘治十三年正月己卯条，台湾"中央研究院"历史语言研究所1966年校印本。

至于本朝的烈女，明朝廷同样通过设立"烈女祠"加以表彰，借此在妇女中倡导一种遵守传统礼教的风俗。如正德十二年（1517）八月，下令设立烈女祠，以祭祀烈女何氏。据史料记载可知，何氏是泗州人，在她16岁时被父母卖入娼家，"有欲犯之者，何不可，乃自刎而死"。此事经提学御史黄如金的请奏，朝廷为其立祠祭祀。[1] 嘉靖十年（1531）十一月，朝廷又为凤阳府盱眙县人何雄二女立"双贞祠"。此祠设立的经过如下：何雄有二女，长女17岁，次女13岁。这一年正好遇到饥荒，何雄打算将两位女儿卖于人作婢妾，此事最后不果。后又想将二女卖入乐户为妓。二女得知此事后，哭泣不从，以死自誓。在何雄的强迫之下，二女在夜里偷偷逃出，用帛将各自之手系在一起，双双投水身亡。此事上报到朝廷，明世宗下诏在她们死亡之所立祠，岁时祭祀。[2]

妇以节名，初非美名。而从事实来看，妇女守节，也不是一种"常态"，而是一种"变态"。正因为如此，对于那些自青年时期就丧夫的妇女来说，其守节之苦，非常人所能想象。倘若节妇生活在富贵之家，家中有一些仆婢供其使唤，有房子足以蔽风雨，而粟帛又足以供衣食，犹可自安。反之，若生活在一般小户人家，茕茕吊影，室如悬磬，又须忍寒夜织，机声与候虫齐鸣，"达曙不休，自非铁石心肠，未必不为之动也"。[3] 节妇生活之苦况，若非那个时代之人，实

---

1 《明武宗实录》卷一五二，正德十二年八月庚申条，台湾"中央研究院"历史语言研究所1966年校印本。

2 《明世宗实录》卷一三二，嘉靖十年十一月癸亥条，台湾"中央研究院"历史语言研究所1966年校印本。

3 宋濂：《芝园后集》卷八《王节妇汤氏传》，载《宋濂全集》，浙江古籍出版社1999年版，第1443—1444页。

是很难体味。

为了给这些守节之妇以一定的安慰，明朝廷设立了"节妇月粮"制度，其目的显然是"崇风教"。按照明代的制度，凡是获得旌表的节妇，官方给予"坊价"，用来建造贞节牌坊，还每年给予布帛，如果节妇家中孤贫，官府还供给她们月粮。[1]毫无疑问，节妇月粮的设立，无非是为了解决贫寒之家节妇守节之苦。

孝道与贞女

明代传统的道德观念，对妇女有着种种制约。一方面，女子在未出嫁之前，尚属"与子同道"阶段，理应做一个"孝女"。这是女性教科书对她们的基本教导准则。正如吕坤所言，"孝子难，孝女为尤难"。[2]另一方面，女子既为人妻、为人媳，就必须孝顺舅姑，否则就会被处以"不孝"之罪。《大明律》将"不孝"列为"十恶"之一，并将不孝之罪规定如下："谓告言、咒骂祖父母、父母，夫之祖父母、父母。"[3]

永乐年间所发生的一个事例，基本证实了明朝廷在家庭伦理上是如何通过孝道而对妇女加以制约的。如当时有一军士病后，他的妻子不治汤药侍候丈夫，而且还数次殴打辱骂丈夫。她的婆婆对她有所责罚，又殴打婆婆。这一案件上报到朝廷三法司，最后这位妇女

---

1 《明神宗实录》卷四五九，万历三十七年六月癸丑条，台湾"中央研究院"历史语言研究所1966 年校印本。按：陆钎《病逸漫记》载："南阳卫，颇多淫风。其林氏女，聘未行而夫卒，乃白其母至夫家，送葬毕，遂行三年之丧，事其舅姑，曰：'舅姑无他男，独妾夫，今已死，吾宁忍去耶？'太守段坚贤之，月廪其家。"可见，明代节妇有月廪。参见邓士龙辑：《国朝典故》卷六七，第 1505 页。

2 陈宏谋辑：《教女遗规》卷中《吕新吾闺范》，载《五种遗规》，清道光三十年重刊本。

3 怀效锋点校：《大明律》卷一《十恶》，第 2 页。

被处以"不孝"之罪。[1]另外，妇女一旦为人之母，假若自己贞节之行上有所亏缺，那么，明代的法律又允许做儿子的对其不敬，这就是所谓的"母不节，许儿不孝"。关于此，明代的史料也有例子可以证实。如永乐十年（1412）十一月，通政司上奏，有一位老妇上告前夫之子不能孝顺供养她，要求治其儿子之罪。明成祖获悉这一案件之后，就问通政司官员："是亲生之子否？"答："此妇于前夫亦是继室，盖子之继母也。"成祖道："所谓子母无绝道者，非谓继母。今继母改适，即义可绝。已失节于夫，乃责人不能孝，所言勿听。"[2]这就是最好的例证。

妇女的节行，往往是孝、贞并称。早在明初，宋濂就作《丽水陈孝女妙贞碑》，对孝女妙贞通过树碑立传的方式加以肯定。据宋濂所记，孝女妙贞之父"早夭"。当"大母"林氏病危之时，妙贞"剔肝和药"，自己发誓大母得生，将终身授菩萨戒，不再嫁人。后林氏以寿而终，妙贞就出家为"优婆夷"。当时永嘉人高明将其事上报，地方有司"具乌头双阙之制，旌表其门"。[3]至明末，浙江嘉兴又有一位孝女李孝贞，与陈妙贞之事相类。李孝贞，字凤。其父是一位老儒，曾梦白衣大士授予凤饰一支而生，故名。在她4岁时，就丧了母亲。其后事奉后母甚孝。长大后，容德绝人，坚不嫁人，一心养亲。父病，吁天请代，"煮药中庭，有青鸟衔朱实坠药铛中，服之即愈"。崇祯二年（1629）六月卒。[4]

---

1 《明太宗实录》卷一三三，永乐十年冬十月丁丑条。
2 《明太宗实录》卷一三四，永乐十年十一月庚寅条。
3 宋濂：《芝园前集》卷三，载《宋濂全集》，第1204—1206页。
4 钱谦益：《牧斋有学集》卷一五《李孝贞传序》，第726页。

贞女与节妇

为了说明贞节观念对传统妇女影响之深，不妨先引两则史料记载。明末浙江海宁县花市上居住着一位妇女，她的家夜里失火，自己难以逃出火海。于是，抢救者就打破墙壁，打算将她救出。正在这关键时刻，这位妇女却说："吾无衣，不可出矣。与其蒙耻而生，孰与无辱而死！"[1]最后葬身火海。又有一位烈妇杨氏，是苏州蠡口倪士义之妻。她丈夫死于崇祯十四年（1641）十月二十七日，杨氏誓不逾节，事先让人修墓，墓圹石上命人刻上"鸳鸯"，又在上面题写"石骨铁心，终不可夺"。至十一月十八日，就自刎而死。[2]

在传统的男权社会中，一般男子平居畜婢妾，狎娼妓，视为故常，但一旦起了变故，自己无力庇护，又希望妻子替自己守节。这是出于什么心理？正如近人周作人所言，这显然是男子将妇女视为玩物以及自己的私有财产，其目的无非是"免致昔所宝玩之物更落人手，以为旧主人羞，一面更可以博得旌表，以光耀门闾"。[3]传统的正史乃至士大夫的传记，只知从正面树立那些守节的寡妇烈女，以作为社会上妇女大众的榜样，却很少有人知道这些寡妇烈女为了博得一个好名声，其内心所必须承受的种种苦难。从这种角度来说，明代的民歌却更多地反映了寡妇守节的内心之苦。明代无名氏的《寡妇诗》，相当全面地反映了春、夏、秋、冬四季寡妇所承受的感情折磨。当春天时，"游蜂对对穿花盖，粉蝶双双戏牡丹"，寡妇虽也动

---

1 张履祥:《杨园先生全集》卷三一《言行见闻录一》，第894页。

2 顾禄:《桐桥倚棹录》卷五《冢墓》，载《苏州文献丛钞初编》，下册，第595—596页。

3 周作人:《〈虎牢吟啸〉后序》，载陈子善、张铁荣编:《周作人集外文》，海南国际新闻出版中心1995年版，第660—661页。

心，却只能流下伤心之泪。当夏天时，所能想到的则是"同年一会成婚配，偏我孤身独自眠"，有的只是心酸，流的也是痛泪。当秋天时，即使遇到了"年少子弟无婚配，半枕空闲独自眠"的机会，却也只能想想而已，若是真的去做，确是"今生半得早团圆"。当冬天时，"晚夜月凉无心睡"，心中所想更是"怎得情人共枕眠"。[1] 可见，寡妇一生是在流泪、伤情、悲切中度过。思情这是正常的生理现象，但如果想将这种男女之情变为现实，却真是"难上难"。明代福建龙溪女子陈贞淑所作《孀妇吟》，反映的同样是寡妇守寡的苦情。她在嫁给莲池林氏之后，丈夫早死，陈氏守节不贰。她自作《孀妇吟》，达几百言，其中略云："嗟此奄奄待逝人，为君朝暮为君辛。只将白骨淋霜雪，休把红颜泣鬼神。"[2] 读后确实让人哀痛。

为人妻者，不仅需要替丈夫守节，甚至在丈夫有了违法之事时，尚能出面，甘愿替丈夫服刑。这就是所谓的"妻救夫刑"，最后还得到了朝廷的宽宥。这在明代有两个例子可以举证。第一个例子发生在永乐二年（1404）十一月，当时江浦知县周益以罪当刑，其妻杨氏上诉，称周益之母已老，自己愿意代丈夫死。明成祖怜悯其情，特旨免去周益之罪。第二个例子发生在成化十三年（1477）三月，当时知州徐孚因妖言例当斩首，其妻李氏上奏，言："翁姑年老，愿代孚斩首抵罪。"明宪宗下旨，释放了徐孚。[3] 这两个例子被当时的私家记录下来，并被传为美谈，一方面是为了表彰这两位妇女的义烈，另一

1　无名氏辑：《新编寡妇烈女诗曲》，载蒲泉、群明编：《明清民歌选甲集》，上海出版公司1956年版，第23—24页。
2　邱菽园：《菽园赘谈节录·漳州闺秀纪略》，载《中国香艳全书》八集卷三，第2册，第955页。
3　黄瑜：《双槐岁钞》卷九《妻救夫刑》，中华书局1999年版，第179页。

方面则是通过朝廷宽宥二犯之例，宣扬皇帝之仁。

妇女值得旌表的行为，无非是孝、贞、节、烈四种。孝为百善之首，是做子女者对长辈的尊重，并非妇女所独具，但妇女的孝行又与其他节行联系在一起，于是也就有了"孝贞"一类的说法。至于妇人之事夫，则主要是贞、节、烈。按照明人吴廷翰的解释，妇人从一而终为正，故称"贞"；其夫死，而妇人又能做到守死不嫁，故称"节"；其夫死，宁可殉死而不嫁，故称"烈"。[1]一个"烈"字，已经道出了妇女具有刚的一面。汪道昆有一首《烈女诗》，云："夫君当户子，褛褓委玄黄。妾若向阳翘，东西永相望。云胡冰未泮，大海摧扶桑。生当誓白日，死当殉黄壤。所亲不识察，众口纷如簧。一举从鸿毛，安能复回翔。抗颜别父母，饮泣理衣裳。慷慨临君穴，捐躯同归藏。人生若朝露，逝矣无鹏殇！宁为兰与芷，溢死有余芳。毋为桃李华，灼灼徒春阳。"[2]烈女之刚，跃然纸上。

烈妇又可以分为两类：一类是"慷慨杀身"之烈妇，亦即遇到"盗逼势夺"而奋不顾身；另一类则是"从容就义"之烈妇，即夫死之后委曲而处其死。在李开先看来，慷慨杀身易，从容就义难。[3]按照传统的妇道观，妇女应以柔为德，事奉舅姑时是"孝妇"，相夫时是"贤妻"，教子时是"慈母"，无不体现一种柔性。但正如明代史料所揭示，妇女之德也并不仅仅限于柔静，有时同样体现出刚断的

1　吴廷翰：《文集》卷下《贞烈门坊记》，载《吴廷翰集》，中华书局1984年版，第303页。

2　汪道昆：《太函集》卷一〇七，黄山书社2004年版，第2252页。

3　李开先：《闲居集》卷一一《姜烈妇杨氏碑记》，载《李开先全集》，中册，第845页。

一面，甚至做出一些男子所不能之事。[1]可见，在明朝人的眼里，真正完美的妇女形象，应该是一种刚柔并济之人。

1. 节妇的等级差别

妇女在面对守节问题时，往往会考虑自己的身份。换言之，来自不同等级身份的妇女，即使同是守节或殉节之行，其结果却有等级差异。

（1）妻、妾、婢之别

在明代士人家庭中，妇女本身就有妻、妾、婢三者的身份差别。而传统的道德观念，对三者在清节方面也作出了不同的规范与要求。李渔在小说《无声戏》中，就借助于妻、妾、婢三者之言，道出了节妇的等级差异。如正妻罗氏言："我与相公是结发夫妻，比他们婢妾不同"，云云。妾英氏也说："从古来，只有守寡的妻妾，那有守寡的梅香？"至于通房丫鬟碧莲，则更是发出无奈之言："总来做丫鬟的人，没有甚么关系，失节也无损于己，守节也无益于人，只好听其自然吧。"[2]换言之，传统的礼教观念甚至剥夺了丫鬟做节妇的权利。

（2）贼妇节烈问题

节妇或烈妇，是明代官方树立的妇女道德典范，本身就是一种正面的形象。那么，一个妇女一旦成为盗贼的妻子，在盗贼被擒拿，而自己也发配给官兵为妻时，这些所谓的"贼妇"同样面临着何去何

1　如武昌生员吴如揆曾说其母道："吾母非但柔静也。吾母尝抚同祖五岁之孤，嫁同堂无归之女，议之而必行，任之而必济，虽刚断男子或不能。"可见，妇女刚性的一面，也并不仅仅限于为丈夫殉节之"烈"，即使在平常的行为中，也有刚断之行。参见谭元春：《谭元春集》卷二一《二吴母传》，第580页。

2　李渔：《无声戏》第一二回《妻妾抱琵琶梅香守节》，载《小说界》1987年第5期。

从的选择。是顺从，抑或为其丈夫殉节？假如为丈夫殉节而死，这些贼妇是否算是烈妇？明人叶盛正是从"贼妇"投岭而死的殉节行为中，得出了忠义出于天性的见解。他有这样一段感慨：

> 呜呼！忠义之性出于天，何地无之，亦何人无之。妇可谓不负于贼矣。夫妇不幸而夫贼，犹不忍负贼，使妇而夫一男子丈夫，又当如何？吾于是知事人而二心者之有罪也。[1]

作为朝廷的旌表制度来说，当然不可能为"贼妇"的这种殉节行为实行表彰，但按照传统的礼教来说，这些妇女不幸而成为一个"贼妇"，却又能对自己的丈夫无"二心"，不能不说是一种烈行。像叶盛这样的传统士大夫，当然不可能上奏表彰"贼妇"的节行，但可以通过自己的私家记载，以表明对这种行为的认同。

2. 情与节的冲突

在面对情与节的关系问题上，明代妇女更看重的是如何保持自己的贞节。下面的一则记载，可以说明这一问题：

> 弘治间，京师有一少妇，出城一舍许，归宁父母。明日侵晨，抱哺一儿骑而入城。道遇一僧控其马，令之下。妇拔一钗与之，冀释己。僧曰："但欲汝下，不须物也。"妇知其意，乃出怀中儿与之，曰："第持此，伺吾下。"僧方抱儿，妇亟跃马去不顾。僧手裂儿为二。妇行里许，见行道数人，驻马谓之曰："前去一僧，盗也，行劫我，赖马壮得脱，持我儿去，汝辈可救之，当重赏汝。我京中某家妇也。"众前追及之，果见儿死

1　叶盛：《水东日记》卷六《大同贼妇节烈》，中华书局 1997 年版，第 61 页。

道上，僧方就水旁浣衣上血。众执送官，论死。[1]

面对僧人之劫色，这位少妇首先想到的是自己身子的贞操，而不是母子之情，宁可抛弃自己的亲生儿子，也要保持自己的贞节。明人戴冠在这则记载后有一段评述，称赞了这位少妇，他说："呜呼！怜爱儿者，妇人之情也。此妇独割其至爱以全节，亦烈矣。"

3. 节妇守节

根据明朝人吴廷翰的分析，妇之事夫，犹臣之事君，所以从一而终是妇女的最好选择。事实上，正如吴廷翰所言，作为力强而又"明诗书义理"的丈夫，尚可以"事君犹二之"，怎能责怪那些妇人必须为自己守节！妇女在丈夫死后，同样面临着两种选择，而且都有自己的理由。一种选择是妇人"为其夫死"，而且可以慷慨而言："吾以死报之，不能，其辱乎？"这是表示对丈夫之情"不贰"。另一种选择是妇人"不即死"，而且也有自己的理由，诸如"吾有待焉，不能也"，云云；或云："吾死之，以明吾心，斯已矣。吾不死，以洁吾身，斯亦已矣。"[2]

其实，两者相较，一死以殉节更为容易，不死而守节则更难。[3]所以，明代的妇女为了表明自己守节之志，其行为已是相当极端。为示说明，姑且选择下面几个节妇的典型事例：

1　戴冠：《濯缨亭笔记》卷二，明嘉靖刻本。
2　吴廷翰：《吴廷翰集·文集》卷上《节妇林氏立嗣序》，第292页。
3　妇女在丈夫死后，一些"才下者"的寡妇，不知"从一之义"，选择改嫁。在明人归有光看来，寡妇改嫁，即使"先王"也是"悯焉"，其"势亦莫能止也"，所以只好"顺其愚下之性而已"。至于那些能够坚守贞节的妇女，则有两条路可供选择：一是"决死以殉夫"，二是"守贞以殁世"。两者相较，归有光更肯定后者，断定其为"固《中庸》之所难能也"。参见归有光著、周本淳校点：《震川先生集》卷二三《贞节妇季氏墓表》，上海古籍出版社1981年版，第552页。

（1）黑头节妇

欧阳氏，江西九江人，嫁与彭泽王佳傅为妻。丈夫死时，欧阳氏年方 18 岁，就单独抚育遗腹子，靠纺织维持生活。她的父母强迫她改嫁，为欧阳氏所拒。为了表明自己守节的决心，她甚至用针在额头上刺"誓死守节"四字，再用墨加以渗透，使其渗入皮肤。为此，乡里之人称其为"黑头节妇"。[1]

（2）咬铁钉

寡妇守节，确非常人所能想象，没有"咬钉嚼铁"的决心，难保一辈子不变节。于是，一些节妇为了表明自己守节之心，就采用咬铁钉之方式以示之。如冯氏，为宣城刘庆妻。在 19 岁时，丈夫死去，发誓守节。她的妯娌就讽刺她，说："守未易言，非咬断铁钉者不能。"冯氏听后投袂而起，拔条墙壁上的铁钉咬去，在铁钉上留下了齿痕。又从自己臂上挖下一块肉，用铁钉钉在墙上，道："脱有遗志，此即狗猪肉不若。"不久，生下遗腹子，与婆婆相守到老。[2]

（3）在家守节

在明代，一些寡妇通常采用一种在娘家守节的方式，过着与世隔绝的生活。下面的范氏姊妹就是最好的例证。据史料记载，范氏姊妹为浙江会稽（今绍兴）人，幼年时就好读书，精通《列女传》。姐姐嫁给江家，出嫁未一月，就成为寡妇。妹妹在将要嫁给傅家时，丈夫也死去。姊妹相约一同守节。于是，就筑高垣，围田 10 亩，又在里面凿了一口井，造上三间屋，在里面居住。每当收获季节，她们的父亲就率领家里的用人从墙洞中进入，其他的日子就将墙洞堵死，

---

1 《明史》卷三〇二《列女二》，第 7714 页。
2 《明史》卷三〇二《列女二》，第 7714 页。

姊妹俩就在里面汲井灌田。这样的日子总共过了 30 年。她们还在屋后自己建了坟茔，成化年间死去，合葬在一起。另外还有一位陈节妇，是安陆（今属湖北）人。曾嫁与李姓为妻，丈夫早死，孑然一身，就回到父亲家中守节，坐卧于一小楼，足不下楼长达 30 年。[1]

（4）刺目

苏州秀才顾春之妻俞氏，涉猎书史，能守妇道。顾春病笃时，向妻子交代后事，言语相当迫切，而且再三叮嘱。他的妻子道："一言终身以之，何再三为！"于是偷偷拿簪子刺左目，流血满地，死而复苏。为此，她向顾春表白："以此示信。"[2]

（5）截发示志

张宁，正统年间进士。年老无子，纳有二妾，分别为高寒香、李晚翠，年龄均为十六七岁，而且端洁慧悟，深得张宁宠爱。张宁病重之时，下令让妻妾自由改嫁，唯有这两位小妾二氏不肯离去，含泪请求，道："妾二人有死无二，幸及公目未瞑，愿赐一阁同处，且封钥之，留一窦以进汤粥，誓以死殉。"于是，截发示志，张宁一概依从。这两位小妾寂居小阁，不与外通声问。张宁死后，在阁中设席，朝晚哭泣，服三年之丧，"不窥户者五十余年"。[3]

寡妇守节，其中的艰辛不言而喻。那么，她们究竟是靠什么力量支撑自己的守节之举？毫无疑问，首先考虑到的是抚养自己的子女成人。其次，朝廷对节妇的旌表制度显然也是她们坚持守节的精神缘由。下面不妨举一位王氏寡妇一生的守节生活为例，借此说明寡妇守节之艰难。

---

1 《明史》卷三〇一《列女一》，第 7706 页；卷三〇二《列女二》，第 7732—7733 页。
2 张怡：《玉光剑气集》卷二七《列女》，中华书局 2006 年版，第 945 页。
3 张怡：《玉光剑气集》卷二七《列女》，中华书局 2006 年版，第 945 页。

据史料记载，万历十七年（1589）五月，王氏正好18岁，就嫁入菅家为妻。第二年三月，丈夫去世。十月，生一遗腹子。为此，公公就安慰王氏道："屈新妇为乳此子。子幸履地，当听汝改适耳。"王氏听后，却哭泣道："新妇誓死殉矣，又幸生男，奈何以不义自污乎！"过了三年，她的公公与父亲又打算让她改嫁。听说此事后，王氏就关上房门，剪发为誓，从此再无人提起改嫁之事。

守节的日子相当难熬。她丈夫家本来就不过是中等人家，自丈夫死后，家业渐渐衰败。即使如此，王氏还是尽心孝敬自己的公婆，家中收入不足，就自己靠纺织补贴家用。在她儿子7岁时，公公去世；在儿子13岁时，婆婆又离世。营葬完毕之后，家中产业更是所剩无几。正好又赶上是荒年，家中越发穷困。无奈之下，王氏只好投靠中表之亲齐氏，前后长达六年，寄人篱下的生活就更加艰苦。

尽管生活如此艰难，但王氏始终没有忘记给儿子很好的教育。所以，在她儿子7岁时，还是准备了束脩，让儿子跟随塾师学习。经过四年的学习，她的儿子才得以粗通文墨，最后到县衙门替主簿"掌记"。为此，乡里百姓无不认为王氏贤淑。崇祯二年（1629），县学生员江鲤与乡邻将王氏苦节上报知县。知县甚为感动，就给王氏挂了"贞节"一匾。随后，知县又将王氏事迹上报给提学副使，经核实，提学副使又给挂上"抚孤孀节"一匾。最后，提学副使将王氏苦节上报给监察御史，御史又上奏皇帝，请求加以旌表。皇帝将此事下发给礼部讨论，但因为家中贫贱，无力疏通上下关系，王氏最终没有获得朝廷的旌表。[1]

---

1 张尔岐著，张翰勋整理：《蒿庵集》卷三《贞节菅母王氏墓表》，齐鲁书社1991年版，第130—131页。

4. 贞女

按照明末清初人李渔的说法，就妇人女子言之，女德莫过于贞，妇慝无甚于妒。明代贞女守节之事，其行为已是相当极端，自剪发、断臂、刺面、毁身，以至刎颈，无所不用。更有甚者，到了明末，那些矢贞之妇，为了表明心迹，"竟有刲肠剖腹，自涂肝脑于贵人之庭以鸣不屈者；又有不持利器，谈笑而终其身，若老衲高僧之坐化者"。[1] 可见，她们或为了守礼，不惜牺牲自己年轻的生命；或未嫁而至夫家，抱牌守节终身。

贞女能有如此行为，显然与礼教的规范和女性教科书的教导密不可分。如吕坤《闺范》论"贞女"云：

> 贞女，女子守身，如持玉卮，如捧盈水，心不欲为耳目所受，迹不欲为中外所疑，然后可以完坚白之节，成清洁之身。何者？丈夫事业在六合，苟非渎伤，小节犹足自赎。女子名节在一身，稍有微瑕，万善不能相掩。[2]

由此可见，传统社会对男女之节的要求有宽严之别。对于男子而言，即使小节有亏，尚可通过在"六合"内的事功加以自赎；而对于女子来说，一旦失身，那么过去一切善行就会付诸东流。

（1）守礼而死

贞女显然已经成为礼教的牺牲品。在她们的眼中，礼教是常经，是不可改变的东西，必须百分之百地遵守。即使是遇到了生死关头，

---

1 李渔著，江巨荣、卢寿荣校注：《闲情偶寄·词曲部·结构》第一《戒荒唐》，上海古籍出版社2000年版，第29—30页。
2 陈宏谋辑：《教女遗规》卷中《吕新吾闺范》，载《五种遗规》。

也不能行权。下面的两个例子就是明代年轻妇女为了守礼而不惜牺牲自己生命的典型事例。

第一个例子的主人公是成氏，无锡人，为曾任定陶教谕成缙的女儿。她的丈夫尤辅曾任登封县学训导。尤辅在游学靖江时，成氏一同随行。当时江水夜溢，家人无不仓促上了房顶，全都裸身。成氏穿着整齐，也到了房顶，就问："尔等衣邪？"众人说来不及穿衣。成氏就说："安有男女裸，而尚可俱生邪？我独留死耳。"众人号哭，请她到屋顶暂避，但为成氏所拒。到了第二天天明，水退之后，成氏却已坐死榻上。

第二个例子发生在崇祯年间，兴安正好发大水，淹没了很多房屋。人们无奈，只好结筏自救，邻里很多人都上了筏子。当时有两位女子抓住一根朽木，在水中漂浮，筏上的人们就前去拯救。这两位女子都是十六七岁年纪，问她们的姓名不答。两位女子见筏上的男子有的赤身裸体，叹道："吾姊妹倚木不死，冀有善地可存也，今若此，何用生为！"于是携手跳入江波之中而死。[1]

（2）至夫家守节

明代很多贞女，除了为未婚夫殉节而死之外，尚有另外一种方式，亦即亲至丈夫之家，事奉舅姑终身，这就是所谓的"抱牌子（木主）守节"。下面史料记载中的李氏，堪称一例。寿昌女子李氏，在13岁时接受翁应兆之聘。后来应兆突然死亡，李氏就将已经准备好的衣饰嫁妆全都焚毁，以身赴火，为父母所救。于是，李氏亲赴翁家，哀告公婆，要求他们替自己立嗣，并请求公婆替自己建一座小楼，中设丈夫牌位，而自己"坐卧于旁，奠食相对，非姑不接面"。

---

1 《明史》卷三〇一《列女一》，第7706—7707页。

公公死后，翁家家道败落，李氏忍饥纺织，供养婆婆。不久，婆婆亦死。一天，邻居家大火，夜半达旦，延烧百余家。邻居中的妇女急忙上楼，劝李氏躲避，不料李氏却说："此正我授命时也。"怀抱丈夫木主，等待被焚。不久，四面房屋全都烧为灰烬，唯独李氏所居小楼幸免于难。[1]这则记载的笔者，其言外之意，无非是说，李氏贞节，感动上苍，才使她安然无恙。

至明清两朝鼎革之际，明朝廷对贞女、烈妇的表彰终于收到很好的效果。当时的官宦家庭妇女，在守节上出现了两分的现象：一种是在甲申年李自成攻占北京之后，那些在京城的"夫人"，或从子死，或从夫死。如成德之母张淑人，金铉之母章恭人，汪伟之妻耿恭人，刘理顺之妻万淑人、妾李孺人，马世奇之妾宋、李二位孺人，陈良谟之妾时孺人，"固皆地卷朔风，庭流雪花"。另一种则是在儿子或丈夫殉节以后，自己并不跟着殉节，而是隐忍世间，凄楚蕴结。如谢宣子之妻余恭人，在其丈夫北京殉难时，年才28岁，鉴于当时"老人涕泣于堂人，孤子悽惨于膝下"的情势，她并没有选择殉节这一条路，而是无奈地选择了另一条更为艰难之路，亦即"丹旐归魂，青灯不哭，九死之心，空延钟簴"。尽管所选择的道路不同，但这两类人均被明末清初著名思想家黄宗羲所称道，认为前者类似于文天祥、陆秀夫，而后者则类似于谢翱、方凤、龚开、郑思肖，断言她们无不都是"天地之元气"。[2]

---

1 《明史》卷三〇二《列女二》，第7729页。
2 黄宗羲：《南雷诗文集·传状类·余恭人传》，载《黄宗羲全集》，第10册，第613—614页。

贞节之辩

女子嫁与人为妻，一等丈夫死后，其实犹如走到了人生的岔路口，留给她的有三条路可供选择：一是"从夫于地下"，做一位"烈妇"；二是"冰霜以事翁姑"，做一位"节妇"；三是"恒人事也"，亦即做一个常人，遇到一个合适的机会，再嫁他人为妻。[1]

所谓的"贞女"，也就是女子未嫁，却至夫家守贞之女，在民间一般又称"抱牌子做亲"。女子未嫁，而丈夫先亡，是否可以再嫁他人？这在民间一般妇女之中，应该说是一个极易回答的问题。这就是既然"未成妇"，那么改嫁他人，并无大碍。而在一些深受儒家礼教束缚的妇女看来，却大不相同，视一聘而终身事之。下面史料中项贞女与她的乳母的一段对话，基本可以反映这两种对立的观点：

> 项贞女，秀水人。国子生道亨女，字吴江周应祁。精女工，解琴瑟，通《列女传》，事祖母及母极孝。年十九，闻周病瘵，即持斋、燃香灯礼佛，默有所祝，侍女辈窃听，微闻以身代语。一日，谓乳媪曰："未嫁而夫亡，当奈何？"曰："未成妇，改字无害。"女正容曰："昔贤以一剑许人，犹不忍负，况身乎？"及讣闻，父母秘其事，然传吴江人来，女已喻。祖母属其母入视，女留母坐，色甚温，母释然去。夜同诸婢熟睡，独起以素丝约发，衣内外悉易以缟，而纫其下裳。检衣物当劳诸婢者，名标之，列诸床上，大书于几曰："上告父母，儿不得奉一日欢，今

1 《明史》卷三〇二《列女二》，第 7733—7734 页。

为周郎死矣。"遂自缢。两家父母从其志，竟合葬焉。[1]

从记载可知，乳母是从民间的一般道理出发，认为女子虽已被聘，但未出嫁，所以丈夫亡后，可以"改字"；而项贞女，却从礼教出发，认定女子既已受聘，就必须为丈夫殉节。

上面提到的项贞女一类的女子，究竟应称为"贞女"，还是"节妇"？这在明代学者中间始终存在着争论。不妨先引一个事例作为讨论的起点。史载有一位赵姓女子，接受了华亭县人张昱之聘，而且选择了迎娶的吉日。随后，张昱死，赵姓女子在服丧两年之后，告知自己之父，前往张昱之家，服侍张昱的父母，终身不改其志。当时松江府的知府就将赵氏视为"节妇"，上报朝廷加以旌表。此事引起了顾士廉的不满。究其原因，则在于赵氏身份之无法着落，亦即其行为既不是"女"，也不是"妇"。顾士廉的理由如下："称妇，则无所丽于其夫；称女，则既远于家，无所于当。"为此，他专门写了一首诗，对赵氏表示了一种悲哀。言外之意，就是认为若将赵氏加以旌表，不免是一种贤者之过的行为。针对此事，作为顾士廉好友的钱福，却并不以顾士廉的观点为然。钱福立论的依据则是"礼由情立，政由俗更"。他认为，赵氏之行为就是"所主适一而不二，固执确守，不随岁月长少、情景之变，而失其初心"。他将此称赞为"禀赋之刚毅"，无论是烈女、贞妇，还是忠臣、义士，无不都是出自这种刚毅。鉴于此，他主张将赵氏称为"张节妇"，未可深加疵议。[2]

1 《明史》卷三〇二《列女二》，第 7729 页。
2 钱福：《旌表赵氏女妇议》，载黄宗羲编：《明文海》卷七六，中华书局 1987 年版，第 719—720 页。按：女与妇之别，在于女子在家为女，出嫁为妇。故在明代一般称新嫁至男家之青年女子为"新妇"。

在明代里巷妇女中，由于贤智者对贞节的过分倡导，这种贞女确实不乏其例。其中最为盛传者，是弘治十八年（1505）节妇赵氏被旌表这件事情。

弘治十八年（1505），松江知府刘琬上奏，要求旌表节妇赵氏。赵氏是京卫赵指挥之女，被聘为华亭县尚书张螯之子张某为妻，尚未成婚。这位张公子，专事游荡，与娼妓相狎，最后被惊得心疾而死。为此，张螯写一书信，报知赵家，让他家别议婚姻。赵家得到这个消息以后，就及时报知自己的女儿。这位赵家小姐却说："千里之音，真伪未可知。纵有凶说，而此身已生死系于张氏矣。"赵氏夫妇一向知道女儿至信，虽有媒人前来议亲，但都不敢答应。过了一年，张螯到了北京。赵指挥前去探望，并且将自己女儿的想法告知了张家。张螯怕有负于赵女，就让自己的妻子准备了礼物，前去安慰赵女。过了几天，赵女告诉她母亲说："彼既来慰我，则尽礼。母亲可率儿往展谢之，虽未及睹夫仪容，得拜翁姑，亦名分中事。"父母答应了她的要求，随即准备礼物，母女一同前往张家。到了张家，赵女再也不肯回家，就留在张家，并说："既已身许张氏，夫死命也，决无他议。留此以事舅姑，尽妇之道。"当时赵女仅仅18岁，张家就让她与婆婆共处一室。到了张家，赵氏足不外出，慈惠婉顺。张夫人曾经与她谈起再嫁之事，赵女答："有死而已。"到了晚上，就自缢，几乎死去，最后才被救活。从此以后，张家再也不敢与她提起再嫁之事。就是这件事情，被当时的士大夫所盛传，而且写文章加以记述。[1]

在这些所谓的"贞女"中，却确实存在着一些"勉于始而悔于后

---

1 陈洪谟：《治世余闻下篇》卷四，中华书局1985年版，第64—65页。

者"，起初出于一时冲动，或者说对贞节声誉的仰慕，到头来独守空房的滋味实在难熬，不免产生一些悔意，甚至做出守于初而乱于终的事情。[1] 其实，这也是人之常情。正因为此，才引发了文人士大夫的争论。毫无疑问，争论的结果则是部分解脱了束缚在妇女身上的枷锁。

在明清两代，关于贞女或节妇是否符合传统礼教之义，在一些文人士大夫中引起过广泛的争论，这一争论始于明人归有光作《贞女论》一文。在此文中，归有光对传统礼教所一直倡导的所谓"贞女"，作了理性的反思，断然称之为"非礼"。他说：

> 女未嫁人，而或为其夫死，又有终身不改适者，非礼也。夫女子未有以身许人之道也。未嫁而为其夫死，且不改适者，是以身许人也。男女不相知名，婚姻之礼，父母主之。父母不在，伯父、世母主之。无伯父、世母，族之长者主之。男女无自相婚姻之礼，所以厚别而重廉耻之防也。女子在室，唯其父母为之许聘于人也，而己无所与，纯乎女道而已矣。六礼既备，婿亲御授绥，母送之门，共牢合卺，而后为夫妇。苟一礼不备，婿不亲迎，无父母之命，女不自往也，犹为奔而已。女未嫁而为其夫死且不改适，是六礼不具，婿不亲迎，无父母之命而奔

---

1 清人纪昀有一则记载，专记节妇心态。其中记道："交河一节妇建坊，亲眷毕集，有表姊妹自幼相谑者，戏问曰：'汝今白首完贞矣，不知此四十余年中，花朝月夕，曾一动心否乎？'节妇曰：'人非草木，岂得无情！但觉礼不可逾，义不可负，能自制不行耳。'"此说基本道出节妇在守节生涯中从心灵深处出现的"礼"与"情"的交战。明代节妇，亦理当作如是观。参见纪昀：《阅微草堂笔记》卷一一《槐西杂志一》，载《笔记小说大观》，江苏广陵古籍刻印社 1983 年版，第 20 册，第 317 页。

者也。非礼也。[1]

归有光此说，其立论依据尚是传统的礼教，即将女子的婚姻定于
"六礼"具备、父母主之，但他这种说法确实从某种程度上肯定了人
性。在他看来，如果女子尚未嫁人，因为丈夫去世，而终身不嫁，
这显然是一种"乖阴阳之气，而伤天地之和"的行为。归有光此论一
出，曾引起后世广泛的争议，或赞同，或反对，诸说并出。直至清
末的刘声木，才最后作出部分的总结。[2]

　　传统的见解大多肯定女子的这种守贞行为，而且言者甚众，因
为缺乏讨论的价值，在此不再赘引。值得引起我们关注的是，在面
对这些所谓的贞女之举时，明代的学者开始出现一种较为理性的看
法。此类看法，大多在一定程度上基于人性之上，但亦照顾传统礼
教，所以相对显得中庸。明人敖英有一段话，基本表达了对"贞烈"
的一种中庸看法。他说：

　　　　孝子刲股庐墓，女子未出室而以死殉夫者，我朝有例不旌

───────────

1　归有光著，周本淳校点：《震川先生集》卷三，第58—59页。按：关于归有光此文在明清贞
女之辩中的历史价值，较早的探讨可参见陈宝良《悄悄散去的幕纱——明代文化历程新说》（陕西
人民教育出版社 1988 年版），第 197—198 页。至于对明代妇女贞节观念的系统梳理，则可参见
安碧莲《明代妇女贞节观的强化与实践》（台湾"中国文化大学"史学研究所博士论文，1995 年
6 月）、费丝言《由典范到规范：从明代贞节烈女的辨识与流传看贞节观念的严格化》（台湾大学历
史研究所硕士论文，1998 年）二文。
2　如清人戴名世，对归有光所谓的"贤智之过"没有认同。他说："女子未嫁而为其夫死且守者，
虽不合于礼之文，而要为不失乎礼之志。"显然，他仍然将女子的这种节行称为得妇道之"正"。
清人俞樾也认为，"然考之礼，婿死女斩衰往吊。圣人既为制斩衰之服，则已有夫妇之义。其曰
'既葬而除之'者，礼为中人以下设耳。归氏之言，未为定论"。分见戴名世著，王树民编校：《戴
名世集》卷八《戴节妇传》《李节妇传》，中华书局 2000 年版，第 220—222 页；俞樾：《耳邮》
卷一，载《笔记小说大观》，第 26 册，第 221 页。

表。盖以先王制礼，未闻以毁伤遗体、不居倚庐为孝者，又未闻室女不奉父母之命，未亲迎、未庙见，以死殉未嫁之夫为贞烈者，是皆过中失正之行，不可以为训。[1]

细绎其旨，无非是说，无论是"孝子刲股庐墓"，还是"女子未出室而以死殉夫"，所有这样的行为，均不可被视为"孝"或"贞烈"。作如此之论的理由，就是这些行为已是"过中失正之行，不可以为训"。

明人赵时春，作有《贞女节妇解》，对此也有所辨析。他说：

> 未娶曰士，未嫁曰女士。纳采，女家受之，氏名通焉，曰聘，未有夫妇也。士奠雁，受之，父命之东阶，母命之帷，庶母及门内施鞶，申之以父母之命，姆奉登车，士御轮先归而待诸门，至则揖以入，共牢而食，合卺而酳。既成昏礼，故曰夫妇，始易士女之名也。婚，昏也。阴阳交际，人道取焉。是同生死，故妇从一而终曰节也。聘而未嫁，非婚也。女，非妇也。待姻而行，行不逾阃，以顺父母，故曰贞。贞者，正而固也，女德也。故婚姻之礼不备，则贞女不行，行则非贞也矣。在家从父之谓何？士未迎，姆未待也。而奔以哭士，而事其亲，于律无服，而强持服，不备礼而行谓之奔，违亲命而往则非孝。是宜为国大禁，今取而与节妇同论，甚非礼也。[2]

据史料记载，当时有一位曹姓之女，未嫁而奔死，故赵时春有感而

1　敖英:《东谷赘言》卷下，明嘉靖二十八年沈淮刻本。
2　李介:《天香阁随笔》卷二，载《笔记小说大观》，第12册，第92页。

发，作此之论。赵时春的这种看法，显然得到了当时一些士大夫的认同。如明末清初人李介就称赵氏之论"大有益于风教"，并将其记录下来，以醒世人。

明末时，有一位韩洽，字君望，长洲人，在他的《寄庵诗存》中，有一篇《沈烈女》诗，力辩女子未嫁而守节之非。又有《周烈女》诗，则说其殉未婚之夫，完全是"背经渎礼"。显然也是归有光之论的积极支持者。[1]

归有光的后人归庄，同样反对将贞女、节妇或烈妇一类极端化。当时湖州人董惟儒写了一篇《顾贞女传》送给归庄，略云："贞女事母及祖母孝。字张生九章。张多病，久不婚，而贞女之母死，贞女哀恸欲死，父及女弟宽之而止；后祖母又死，死逾月而张生之讣亦至，贞女遂雉经而绝。"对于顾氏之举，是否应该称为"贞女"，归庄提出了异议。归庄立论的理由如下：其一，妇人在丈夫死后，终身不改适，称之为"节妇"；女子在受聘未嫁之前，丈夫死后，到丈夫之家守节，亦可称为"节妇"。即使如此，归庄又认为，"礼不以此律人"。换言之，不能要求所有的妇女均照此仿效。其二，丈夫死后，妻子以身相殉，称之为"烈妇"；女子受聘未嫁，丈夫死后，女子在父母家自尽，其行为虽"烈"，但尚未具"妇"的身份，所以不能称为"烈妇"。其三，上面顾氏之女在父母家自尽，董惟儒称之为"女"，而不称为"妇"，对此归庄持赞同意见。但顾氏之行，是否可以称为"贞"，归庄却有不同看法。按照归庄的看法，所谓"贞"，其实就是"节之谓也"。顾氏既然已经以身相殉，那么就不是"贞

1 韩洽：《寄庵诗存》，转引自叶廷琯：《鸥波渔话》卷二《双贞图诗》，载《笔记小说大观》，第19册，第254页。

女"就可以概括她的行为。不仅如此,此称还容易受到人们的怀疑。这是因为,按照儒家的礼教,女子在未嫁之前,只能"从父",只知"有父母而已,不知夫也";顾氏尚未识夫之面,"闻夫死而亦死,此过情之事,非礼之正,不可以训"。概言之,诸如顾氏那样的"过情非礼之事",不可称之为"贞女"。[1]

毫无疑问,归庄之说仅仅是归有光说法的翻版,但有一点值得引起关注,女子受聘未嫁之前,为丈夫殉节,从人性的角度来说,是一种"过情"之举;即使是就儒家礼教而言,亦是"非礼"之事。这不能不说是明代关于贞女之说的新动向。

当然,在明代的学者中,也并不都如归有光、敖英、赵时春、归庄那样,在礼教问题上持有一种相对理性的见解。有些学者,他们所能做的仅仅是对顾氏这样的行为加以名实之辨。汪道昆堪称一个典型。他将女子未嫁而为夫殉节者称为"烈女",而且主张在此女前写上所嫁夫家之姓。这是一种折中的做法,他在《汪烈女传》中,曾为自己以如此体例写传记作了交代:

> 烈女何居?重女也。女,未家也。未家而死何居?女生而父有成言矣。乃今受采矣,笄矣,字矣,行有日矣,从一而终,恶在其不死也!女以吴死而系之汪,何居?重女也。汪,女之所自出也,系之吴,则没女矣。系所自出,女未家也。[2]

这是一个吴家之女在未嫁入汪门之前的殉节之事,汪道昆采用"汪烈女"之名,而不是"吴贞女",其原因已在上面这段话中有了清晰的

1　归庄:《归庄集》卷四《书顾贞女传后》,上海古籍出版社 1984 年版,第 300—301 页。
2　汪道昆:《太函集》卷三三《汪烈女传》,第 729 页。

表述。按照汪道昆的看法，吴家之女，既已受聘，尚未出嫁，称之为"妇"不宜，只能称之为"女"；既已受聘，那么此类女子的殉节行为，应该说符合儒家"从一而终"的礼教，可以称之为"烈妇"；吴家之女，不称吴氏，而称夫家汪氏，其就是为了体现"女之所自出也"。可见，汪道昆之说，尽管较为折中，但一个受聘而未出嫁之女，却被系上夫姓，不再使用父姓，亦即由"从父"而向"从夫"的转变，说明比起归有光、敖英、赵时春、归庄来，汪道昆之说已经是一种倒退。

但这也怪不得汪道昆。即使是归有光，尽管从原始儒家的意义上对所谓的"贞女"有了新的阐释，但他自己就作了一篇《张氏女贞节记》，里面就说："礼以率天下之中行，而高明之性，有出于人情之外，此贤智者之过，圣人之所不禁。世教日衰，穷人欲而灭天理者，何所不至？一出于怪奇之行，虽不要于礼，岂非君子之所乐道哉？"[1]显然，对于未婚守节之女，归有光还是持一种"深许"的态度。到了他的后人归庄，贞女论的特点更是讲究一个"时"字。换言之，出于明末清初的时代特点，他更看重对妇女贞节的旌表。他认为，归有光著《贞女论》，"以为女未嫁而终身不改适者，非先王之礼也。历引礼经之文为征，辞辩而理精"。但他又指出，归有光生当盛世，"名教昌明，纲常节义，人皆知而履之，如日用饮食"。归有光"虑有贤者过之之事，欲裁之中道，使俯而就先王之礼，故为此论"。反观明末清初，已是"礼防大决，人伦攸斁"，那么，对于那些"卓绝如贞孝者"，决不可再作"苛论"。即使是"得一节行可称者"，亦必

1　归有光著，周本淳校点：《震川先生集》卷一六，第 419 页。

须竭力旌表赞扬，借此挽救"天下之颓纲"。[1] 可见，贞女之辩的历史演进，同样离不开时代的社会环境。

早在明初，方孝孺就已经对传统妇女传记专收"赴渊投崖"及"断发割股"此类诡特奇异之行深感不满，认为应该将笔触延伸到那些仅仅只是"守常蹈义"的妇女。[2] 到了明末，归庄也主张替一般妇女写传记。他说：

> 妇人以无非无议为善，惟节妇、烈妇，朝廷旌之，始见称于世，不者，虽贤不彰。吾读刘向《列女传》，有母仪、贞顺、贤明诸类，班、范诸史所载，亦不尽节烈也。然则今世有贤媛，即偕老考终，苟其行事有合于古人之所称述者，亦不可以无传也。……或言妇人不必读书识字，未为通论。班昭著《女诫》，诗书称为一代女宗，非耶？[3]

这就是说，诸如节妇、烈妇一类，均得朝廷旌表。但大部分妇女，所具的善行不过是"无非无议"。更有一些"贤媛"，与其丈夫"偕老考终"，她们的行事也有"合于古人之所称述者"，恰恰未能得到很好的记录。所以，归庄认为，诸如母仪、贞顺、贤明之类的妇女，都应该记录下来加以表彰。即使是那些"读书识字"的有才女子，也可以成为一代"女宗"，进而表率天下。

自宋以来，关于妇女的再嫁问题，就存在着两种不同的看

1　归庄：《归庄集》卷七《天长阮贞孝传》，第 422—423 页。

2　方孝孺云："世之记事者，务取诡特奇异之行，以骇人视听，而于守常蹈义者，则弃而不录。故史氏所书节妇孝女，非赴渊投崖，则断发割股。吾甚惑之。"参见方孝孺著，徐光大校点：《逊志斋集》卷一八《题陈节妇传后》，宁波出版社 2000 年版，第 606 页。

3　归庄：《归庄集》卷七《吴孺人家传》，第 423—424 页。

法：一种是程颐之说，也就是"饿死事极小，失节事极大"。另一种则是明末清初学者张履祥之说，他在《训子语》中多次提到寡妇若有不能安于室者，可以选择再嫁，还说圣人对待"下流"，"固有宽路以处之，不立一概之格"。针对这两种截然不同的说法，清人刘声木作了比较平实的评价。他认为，张履祥的见解，诚属"衡情酌理之至论"，比起程颐之说，尤为"合乎情理"。但他进而又追求一种儒家的"中庸"之道，认为："程子所言，中人以上者，宜遵行之。杨园所言，中人以下者，宜遵行之。若执程子所言，令中人以下，皆遵行之，其势万不能行。若执杨园所言，令中人以上者，皆遵行之，其势亦万不能行。程子、杨园所言，各有一偏，非中庸之道也。"[1]

正如清人纪昀所言，大抵女子为丈夫殉节，究其原因，有下面两种："一则搘拄纲常，宁死不辱。此本乎礼教者也。一则忍耻偷生，苟延一息，冀乐昌破镜，再得重圆，至望绝势寡，然后一死以明志。此生于情感者也。"[2]正是造成节妇节烈之行的原因不同，对传统社会中所谓的"节妇"，确实也不能作一概之论。对于"烈妇"，明末清初学者陈确也作了理性的阐述：

> 然吾以为烈妇之死，非正也。确尝怪三代以后，学不切实，好为节烈之行，寝（寖）失古风，欲一论辩其是非，会未就。使烈妇知此理，必不死。然使烈妇忍死立孤，穷饿无以自存，人岂有周之者？白首而死，亦岂有醵葬之而碑之，传记之，诗歌之者？夫速死之与忍死，其是非难易皆什伯，而士往往舍此而

1 刘声木:《苌楚斋随笔》卷六《张履祥论寡妇再醮》，中华书局1998年版，第123—124页。
2 纪昀:《阅微草堂笔记》卷一二《槐西杂志二》，载《笔记小说大观》，第20册，第329—330页。

予彼。甚矣，人心之好异！此烈妇之所以死而不悔者也。……烈
妇亦从一而终足矣，何必殉死？然不殉死，天下何由知烈妇？
语云："三代而下，士惟恐不好名。"悲夫！ [1]

仔细考察陈确的说法，无非是说，正是因为三代而下，"士惟恐不好
名"的风气，才导致"烈妇"的流行。所有"学不切实，好为节烈
之行"者，显然都丧失了"古风"。妇女在面临生与死的抉择时，更
多的是选择"死"，因为这样可以成就一个"烈妇"的美名，甚至可
以得到"醵葬之而碑之，传记之，诗歌之"的礼遇，而不会去选择
"生"。其实，在陈确看来，"忍死"比起"速死"来更难。若是忍死
立孤，乃至穷饿无以自存，也不能得到救济，其艰辛更是可想而知。
当然，陈确所反对的仅仅是妇女"殉死"以求名，而不是妇女"从
一而终"的行为。与陈确同时的钱澄之，对"贞妇"与"烈妇"进行
了辨析，认为"贞士难于义士，贞妇难于烈妇"，[2] 也是认为"忍死"
的"贞妇"比"速死"的"烈妇"为难。

明初著名学者宋濂曾有言，妇人以"节"相称，应该说是妇女
的一种不幸。他还说，夫妇之间，应该是一种"相扶以生"的关系，
只有这样，才算得上是人道之"常"。假若不幸遇到夭折，或者面临
祸患，"夫不获妇其妇，妇不得夫其夫"，这并不是人情所愿之事，
不过是一种人道之"变"。原因很简单，在宋濂看来，在夫妻之间，
与其执"之死靡他"之誓，倒不如咏"君子偕老"之辞。尽管如此，
妇女从一而终，至死不改其操。身虽不幸，但她们的苦节，宋濂还
是认为值得可以称道。当然，宋濂毕竟还是一个清醒的学者。他深

---

1 陈确：《陈确集·文集》卷一七《书潘烈妇碑文后》，第 395—396 页。
2 钱澄之：《田间文集》卷一九《李母何孺人贞寿序》，黄山书社 1998 年版，第 369 页。

知，即使同是被朝廷旌表的节妇，她们的节行以及体现在这种节行背后的心态，则又各不相同：有慕夫家富贵而不忍去者，有年壮多子而不易割恩者，有不能冰雪其行，姑盗名以欺世者。[1]

宋濂所言妇女守节，其中之原因与苦况同样可以从明代妇女的自述之言中得到部分的反映。如顾学璞就在给她弟弟的书信中，说到自己为丈夫守节的原因，其中云：

> 夫溘云逝，骨铄魂销，帏殡而哭，不如死之久矣，岂能视息人世，复有所谓缘情靡丽之作耶？徒以死节易，守节难，有藐诸孤在，不敢学古丸熊画荻者，以俟其成。[2]

死节易，守节难。这是已经为明代很多妇女所普遍认同的事实。明代民间流行的俗语也说："呷得三斗醋，做得孤孀妇。"[3]可见，守寡不能只务虚名，必须脚踏实地。因为孤孀人的生活实在太难以忍受了，她们必须有很大的决心与毅力作为支撑。如博平诸生贾垓之妻高烈妇，在丈夫死后，自言道："死节易，守节难。况当兵乱之际，吾宁为其易者。"最后自缢殉节。[4]事实确乎如此。死不过是一时之痛，只要心不存犹豫，心不存念想，死是最容易之事。而活下来替丈夫守节，则需要有一种备尝辛酸乃至寂寞的勇气。尤其是在兵荒马乱之际，兵痞为非作歹，肆意强奸民女，难保至时不会被动地失节。若是懂得了这一层道理，那么我们对贞女、烈妇大批出现在社会动乱之

1　宋濂：《朝京稿》卷四《柳氏二节妇传》；宋濂：《翰苑别集》卷三《题李节妇传后》，均载《宋濂全集》，第 1714、1002 页。

2　顾学璞：《与弟》，载周亮工：《尺牍新钞》卷一〇，岳麓书社 1986 年版，第 344 页。

3　冯梦龙：《警世通言》第三五卷，岳麓书社 2002 年版，第 298 页。

4　《明史》卷三〇三《列女三》，第 7742 页。

际就不难理解了。

从那些守节妇女的极端做法中，基本可以显示出守节之难。所谓极端的做法，通常是妇女在自己丈夫死后，通过"剪发毁容""断发割鼻"的方式，以表明自己守节的决心。这可以从下面两个例子中得到部分的证实：一是生员尹敷谋妻何氏，家住北京中城小时雍坊。嘉靖四十年（1561），尹敷谋死，没有子嗣留下，当时何氏才22岁，却"剪发毁容，纺绩自给，奉嬬姑三十余年，孝敬不衰"；二是武学生员高第之妻王氏，家住北京南城宣北坊。万历十二年（1584），高第死，王氏就"断发割鼻，守节至万历十五年七月，竟以疮病故"。[1]

明代著名学者焦竑有一首诗，专咏守节之妇，其中有云："粉暗辞罗绮，钗寒失凤凰。赋堪悲暮日，心欲结秋霜。列女班荀并，男儿婴杵行。纶音一襃锡，前载播芬香。"[2]可见，为了博得朝廷的襃扬，节妇在平常的日子里，既不能搽脂抹粉，也不能穿鲜艳的罗绮之衣，其生活的悲惨凄凉，不言而喻。以死殉夫，人死以后，一了百了，无丝毫牵挂，亦不再受无尽之苦。守节则不然。守节作为一种女德，非坚忍的精神很难做到这一点。同是坚忍，女子尤其难于男子，男子的坚忍尚可思议，而女子的坚忍简直不可想象。对此，明人谭元春有下面之说：

> 女之失其夫也，称曰"未亡人"。未亡人者，非觍然视荫也，或为其舅姑未亡，或为其茕茕孤未亡，曰："凡以为吾夫耳。"若乃历风涉波，经春徂秋，灯无光，帏无影，机杼刀俎之声、师友诵读之声，如带涕泪，如行隔世，散发垂垂，坐变黑

---

1 沈榜：《宛署杂记》卷一六《愿字·人物一·列女》，北京古籍出版社1982年版，第184页。
2 焦竑：《澹园续集》卷二二《刘节妇》，中华书局1999年版，第1139页。

白，至于阶秀可采，壮子成名，独食其禄，独御其服，然后怆然神伤，有倍初没。[1]

长年的独守空房，乃至承担抚养儿子的重任，无不是一段辛酸的历程。尽管有这样的艰辛，尚有很多妇女不再嫁，而是选择守节这条道路，除了夫妻之间的感情、社会舆论的压力之外，应该说对儿子的希望才是真正支撑她们生活下去的最大精神源泉。

妇女守节是一个从"苦"到"甘"的历程。无非无议，照理说来是人伦之常。妇女不幸而遭人伦之变，不得不守节，这并非是一种甘心情愿的自觉行为，而是受到传统礼教的约束，不得已而为之。但换一个角度来说，节妇始终一节，忘其苦而以为甘，至于死而不悔，显然应该有一种精神支柱给以支撑，甚至上升至能认识天理民彝之所当然而不容已。所谓的精神支撑，应该说就是对子孙的期望。丘濬所记李宗衡之妻所谓的"李母"，其一生守节生活，基本可以证明这一点。据丘濬所记，李母在19岁时就嫁给了李宗衡，28岁守寡，只有一子李升，才6岁。当时的家庭状况应该说是相当拮据，家徒四壁如悬磬，内外诸亲亦无所依靠。无奈之下，只好靠自己早晚纺织，以维持母子的生计。凡是大小之事，李母无一不是自己亲任其劳，无论是家族内的祭祀之事，外面公家的赋税，还是教育儿子之需，甚至乡邻往来的礼节，都是依靠自己的辛勤纺织，正可谓是备尝艰辛。即使如此，李母还是始终一节，至死不悔。但这种守节生活，终于带来了回报。至其晚年，其二孙同时中了举人，其中一孙还中了进士，光大门户。[2]可见，妇女守节，并不仅仅看重朝廷

1　谭元春：《谭元春集》卷二四《汪节木表宅序》，第664页。
2　丘濬：《重编琼台稿》卷一七《甘节堂记》，上海古籍出版社1991年版，第353—354页。

给予的节妇旌表，更看重的是子孙的成家立业，光耀门楣。

已有的研究成果显示，明代妇女的自杀殉节行为已经趋于制度化，这显然是一种反常的现象。正如忠臣的过多出现，显示出国家的不幸一样，烈女、节妇的普遍出现，不能不说是家门的一种不幸。道理相当简单，凡是世当承平之时，家无有不祥，那么闺门很少有人以奇节显示自己。所以当时有的学者认为，若论"妇德"，还是应该以"庸行"为先，从妇女的平常行为中，以观其道德的典范性。[1]

从中国文化史上这种非人性制度的发展演变中，无疑已经显现出了它的超文化的特质。在明代，妇女自杀殉节行为的突然增加，在表示婚姻忠诚的习俗方面尤为明显，它显然与当时的道德、法律、宗教和其他文化因子联系在一起。如何解释这种现象的盛行，无疑是一个值得探讨的问题。下面的解释虽属一家之言，但确实有利于我们对妇女这种行为作出更进一步的研究。有学者认为，自明代中期以后，在科举考试中屡次失败的士人数量开始大量增加，妇女的自杀行为，显然与这些科场失意者的焦虑性情紧密相连。这些儒家士人通过对妇女所经历的苦难的表彰，显示自己完成了应当承担的道德职责。换言之，通过这种对妇女善行的转化，这些男人仿佛感到自己也浑身充满着道德。于是，男人的焦虑也就与妇女的贞洁联系在了一起。[2]

有学者对明代的妇女贞节牌坊进行了统计研究，其结果表明，对妇女终身守寡崇拜的兴起，是在明代中期以后。通过对明代 106 部方志进行统计，共得牌坊总数为 7783 座，其中只有 218 座是用来表

1　魏禧基本持这种观点，可参见其著《魏叔子文集外篇》卷一八《阎母丁孺人墓表》，中华书局2003 年版，第 938 页。

2　T'ien Ju-K'ang, *Male Anxiety and Female Chastity: A Comparative Study of Chinese Ethical Values in Ming-Ch'ing Times*（Leiden: E. J. Brill, 1988）, pp.xii-xiii.

彰妇女的贞节牌坊，这是一个少于 3% 的微不足道的数字。而且经过探讨的结果也表明，来自再婚的压力是导致当时妇女自杀的一个重要原因。可见，明代妇女终身守寡和自杀殉节行为的盛行，不能被简单地解释为宋代中期以后以朱熹等为代表的理学家所提倡的道德观念的反映，尽管理学的观念已经深深植根于中国文化之中，但我们还是可以看到，婚姻忠诚崇拜，对不同时代特殊的社会经济状况的反应程度上，呈现出不同的现象，而只有到了明代，这种理学的道德观念才被广泛落实于妇女的殉节行为，并使之达到了顶峰。[1]

妇女的离婚和再嫁

节妇尽管是一种相当荣耀的称呼，并可以得到朝廷的旌表，但它毕竟是以牺牲妇女的青春年华为代价的。正如明人都穆在《节妇诗》中所云："白发贞心在，青灯泪眼枯。"[2] 传统的礼经有"寡妇不夜哭"之说，正因为此，沈周建议此诗中"灯"字改为"春"字。这一改，将节妇在荣耀之下的内心痛苦表现得更为淋漓尽致。

明代的礼教尽管倡导妇女守节，然法律并不禁止妇女改嫁。但妇女改嫁，必须遵循两个条件：一是无子；二是一旦改嫁，就再无财产的继承权。明代的法律，其本在于礼。据明人谢肇淛的考察，传统的圣人制礼，本乎人情，所以妇之事夫，与子之事父、臣之事君相比较，原本在要求上也有所差别。所以，明代国家的律令，对不

---

1 T'ien Ju-K'ang, *Male Anxiety and Female Chastity: A Comparative Study of Chinese Ethical Values in Ming-Ch'ing Times*, pp.10—13, 34—38.
2 何良俊：《四友斋丛说》卷二六《诗三》，中华书局 1983 年版，第 236 页。

忠不孝者的惩罚相当严厉，但对妇女的再嫁却并不禁止，即使是犯"淫"罪，也只是处以杖刑。究其原因，一是律本人情，二是"厚望于士君子而薄责于妇人女子"。[1]

妇女的守节、再嫁，应该牵涉到两个层面的意义：一是已婚妇女的节操问题；二是夫家的宗祀问题。明初洪武十五年（1382）所旌表的松江府上海县"双节之门"，其中的史实就反映了这两个层面的问题。当时受到旌表的是俞氏母女。俞氏，名淑安，任士中之妻。在她20岁时，就守寡，当时女儿才2岁，儿子则仅5个月。从家庭的状况来说，她的婆婆早已死去，而公公也在外地做官，家贫无所依靠。于是，亲戚方面的压力随之而至，纷纷劝她"再适"。但俞氏的回答相当坚决，道："吾忍令吾儿呼他人为父耶？"为了表明她的心迹，甚至"截发自誓"。当亲戚一再逼她再嫁时，她甚至打算"自刭"。最后以纺织为业，教育子女。她的女儿长大后，嫁给俞邦用。邦用也早死，亲戚又劝其女再嫁，其女却说："我再嫁，夫家宗祀谁主之？宁死不改节，以辱吾母。"于是，回到自己家中，与其母一同守节。[2] 即使当这种压力来自其婆婆时，有些妇女同样抱着一种"饿死事小，失节事大"的理念，宁死亦不再嫁。如余布妻马氏，吴县人。嫁入余家仅五年，其丈夫就死去，而且亦无留下子女。余家酷贫，仅有田二亩半。她的婆婆希望她能再嫁，所以在田中所获得粮食，就是不给马氏食用，但马氏坚持不改嫁。无奈之下，其婆婆只好偷偷地收了他人的聘礼，一天晚上，一班吹鼓手突然临门，催促

---

1 谢肇淛：《五杂俎》卷八《人部四》，上海书店出版社2001年版，第146页。
2 《明太祖实录》卷一五〇，洪武十五年十二月甲辰条。

马氏上妆，马氏入卧室，上吊而死。[1]另外还有一个例子也是丈夫家的恶婆婆乃至恶小姑强迫媳妇改嫁，甚至其强迫的方法无所不用其极。事情的经过如下：王氏，慈溪人。聘于陈佳为妻，尚未出嫁，丈夫就已生病，夫家父母为了安慰陈佳，就将王氏迎娶过门。过门之后，整日入侍汤药。不久，陈佳病死，王氏才 17 岁，矢志不嫁。其婆婆张氏说："未成礼而守，无名。"王氏却答："入陈氏门，经事君子，何谓无名？"婆婆就让自己两个女儿从容劝说。王氏还是不允，甚至截发毁容。婆婆心犹不死，于是对她窘辱万状，希望她能答应改嫁。而两位小姑更是以使婢待之，对她多加凌辱，稍有不顺，就用指爪抓其脸，而婆婆听说以后，也对她再加箠楚。尽管如此，王氏还是口不出怨言，甚至说："不逼嫁，为婢亦甘也。"到了晚上，就睡在小姑子的床下，长期受潮湿，得了伛偻之疾，不以为忧，反以为喜，道："我知免矣。"[2]从这一事例的背景来看，婆婆强迫儿媳妇改嫁，无非是为了从改嫁中获取一笔聘礼。从明代的惯例来看，妇女改嫁，通常如同买卖妇女一般，婆家可以从中获利。

在明代的法律条文中，其中有一条是"犯奸"，里面所包含的内容有"买休卖休和娶人妻"。正是这一条文，在明代中后期的司法实践中，一些司法官员对它的解释产生了歧义。这一条文的本义应该非常清楚，原本是指"用财买求其夫，使之休卖其妻，而因以娶之者"。所以法律将这种行为归于"犯奸"之内，并处以"离异归宗，财礼入官"。在明代的法律中，也已经明确规定，如果夫妇双方不合，允许双方离异。假若妇人犯奸，法律则处以"嫁卖"。如果后夫

1 《明史》卷三〇一《列女一》，第 7698 页。
2 《明史》卷三〇一《列女一》，第 7703 页。

凭媒人，再用财礼将犯奸妇人娶为妻子，从法律的角度来说，原本不是"奸情"，法律并不禁止。一旦遇到后一种情况，在明代的司法实践中，很多地方官员却一概引"买休卖休和娶人妻"之律，判令双方离异，并将财礼入官。隆庆三年（1569），当时的大理寺左少卿王诤曾就此例进行了封驳，坚执此说者就拿出了另一种说法作为依据，这就是"买休卖休和娶人妻，原不系奸情，然则何为载于犯奸条下"？[1]毫无疑问，这本身就是明代法律条文所具有的矛盾性，只是在后来的司法实践中产生了让人两难的尴尬。

在休妻问题上，明代法律沿袭唐、宋之律，规定了"七出""三不出"条例。关于此，明代学者产生过一些争论。早在元末明初，刘基对律文中所定妇女"七出"之条提出了质疑，认为此不过是"后世薄夫所云"，而不是"圣人之意"。他的理由如下：

> 夫妇人，从夫者也。淫也，妒也，不孝也，多言也，盗也，五者天下之恶德也，妇而有焉，出之宜也。恶疾之与无子，岂人之所欲哉？非所欲而得之，其不幸也大矣，而出之，忍矣哉。夫妇，人伦之一也。妇以夫为天，不矜其不幸而遂弃之，岂天理哉？而以是为典训，是教不仁以贼人道也。[2]

从这段话中不难看出，若是妇女犯有"淫""妒""不孝""多言""盗"五种"恶德"之一，刘基认为将她们休弃是合理的，但妇女得了"恶疾"，或妇女因无法生育而"无子"，就轻易将她们休弃，

---

1 《明穆宗实录》卷二八，隆庆三年正月己巳条，台湾"中央研究院"历史语言研究所1966年校印本。

2 刘基：《刘基集》卷一《郁离子·羹藿》，浙江古籍出版社1999年版，第59页。

就违反了人道与"天理"。

顾大韶自始至终将夫妻的结合看成是"以色合",而不是"以礼合"。[1]那么,夫妻之间的离异,也应该按照这一原则进行。于是,他对法律与礼教中所谓的"七出""三不出"就颇有微词。在他看来,无论是"三不出",还是"七出",无不是为了安定妇女的妒忌之心,杜绝妇女的争斗之患。[2]张履祥尽管坚持传统的"七出"之说,但还是主张允许寡妇再嫁。他说:

> 妇有七出之罪,出之可也。近世出妻之义不行,其祸每至妻弑夫而夫杀妻。寡妇不能安其室,再适可也。世人必欲强之不嫁,其弊甚至污风俗而败彝伦。圣人之待下流,固有宽路以处之,不立一概之格,求全滋弊。[3]

这就是说,如果妇女有"七出"之行,丈夫不加休弃,其结果就会使事情走向极端,最后造成"妻弑夫而夫杀妻"之祸。至于寡妇,既然已经不安于室,就应该给她们留一条"宽路",让她们改嫁,不必强迫她们守节,一概求全。

事实上,在明代历史上,妇女改嫁,不乏其例。如陈鉴,其父被充军辽东,并死于辽东。其母重新嫁给一位百户。[4]即使缙绅家族中的妇女,也有改嫁之例,不仅再嫁,甚至三嫁。如苏州有一妇女

---

1 如顾大韶言:"夫妇以色合者也,求色而逢丑,则仇怨而已矣。夫妇亦何礼之有哉?夫妇之礼也,起于有妒忌之性,而圣人制焉,曲为防也。……非谓天造地设,真若父子、兄弟之不可易也。何者?以礼合者,伪也。以色合者,真也。"参见顾大韶:《放言》四,载黄宗羲编:《明文海》卷九九,第972页。

2 顾大韶:《放言》四,载黄宗羲编:《明文海》卷九九,第972—973页。

3 张履祥:《杨园先生全集》卷四八《训子语下·正伦理》,第1369页。

4 王锜:《寓圃杂记》卷八《陈祭酒寻母》,中华书局1984年版,第66页。

是缙绅之女，家富而识字，已经嫁了两位丈夫。在她第二个丈夫去世以后，将再次嫁人。当地的读书人深以为耻，写了一首绝句，加以嘲戏。诗云："辞灵羹饭哭金钱，哭出先天与后天。明日洞房花烛夜，三天门下会神仙。"[1]

尽管明代的法律并无禁止妇女再嫁的条文，但妇女一旦选择了再婚，同样必须取得地方官府的批文。如成化年间，江西铅山县"一妇丧夫，翁姑逼其改嫁，乃书嫁状，诣妇告批"。[2] 又据姚旅《露书》记载，莆田有一寡妇，"求批改嫁"，云云。[3] 诸如此类，均可为证。

在唐、宋两代，碑传文字相对比较质实，对妇女再嫁并不隐讳。清嘉庆二十年（1815），浒墅关人修复古塚，得南宋定城令赵用的圹志，其文颇质实有法。志中称赵氏长女"适迪功郎杨泽，再嫁进士姚子寅"。又叶适撰《翁诚之墓志》，书其女嫁文林郎严州分水县令冯遇。遇死，再嫁进士何某，其体例正好相同。

其实，这种体例属于一种古文义法。但正是从这种古文义法中，我们可以获知各个时代的文人士大夫对妇女再嫁问题的看法，以及妇女再嫁的相关风气。考此例早在唐代就已经形成，如鄏国长公主碑，由张说撰文，其中就书公主下嫁薛敬，又嫁郑孝义。皇甫湜所撰之韩愈墓志，其中亦云其女先嫁李汉，改嫁樊宗懿。可见，宋人作志，实祖唐人之例。在宋代，大多不讳改嫁。如《宋史·礼志》所载，治平、熙宁年间，还允许宗室中的女、妇再嫁，当时甚至屡次颁布相关的诏令。因此，即使当时深负名德众望的范仲淹，在他的家

---

1 郎瑛：《七修类稿》卷四九《奇谑类·三天》，上海书店出版社 2001 年版，第 519 页。

2 万表：《玩鹿亭稿》卷五《海寇议》，载张寿镛辑：《四明丛书》，广陵书社 2006 年版，第 27 册，第 16887 页。

3 褚人获：《坚瓠七集》卷四《批改嫁》，载《笔记小说大观》，第 15 册，第 241 页。

族里，对妇女改嫁同样持一种相对宽容的态度，甚至在义庄规约中，规定妇女再嫁，给钱三十千。

在碑版文字中，对于妇女的再嫁，究竟应该采取怎样一种古文义法？这在过去存在着争论。从文人士大夫的主张乃至实际的碑传文字来看，基本表现为下面这几种主张与做法：一是直书其再嫁；二是以含糊一语概之，如在志文中称，女几人，皆嫁为士人妻，云云；三是只书其初嫁，而将再嫁隐讳不言；四是仅书其再嫁，将其初嫁隐去不言；五是凡是为父母作志，书其初嫁，但如果是为妇女本人作志，则书其再嫁。[1]

妇女再嫁，其死后归葬就会产生问题。这就是说，再嫁以后的妇女，在她死后，究竟是与前夫合葬，还是与后夫合葬？这必然会引起一些争论。如成化年间，松江府华亭县民某，其母再醮，生有一子。等到其母死后，二子争葬。为此，就将官司打到县里。县官判其词曰："生前再醮，殊无恋子之心；死后归坟，难见先夫之面。"下令由后子收葬。这位知县的判词，显然符合传统的礼教观点。对此，明代文人江盈科提出了质疑，认为尽管判词正确，但伤了前子之心。前后之子，争葬其母，不失为孝，较诸互相推诿者，无疑是一种可嘉的行为。为此，江盈科甚至突发奇想，一女既然前后嫁了两夫，可以让她与前、后夫共葬。[2]

张履祥尽管主张妇女可以改嫁，但对于再嫁之妇，他还是从礼教出发，主张对她们加以歧视。他在给儿子的家训中，对此有所讨

---

1 叶廷琯：《吹网集》卷三《赵用圹志书女再嫁》，载《笔记小说大观》，第19册，第309—310页。

2 江盈科：《雪涛谈丛·断子葬母》，载《江盈科集》，岳麓书社1997年版，下册，第785页。

论。首先，他反对娶"再醮之妇"，认为"再醮之妇，取以配身，古人以为己之失节，自好者宜所不为"。这正好与他允许妇女改嫁之说形成自相矛盾。原因很简单，若是男子不娶"再醮之妇"，妇女何从改嫁？其次，他认为，若是不得已，如"中年以往，或子女幼小，父母待养；或未有子嗣，家贫不能买妾、置婢"，等等，在诸如此类的无奈之下，娶再醮之妇为妻，那么也不能给这些再嫁之妇一定的名分，只能让她们承担"执井臼薪水之役"。若是给了她们名分，就会"上以卑其亲，下以辱其子"。此外，这些再嫁之妇，死后也不允许她们进入家族内的墓地，在家族祭礼中，"不得从先姒"。如果她们生有儿子，"则听其所生别祀"。这就是说，即使有了自己的儿子，这些再嫁之妇，也只能获得妾这样的名分。第三，至于家族内的寡妇，如果有人不安其室，重新改嫁，那么就决不允许她们重返家族。即使她们的儿子成家立业，也"不得蒙面招养，以败家声"。此外，家族姓氏内的女子嫁人之后，如果"更二夫"，那么家族就必须与她们断绝来往。[1]从张履祥的这段论说中不难看出，尽管明代妇女有改嫁的权利，但妇女一旦改嫁，则无论在国家法律上，还是在家族礼仪上，甚至是在社会舆论上，均会受到歧视。

妇女的情感表达及其性情生活

男女之间情感的产生，应该说是人的本能。明末清初人李渔在其所作小说《十二楼》中，曾录有一首调为《虞美人》的词，以说明男女相慕之情这条"情路"，确实很难堵塞。词云："世间欲断钟情

---

1 张履祥：《杨园先生全集》卷四八《训子语下·正伦理》，第1369页。

路，男女分开住。掘条深堑在中间，使他终身不度是非关。　　堑深又怕能生事，水满情偏炽。绿波惯会做红娘，不见御沟流出墨痕香？"[1]细玩词旨，正如李渔自己所解释的一样，天地间越礼犯分之事，其他件件可以消除，唯有男女相慕之情、枕席交欢之谊，除非是在此情未发之前有所禁遏，否则，等到男子或妇人动了念头之后，且不说家法无所管制，官威不能震慑，即使是玉皇大帝下了诛夷之诏，阎罗大王发出缉获之牌，甚至山川草木尽作了刀兵，日月星辰全成为矢石，堕入情网中的男女还是会拼得一死，也要遂了自己的心愿。

为什么男女之间的情感有如此之大的力量？而男女到了这种怨生慕死的地步，确实再也难以加以防御。于是，在传统社会中，就将惩奸遏欲之事，行在男女之间情欲未生之前。至于其中禁遏的方法，无非就是"严分内外，重别嫌疑"，以使男女不相亲近而已。儒家有"男女授受不亲"之说，道家也说"不见可欲，使心不乱"。究其根本，还是通过男女不相接触，以起到防微杜渐之效。

在儒家礼教闭锁世界中生活的妇女，照理应该是大门不出、二门不迈，个人的情感被礼教所禁锢、压抑。但事实并非尽然。其实，明代妇女的情感表达方式形形色色，而妇女的性情生活也是多姿多彩。

妇女情感的表达方式

妇女作为活生生的有血有肉的人，尽管受到儒家礼教的束缚，

1　李渔：《合影楼》第一回，载李渔著，杜濬评：《十二楼》，人民文学出版社 1986 年版，第1页。

大多不敢公开表达自己的感情，但她们同样不乏相思之情。明人陈秋碧与徐髯仙曾咏四景联句，调为《金索挂梧桐》，分别道出了妇女一年四季中的相思之情：从春情的萌动，夏天的千思万想，到秋后愁思，以及冬天来临时的孤独。[1] 词文绵丽宛折，曲尽一个相思女子的个中情景。

事实确是如此。妇女的相思之苦，确非常人所能理解。明人周朝俊在其所作传奇《红梅记》中，通过小姐卢昭容之口，已将女子的相思之苦一语道出："人道海水深，不抵相思半。海水尚有涯，相思渺无畔。"[2] 女子相思之无涯无畔，大抵道尽相思女子情之深、之切。

那么，明代妇女的情感表达方式究竟有哪些？男女之间定情的"表记"又是如何？细加梳理，大抵可以归纳为下面几种：

1. 神庙设誓

男女之间的情愫如何产生？一如民间所言，最为常见的是眉目传情。在明代妇女中颇为流行的《西厢记》，其中就有张生与崔莺莺之间感情的传递，就是莺莺小姐临去之时那"秋波一转"，才使张生魂牵梦绕。男女之间，一旦两情相悦，私订终身，就会海誓山盟，表示永不相负。其实，并不是真的去大海边发誓，而是在海神王前起誓。正如陈铎在《风情》一首曲中所言："海神王案前，发些儿咒愿；但有个负心的，也要他做证见。"[3] 于是，海神王成了他们两个永不变心的见证。

1　顾起元：《客座赘语》卷六《四景联句》，中华书局 1997 年版，第 180—181 页。

2　周朝俊：《红梅记》第三一出，上海古籍出版社 1985 年版，第 156 页。

3　路工编：《明代歌曲选》，第 22 页。

2. 烧香

烧香尽管属于一种宗教活动，而且其最直接甚至常见的功能，也正如俗语所云，不过是"早晚一炷香，岁岁报平安"而已。但从明代的民歌、小说来看，女子的烧香显然与男女之间的私情有关。女子到了思春之年，尚独守闺房，希望通过烧香这一仪式，恳请上苍保佑自己找到一个中意的好郎君；男女相会，私订终身，也通过烧香表示两者之间情感关系的确立，乃至矢志不渝；男女之间关系一旦确立，或者成为眷属，妇女又通过烧香恳求神灵保佑自己的郎君在他乡安好，或者希望自己的郎君能够在科举考试中得以蟾宫折桂。

从明代民歌中可知，当时女子普遍盛行一种烧夜香之习。女子到了思春之年，内心的心事无法与人沟通，更无法向人表白，只好在夜深人静之时，独自来到后花园中，烧起夜香，万般心思，随着缕缕青烟，直达上苍。龚正我选辑《汇选时兴罗江怨妙歌》中有一首《纱窗外月儿光》道：

> 纱窗外月儿光，奴去后花园烧夜香，轻轻便把桌儿桌儿放，又恐怕墙外儿张，又恐怕惊了爹娘。抬头只把嫦娥望，一炷香祷告穹苍：保佑他早早还乡，愿郎早共销金帐。焚罢香，单入兰房，听檐前铁马叮当，凄凄冷冷，添惆怅添惆怅。[1]

这是已经定了情的女子烧夜香。从中可知，即使已经定情，女子的心思，也是不愿让自己爹娘知晓，更不愿让墙外之人知晓。无奈之下，只好选择烧夜香。程万里辑《汇选苏州歌叠叠锦》，更可证明女子为了隐瞒自己的心思，甚至二更天时在后花园中烧夜香。歌曲道：

1　蒲泉、群明编：《明清民歌选甲集》，第37—38页。

二更里，教奴泪不干，我好伤惨，呀！我好伤惨。领着梅香出绣房，后花园，烧夜香，哀告穹苍，呀！哀告穹苍。[1]

这是绣房女子烧夜香，其心思唯一可以告知的是贴身的丫鬟梅香。不仅苏州女子如此，即使在杭州，绣房女子也是一般心思。《新增协韵耍儿》中有歌曲道："杭州女儿颜色娇，宝炉常把夜香烧。"至于为什么烧夜香，歌曲同样有了答案，就是为了能"百岁姻缘在一朝"。[2] 又如小说《二刻拍案惊奇》记一位名叫丹桂的女子进尼姑庵烧香，拈着香，跪在佛前，对着上面，口里喃喃呐呐，低低微微，却不知说些什么。最后还是老尼妙通替她道出了烧香拜佛的心事，亦即"佛天保佑，早嫁个得意的丈夫"。[3]

女子进庙烧香，通常最为常见的行为有问课、求签两种。正如题为《问课》这首民歌所云，女子手执着卜课的课筒，深深下拜，战战兢兢，不免泪流满面。求神祝告甚至卜课，其目的无非是下面三项：一是"问他好不好"；二是"问他来不来"；三是"问终身"，亦即相好的男子"情性改不改"。在另一首题为《求签》的民歌中，女子在神前拈香祷告，其目的更为直接，则是希望"情人早归"。[4] 在明代妇女中间还流行一种打"相思卦"的习俗。如小说《金瓶梅》记载潘金莲与西门庆偷情之后，因为思念西门庆，显得无情无绪，于是就脱下两只红绣鞋来，试打一个相思卦，看西门庆来不来。所谓的相思卦，就是妇女用绣鞋掷地，以卜丈夫是否归家。如鞋底朝上，

---

1 蒲泉、群明编：《明清民歌选甲集》，第 71 页。

2 《大明天下春》卷七，载李福清、李平编：《海外孤本晚明戏曲选集三种》，上海古籍出版社 1993 年版，第 559 页。

3 凌濛初：《二刻拍案惊奇》卷三，第 29 页。

4 冯梦龙：《挂枝儿》卷三《想部》，载《明清民歌时调集》，上册，第 95 页。

则不归；反之则归。[1]

在明代女子的烧香活动中，很多与情感相关。尤其在男女关系不谐或者出现男女不能终身相守之时，当时的女子无不将其归结为前生烧了"断头香"。于是，烧香时出现断头香，也就成为一种很大的忌讳。这可以引一首《时兴玉井青莲》为例：

> 姐儿门前一口塘，一只鸳鸯里面藏，姐说鸳鸯好似我。鸳鸯似我不成双，我的郎，前生烧了断头香。[2]

鸳鸯原本应该成双成对，塘中仅有一只鸳鸯，好不孤凄。从鸳鸯的落单，自然也就想到了自己的孤独寂寞，但最后所能归咎的也只是前生烧了断头香。这种观念，不仅出现于民间女子中，即使在青楼女子中，也无不抱有这种看法。如有一首《掉角儿》歌曲道：

> 想天台云深路遥，武陵溪雾迷烟罩。汉相如渴病怎消？杜韦奴恼人怀抱，莫不是命不利数难逃？断头香，夙世曾烧。[3]

作为一个教坊女子，落难青楼，在人怀抱之中，所想到的却是过去的情郎，但是已经是天台云深路遥，再也无法重逢。无奈之下，只好归咎于前世烧了断头之香。

男女一旦相会，甚至一见钟情，烧香的仪式也就成为男女之间情感坚贞不渝的见证。在明代，男女之间私情的订立，通常采用一种"剪发烧香"的方式。这种风气在风情女子中最为流行。《新增一

1　兰陵笑笑生：《金瓶梅词话》第三回，第90页，注2。

2　《大明天下春》卷七，载《海外孤本晚明戏曲选集三种》，第528—529页。

3　《南北教坊司新传赛闹五更银纽丝》，载《海外孤本晚明戏曲选集三种》，第106页。

封书》歌曲就是最好的例子。[1] 从歌曲中"你今贪恋红奴子"一句中可知，歌曲中的"红奴子"，显然也是一位风尘女子。她与心中"玉郎"之间情感的确立，无疑靠的是"神前一炷香"。尽管对心目中的俏才郎百般思量，但这位俏才郎还是移情别恋，贪恋当红奴子。其实，这也怨不得这位俊才郎。欢场生意，本来就是逢场作戏而已。在明代，通常流行一句俗语，即"妓爱俏，妈爱钞"。即使俏才郎可以满足妓女爱俏的心思，但在这种爱之中，同样会受到"妈爱钞"的左右。嫖客可以跳槽，但嫖客一旦钱囊空乏，同样不免会被扫地出门。

3. 记日

自从自己相爱的人走后，情女从此也就陷入无限的等待之中。除了上面所提到的卜卦之外，很多痴情女的等待是在每天记日中度过的。从明代的民歌中可知，她们的记日方法非常别致，通常是将自己头上的金簪插在纸窗上，只要情郎一日不来，就在上面插上一下。有一首民歌的内容显示，一位女子自与情郎离别之后，"从头细细数"纸窗上的针眼，"数了一百八"，可见这位情女已经守了"六个月的寡"。[2]

4. 剪发

明代烟花行中所盛行的"剪发"之习，其实不过是吸引嫖客的一种伎俩而已。明人《新编百妓品》中有一首《剪发誓》歌曲道：

假订百年期，放甜头，他目迷。金刀下处香云坠，你系我

---

1 《大明天下春》卷四，载《海外孤本晚明戏曲选集三种》，第355页。
2 冯梦龙:《挂枝儿》卷六《怨部·记日》，载《明清民歌时调集》，上册，第155—156页。

的，我系你的，青丝一缕交缠下，又谁欺？[1]

从上面歌曲中可知，剪发起誓是明代欢场男女之间定情的反映。男女各自剪下青丝，你系我的，我系你的，青丝互相交缠，表示永远不再分离。[2]其实，不过是妓女放出的甜头，其中有很多虚情假意在内。正如歌曲所言："烟花女，心不良，假意虚情。泪汪汪，千般计，百样妆。佛口蛇心贼肚肠，逢人便把青丝剪，遇客常烧手上香。"[3]

剪发通常是女子向男子表达自己爱情忠贞不渝的信物，其习俗亦并不仅仅限于青楼女子笼络嫖客的把戏，而且广泛存在于民间的良家女子之中。这有三个例子可以证实：如陈氏，河南祥符县人。嫁给杨瑄，未嫁而瑄卒。"女请死，父母不许，欲往哭，又不许。私剪发，属媒氏置瑄怀"。张氏，浙江秀水县人。在14岁时，接受了同县人刘伯春之聘。伯春死后，张氏"号泣绝发，自为诗祭之"。又欧阳金贞，江夏人，嫁与罗钦仰为妻。钦仰落水淹死后，金贞年才刚刚14岁，打算"赴水从之"，为父母坚决阻拦。又想自缢殉节，又为父母不许。无奈之下，只好在钦仰盛殓时，"剪发系夫右臂以殉"，表达自己的情思。[4]

5. 烧香疤

所谓的"烧香疤"，也是明代青楼女子惯用伎俩，在当时又称"烧手上香"。关于此，可以引当时《香疤》一曲加以说明：

---

1 《大明天下春》卷六，载《海外孤本晚明戏曲选集三种》，第474页。

2 青楼女子惑人之法，即有剪发以示信之举。妓女将自己青丝剪下，系于嫖客臂上，以勾引嫖客之回头。参见冯梦龙编：《挂枝儿》卷五《隙部·情淡》，载《明清民歌时调集》，上册，第133页。

3 《大明天下春》卷四，载《海外孤本晚明戏曲选集三种》，第369页。

4 《明史》卷三〇一《列女》一，第7701—7702页。

苦肉钓钱钩，把香肌结作仇。不量穴道将来灸，一壮不休，二壮不休，绵脂熬处眉儿皱。问疼否？旧疤儿上觉得辣挡挡。[1]

香疤是嫖客在妓女身上所作的记号，这是男人对女人肉体占有权的一种反映。香疤烧在何处？从明代歌曲或小说中可知，一般是在女子的手臂之上，更有甚者，则是烧在女子的私处。妓女迎合嫖客的这种肉体占有心理，通过烧香疤这种苦肉计，以钓得嫖客之钱。除了这种"红晕晕"的香疤之外，明代北方的青楼女子通常还用"闸紫葡萄"的方法，以迷惑嫖客。[2]其法为一种刺青，亦即妓女在臂上刺上"圆纠纠"的紫葡萄。明代小说中多有男子在与自己私通女子身上心口与阴户处烧香的记载，说明这些习俗并不仅仅限于妓院，而是男子一种强烈的占有欲的反映。[3]

6. 男女定情信物

男女一旦定情，如何表达各自的感情，显然需要有定情之物，这就是通常所谓的信物。明代男女的情感信物，大致包括下面几类：

其一，在男女情感的信物中，女子一般会通过向男子赠送瓜子的形式，以表示一种"礼轻人意重"这样一层意思。冯梦龙辑民歌《赠瓜子》即可为例：

瓜仁儿本不是（个）希奇货，汗巾儿包裹了送与（我）亲哥。

---

1 《大明天下春》卷六，载《海外孤本晚明戏曲选集三种》，第475—476页。

2 冯梦龙编：《挂枝儿》卷五《隙部·情淡》，载《明清民歌时调集》，上册，第133页。

3 如小说《金瓶梅》多次记载西门庆与一些外室私通，并在她们的心口、小肚底下与阴户处烧香。至于如何烧出香疤，小说也部分提供了资料。一般是先将用烧酒浸过的香马安在妇女的身体上，再在上面点上安息香。当香烧至肉根前时，妇女会感到很疼痛。可见，这种对女人身体的占有欲，完全是建立在妇女的肉体痛苦之上。参见兰陵笑笑生：《金瓶梅词话》第七八回，第1194、1199页。

> 一个个都在我舌尖上过，礼轻人意重，好物不须多，多拜上我
> 亲哥也，休要忘了我。[1]

这首歌的首句，原先为"瓜仁儿本是个清奇货"，应该说与后面所要表达的礼轻意重之义不合，今所传为"本不是个希奇货"，才与后义相合。瓜仁虽不是希奇货，却是多情女一个个用舌尖嗑成。送上小小的瓜仁，目的就是让对方记住两人之间曾经有过的感情。

其二，女子赠送男子的"表记"尚有许多，一首题为《表记》的民歌有详细的记载，而且各自表明了这些作为表记之物既是为了让情郎存有一种念想，却又暗自蕴藏另一层意义——送纽扣，是为了"牢紧"在情郎的心间；送玉簪，是为表示自己日夜守在情郎的身旁；送戒指，是为了告诫情郎不要游手好闲；送荷包，是为了要求情郎不要"浪言"；送鞋子，是为了告诫情郎少去花街转；送汗巾，其中的意思就是"针针线线，是奴缉成，<u>丝丝缕缕，是奴寄情</u>"。[2]除了上面这些表记之物，女子向情郎所赠信物尚有青丝带、销金扇、红睡鞋等。[3]小说《金瓶梅》中，西门庆与潘金莲初次偷情时，两人各自留下了"表记"，以见真情。西门庆是从自己头上拔下一根金头银

1　冯梦龙编：《挂枝儿》卷一《私部》，载《明清民歌时调集》，上册，第56页。按：冯梦龙所辑另一首题为《送瓜子》的山歌，将瓜子的象征意义说得更为明白："瓜子尖尖壳里藏，姐儿剥白送情郎。姐道郎呀，瓜仁上个滋味便是介，小阿奴奴舌尖上香甜仔细尝。"可见，送已经嗑好的瓜子，意味着让情郎品味舌尖之香甜，亦即男女之间的接吻。参见冯梦龙编：《山歌》卷二《私情四句》，载《明清民歌时调集》，上册，第311页。
2　冯梦龙编：《挂枝儿》卷二《欢部》《夹竹桃·多少工夫》，均载《明清民歌时调集》，上册，第67、469页。按：送纽扣的本意，除了上面之说外，尚有一首《纽扣》歌，将其象征意义说得更为直白："纽扣儿，凑就姻缘好，你搭上我，我搭上你。（两下）搂得坚牢。生成一对相依靠，系定同心结，绾下刎颈交。一会儿分开也，一会儿又拢了。"参见冯梦龙编：《挂枝儿》卷八《咏部》，载《明清民歌时调集》，上册，第196页。
3　冯梦龙编：《挂枝儿》卷五《隙部·查问》，载《明清民歌时调集》，上册，第123页。

簪，将它插在潘金莲的云鬓上；而潘金莲则将自己袖中的巾帕送与西门庆。[1] 为了寄情，通常在簪上还钑一些诗句。如潘金莲在给西门庆上寿之礼中，有一根并头莲瓣簪子，上面就钑着五言四句诗一首，云："奴有并头莲，赠与君关鬓。凡事同头上，切勿轻相弃。"[2]

妇女的性情生活

毫无疑问，传统中国是一个讲究礼教的古国，士大夫们口上所说通常不离忠孝节义的一套。生活在传统礼教制度下的明代夫妻，显然缺乏一种真情生活，真实的夫妻之情甚至为一些理学之士所排斥。下面的记载就是最好的例证：

> 有一生丧其室，情不能自制，来见请教。先生（指吕柟——引者）曰："汝父母何如？"对云："幸康泰。""汝兄弟何如？"对云："能成立。"先生笑曰："父母俱存，兄弟无故，此是最乐的，夫何忧！"又云："但妻颇贤，故情有不能自克尔。"先生云："有子乎？"对云："有三子。"先生曰："子存即妻存矣。若为妻如此，万一手足有变，当何如？万一恃怙有变，又当何如？夫妻贤是汝刑于之功，至于死生寿殀，有命存焉，汝不得而与也。"[3]

明朝廷所普遍旌表的"妇节"，同样证明了在礼教的禁锢下，妇女的内心情感很难得到表达与宣泄。在明代各地均能见到表彰妇女贞

---

1 兰陵笑笑生：《金瓶梅词话》第四回，第51页。

2 兰陵笑笑生：《金瓶梅词话》第八回，第97页。

3 吕柟：《泾野子内篇》卷二〇《太常南所语》第二七，中华书局1992年版，第210页。

节的牌坊，而且数量着实不少。这尽管只是"大传统"的产物，但这些牌坊高高矗立，确实让人感到孤单凄凉。除此之外，一夫多妻制的存在，也使很多妇女陷入了"闺怨"的情感苦难境地。尤其是一夫多妻制所造成的"老夫少妻"现象，更是导致妇女在生理性方面难以得到满足。在明代，男人在垂老之年，尚再娶妻子续弦，这种风气相当普遍，尤以西北的士大夫居多。此非小事，涉及妇女的性生活问题。如史料记载，少保李霖寰以丁忧归家，服丧满后续娶一妇。当时李霖寰已到知天命之年，而新娶的夫人则年仅二八。两人"结褵"刚罢，李霖寰出外宴客，则闻室中悲泣不绝声，那些女仆劝慰新夫人道："主翁衣蟒围玉，坐八人舆，富贵已极。今夫人亦如之矣，何所苦而不怿？"夫人叱詈道："汝奴才何知！八人舆可舁至枕上耶？"李霖寰听后，惟有长吁而已。[1] 以知天命之年，再娶年方二八的少女为妻，其婚姻的不幸不言而喻。尽管身上可以穿得蟒袍，腰中围得玉带，出外可以坐八抬大轿，着实风光，但终究因生理所限，无法代替枕上功夫。这位少女因此而悲泣，事实上已经清醒地认识到了这种老夫少妻背后所必然蕴含的性生活方面的不和谐，这如同守着一个活死人无疑。更何况有些老夫续娶少妻，中间还有着一层不可告人的政治目的，事实上已经成为一种政治联姻。[2]

礼教对妇女性情的过分压抑，以及现实婚姻制度中"老夫少妻"现象的普遍存在，致使妇女的情感无法得到宣泄，性欲更是难以满足，随之也就导致了晚明盛行一时的"偷情"乃至"通奸"之风。朝

1　沈德符：《万历野获编》卷二三《阁老夫人旌表》，第592—593页。
2　张璁以内阁大学士之尊，继娶潘氏为妻，就是一种政治联姻。当时张璁已经到了耳顺之年，但考虑到潘氏是兴献帝的旧姻，所以还是续娶潘氏之女为妻，其目的显然是为了政治上有所"附托"。参见沈德符：《万历野获编》卷二三《阁老夫人旌表》，第593页。

廷刻意塑造一些"贞女""节妇"的典范，在明代妇女群体中，尽管不乏以此为榜样并加以模仿与实践者，但终究与一般民众的想法相距很远。换言之，在一般民众妇女中，流传的仅仅是《五更相思》《四季游春》一类的思想意识，这才是在民间广泛存在的"小传统"。大众妇女并不对那块贞节牌坊感到有多少稀奇，而是希望有恋爱的自由乃至结合的自由，这种自由一旦受到压制，她们在无奈之下就只好采用一种"偷情"的方法来加以解决，在明代民歌中就有很多反映了这种思想，并为广大男女所喜爱。显然，对妇女来说，殉节是一种被逼无奈之举，而且屈指可数；而殉情才是一种自愿的行为，而且可歌可泣。在一首首的民间小调中，无不蕴含着无法计算的妇女血泪。[1] 正统的卫道者轻描淡写地将它们视为"淫词邪说"而丢在一边，其实它们却能真实地反映当时妇女的性情生活。

值得指出的是，明代妇女性情生活一旦受到压制，不但会使一些奸邪之辈有了可乘之机，而且亦使妇女的性情生活流于畸形。"人妖"的出现乃至妇女同性恋的流行，大抵就是最好的例证。

毫无疑问，作为传统社会末期的明代，大门不出、二门不迈仍然是当时妇女的基本特点。这种锁闭的妇女生活，使她们的性情生活必然处于一种相对封闭的状态之中，这就使那些男扮女装的奸淫之辈有了可乘之机。成化年间，在山西曾发生了一件男扮女装的大事，在全国引起了一时的轰动。事情的经过是这样的。起初山西大同府山阴县有一男子专习女红，身穿妇人之装，用来引诱良家妇女，凡是

1　关于这方面的阐述，可参见周作人：《苏北小调》，载陈子善、鄢琨编：《饭后随笔——周作人自选精品集》，河北人民出版社 1994 年版，上册，第 430—431 页。按：这段意见，是周作人一位朋友写信给他时所说，周氏仅仅是转述而已。笔者引于此，作为分析明代妇女情感生活之依据。

有不依从者，就用"魇魅淫之"。其后，山西太原府石州人桑冲，尽得此术，并有其他七人效仿此术。桑冲凭借此术游历40多个州县，"淫女妇百八十余人"，在晋州才败露此事，被处以"凌迟于市"。[1]史料中所言"女妇"，当然包括未婚与已婚两类妇女。传统的史籍当然不可能解释这种事情发生的根由，只是以"用魇魅淫之"几字加以塞责。其实，妇女在性生活方面的不满足，才是这种"人妖"得以有机可乘的最根本原因。

如此行为尽管被传统社会视为"情犯丑恶，有伤风化"的事情，主犯桑冲所用的也是男扮女装的伎俩，借此出入良家妇女之门。但从"奸通"二字来看，这些受害妇女，并非都是被强奸，有些应该说是一种自愿的通奸。因为桑冲的出现，使这些锁在深闺中的女子面对面地接触到了异性，再加上桑冲还有一种诳言作戏、哄骗女人甚至有时不惜向女人陪情的本领，难怪这些女人会陷入其中，甚至不能自拔。为此，冯梦龙在《醒世恒言》中专门将这件事写入小说，以示警戒。[2]

类似的例子也见诸万历年间的常州府武进县。据蔡献臣的记载，当时武进县有一位"妖僧"张应期，假扮成尼姑，出入很多"大家妇女"的闺房。至于其中的原因，则是因为当地"大家妇女"大多"信佛尚尼"，且丈夫不能加以制止所致。在明代，官宦大族女子与尼姑相交，已成一时风气。而男僧假扮尼姑，出入大家妇女闺房，原因显然并未如上述那么简单，一定有难言之隐。说白了，就是大

---

1 《明宪宗实录》卷一七二，成化十三年十一月乙酉条，台湾"中央研究院"历史语言研究所1966年校印本。
2 冯梦龙：《醒世恒言》第一〇卷，第112—113页。

家妇女与假扮尼姑的僧人有私通的行为。否则，此举不会引发地方官大动干戈，不仅将妖僧"毙狱"，甚至下令常州、镇江两府禁逐尼姑，拆毁尼庵，并令尼姑蓄发还俗。[1]

现在的人们一谈到同性恋，就会想到"男色"。事实确是如此，明代的好男色已是蔚然成风。但不容否认的是，这种同性恋现象同样存在于女性之中。据记载，南京坊曲中一些有名的妓女，也竞相崇尚一种同性恋之习，结成所谓的"香火姐妹"，在女伴中互相夸耀，互相戏谑，把这些同性恋现象视为一种"佳事"。究其原因，除了性方面的满足之外，其根本原因则是借此"博游婿爱宠"。[2]

闺房小姐在情人远离、相思成病的境遇下，自然也会想起与丫鬟梅香行同性之好。一首题为《叫梅香》的歌曲反映了这种情况在明代还是存在的。歌曲云：

> 相思病，害得我魂飘荡，半夜里坐起来叫梅香：（你）上床来搞起腿（学我）乖亲样。梅香道：姐姐，你也是糊涂（的）娘，没有那件东西也，娘，怎杀得你的痒。[3]

此歌俗则俗矣，却反映了当时的妇女同性相爱的风气。至于那些大家的姬妾，因为整日关在家里，无所事事，尽管玩一些抹骨牌、斗百草、戏秋千、蹴气球之类消遣过日，然也是意味有限，当不得什么兴趣。于是，一些姬妾因为晚间寂守不过，就会叫上一个最为知心的侍婢，唤来床上陪睡，一起说些淫欲之事，消遣闷怀，有时甚至

1 蔡献臣著、陈炜点校：《清白堂稿》卷三《风化事武进丹徒八县（丁未）》，商务印书馆2019年版，上册，第62—63页。
2 沈德符：《万历野获编》卷二四《男色之靡》，第622页。
3 冯梦龙：《挂枝儿》卷三《想部》，载《明清民歌时调集》，上册，第99页。

免不了做些犹如男女之间的床笫之事。[1]

　　研究明代妇女的性情生活，显然不能被朝廷所旌表的"贞女""节妇"，乃至正史中所收录的千篇一律的"烈女"所迷惑，而是应该将视野置诸晚明流行一时的民歌，从中可以发现明代妇女性情生活的真实面貌。如在明代的"时调"民歌《锁南枝》中，有一首反映女子真情的歌曲，其中云："傻酸角，我的哥，和块黄泥儿捏咱两个，捏一个儿你，捏一个儿我。捏的来一似活托，捏的来同床上歇卧。将泥人儿摔碎，着水儿重和过。再捏一个你，再捏一个我。哥哥身上也有妹妹，妹妹身上也有哥哥。"[2]这是何等真实的男女情感，也部分反映了当时"情"与"礼"的冲突。冲突的结果，无疑是性爱的泛滥，甚至在小说中出现了向一般民众灌输如何调戏妇女此类"风流诀窍"的现象。[3]这种男女情爱不严肃现象的出现，最终导致晚明"性病"的流行。[4]

　　传统中国在男女之间的关系上奉行一种"男女有别"的准则，这是认定男女间不必求同，在生活上加以隔离。正如社会学家费孝通所言，男女有别的界限，使中国传统的感情定向偏于同性方面去发展，而在女性方面的极端事例就是华南的姊妹组织，在女性文学里所流露

1　凌濛初：《二刻拍案惊奇》卷三四，第342—343页。

2　李开先：《词谑》，载《李开先全集》，中册，第1276—1277页。

3　如李渔所著小说《十二楼》之《合影楼》，就曾对"风流诀窍"作了下面简单的概括："但凡调戏妇女，不问他肯不肯，但看他笑不笑；只消朱唇一裂，就是好音，这副同心带儿已结在影子里面了。"参见《合影楼》第一回，载李渔著、杜濬评：《十二楼》，第6页。

4　从史料记载来看，性病已经在晚明的妓女中普遍存在，而且开始传染于那些好色的读书士子。参见施闰章：《矩斋杂记》卷上《骰子误人》，黄山书社1992年版，第59—60页。按：关于性病在明代的出现及其流行，可分别参见〔荷〕高罗佩著，李零、郭晓惠译：《中国古代房内考》，上海人民出版社1990年版，第405—410页；王书奴：《中国娼妓史》，岳麓书社1998年版，第174—179页；陈宝良：《明代社会生活史》，中国社会科学出版社2004年版，第435—437页。

的也充满着冯小青式的自恋声调。[1]明代妇女之中所出现的同性恋现象就是明证。

李亦园认为，中国传统社会是单以男系为主的所谓父系社会，女子在社会中处于被动而且常被忽视，在家庭中女子有"三从四德"的标准，所谓"嫁鸡随鸡，嫁狗随狗"是也。但是在理想的中国夫妇关系中，应该是"举案齐眉""相敬如宾"，不但在大户人家、书香门第，男女有阃内阃外的隔离，就是在小户人家，夫妇之间感情淡漠也是常见的现象。一般人都认为男人家守着老婆是没有出息的，尤其是不敢在父母面前表现夫妇间的亲热。[2]需要强调的是，这种传统的习惯，至晚明显然已经起了变化。从一些明代民间广泛流行的山歌中可以知道，很多春画也开始流入一些"姐儿"的闺房，春画里面各式各样的风流"家数"，不免使那些女子"满身酥"。于是，其结局则是这些女子只好叫来自己的情郎，"依样做介个活春图"，[3]模仿春画，依样画葫芦。至于在一些大家房内，春画已经成为枕头必备之物，有些甚至出自内府，其式有二十四式。[4]荷兰汉学家高罗佩（R. H. van Gulik）的研究证明，明代的春宫画册，多为二十四幅，如《风流绝畅》《花营锦阵》均为二十四图。至于《胜蓬莱》，尽管现在所存只有十五图，但据高罗佩的判断，原本也应该为二十四图。[5]

1　费孝通：《乡土社会》，北京大学出版社 1998 年版，第 46—47 页。

2　李亦园：《人类的视野》，上海文艺出版社 1996 年版，第 78 页。

3　冯梦龙编：《山歌》卷二《私情四句·春画》，载《明清民歌时调集》，上册，第 304 页。

4　《金瓶梅》用一首词记载了内府版本的春画，云："内府衢花绫表，牙签锦带妆成。大青大绿细描金，镶嵌斗方干净。女赛巫山神女，男如宋玉郎君。双双帐内惯交锋。解名二十四，春意动关情。"至小说第八三回，终于将这本春画册子之名点出，为《春意二十四解》。参见兰陵笑笑生：《金瓶梅词话》第一三、八三回，第 163、1281 页。

5　[荷]高罗佩著，杨权译：《秘戏图考》，广东人民出版社 2005 年版，第 152—161 页。

明代现实社会乃至文学作品中所出现的"荡妇"现象，固然是晚明妇女性情生活发生转向的标志，但从心理学角度加以分析，同样可以得到比较圆满的解释。美国心理分析家 Virginia Heyer 在分析中国通俗小说时，把小说中的女主人公分为两大类：一类为保护型的母性表征，一类为危险型的美女表征。Heyer 认为中国通俗小说出现两种完全相对的女性典型，可以看作是中国人对母亲的复杂感情的投射。在中国人早期社会的过程中，因为父亲的严峻，因此对母亲感情的依靠极大，这种感情不仅包括依赖的亲子之爱，同时更重要的也包括放纵的性爱，那种伊底帕斯（Oedipus）式的"母恋"的爱。可是这种复杂的感情，在中国社会中是大逆不道的，是决不容许表现的感情，因此是每个人必须压制的感情。但这种压制只在表面上的，下意识中这种感情无疑是存在的。所以投射在小说或文学上，是两种相反典型的女性，一种是尊严的母性，一种是放纵的荡妇，亦即唯恐社会赏罚两者混合的想法；表现在行为上，则是一方面与妻子保持距离，因为她是危险的，另一方面接近母亲，因为那是安全的。[1] 这种从心理角度对妇女形象的分析，无疑将有利于我们对明代妇女的性情生活作更为深入的探讨。

妇女的家庭角色及其地位

妇女在家庭中的角色，有一个变化过程。我们今天所通称的"妇女"，其实包括了随着时间的推移，妇女在各个阶段所扮演的不同角色。这就是从女而妇，进而由妇而母这样两个角色转变过程。不同的

1　Virginia Heyer 之说，转引自李亦园：《人类的视野》，第 79 页。

角色，承担着不同的职责。

明代妇女的家庭角色主要体现在侍奉公姑、家务劳动、相夫、教子四个方面。当然，新妇进入男方家门，一般颇难相处者，就是和妯娌之间的关系。所以，"和妯娌"也就成为一个新妇过门之前必须学习的道理。此外，作为一个新妇，尽管尚未掌管全家的家务之事，但也必须事先学习管理家庭内仆婢之事。换言之，新妇对仆婢有督促之责。

按照儒家传统的观点，女德包括妇道、妻道、母道。在女德的规范下，符合传统道德准则的妇女在不同阶段扮演了下面三个角色：孝女、顺妇、慈母。[1]妇女在家庭中所扮演的角色，显然基于儒家妇德学说之上。这就是为女应该"柔懿为则"，为妇应该"贞顺有礼"，为母应该"敬俭弗忘"。换言之，作为一个理想的家庭妇女，必须具备一种"全德"，也就是道德完备。明代杭州有一位所谓的"闻母"，就在当时被称为"全德闻母"，堪称妇女全德之例。从史料记载可知，这位闻母本姓朱，也是杭州人。嫁入闻家，成为闻汝东的夫人之后，随后又成为闻启祥等三子之母，于是又有"闻母"之称。朱氏冲和虔静，有名贤之美。正如明人谭元春所言，她一人而兼具梁妻、狄姑、陶母、庞婆数人之美。正是从这位朱氏妇女身上，我们可以知道，所谓道德完全的妇女，在家庭中主要扮演下面三个角色，亦即孝妇、贤妻、慈母。所谓孝妇，就是必须恭敬事奉舅姑。所谓贤妻，就是尽到相夫的职责，至于夫妻之间，理应是相敬如宾。所谓慈母，也就是必须承担起教子之职。[2]

---

1 李开先：《闲居集》卷八《封太宜人先母墓志铭》，载《李开先全集》，上册，第630页。
2 谭元春：《谭元春集》卷二一《闻母传》，第571—572页。

妇女在家庭中的角色与地位，不能不提到传统典籍中下面几种说法：一是"无非无议"，二是"酒食是议"，三是"无父母诒罹"。所有这些，不仅仅是一种"妇德"，同时也是一种"妇职"。[1] 谭元春就是从妇德的角度叙述了其母魏氏在这三个方面的表现。[2] 在儿子各自成家立业之后，其母作为一个婆婆，就毅然给以分家，不做"徒存名义无补"之事，这在一个讲究合门义居的时代，不能不说是一种颇有见识之举。

家务劳动

勤俭持家是妇女教育的基本内容。明末清初学者陈确继陆圻《新妇谱》之后，作有《补新妇谱》一书，对已嫁入丈夫家门的"新妇"作了一些规范教育，其中就包括对妇女操持家务劳动的教育。细析之，可以分为下面两点：一是勤俭。勤俭持家，这是一位为人新妇的基本家庭职责。俗语云："家贫思贤妻。"按照陈确的观点，一个"有见识妇人"的标准，就必须具备勤俭之德。新入门的媳妇尽管可以"无预外事"，但"今日房中之人，即他日受代当家之人，故须预习勤俭。为新妇贪懒好闲，多费妄用，养成习气，异日一时难变矣"。[3] 二是有料理，有收拾。当然，光有勤俭持家还不行，作为一个新妇，还应该掌握一种料理、收拾家务的本事。对此，陈确有下面之论："凡物要有收拾，凡事要有料理，此又是勤俭中最吃紧工夫。

1　明人焦竑记陈嘉训之母姚氏（1522—1589），"平生中馈纫缝之劳，不以老废。子妇谏止之，曰：'此妇职也。'"。说明主中馈、缝纫之类，为一般家庭妇女的基本职责。参见焦竑：《澹园集》卷三二《陈母姚孺人墓志铭》，第501页。

2　谭元春：《谭元春集》卷二二《求母氏五十文说》，第588页。

3　陈确：《陈确集·别集》卷一〇《补新妇谱》，第523—524页。

苟无收拾，没料理，纵使极勤极俭，其实与不勤不俭同。正如读书人之读死书，了无用处也。"[1]为此，在明代很多为妇女所作的传记中，无不将力作与俭朴作为妇德的主要内容而重点加以刻画。如汪道昆记汪孺人云："孺人率由力作起，始归而绩，中夜不休。及既饶，绩犹故也。始归，而跕履摄衣，即敝垢不数易。及既饶，敝垢如故也。始归而务纤啬，即毫厘圭撮必矜，及既饶，矜犹故也。"[2]此即其例。

传统的典籍已经规定了妇女之职是"酒食是议"，也就是"主中馈"。众所周知，即使贵为皇后的马皇后，还是"自主馈事"。当时近臣及奏事官，朝罢必有会食。马皇后每次在光禄寺做好后，必亲自品尝。[3]明末名臣史可法的曾祖母杨氏，系出东吴望族，嫁与史可法的曾祖父"松峰公"史德芳。史德芳倜傥多大节，"任侠喜宾客"，每当宾客到家，杨氏"拮据鞠棘务给之，毫不贻公忧。虽仓卒窘甚，而宾客无有失者"。[4]徽州商人汪伯龄，喜欢交游，"坐客日集百余曹，四坐皆满，椎牛结客以为常"。所有这些招待客人的饮食，全由其妻子袁氏"自中厨出之，其应如响"。[5]

明代妇女的家务事，可以用"酒浆组纴"四字加以概括。如王述古之母郭氏，史载平常之事云："事姑暇，辄事织纴，机杼声昼夜轧轧彻户外，喋嗫谇语，冥然若埽。阃以内米盐菹瓮、豉酱醯浆，注造必时；菽粟稻粱、穄黍麻麦，盖藏必谨。稽出纳，量赢诎，口约

1　陈确：《陈确集·别集》卷一〇《补新妇谱》，第524页。

2　汪道昆：《太函集》卷三二《许母汪孺人传》，第693页。

3　毛奇龄：《胜朝彤史拾遗记》一，载《中国香艳全书》四集卷三，第1册，第459页。

4　梁有年：《明故太孺人史母杨氏墓志铭》，收入任昉：《〈明故太孺人史母杨氏墓志铭〉考略》，载《明史研究论丛》第五辑，江苏古籍出版社1991年版，第315页。

5　汪道昆：《太函集》卷五三《处士汪隐翁配袁氏合葬墓志铭》，第1117页。

腹裁，寸积丝累，一切倚办。"[1]明人顾起元的记载，也同样说明妇女的日常生活，不过是"深居不露面，治酒浆、工织纴"。[2]若是加以简单概括，所谓的"酒酱"，就是"主中馈"；所谓"组纴"，就是纺织一类的女红。下面以周长公之妻郑氏为例，以见明代妇女整日在家辛劳之苦。明人焦竑记其事道：

> 安人居常晨起，治饘粥，上食两曾王姑；已，乃上王舅姑；
> 已，乃上舅姑；已，乃遍食叔若姑；有余乃自食，不者待夕。
> 及夕，上诸尊人遍食如前，有余乃自食，不者待朝。当是时无
> 娣姒分其任，无媵婢代其劳，无余资给其用，诸凡汲舂、米盐、
> 釜甑、盆盎之役，靡不躬操之。稍暇，则作浣濯、缝纫、刺绣
> 诸女红。冬龟其手，夏浆其背，如是者二十年，拮据劳苦，晚
> 年所由善病矣。[3]

对于那些勤俭持家的妇女来说，她们的家务劳动有时也确乎能达到孟子所说"有时而养"的标准。换言之，妇女的家务劳动，尤其是她们勤于纺织，往往能起到补贴家用的功效。在明代流传着一句谚语，云："家贫思贤妇，国乱思良相。"可见，丈夫需要妻子的辅佐。妇女家务劳动的勤惰，有时关乎一个家庭的兴衰。如凤阳商人葛容庵家产的积累，不仅仅来自自己贸易的成功，他的妻子李妙贤勤于家务劳动，乃至节俭持家，显然对家庭资产的增值也颇有帮助。史载李氏"纤于治生，早起育雏、食豕、酿酒、造醯、剪裳、涤器、染

1 焦竑：《澹园集》卷三二《封孺人王母郭氏墓志铭》，第506—507页。
2 顾起元：《客座赘语》卷一《正嘉以前醇厚》，第25页。
3 焦竑：《澹园续集》卷一〇《郑安人传》，中华书局1999年版，第954页。

绩、冻素，仆仆迨烛不休"。[1] 可见，也是起早贪黑，勤于家务事。下举两位妇女，大抵可以证明妇职对于一个家庭的重要性。一是汪子建之妻李氏，为人精勤，即使是每年的三夏，还能纺绵数十劬，积一个多月就织成布二匹，而且还能帮助丈夫教育子女。另一位是沈介甫之妻某氏，每天纺木棉十六两，每天至天亮尚未就寝，"长养子女，赖此以给"。[2] 这两个贫儒家庭，一个凭借妻子之勤而起家饶裕，另一个则凭借妻子之勤而免于饥寒之患。可见，明代很多家庭的致富秘诀，其实就是夫唱妇随，既有丈夫在外的努力经营，也必须有妻子在家庭内操持家务，纺织补贴家用。

在一些家庭中，由于丈夫不理家事，那么作为主母就理应承担起主持家庭生产的职责。如钱赟，字淑仪，杭州府钱塘县人。在她15岁时，嫁给仁和县人卓麟异为妻。卓氏为塘栖的望族，富甲一方，阡陌间架，牵连郡邑，童客数百人。钱赟的公婆均在北京，而丈夫亦只是读书，不问生产，于是钱赟就承担起家庭主母的职责，全家的生产之事，全由她一人操劳。她"以弱女子，未明而起，诸事填委候其指挥，左握算子，右征市历，官租岁计，转运贮积，会要不爽毫发，细至庭内洒扫，灶养柴水，亦经心目"。[3] 而有些家庭妇女则相当具有经营才能，将一个大家族的产业经营得有条不紊。如明代著名文人王世贞笔下所记的"龚孺人"，每天天一亮就起床，在盥洗完毕之后，坐在寝堂上，将家中男女数百口点数一遍，让他们各自汇报自己所承担的职责。凡是懒惰者，则加以扑责，而勤劳者则亲自调酒

1　唐顺之：《荆川先生文集》卷一六《葛母传》，明万历元年刻本。

2　张履祥：《杨园先生全集》卷四二《备忘》四，第1200页。

3　黄宗羲：《南雷诗文集·碑志类·卓母钱孺人墓志铭》，载《黄宗羲全集》，第10册，第387页。

犒劳，于是家中所用之人，各尽所能。举凡畜牧、水产、瓜果、蔬菜，"诸水陆之饶，计口程其羡，时赢缩而息之，醢酱盐豉，不食新者，手植之木可梓而漆，寸石屑瓦，必任务废，以故孺人坐起不离寝，而子母之利归焉"。[1] 其经营之才干，乃至勤俭持家，显然是保持家庭稳定的主要原因。

婆媳关系

明初学者宋濂曾就自秦以后中国的家庭生活有一番感叹，云："呜呼！子壮而分，妇姑反唇相稽，秦之俗已然矣。"[2] 明末清初学者施闰章也有下面的感慨："嗟乎！家庭妇孺之间，故难齐也，姑妇勃溪，兄弟阋墙，其启衅言色，失德干糇，为患不可胜数。"[3] 可见，婆媳之间的矛盾冲突，一直是妇女家庭生活中的重要内容。从某种程度上说，妇女担负着双重的职责：为妇需要事姑，而为姑则需要教妇。

妇女一旦嫁入丈夫家门，成为一个新妇，不但自己需要力行孝道，孝顺公婆，而且还要劝丈夫尽孝，不可恃父母之爱，而稍弛孝敬之心。[4]

1. 婆媳关系融洽之例

在家庭中，婆婆显然就是媳妇的榜样。若做婆婆者能侍奉自己丈夫毕恭毕敬，必然会赢得媳妇的尊敬，再加之身为婆婆者之宽容，

1　王世贞：《弇州山人四部稿》卷八五《龚孺人小传》，《文渊阁四库全书》本。

2　宋濂：《芝园续集》卷一《义门记》，载《宋濂全集》，第 1479 页。

3　施闰章：《施愚山集·文集》卷二二《待赠于太君萧母墓表》，黄山书社 1992 年版，第 454 页。

4　陈确：《陈确集·别集》卷一〇《补新妇谱》，第 520—521 页。

深知做媳妇之难，那么在婆媳之间就会是一种融洽的关系。如明初宋濂笔下所记浙江上虞柳门两位节妇，就是其例。在柳氏婆媳中，唐氏为婆，陈氏为媳。起初，唐氏在23岁时就嫁给了柳宗远，"事其姑孝"。过了两年，生下一子，也就是柳桂，丈夫柳宗远去世。当时乡里之人就认为，唐氏不可能寡居守节，就以语试探于她。唐氏忿然道："吾丧夫，命也。妇不二醮，义也。命，天使然；义，出于人心。吾纵不畏天，能昧吾心而负义乎？且吾姑老，吾子少，吾去之将安求乎？"于是，更加苦心竭力，"营粟帛以养姑"，又命自己的儿子柳桂随乡里先生学习《诗》《书》。

柳桂长大成人，娶陈氏为妻，唐氏也就成了婆婆。陈氏在嫁给柳桂一年多时间后，柳桂也去世。当时陈氏才24岁，有人怜悯陈氏无子，且又少，就劝其再嫁。陈氏哭道："此岂人所言乎！吾姑不负吾舅，吾敢负吾夫乎？吾宁即死柳氏牖下，不愿闻此语也。"从此以后，不再膏沐，并摒弃华靡之服，与其婆婆相依为命。婆婆食之后，然后食；婆婆就寝以后，然后就寝。家内外有事，必定先告婆婆而后再行。[1] "姑妇孝爱如母子"，这完全是一种相当融洽的关系。又有一位胡卢，嫁给朱英为妻。史载其"事姑也，以姑为心，以心为孝，和气征于一家"。[2] 这也是婆媳关系融洽之例。

所有这些婆媳关系的融洽，显然得益于新妇的忍耐，以及小心侍奉婆婆。这可以下面一位萧氏妇女为例，加以说明。史载萧氏嫁入于家之后，"凡蚕绩、女红、蘋蘩、酒馔，于妇职罔不力，舅姑以为能"。她的婆婆孙氏性格严毅，萧氏只得"曲谨当其意"，借此博得

---

1 宋濂：《朝京稿》卷四《柳氏二节妇传》，载《宋濂全集》，第1731页。
2 陈献章：《陈献章集》卷一《朱夫人胡氏墓志铭》，中华书局1987年版，第92页。

婆婆孙氏的欢喜乃至信任。[1]

2. 媳妇受制于婆婆之例

在明代，很多媳妇一旦嫁入夫家，就往往受制于婆婆，不但应尽孝顺之责，若是遇到一位"悍姑"，更是难免会遭受很多凌辱。唐贵梅的经历堪称典型一例。尽管唐贵梅最后得到明代著名文人杨慎作传表彰，甚至称之为"孝烈"，但其所受来自婆婆的凌辱之苦，实非常人所能想象。杨慎所作《孝烈妇唐贵梅传》记其事云：

> 烈妇姓唐，名贵梅，池州贵池人也。笄年适朱，夫贫且弱。有老姑悍而淫，少与徽州富商有私。弘治中，富商复至池，见妇悦之，密以金帛赂姑。姑利其有，诲妇淫者以百数，弗听；迫之，亦弗听；加以箠楚，又弗听；继以炮烙，体无完肤，终不听。姑乃以妇不孝讼于官。通判慈溪毛玉受赂，倍加刑焉。妇几死，然终不听也。商犹慕其色，令姑保出之。亲党咸劝妇曰："何不吐实？"妇曰："若然，全吾名而污吾姑乎？"乃夕易衵襡，雉经于后院古梅树下。姑不知也。及旦，手持桑杖，将入室挺之。且骂且行曰："恶奴！早从我言，得金帛享快乐，今定何如也？"入室无见，寻至树下，乃知其死，因大恸哭。亲党咻曰："生既以不孝讼，死乃称妪心，何以恸哭为？"姑曰："妇在，吾犹有望；妇死，商必倒赃。吾是以哭，非哭恶奴也。"尸悬于树三日，颜如玉，樵夫牧儿见者咸堕泪。没岁梅月之下，隐隐见其形。有司以府官故，终不敢举节。余舅氏喻士积薄游至池，闻其事，作诗吊之，归属慎为传其事。呜呼！妇生不辰，

1　施闰章：《施愚山集·文集》卷二二《待赠于太君萧母墓表》，第454页。

遭此悍姑。生以梅名，死于梅之株。冰操霜清，梅乎何殊？既孝且烈，汗青宜书。有司失职，咄哉可吁！乃为作传，以附露筋碑之趾。[1]

杨慎在当时属于名流，尽管唐氏未得有司旌表，但杨慎的《升庵文集》遍行天下，通过杨慎的这一传记，唐氏之烈可谓天下皆知。明末"三言"小说中，即以其事敷衍成小说，使其事迹更是家喻户晓。从唐贵梅这件事中，可知明代一般家庭中的婆媳关系。作为一个媳妇，只能绝对服从婆婆的支配，稍有不从，即使是违背婆婆不符传统礼教的命令，也会被婆婆告至衙门，背上一个"不孝"的罪名。而在家庭中，做媳妇者难免会受到悍姑的胁迫、箠楚乃至炮烙，经受常人所难以承受的苦楚。尽管婆婆如此之恶，如此之悍，甚至厚颜无耻，但做媳妇的仍然不能说一句不敬之语，甚至在公堂上也不敢照直说话。如果这样，虽然可以保全自己的名声，但会给婆婆带来恶名。无奈之下，只好自寻短见。

此外，婆婆强迫媳妇再嫁的事例，同样见诸明代的史料之中，从中可以看出媳妇在家庭所受到婆婆的折磨之苦。如史载浙江钱塘县有一位节妇凌氏，丈夫死后，留下遗孤才五月，只好与婆婆相依为命。照例说来，婆婆也就成了她的至亲，而且她又为丈夫家生下了传宗接代的儿子，可是婆婆整天劝她改嫁。后来赶上荒年，家中"不能具膳粥"，凌氏还是能供养婆婆。即使如此，婆婆还是"骂詈日满室"，说："妇何家不可居，而自苦如此？"[2] 不时逼她改嫁。

当然，上面所举婆媳关系不和之例，仅仅是一种特例。一般的

---

1 唐贵梅之传，转引自李贽：《焚书》卷五《唐贵梅传》，中华书局1975年版，第208—209页。
2 李攀龙：《李攀龙集》卷二〇《钱塘节妇凌太安人传赞》，齐鲁书社1993年版，第479页。

婆媳关系不和，自然还是以经济上的纠纷为主，甚至出现婆媳分家的现象。明末清初松江府上海县人姚廷遴在他所著日记《历年记》中，比较详细地记录了他的母亲与祖母之间关系不和的具体经过。据他所记，自他父亲死后，其祖母就开始与自己的母亲闹起矛盾，其祖母甚至"三日一吵闹，五日一费口，习以为常"。其结果，却只能是各分家私。其分家的结果，则是分膳田15亩于祖母，其余均归姚廷遴的母亲管业。[1]

3. 儿媳与继姑、庶姑关系

所谓继姑，即为丈夫的继母；所谓庶姑，即丈夫之庶母。新妇嫁入丈夫之门，理应孝顺公、姑，这毋庸置疑。但嫡媳与继姑、庶姑之间，其关系又当如何？

民间流传着一种谚语，道："先来媳妇不怕晚来婆。"有时确实存在着这样的情况，新妇先进门，而继姑却后至。即使如此，当时的新妇教科书也一再强调，在新妇与继姑之间，还是"名分肃然"，新妇还是应该以诚敬之心对待继姑，不可生出怠慢之心。一般说来，继姑对待儿媳，确实会带着几分客气。尽管如此，新妇还是应该诚心感格，不可心中分出一个先后，不假一毫虚饰，时间一久，继姑知道真心相待，自然就会潜孚默夺，甚至彼此之间的"客气"都将化去。反之，若新妇胸中稍有芥蒂，就会形之辞色，初则彼此客气，最后"乖戾"无所不至。

儿媳与庶姑之间的关系，通常会面临下面两种情况：一是嫡媳

---

1 姚廷遴:《历年记》上，载《清代日记汇抄》，上海人民出版社1982年版，第48—50页。按：关于姚家婆媳关系的不和乃至分家的经过，姚廷遴作为一个当事人，当然倾向于自己的母亲。

与庶姑之间的关系，二是庶媳与庶姑之间的关系。若是前一种情况，那么做儿媳者应该按对待嫡姑那样对待庶姑，而且更应该学会一种"曲全之道"，即更应该百般加意。如嫡姑已没，则必须待之以和敬，决不可凭借自己的"嫡媳"身份凌驾于庶姑之上。若是如此，既会伤了庶叔之心，也会伤了公公之心。若是后一种情况，则理应情挚笃切，体谅庶姑之情。若是嫡姑在堂，则"事庶姑以心，而体或稍杀"，这是体统所尊；若是嫡姑已没，更是在体统上对庶姑有所尊重。倘若庶姑举止有未合礼处，新妇只宜以礼自持，和色婉容，用正道规劝，不激不随，这样才是"两得"之道。[1]

相　夫

所谓"相夫"，其实就是妇女作为他人之妻，帮助丈夫维持家庭的正常秩序与生活。在明代，妇女在家庭生活中，"相夫"是她们所要承担的相当重要的角色。事实上，妇女的作用，往往体现在帮助自己的夫婿上。用民间的俗语来表达，就是男人的成功，离不开女人的支持。

作为"主外"的丈夫，他们的事业有成，主要表现为以下两个方面：一是科举折桂、仕途顺利，二是经商成功。所有这些，均与妻子的理解乃至支持密不可分。在明代，相关的例子不胜枚举。以前者为例，如会稽（今浙江绍兴）人沈束，亲生母亲张氏早丧，而继母庄氏却厚于亲生，对他颇为不悦。沈束弱冠即已成亲，娶妻张氏。成亲后数月，庄氏就与沈束"分爨"。在此窘境下，沈束只好对自己的妻子泣诉，道："吾方力学自奋，今何以资口食？当另图治生耳。"

1　查琪：《新妇谱补·事继姑》《事庶姑》，载《中国香艳全书》三集卷三，第1册，第304页。

其妻张氏则鼓励道："治生何如力学，妾当尽鬻妆资，纺织以给君。"于是日夜纺织，生活勤俭，支持丈夫参加科举考试。在张氏的支持下，沈束在 28 岁时中了秀才，30 岁时又中举人，第二年连举进士。[1]又如朱英，他在官场上的步步高升，"自游邑庠，举进士，为监察御史，历诸大藩，政绩显著，至入台为股肱"，能让他 40 年内无内顾之忧，确实是"夫人实相之"。[2]他的这位夫人，姓胡氏，名卢，处士胡广之女。以后者为例，程长公经商的成功，显然也来自其妻子的鼓励。据史料记载，程长公最初从事科举之业，后其妻汪氏劝他："君方屈首受经，岁入浸损。有如傥来者不可命，君其如寡母弱弟何！夫养者非贾不饶，学者非饶不给。君其力贾以为养，而资叔力学以显亲，俱济矣。"正是在妻子的鼓励下，程长公才至浙江做了盐商，几年之间，"业骎骎起"。[3]有些妇女甚至在丈夫经商期间，亲自参与经商事务。如汪道昆记载其伯母许氏云："伯父服贾，居浙上游，性多疏，不事籍记。伯母居中主计，凡诸出入若家人产，一切籍记之。"[4]显然，这是商人妇女帮助丈夫记账之例。

妇贤即可相夫，也就是成为丈夫的贤内助。而一旦失去这样的内助，那些平日不关心家事的丈夫，就会顿时感到手足无措。汪道昆《从叔母吴孺人状》记载了他的从叔母吴氏治家之贤，最后明确将其叔父在失去了内助之后的一番话记录了下来，其中云："往予与尔叔母治家，事事毕举。予未老而白首，具曰予劳。乃今举者什三，废

---

1 王叔杲：《王叔杲集》卷一一《沈梅冈公传》，上海社会科学院出版社 2005 年版，第246—247 页。

2 陈献章：《陈献章集》卷一《朱夫人胡氏墓志铭》，第 91—92 页。

3 汪道昆：《太函集》卷四二《明故程母汪孺人行状》，第 895 页。

4 汪道昆：《太函集》卷四三《先伯母许氏行状》，第 925 页。

者什七。何以故？内无助故也。予亲持扃钥，不旋踵而多失亡。予察鸡豚，贸贸焉日损矣。园蔬不治，酒浆脯醢不供，乃今知昔之什全，尔叔母力也。伤哉！"[1]这确实是作为一个丈夫在失去妻子之后的真心话。

这就要求妇女所承担的职责，不仅仅限于使家庭的声名不堕，更要使家庭兴旺发达，甚至重振家风。显然，其间所经历的千辛万苦，确实不是言语所能形容。关于此，明末颇有文名的妇女顾学璞在给自己儿子们的书信中有下面一段回顾。顾学璞，字和知，浙江钱塘县（今杭州）人，嫁于督学黄寓庸的长子黄东生，著有《黄夫人卧月轩合集》。从她自己所说的这段话中可知，她是在万历三十四年（1606）这一年嫁入黄家的。她的丈夫在出生十个月之后，就失去了母亲，于是家中就失去了主母。顾学璞嫁入黄家之后，也就自然担当起主母的职责，只能兢兢业业，操持一家之务。这是第一阶段的生活。随后丈夫去世，不但需要承担维持家庭职责，而且独自负起育子、教子的责任，在生活中更加小心翼翼，整日如临深渊，如履薄冰。这是第二阶段的生活。等到自己的公公去世，只剩下寡妇孤儿，经历了无数的风波，其中之苦更是无法对人言白。[2]

等到儿子长大，各自娶了妻子，自己也从媳妇变成了婆婆，必然又将面临分家的一幕，仍然无法过一种家庭其乐融融的生活。好在顾学璞熟读儒家典籍，深知维持一个大家庭的不易，所以主动给自己的儿子分家。[3]从她自己的回顾可知，顾学璞生有二子，分别是

1　汪道昆：《太函集》卷四三，第927—928页。

2　顾学璞：《示诸儿》，载周亮工：《尺牍新钞》卷一○，岳麓书社1986年版，第342—343页。

3　顾学璞：《示诸儿》，载周亮工：《尺牍新钞》卷一○，第343页。

长子黄灿，生于万历四十年（1612）；[1] 次子黄炜，生于万历四十二年（1614）。在一个崇尚世代同居的社会中，顾学璞作为一个女流之辈，却能从人情出发，及时将各自的儿子分家而居，不能不说是一个颇有见识之人。

教　子

教子是妇女在家庭中相当重要的职责。明末清初人施闰章就明确有言：“母教之重，不翅与严父等。”他说这番话的事实依据，就是古人那些列传中的记载，亦即“强半家贫少孤，卒能力学自立，以显当世，其恩勤教督，度皆得之母氏者居多”。[2]

儿女在幼年之时，做母亲的就必须承担起教育子女的责任。很多深明大义的母亲无不知道“子之不才，惟母姑息”的道理，所以通常会劝自己的儿子“力学不惮，远从师友，稽程核艺”。[3] 当时的很多妇女相当重视自己儿子的教育。如《杨母顾氏孺人墓志铭》中，称顾妙真“每四方儒师名能闻人，及门必极力供馈，或招致之，以为子姓矜式。每曰子弟当使其亲贤，远不肖，勿苟且也”。[4] 显然，顾妙真是一位具有远见卓识的母亲。从上面的例子中，同时也可以看到，儿子在幼年之时，他们的教育亦即教师的聘请，其职责通常亦可由母亲承担。

1　黄灿娶妻丁氏，从现有的资料中，很难知悉其家世。但自从嫁入黄家之后，就跟随婆婆顾学璞学习唐人之诗。其寄给丈夫之诗，有云“故有愁肠不怨君”语，虽有怨诽，却不及乱。参见顾学璞：《与张夫人》，载周亮工：《尺牍新钞》卷一〇，第343页。

2　施闰章：《施愚山集·文集》卷一〇《梅母刘太君七十节寿序》，第189页。

3　梁有年：《明故太孺人史母杨氏墓志铭》，收入任昉：《〈明故太孺人史母杨氏墓志铭〉考略》，载《明史研究论丛》第五辑，第315页。

4　王国平、唐力行主编：《明清以来苏州社会史碑刻集》，苏州大学出版社1998年版，第7页。

这种教育，首先应该是识字、读书一类文化知识的传授，如明末清初著名学者顾炎武就曾记载，自己因为幼年多病，在 6 岁时，就由自己的母亲王氏"于闺中授之《大学》"。[1] 其次，还应当包括如何做人的道德教育。如明代学者陈献章记朱英之妻胡卢道：

> 男未冠，女未笄，不识缯帛珠翠之华者，夫人之教也。过苏，见故黎邦伯长子冻馁，无可仰给于人，为解衣衣之，以粟周之。顾谓诸子曰："邦伯食二品禄，足以佑其后人，使其家不骄、不侈、不逞威而作势，以取快于目前，宁有是？戒之，戒之！"夫人以勤俭成性而教其家，不能者约之。[2]

可见，母亲在家庭中的教育职责，道德教育更多于文化教育。尤其是教导自己子女勤俭持家方面，很多家庭的母亲显然就是子女的榜样。这种勤俭持家的道德教育，即使是在商人家庭也相当普遍。如徽州商人黄氏在外出至淮扬经商期间，其妻就经常训导儿子："男事犹之女红，力则兴，不力则废。尔曹幸有余力，其务兴乎！"[3]

一旦儿子"就外傅"之后，教育的职责已经由专门的老师负责，但在他们回到家中之后，做母亲的仍然需要负辅导之责。如顾学璞所读之书甚广，除了儒家的"四书五经"之外，还日夜披览《古史鉴》《皇明通纪》《大政记》一类的史书。她的两位儿子黄灿、黄炜从书馆回到家中，她"辄令篝灯坐隅，为陈说吾所明，更相率呻吾，至丙

---

1 顾炎武：《亭林余集·三朝纪事阙文序》，载《顾亭林诗文集》，中华书局 1983 年版，第 155 页。
2 陈献章：《陈献章集》卷一《朱夫人胡氏墓志铭》，第 92 页。
3 汪道昆：《太函集》卷四二《明故封太孺人黄母吴氏性状》，第 893 页。

1 顾炎武：《亭林余集·三朝纪事阙文序》，载《顾亭林诗文集》，中华书局 1983 年版，第 155 页。
2 陈献章：《陈献章集》卷一《朱夫人胡氏墓志铭》，第 92 页。
3 汪道昆：《太函集》卷四二《明故封太孺人黄母吴氏性状》，第 893 页。

夜乃罢"。[1] 又举人饶一兰在"就外傅"之后,"往往从群儿博者游"。无奈之下,她的母亲就对他加以严厉的训斥,道:"而不天,而讲何怙而恃而母?将不为而翁地耶?"[2] 正是因为其母亲的严厉督责,经过20年的努力,饶一兰才得以中一举人。

姒娌关系

新妇进入男方家门,一般颇难相处者,就是和姒娌之间的关系。所以,"和姒娌"也就成为一个新妇过门之前必须学习的道理。对此,陈确对新妇进入家门后,应该如何维持和姒娌之间的和睦关系,提出了自己的看法。首先,陈确认为,只要兄弟一气,就必无异心。兄弟之间的不和,通常是因为"娣姒之间,自私自利"。所以,新妇到了丈夫家,必须要"和姒娌"。其次,他对姒娌之间产生不和的原因作了分析,认为姒娌失和的原因固非一端,但主要还是因为"公姑之恩稍有厚薄",所以才产生嫉妒,使姒娌之间起了争执。那么,如何消解这种嫉妒之心?陈确说:"大人胸中如天地一般,有何偏见;若厚于大伯大娘,必是大伯大娘贤孝,得公姑之欢者也。厚于小叔婶婶,必是小叔婶婶贤孝,得公姑之欢者也。薄于己夫与己,必是己夫妻不贤孝,触公姑之怒者也。正当自反,负罪引慝,改过自新,庶公姑或有回嗔作喜之时,不可因而不平,致有后言。若公姑独厚己夫与己,则当深自抑损。与我好物,则再三推与大娘婶婶。大娘婶婶若有不堪相加,一味顺受,闻恶言如若弗闻,久之自然感化。"

1 顾学璞:《与弟》,载周亮工:《尺牍新钞》卷一〇,第344页。
2 汪道昆:《太函集》卷二七《饶母完节传》,第579页。

换言之，新妇更多的应该自我反省，"务使娣姒之间，情如姊妹"。[1]

姒娣之间关系和睦的例子，我们可以从一些商人家庭中找到例子。汪道昆记载他同族的伯母与叔母之间的关系道：

> 叔母少叔父者二年，年十五，归叔父。会大伯父贾瓯括，骎骎起，家大伯母顾独攻苦茹辛，衣布衣，饭脱粟。叔母雅不习菲恶，至则怡怡然习之，于是得当大伯母心，以为能妇。大伯母居常蹇蹇，无他能，第持扃钥，灌园树艺，治酒浆脯醢。叔母从事唯谨，不惮用劳。[2]

正是因为汪道昆的叔母能够做到"闻诸姒小有言，辄辟易，置勿问"，对家庭的矛盾冲突不斤斤计较，才得以使姒娣之间的关系保持一种和睦状态。

妇女的生育之职及其相关习俗

在西方学者看来，儒教社会几乎不承认妇女的一切权利，包括出生后生存的权利，于是妇女只剩下一个权利，即结婚的权利。换言之，结婚为妇女提供了生育男孩的机会，也是妇女通向权力的唯

1　陈确：《陈确集·别集》卷一〇《补新妇谱》，第521—522页。
2　汪道昆：《太函集》卷四三《从叔母吴孺人状》，第926—927页。

一途径。[1]这一论断基本把握了儒家社会下生育制度的特点，并进而可以引申出下面两点：一是传统中国"重男轻女"的意识，导致"溺女"之俗的风行，这显然是剥夺了妇女的生存权；二是传统中国社会无不将妇女视为一种"器物"，亦即"性的物化"，除供男子"泄欲"之外，最为重要的就是提供子嗣的繁衍。而"母以子贵"的社会惯例大抵也是基于"男尊女卑"之上，更是"三从"中"从子"的典型之例。假若从这一角度着眼，对妇女的生育之职乃至相关习俗加以探讨，将更有利于揭示明代妇女的社会地位。

生育：一种最为重要的妇职

　　传统中国妇女的职责，亦即所谓的"妇职"，大抵包括生育、主中馈、相夫、教子、管理仆婢等，而生育更是一种最为重要的妇职。

　　儒家文化熏染下的传宗接代意识，归根结底就是孝道的集中体现。孝道在中国的法律中同样占有相当重要的地位。唐代法律有一个比较特殊的规定，即任何人不得在为其父母服丧的 27 个月中间生育孩子，否则就会被处以一年的徒刑。这一禁令适用于普通人，但《唐律》又将其与其他专门针对官吏的禁令列在一起，可见它尤其适用于官吏。但正是在这一点上，法律本身就与儒家的孝道观念发生了部分的冲突。为父母服丧守制，固然是一种"尽孝"的行为，然儒家又强调，"不孝有三，无后为大"。子嗣在儒家所谓的"孝道"中，同样占有相当重要的地位。于是，当守制（尽孝）与生育（孝的延续）

---

1 ［法］阿兰·佩雷菲特著，王国卿、毛凤支等译：《停滞的帝国——两个世界的撞击》，生活·读书·新知三联书店 1995 年版，第 414 页。

发生冲突时，自当以子嗣为重。到了明初，开国皇帝朱元璋对这一做法作了严厉的批评。他认为，服丧期间禁止生育子女，显然违反人的本性。所以，明代的法律对这条禁令加以废止。[1]

生育是妇女所承担的主要职责。"不孝有三，无后为大"这句民间俗语，已经证明妇女承担着家族内传宗接代的责任。明代的法律也规定，男子年过 40 岁尚无子嗣，可以娶妾。[2] 妾的责任，除了满足男子的性欲之外，传宗接代应该说是其本意。

在传统中国的家庭中，母以子贵，母以子得宠，无子就不免失宠。即使是正妻，一旦没有生育，尤其是没有生育儿子，显然会削弱她在家族内的地位，其受宠的地位甚至会旁落到众位妾姬之中。

在妇女的婚育教育中，也无不贯穿着传宗接代的思想。在妇女对丈夫感情的拥有权与传宗接代之间，显然存在着矛盾。当两者发生冲突时，感情应该让位于子嗣。有一个妇女必然会遇到而且颇为棘手的问题，就是一个新妇如何看待丈夫纳妾之事。换言之，新妇应该如何"待妾婢"。对此，明末清初学者陈确在《补新妇谱》一书中作了阐述，从中可知，已婚妇女无论是"无子"，还是已经有子，均应该劝导丈夫或主动为丈夫纳妾，所有这些，无不出于"以广生育"的目的。[3]

妇女的生育职责，除了生孩子之外，尚有养育孩子的责任。在《抱子》一篇中，陈确更进一步阐明了新妇的育子之责。他说："凡生养子女，固不可不爱惜，亦不可过于爱惜。爱惜太过，则爱之适

---

1 这方面的探讨，可参见 D. 布迪、C. 莫里斯著，朱勇译：《中华帝国的法律》，江苏人民出版社 1995 年版，第 28 页。

2 怀效锋点校：《大明律》卷六《户律三·妻妾失序》，第 60 页。

3 陈确：《陈确集·别集》卷一○《补新妇谱》，第 522 页。

所以害之矣。"[1] 此类对妇女的育子教育，同样见诸一些明代的家法族规中。如重订于明初的《浦江郑氏义门规范》有下面两条规定：一是"诸妇育子，不得接受邻族鸡子、彘胃之类。旧管日周给之"。二是"诸妇育子，苟无大故，必亲乳之。不可置乳母，以饥人之子"。[2] 这是家族内对育子妇女的优惠条例。前者是保障育子妇女的营养供给，而后者关于不置乳母的规定，除了出于人道的考虑之外，更是为了保证子嗣的纯洁性。

生育禁忌与祷子习俗

生育禁忌是传宗接代意识的衍生物。在明代的民间，妇女在生育问题上也有一些俗忌，其目的就是保证自己的生育不受影响，以便维持自己在家族内的地位。如在福建，新媳妇就被禁止披星戴月行走，其中的用意就是"恐犯天狗星，则损子嗣"，[3] 这种风俗甚至影响到闺女中间。按照《岁时记事》的记载，正当七夕之时，民间就用蜡制成婴儿的形状，让它浮在水中，"以为宜子之祥"，称为"化生"。王建诗中"水拍银盘弄化生"之句，所指就是这种习俗。在明代，已经改为用泥塑婴儿，或用银铸造，这是唐人七夕"化生"之俗的遗存。[4] 此外，在明代徽州，民间有"五月子，不利所生"之说，[5] 意思是说，若在五月生下儿子，会对父母不利。

1　陈确：《陈确集·别集》卷一〇《补新妇谱》，第522页。

2　转见费成康主编：《中国的家法族规》附录，第266页。

3　谢肇淛：《五杂俎》卷一《天部一》，第5页。

4　谢肇淛：《五杂俎》卷二《天部二》，第26页。

5　汪道昆：《太函集》卷四五《明处士江次公墓志铭》，第952页。

中国传统社会在生育观念上显然存在着一种偏差。照理说来，子嗣应该属于男女阴阳结合的产物，若是缺了女性，子嗣从何而来？但是，传统社会重男轻女意识相当严重，最终导致溺女之俗的形成。

若对明代溺女之俗的原因细加分析，大抵包括下面两个：

其一，重男轻女思想的影响。史称江西人"最喜溺女"，其中最为典型的例子就是"民有连生四女者，皆溺之"。[1] 又如在徽州，"里俗贵男贱女，即闾右家，数生女或不留"。[2] 此外，为了生育男孩，福建福安的乡俗更是"不育女，凡有即淹溺床下"。究其原因，还是因为生育禁忌意识在作祟，亦即民间认为，假若生女多了，会最终导致"不得男"。这有史例可以证实。如林乾妻张氏，连产六女，"辄溺弃桶中，封以土。后复产女，溺杀之"。[3]

其二，出于保护家族财产的需要。[4] 明代谚语云："盗不过五女之门。"[5] 可见，溺女之俗的存在，归根结底还是因为婚姻论财习俗的存在乃至蔓延。妇女出嫁，过分讲究"妆奁"，导致民间百姓，无论是富户人家，抑或中等人家，无不以"养女为冤家"。正如明人徐栻所言："妆奁出嫁，破家鬻产，金珠宝锭，眩耀于街衢。太盛多财者，

1　朱国祯：《涌幢小品》卷三二《妖人物》，中华书局 1959 年版，第 771 页。

2　汪道昆：《太函集》卷三〇《潘孺人传》，第 652 页。

3　张怡：《玉光剑气集》卷二八《征异》，第 980 页。

4　明末清初学者熊伯龙记载，饶、徽之地，"往往生女不举，贫者为省妆奁"。令人称奇者，此举"富者亦效之"。究其原因，熊伯龙认为还是"习俗使之也"。清初学者戴名世也认为，溺女之风的存在，是因为女儿"妨母工，费衣食，嫁时又耗金钱耳"。分别参见熊伯龙：《无何集》卷八《人事类》附《温公说一篇》，中华书局 1979 年版，第 330 页；戴名世：《忧庵集》第一四四则，载王树民等编校：《戴名世遗文集》，中华书局 2002 年版，第 132 页。

5　李开先：《闲居集》卷七《南顿巡检古泉王君合葬墓志铭》，载《李开先全集》，上册，第 585 页。

俗以为荣；悭吝者，女以为耻。或不惬于舅姑，而女致死者有之。故俗中以养女为冤家。富家止育一女，中户何能匹配。今虽禁淹女之条，而不革嫁娶之弊，犹投薪息火，不可止也。"[1]

此外，溺女尚有一些地域性的特殊原因，如在江西安福，则有所谓的"河例"。在当地的乡俗中，"庄佃中育女者，许家时必先馈银田主，名曰河例。以故佃人多溺女"。[2]佃户生女，在出嫁时需要支付田主银子，必然会加重佃户的负担，最终导致溺女。这显然也是一个财产原因。

毋庸讳言，明代确实有一些地方官，在发现溺女这种陋习之后，极力加以禁止，而且也起到了一定的成效。如嘉靖二十六年（1547），李昭祥任浙江兰溪知县，"俗故不举女，公严为之禁，令民间育三女者复其身。邑无弃女"。[3]即使如此，还是很难扭转民间久已存在的溺女之俗。

溺女之风的普遍存在，导致男女之间比例的失调。从明代的户口登记制度来看，尽管朝廷所颁发的户帖中，需要登载大小女口，但从各地地方志的记载来看，往往只有男女混合的户口，而不单独登记妇女人口。唯一的例外就是《上海县志·户口》，详细登记了妇女人口，从这一资料中不难发现，从明初一直到晚明，男女之间人口比例从大体相当转为逐渐失调。（参见下页表）

---

1 徐霖：《四礼议》，载黄宗羲编：《明文海》卷七五，第 704 页。
2 《吉安府志》卷三六《人物志·义行》。
3 李绍文：《云间人物志》卷三《嘉靖间人物·李南湄》，载《明清上海稀见文献五种》，第 191 页。

年　代	男子（口）	妇女（口）	比例（约数）
洪武二十四年	278874	253929	1：0.9
永乐十年	199781	178647	1：0.9
弘治十五年	179524	81297	1：0.4
隆庆六年	158532	34435	1：0.2

资料来源：谈迁《枣林杂俎》智集《逸典·户口·妇女》。

　　当然，"养儿防老"思想的存在，也是溺女之俗存在的原因。这种意识导致明代民间过分依赖于男孩，随之也就衍生出了诸多祈祷子嗣的习俗。

　　据现有的研究成果可知，中国最古老的求子习俗是性崇拜。原始人从直观表象中，建立万物有灵的观念，将女性母体的阴器作为生育来崇拜。到了父系社会，人们对男性在生育上的作用有了自觉的认识，于是出现对男性阳具的崇拜。随着宗教的传入，人们开始由性崇拜转化为生育神灵崇拜，开始到寺庙里去求子，如求观音赐子，求保生娘娘保佑赐子。[1]

　　明代民间普遍信仰观音，信仰者却又多为女性，其目的就是祈子，亦即所谓的"度佛种"。在传统中国，佛教在各个社会阶层的妇女中间相当流行。佛教的"女性化"是由观音菩萨六种离奇的变化所代表的——从男性到女性。观音菩萨一旦女性化之后，她就成为送

1　郭锦桴：《中国女性禁忌》，河北人民出版社1991年版，第164—166页。

子观音，一个能给人带来儿子的神灵，并成为妇女与孩子的保护神。[1]从很多史料记载中可知，明代妇女普遍盛行供奉白衣观音。究其个中原因，当时的妇女周庚已明确道出："供白衣者，谓其宜男也。顶礼三年，生女益众。"[2]可见，妇女供奉白衣观音，一方面是为了其"宜男"的效应，借此可以得子；另一方面则可以生女益众。

毫无疑问，很多佛寺中募建白衣大士像，其目的就是供"众生祈胤嗣者"，让他们在像前致祷。观音大士之功能，适应了民众的求子心理。在一般民众心理中，无子则在观音面前求得有子，而那些已经有了儿子者，也同样希望求得福德、智慧之子。这种习俗在明代民间已是相当盛行，而且为一些儒家士大夫所认同。如明末人艾南英为使民众对观音的功能有所信服，甚至举出了两个实例，以说明观音确实可以满足民众的求子心愿。

第一个例子的主人公是熊极峰。此人在没有儿子之前，信奉白衣观音甚是虔诚。"一夕，梦大士乘流至其家。次日，游河塥，见群儿澡浴水滨，有浮菱，聚流而下，群儿取菱，去其覆，因大呼曰：得一菩萨矣。取视之，白衣像也。像高尺余，木理坚重，与菱并浮，又与梦符，因建庵以覆之。自是连举三丈夫子。"

第二个例子的主人公是李云将。李氏为名宦之后。"其室人以不宜子，奉持《白衣经》。一夕，梦大士送子，指其旁一妾授之。云将家多姬媵，他有所爱宠。其室人欲私试之，秘其梦，不以语云将。

---

1 这方面的探讨，可参见 Bettine Birge, "Chu His and Women's Education", in Wm. Theodore de Bary and John W. Chaffee（eds.），*Neo-Confucian Education: The Formatives Stage*（Berkeley and Los angeles: University of California Press, 1989），p.357.
2 周庚:《与夫子》其五，载周亮工:《尺牍新钞》卷一〇，第 348 页。

既而有娠，则大士梦中所授者也。"[1]

这两个实例，均得自他的友人亲历之事，而且事主均为"今世伟人"。艾南英强调这些，无非是为了让民众坚定信仰的决心。尽管主人公均为男性，究其原因，大抵是因为士大夫家族家风甚严，不轻易让妇女进入寺庙，而是由男性代劳。但从心理层面来说，这些男性祈子的急迫性，基本也可以反映妇女的心态。

其实，观音送子的传说乃至信仰习俗，在明代普遍存在。其中最为著名的例子还是应该算明末名僧憨山大师的出身事实。据憨山自叙年谱记载，憨山的母亲洪氏，生平就爱供奉观音大士。有一天，洪氏梦见观音大士携带一个童子入门，洪氏"接而抱之"，于是当晚就有了身娠。而且当憨山诞生之时，胞胎还被白衣所裹。不仅仅生孩子需要求观音，孩子一旦生下来之后，往往很难养活，为了保证孩子能健康地成长，当时的母亲也会向观音祈祷，甚至让孩子在寺庙中寄名。这还是可以拿这位憨山大师为例。当憨山周岁之时，一下得了风疾，几乎死去。为此，他的母亲就向观音大士祈祷，并许愿让孩子出家，将孩子在全椒县的长寿寺寄名，将乳名改了过来，称为"和尚"。这就是憨山大师小时候的寄名。[2] 小说《金瓶梅》的记载同样说明妇女为了求子，通常是念《白衣观音经》。小说《警世通言》记施济因为年过四十，尚未生子，就发心持诵《白衣观音经》，并将此经刊本布施，还许愿若是生子，愿意施舍300两银子修盖殿宇。妇女求子嗣，所求之观音，不是平时的观音，而是白衣观音。至于其

1　艾南英：《为僧募白衣大士像疏》，载黄宗羲编：《明文海》卷一四一，第1418—1419页。
2　福善记录，福征述疏：《憨山老人年谱自叙实录》卷上，嘉靖二十五年丙午年、二十六年丁未条，民国元年《嘉兴谭氏遗书》本。

所念的经卷也不是《普门品观音经》，而是《白衣观音经》。按照当时的惯例，妇女为了求得子嗣而持诵《白衣观音经》，并不是直接从市场上将佛经买回，而是通过尼姑等宗教人士从寺庵中将佛经请回。至于请经的仪式，明代的小说也有详细的记载，一般是尼姑引妇女先参拜白衣观音，然后暗暗祷祝，再由尼姑替她们通诚，说上下面一番话："某门信女某氏，情愿持诵《白衣观音经》卷，专保早生贵子，吉祥如意者！"通诚完毕，尼姑就敲动木鱼，口中喃喃而念。先念《净口业真言》，再念《安土地真言》，启请过后，先拜佛名号多时，然后念经，一口气念二十多遍，才算完成请经的仪式。将经卷请回家之后，就可以每天在家持诵。[1] 有些民间夫妻，为了表示虔诚，更是发心去南海普陀洛迦山观音大士处烧香求子。[2]

在明代一般民众心中，观世音之灵，无处不显应。观世音香火之盛，还应数杭州三天竺，亦即上天竺、中天竺、下天竺。在三天竺中，又以上天竺为最盛。小说《初刻拍案惊奇》中就记载了一个杭州大姓仇氏夫妇，年登四十，极是好善，却仍无子嗣。于是，他们就施舍钱财刻了一座慈悲大士的像，供奉在家中，朝夕香花灯果，拜求如愿。每年的二月十九日是观音大士的生辰，夫妻二人又斋戒虔诚，亲自到天竺，三步一拜，拜将上去，烧香祈祷，希望不论男女，能生下一个，以续后代。前后三年，最后生下一女。[3]

当然，明代杭州妇女祈嗣，除了天竺之外，尚有法相寺、净慈寺等处。法相寺的出典是后唐时期的和尚法真，号称"长耳和尚"。

1　兰陵笑笑生：《金瓶梅词话》第五三回，第712—713页；冯梦龙：《警世通言》第二五卷，第206页；凌濛初：《初刻拍案惊奇》卷六，第54—55页。

2　凌濛初：《初刻拍案惊奇》卷八，第73页。

3　凌濛初：《初刻拍案惊奇》卷二四，第225—226页。

他死后，"弟子辈漆其真身，供佛龛，谓是定光佛后身。妇女祈求子嗣者，悬幡设供无虚日。以此法相名著一时"。[1] 张京元《法相寺小记》亦云："法相寺不甚丽，而香火骈集。定光禅师，长耳遗蜕，妇人谒之，以为宜男，争摩其顶，漆光可鉴。"[2] 杭州净慈寺也是妇女祈嗣的主要去处。寺庙中的罗汉堂，南宋时重塑五百罗汉，殊容异态，无一雷同。其中第四百四十二位"阿湿毗尊者"，"独设一龛，用黄罗幕之，偃蹇便腹，觑人而笑，妇人祈嗣者，必诣此炷香"。[3]

除了送子观音信仰之外，明代妇女尚通过碧霞元君信仰以求子嗣。从史料记载中可知，妇女为了祈得子嗣，"进食、打扇，敬无不至"。尤其是泰山顶上之碧霞元君庙，更是妇女祈祷子嗣最为重要的场所。这些妇女为了求得子嗣，在泰山顶上大号，向碧霞元君乞求，"不翅丧乃考妣"。[4] 其虔诚可见一斑。

此外，一些地方性的神灵也被明代妇女所信仰，其目的同样是求得子嗣。如河南新郑之南有一座子产庙，当地人将其供奉为"生产之神"，在庙中"塑翁、媪二像"，在塑像的左右则为一群婴儿，"祈子者，男女沓至"。[5] 在广东潮州金城山上有二石，当地人称为"石公"与"石母"，无子妇女，则前往祈祷，"辄应"。[6]

综上所述，明代妇女为了求得子嗣，其神灵崇拜已是诸神并举。尤其值得注意的是，明末《穿窬求子图卷》的出现，更是证明儒佛

1　张岱:《西湖梦寻》卷四《西湖南路·法相寺》，上海古籍出版社 1982 年版，第 70 页。

2　张岱:《西湖梦寻》卷四《西湖南路·法相寺》，第 70 页。

3　翟灏等辑:《湖山便览》卷七《南山路·罗汉堂》，上海古籍出版社 1998 年版，第 181 页。

4　马统:《施敬辨》，载黄宗羲编:《明文海》卷一一七，第 1158 页。

5　范守己:《曲洧新闻》卷四，明万历刻本。

6　王临亨:《粤剑编》卷二《志土风》，中华书局 1997 年版，第 76 页。

道合流的思潮已经开始向民间的祈子风俗渗透。根据史料记载，这幅求子图卷，为徐俟斋所画，前有"孔释亲送"四字隶书。其中一幅描摹苏州穹窿山之景，林麓深秀，奇峰耸拔；另一幅则画孔子、释迦各抱一儿送来，白描工妙，颇似尤求。这一图卷的出现，背后有一个故事。俟斋之妹丁士贞，曾在穹窿山玉皇阁求子，当时铁竹施道士之徒宴公，替她礼忏，并作法具疏。就在当天夜里，其妹梦母送两子来，后来果然孪生二子。[1] 求子的场所与代为礼忏者，属于道教系统，画上所表现的则是孔子、释迦各抱一子送来，整个求子、生子、画图卷纪事的过程，儒释道合一相当明显。

生育习俗

儒家传统文化背景下的妇女，生育是其基本的职责，而围绕妇女生育问题，则衍生出了诸如生育禁忌、溺女乃至祈子等诸多习俗。此外，无论明代的皇室，还是民间，尚有一些生育习俗。

明代皇室生育礼俗，可以从生子、生女两个方面加以探究。先来看皇子诞生礼俗。从《明会典》的记载可知，皇子诞生之仪正式确立于嘉靖十五年（1536）。按照这一套礼仪制度的规定，凡是皇子出生三日之后，皇帝就亲自至南郊奉告。同日，又在奉先殿、崇先殿祭告，并派遣官员分别至方泽、朝日、夕月、太社稷、帝社稷、天神地祇祭告。官员行祭告之事时必须穿祭服，并具告文，行三献之礼，祭品用酒果脯醢，而在南北郊祭祀时祭品则加用太牢。根据制度所定，凡是文官五品以上、武官四品以上，都必须随同皇帝至南郊祭

1　张紫琳：《红兰逸乘》卷三《遗闻》，载《苏州文献丛钞初编》，上册，第284页。

告；而文官三品以上、武官公侯伯、皇亲驸马，还需要一同随皇帝至内殿，各具祭服陪拜。次日，皇帝御奉天门，文武百官各穿吉服，向皇帝表示祝贺，先后行四拜之礼。自皇子诞生之日起，一连十日，皇帝与百官均穿吉服。其后，选择其中的吉日，按照常仪颁诏天下，然后分遣翰林院、春坊、六科官赍捧御书，往各王府报知皇子诞生之事。

至万历十年（1582），对皇子诞生之仪稍有更定。其中规定：皇子诞生三日，就遣官祭告南北郊、太庙、社稷坛。就在这一天，皇帝穿上衮冕服，在皇极殿上朝，文武百官及天下各衙门向皇帝进表。百官各穿朝服，鸿胪寺官致辞祝贺。此外，仍遣官赍捧诏书，前往朝鲜，向朝鲜国王告知皇子诞生之事。

皇子诞生之后，尚有命名、剪发之类的习俗。嘉靖十二年（1533）规定：皇子诞生三月，礼部就必须行令钦天监，让钦天监选择命名并行礼的吉时。在命名之前，翰林院必须将钦赐过的宗室人员之名、字乃至排行进行遍查，一同进呈给皇帝，以避免名字重复。在此基础上，再开列数字，呈给皇帝，由皇帝亲自定夺。

在命名之前，皇帝亲自从内夫人中选择一位敬慎之人，替皇子剪发。在剪发前一日，皇帝至太庙、世庙，将皇子的命名告知列代祖宗。至剪发之日，保姆在寝宫抱皇子剪发，如礼留角。皇帝身穿皮弁服，御乾清宫，升御座。皇后率领生皇子之嫔，各穿上本等服饰朝见，行四拜之礼。礼毕，皇后侍立在东面，嫔在后面，保姆抱皇子从寝宫中出来，由西至殿内，将皇子抱给皇后，随即由人从内赞奏道："皇后率某嫔某氏，敢用吉日，祇见皇子。"皇帝从宝座上下来，命以制词，并手执皇子的右手，赐皇子以名。皇后敬对完毕后，就用左手将皇子还给保姆，再由保姆抱回寝宫。皇后率生子之嫔，向皇帝行四拜之礼，礼毕，各自回宫。第二天，皇帝亲自至奉天门，钦降手敕，将皇子之名传谕礼部，由礼部行宗人府，将皇子之名登录在玉牒上。

隆庆二年（1568），其仪有所更定。皇子满月剪发，一如常仪。当等到了百日，礼部必须行文给钦天监，由钦天监选择命名并行礼的吉时。翰林院预先拟上皇子之名，请皇帝选定。到了命名之日，皇帝将皇子之名，向奉先殿、世宗几筵殿、弘孝殿、神霄殿告闻，根据常仪，用告文及祭品。至命名这一天，皇帝穿上盛服，在乾清宫上朝，升座之后，皇后率领皇贵妃各穿上其本等服饰朝见，行四拜之礼。礼毕，皇后侍立东面，皇贵妃立于中间，保姆将皇子从寝宫中抱至，由西至殿内，将皇子交给贵妃，再由人从内赞奏道："皇贵妃某氏，敢用吉日，祗见皇子。"皇帝从宝座上下来，手抚摩皇子之首，咳而赐皇子之名。皇贵妃承旨完毕，从左手将皇子交给保姆，回到寝宫。皇后再率皇贵妃行四拜之礼，礼毕，各自回到自己的寝宫。次日，皇帝亲自至皇极门，按照常仪降下手敕。[1]

再来看皇家生女礼俗。嘉靖十五年（1536），正式定下皇女诞生之仪。按照这一套礼仪规范，凡是皇帝第一女生下三日之后，皇帝就穿上常服，在奉先殿、崇先殿向祖宗告闻，上告文，所用祭品为香帛脯醢果酒。在这一天，百官还须穿上吉服，以示庆贺。嘉靖十五年，又定下皇女命名之仪。从制度规定中可以知道，当皇女生下刚满月，皇帝就事先从内夫人中选择一位敬慎之人，替皇女剪发。在剪发这一天早晨，保姆抱皇女至寝宫，按照礼制，替皇女剪发。这一天，皇帝身穿常服，在乾清宫升御座，皇后率领生下皇女的妃

1　申时行等纂：《明会典》卷四九《皇子诞生仪》、《皇子命名仪》，第332页。

子，穿上本等服饰朝见皇帝，行四拜之礼。礼毕，皇后在东面侍立，妃子立于后，保姆将皇女从寝宫中抱出，由西至殿内，将皇女交给皇后，其中有人赞奏道："皇后率妃某氏，祇见皇女。"皇帝从御座上下来，拉着皇女的右手，而赐其名字。皇后承旨之后，就将皇女还给保姆，然后回到寝宫。皇后又率领妃子向皇帝行四拜之礼，礼毕后各自回到寝宫。这一天，宫中按照常仪举行宴会。[1]

明代民间的生子习俗，可以北京为例，稍作分析。按照明朝人沈榜的记载，北京民间妇女将要临产之时，女方家事先就用果羹馈赠给自己的女儿，称为"催生"。妇女生下孩子三天后，即举行一种"洗三"的仪式。十二日，则称"小满月"。一百日，则称"婴儿百岁"。等到小孩长到一岁，则举行"抓周"的仪式。至时，女方家各有赠送给小孩的礼物，包括金银、绮、珠玉等物。[2]

小说《金瓶梅》为我们相当详细地展示了民间的生子习俗。从小说的记载可知，妇女为了能够怀上孩子，通常会吃一些符药，这些符药多由出入于大家内宅的尼姑提供。符药的制作，一般是用头生孩子的胞衣，用酒洗过，烧成灰，再拣着符药，选一个壬子日，人不知鬼不觉，空腹用黄酒服下。算定日子不错，至一个月之后，就可以坐定胎气。[3]

儿子的出生，多由稳婆负责接生。这些稳婆，俗称收生婆，属于"六婆"之一。她们通过接生，从中可以赚得报酬，亦即所谓的"喜钱"。等到孩子"洗三"之时，还可以从主人家获得谢礼。稳婆

1　申时行等纂：《明会典》卷四九《皇女诞生仪》、《皇女命名仪》，第332页。

2　沈榜：《宛署杂记》卷一七《上字·民风一·土俗》，第193页。

3　兰陵笑笑生：《金瓶梅词话》第四〇回，第526页。

将孩子接生完毕之后，照例需要将孩子收拾干净，咬去孩子的脐带，埋好胞衣，并熬好定心汤，嘱咐产妇喝下，然后再将孩子安顿好。

当主人家的孩子一旦顺利出生，就需要在天地祖先牌位下满炉降香，许下一百二十分的清醮，以祈求母子平安，临盆有庆，坐草无虞。

孩子生下来的第二天，天不明，就要备下十副方盒，吩咐家中小厮去亲戚邻友处，分送喜面。亲戚邻友得知这一消息后，也必须赶到主人家，前去祝贺道喜。接着又要吩咐媒人，去寻找养娘，亦即乳母，花钱雇佣，专门"看奶孩儿"。

等到婴儿出生的第三天，由稳婆替孩子洗澡，亲邻朋友前来送礼祝贺，称为"洗三朝"，简称"洗三"。洗三之后，就要给孩子取一个小名，亦即乳名。

婴儿生下满月之后，亲戚朋友又会前来送礼祝贺。主人家则置下满月酒，以款待这些客人。客人送给婴儿的东西，大多寓含吉祥之意，诸如锦缎肚儿，上面挂一个小的银坠，或用五色线穿着十多文长命钱。此外，还有福寿康宁镀金银钱、追金沥粉彩画寿星、博郎鼓。在明代，洗三时还会举行"汤饼会"。[1]

孩子有了乳名，还需要取一个"外名"，又称"寄名"。这是指孩子在寺院庵观接受一个法名，做名义上的僧道弟子，以祈佑护。若是在道观里寄名，就将孩子的生辰八字，专门写在一张纸上，奏名于三宝面前，其目的就是"太乙司命，桃延合康，寿龄永保，富贵遐昌"。寄名之后，僧道会给小孩银脖项符牌，正面刻上小孩的八

1　冯梦龙：《喻世明言》第一〇卷，第81页；冯梦龙：《警世通言》第二五卷，第206页。

字，背面则是其法名。[1]

在明代的寺庙中，其中不少设有子孙堂，以供妇女求子。如小说《醒世恒言》记广西南宁府永淳县有一座宝莲寺，相传里面有一个子孙堂，相当灵验，若是去烧香求嗣，真是祈男得男，祈女得女。于是，不论仕宦民庶眷属，无不到子孙堂求嗣。就是邻邦隔县闻知，也都来祈祷。这寺中每日人山人海，好不热闹，布施的财物不计其数。为何如此灵验？小说进而加以揭露："有人问那妇女，当夜菩萨有甚显应。也有说梦佛送子的，也有说梦罗汉来睡的，也有推托没有梦的，也有羞涩不肯说的，也有祈后再不往的，也有四时不常去的。你且想：佛菩萨昔日自己修行，尚然割恩断爱，怎肯管民间情欲之事，夜夜到这寺里托梦送子？可不是个乱话。只为这地方，元是信巫不信医的，故此因邪入邪，认以为真，迷而不悟，白白里送妻女到寺，与这班贼秃受用。"[2] 这应该说道出了妇女至寺庙祈子乃至最后生子的实情。正因为此，才导致一些士大夫提倡禁止妇女入寺烧香。尽管如此，妇女入寺烧香求子仍是趋之若鹜。究其原因，正如小说作者所言，佛菩萨不可能管民间情欲之事，而真正能让那些不育妇女生子者，则是"这班贼秃"。

社会学家费孝通认为，理想的夫妇关系需要具有双重的职能：一方面是能胜任社会所交给他们抚养孩子的事务，另一方面是两人能享受友谊爱好的感情生活。[3] 但在像明代这样的传统社会，夫妇之

1　兰陵笑笑生：《金瓶梅词话》第三〇、三一、三二、三九回，第383—388、393、400、407、510、516页。按：小说《醒世恒言》称施复生有一子，寄名于观音大士之下，称"官保"。参见冯梦龙：《醒世恒言》第一八卷，第207页。

2　冯梦龙：《醒世恒言》第三九卷，第512页。

3　费孝通：《生育制度》，第153页。

间能够享受友谊爱好的情感生活者虽不可遽然断定没有，却实在是寥若晨星。所以，作为夫妇合体一方的女性，其最大的职责则是生育，即承担生孩子与养育孩子的责任。于是为了担当起生育孩子的责任，也是为了取得在家庭中的地位，一些无子的妇女只好到寺庙中求嗣，随之而来的则是观音信仰在明代民间的普及化。根据安·沃特纳（Ann Waltner）的研究，到了明代，观音已在大众心目中牢牢地确立了最重要的生殖女神的地位。观世音具有送子功能，其地位确立于《法华经》。到了 15 世纪中期，这种信仰在当时普遍流行的《佛顶心大陀罗尼经》中被不断重复。在明代，观音常被描绘为母子或一母多子的形象。[1]

儒家传统的经典，有关于妇女"七出"的条例，其中一条就是妇女若是不能生育，就会被丈夫休弃。明代的法律条文，使这一礼制趋于法律化。为何如此？明人顾彦夫作了下面的推测："唯如是，故再娶在夫，置妾在夫。妇人有所警省，可化而为善矣。"[2] 可见，传统而又保守的儒家士人，对这种"七出"之条的欣赏乃至肯定，其实首先建立在妇女是不善之人并有不善之性的假设之上。而这种规条的建立，首先就是为了保证男人再娶乃至娶妾的权利，从而剥夺了妇女在双方之间所应有的权利。

---

1 安·沃纳（Ann Waltner）著，曹南来译：《烟火接续——明清的收继与亲族关系》，浙江人民出版社 1999 年版，第 12—20 页。
2 顾彦夫：《礼解》，载黄宗羲编：《明文海》卷一二八，第 1281 页。

妇女与饮食、居住生活

在家庭生活中，妇女日常最为主要的家务劳动就是"主中馈"，正是在这一点上，决定了妇女在家庭饮食生活中所扮演的角色。至于传统的房舍等第制度，诸如男女之别与妻妾之别，更是从礼制的层面决定了妇女在家庭居住生活中的地位。

饮食生活

传统士大夫最为欣赏者是美人。在他们的心目中，美人在饮食方面，理应与各色时果、鲜荔枝、鱼鲊、羊羔、美酝、山珍海味、松萝径山阳羡佳茗、各色巧制小菜相配。[1] 食品之巧制，居室之雅致，与妇女之美色，确乎可以称是相得益彰。

这当然是传统文人士大夫心目中的理想生活。但在民间百姓家庭，往往只是"柴米夫妻"，风雅之事根本无从谈起。从传统社会的妇职来看，其中最为重要的一点就是妇女必须学会烹调"各色巧制小菜"的技能，亦即必须承担主中馈的职责。换言之，按照一般的惯例，当家中来了客人以后，妇女只是在厨房中忙碌，并不上桌陪同客人。这一方面是为了避男女混杂之嫌，另一方面也是妇女地位低

1　徐震：《美人谱》，载《中国香艳全书》一集卷一，第 1 册，第 6 页。

下所决定的。令人称奇的是，自弘治以后，即使是士大夫家有了宴会招待宾客，妻子往往出来拜见，而且还"刺刺笑语，不以为嫌"。[1]这是一种值得关注的变化，显示出明代的妇女不再局限于厨房一隅，而是在社交宴会一类的公开场合抛头露面。

主中馈

唐朝人陈崇修订的《江州陈氏义门家法》，其中规定："厨内差定新妇八人，掌庖爨事。二人知修羹菜，四人饮饭，二人知汤水及排布堂内之事。此不限年月，遇迎娶新妇，则次第替之。"[2]可见，即使是大家族内的新媳妇，也必须下厨房。浙江金华浦江县郑氏家族，被明太祖朱元璋称为"江南第一家"。在《浦江郑氏义门规范》中，其中也规定："诸妇主馈，十日一轮，年至六十者免之。新娶之妇，与假三月。三月之外，即当主馈。主馈之时，外则告于祠堂，内则会茶以闻于众。托故不至者，罚其夫。膳堂所有锁钥及器皿之类，主馈者次第交之。"[3]从这则家族规范记载中可知，明代妇女从当新媳妇开始，除了能休假三个月之外，其后必须"当主馈"，直到60岁时才可以免除此职。

从福建泉州陈镛所定的《家范》中，可知明代家族内男女分建饮食之堂，在饮食上实行一种男女分餐之制。而家族内饮食一类的家务事，通常是由家族内的妇女轮流承担。泉州陈氏家族饮食上建立二堂，完全是出于"以别内外"的考虑。其中规定：家族内男人的食堂

---

1 《古今图书集成·方舆汇编·职方典》第一一四二《安陆府部》。

2 转引自费成康主编：《中国的家法族规》附录，第225页。

3 转引自费成康主编：《中国的家法族规》附录，第266页。

在外，每次饮食之时，少长有序，不致紊越。家族内妇女则另设一食堂在内。每次饮食之时，也是必候同席，少长也有序不紊。家族内所有饮爨之事，则由妯娌依此轮流掌管负责，每人分管二天。至于像每人名下的使女一类，其饮食则必须自备柴火菜蔬。每当客人到来，就必须接应四茶汤。凡是新娶进门的媳妇，可以免除第一年备办饮食，专门听候从事织纴。其后，就必须承当起"主中馈"之责。到了年长，子女已经婚嫁，才可以不再承担饮爨之事。[1]

厨 娘

从清代的史料记载中可知，天津宝坻县的一些缙绅家中，大多雇有女厨，专门负责家中的饮食。如芮宣臣家有一位厨娘高立妇，最善于煨肉，"大约短肋肉五斤，切十块，置釜中，加酒料酱汤，以盎覆之。火先武后文，一炷香为度，色香味俱佳，不但熟烂也"。[2]

上面所说之事是清代，在明代是否有专门的厨娘，因缺乏史料记载，目前尚无法遽下结论。但从上面这位女厨的厨艺中，我们仿佛可以看到了小说《金瓶梅》中孙雪娥的影子。

明末崇祯年间，苏州府太仓州有一位八股文的名家，又是复社的主要成员，他的妻子"手制蔬菜"，在当时"名于一时"。[3] 这虽说不上是专职的厨娘，但其厨艺堪比专职的厨娘。

1　万历《重修泉州府志》卷二二《人物志下之下》，载《中国史学丛书》，台湾学生书局1987年版。
2　李光庭：《乡言解颐》卷三《食工》，中华书局1982年版，第43页。
3　刘銮：《五石瓠》卷三《包灯顾菜》，民国十四年铅印本。

居住生活

传统士大夫最为欣赏者是美人。在他们的心目中，美人在居住方面，理应与金屋、玉楼、珠帘、云母屏、象牙床、芙蓉帐、翠帏等相配，方显相得益彰。[1] 明人卫泳认为，美人所居，就好像是种花之槛、插枝之瓶。所以，即使是儒生寒士，纵然不可能金屋藏娇，也必须替美人营造一个靓妆之地。他对美人之居作如下描写：

> 或高楼，或曲房，或别馆村庄，清楚一室，屏去一切俗物，中置精雅器具及与闺房相宜书画。室外须有曲栏纤径，名花掩映。如无隙地，盆盎景玩，断不可少。盖美人是花真身，花是美人小影。解语索笑，情致两饶，不惟供月，且以助妆。[2]

美人香闺之中，当然需要有一些衣橱、食盒之类的必需品，但确实显得有些俗，所以又必须配备清供器具，诸如天然几、藤床、小榻、醉翁床、禅椅、小墩、香几、笔砚彩笺、酒器、茶具、花樽、镜台、妆盒、绣具、琴箫棋枰。至于锦衾、纻褥、画帐、绣帏一类，也都是相当精雅，陈设有序，使其映带房栊。若是家中限于经济拮据，力不能置办以上这些雅具，那么就用芦花被、絮茵、布帘、纸帐替代，也可自然成景。[3] 此外，闺阁中最宜悬挂的画像，分别如下：观音大士像，号称女中之佛；何仙姑像，是女中之仙；花木兰、

---

1 徐震：《美人谱》，载《中国香艳全书》一集卷一，第 1 册，第 6 页。
2 卫泳：《悦容编·菖居》，载《中国香艳全书》一集卷二，第 1 册，第 29 页。
3 卫泳：《悦容编·雅供》，载《中国香艳全书》一集卷二，第 1 册，第 29 页。

红拂妓像，是女中之侠；举案、提翁、截发、丸熊诸美女遗照，均堪称女中之模范。[1]

所谓的"居住"，究其中心内涵，其实就是指妇女的活动场所。若再细分之，可以包括下面两个方面：一是不同身份的妇女，在居住处所上具有不同的等级差异，无论是皇宫内院中的后妃，还是民间的妻妾，无不如此；二是在住所内对妇女活动场所的限制，尤其强调男女之别。

妓院中妓女房中的布置，大多显得比较素雅。小说《金瓶梅》为我们详细描绘了妓女的住房乃至布置。小说记载妓女郑爱香与郑爱月姊妹俩，其家门面四间，到底五层房子。转过软壁，就是竹枪篱，三间大院子，两边四间厢房，上首一明两暗三间正房，为郑爱月的房。而她姐姐郑爱香的房，则在后边第四层居住。走入明间，供养着一轴海潮观音，说明妓女也信奉观音；两旁挂四轴美人，按春夏秋冬排列。上面还挂着一副对联，为"卷帘邀月入，谐瑟待云来"。上首布置着四张东坡椅，两边安两条琴光漆春凳。上面还题有"爱月轩"三字。小说《警世通言》记妓女玉堂春，院中专门替她安排了书房，房内是明窗净几，古画古炉，也是显得相当雅致。[2]

再来看尼姑的住舍，也开始显得别致起来，这显然是为了迎合官宦人家小姐、夫人的口味。小说《醒世恒言》记一座非空庵，分为两个房头，即东院与西院。其中东院的三间净室，收拾得相当精雅："外面一带，都是扶栏，庭中植梧桐二数，修竹数竿，百般花

1　卫泳：《悦容编·博古》，载《中国香艳全书》一集卷二，第1册，第30页。
2　兰陵笑笑生：《金瓶梅词话》第五九回，第807页；冯梦龙：《警世通言》第二四卷，第184页。

卉，纷纭辉映，但觉香气袭人。正中间供白描大士像一轴，古铜炉中，香烟馥馥，下设蒲团一坐。左一间放着朱红橱柜四个，都有封锁，想是收藏经典在内。右一间用围屏围着，进入看时，横设一张桐柏长书桌，左设花藤小椅，右边靠壁一张斑竹榻儿，壁上悬一张断纹古琴，书桌上笔砚精良，纤尘不染。侧边有经卷数帙。"[1]

房舍等第

无论是皇宫中的后妃，还是民间的妻妾，在居住上均是井然有别，显示出传统礼教制约下的房舍等第开始向妇女的居住生活渗透。

1. 皇宫后妃

自史汉以来，经常可以见到因泄露禁中之语而获罪之例，可见宫禁之事，例属秘密。正因为此，所以后人对皇宫中后妃的生活抱有一种神秘的感觉，但因史乏明证，不免人云亦云，甚至以讹传讹。即以明代大内规制而言，此类著作亦多付阙如，所存者不过寥寥数部而已。先是张懋忠刻有《规制》一书，但所凭借的不过是慈宁宫管事齐栋所言，中多舛误，不足为信。好在明宫中太监刘若愚著有《酌中志》一书，其所言大内规制，基本可以反映明代后妃的居住生活。

明代北京皇宫的大体布置，为前殿、后宫。所谓前殿，为皇帝接见大臣、处理政务之所；后宫，则为皇帝与后妃燕闲休息之所。皇宫内的建筑，分为中路、东路、西路三部分。至于皇帝后妃的居住之处，亦有正宫皇后、东宫贵妃、西宫贵妃之别。

沿着中路大殿下来者，属于"薇垣深远之地"。首先是乾清宫，

1　冯梦龙：《醒世恒言》第一五卷，第158—159页。

在三大殿之后，为皇帝的正寝。乾清宫大殿之左向西，为端宁殿，凡是皇帝所用御服、衮冕、圭玉、冠带、钱粮，均储藏于此殿，由内官衙门的尚冠等太监负责。乾清宫大殿右向东则为懋勤殿，明熹宗曾在此殿创设地炕，"恒临御之"。

在这中路一线，在乾清宫之后，设有坤宁宫，为皇后所居，这就是所谓的"中宫"。

东路一线，咸和左门之北，向西与景和门相对者，为广和左门，向南则为承乾宫，为东宫娘娘所居，亦即东宫贵妃居住之所。在东一路上，尚有皇太子所居之宫，称钟粹宫，后改龙兴宫。又在东二长街之东，有景阳宫，在日精门东路，孝靖皇后曾居此宫。

西路一线，从广和右门向南，为翊坤宫，为西宫娘娘所居，亦即西宫贵妃居住之所。此外，东路一线，尚有下面这些后宫：慈庆宫，万历间，明神宗的嫡母仁圣皇太后陈氏居此宫，后明神宗的生母慈圣皇太后李氏亦居此宫。慈庆宫内包括四宫，分别为奉宸宫、勖勤宫、承华宫、昭俭宫。泰昌元年（1620）八月，明神宗皇贵妃郑娘娘亦曾居此宫。明熹宗登极以后，将郑贵妃迁居至仁寿宫，又将神宗东宫昭妃刘娘娘迁至慈宁宫居住。咸安宫，在四德门往西，明穆宗继选皇后陈氏曾居此宫。天启间，明熹宗的乳母客氏亦曾移住此宫。永宁宫，在西二长街之西，明熹宗曾将其改为长春宫，让成妃李娘娘居住。咸福宫，在西二长街之西，明神宗时惠王、桂王在就藩前曾居此宫。

除了中宫、东宫、西宫之外，明宫之内还有皇太后居住之所。如清宁宫，在乾清宫之西；仁寿宫，在乾清宫之东。清宁、仁寿二宫，均为太后所居。慈宁宫，在月华门下，嘉靖十五年（1536），在大善殿的基础上改建，"以奉皇太后"。

此外，有一座元晖殿值得在此稍作介绍。殿在关雎右门之西，明光宗年间，元妃郭娘娘被选中时，就曾在元晖殿的南配殿居住。万历三十一年（1603），福王妃邹娘娘被选中，则在正殿的北一间居住。可见，元晖殿的功能是皇帝选后妃或诸王选妃之处。按照明代制度规定，凡是诸王侯选淑女，或者皇帝钦封某位妃子，则亲到元晖殿，选不中者送出。凡是选中者，即可成为皇后、妃子或王妃，但都暂时选居住在此殿，以便选择吉日行礼。

至于那些没有名封的妃嫔及宫眷，则居住在哕鸾宫、喈凤宫，均在仁寿宫内，成为她们的养老之处。安乐堂，在虎城，成化年间，纪皇后曾居住在此堂。[1]

由于明代宫廷制度中存在两宫并尊之制，所以两宫太后在居住上显然也处于一种"敌体"。万历元年（1573），明神宗即位以后，太监冯保为了向神宗生母李贵妃献媚，就将并尊一事示意张居正，后经张居正的主持，于是再次出现了两宫并尊之制，同时进为皇太后，其中嫡母陈氏为"仁圣皇太后"，生母李氏为"慈圣皇太后"。仁圣居住在慈庆宫，慈圣则居住在慈宁宫。其后，张居正为了请太后照顾神宗的起居，于是慈圣皇太后才搬迁到乾清宫居住。[2]

2. 从居住看民间妇女的妻妾之别

在明代民间，习惯上将结发妻子称为"正房""正室"，而将妾称为"偏房""侧室"。尽管是一种别称，事实上已经部分反映了妻、妾在家庭居住上的地位区别。

1　刘若愚：《酌中志》卷一七《大内规制纪略》，第135—153页；龙文彬：《明会要》卷七一《方域一·堂》，第1382、1385页。

2　沈德符：《万历野获编》卷三《圣母并尊》，第95页；《明史》卷一一四《后妃二》，第3534—3535页。

妓女从良，在获得妾的身份之前，只能成为"外室"，有时又称"别室"。如冯梦龙记载："有客自蜀挟一妓归，蓄之别室，率数日一往。"[1] 从这一称谓中可知，如果说妾是"偏房""侧室"，还可以与正室住于一处，只是房舍处于偏隅而已，那么外室则因为尚无妾的身份，则只能"别室"而居，亦即在外面另有一处外宅，并不被家族认可。小说《金瓶梅》记载西门庆除了妻妾之外，还养有一位"唱慢曲儿的张惜春"，属于"外宅"身份，不住在一起，而是另在东街上住。[2] 这就是最好的例证。从明代一些小说记载中可知，外宅的出现，显然是因为正妻不能容人所致，而在外面另置房子而住，使这些外室倒是部分享受了"两头做大"的待遇，[3] 再也不用因为做妾而受正妻之气。

明代著名文人汪道昆的庶母亦即道昆父亲所娶之妾何为，曾与道昆的母亲相处40年。在道昆的母亲去世之后，亲自至灵前痛哭，并道出她们之间亲密无间的关系："妾少无状，无能奉淑人欢。里俗操妾妇若束薪，什九不免。淑人幸宽妾，往往弃旧过而与更新。及伯仲皆受室，乃始异宫，而淑人愈益亲妾。"[4] 这段话的意思，显然是为了表达一种妻妾之间的和睦相处，以致妾也可以一直没有"异宫"，而是与正妻生活在一个院落。这当然是一种特例，仍然无法改变妻妾在居住上的根本性差异。下面以小说《金瓶梅》为例，深入考察一下西门庆家中妻妾的居住情况。

西门庆家大门之内，是大厅，又称"前厅"，是摆筵席以及招待

1　冯梦龙编：《挂枝儿》卷六《怨部·咒》，载《明清民歌时调集》，上册，第161页。

2　兰陵笑笑生：《金瓶梅词话》第三回，第47页。

3　凌濛初：《初刻拍案惊奇》卷二，第18—19页。

4　汪道昆：《太函集》卷四四《先淑人状》，第934—935页。

男性客人之所。在大厅之外，后来又盖起了卷棚，用来摆茶。大厅往里，即为二门。二门之内，为后厅。后厅是妇女接待女性客人的地方。当然，若是宴会，女性客人也可以到大厅赴宴。若是妇女相见，主人家的妇女有时就出二门迎接客人。在后边，西门庆后来又盖起了花园。[1]

小说借西门庆与李瓶儿所说之话，大抵已经可以知道他的妻妾所居住的位置。西门庆说："俺房下都在后边第四层房子里，惟有我第五个小妾潘氏，在这前边花园内独自一所楼房居住。"[2]西门庆的发妻早逝，吴月娘是西门庆的继室，却属于正妻，所以小说说她住在"后边"，其实就是在"正房"居住。正房又称"上房"。上房的位置是在仪门之内，所以又称"后边"，类似于宫中的后宫。[3]

自吴月娘之后，勾栏里的李娇儿是西门庆娶回家的第一个小妾。暗娼卓二姐是西门庆娶回家的第二个小妾。她们两人的住所，小说没有明言，但显然都在"后边"，与正妻吴月娘在同一个院落。孟玉楼嫁给西门庆为妾之后，排行第三，居住在三间西厢房中。[4]西门庆的发妻跟来的陪床的丫鬟孙雪娥，也被西门庆收房，排行第四。从小说的记载来看，孙雪娥也住在"后边"。孙雪娥的住处为一明两暗，共三间房。明间可能是客厅，两个暗间为睡房，一间是床房，一间

1 兰陵笑笑生：《金瓶梅词话》第四二、四三回，第547—548、570—571页。

2 兰陵笑笑生：《金瓶梅词话》第一三回，第160页。

3 如小说《金瓶梅》记载西门庆小妾孟玉楼对另一个小妾潘金莲说："他爹昨日二更来家，走到上房里，和吴家的好了，在他房里歇了一夜。"可见，正妻所住是在上房。又潘金莲对孟玉楼说："大雪里捉恼进来，进仪门，看见上房烧夜香"，云云。此为上房在仪门内之证。参见兰陵笑笑生：《金瓶梅词话》第二一回，第262页。

4 兰陵笑笑生：《金瓶梅词话》第七回，第88页。

是炕房。[1]

潘金莲是西门庆的第五房小妾。潘金莲居住在花园内楼下三间房里，是一个单独的小院。一边是外房，一边是卧房。[2]李瓶儿是西门庆的第六房小妾，她的居住之处，当初进西门庆家时不曾记载，至第三十八回，有下面一段记载："且说西门庆，约一更时分从夏提刑家吃了酒归来。一路天气阴晦，空中半雨半雪下来，落在衣服上多化了。不免打马来家，小厮打着灯笼，就不到后边，径往李瓶儿房来。"[3]从这一记载可知，李瓶儿的住处，也不在仪门后的后院，而是在前边。至于前边所在的位置，至小说第五十八回才道出，原来就在潘金莲的对门。[4]她们两人的住处，各自应该有自己的院落，而且关起角门，可以与外界隔绝。从地理位置上看，去李瓶儿的院落，会路过潘金莲的住处，可见，李瓶儿的住处是在潘金莲的后面。[5]

关于妻妾的住房，从《金瓶梅》中所描写的周守备府中又可以得到一些补充。周守备娶有正妻，亦即大娘子，住在正房，共为五间；在正妻之下，还有一位"生姐儿"孙二娘，住在东厢房。当春梅嫁给周守备为妾后，自然成为第二房小妾，住在西厢房，共有三间。[6]

公主府第

洪武五年（1372）六月，专门定下公主府第制度。详细如下：公主府第，厅堂九间十二架，施花样兽头梁栋，斗栱檐角，彩色绘饰，

1　兰陵笑笑生：《金瓶梅词话》第五八回，第782页。

2　兰陵笑笑生：《金瓶梅词话》第九、一〇回，第102—103、120页。

3　兰陵笑笑生：《金瓶梅词话》第三八回，第500页。

4　兰陵笑笑生：《金瓶梅词话》第五八回，第794—796页。

5　兰陵笑笑生：《金瓶梅词话》第六七回，第949—950页。

6　兰陵笑笑生：《金瓶梅词话》第八七、九四回，第1322、1415页。

只是不许用金。正门五间七架，大门用绿油铜环，石础墙砖，镌凿玲珑花样。[1]

明代公主府第有一套制度规定，不能超越。如制度规定，公主的府第，周围不过 110 余丈，即使是皇城，也不过是 900 余丈。然后这种制度规定，在明初已有被突破之例。如秦王朱樉在为自己女儿建造郡主府时，房屋多达 100 多间，四周围墙达 400 丈，已经达到皇城的一半。[2]

男女之别

宋代司马光所著《司马氏居家杂仪》就规定了家族中的宫室，"必辨内外"。其中详细规定道："深宫固门，内外不共井，不共浴室，不共厕。男治外事，女治内事，男子昼无故不处私室，妇人无故不窥中门。男子夜行以烛。妇人有故出中门，必拥蔽其面。男仆非有缮修及有大故，不入中门。入中门，妇人必避之；不可避，亦必以袖遮其面。女仆无故不出中门，有故出中门，亦必拥蔽其面。铃下苍头，但主通内外之言传，致内外之物，毋得辄升堂室、入庖厨。"[3]

按照传统的说法，礼始于闺门，男女必须有别，妻妾必须有序，宫室必须有内外之分。据福建惠安知县叶春及在当地的规定来看，这种差别事实上得到了很好的维持，其中规定道："男子毋得昼寝于

1 《明太祖实录》卷七四，洪武五年六月丙申条。

2 朱元璋：《太祖皇帝钦录》，收入张德信：《太祖皇帝钦录及其发现与研究辑录》，载朱诚如、王天有主编：《明清论丛》第六辑，紫禁城出版社 2005 年版，第 96 页。

3 费成康主编：《中国的家法族规》附录，第 240 页。

内，妇女毋得逾阈行市，虽奴婢亦必动遵礼度。"[1]

很多小说记载显然已经证明，所谓的男女有别，其最为突出的特点不仅要限制外人，也包括至亲。如明末清初人李渔所著小说《十二楼》之《合影楼》，就记录了一个道学先生管提举贴在大厅后的禁约，其中云："凡系内亲，勿进内室。本衙止别男女，不问亲疏，各宜体谅。"[2]管提举设立这条禁约，确实有他的考虑，这就是儒家所谓的"男女授受不亲"这句话，其实就是为至亲而设。何以言此？理由说出来也很简单。正如管提举所言："若还是陌路之人，他何由进我的门，何由进我的室？既不进门入室，又何须分别嫌疑？单了碍了亲情，不便拒绝，所以有穿房入户之事。这分别嫌疑的礼数，就由此而起。"另外，历代相传的野史、传奇、小说所提供的经验，也明确说明了儿女私情大半出于中表之亲。[3]可见，在明代，所谓的男女有别，更多地指向了至亲之间的男女，而且其防范亦多针对至亲。

在明代士大夫家族中，其房舍照例设有正厅与中堂。按照其功能而言，两者均为会客之所，但细析之，却又有内外之别。换言之，正厅亦即前厅，是男性活动场所的中心，男姓主人通常是在此会见家里来的贵客。而中堂则在位置上稍为靠后，比起正厅来具有一定的私密性，通常用作家中主妇接受朝廷封诰之所。至于后堂，有时又称"寝堂"，其位置就更为靠后，显然已经成为主妇会见客人或者处

1　叶春及：《石洞集》卷七《惠安政书·明伦五条》，第495页。
2　李渔：《合影楼》第一回，载李渔著，杜濬评：《十二楼》，第4页。
3　李渔：《合影楼》第一回，载李渔著，杜濬评：《十二楼》，第5页。

理家事之所。[1] 明代著名文人李开先家中之厅，分为"大厅"与"小厅"。他将宅中之厅称为"延客大厅"，又在园门内建小厅。大、小厅虽均为延客之用，但又稍有区别：大厅的功能在于"衣冠揖让"，亦即讲客套、礼仪之处；而小厅则"壶矢留连"，亦即叙私情。[2] 尽管李开先没有明说小厅是否可以供妇女使用，但从其"罄交欢"的功能来看，显然也可以作为妇女会客之用，相当于前面提到的后堂。

下面以明代婚礼与封诰仪为例，借此考察正厅与中堂、后堂的不同功能。从现有的史料记载来看，男性在家中的活动场所相当广阔。以庶民家庭的婚礼为例，当新女婿回岳父母家时，岳父照例是在正厅加以接见；而岳母则是在后堂接受新女婿的拜见。洪武八年（1375）下令，凡是官员家族接受朝廷的封诰，"男子受于正厅，妇人受于中堂"。可见，在接受朝廷的封诰上，同样反映出居住问题上的男女之别。[3]

---

1 如王世贞记龚孺人，"质明盥栉，坐寝堂，男女大小数千指旅见，各报所业"，说明主妇一般是在寝堂处理家中事务。参见王世贞：《弇州山人四部稿》卷八五《龚孺人小传》，明万历五年王氏世经堂刊本。
2 李开先：《闲居集》卷一一《延客小厅记》，载《李开先全集》，中册，第836—837页。
3 申时行等纂：《明会典》卷七一《庶人纳妇》、卷七四《颁诰敕》，第419、435页。

妇女教育

在 12 世纪之前，在中国社会中，对妇女的正规教育既不被允许，社会或家庭也没有给妇女提供接受系统教育的机会。韩德林（Joanna Handlin）的研究表明，到了 16 世纪，文人学士提高了妇女接受教育的机会。但值得注意的是，在明清两代，在这些支持妇女接受良好教育的文人学者与另外一些认为无知才是妇女一种美德的反对者之间，一直存在着争论。在明代妇女教育中，毫无疑问存在着阶级差异。在一些士大夫家庭，妇女的识字是最普及的。一些专供妇女阅读的书籍，诸如《女论语》《女孝经》之类，就是将男性教育课本改头换面而已，以作妇女教育之用。但在普通家庭，尤其是乡村，能读、能写的妇女显然是少数，因为乡村农民负担一个聪明的男孩读书，在经济上已是相当困难，而让一个女孩接受教育，更会使家庭经济雪上加霜。在传统的中国社会中，儿子永远是父系延续的一部分，但女儿则被视为在家族中是短暂的，女儿一旦出嫁，就会永远属于她丈夫的家族，那么让一个女儿接受教育，无疑就被她的生身家庭视为对珍贵资源的浪费。[1]

韩德林的这番阐述，大抵概括了中国传统社会妇女教育的基本特

1　Joanna Handlin, "Lü K'un's New Audience: The Influence of Women's Literary on Sixteenth Century Thought," in Margery Wolf and Roxane Witke（eds.）, *Women in Chinese Society*（Stanford: Stanford University Press, 1975）, pp.16, 28–29, 37.

点，而且及时把握了明代妇女接受教育机会增加的新趋势。这有史实可以印证。在明代，较为流行的妇女教育观念，就是让妇女粗粗识字而已。如明末温璜的母亲陆氏就主张："妇女只许粗识柴米鱼肉数百字，多识，无益而有损也。"[1]这是来自妇女阶层的意识，但也与文人士大夫的观念若合符节。

女教书

在传统中国，关于妇女教育的书籍，大体可以称为"女教书"。女教书的刊刻，源远流长，其中历经两汉、唐、宋，到明代更趋成熟。[2]尤其是在南宋，朱熹更是相当重视妇女的道德教育。按照朱熹的教育理念，妇女既被希望是一个学生，又被要求是一个教师。作为一个未出嫁的闺女，她们需要接受基本的道德教育，以便能为人之妇；而作为一个母亲，她们又必须承担在道德上教育她们子女的责任。[3]

---

1 温璜：《温氏母训》，载《学海类编》，上海涵芬楼据清道光十一年安晁氏木活字排印本影印，1920年版。

2 关于明代女教书之刊刻、流传，以及此类书籍的体例、内容，可分别参见王光宜：《明代女教书研究》（台湾师范大学历史研究所硕士论文，1999年3月）、《明代女教书的体例与内容简介》（载台湾《明代研究通讯》第2期，1999年7月）。

3 Bettine Birge, "Chu His and Women's Education," in Wm. Theodore de Bary and John W. Chaffee（eds.）, *Neo-Confucian Education: The Formatives Stage*（Berkeley and Los angeles: University of California Press, 1989）, pp.326, 334, 338, 357.

在明代，此类女教书的刊刻相当繁盛。明代妇女教育类的书籍，大体上包括三类：第一类是皇帝亲自让臣下修撰的书籍，亦即所谓的"赐撰女教书"，如明太祖时所颁发的《女诫》、明成祖所颁发的《古今列女传》，即是此类著作；第二类是一些后妃为了迎合皇帝的教诲，更为体现自己"母仪天下"的职责，也撰写了一些教育妇女的书籍，如仁孝皇后的《内训》，即属此类；第三类是一些臣下撰写的教育妇女的书籍，或向皇帝进献，如吕坤的《闺范》，或教育自己家族中的妇女。[1]此外，戏曲、小说的广泛流行，对妇女教育同样起到了一定的作用。

皇帝赐撰女教书

明太祖朱元璋建立大明帝国以后，有鉴于前代宫内后妃干政，于是就专门立纲陈纪，首先所重视的就是"内教"。洪武元年（1368），下令让儒臣修《女诫》，并下谕当时的翰林学士朱升，其中有云：

> 治天下者，修身为本，正家为先。正家之道，始于谨夫妇。后妃虽母仪天下，然不可俾预政事。至于嫔嫱之属，不过备职事，侍巾栉，恩宠或过，则骄恣犯分，上下失序。历代宫闱，政由内出，鲜不为祸。惟明主能察于未然，下此多为所惑。卿

---

1 据刘若愚《酌中志》，明代内府所藏、刊刻并供宫中女子学习的女教书，分别有《列女传》《仁孝皇后劝善书》《高皇后传》《女训》《内训》《郑氏女孝经》《曹大家女训》《女诫直解》《内令》《女则诗》《慈圣皇太后女鉴》等。参见《酌中志》卷一八《内板经书纪略》，北京古籍出版社1994年版，第159—160页。

等其纂女诫及古贤妃事可为法者，使后世子孙知所持守。[1]

朱升等在接到此谕之后，编录《女诫》一书，上呈明太祖。此书不仅成为宫廷妇女接受教育的基本教材，而且受到文人士大夫的重视，事实上已经成为当时妇女的基本教科书。

永乐元年（1403）十二月，解缙奉明成祖之命，修撰《古今列女传》一书。书分三卷。书成之后，明成祖亲自为此书撰写了序文，并下令刊印，赐给百官。[2]

嘉靖年间，明世宗对宫中女子的教育进行了一些整顿。明世宗先是下诏给翰林院，让翰林院官员"撮诸书关女教者，撰为诗言进呈，以备宫中诵咏"。考诸史料记载，上面所谓的关于女教的"诗言"，其实就是明世宗命方献夫等所撰《内则诗》一卷，[3]也属于官方颁发的女教书。随后，明世宗又命翰林院官员通读仁孝皇后所撰《内训》以及章圣皇太后《女训》，每月从中选择一些内容，撰写成直解各三章，再依据经传及《高皇后传》，与其中的事实互相印证。事取简明，以便女官记诵。每月逢六之日，女官将这些内容进讲三次，皇后率领宫中妃嫔在坤宁宫听讲。嘉靖九年（1530）十月，礼部向明世

---

1 《明史》卷一一三《后妃》，中华书局 1984 年版，第 3503 页。按：这一上谕原载于《明太祖实录》（卷三一，洪武元年三月辛未条，台湾"中央研究院"历史语言研究所 1966 年校印本），仅文字稍异于《明史》所载，显然《明史》修纂者已对文字稍加润饰。
2 徐学聚：《国朝典汇》卷二二《编辑诸书》，《北京大学图书馆藏善本丛书》影印本，北京大学出版社 1993 年版。
3 《明史》卷九六《艺文志》，第 2373 页。

宗上奏宫中应行事宜，以及女官讲解《女训》的仪注。[1]

皇后所撰女教书

《女诫》一书，是由皇帝下令并由官方儒士编辑成书。此外，在明代，尚有一些出自后妃之手的女教书，其中最具有代表性的是《内训》与《女训》。

明太祖之后孝慈高皇后马氏，"仁慈有智鉴，好书史"。她勤于内治，有暇就讲求古训。据史料记载，她曾经告诫六宫，"以宋多贤后，命女史录其家法，朝夕省览"。[2]当然，这些所录关于宋代贤后的故事，并不仅仅限于她自己诵读，其读者面必然及于整个后宫的妃嫔、宫女。《明史·艺文志》收录高皇后所著《内训》一卷。[3]

《内训》一书，为永乐朝仁孝皇后徐氏所撰。明成祖仁孝皇后徐氏，是中山王徐达之女，幼年贞静，好读书，有"女诸生"之称。[4]先为燕王妃，燕王即帝位以后，被册封为皇后。据史料记载，一次徐皇后问明成祖："陛下谁与图治者？"明成祖答："六卿理政务，翰

1　龙文彬：《明会要》卷二《帝系二·后妃杂录》，中华书局1998年版，第31—32页。按：嘉靖年间明世宗让翰林所撰女教之书，当为《内则新诗》。史载，明世宗第二位皇后张氏，"每岁祭，后必从上分献宗庙，方春率嫔御行亲蚕礼，日讲章圣太后《女训》于宫中。尝诵翰林所撰《内则新诗》，使宫人歌之，以当古房中之乐，如是者六年"。即为明证。参见毛奇龄：《胜朝彤史拾遗记》五，载虫天子编、董乃斌等校点：《中国香艳全书》四集卷四，团结出版社2005年版，第1册，第485页。

2　《明史》卷一一三《后妃》，第3505—3506页。

3　《明史》卷九六《艺文志》，第2373页。按：高皇后《内训》一书，今不存。其内容见于仁孝皇后《内训》中。

4　《明史》卷一一三《后妃》，第3509页。按：徐皇后自己亦称："吾幼承父母之教，诵诗书之典，职谨女事。"参见《内训序》，载《大明仁孝皇后内训》，明永乐内府刻本。

林职论思。"仁孝皇后听毕，就召见命妇，赐予她们冠服钞币，并告诫众命妇道：

> 妇之事夫，奚止馈食衣服而已，必有助焉。朋友之言，有从有违，夫妇之言，婉顺易入。吾旦夕侍上，惟以生民为念，汝曹勉之。[1]

这段言论基本代表了仁孝皇后作为一个母仪天下的皇后，对妇女角色地位的判断，也就是妇女之职，除了负责家庭的"馈食衣服"之外，尚须进言于丈夫，对丈夫的"政务"有所助益。

仁孝皇后正是有鉴于内教之书的"徒有其名"，才有志重新修撰关于内教的书籍。关于此，她有下面的说法：

> 近世始有女教之书盛行，大要撮《曲礼》《内则》之言，与《周南》《召南》诗之小序及传记而为者。仰惟我高皇后教训之言，卓越往昔，足以垂法万世。吾耳熟而心藏之，乃于永乐二年冬，用述高皇后之教以广之，为《内训》二十篇，以教宫壸。[2]

从上面所记可知，仁孝皇后《内训》一书，基本继承了马皇后垂教之法。此书始作于永乐二年（1404）的冬天，至永乐三年正月书成。书的内容包括德行、修身、慎言、谨行、勤励、警戒、节俭、积善、迁善、崇圣训、景贤范、事父母等20篇。书成之后，当时并未直接上呈明成祖。至永乐五年，才由皇太子进呈。成祖阅后，为之怆然，

---

1 《明史》卷一一三《后妃》，第3510页。
2 《大明仁孝皇后内训》，永乐三年正月望日序。

下令刊刻，并将此书赐给群臣，"俾教于家"。[1]

章圣皇太后蒋氏撰有《女训》一书。蒋氏是明世宗之母，弘治五年（1492）册封为兴王妃。明世宗入承大统后，改称兴献后。嘉靖元年（1522），又改称兴国太后。至嘉靖三年，才正式改尊号为章圣皇太后。同年秋，用张璁之言，又改尊为圣母章圣皇太后。关于蒋氏所撰《女训》一书，在此书的序文中有下面的记载："（蒋氏）惟日诵诗书，求不戾于和警之懿，间尝以所受诗书之言，编辑成一书，名曰《女训》，凡十二篇。"[2]此书有明代楚王正心书院刻本，从其署名为"兴献皇后蒋氏"可知，可能作于世宗入承大统以后，但应在嘉靖元年改封兴献太后之前。此书计有闺训、修德、受命、夫妇、孝舅姑、敬夫、爱妾、慈幼、妊子、教子、慎静、节俭 12 篇。嘉靖九年，明世宗下令，将《女训》一书颁发天下。[3]

万历年间，慈圣皇太后李氏撰述《女鉴》一书。李氏为明神宗的生母，隆庆元年（1567）被封贵妃。神宗即位以后，上尊号为慈圣皇太后。《女鉴》一书，尤为详明典要，并由明神宗亲自撰写了序言。据《明史·艺文志》著录，此书为一卷。[4]

士大夫所撰女教书

嘉靖三十七年（1558），吕坤的父亲吕得胜撰成《小儿语》上下

---

1 《明太宗实录》卷七三，永乐五年十一月乙丑条。

2 大明兴国纯一道人：《女训序》，载《女训》卷首，明楚王正心书院刻本。

3 《明史》卷一一五《睿宗献皇帝附献皇后》，第3553页。

4 沈德符：《万历野获编》卷三《母后圣制》，中华书局 1997 年版，第 71 页；《明史》卷九六《艺文志》，第 2373 页。

两卷。此书分四言、六言及杂言三类。上卷以男孩为对象，其中四言 20 首，六言 11 首，杂言 20 则；下卷以女孩为对象，其中四言 59 首，杂言 23 则。吕得胜自序其撰写之旨云："儿之有知而能言也，皆有歌谣以遂其乐，群相习，代相传，不知作者所自。如梁宋间《盘脚盘》《东屋点灯西屋明》之类，学焉而于童子无补，余每笑之。夫'蒙以养正'，有知识时便是养正时也。是俚语者固无害，胡为乎习哉！……乃以立身要务谐之音声，如其鄙俚，使童子乐闻而易晓焉，名曰《小儿语》。是欢呼戏笑之间，莫非理义身心之学。一儿习之，可为诸儿流布。童时习之，可为终身体认。"后又鉴于此书未备，命吕坤续作上、中、下三卷，称为《续小儿语》。[1]《小儿语》与《续小儿语》两书，其教育对象并非仅限于男性儿童，同样涉及女性儿童，所以从某种意义上说，也可归入女教书一类。

万历十八年（1590），吕坤撰成《闺范》四卷，初次刊行于太原。十月，吕坤自己作序，以述其撰作缘起与全书内容，略云："女训诸书，昔人备矣。然多者难悉，晦者难明，杂无所别白，淡无味者不能令人感惕。闺人无所持循以为诵习。余读而病之。乃拟《列女传》，辑先哲嘉言，诸贤善行，绘之图像。其奇文奥义，则间为音释。又于每类之前各题大旨，每传之后各赞数言，以示激劝。"

此书首卷述"嘉言"，辑自"六经"及《女戒》《女训》等；后三卷类列"善行"，计女子、夫妇为一卷，妇人为一卷，母道以及姊妹、姒娣、姑嫂、嫡妾、婢子之道共一卷。吕坤在晚年曾追述此书之撰作及其刊刻流布云："万历庚寅，余为山西观察使，观《列女传》，去其可惩、择其可法者，作《闺范》一书，为类三十一，得人

1　郑涵编：《吕坤年谱》，中州古籍出版社 1985 年版，第 7 页。

百十七。令女中仪读之，日二事，不得其解，辄掩卷卧。一日，命画工图其像，意态情形，宛然逼真。女见像而问其事，因事而解其辞，日读数十事不倦也，且一一能道，又为人解说，不数月而成诵。余乃刻之署中，其传渐广。既而有嘉兴板、苏州板、南京板、徽州板。缙绅相赠寄，书商辄四鬻，而此书遂为闺门至宝矣。"[1] 从上可知，《闺范》一书，先有山西衙署刻板，随后陆续出现了嘉兴板、苏州板、南京板、徽州板，不但成为"缙绅相赠寄"的礼品，而且引起了书商的重视，贩卖四方，最后成为"闺门至宝"。

万历年间，重刊吕氏《闺范》，由翊坤宫郑妃作序，将此书比拟为仁孝皇后之《内训》、章圣皇太后之《女训》，以致"有僭逼之疑，致启大狱"。[2] 从史料记载可知，郑贵妃所作序文是在万历二十三年（1595）七月十五日，并由其伯父郑承恩重刻行世。序文略云："近得吕氏坤《闺范》一书。是书也，首列四书五经，旁及诸子百家，上溯唐虞三代，下迄汉宋我朝。贤后哲妃，贞妇烈女，不一而足；嘉言善行，照耀简编。清风高节，争光日月。真所谓扶持纲常，砥砺名节，羽翼王化者也。然且一人绘一图，一图叙一事、附一赞，事核言直，理明词约，直闺壶之箴鉴也。独惜传播未广，激厉有遗。愿出宫资，命官重梓，颁布中外，永作法程。"书中采用一人绘一图，一图叙一事之法，再在后面加上赞语。郑氏所刻原本，在明季已经很少见及。行世者多为改本，由于政治方面的原因，其中第一段《明德马后》居首，已经删去不存。[3] 郑贵妃撰序并重刻之《闺

1　郑涵编：《吕坤年谱》，第47—48页。
2　沈德符：《万历野获编》卷三《颁行〈女训〉》，第88页。
3　沈德符：《万历野获编补遗》卷三《戊午谤书》《重刊闺范序》，中华书局1997年版，第873—876页。

范》，改标其书名为《闺范图说》，并新增顺天节烈妇17人，多为万历时人，且多属贵势之家，而又俱系以"吕氏赞曰"四字。[1]

冯琦曾经撰写了《男女训》一书。万历十九年（1591），吕坤专门为此书写了序文，在序中述其撰写缘起与内容要旨云："龙江先生为宗伯日，惟世道是重，尝曰：'民之无良，教弗行也。教之不入，养弗豫也。'乃嘱宫谕冯琢庵氏辑古昔男女之可为训者，以德为类，总之百十人，题曰《男训》《女训》。"又谓："先是，坤辑《闺范》，刻之晋阳，阴教重矣，而于丈夫独遗。先生是刻，乃称大备云。"[2]可见，冯琦所作《男女训》，包括《男训》《女训》两部分，其目的就是在教育问题上达到阴阳平衡。

女子在出嫁以前，大抵可以分为两个阶段：一是做闺房女子之时，其所用之女教书，基本上是《闺范》一类；二是已经订婚并准备出嫁之时，应该说已经具备了"准新妇"的角色，这方面的女教书，可举明末清初陆圻所著《新妇谱》、陈确所著《新妇谱补》及查琪所著《新妇谱补》为例。

陆圻作《新妇谱》的本意，是为了自己女儿出嫁以前，对她能有一番事先的教育，使其能提前知道作为一个新媳妇，到了婆家以后，应该懂得基本的礼仪，并且如何与婆家家庭人员和睦相处。当然，此书一旦写成，正如陆圻自己所言，其读者面不仅仅限于自己的女儿，而是包括"上流妇人"与"群婢"，通过她们的循诵习传，达到"为当世劝戒"的目的。而陈确《新妇谱补》则是对陆圻一书的补充。陆圻《新妇谱》包括"做得起""得欢心""声音""颜

1　郑涵编：《吕坤年谱》，第84页。

2　郑涵编：《吕坤年谱》，第51页。

色""款待宾客""答礼行礼""亲戚馈遗""夫家亲戚""岁时甘旨""早起""门户""有过""妆饰""孝翁""孝姑""姑佞佛""姑物件""背后孝顺""妯娌姑嫂""敬丈夫""待堂上仆婢""待本房仆婢""偷盗""孝母""母家奴婢"等篇；陈确《新妇谱补》包括"绝尼人""不看剧""听言""责仆婢""劝夫孝""妯娌""待仆婢""抱子""失物""勤俭""有料理有收拾"等篇；查琪《新妇谱补》，包括"事继姑""事庶姑""逞能""火烛"等篇。[1]

小说、戏曲与妇女教育

明初所定的法律，对优伶的演出内容作了详细的限制，凡是所演杂剧戏文，必须符合传统的道德伦理。其中规定："不许妆演历代帝王、后妃、忠臣、烈士、先圣、先贤、神像，违者，杖一百。官民之家容令妆扮者，与同罪。其神仙、道扮及义夫、节妇、孝子、顺孙，劝人为善者，不在禁限。"[2]

自明初以来，书坊就开始出版一些小说杂书，用来赚钱，此风至晚明达到极盛。在明代民间，南方人喜欢谈诸如汉小王（光武帝）、蔡伯喈（蔡邕）、杨六使这些人的事迹，而北方人则谈诸如继母大贤等事。无论是农民、工匠，还是商贩，无不都是抄写绘画，"家畜而人有之"。尤其是那些痴骏女妇，对这些小说杂书，更是酷好，因此被一些好事者称为"女通鉴"。官方对这种习气并没有加以禁止，而一

---

1 分别参见陆圻：《新妇谱》，陈确：《新妇谱补》，查琪：《新妇谱补》，均载《中国香艳全书》三集卷三，第1册，第290—305页。
2 怀效锋点校：《大明律》卷二六《刑律九·搬做杂剧》，法律出版社1999年版，第204页。

些士大夫也不以为意，甚至有人将它视为"警世有为"，并加以推波助澜。这是将这些小说、戏曲看成有正面的道德意义。与此同时，当《西厢记》《碧云骐》之类的作品一旦流传很久，就会造成"泛滥而莫之救"的状态，同样会对已有的道德观念形成冲击。[1]

明季妇女读小说也蔚然成风，尤其是《三国演义》一书，在妇女间显然已经开始广泛传看，而且有些妇女还加以点定。如明季妇女周庚在给她的仲嫂的信中言："《三国志》经嫂点定，庚应穷其赞辞，但不解于古人何所厚薄，只觉此心为刘。"[2] 这段记载，明确说明当时妇女读《三国》之风，而且即使是在识字妇女中间，也同样以刘备之蜀国为正统。

妇女与戏曲之间的关系尤其密切。明代的史料记载显示，妇女看杂戏，每当看到戏中剧情是"投水遭难"之类，无不恸哭失声，"人多笑之"。[3] 其实，这也怪不得妇女，她们的性格本来就是软弱的，很容易为戏中的剧情所感染。为悲剧所感，不过是恸哭而已，若是戏中剧情与道德风化相干，无疑也会在潜移默化中受到影响。

汤显祖所著《牡丹亭》行世以后，在后世颇得闺阁知音。首先，四川内江有一女子，"因慕才而至沉渊"。至清代，浙江钱塘县人吴人三位妻子陈同、谈则、钱宜，也先后对《牡丹亭》作过评点校刊。即使是在吴江，也有一女，曾就《牡丹亭》做了手评本。[4] 玉缀珠编，

---

1 这方面的阐述，可参见叶盛：《水东日记》卷二一《小说戏文》，中华书局 1997 年版，第 213—214 页。

2 周庚：《与仲嫂》其五，载周亮工：《尺牍新钞》卷一〇，岳麓书社 1986 年版，第 346 页。按：周庚，字明瑛，福建莆田人，是诸生陈承纩的元配夫人。

3 谢肇淛：《五杂俎》卷一五《事部三》，上海书店出版社 2001 年版，第 313 页。

4 吴人：《三妇评牡丹亭杂记》，杨复吉：《三妇评牡丹亭杂记·跋》，均载《中国香艳全书》一集卷四，第 1 册，第 82—90 页。

不一而足。我们列举这些史实，目的就是为了说明戏曲确实已经渗透到了闺阁人的心灵深处，有些戏曲中的人物，诸如杜丽娘一类，甚至成为她们的知音。

在明代，诸如鼓板、平话、弹唱、说书这些民间艺术形式，已经被作为"时调新曲"，得到广泛流行。这些艺术形式通常是半说半唱，内容极其浅俗，甚至不用一字文言，全是白话，于是就得到了妇人童子的喜爱。所以，吕坤就认为，应该利用这种在民间喜闻乐见的通俗艺术形式，将官方的教化融入其中，以便对普通的民众加以教育。[1] 凌濛初更是认为，说书人尽管多是谈些风月，述些异闻，不过是图个好听而已；但说书人同样承担着教化的道德职责，亦即他们会说一些有益的事，或谈些世情，或说些因果，其目的就是为了使听众能在内心深处有所触动，把平日邪路上的念头转化过来。[2] 换言之，说书人同样具有一副"道学心肠"，但他们却与那些专会说教的道学先生不同，"从不曾讲着道学"。正是因为说书人原本是"无心"地说些因果、世情，却能起到"寓教于乐"的效果，与道学家们干巴巴的说教迥然不同。

由此可见，戏曲、小说一类的通俗文学与明代妇女教育影响颇大。通俗文学的教育功能，大抵有二：

首先，是正面的伦理教育功能。明初官方对戏曲演出内容曾有部分的限制，主要是一些"神仙、道扮及义夫、节妇、孝子、顺孙，劝人为善者"，其中的"节妇""孝子"内容，对妇女道德伦理观的形成颇有意义。正如上面叶盛所言，北方流行的小说一类的杂书中，

---

1 吕坤：《实政录》卷二《存恤茕独》，《四库全书存目丛书》本。
2 凌濛初：《二刻拍案惊奇》卷一二，岳麓书社 2002 年版，第 129 页。

同样包括继母大贤一类的故事。正因为此，此类书才被正统士大夫视为"女通鉴"，其正面的道德教育意义不言而喻。

至于戏曲所含的正面伦理教育功能，明人陶奭龄有一段阐述，他说：

> 今之院本，即古之乐章也。每演戏时，见有孝子、悌弟、忠臣、义士，激烈悲苦，流离患难，虽妇人牧竖，往往涕泗横流，不能自已。旁观左右，莫不皆然。此其动人最肯切，最神速，较之老生拥皋比、讲经义，老衲登上座说法，功效百倍。至于《渡蚁》《还带》诸剧，更能使人知因果报应，秋毫不爽，杀盗淫妄不觉自化，而好善乐生之念，油然而生。此则虽戏，而有益者也。[1]

这是就戏曲的道德教化功能着眼，看出其"有益"之处。

其次，新的民间道德的确立。从官方或正统士大夫的角度来说，他们担心通俗文学会对已有的道德伦理秩序产生冲击，这显然可以理解。自明代中期以后，戏曲、小说广泛流传，并逐渐传入闺房之中，对妇女的道德观念的变化起到了相当重要的作用。关于此，明人陶奭龄也已有敏锐的察觉，他说：

> 近时所撰院本，多是男女私媟之事，深可痛恨。而世人喜为搬演，聚父子兄弟，并帏其妇人而观之，见其淫谑亵秽，备极丑态，恬不知愧，曾不思男女之欲，如水浸灌，即日事防闲，

1　邱嘉穗：《订音律》，载贺长龄、魏源编：《清经世文编》卷六八，中华书局1992年版，第1712页。

犹恐有渎伦犯义之事，而况乎宣淫以道之？ [1]

陶奭龄所记，大家族中演戏，族中妇女也多观看，一般采用的是隔帏而观。关于此，明代的小说《梼杌闲评》同样提供了证据。据小说载，当时士大夫家族中唱堂会戏，"上面垂着湘帘，里面众女眷都坐在帘内"。[2] 显然，妇女均是隔帘观戏。

正因为戏曲演出内容中，已经多是"男女私媟之事"，甚至会导致出现"渎伦犯义之事"的危险。鉴于此，明末清初学者陈确才在新妇教课本中提出了"不看剧"的见解。他说：

> 新妇女切不可入庙游山，及街上一切走马、走索、赛会等戏，俱不可出看。即家有宴喜，偶举优觞，内外仅隔一帘，新妇礼不当预席，或辞以疾，或以中馈无暇为辞，期必获命而后已。确有女既嫁，一日归宁，笑谓父曰："吾年近三十，终不知世有所谓戏文者何如。"确曰："吾素不能教女，惟此一节，差足免俗，更何用求知之！"女笑而退。敢以为凡为妇女者劝。[3]

妇女不看剧，已经成为教女的主要准则。究其目的，还是担心妇女受到戏曲中人物的观念以及行为的影响。

即使如此，明代以来的时风已经证明，小说不仅为"士夫农工商贾"所喜爱，而且受到了"儿童妇女不识字者"的广泛欢迎。关于此，可引清人钱大昕之说为例，他说：

---

1 邱嘉穗：《订音律》，载《清经世文编》卷六八，第1712页。

2 《梼杌闲评》第二回，人民文学出版社1983年版，第23页。

3 陈确：《陈确集·别集》卷一〇《补新妇谱》，中华书局1979年版，第519页。

古有儒、释、道三教，自明以来，有多一教，曰小说。小说演义之书，未尝自以为教也，而士夫农工商贾无不习闻之，以至儿童妇女不识字者，亦皆闻而如见之，是其教较之儒、释、道而更广也。释、道犹劝人以善，小说专导人以恶。奸邪淫盗之事，儒、释、道书所不忍斥言者，彼必尽相穷形，津津乐道，以杀人为好汉，以渔色为风流，丧心病狂，无所忌惮。[1]

钱大昕的担心不无道理。小说一旦成为儒、释、道三教之外的一教，成为一种"小说教"，而且比儒、释、道三教的影响力更为广泛，那么，凭借小说内容就会确立起一种新的民间伦理道德观念，亦即"以杀人为好汉，以渔色为风流"。这与正统的儒家伦理观念迥然相异。这种新的伦理观念，其影响力尽管以男性的"农工商贾"为主，但同样也会渗透到那些喜欢观剧、看小说的"儿童妇女"。

妇女教育的内容

明代的上层社会女子，从宫中女子一直到民间大家族中女子，都基本接受了教育。正如万历年间明神宗在上谕中所言，"今宫中宫女、内官俱令读书"。[2] 这并非明宫特例，而且是当时民间大家女子接

1 钱大昕:《正俗》，载贺长龄、魏源编:《清经世文编》卷六八，第 1711 页。
2 《明神宗实录》卷三〇，万历二年十月癸亥条，台湾"中央研究院"历史语言研究所 1966 年校印本。

受教育的实情。

按照明代的惯例，女子最初启蒙的年龄，一般是 6 岁、8 岁，这主要是因为在明代的民间流传着"男忌双，女忌只"的说法，[1]所以女子入学无不选择在双岁之时。如明人庞尚鹏在家训中就规定："女子年六岁诵《女诫》，不许出闺门。"[2]可见，在实际的执行过程中，女子确实是忌讳单岁上学。

毫无疑问，明代女子出生后，其教育通常由父母自己主持。如《故陈景祥妻倪氏硕人墓志铭》记倪洲宁儿时，"父母授以《孝经》《小学》《女传》，即能了其义"。[3]这不过是笼统言之。其实，父母在承担女儿教育职责时，尚有一定的分工：父亲主要负责女儿识字、读经一类的知识教育，而母亲则主要负责女红一类的技艺教育以及礼仪方面的教育。

除了父母承担女儿教育之职外，专职的教师在妇女教育中开始扮演更为重要的角色。在明代女子教育中，教师通常由两种人组成：一是男性教师，二是女性教师。

先说男性教师。这方面的例子俯拾即是。如汤显祖所著《牡丹亭》剧中，官宦小姐杜丽娘的老师就是一位老儒，名叫陈最良。周清原所著小说《西湖二集》记千金小姐黄杏春，在 10 岁时，其父母就替她请了一位姓晏的老儒，教她读书。读到 13 岁，杏春已是诗词

1　陈继儒：《群碎录》，载《陈眉公杂著十五种》，清光绪间铅字排印本。

2　庞尚鹏：《庞氏家训》，载《岭南遗书》，清道光至同治间南海伍氏刻本。按："男忌双，女忌只"，这种民间习俗在清末时已并不被完全遵守。如近人萧公权在追述自己童年启蒙教育时，就说自己是在 6 岁与他的大姐（9 岁）、二姐（7 岁）一同受一老秀才启蒙。参见萧公权：《问学谏往录·引言》，台北传记文学出版社 1972 年版，第 15 页。

3　王国平、唐力行主编：《明清以来苏州社会史碑刻集》，苏州大学出版社 1998 年版，第 8 页。

歌赋落笔而成，不减曹大家、谢道韫之才。[1]小说《醒世恒言》记高赞生有男女二人，女儿名高秋芳。高赞专门请了一个积年老教师在家开馆，教高秋芳读书。秋芳资性聪明，从 7 岁读书，一直到 12 岁，已是书史皆通，写作俱妙。等到了 13 岁，她就不再进学堂，只是在闺房中习学女工，描鸾刺凤。[2]此外，明代的一些秀才通常也开办"女学"，以供女子学习。小说《金瓶梅》称潘金莲从小至余秀才家上女学，"上了三年，字仿也曾写过，甚么诗词歌赋唱本上字不认的"。[3]这就是一个例证。

再来看女性教师。女性教师分为下面三类：

一是家族中的女子，有些因为受过教育，并有"古师氏之风"，同样承担着家族内年幼女子的教育职责。如詹侥之妻叶氏，出生在官宦之家。在她幼年之时，家族内有一妇人江氏，贞淑婉娈，并接受过良好的教育，于是叶氏就跟随这位江氏学习，学过《孝经》《列女传》。当时一同上学的还有叶氏的两位兄弟叶茂之与叶献之。随后，她的两位兄弟又随吕巾石先生学习，回家以后，叶氏又向两位兄弟问学，"家庭师友间，津津然若有味乎其言也"。[4]

二是"保姆"，尽管其本身的职责是看护女性孩童，但有时也充当教师的职责。

三是专门的"女塾师"，教导一些大家闺秀。如小青，为杭州某生之姬。她的母亲本来是一个女塾师，就跟着母亲学习，"所游多

1　周清原：《西湖二集》第一一卷，人民文学出版社 1989 年版，第 198 页。

2　冯梦龙：《醒世恒言》第七卷，岳麓书社 2002 年版，第 73 页。

3　兰陵笑笑生：《金瓶梅词话》第七八回，人民文学出版社 2002 年版，第 1205 页。

4　焦竑：《澹园续集》卷一二《令人詹室叶氏墓表》，中华书局 1999 年版，第 991 页。

名闺，遂得精涉诸技，妙解声律"。[1] 这种女塾师，在明代或称"女傅"。如海阳吴氏之女，出生在一个素封之家。年稍长，就聪慧过人。于是，她的父亲就替她"延女傅，授以《孝经》《论语》诸书，操管为楷隶，妙得平原笔意"。[2] 又称"姆教"，如《故姚克承妻硕人潘氏墓志铭》记潘氏，"硕人性淳笃，克承姆教，最为父母所爱"；《故管士能妻孙氏墓志铭》记孙妙祥，"幼从姆教，习女事不烦督而能成，父母钟爱之"。又称"姆师"，如《陈景祯妻徐氏墓志铭》记徐妙正，其父徐仁卿"则姆师以教，举始即知其余"；《虞孺人王氏墓志铭》记王秀贞，"于绩纴剪制，姆师示以蹊径，即犁然晓于心，故慈闱特以钟爱"。又称"女师"，如《故陈母王氏安人圹铭》记王文琛，"生平尚俭素，不事华饰，盖幼从女师，闻大家遗训"。[3] 又据邹枢记载，有一顾氏家，专门聘请了"女师"。这位女师姓沈，是嘉兴秀水人，工诗词。除了尽心教育主家的小姐之外，还教丫鬟。[4] 又陈二妹，字瑞贞，广东番禺陈仲裕之女。7 岁时，其父亲就替她聘请了"女师"，读《孝经》《内则》《列女传》《女诫》等书。[5]

在明代的士大夫家，通常还养有家乐班子及很多女优，这些女戏子平常所习则为戏曲。为了使她们的演出技艺得以精熟，于是也聘请一些女教师，教女戏子戏曲方面的专门知识。如明末钱岱削籍居家之后，家中的家乐班子就聘请了两名女教师：一为绅娘娘，苏州

1　佚名：《小青传》，收入张潮辑：《虞初新志》卷一，载《笔记小说大观》，江苏广陵古籍刻印社 1983 年版，第 14 册，第 224 页。
2　焦竑：《澹园续集》卷一四《孝节程室吴硕人墓志铭》，第 1068 页。
3　王国平、唐力行主编：《明清以来苏州社会史碑刻集》，第 29、23、9、40 页。
4　邹枢：《十美词纪·如意》，载《中国香艳全书》一集卷一，第 1 册，第 24 页。
5　屈大均：《女官传》，载《中国香艳全书》八集卷二，第 2 册，第 911 页。

人。少时曾为内阁大学士申时行家的女优，善于度曲。至年六十余，忽然探喉而出，音节嘹亮，衣冠登场，不减优孟。一为薛太太，苏州人。本为旧家淑媛，善于丝竹，兼工刺绣。年五十余，宅中称为"太太"。[1]

由上不难发现，一些家族内聘请女教师，其目的就是为了使自己的女儿从小得到良好的教育，具有一种大家闺秀的风范。为了达到这种目的，那么这些女子从小就必须接受下面两个方面内容的教育：一是儒家道德与文学知识的学习，必须熟读《孝经》《小学》《列女传》一类的书籍；二是专门女红技能的学习，亦即所谓的"女事"，主要是"绩纴剪制"，即衣服的剪裁、缝纫、绣花等。如小说《喻世明言》记一位平氏，从小学得一手好针线，"思量到个大户人家，教习女红度日"。[2]可见，就是去做姆师，专门教女子女红。

礼仪教育

《女诫》《内训》《女训》等书，不仅流行于宫中，而且颁发天下，成为天下妇女的必读书，乃至行为准则。上行下效，一些士大夫秉承君主的旨意，将有关妇女礼教的内容列为四礼之一，借此作为规范家庭伦理生活的基本准则。如吕坤就作有《四礼翼》一书，[3]在关于妇女礼仪准则方面，就包括"女子礼"与"妇人礼"两个方面的内容。其中女子礼从口腹、从命、节俭、职业、卑逊、言语、衣服、

---

1 《笔梦序》，载《中国香艳全书》二集卷一，第 1 册，第 133 页。

2 冯梦龙：《喻世明言》第一卷，岳麓书社 2002 年版，第 18 页。

3 据郑涵的研究，吕坤《四礼翼》一书，成于万历元年（1573）。参见《吕坤年谱》，第 11 页。

佩饰、雅素、书史、女容、勤励、性情等方面规范未婚女子的行为与生活；妇人礼则从拜跪、居室、无遂、内潜等方面规范妇女的行为与生活。

通观这些女教书可以发现，明代大家闺秀所受的教育，除了基本的识字以外，其最重要的内容包括"女德"与"女红"两个方面。

女子礼

所谓的女子礼仪教育，就是教导一个少女如何成为一个他人之妇。换言之，就是一种"妇道"的预习。明代女子礼仪教育包括下面这些内容：

一是"口腹"。按照当时的观点，尽管女子将来必须承担起"主中馈"的职责，但又最戒崇尚口腹之欲，成为一个"饮食之人"。所以，在明代女教书中，首先就教导女子在家时，日常饮食以"淡素"为主，即使家庭经济状况甚好，肉食有余，也必须"无令餍足"。

二是"从命"。女子的德行，应该以婉娩温柔为主。鉴于此，当时对女子的教育，就倡导事无大小，女子必须禀命而行，不宜刚强执拗，一切"惟父母之言是听"。这是在家"从父"的体现。

三是"节俭"。女德应该尚俭。一般说来，在传统的家庭中，是由丈夫经营家计。女子并无生财之能，也不必承担起生财的职责，所以她们就必须具有一种"俭德"。所谓"俭德"，就是"能知撙节，少使俭用，贪惜薪水，念及米盐，不暴殄天物"。

四是"职业"。传统的观点认为，即使是帝王生女，也是"尚弄之瓦"。所以，对女子来说，纺织女功，就是第一要务。

五是"卑逊"。在晚明，在女子礼仪上，已经形成一种"鄙俗"，导致尊卑无伦，长幼失序。主要表现在下面两点：首先是"母女并坐"，或者是让女子于左首，称为"客"；其次，女子出嫁之后，与弟媳同席，弟媳叩头告坐，公然受之。为此，女教书就倡导妇女在行为上崇尚"卑逊"。

六是"言语"。女子说话，必须安详沉重，不可烦琐，不可粗暴，不可高大，不可花巧，不可张皇，不可伪妄。作为一个嫁入夫家的新妇，同样完全可以从声音高低、语言多寡中区分出贤与不贤。陆圻在《新妇谱》中就说："声低即是贤，高即不贤。言寡即是贤，多即不贤。"按照陆圻的观点，新妇训责自己身边的婢仆，若是话多，嗓门又大，即使所说是"道理话"，也会令人生厌。[1]

七是"衣服"。女子在家，只穿布衣，即使穿得稍微鲜明一点，也不过是绸、缣而已，不可穿用纱、罗、缎、绢。

八是"佩饰"。在一些富贵之家，女子当然可以用一些金、珠，但绝不可"满头遍体"都是金、珠。

九是"雅素"。当时的女教书倡导女子崇尚一种"雅素"之风，并以奢华之尚为耻。唯其如此，将来才可以成为一个"贤妇"。

十是"书史"。尽管传统的观念认为女子不宜弄文墨，但自古以来的贤女何尝不读书。所以，明代的女教书就主张女子也应该读书，但所读之书，应该是《孝经》《论语》《女诫》《女训》之类。妇女所学书史，除了本朝所谓的那些"女教书"之外，先前的著作亦复不少。举例而言，如江夏女子欧阳金贞，从小就从父亲接受了《孝经》《列女传》等教育；上海女子汤慧信，亦通晓《孝经》《列女传》。[2]

十一是"女容"。古有"窈窕淑女"之说。朱熹将其解释为"幽

---

1 陆圻：《新妇谱·声音》，载《中国香艳全书》三集卷三，第 1 册，第 291 页。
2 《明史》卷三〇一《列女一》，第 7695、7702 页。

闲贞静最好"。鉴于此，明代对女子的教育中，就倡导女子家最好精神不露，意态深沉，将此看成是女子的"第一美德"，切戒轻浅浮薄、逞聪明、学轻佻之类。陆圻在《新妇谱》中，专列"颜色"一篇，其中就要求新妇在事亲之时，必须做到"愉色婉容"。作为一个新妇，在事奉、对待公姑、丈夫乃至亲戚、群仆之时，其脸色应该稍有差别：事奉婆婆、丈夫，和而敬；事奉公公，肃而敬；对待男客亲戚，庄而敬；对待群仆，则纯粹是庄严。[1]

十二是"勤励"。明代的女子教育，倡导一种"勤励"，切戒懒惰，认为懒惰最容易养成一种习惯。按照传统的观念，勤俭为治家之本，作为一个读书人的妻子，更应该讲究勤俭。作为一个新妇，若是贪懒好闲，多费妄用，养成一种习气，以后就很难改变。所以，一个好的贤妇，即使是家中富厚，也要"守分"。甘心淡泊，喜欢布素，见到世间珍宝锦缯，以及一切新奇美好之物，若不干我事，才称得上是"有识见妇人"。[2]

十三是"性情"。女子性情应该慈悲宽大，这样就可以"积阴德、福子孙"。[3]

妇人礼

妇人在为女子之时，就必须接受很好的礼仪教育。一旦为人之妇，同样应该遵守一种"妇人礼"。妇人之礼主要包括下面内容：

一是"拜跪"。在明代的民间习俗中，流行一种"夫妇交拜"之

1　陆圻：《新妇谱·颜色》，载《中国香艳全书》三集卷三，第 1 册，第 291 页。

2　陈确：《新妇谱补·勤俭》，载《中国香艳全书》三集卷三，第 1 册，第 303 页。

3　上面所引十三条，除注明出处者外，余均可参见吕坤：《四礼翼·昏前礼·女子礼》，《四库全书存目丛书》本。

礼，这显然是一种"敌体之义"。鉴于此，明代的女教书就主张，在节序生辰之时，丈夫接受妻子再拜之礼。若妻子有了过失，就必须"长跪而逊谢"。这主要是为了体现一种"抑阴"之道。

二是"居室"。明代妇人礼要求妇女，在室中时，夫妇不并坐；在白天时，夫妇之间不应有"亵言"。

三是"无遂"。妇女尽管有主持内政之责，但一切都必须向婆婆禀明。婆婆死后，则必须向丈夫禀明。若是不告而明行，这被视为"专擅"；若是私自行事，这被视为"欺罔"。两者都必须被禁止。陆圻所作《新妇谱》，同样要求在款待宾客之时，无论是留客还是不留客，均由公公、丈夫作主，新妇的职责只是"随顺做去，不须措意"。若是公公、丈夫要留客人在家吃饭，至于宴席的丰俭，新妇必须"请命于姑"，不得擅自做主。[1]

四是"内谮"。妇女一旦出嫁他人，在家庭中免不了会产生一些矛盾，甚至出现"妇人视夫之兄弟如路人，视姊娣如寇仇"的情况。明代妇人礼规定，作为一个妇人，决不可在背面向丈夫告状，说一些兄弟的是非或者毁谤姊娣。尤其是"造言妄语"，被认为是妇女的"第一大恶"。[2] 陈确所著《新妇谱补》也刻意强调，婢女传言，通常失真，要求新妇切不可听婢女的传言。至于婢仆相诉，新妇亦不可偏听，应该从实禀明公姑、丈夫处理。即使是姊妹、姑嫂、娣姒之间，一起相聚闲论，传说流言，如言及人不好，或涉及闺门隐事，均不可"助顺一语"，只可默听而已。[3]

---

1 陆圻：《新妇谱·款待宾客》，载《中国香艳全书》三集卷三，第 1 册，第 291 页。

2 上面所引四条，除了注明出处者外，其余均可参见吕坤：《四礼翼·昏后翼·妇人礼》。

3 陈确：《新妇谱补·听言》，载《中国香艳全书》三集卷三，第 1 册，第 301 页。

除此之外，在丈夫家中，当然同样面临一种亲戚之间的礼尚往来，其中的"答礼"或"行礼"，无论是婆家亲戚，还是自己娘家亲戚，或否或该，应厚应薄，新妇都必须禀命于婆婆，不可自作主张。新妇刚进夫家之门，尚是婆婆当家，所以在处理婆家亲戚与母家亲戚时，新妇必须小心谨慎。一般最为迎奉婆婆的处理原则，当为"待姑家亲戚，须常存好看之心。母家亲戚，其礼文可省处，一切省之"。这种处事方法的背后，仍然蕴涵着下面一层意思："与其获罪于姑，宁负歉于亲戚。"另外，凡是内外亲戚给新妇的馈赠之礼，究竟是应该接受还是退还，也必须"禀命于姑"。若是婆婆允许接受，则"受而献之于姑"；若婆婆说"汝可收去"，那么就说"婆婆收用"，仍将所受礼品藏于婆婆的厨柜中。[1]

妇　德

按照那些文人士大夫的看法，一个真正的美人的标准，则应该在容、韵、趣三个方面各有特色。就容而言，则有螓首、杏唇、犀齿、酥乳、远山眉、秋波、芙蓉脸、云鬟、玉笋、黄指、杨柳腰、步步莲、不肥不瘦，长短适宜。就韵而言，则应具备帘内影、苍苔履迹、倚栏待月、斜抱云和、歌余舞倦时、嫣然巧笑、临去秋波一转等韵味。就趣而言，则应具醉倚郎肩、兰汤昼沐、枕边娇笑、眼色偷传、拈弹打莺、微含醋意等趣。[2]但按照传统儒家的观点，妇女理应是德行最为重要，至于其他的容貌、才艺之类均属次要。

1　陆圻：《新妇谱·答礼行礼》《新妇谱·亲戚馈遗》，载《中国香艳全书》三集卷三，第1册，第292页。

2　徐震：《美人谱》，载《中国香艳全书》一集卷一，第1册，第6页。

明代有一句谚语云："生男如狼，犹恐其羊；生女如鼠，犹恐其虎。"这句谚语的意思是说"男贵刚而女德则在善柔耳"。[1]所以，传统中国的女子教育，大多以"女德"教育为先导，无论是宫中女子，还是民间的大家闺秀，概莫例外。

以宫中皇后所作的女教书为例，其中对妇女德性、修身的规范，往往放在最为重要的地位。永乐朝时，仁孝皇后徐氏所作《内训》，其中论妇女德性云："贞静幽闲，端庄诚一，女子之德性也。孝敬仁明，慈和柔顺，德性备矣。"又论妇女修身云："故妇女居必以正，所以防嫌也。行必无陂，所以成德也。"[2]而章圣皇太后蒋氏在《女训》一书中，其论闺训，也以德、性为先。其中云："盖女人之训，德在安静，性在柔顺，不生事以致祸，不娇态以取媚。"[3]

在民间士大夫或妇女所作的女教书中，同样以女德为先。如吕得胜在其所著女童教科书《女小儿语》中，用"好处"与"歪处"两词确立妇女在道德与行为方面正反两种典型。所谓的正面典型，即"妇人好处"，就是"温柔方正，勤俭孝慈，老成庄重"；至于反面典型，即"妇人歪处"，就是"轻浅风流，性凶心很（狠），又懒又丢"。[4]贺钦在家庭中对妇女所实施的教育，共计12条，其中就将"安详恭谨"这一女德放在首条。[5]而在明末儒者王相之母刘氏所作的《女范捷录》中，在其中的10篇内容中，也是将"后德""母仪""孝行""贞烈"

1　李开先：《闲居集》卷七《亡妹卢氏妇墓志铭》，载《李开先全集》，文化艺术出版社2004年版，上册，第582页。
2　分见《大明仁孝皇后内训》之《德性》《修身》两篇。
3　《女训第一》。
4　陈宏谋辑：《教女遗规》卷中《吕近溪女小儿语》，载《五种遗规》，清道光三十年重刊本。
5　贺钦：《医闾集》卷一《言行录》，载张寿镛辑：《四明丛书》，广陵书社2006年版，第12册，第7233页。

这四篇有关女德的内容置诸首位。

在妇德中，尤以勤俭为主。古人有言："民生在勤，勤则不匮。"明末清初学者张履祥认为，贫家之女，自然能做到俭朴，所忧者是不能勤快。勤不仅仅是家庭不匮而已，勤则不骄，勤则不淫，勤则不多言，勤则不生机智而干其他事情。[1]男子妇女，都应该遵循"勤"这一行为准则，尤以妇女为甚。所以，很多家庭教育自己女儿勤快，就是为了使自己的女儿嫁人之后，不会成为一个懒妇，以免损害自己的家声。

正因为传统社会对妇女的要求，大多集中于"妇德"，而妇德又以顺为正，所以妇德之女，大多其事湮没。对此，明末清初人施闰章之说正好提供了一种解释，他说：

> 妇之德，以顺为正，无所表见，故其事多不闻。刘向博采简册，为《列女传》，而后代以妇女闻者浸众，大抵贞女烈妇及闺秀名媛，或以节行，或以文词，或助其夫、成其子，以功名声誉；而能忘乎贫贱之见与闻乎道德之说者，则千乎罕闻也。此又妇德之所以难也。[2]

细玩其旨，施闰章认为，妇女所具节行、文词、助夫、成子，无不都是功名声誉显著，唯有"以顺为正"的妇德往往被人忽略。

施闰章所谓的妇德，仅限于"顺"。其实，妇德所包括的远不止这些。如钱谦益称颂其母，妇德有七，分别为：顺、庄、贞、勤、俭、仁、慈。而无锡人秦坰更是称其母钱氏之德有十，分别为：恭、

1　张履祥：《杨园先生全集》卷六《与陆孝垂一一》，中华书局 2002 年版，第 156 页。
2　施闰章：《施愚山集·文集》卷一〇《王母唐孺人八十序》，黄山书社 1992 年版，第 192 页。

敬、诚、孝、慈、仁、正、勤、俭、介。为示说明，详细列举如下：

> 述太宜人之孝而诚也，既馈而公姑交贺，华孺人殁，事其舅兰汤公，尽解衣装，以供腆洗。归于秦十三年，事其父真定公与周恭人，晨夕在左右也。周恭人病，刲股肉以疗之，里中称孝女焉……述太宜人之敬也，生二十年而归奉直公，归三十八年而奉直公殁。奉直公读书负大节，流连文酒，不事家人生产。太宜人朝斋暮盐，黾勉伙助。数蹿省门，不见收，从容慰藉，闺阁中宛如宾友。奉直公殁，训其二子，言称先君，十八年一日也……述其仁则宗妇之茕嫠者比屋而炊，臧获之贫窭者分羹而食。述其贞则言不出闺闼，足不出厅屏，目不观优舞，身不近巫尼。述其勤俭则少而操作，老而执勤，寝门之内，机杼轧轧然，刀尺琅琅然也。不耀珠翠，不施芳泽，陈衣之夕，醯酱犹在阁，裙布犹在桁也。[1]

所谓的"妇德"，尚可引下面两个例子加以说明。浦江郑氏，在明初时被明太祖朱元璋称为"江南第一家"。在《浦江郑氏义门规范》中，曾经规定家族内成员每天早晨必须聚集在厅堂中，令未冠子弟朗诵男女训诫之辞。其中的《女训》，内容就牵涉到妇女的道德教育，云："家之和与不和，皆系妇人之贤否。何谓贤？事舅姑以孝顺，奉丈夫以恭敬，待姊姒以温和，接子孙以慈爱。如此之类是已。何谓不贤？淫狎妒忌，恃强凌弱，摇鼓施肥，纵意徇私。如此之类

1　钱谦益：《初学集》卷五八《秦母钱太夫人墓志铭》，载《钱牧斋全集》，上海古籍出版社2003年版，第1421页。

是已。天道甚近，福善祸淫，为妇人者不可不畏。"[1] 可见，所谓的"妇德"，就是孝顺、恭敬、温和、慈爱之类。明代文人汪道昆亦记孙节妇范氏，"进问燠寒，非执妇事不及堂。退入于房，治麻枲、具衣裳，非释妇功不及阈。居常非门内亲不见，非梱内事不言。"[2] 这也是一种妇德。

女红、妇功

在传统中国，一般都将女子的"德性"放在妇女教育的首位，并将其当作妇女立身的根本。但从一个闺房女子，变成一个"相夫教子"的"人妇"，女红之学也是必须学习的内容。如小说《金瓶梅》记潘金莲的母亲从小就教她"做针指"，[3] 就是一种女红教育，而且由母亲承担起教育的职责。女子在家中学会女红，一旦嫁人，到了夫家，必须承担起劳动的职责，于是女红也就转而变为"妇功"。

按照明代的惯例，闺中女子的女红，一般是作为妆奁之用，亦即出嫁时作为自己的嫁妆。在这些女红中，多为绣鞋、绣枕等绣品。然在不得已之时，也对外出售，以补贴家用。如明代著名文人李开先记其妹所绣的绣鞋相当精致。一天，一位女商人在她的枕顶偶然见到了绣鞋，女商人问是否出售，李开先之妹答道："吾所手制，将鬻之以救燃眉之急。"[4] 于是女商人就将其收购过来，向外公开出售。

所谓"女红"，事实上包括两个方面的内容：一是妇女所必须具

---

1 转见费成康主编：《中国的家法族规》附录，上海社会科学院出版社 1998 年版，第 254 页。

2 汪道昆：《太函集》卷三二《孙节妇范氏传》，黄山书社 2004 年版，第 692 页。

3 兰陵笑笑生：《金瓶梅词话》第七八回，第 1205 页。

4 李开先：《闲居集》卷七《亡妹卢氏妇墓志铭》，载《李开先全集》，上册，第 582 页。

备的"女事",如纺织、缝纫、刺绣等技艺；二是"主中馈"，用通俗的话来说就是要下得了厨房。

按照明代制度，宫女也要学习女红之活。如永乐二十一年（1423），明成祖下令选天下无子而且守节的寡妇，由地方有司送入内廷，专门教宫女刺绣、缝纫，由朝廷供给她们廪膳。在一些藩王就国之时，也必须带上一些这样的寡妇，由她们来教导宫女女红。这些在王府中的寡妇，有专门的住处，称为"养赡所"。[1] 明代宫中所设女官制度，其中的尚服局，即负责教嫔妇"化治丝枲"。[2]

在明代的女教书中，对女红之事也相当重视。如前面提到的贺钦在自己家庭妇女教育的内容中，就要求妇女"务纺织以勤"。又如赵南星在《女儿经注》一书中，开篇就先说"四德"的内涵，将"女红"当作四德之一。如他认为，"功是女子的功夫，纺绩缝抽、做茶打饭，务要用心，干净齐整"。而他所列女子修身的要目中，也有"精五饭"一目，说明也将妇女"主中馈"立为妇女修身的科目之一。[3] 明人周朝俊所作传奇《红梅记》中，当卢夫人听到自己女儿卢昭容"新来爱观书史，丢却女工"时，就开导自己的女儿道："我想黄卷工夫，秀才本等，绣窗针指，儿女行头，还要习些女工才是。"可见，传统的女子教育，并不重才，而是重女红工夫。正如剧中最后四句诗所云："女子弄文诚可罪，那堪咏月与吟风。磨穿铁砚非吾事，绣折金针却有功。"[4]

1　邓士龙辑:《国朝典故》卷三一《野记》一，北京大学出版社 1993 年版，第 508—509 页。

2　屈大均:《女官传》，载《中国香艳全书》八集卷二，第 2 册，第 922 页。

3　详细的内容探讨，可参见王光宜:《明代女教书的体例与内容简介》，载台湾《明代研究通讯》第 2 期（1999 年 7 月），第 77 页。

4　周朝俊:《红梅记》第三出，上海古籍出版社 1985 年版，第 10—11 页。

陆圻在《新妇谱》中，要求新妇在款待宾客时，先是亲理茶盏，拭碗拭盘，撮茶叶，点茶果；若是要留客酒饭时，也是亲自动手，"至精洁敏妙，则须从心里做出"。若是饭菜不洁，那么就使客人怀疑主人"不能烹"；若是不快，则会使客人感到饥饿，而导致主人脸有愧色。此外，一年之中，如除夕、上元、端阳、七夕、中秋、公姑寿日这些大节，尽管公家自有喜宴，但新妇房中，也必须亲自准备精洁丰满饮馔数簋，送到公姑之处，以表孝心。[1]

在江南地区，养蚕是百姓的衣食之本，其职责大体上由妇女承担。所以，在女红教育中，尤其注重养蚕一类的职业教育。如张履祥之女，在嫁到陆家之后，养蚕两载，却是茧丝不成，究其原因，就是并未全部掌握育饲之道。无奈之下，张履祥就让自己的女儿回到娘家，由母亲再对其进行教习，以使其能熟谙养蚕之技。[2]

明初浙江金华府浦江县郑氏家族，在所订《浦江郑氏义门规范》中，对妇女在家的女红之活作了下面四条规定：其一，"诸妇工作，当聚集一处。机杼纺绩，各尽所长。非但别其勤惰，且革其私"。其二，"每岁畜蚕，主母分给蚕种与诸妇，使之在房畜饲。待成熟时，却就蚕屋上箔。须令子弟直宿，以防风烛。所得之茧，当聚一处抽缫。更预先抄写各房所畜多寡之数，照什一之法赏之"。其三，"诸妇每岁所治丝棉之类，羞服长同主母称量，付诸妇共成段匹。羞服长复著其铢两于簿，主母则催督而成之。诸妇能自织造者，羞服长先用什一之法赏之，然后给散于众"。其四，"诸妇每岁公堂于九月

---

1 陆圻：《新妇谱·款待宾客》《新妇谱·岁时甘旨》，载《中国香艳全书》三集卷三，第1册，第291、293页。

2 张履祥：《杨园先生全集》卷六《与陆孝垂一一》，第156页。

俵散木棉，使成布匹。限以次年八月交收，通卖货物，以给一岁衣资之用。公堂不许侵使。或有故意制造不佳，及不登数者，则准给本房。甚者住其衣资不给（病者不拘）。有能依期而登数者，照什一之法赏之。其事并系羞服长主之"。[1]

从上可知，在礼教的束缚下，明代妇女大多是足不出户，生活极其单调乏味。为保持仪态的雍容，她们必须做到：说话须安详沉重，不可烦琐、粗暴，甚至高大、花巧；性情，必须慈悲宽大；至于女容，更须精神不露，意态深沉，不可轻薄，学成聪明、轻佻的样子。为了操持家务，她们一生基本不外乎主厨、纺织及教子三个方面的活动。而对待自己，则必须勤俭持家，即所谓的"女德尚俭"，衣服、佩饰、饮食等，崇尚雅素之风，反对奢华之尚。

婚育教育

所谓"婚育教育"，大多是在结婚以前，家庭内对女子所进行的教育。其内容很多，主要包括婚龄教育以及婚姻家庭的选择；嫁人为妇之后，如何处理与婆婆、丈夫的关系以及一些生育方面的基本知识。

婚 龄

关于婚龄，明末清初学者张履祥有下面的规定：

古者男子三十而娶，女子二十而嫁，其婚姻之订，多在临

---

1 转引自费成康主编：《中国的家法族规》附录，第267页。

时。近世嫁娶已早，不能不通变从时。男女订婚，大约十岁上下，便须留意，不得过迟，过迟则难选择。选择当始自旧亲，以及通家故旧，与里中名德古旧之门，切不可有所贪慕，攀附非偶。[1]

这就是说，根据当时"嫁娶已早"的习俗，女子订婚，应该早在她10岁上下就开始留意。

至于婚姻家庭，也讲究选择。张履祥云：

无家教之族，切不可与为婚姻，娶妇固不可，嫁女亦不可。此虽吾惩往失痛心之言，然正理古今不异。记礼者云，为子孙娶妻嫁女，必择孝悌，世世有行仁义者。如是，则子孙慈孝，不敢淫暴，党无不善，三族辅之。故曰："凤凰生而有仁义之意，狼虎生而有暴戾之心。"两者不等，各以其母。[2]

这就是说，女儿出嫁，必须选择有家教之族，或者说"世世有行仁义"的家庭。

媳妇与公婆关系

按照传统的观念，女子一旦出嫁，进入丈夫的家庭而成为"新妇"的角色，那么在她们的头上就有了三个"天"，一是公公，二是婆婆，三是丈夫。[3]

1　张履祥：《杨园先生全集》卷四八《训子语下·正伦理》，第 1367 页。
2　张履祥：《杨园先生全集》卷四八《训子语下·正伦理》，第 1368 页。
3　陆圻《新妇谱·得欢心》云："新妇之倚以为天者，公、姑、丈夫三人而已。"载《中国香艳全书》三集卷三，第 1 册，第 290 页。

明代的妇女，在为人妻之前，通常会经历一种"宫教"，所读之书为《孝经》《小学》《内则》。[1]妇女孝道理应落实于孝顺舅姑上。如《内则》有言："妇事舅姑，如事父母。"究其原因，就是唯恐作为一个媳妇在孝顺公婆方面会不如自己的父母。于是，妇人以夫家为内，父母之家为外，所以儒家的妇女教育一般略去孝顺父母不言，而专门将孝顺舅姑列为妇德之一。在明代的民间，每当女子将嫁之时，一般父母都祝而送之。而其中的祝词，大多就是教导女子到了丈夫家应该孝顺公婆。原因很简单，若是媳妇孝顺公婆，能得到公婆的夸奖，其实就是给父母带来"令名"；反之，若是不得公婆的喜欢，就是给父母带来羞辱。可见，媳妇孝顺舅姑，其实就是孝顺父母。[2]

明末清初学者张履祥对此有进一步的解释，他说：

> 古人有言："妇者，家之所由废兴也。"今人订婚既早，妇之性行未可豫知。世教久衰，闺门气习复难深察。娶妇贤孝，固为幸事。若其失教，在为夫者，谆复教导之；为舅姑者，详言正色以训诫之；姒娣先至者，亦宜款曲开谕，使其知所趋向，久而服习，与之俱化矣。不可遽尔弃疾，坐成其失也。教妇初来，今日新妇，他日母姑，如何可忽诸？[3]

可见，今日新妇，他日就会成为"母姑"，所以必须接受如何处理好与公婆关系的教育。所有这些教育，除了新妇在自己家中获得之外，到了丈夫家，就应该由丈夫、舅姑、姒娣承担。

---

1 汪道昆：《太函集》卷四二《诰封宜人程母许氏行状》，第 898 页。

2 这方面的探讨，可参见吴伟业《吴梅村全集》卷三二《文集》一〇《李贞女传序》，上海古籍出版社 1999 年版，第 724 页。

3 张履祥：《杨园先生全集》卷四八《训子语下·正伦理》，第 1367 页。

有一个动向值得引起我们的注意，即在晚明民间习俗中，凡是闺女出嫁，家中父母无不教导自己的女儿到了婆家以后，必须"做得起"。所谓"做得起"，大体就是"要使公姑奉承，丈夫畏惧，家人不敢违忤"。这显然与传统的妇女教育准则相左。果若如此，确实会使新妇流于一个"极无礼之妇人"，在内外亲戚看来，成为一个"怪物"。鉴于此，陆圻在《新妇谱》中，就民间所谓的"做得起"一说，作了重新的阐释，使其回归女子应有的角色地位。按照陆圻之法，若要"做得起"，先须"做不起"，即"事公姑不敢伸眉，待丈夫不敢使气，遇下人不妄呵骂，一味小心谨慎"。唯有如此，才可能"公姑、丈夫皆喜，有言必听。婢仆皆爱而敬之，凡有使令莫不悦从，而宗族乡党，动皆称举以为法"。[1]这显然以"做不起"的行为，赢得"做得起"的声望。

　　新妇到了夫家，正确处理好与公姑、丈夫的关系，对待他们必须"曲得其欢心，不可纤毫触恼"，这种"善事公姑、丈夫"之法，不仅仅是为了赢得"贤妇"或"孝妇"的好名声，更重要的还是为了确立自己在新家庭中的地位。反之，若是公姑不喜，丈夫不悦，那么必会造成"乡党谓之不贤"，遭到奴婢的欺凌，最后导致更为恶劣的结局，即"从此说话没人听矣，凡事行不去矣"。新妇每天在公姑未起床前，先必须早起梳洗，要快捷，不可迟钝。等到公姑起床，就要前去问安。一日三餐必须亲自整理，不可高坐，让下面众婢为之。新妇偶然犯有过失，招致公姑或丈夫谴责，理当欣然接受，说"我不是，我就改"一类的话，免于得罪公姑、丈夫。新妇对待公姑，必须孝顺。新妇孝顺公公，关键在于"体心"，如"翁好客，则

1　陆圻：《新妇谱·做得起》，载《中国香艳全书》三集卷三，第1册，第290页。

治酒茗必虔。翁望子成龙，则劝勉丈夫成学为急"。至于孝顺婆婆，则与孝顺自己的母亲有别："母可径情，姑须曲体。"凡是事奉婆婆，必须行在婆婆未言之处，体贴奉行。若是婆婆一出口，作为新妇就已有三分不是。[1]

夫妇关系

明末清初学者张履祥对夫妇关系，曾作了下面详细的阐述：

> 妇之于夫，终身攸托，甘苦同之，安危与共，故曰："得意一人，失意一人。"舍父母兄弟而托终身于我，斯情亦可念也。事父母，奉祭祀，继后世，更其大者矣。有过失宜含容，不宜迁怒；有不知宜教导，不宜薄待。《诗》曰"如宾"、"如友"。宾则有相敬之道，友则有滋益之义，狎侮可乎？惟夫骄恣妒悍，不顺义理，欲专家政，祸败门风者，为不可容恕尔。[2]

由此可见，夫妇之间，理应"终身攸托，甘苦同之，安危与共"，应该达到《诗经》所云"如宾""如友"一般的和谐关系。如宾，则能互相敬重；如友，则能互相"滋益"。

明末清初学者陈确同样倡导一种"夫妻相礼"的关系。他说："每晨必相礼。夫自远出归，由隔宿以上，皆双礼，皆妇先之。"[3]陈确《新妇谱补》认为，新妇不但自己要尽孝道，尤当劝其夫尽孝。而丈夫在家庭中不"孝友"，究其原因，还是大多起于姒娌不和，丈

1　陆圻：《新妇谱·得欢心》《早起》《有过》《孝翁》《孝姑》，载《中国香艳全书》三集卷三，第1册，第290、294—295页。

2　张履祥：《杨园先生全集》卷四八《训子语下·正伦理》，第1367—1368页。

3　陈确：《陈确集·别集》卷一〇《补新妇谱》，第521页。

夫各自听信妻子之言，才造成家庭不睦。换言之，本来兄弟一气，必无异心。通常就是因为娣姒之间，自私自利，最后导致兄弟失和。所以陈确强调，新妇到了夫家，首要的任务就是"和妯娌"，"务使娣姒之间，情同姊妹"。而陆圻在《新妇谱》中也认为，凡是善于辅佐丈夫的新妇，首先必须让自己的丈夫"孝友"。陆圻认为，作为新妇，入门之后，最要紧之处也是"善处妯娌"。而善处妯娌关系，最为关键者则为礼文逊让，言语谦谨；劳则代之，甘则分之；公婆见责，代为解劝；公婆蓄意，事先通知。如能这样，就可以做到"妯娌辑睦"。[1]

对于新妇来说，丈夫就是"天"，所以一生对丈夫必须遵守一个"敬"字，这就是民间所谓的"孝顺公婆"之后，紧接着就是"敬重丈夫"。新婚刚毕，新妇一见丈夫，就远远便须站起，若是晏然坐大，此为骄倨无礼之妇。夫妻通了言语之后，新妇就必须尊称丈夫，诸如"相公""官人"之类，不可直接称"尔"或"汝"。丈夫因为尚是少年，常具一种奇情豪气，喜欢登山临水，凭高赋诗，或典衣沽酒，剪烛论文，或纵谈聚友，甚至座挟妓女。新妇对此都必须"顺适"，不得"违拗"。当然，若是丈夫"不善卫生处"，作为新妇还是应该"婉规"，即婉言相劝，而不是"喋喋多口"。丈夫在馆不归，这是攻苦读书，新妇就不可经常寄信问候，以乱其心。或者自己身有小恙，亦不可让丈夫知道，只说"安好"。所有这些，均是为了勉励丈夫"成学"。丈夫说自己不是，作为新妇，必须虚心受教。以后见了丈夫，则说"我有失否，千万教我"。丈夫一时未达，

---

1 陆圻：《新妇谱·妯娌姑嫂》，陈确：《新妇谱补·劝夫孝》《妯娌》，均载《中国香艳全书》三集卷三，第1册，第296、302页。

或者小有不顺，做妻子者均宜好言相劝，"勿增慨叹以助郁抑，勿加诮让以致愤激"。而是应该"愉愉熙熙"，对丈夫说"吾夫自有好日，自有人谅"之类的话，才称得上是"贤妻"，使丈夫如对"良友"。丈夫游意娼楼，或者置买婢妾，只要他会读书，会做文章，都可以说是"才子举动，不足为累"。作为妻子，不但不能嫉妒，而且必须"能容婢妾，款待青楼"。丈夫未达，有不快意之处，做妻子的要加以劝慰，鼓励其上进。丈夫既达，有得意之处，做妻子的要加以诫勉，使其淡漠荣利之心。[1]

传宗接代

在妇女的婚育教育中，首先需要遇到而且颇为棘手的问题，就是一个新妇如何看待丈夫纳妾之事。换言之，新妇应该如何"待妾婢"。对此，明末清初学者陈确在《补新妇谱》一书中，有下面之论：

> 新妇成婚后，数年无子，或丈夫不耐，或公姑年老，急欲得孙，须及蚤劝丈夫取妾，或饰婢进之。即己既有子，而丈夫或更欲置妾，以广生育，无非为新妇代劳替力之人，当欢欣顺受；但须防其出入，谨饬闺门，稍有差池，责归主母，不可谓无预我事也。恩礼须厚，夫喜以喜，情同姊妹。妒在七出之条，稍形辞色，便不成人矣。[2]

这是教育为人妻者，主动替丈夫纳妾，不加妒忌。因为丈夫纳妾的

1　陆圻：《新妇谱·敬丈夫》，载《中国香艳全书》三集卷三，第 1 册，第 297—298 页。
2　陈确：《陈确集·别集》卷一〇《补新妇谱》，第 522 页。

目的，主要是为了"以广生育"。

妇女的育儿知识教育，吕得胜在《女小儿语》中已有涉及，足证妇女早在儿童时期，已经开始接受一些育儿知识。吕得胜记道："看养婴儿，切戒饱暖。些须过失，就要管束。"又云："水火翦刀，高下跌磕。生冷果肉，小儿毒药。"[1] 而陈确在《抱子》一篇中，更进一步阐明了新妇的育子之责，其中包括下面几点：其一，凡生养子女，固然不可不加爱惜，但亦不可过于爱惜。爱惜太过，则爱人之心正好成为害人之举。譬如，小儿初生下来时，"勿勤抱持，裹而置之，听其啼哭可也"。又小儿乳饮必须有节，"日不过三次，夜至鸡将鸣饮一次"。小儿所用之衣必须用"稀布"，"宁薄勿厚，乃所以安之也"。若是十分饱暖，反而会使孩子生病。其二，珠帽绣衣等物，切不可令小儿着身。这并非仅仅为了遵守"从朴之道"，而是因为"珠帽诲盗，绣衣裹溺"。其三，小儿生下之后，诸如"满月挐周"，无不都是"庆生张本"，不必举行。古人所谓"男子生三月髻（儿童剪发时留下的一部分头发），女生一月髻"，这就是通常的"父命之礼"，不必行"受贺飨客"之礼。[2]

在育子问题上，重订于明初的《浦江郑氏义门规范》也作了下面两条规定：一是"诸妇育子，不得接受邻族鸡子、鼍胃之类。旧管日周给之"。二是"诸妇育子，苟无大故，必亲乳之。不可置乳母，以饥人之子"。[3] 这可以作为陈确之说的补充。

除此之外，在明代的医书中，同样包含一些育儿知识方面的内

1　陈宏谋辑：《教女遗规》卷中《吕近溪女小儿语》，载《五种遗规》。

2　陈确：《陈确集·别集》卷一〇《补新妇谱》，第522页。

3　转引自费成康主编：《中国的家法族规》附录，第266页。

容，这显然也是妇女育儿教育的知识来源。如明人张时彻辑有《摄生众妙方》一书，其中即有"小儿五宜"一则，包括育儿过程中应该注意的相关问题。为示明晰，将其中五条详细引述如下：第一，小儿初生之时，需要用黄连、甘草煎成浓汤，以备急用。先用软绢或丝绵包指蘸药，抠出婴儿口中恶血。倘或不及，则用药汤灌下，待婴儿吐出恶沫，才给乳吃。这样做的目的，就是为了使婴儿出痘稀少。第二，婴儿初生三五月之时，应该将其绷缚，并静静卧下，切勿竖着头抱到外面，以免得惊痫之疾。第三，乳汁与其他食物不宜一时混吃，否则就会使婴儿生疳癖痞积。第四，宜用七八十岁老人的旧裙、旧裤改成小儿的衣衫，这样可以让小儿有寿。即使是富贵之家，切不可新制纻丝、绫罗、毡绒之类面料的衣衫给小儿穿。若是如此，不但会使小儿生病，而且会折福。第五，婴儿生下四五个月，只吃乳汁。六个月之后，才可以吃稀粥。在周岁以前，切不可吃荤腥及生冷之物。等到两三岁以后，小孩腑脏稍微壮实，才开始吃荤腥。[1] 此类民间辑方，虽成于医家或士人之手，而且其中所涉育儿知识多为经验之谈，尚多缺乏科学之处，在民间妇女中的影响力却不容忽视。

服饰教育

按照传统士大夫的标准，若欲成为一个美人，必须具备容、韵、技、事、居、候、饰、助、馔、趣十项内容。其中之"饰""助"两

---

1 张时彻：《摄生众妙方》卷一一《小儿五宜》，载张寿镛辑：《四明丛书》，第29册，第18535页。

项，显然与女子的服饰教育相关。按照清人徐震的看法，美人之饰，显然与珠衫、绡帔、八幅绣裙、凤头鞋、犀簪、辟寒钗、玉佩、鸳鸯带、明珰、翠翘、金凤凰、锦裆等相配。而美人的助妆之物，则有象梳、菱花、玉镜台、兔颖、锦笺、端砚、绿绮琴、玉箫、纨扇、《毛诗》《玉台》《香奁》诸集、韵书、俊婢、金炉、古瓶、玉合、异香、名花。[1]这当然是文人士大夫理想中的美人服饰。其实，在明代一般家庭妇女的服饰教育中，更多的还是强调"俭素"与"雅素"。

为示说明，可先引吕得胜《女小儿语》一书关于女子服饰教育之论为例，加以具体讨论。吕得胜在书中云：

> 一斗珍珠，不如升米；织金妆花，再难拆洗。刺凤描鸾，要他何用；使之眼花，坐成劳病。妇女装束，清修雅淡；只在贤德，不在打扮。不良之妇，穿金戴银；不如贤女，荆钗布裙。[2]

从中可知，妇女所重在其"贤德"，做一个"贤女"，"不在打扮"。即使是穿戴打扮，也只是追求一种"清修雅淡"，而不是"穿金戴银"。

俭　素

妇女有四件最为重要，分别是德、言、功、容。所谓的"容止"，显然牵涉到妇女的妆饰教育。据陆圻《新妇谱》，新妇到了夫家必须容止端庄。所谓的"容止端庄"，并不是说新妇打扮成"粉白黛绿"，

1　徐震:《美人谱》，载《中国香艳全书》一集卷一，第1册，第6页。
2　陈宏谋辑:《教女遗规》卷中《吕近溪女小儿语》，载《五种遗规》。

完全是一身的"随俗艳妆"，但也不宜"乱头垢秽"。标准的容止端庄，应该是在家"布衣整洁"，出外"栉沐清鲜"；立必"拥面"，行必"屏人"。当然，妇女衣妆鬈髻，各家风尚不同。所以，新妇到了婆家，必须随时向婆婆请教，在穿着打扮上听从婆婆的指示。但就其基本精神而言，理应"宁不及时，毋过时"。要在净洁之中，时常保持一种"朴素之意"，这样才不失"大家举止"。[1]

明代妇女的服饰教育，大多倡导一种"俭素"，并将其作为一种妇德。如明末清初学者张履祥言：

> 男子服用固宜俭素，妇人尤戒华侈。妇人只宜勤纺织，供馈食，簪珥衣裳简质而已。若金珠绮绣求其所无，慢藏诲盗，冶容诲淫，一事两害，莫过于此。况妇德无极，闲家之道，当以为先。[2]

可见，妇女之职主要还是"勤纺织，供馈食"。至于簪珥衣裳之类，必须崇尚"简质"。究其原因，还是因为妇女服饰牵涉到"妇德"，而妇女一旦"冶容"妆扮，就会成为"诲淫"的源头。

雅　致

俭素当然是妇女服饰的根本。但在文人士大夫眼中美人的"缘饰"，尽管俭素，却从中又要显出雅致。卫泳有下面的表述：

> 饰不可过，亦不可缺。淡妆与浓抹，惟取相宜耳。首饰不

1　陆圻：《新妇谱·妆饰》，载《中国香艳全书》三集卷三，第 1 册，第 294 页。
2　张履祥：《杨园先生全集》卷四七《训子语上·立身四要曰爱曰敬曰勤曰俭》，第 1356 页。

过一珠一翠一金一玉，疏疏散散，便有画意。如一色金银簪钗
行列，倒插满头，何异卖花草标？服色亦有时宜，春服宜倩，
夏服宜爽，秋服宜雅，冬服宜艳。见客宜庄服，远行宜淡服，
花下宜素服，对雪宜丽服。吴绫蜀锦，生绡白苎，皆须褒衣阔
带，大袖广襟，使有儒者气象。然此谓词人韵士妇式耳，若贫
家女典尽时衣岂堪求备哉？钗荆裙布，自须雅致。[1]

这就是说，妇女服饰，必须在"过"与"缺"之间保持一种平衡，
在"淡妆"与"浓抹"之间取其相宜。尤其是在衣服的选择上，更
应懂得"时宜"，知道在不同季节、不同场合，选择一种最合时宜的
服饰。当然，词人韵士之妇，自有其特别的服饰，至于一般贫家女，
即使是钗荆裙布，也应该有一种"雅致"之味。

化　妆

正如李渔所言，妇人唯仙姿国色，无俟修容；稍去天工者，即
不能免于人力。然所谓"修饰"二字，无论妍媸美恶，均不可少。
俗云："三分人材，七分妆饰。"此为中人以下者言之。然则有七分人
材者，是否可少三分妆饰？即使有十分人材之人，难道就一分妆饰
都不可用吗？李渔的回答当然是否定的。既然如此，李渔认为，必
须对妇女的修容之道有所讲求。[2]

为此，李渔在所著《闲情偶寄》中，从盥栉、薰陶、点染三个
方面，对妇女的化妆教育作了详细的阐述。李渔其人虽多生活在清

1　卫泳：《悦容编·缘饰》，载《中国香艳全书》一集卷二，第1册，第29页。
2　李渔著，江巨荣、卢寿荣校注：《闲情偶寄·声容部·修容第二》，上海古籍出版社2000年
版，第140页。

初，而且《闲情偶寄》一书也作于清初。但李渔是从明代过来之人，他的说法基本亦可反映明代文人的基本思想。

1. 盥栉

所谓"盥栉"，包括盥与栉两部分。盥为洗面、洁面；栉为梳头、篦头。

盥面之法，无他奇巧，只是要求濯垢务尽，使面上并无其他尘垢。所谓尘垢，主要是指面上所产生之油。至于洗面、洁面之法，李渔则从下面两个方面作了进一步阐述：

其一，洗面、洁面是妇女脸上上粉着色的基础。他说：

> 从来上粉着色之地，最怕有油，有即不能上色。倘于浴面初毕，未经搽粉之时，但有指大一痕为油手所污，迨加粉搽面之后，则满面皆白而此处独黑，又且黑而有光，此受病之在先者也。既经搽粉之后，而为油手所污，其黑而光也亦然，以粉上加油，但见油而不见粉也，此受病之在后者也。此二者之为患，虽似大而实小，以受病之处止在一隅，不及满面，闺人尽有知之者。[1]

其二，善于匀面之人，必须先洁净其巾。拭面之巾，只能供拭面之用，又须用过之后马上浣洗，决不可使拭巾带有油痕。他说：

> 从来拭面之巾帕，多不止于拭面，擦臂抹胸，随其所至；有腻即有油，则巾帕之不洁也久矣。即有好洁之人，止以拭面，不及其他，然能保其上不及发，将至额角而遽止乎？一沾膏沐，

---

1 李渔著，江巨荣、卢寿荣校注：《闲情偶寄·声容部·修容第二·盥栉》，第141—142页。

即非无油少腻之物矣。以此拭面，非拭面也，犹打磨细物之人，故以油布擦光，使其不沾他物也。他物不沾，粉独沾乎？凡有面不受妆，越匀越黑。同一粉也，一人搽之而白，一人搽之而不白者，职是故也。以拭面之巾有异同，非搽面之粉有善恶也。[1]

栉发之法，李渔也提出了下面两种方法：

其一，在栉发与篦发两者之间，李渔更重视篦发。他说：

> 善栉不如善篦，篦者，栉之兄也。发内无尘，始得丝丝现相，不则一片如毡，求其界限而不得……故善蓄姬妾者，当以百钱买梳，千钱购篦。篦精则发精，稍俭其值，则发损头痛，篦不数下而止矣。篦之极净，使便用梳；而梳之为物，则越旧越精。"人惟求旧，物惟求新。"古语虽然，非为论梳而设。求其旧而不得，则富者用牙，贫者用角。新木之梳，即搜根别齿者，非油浸十日，不可用也。[2]

其二，在发式上，崇尚"蟠龙""乌云"之自然。他说：

> 古人呼髻为"蟠龙"。蟠龙者，髻之本体，非由妆饰而成。随手绾成，皆作盘龙之势。可见古人之妆，全用自然，毫无造作。[3]

又说：

---

1 李渔著，江巨荣、卢寿荣校注：《闲情偶寄·声容部·修容第二·盥栉》，第142页。
2 李渔著，江巨荣、卢寿荣校注：《闲情偶寄·声容部·修容第二·盥栉》，第142页。
3 李渔著，江巨荣、卢寿荣校注：《闲情偶寄·声容部·修容第二·盥栉》，第142页。

古人呼发为"乌云"，呼髻为"蟠龙"者，以二物生于天上，宜乎在顶。发之缭绕似云，发之蟠曲似龙，而云之色有乌云，龙之色有乌龙。是色也，相也，情也，理也，事事相合，是以得名，非凭捏造，任意为之而不顾者也。[1]

2. 薰陶

所谓"薰陶"，说白了就是妇女之香身。名花美女，气味相同，有国色之美女，其身必具天香。按照常理来说，有一种佳人，不用薰陶，身上自具一种天然之香。但对大多数妇女来说，还是需要依赖后天的薰陶，才能保持自己的体香。对此，李渔也介绍了下面三种方法：

其一，富贵之家的妇女，可以用花露香身。所谓"花露"，大抵是摘取花瓣入甑，酝酿而成。在各种花露中，以蔷薇露为上品，其他诸花露稍次。妇女香身，每次所用花露不用太多，在盥浴之后，倒数匙在手掌上，均匀地洒在身上或脸上即可。

其二，则用香皂浴身，或用香茶沁口，这也是闺中常用之法。好的香皂，人在洗浴之后，香气整日不散，可谓天造地设，专供修容饰体之用。妇女所用香皂，以江南六合县所出为最佳，但价值稍昂。至于香茶沁口，费则不多。每次饭后及临睡之时，用少许香茶润舌，则满吻皆香；多则味苦，而反成药气。

其三，上面两种香身方法，在当时已经到了人所共知的地步。此外，还有一种更为廉价的方法，为一般世人所不知，李渔特别加以点出。这就是通过嚼吃荔枝而使齿颊留香。佳人就寝以前，吃一枚

---

1 李渔著，江巨荣、卢寿荣校注：《闲情偶寄·声容部·修容第二·盥栉》，第143页。

荔枝，那么口脂之香，可以竟夕。[1]

点　染

所谓"点染"，说白了就是涂脂抹粉。唐人有诗云："却嫌脂粉污颜色，淡扫蛾眉朝至尊。"于是，后世的妇女信唐诗太过，往往讳言脂粉，动辄称脂粉是污人之物，因此有些妇女即使满面是粉，也说粉不上面，即使遍唇皆脂，也要硬说自己脂不沾唇，无不以虢国夫人自居。李渔却对脂粉另有别解，肯定了脂粉对妇女美容的功能，强调施之有法，浓淡得宜，并从中找出一些教导妇女涂脂抹粉的基本方法。概括言之，有下面两项：

其一，从来傅粉之面，只耐远观，难于近视，究其原因，还是因为粉不能傅匀。为此，李渔为妇女提供了准确傅粉的方法："请以一次分为二次，自淡而浓，由薄而厚"，则可避免傅粉不匀之患。如此傅粉，不但能匀，而且能变换肌肤，使脸黑者渐渐趋白。

其二，对点唇之法，李渔也提出了自己的建议，认为正好与匀面相反，以供妇女采择。其法如下："一点即成，始类樱桃之体；若陆续增添，二三其手，即有长短宽窄之痕，是为成串樱桃，非一粒也。"[2]

服　饰

古语云："三世长者知被服，五世长者知饮食。"又俗语云："三代为宦，着衣吃饭。"服饰并不是简单的蔽体御寒而已，其间还有一

1　李渔著，江巨荣、卢寿荣校注：《闲情偶寄·声容部·修容第二·薰陶》，第145—146页。
2　李渔著，江巨荣、卢寿荣校注：《闲情偶寄·声容部·修容第二·点染》，第147—149页。

种美学功能。所以，一般世俗之人所说的人一旦发迹有钱，"男可翩翩裘马，妇则楚楚衣裳"，这显然是将服饰功能简单化了。所以，李渔以服饰为例，从首饰、衣衫、鞋袜三个方面，就妇女的服饰教育作了讨论。

1. 首饰

珠翠宝玉，均为妇女饰发之物。若是用之得当，可以使妇女增娇益媚；反之，则会损娇掩媚。可见，简单的首饰，在使用上也大有讲究。举例来说，若是面容欠白，或是发色带黄，用这些奇珍异宝覆盖在头上，则光芒四射，能令肌发改观，与玉蕴于山而山灵，或珠藏于泽而泽媚是同一道理。这就是所谓的"增娇益媚"。若是一个肌白发黑的佳人，满头翡翠，环鬟金珠，那么就会只见金而不见人，犹如花藏叶底，月在云中，好比原本一个尽可出头露面之人，而故作藏头盖面之事。这就是所谓的"损娇掩媚"。换言之，若是首饰用得不当，无疑就是以人饰珠翠宝玉，而不是以珠翠饰人。有鉴于此，李渔就妇女首饰提出了下面几点，以教育妇女如何正确使用首饰。

其一，妇女首饰，讲究不宜常戴，而是少戴。李渔教导妇女，女人一生，戴珠顶翠之事，只可限于一月之内，"万勿多时"。所谓的一月，就是新妇出嫁之日始，至满月卸妆之日止。即使是在一个月内满头珠翠，也是无可奈何之事。父母置办一场，翁姑婚娶一次，非此艳妆盛饰，不足以慰其心。从此以后，若是再满头珠翠，无疑是桎梏、羁囚，犹若苦行。那么，新妇在一月之后，应该如何佩戴首饰？李渔建议道，只需要一簪一珥，便可以相伴一生。至于对簪、珥的选择，则必须追求精善。富贵之家，无妨多设金玉犀贝之类，各存其制，屡变其形，或数日一更，或一日一换。而贫贱之家的妇女，家中若无财力置办金玉，那么宁可使用骨角制作的首饰，切忌使用铜锡首饰。究其原因，骨角耐观，若是制作较精，基本与犀贝无异，而铜锡首饰，则非止不雅，且能损发。

其二，妇女所用首饰，除簪、珥之外，装饰鬓发之物，莫妙于用时花数朵，较之珠翠宝玉，非止雅俗判然，且亦生死迥别。李渔认为，国色乃人中之花，名花乃花中之人，二物可称同调，理当晨夕与共。妇女早晨起来，用花簪头，随心所择，喜红则红，爱紫则紫，任意插带，自然合宜。李渔继续向妇女推荐道，用时花插鬓，其中的颜色也应该有所选择：白为上，黄次之，淡红次之，最忌大红，尤其忌讳木红。玫瑰在花中最香，但颜色太艳，所以只适合压在鬓下，暗受其香，切不可将花形全露，全露则类村妆。

其三，簪的颜色，宜浅不宜深，这是为了衬托头发之黑。至于簪之质地，以玉为上，犀之近黄者、蜜蜡之近白者次之，金银又次之，玛瑙、琥珀均不适合用于制作簪子。簪头的形制，应取龙头、凤头、如意头、兰花头之形象。簪头的制作，只宜结实自然，不宜玲珑雕琢；宜与发相依附，不得昂首而作跳跃之形。究其原因，簪头主要用作压发之用，故以服贴为佳。

其四，装饰耳朵之耳环，李渔也提出了相应的建议。李渔认为，耳环愈小愈佳，或珠一粒，或金银一点，这些均为妇女家常佩戴之物，俗称"丁香"。若是配盛妆艳服，那么不得不略大其形，但不可超过丁香的一倍或两倍。[1]

---

1 李渔著，江巨荣、卢寿荣校注：《闲情偶寄·声容部·治服第三·首饰》，第 151—154 页。按：李渔对妇女簪花颜色所定等次，以白为上，主要为了迎合当时流行"若要俏，三分孝"之说，从而与村妇爱红有雅俗之别。

2. 衣衫

关于妇女所穿衣衫，李渔提出了下面三条基本的原则，以供妇女着衣时参考。这三条原则如下：

其一，妇人之衣，贵洁而不贵精。何以言此？李渔解释道："绮罗文绣之服，被垢蒙尘，反不若布衣之鲜美。"

其二，妇人之衣，贵雅而不贵丽。何以言此？李渔解释道："红紫深艳之色，违时失尚，反不若浅淡之合宜。"

其三，妇人之衣，贵与貌相宜，而不贵与家相称。何以言此？李渔解释道："贵人之妇，宜披文采，寒俭之家，当衣缟素，所谓与人相称也。然人有生成之面，面有相配之衣，衣有相配之色，皆一定而不可移者……使贵人之妇之面色，不宜文采而宜缟素，必欲去缟素而就文采，不几与面为仇乎？"[1]

3. 鞋袜

男子所着之履，俗名为鞋，女子的亦称"鞋"。男子饰足之物，俗称为袜，女子则独易其名，改称为"褙"，其实褙就是袜。关于妇女所着鞋袜，李渔亦提出了下面两条原则：

其一，鞋、袜的颜色。李渔认为，袜的颜色尚白，尚浅红；而鞋色则尚深红，或尚青色。此均堪称得"制之尽美"。

其二，鞋的高低。李渔认为，鞋用高底，使小者愈小，瘦者愈瘦，可谓称得上鞋制尽善尽美。然大脚之女子，往往靠高的鞋底藏拙，于是埋没了制作者的一番苦心，所以只可供丑妇效颦，不能成为佳人的助力。[2]

---

1 李渔著，江巨荣、卢寿荣校注：《闲情偶寄·声容部·治服第三·首饰》，第154—155页。

2 李渔著，江巨荣、卢寿荣校注：《闲情偶寄·声容部·治服第三·鞋袜》，第160页。

宗教教育

妇女与宗教有着一种天然的亲近关系。明人卫泳认为，如果在闺阁中悬挂观音大士、何仙姑的画像，女子手持戒珠，执麈尾，作礼其下，或在一起参禅唱偈、说仙谈侠，可以"改观畅意，涤除尘俗"。[1]

当然，妇女一旦沉溺于宗教，并与僧尼往来，有时就会败坏门风。所以，在一些相关的妇女教育作品中，大多劝诫妇女，勿与僧尼来往。如明末清初学者张履祥云："男子妇人，不可与僧尼往还，败坏家风。宗支虽有贫贱，不可令其子女有为僧尼者。"又说："寡妇与尼往来，及佞佛烧香，即不如更嫁。令子女为僧尼，不如为人作佣。"[2]

陈确在《新妇谱补》中，也力主新妇必须"绝尼人"。他说：

> 三姑六婆，必不可使入门，尤当痛绝尼人。虽有真修者，亦概绝之。盖容一真尼，而诸伪尼随之而入，不可却矣。此肃闺门第一要义也。虽或素尝与姑往还，不无异同之嫌，然新妇苟贤孝素著，事事恭顺，惟此一事过执，亦不见怪。且或以严见惮，使此辈踪迹渐疏，家风清楚，亦是新妇入门一节好事也。[3]

这就是说，"绝尼人"是整肃闺门的第一要义。新媳妇只有断绝了与

---

1 卫泳：《悦容编·博古》，载《中国香艳全书》一集卷二，第 1 册，第 30 页。

2 张履祥：《杨园先生全集》卷四八《训子语下·远邪慝》，第 1374 页。

3 陈确：《新妇谱补·绝尼人》，载《中国香艳全书》三集卷三，第 1 册，第 301 页。

尼姑的来往，才能"家风清楚"。

话虽如此，新妇一旦进入夫家，在宗教信仰上必须面临的问题，就是如何处理婆婆的"佞佛"。在明代绝大部分家庭中，很多做婆婆者均有一种在家持斋诵经之习。新妇进了家门，当然必须遵信婆婆的宗教习惯。当时的女教书认为，新妇尽管不必效法婆婆吃长斋，但其他如月斋、六斋、观音斋、斗斋之类，显然必须"志诚奉之"。如此做法，既是一种"顺姑"之举，对自己而言，也可起到"惜福"之效。倘若婆婆喜欢与很多尼姑来往，那么新妇应当"敬而远之"，决不可"妄有施与，及多接谈"。至于婆婆喜欢进寺庙烧香，新妇更可以"托病不得随行"。若是新妇能对婆婆加以劝谏，更是属于"贤哲"之举。[1]

才艺教育

按照明清士大夫关于"美人"的标准，应该包括容、韵、技、事、居、候、饰、助、馔、趣十项内容。其中所言之"技"，即包括弹琴、吟诗、围棋、写画、蹴鞠、临池摹帖、刺绣、织锦、吹箫、抹牌、秋千、深谙音律、双陆等项才艺。[2]

才、德、色之间的关系

"女子无才便是德。"按照清初人查琪的理解，并不是说要求女子行若土偶，一事不为。诸如一应女工，及中馈等事务，属于妇女本

---

1 陆圻：《新妇谱·姑佞佛》，载《中国香艳全书》三集卷三，第 1 册，第 295 页。
2 徐震：《美人谱》，载《中国香艳全书》一集卷一，第 1 册，第 6 页。

分内的事情，非有异才异能可以炫耀。换言之，对"女子无才便是德"这句话应作下面理解：妇女有才可以，但不可"有好而矜，有才而炫"，否则就会"所伤妇德甚多"。[1]

在明代的妇女教育中，始终存在如何正确处理才、德、色三者之间关系这样一个棘手的问题。在这三者之间，传统的观念还是认为妇女应以德与节为主，而不是色与才。关于此，陆人龙所编《型世言》小说，多引古代妇女之例加以说明，引述如下：

> 蜀中旧多奇女子，汉有卓文君，眉若远山，面作桃色，能文善琴。原是寡居，因司马相如弹《凤求凰》一曲挑他，遂夜就相如。有识的道他失节。又有昭君琵琶写怨，坟草独青，也是个奇女子。但再辱于单于，有聚麀之耻。唐有薛涛，人称他做女校书，却失身平康，终身妓女。蜀有两徐妃，宫词百首，却与子荒淫逸游，至于失国。还有花蕊夫人，蜀亡入宋。他见宋太祖，有诗道："二十万人齐解甲，并无一个是男儿。"才色都可称，后来又宠冠宋宫。都有色有才，无节无德。不知女子当以德与节为主。节是不为情欲所动，贫贱所移，豪强所屈，坚贞自守。德是不淫，不盗，不贪，不悍，不妒、骄奢懒惰、利口轻狂。[2]

女子之容，即为色，而色又与水相关，而水又牵涉到妇女的性格。俗语云：女人是水做的。这是说妇女性格之柔弱。其实，妇女的容貌，尤其与水有关。关于此，明人谢肇淛已经有清醒的认识，他

1 查琪：《新妇谱补·逞能》，载《中国香艳全书》三集卷三，第 1 册，第 304—305 页。
2 陆人龙：《型世言》第一六回，中华书局 1993 年版，第 221—222 页。

有这样一段阐述：

> 至于妇人女子，尤关于水，盖天地之阴气所凝结也。燕赵、江汉之女，若耶、洛浦之姝，古称绝色，必配之以水，岂其性固亦有相宜？不闻山中之产佳丽也。吾闽建安一派溪源，自武夷九曲来，一泻千里，清可以鉴，而建阳士女莫不白皙轻盈，即舆儓下贱无有蠢浊肥黑者，得非山水之故耶？[1]

传统中国的士大夫，大体上将妇女之“色”放在首位，在此基础上，再肯定妇女之才。这在明代蔚然成风。尽管妇女是以色为主，但文采无疑可以使妇人之态更加活泼，否则就如一个木偶，可玩而不可爱。自古以来，妇女以容成名者，缅缅接踵，但以文出名者却犹如落落晨星。

明代文人士大夫所刻意追求的“美人”，似乎与传统儒家伦理道德熏陶之下的女子截然不同。文人心目中的美人，更多的是追求或欣赏女子的“态”“神”“趣”“情”“心”。所谓态，可分为“喜态”“怒态”“泣态”“睡态”“懒态”“病态”：唇檀烘日，媚体迎风，此为“喜之态”；星眼微瞋，柳眉重晕，此为“怒之态”；梨花带雨，蝉露秋枝，此为“泣之态”；鬓云乱沥，胸雪横舒，此为“睡之态”；金针倒拈，绣屏斜倚，此为“懒之态”；长颦减翠，瘦靥消红，此为“病之态”。所谓情，亦可分为“芳情”“闲情”“幽情”“柔情”“痴情”：惜花踏月，可称“芳情”；倚兰踏径，可称“闲情”；小窗凝坐，可称“幽情”；含娇细语，可称“柔情”；无明无夜，乍笑乍啼，可称“痴情”。所谓趣，亦可分为“空趣”“逸趣”“别趣”“奇

1　谢肇淛：《五杂俎》卷三《地部一》，上海书店出版社 2001 年版，第 52—53 页。

趣"：镜里容，月下影，隔帘形，此为"空趣"；灯前目，被底足，帐中音，此为"逸趣"；酒微酺，妆半卸，睡初回，此为"别趣"；风流汗，相思泪，云雨梦，此为"奇趣"。

在这些文人士大夫看来，神丽如花艳，神爽如秋月，神清如玉壶冰，神困顿如软玉，神飘荡轻扬如香茶，如烟缕，乍散乍收。此数者均可称为美人的"真境"。在上面所谓的"态""神""趣""情""心"数者之中，若是刻意要区分出一个高低或排出一个先后，则应以得神为上，得趣次之，得情、得态又次之。至于心，则最为难言。何以言此？卫泳也作了自己的解释："姑苏台半生贴肉，不及若耶溪头之一面。紫台宫十年虚度，那堪塞外琵琶之一声？故有终身不得而反得之一语，历年不得而反得之邂逅。厮守追欢浑闲事，而一朝隔别，万里系心。千般爱护，万种殷勤，了不动念，而一番怨恨，相思千古。或苦恋不得，无心得之。或现前不得，死后得之。故曰九死易，寸心难。"[1]正因为寸心难得，所以这些文人士大夫就不再追求男女之间的心心相印，再加之情与神、趣，又居于次要的位置，大抵已经可以看出他们关于男女之间的情感，不过是抱着一种游戏的态度。

宫中妇女的才艺教育

宫中后妃，很多在入宫以前就经受过良好的才艺教育。如崇祯皇帝之后周氏，就是一例。据史料记载，陈仁锡曾经在周奎家任教馆，当时周皇后尚是年少，出来相见。仁锡一见之下，惊其容貌，就对周奎说："君女天下贵人，使以《通鉴》教之。"所以，后来周皇后

---

1 卫泳：《悦容编·寻真》，载《中国香艳全书》一集卷二，第1册，第30页。

对《通鉴》一书最熟。[1]

明代宫中宫女的学习，也有一套专门的制度，照例是选一些年高有学问的太监教习宫女。如果能学习，又能率教，就可以升为女秀才、女史官等职。若有罪，则被罚每夜提铃值夜。[2]除了太监之外，女官通常也会充当女教师之责。如广东番禺人陈二妹，字瑞贞，入宫成为女官后，善书数，知文义，"后宫多师事之"，被宫中称为"女君子""女太史"。[3]

从一些记载可知，明宫中通常会对后妃进行一些历史教育，所涉的内容多为历史上的贤后。如明太祖朱元璋的皇后马氏就时常请一位范孺人讲说古今贤后之事。在说到窦太后时，马皇后问道："黄老者何教，而太后好之？"范孺人答道："黄老者，清静无所为。不必为仁义，而民自孝慈，是其教也。"马皇后又问："孝慈即仁义也，世有舍仁义为孝慈者哉？"[4]尽管马皇后并不以窦太后崇尚黄老为是，但从这一件事情中不难发现，明宫后妃确实存在一整套的历史教育制度。

明代宫中妇女所读之书相当广泛，而且宫中亦时常从坊间购入一些书籍，以供皇帝及后妃阅读与消遣。根据太监刘若愚的记载，明神宗天性至孝，万机之暇，博览载籍。他经常下诏给司礼监臣及乾清宫管事牌子，从坊间购买新书进览，凡竺典、丹经、医卜、小说、出像、曲本，无不购及。凡是新购进之书，当时太监陈矩必册册过眼，如《人镜阳秋》《闺范图说》《仙佛奇踪》等类，每岁之中，何

1　佚名：《烬宫遗录》卷上，载《笔记小说大观》，江苏广陵古籍刻印社1983年版。
2　佚名：《烬宫遗录》卷上，载《笔记小说大观》。
3　屈大均：《女官传》，载《中国香艳全书》八集卷二，第2册，第911页。
4　毛奇龄：《胜朝彤史拾遗记》一，载《中国香艳全书》四集卷三，第1册，第458页。

止进数次，所进何止数十部！这些从坊间购入的图书，除了供皇帝阅读之外，有时皇帝也会将书赐给后妃。如明神宗就将《闺范图说》一部赐郑贵妃。[1]

民间妇女的才艺教育

明人卫泳认为，女子识字，便有一种"儒风"。如果美人有文韵，有诗意，有禅机，非独捧砚拂笺，足以助致，即使她们的一颦一笑，无不使人开畅玄想。[2] 所以，在一些文人士大夫的心目中，真正的"美人"，理应在平常阅读一些宫闺传、《列女传》、诸家外传、《西厢记》、玉茗堂《还魂》二梦、《雕虫馆弹词六种》这些书籍。[3]

在明代，民间一些名门之家，其女子一般在年少之时均受过良好的教育。如钱澄之记载，有一何氏，出身于江宁名门，七岁诵读《孝经》《列女传》。年稍长，读《毛诗》，并能通大义。女红之暇，笃好书法，被家人称为"女博士"。[4]

李渔认为，妇女教育，除了美容、服饰之外，尚应包括习技。在李渔看来，妇女技艺教育，应以翰墨为上，丝竹次之，歌舞又次之，而女工则为妇女分内之事。他从文艺、丝竹、歌舞三个方面，对妇女的才艺教育作了详细的阐述。

1. 文艺

凡是以闺秀自命，那么书、画、琴、棋四艺，均不可少。琴列

1　刘若愚：《酌中志》卷一《忧危竑议前纪》，第 1 页。

2　卫泳：《悦容编·借资》，载《中国香艳全书》一集卷二，第 1 册，第 31—32 页。

3　卫泳：《悦容编·博古》，载《中国香艳全书》一集卷二，第 1 册，第 30 页。

4　钱澄之：《田间文集》卷一九《李母何孺人贞寿序》，黄山书社 1998 年版，第 370 页。

入下面丝竹之中，画乃闺中末技，学与不学，随妇女自定。所以，李渔从识字、学诗、学词、学棋四个方面，对妇女的文艺教育作了阐述：

其一，学技必先学文，而学文则必须从识字开始。李渔认为，"女子所学之文，无事求全责备，识得一字，有一字之用，多多益善，少亦未尝不善；事事求精，一事自可愈精"。那么，如何教女子识字，李渔认为，教女子识字不贵多，每日仅可数字，取其笔画最少，眼前易见者训之。由易而难，由少而多，日积月累，则一年半载之后，即使不令女子读书，亦能自己寻章觅句。而有情节的传奇、小说是教育妇女识字的最好教科书。这是因为传奇、小说所载之言，尽是常谈俗语，妇人读后，若逢故物。譬如一句之中，共有十字，此女已识者七，未识者三，顺口念去，自然不差。可见，已识之七字，可悟未识之三字，则此三字不用教，通过读传奇、小说即可自识。

其二，若让女子学诗，必须先让她们多读，多读而口不离诗，则其诗意诗情，自能随机触露，而为天籁之鸣。此外，李渔又根据妇女的特点，选择可供她们阅读的诗歌选本，即主要是晚唐与宋人之诗，而初、中、盛三唐之诗，则不宜妇女阅读。

其三，女子当中若有人善歌，再加上略通文义，那么可以教她们作词。作词之法，日日见于词曲之中，入者既多，出者自易，较作诗尤为便捷。一般词的选本，多闺秀女郎之作，显然是因为词理易名，口吻易肖之故。

其四，李渔认为，教导妇女学习下围棋（即手谈），则利于人己，非止一端。李渔将下棋对妇女的益处概括成下面几点：一是妇女无事之时，必生他想，若是得下棋以遣闲暇，则可妄念不生。二是女子群居，容易酿成争端，若是以手代舌，那么就会"喧者寂之"，即避免争端。三是男女对坐，静必思淫，鼓瑟鼓琴之余，焚香啜茗之余，不设一番功课，则静极思动，其两不相下之势，不在几案之前，即居床笫之上。若是一涉手谈，则诸般杂念均可置之度外，在男女之间可以"缓兵降火"。说得明白一点，通过下棋，可以避免男女之间整日缠绵于床笫之上。[1]

2. 丝竹

所谓"丝竹"，其实就是对妇女进行音乐教育。丝竹分为两种：一为丝音，二为竹音。在这两个方面，李渔均提出了自己的教导之法。

其一，丝竹之音，推琴为首。李渔认为，妇女学琴，可以"变化性情"。古人即云："妻子好合，如鼓琴瑟"；又云："窈窕淑女，琴瑟友之"。所以，妇女学了琴，陶冶自身性情，并使男女联络情意。丝音自焦桐而外，其他如琵琶、弦索、提琴三种也适合女子学习。

其二，李渔认为，竹音中只有洞箫一种适合闺阁学习，笛子则"可暂而不可常"。至于笙、管二物，则与诸乐并陈，不得已而偶然一弄，却非绣窗应有之物。何以言此？李渔接着解释道："盖妇人奏技，与男子不同，男子所重在声，妇人所重在容。吹笙搦管之时，声则可听，而容不耐看，以其气塞而腮胀也，花容月貌为之改观，是以不应使习。妇人吹箫，非止容颜不改，且能愈增娇媚。何也？按风作调，玉笋为之愈尖；簇口为声，朱唇因而越小。画美人

---

1 李渔著，江巨荣、卢寿荣校注：《闲情偶寄·声容部·习技第四·文艺》，第167—170页。

者，常作吹箫图，以其易于见好也。"[1]

3. 歌舞

教女子歌舞，其目的并不是为了教歌舞之技，而是通过教导女子歌舞，使其娴习声容。李渔认为，"欲其声音婉转，则必使之学歌；学歌既成，则随口发声，皆有燕语莺啼之致，不必歌而歌在其中矣。欲其体态轻盈，则必使之学舞；学舞既熟，则回身举步，悉带柳翻花笑之容，不必舞而舞在其中矣。"

当然，"歌舞"二字，并不仅仅限于登场演剧，但登场演剧，在当时已成为一种时尚，故李渔又从取材、正音、习态三个方面，对妇女学剧作了详细的阐述。[2]

---

1 李渔著，江巨荣、卢寿荣校注：《闲情偶寄·声容部·习技第四·丝竹》，第171—174页。
2 李渔著，江巨荣、卢寿荣校注：《闲情偶寄·声容部·习技第四·歌舞》，第174—178页。

妇女的服饰

明代在中国历史上是一个相当活跃的时期，明代社会又是一个富于变化的社会。从服饰文化或者风俗来看，明代的服饰也丰富多彩。

按照明朝人自己的说法，明代服饰多有创造，诸如儒巾、襕衫、风领、四方头巾、网巾，都是明代新创的服饰花样。[1] 其实，明代的服饰新制并不仅仅限于上述这些，而是变化多样，诡制迭出。这当然只是明代服饰的特点之一，也即新与奇。此外，诸如明代服饰中所含的伦理与等级因素，城市商业化影响对传统服饰等级制度的冲击，以及中原服饰风俗中所保留的蒙古族因子，或者说蒙古人服饰风俗所受到中原汉文化的影响，如此等等，都可以说是明代服饰风俗甚至文化的新特点。所有这些服饰文化特点，同样渗透到妇女服饰的方方面面。

服　饰

每当新王朝建立之时，就会重新建立起一整套的衣冠服饰制度，

1　徐充:《暖姝由笔》，载《藏说小萃十集》，《四库全书存目丛书》本。

通过制度的建立以规范人们的行为。明代也不例外。妇女服装具有不同于男子的特点。但生活在明朝的妇女，她们的服装同样受到朝廷所定等级制度的制约。

随着时代的发展，或者是因为地域的差异，服饰的社会风尚也是各呈风采。从某种意义上说，明代服饰时尚的形成是服饰等级制度日趋崩坏以后的产物，而服饰时尚一旦形成，则会对传统的等级制度产生更大的冲击。由于服饰时尚化趋势的出现，才使妇女服装逐渐趋于多姿多彩。

服饰等级制度

众所周知，自元世祖起兵大漠，统一中国以后，变易中原旧制，使原本中原地区的衣冠制度荡然无存。这种"胡俗"的特点就是，不论士族，还是百姓，都是辫发椎髻，衣服则为袴褶窄袖，还有辫线腰褶。妇女的衣服为窄袖短衣，下穿裙裳。洪武元年（1368），朱元璋下了一道诏书，恢复唐代的衣冠制度。诏书规定，士绅百姓都在头顶束发。朝廷官员的装束为头戴乌纱帽，身穿圆领袍，束带，着黑靴。士子百姓的装束是戴四带巾，穿杂色盘领衣，不得用黄、玄两种颜色。教坊司乐工头戴青色"卐"字顶巾，系红、绿两色帛带。士绅百姓妻子的首饰允许使用银并镀金，耳环用黄金并珍珠，钏、镯用银。穿着的衣服为浅色团衫，用纻、丝、绫、罗、绸、绢制成。乐妓带明角冠，穿皂褙子，不许与庶民妻子相同。[1]

---

1 《明太祖实录》卷三〇，洪武元年二月壬子条，台湾"中央研究院"历史语言研究所 1966 年校印本。

服饰等级制度中的面料、样式、尺寸、颜色规定

洪武年间，明太祖朱元璋主要从面料、样式、尺寸、颜色四个方面，确立了一代服饰的等级制度。[1] 这套服饰制度的中心内容是贵贱有别、服饰有等。不同等级的人，都只能享用本等的服饰，不能混同，更不能僭越，越礼犯分。这套服饰等级制度在妇女服饰中同样有所体现。

以首饰为例，只有皇宫后妃、命妇可以用金、玉。一般百姓家的女性起初耳环可以用黄金、珍珠，钏、镯并其他首饰则只能用银，或在银上镀金。到了后来，更是严加限制，百姓家妇女首饰只能用银。

妇女尤其是那些诰命夫人的服饰式样，也是井然有序。洪武五年（1372）二月，定文武官员命妇服饰。命妇服饰包括大衣、霞帔，以霞帔上金绣纹饰的不同作为区分命妇的等第。至于民间的妇女，礼服只能用素染色，绝对不能用纹绣。[2] 同年九月，又定命妇礼服式样。命妇礼服为圆衫，用红罗为面料，上绣重雉作为等第。其中一品九等，二品八等，三品七等，四品六等，五品五等，六品四等，七品三等，其余则不用绣雉。[3] 洪武二十四年，又定命妇冠服。其中公、侯、伯命妇与一品命妇相同，穿大袖衫，用真红色。二品至五品，纻、丝、绫、罗随意使用。六品至九品，绫、罗、绸、绢随意使用。霞帔褙子，均用深青色缎匹。公、侯及一品、二品命妇，金绣云霞翟纹；

1　关于明代服饰制度的起源、等级及其变化，可参见周绍泉：《明代服饰探源》，载《史学集刊》，1990年第2期。
2　《明太祖实录》卷七二，洪武五年二月庚子条。
3　《明太祖实录》卷七六，洪武五年九月己丑条。

三品、四品，金绣云霞孔雀纹；五品，绣云霞鸳鸯纹；六品、七品，绣云霞练雀纹。命妇的首饰，一品命妇，冠用金饰；二品至四品，冠用金饰；五品至六品，冠用抹金银饰；七品至九品，冠用抹金银饰。当然，不同品级内首饰质料虽相同，然又以件数的多寡加以区分。[1]

小说《金瓶梅》中的记载，可以进一步说明明代妇女诰命夫人与一般庶民之妇在服饰上的等级差别。小说中的通房丫头春梅，尽管已经被西门庆收用，但毕竟还是一个使婢，所以其穿戴仅如下述：头戴银丝云髻，白线挑衫，桃红裙子，蓝纱比甲。但据算命先生之言，她日后必戴珠冠，意思是说她有做夫人之命。可见，珠冠只有夫人才可戴在头上，至于一般的民间妇女，即使家中富有，可以造金丝髻、银丝髻，但均无资格戴珠冠。[2]

确定了命妇与庶民妻子衣服首饰的等级之后，至于那些待字闺中女子的服饰，也有统一的规定。按照宋代的制度，女子年二十而笄，未笄之前，服饰之制，史无明文。洪武五年（1372）规定，闺中女子服饰一概作三小髻，金钗珠头巾，穿窄袖褙子。[3]

服饰等级制度的基本特征

按照传统的观念，只要将衣冠制度整齐划一，就可以改变风俗。道理很简单，帝国传统的服饰观念认为，中国与蛮夷的根本区别，在于中国崇尚文物；而人类与禽首的主要差异，则在于人类有衣冠。

1　申时行等纂：《明会典》卷六一《命妇冠服》，中华书局 1989 年版，第 393 页。
2　兰陵笑笑生：《金瓶梅词话》第二九回，人民文学出版社 2002 年版，第 372—373 页。
3　《明太祖实录》卷七六，洪武五年九月己丑条。

明太祖朱元璋所刻意创设的一整套服饰制度，除了变革"胡风"、恢复汉、唐衣冠之制外，其中的服饰底蕴仍然包括传统的等级制与礼教两大特征。这可以从以下三个方面加以分析。

其一，这套服饰制度自始至终贯穿着传统的等级制度，其目的是维系贵贱之等，以便良贱有别。庶民百姓家妇女首饰、钗、镯，不许用金、玉、珠、翠，只能用银。这就是明证。

其二，这套服饰制度的宗旨是恢复"敦朴之风"，戒奢侈，求俭素，而其中心内涵则与传统礼教若合符节。明人吕坤在《四礼翼》一书中，就从礼教出发，规范士君子与家庭妇女的服饰，认为君子"能以美衣为辱身，便有三分道气矣"。同时，他又主张，女子在家，"但与布衣，鲜明者只是绸缣，不与纱罗缎绢"。至于妇女的首饰，他认为，富贵之家，金珠固所不废，但也不必戴得"满头遍体"。[1] 按照传统的道德观念来看，大凡人情物态，绳于约则知俭，习于侈则遨放。由此可见，在服饰风尚上鼓励妇女俭朴，其目的无非是借此规范妇女的行为，以维持等级制度的稳定性。

其三，这套服饰制度规范了一种男女之别。明末清初学者陈确罗列了一些服饰不符合礼教的行为，其中就包括妇女服饰。其中云："饰及婴孺及仆婢，尤非礼也。衣衽不合，非礼也。女衣之不合，非之非者也。衣裳之短露，甚至见其袜结，女衣亦然，尤非之非者也。"按照古代的服饰制度，理应"续衽钩边"，而事实上很多明代妇女所穿女衫，已是"四边皆开"。[2]

显然，服饰除了"蔽体"的实用性之外，不可避免地反映了传

---

1 吕坤：《四礼翼·冠后礼·成人礼》《昏前礼·女子礼》，《四库全书存目丛书》本。
2 陈确：《陈确集·别集》卷八《俗误辨·衣服第五》，中华书局 1979 年版，第 511 页。

统礼教的精神实质。这样，服饰又与以礼教为内容的道学风气遥相呼应。早在南宋，理学家朱熹守福建漳州时，出于妇教的考虑，以免妇女抛头露面，就规定良家妇女出门，用蓝夏布一幅，围罩头和颈项，身穿大布宽衣。这就是所谓的"文公衣"。到了明代，山西蒲州妇女外出，仍以锦帕覆面；云南大理的妇女，戴次公大帽。[1]这不仅是古代礼制的遗意，也符合理学家的道德准则。

服饰风尚的新动向

明代中期以后，服饰风尚出现了一些新的动向，概括起来，主要表现在下面几个方面：

1. 僭礼越分

等级制度一旦被打破，僭用服饰也就随之习以为常。僭用之风首起于缙绅内官，大张于教坊妇女，其风流被民间百姓家庭妇女。正如明人张瀚所言：

> 国朝士女服饰，皆有定制。洪武时律令严明，人遵画一之法。代变风移，人皆志于尊崇富侈，不复知有明禁，群相蹈之。如翡翠珠冠、龙凤服饰，惟皇后、王妃始得为服；命妇礼冠，四品以上用金事件，五品以下用抹金银事件；衣大袖衫，五品以上用纻丝绫罗，六品以下用绫罗缎绢；皆有限制。今男子服锦绮，女子饰金珠，是皆僭越无涯，逾国家之禁者也。[2]

---

1 姚莹：《康輶纪行》卷一四，载《笔记小说大观》，江苏广陵古籍刻印社 1983 年版，第 24 册，第 118 页。

2 张瀚：《松窗梦语》卷七《时序纪》，中华书局 1985 年版，第 140 页。

概言之，晚明服饰僭拟无等者，若以人群来分，则以勋戚、内官、妇人这三种人为最盛；若以地域为别，则以北京为最盛。而在外之士人妻女，更是"相延袭用袍带"。在北京，即使至贱如长班，至秽如教坊司，他们家的女子外出，也无不"首戴珠箍，身被文绣，一切白泽麒麟飞鱼坐蟒，靡不有之"。[1]

服饰越礼僭分之风影响相当广泛。即使在一些边地城市，也受到了这股风气的熏染。当时有一段记载，大抵反映了这种僭越之风：

> 城市中绝无男子服裋衫两截者，有之，则众笑曰："村夫。"绝无妇人戴银簪珥者，有之，则众笑曰："村妇。"绝无着巾跨驴者，有之，则众笑曰："街道士。"[2]

这段记载基本可以说明，在明代中期以后妇女服饰的变化过程中，仍然存在着城乡差别。上面所谓的"村妇"，其打扮显然已经不符合城市妇女的眼光，显得相当土气。那么，这些村妇的土气究竟体现在何处？我们不妨引用当时人所作的一首《嘲村妇》曲作为例子，曲云："村妇入城来，鬓髾松，髹髻歪，搽胭抹粉乔作怪。锡环子傻白，铜簪儿密排，野花乱望头上戴。大花鞋，不宽不窄，堪可作挨牌。"[3] 可见，村妇的土气，并非仅仅限于戴银簪珥，而是戴锡环铜簪。脚穿大花鞋，说明她们长着一双大脚。

徐咸的记载也基本说明了在浙江，民间妇女的服饰也开始从俭朴转向奢华。他说：

1　沈德符：《万历野获编》卷五《服色之僭》，中华书局 1997 年版，第 147—148 页。

2　孙世芳等纂修：《宣府镇志》卷二〇《风俗考》，载《新修方志丛刊》，台湾学生书局 1969 年版。

3　李开先：《词谑》，载《李开先全集》，文化艺术出版社 2004 年版，中册，第 1271 页。

国初民间妇人遇婚媾饮宴，皆服团袄，为礼衣，或罗，或纻丝，皆绣领，下垂，略如霞帔之制。予犹及见之，非仕宦族，有恩封者，不敢用冠、袍。今士民之家，遇嫁娶事，必假珠冠、袍带，以荣一时。乡间富民，必假黄凉伞，以拥蔽其妇。僭乱至此，殊为可笑。[1]

这种妇女服饰尚奢之风，上自宫中后妃，下至民间官宦夫人，以及一般的丫鬟，无不如此。据史料记载，明朝皇后的一顶珠冠，所费达 60 万两银子，珠冠上大的珍珠，每颗重达 8 分。山东尚书张忻的夫人陈氏，其所戴珠冠，一副值 8000 两银子。每天清晨，就将珠冠装饰在鬟髻之间，行部出户之时，婢女呵导如官仪，已经与宫廷后妃的礼仪相近。[2]小说《金瓶梅》中记载了潘金莲故意学丫头打扮的场景。我们且来看明代大家族的丫头是怎样一种打扮？小说记道："〔头上〕打了个盘头揸髻，把脸搽的雪白，抹的嘴唇儿鲜红，戴着两个金灯笼坠子，贴着三面花儿，带着紫销金箍儿。寻了一套大红织金袄儿，下着翠蓝段子裙。"[3]从这身打扮中，尤其是穿着缎子，用金首饰，无不超越了朝廷所规定的服饰礼制。李渔的记载也显示，当时妇女所穿的绣袜，更是"每作龙凤之形"，这无疑也是昧理僭分

1　徐咸：《西园杂记》卷上，《盐邑志林》影印明刻本。按：吕坤的记载同样反映了当时妇女服饰崇尚奢侈之风。他说："近世妇女，罗珠刺绣，满箧充箧；大袖长衫，覆金掩彩。互羡争学，日新月异，有甫成而即毁者。"参见陈宏谋辑《教女遗规》卷中《吕新吾闺范》，载《五种遗规》，清道光三十年重刊本。
2　刘銮：《五石瓠节录·珠冠价》，载虫天子编、董乃斌等校点《中国香艳全书》八集卷二，团结出版社 2005 年版，第 2 册，第 930 页。
3　兰陵笑笑生：《金瓶梅词话》第四〇回，第 529 页。

之举。[1]

2. 厌常斗奇，服务新巧

服饰的等级制度一旦被打破，随之而来的是服饰的僭用与对华美的追求。服饰追求华美，势必产生一种厌常斗奇的心理，并对服饰式样随时进行革新。[2]

以女子的发髻为例，也是随时而变。松江女子发髻崇尚小而矮，发髻分别有纯阳髻、官髻，或以珠子作点缀，或在髻后垂络，有的则用翡翠做成龙凤式样，作为装饰。拿服装来说，女子衫袖如同男子，领缘用绣帕，如莲叶一半大，披在肩上，称作"围肩"。有些围肩也用金珠作点缀。女子裙子一概崇尚彩绣，至于平常的挑线织金，则已被视作简陋。

3. 流行色彩、面料与"时世装"

晚明服饰日新月异，出现了一些流行色与流行面料。据史料记载，明末的流行色彩有水红、[3]金红、荔枝红、橘皮红、东方色红、水绿、豆绿、蓝色绿、天蓝、玉色、月色、浅蓝、墨色、米色、鹰色、沉香色、莲子色、铁色、玄色、鹅黄、松花黄、葡萄紫等20余种。[4]在明末的皇宫内院，因为袁贵妃服饰喜用浅碧色（即天水碧），而被崇

---

1 李渔著，江巨荣、卢寿荣校注：《闲情偶寄·声容部·治服第三·鞋袜》，上海古籍出版社 2000 年版，第 161 页。

2 参见《古今图书集成·方舆汇编·职方典第四七四·汝宁府部》，巴蜀书社 1985 年版。

3 明季盛传一则笑话，可以说明当时崇尚"水红"这种颜色的风尚。笑话道：有一人的父亲鼻子呈赤色，有人就问他："尊君赤鼻有之乎？"此人答："不敢，水红色耳。"问者赞道："近时尚浅色，水红乃更佳。"参见江盈科：《谐史》，上海古籍出版社 2000 年版，第 255 页。

4 崇祯《松江府志》卷七《风俗》，载《日本藏中国罕见地方志丛刊》，书目文献出版社 1992 年版。

祯帝称为"特雅倩",[1]于是宫眷竞相崇尚，天水碧也就成为明宫的流行色。

根据明末清初人李渔的回忆，明末妇女衣服之颜色时尚基本存在着下面一种变迁过程：在明末时，最初年少女子所穿之衣，崇尚银红、桃红两种颜色，年龄稍长者则尚月白。不久，银红、桃红被大红取代，而月白则被蓝色所取代。随后，又发生了新的变化，即大红变紫，蓝变石青。明清易代之后，石青、紫色已较罕见，无论少长男妇，均已"衣青"。[2]

至于妇女的服装面料，则大多流行轻薄。当时被人们所崇尚的西洋布，它的特点也是在于轻薄和色彩淡素。如明末南曲中的名妓董小宛，色艺俱佳，名噪一时。她与复社名士冒襄结成伉俪后，正所谓郎才女貌，在当时哄传天下。据说，冒襄曾用西洋布替董小宛做了一件轻衫，用退红为里，穿在名姝身上，"不减张丽华桂宫霓裳"，迎风站立，楚楚动人，飘若仙子，引起一时的轰动。[3]

服饰花样翻新的自然结果，则是时装的出现。在晚明，城市服饰样式的更换尤为迅速。如南京妇女的衣饰，起初样式十余年一变。到了晚明，妇女的衣饰，包括头上发髻的高低，衣袂的宽狭修短，花钿的样式，服装印染的颜色，鬓发上的首饰，以及鞋袜的工巧，不到二三年，就有了变化，淘汰旧式样，流行新式样。[4]"时样"服

1　佚名：《烬宫遗录》卷下，载《笔记小说大观》。

2　李渔著，江巨荣、卢寿荣校注：《闲情偶寄·声容部·治服第三·衣衫》，第156页。

3　张明弼：《冒姬董小宛传》，载张潮辑：《虞初新志》卷三，民国广智书局铅印本；冒襄：《影梅庵忆语》，《续修四库全书》本。

4　顾起元：《客座赘语》卷九《服饰》，中华书局1997年版，第293页。

饰，常常随着审美趣味的变化而变化，一无定准，有时崇尚大袖，[1]而有时则又流行窄袜浅鞋。即使是鞋、靴之跟，也是忽高忽低，大体由高而变低，以浅薄为时尚。于是，过去以为流行或美的东西，过不了多久，又被新的式样所取代。如果有人还以为是流行服饰而大摇大摆地穿出去，无不被人掩口而笑。

妓女的打扮，通常给人以"油头粉面"之感。如小说《金瓶梅》中的郑爱香，头上戴的是银丝鬏髻，脸上贴着梅花钿，上身穿藕丝裳，下身着湘纹裙。[2]但到了晚明，南京南曲中的妓女和苏州妇女，基本引领着天下服装的新潮流。据载，南曲中妓女的衣裳装束，"四方取以为式"。南曲妓女的服饰，大约以淡雅朴素为主，不崇尚鲜华绮丽，体现一种全新的审美情趣，是在追求色调艳丽这一时尚基础上审美风格的升华。明代民间流传着这样一句俗语："若要俏，三分孝。"这句话其实就代表了一种民间的审美新时尚。孝服以素白为主，其审美趋向表现为素洁高雅。这种服饰流行于妓女中间，除了代表一种审美趣味之外，显然也是为了说明，尽管她们身处肮脏之地，但还是想使自己保持一种出淤泥而不染的高洁。

妓女的衣衫全由嫖客措办。巧样新裁，全出于假母（鸨儿）。余下之物，假母自己穿服。所以，假母虽年事已高，也盛妆艳服，光

1　据史料载，明代万历年间，秀才穿"时样青衿"，袖极其大。又史载明代服饰时尚的变化道："初士大夫高冠博袖。至崇祯间，服饰怪侈，巾或矮至数寸，袖或广至覆地，或不及尺。"这是服饰流行时尚的多样化。分见薛冈：《天爵堂文集笔余》卷二，载中国社会科学院历史研究所明史研究室编：《明史研究论丛》第五辑，江苏古籍出版社 1991 年版，第 341 页；苏惇元纂订：《张杨园先生年谱》，崇祯元年戊辰条，载《杨园先生全集》附录，中华书局 2002 年版，下册，第 1491 页。关于"时样"，明人作如下解释："儇薄子衣帽悉更古制，谓之时样。"载俞弁：《山樵暇语》卷八，《四库全书存目丛书》本。
2　兰陵笑笑生：《金瓶梅词话》第五九回，第 806 页。

彩照人。妓女衣之短长，袖之大小，都随时变易，在当时有"时世装"之称，[1] 就是今天的时装。

在晚明时代，曾流行两个新名词，这就是"苏样"和"苏意"。凡服装式样，新鲜、离奇，一概称为"苏样"；见到别的稀奇鲜见的事物，也径称为"苏意"。如苏州妇女所穿之裙，起初是裙拖六幅，但后来又流行细裥，改为八幅，又攒幅为五彩。[2] 此外，妓女的打扮也开始影响到一些城市民间妇女。即使是在杭州这样繁华的城市，其妇女发式也大多是低鬓，用胡粉傅面，甚至"跷尖自喜，都作女郎，又类倚门伎"。[3]

4."服妖"的出现

随着好尚的狂热与急剧的变更，在服饰时尚上出现了一种心理变态的现象，有些人近乎病态地不断渴望更别出心裁或更富刺激性的服饰，于是，奇装异服出现了。这就是所谓的"服妖"。服妖，除了服装新式样之外，尤其表现在服饰上喜新厌旧，突出一个"奇"字。所谓"奇"，一方面是服饰上的男女错位，也即男穿女服，女穿男衣；另一方面，则是指各种怪异服装。

按照儒家的经典所说，古代男子上衣下裳，而妇人则服不殊裳，将衣、裳相连，而上下一色。其本意是说"妇人尚专一德，无所兼"，所以衣、裳一色。传统的观念也认为，"妹喜带男子之冠而亡

1　余怀：《板桥杂记》上卷《雅游》，上海古籍出版社 2000 年版，第 13 页。
2　陆文衡：《啬庵随笔》卷四，清光绪二十三年刻本。
3　汪砢玉：《西子湖拾翠余谈》卷上，载王国平主编《西湖文献集成》，杭州出版社 2004 年版，第 3 册，第 1159 页。

国，何晏服女人之裙而亡身"，[1]服饰上的阴阳反常现象，显然是一种不祥之兆。但明代道袍的盛行，说明男子也开始衣、裳相连，如同女衣。[2]这是男子服朱裙画裤。与此相反，当时妇人的衣服却如文官，裙则如武官，[3]或者妇人"上衣长与男子等"，[4]体现了一种女服男装化的倾向。

毫无疑问，习惯与时尚可以使眼睛迁就所有甚至荒唐怪诞的东西，因为对时尚的追求已使人们看不出它们的缺陷。晚明服饰时尚的变化，正好印证了这一道理。

正如前面所述，传统中国的服饰理念，始终贯穿着儒家的伦理准则。如衣服的长短之式，男女截然不同。女服上衣齐腰，下裳接衣，是代表"地承天"；男服上衣覆裳，是表示"天包地"。但到了明代中期以后，妇女服饰发生了根本的变化，已完全突破了传统的儒家伦理观念。如在南京一带，妇女的衣服袖大过膝，袄长掩裙；妇女戴髻旧式，高仅三寸，尖首向前。到了正德初年，北京的女髻已高达五寸，首尖向后，以至于当时有"妇人髻倒戴"之谣。这种妇人戴髻的风气，流传到天下各省，于是纷纷高髻，尖首向后，称"反面髻""背夫髻"。[5]无论是衣长裳短，还是"背夫髻"的出现，在传统观念看来，都是一种"服妖"，甚至会引起"妖贼之乱"，但在这种服饰风尚的背后，何尝不是社会发展的一种新动向？

---

1 程春宇：《士商类要》卷四《立身持己》，载杨正泰：《明代驿站考》附录，上海古籍出版社1994年版，第357页。

2 相关的解释，可参见张尔岐著，张翰勋整理：《蒿庵闲话》卷一，齐鲁书社1991年版，第293页。

3 郎瑛：《七修类稿》卷九《国事类·衣服制》，上海书店出版社2001年版，第97页。

4 赵世显：《客窗随笔》卷二，载《赵氏连城》，明钞本。

5 霍韬：《渭厓文集》卷九《为定服饰以正风化事》，明万历四年霍与瑕刻本。

另外，妇女服饰中"水田衣"的出现，在当时人看来，也是"大背情理"。所谓"水田衣"，就是零拼碎补之服。在民间，凡是赞美神仙，必说"天衣无缝"。由此可证，衣服的自然状态理应天衣无缝，而"衣之有缝，古人非好为之，不得已也。人有肥瘠长短之不同，不能象体而织，是必制为全帛，剪碎而后成之，即此一条两条之缝，亦是人身赘瘤，万万不能去之，故强存其迹"。值得引起注意的是，自崇祯末年以后，妇女服装开始崇尚有缝，"以一条两条，广为数十百条"，此即所谓的"水田衣"。推原这种服装的起始，原本是因为"缝衣之奸匠，明为裁剪，暗作穿窬，逐段窃取而藏之，无由出脱，创为此制，以售其奸"。不料，这种服装式样正好迎合了当时人们"厌常喜怪"的时风。所以，一等水田衣出现，不但"不攻其弊，且群然则而效之"，将成片面料裁成零星小块，再将碎裂者缝纫为水田衣，犹如"百衲僧衣"。[1]

妇女服饰名色

在说到妇女服饰名色之前，我们不妨先引明代《变》这首民歌为例。歌曲道：

> 变一只绣鞋儿（在你）金莲上套，变一领汗衫儿（与你）贴肉相交，变一个竹夫人（在你）怀儿里抱，（变一个）主腰儿拘束（着）你，（变一管）玉箫儿（在你）指上调，再变上一块香茶也，

---

1 李渔著，江巨荣、卢寿荣校注：《闲情偶寄·声容部·治服第三·衣衫》，第157页。

不离你樱桃小。[1]

这首歌曲中，基本具备了明代妇女服饰的品类，分别如下：脚下所穿是绣鞋；身上所穿是汗衫，这是一种贴肉之衣，大体属于内衣；腰上所系是主腰，大概类似于肚兜之类的束腰之物。从明代的歌曲中可知，若是女子在"青滴滴"的汗衫上，再配上红色的主腰，无疑就是一种"骚"娘的打扮。[2]

还有《金瓶梅》小说中的那位潘金莲，一登场，小说第一回就说她描眉画眼，傅粉施朱，梳一个缠髻儿，着一件扣身衫子。做张做致，乔模乔样。从穿着打扮来看，显然这也是市井小妇的装束。

1. 巾、帽

正如上述，明代巾帽有一套制度，但在制度之内，式样变化较大，增加了不少品种。即以妇女珍珠冠为例，在抄没奸相严嵩的家产中，珍珠冠就以凤饰的不同而分为珍珠五凤冠、珍珠三凤冠。[3]

"巾"原来是指佩，用来拭物，即明代的手巾、汗巾。在明代，汗巾往往是女子赠送情郎的定情之物。明人程万里辑《汇选倒挂枝儿》中有一首《汗巾儿本是丝织就》歌，歌道："汗巾儿本是丝织就，上写着相思诗一首，临行时放在你衫儿袖。你若害相思，汗巾儿是念头，要解愁肠，紧紧拿在手。"[4]可见，汗巾多由丝织成，实际

---

1 冯梦龙编：《挂枝儿》卷二《欢部》，载《明清民歌时调集》，上海古籍出版社 1999 年版，上册，第 65 页。

2 冯梦龙编：《山歌》卷一《私情四句》，载《明清民歌时调集》，上册，第 274 页。

3 《天水冰山录》，上海书店 1982 年版，第 53—63 页。

4 蒲泉、群明编：《明清民歌选》甲集，上海出版公司 1965 年版，第 67 页。按：清人曹雪芹所著《红楼梦》中，黛玉焚稿之时，所焚亦是一种"诗帕"，曾为宝玉随身所带，显为明人汗巾上写相思诗的遗风。

上是一种丝巾，只是起初不是头巾，而是用来拭汗的手巾。在明代，已经有了专门卖汗巾的店铺，所卖为各色改样销金点翠手帕汗巾，品种分别有老金黄销金点翠穿花凤汗巾、银红绫销江牙海水嵌八宝汗巾、闪色芝麻花销金汗巾、玉色绫琐子地儿销金汗巾。有些四川产的绫汗巾，其花色更为复杂：上销金，间点翠，十样锦，同心结，方胜地，一个方胜里面一对喜相逢，两边栏子都是缨络出珠碎八宝。[1]

2. 衣裳、裙裤

（1）裙

按照古制，上下一体，上为衣，下为裳，即裙。至明代中期以后，出现了上下分为两截的衣裳。

裳服，俗称"裙"。裙子是男女都穿之服。除了冕服、朝服之外，明代男子在其外衣之内也多束裙子。如果外面袍衫较短，就会露出内裙。按照李渔的观点，妇人之异于男子之处，全在下体。所以，妇女所着之裙，尤其需要讲究，甚至不惜多费面料。古云"裙拖八幅湘江水"。既然裙有八幅，那么其褶纹不少更是可想而知。在李渔看来，八幅之裙，只能用于家常之裙。若是为了在人前显得美观，更须将裙幅增至十幅。[2]

明代广西妇女还穿一种细简裙，后曳地四五尺，"行则以两婢前携之"，简多而细折，称为"马牙简"。这种裙子，类似于百褶裙，而且属于长裙一类。杭州妇女喜欢阔简高系，崇尚软薄。北方妇人的裙子，长可拖地，据说因为北方妇女不缠足，所以穿长裙，盖足

---

1 兰陵笑笑生：《金瓶梅词话》第五一回，第685页。
2 李渔著，江巨荣、卢寿荣校注：《闲情偶寄·声容部·治服第三·衣衫》，第158页。

遮丑。[1]

从明人范濂的记载可知，隆庆初年，松江府妇女的穿着一般是身穿裙袄，袄用大袖圆领，裙有销金拖自后翻出。其后风气发生变化，妇女之衣改用三领窄袖，长三尺多，犹如男人所穿之褶子，仅仅露出裙二三寸。至于梅条裙拖、膝裤拖，开始崇尚用刻丝，后来又改为流行本色、画、插绣、堆纱，直至流行大红绿绣，如莲藕裙之类。至于那些披风、便服，更是去掉了梅条。[2]李渔的记载同样证实，明末的苏州崇尚一种"百裥裙"，然此裙只宜配盛服，不宜于家常。随后，苏州又出现了一种新的裙式，称为"月华裙"，一裥之中，五色俱备，犹皎月之现光华。最后，更是出现了"弹墨裙"。[3]

（2）裤

在裙之外，尚有裤。明代苏州一带妇女，有人穿"大脚开裆裤"；裤为胫衣，而浦城妇女全不穿裤。[4]明人田艺蘅称之为"淫风薄俗"的一种反映。是否如此，尚待进一步证实。

荷兰汉学家高罗佩（R. H. van Gulik）通过明代的秘戏图《花营锦阵》，对明代妇女作为内衣的裤子作了探讨。从《花营锦阵》第十八图可知，女人也穿又长又大的裤子，用与男子相同的方法使之收束在腰部。裤子无裆，用一根腰带上悬下。显然，这种裤子就是明代女子的贴身亵衣。在裤子外面，女子在下面还穿一种用绳子系紧的宽裙。[5]

1　田艺蘅：《留青日札》卷二〇《细简裙》，上海古籍出版社 1985 年版，第 677—678 页。

2　范濂：《云间据目钞》卷二《记风俗》，清光绪四年上海《申报》馆仿聚珍版印本。

3　李渔著，江巨荣、卢寿荣校注：《闲情偶寄·声容部·治服第三·衣衫》，第 158—159 页。

4　田艺蘅：《留青日札》卷二二《裈袴袜》，第 736—737 页。

5　[荷]高罗佩著，杨权译：《秘戏图考》，广东人民出版社 2005 年版，第 148—149 页。

（3）主腰

在女子的腰部，有一种"主腰"，大概是肚兜一类的东西。冯梦龙所辑民歌《愁孕》中，就记载了一个与人偷情的女子因为怀孕，导致"主腰儿难束肚子大"，[1] 显然女子腰部系有主腰。

（4）袜胸

袜胸，一作抹胸，又称"襕裙"，为女人亵衣。明代襕裙，在内有袖的称"主腰"。领襟之缘，绣蒲桃花，"言其花朵朵圆，如蒲桃也"。[2]

高罗佩通过明代秘戏图《花营锦阵》，对当时妇女的袜胸作了研究。从中不难发现，袜胸作为一种妇女最贴身的内衣，事实上就是一种妇女缠绕乳房的宽布条或绣花的绸片，上抵腋下，下至肚脐。明代妇女袜胸至少存在着两种式样：一种袜胸用一个绕过乳房的绢带系紧，绢带下不过胸；另一种式样稍有不同，这种袜胸显然是在前面扣紧的。在袜胸外面，妇女上身通常还穿一种带大袖的宽松短衫。[3]

（5）背子

背子，一作褙子，始于隋，称"半臂"。其制去掉长袖，江淮之间称"绰子"，在明代又俗称"搭护""背褡"。背子着于外。按照一般的道理，妇女之体，宜窄不宜宽，妇女一着背子，则可以起到使宽者窄而窄者愈显其窄的作用。[4] 至晚明，一些富豪之家，开始穿

---

1 冯梦龙编：《挂枝儿》卷一《私部》，载《明清民歌时调集》，上册，第55—56页。

2 田艺蘅：《留青日札》卷二〇《袜胸》，第674—675页。

3 [荷]高罗佩著，杨权译：《秘戏图考》，广东人民出版社2005年版，第149页。

4 王三聘：《古今事物考》卷六《半臂》，《续知不足斋丛书》本，商务印书馆1936年版；李渔著，江巨荣、卢寿荣校注：《闲情偶寄·声容部·治服第三·衣衫》，第158页。

"珍珠半臂",¹ 显得相当奢华。

3. 带佩

女子束腰之带,俗称"鸾绦"。按照一般的道理,妇女之腰,宜细不宜粗,如果用上"鸾绦",那么可以起到使粗者细而细者倍觉其细的效果。正如前述,背子一般着于外,而鸾绦则宜束于内。究其原因,带藏衣内,则虽有若无,似乎女子的腰肢本细,从而掩盖了"有物束之使细"的弊端。²

4. 鞋、袜

明末清初人余怀曾对中国古代妇女的鞋袜作过详细的考述,引述如下:

> 古妇人皆着袜。杨太真死之日,马嵬媪得锦袎袜一只,过客一玩百钱。李太白诗云:"溪上足如霜,不着鸦头袜。"袜一名"膝裤"。宋高宗闻秦桧死,喜曰:"今后免膝裤中插匕首矣。"则袜也,膝裤也,乃男女之通称,原无分别。但古有底,今无底耳。古有底之袜,不必着鞋,皆可行地。今无底之袜,非着鞋,则寸步不能行矣。张平子云"罗袜凌蹑足容与",曹子建云"凌波微步,罗袜生尘",李后主词云"划袜下香阶,手提金缕鞋"。古人鞋袜之制其不同如此。至于高底之制,前古未闻,于今独绝。吴下妇人有以异香为底,围以精绫者;有凿花玲珑,囊以香麝,行步霏霏,印香在地者。此则服妖。宋元以来诗人所未及,故表而出之,以告世之赋《香奁》,咏《玉台》者。³

---

1 谢肇淛:《五杂俎》卷一二《物部》四,上海书店出版社 2001 年版,第 250 页。
2 李渔著,江巨荣、卢寿荣校注:《闲情偶寄·声容部·治服第三·衣衫》,第 158 页。
3 余怀:《妇人鞋袜考》,载《中国香艳全书》二集卷四,第 1 册,第 204 页。

仔细推敲余怀之说,古代妇人大多穿袜。所谓"袜",又称"膝裤",原本是男女通称,并无分别。但古人之袜与明人之袜仍有区别,其中的区别在于:古人之袜有底,明人之袜无底。到了明末,苏州妇女之袜开始趋于怪异,"以异香为底,围以精绫者;有凿花玲珑,囊以香麝,行步霏霏,印香在地"。

明代广东妇女,不论晴雨昼夜,都穿木屐。当时流行连齿木屐,称"拖屐"。

在古代,妇女之足与男子并无差异。从《周礼》的记载中可知,当时设有"屦人"一职,专门掌管王及后的服装与鞋屦,而且里面也提到了很多鞋履的名称,分别有赤舄、黑舄、赤缲、黄缲、青勾、素履、葛屦等。此外,作为内外命夫、命妇区别者,尚有功屦、命屦、散屦等名。显然,当时男女之履,同一形制,并非如后世女子,均为弓弯细纤,以小为贵。

关于妇女缠足之始,明清学者对此多有考证,并形成了下面几种说法:

一种说法认为,妇女缠足,起源于南唐李后主时。《墨庄漫录》即主此说,陶元仪《南村辍耕录》亦云始于五代。明末清初人余怀张大此说,并给以详细的考证。他的证据是李后主的宫嫔中有一位宵娘,"纤丽善舞","乃命作金莲,高六尺,饰以珍宝,绸带缨络,中作品色瑞莲。令宵娘以帛缠足,屈上作新月状,著素袜,行舞莲中,回旋有凌云之态"。自此以后,人多效之。当然,余怀又指出,唐朝以前,妇女缠足之风未开,所以词客、诗人,在歌咏美人好女之时,有容态之殊丽,颜色之夭姣,以至面妆、首饰、衣绡、裙裾之华丽,鬓发、眉眼、唇齿、腰肢、手腕之婀娜秀洁,无不津津乐道,却无一语涉及妇女足之纤小。可见,在宋元丰以前,缠足妇女尚少。自元至清初，在这将近 400 年之中，才开始矫揉造作，形成一股妇女缠足之风。[1]

另一种说法则持反对意见，认为唐时妇女已有缠足之例。如明人杨慎《丹铅录》引古乐府中有"新罗绣行缠，足趺如春妍"之说，而且杜牧诗中亦有"钿尺裁量减四分"之说，加以印证。[2] 清人费锡璜尽管叹服余怀的考证甚为"精博"，但对余怀之说亦持怀疑的态度。费锡璜所引自汉《杂事秘辛》，以至唐人许多诗歌，均说明在唐以前，亦有许多关于妇女缠足之例。[3] 清人沈涛曾与一位叫更生的人讨论妇女缠足缘起。更生引古乐府《双行缠》诗"新罗绣行缠，足趺如春妍"之句，以为六朝时已然。此说被沈涛认为未有确证。而他则引《酉阳杂俎》所载叶限女金履之事，有云：陁汗国主得之，命其左右履之足小者，履减一寸，乃令一国妇人履之，竟无一称者。尽管所言属于寓言，但沈涛借此认为，当时妇人以足小为贵，并否定妇女缠足始于五代之说。另外，沈涛又引韩偓诗，其中有"六寸圆肤光致致"之句，并证明唐尺六寸，尚不足清代四寸。言外之意，是说唐代已有缠足之例。[4]

清人袁枚作《缠足谈》一文，对上面两说有所补充，并加以折中。通观此篇之意，一是说自汉以来，宋代以前，妇女小脚之例颇多，但弓鞋的盛行，当在宋代。至于《玉壶清话》所载唐明皇《咏锦袜》所云"琼钩窄窄，手中弄明月"，借此作为弓鞋之证，或许还

1　余怀：《妇女鞋袜考》，载《中国香艳全书》二集卷四，第 1 册，第 204 页。

2　袁枚：《缠足谈》，载《中国香艳全书》二集卷四，第 1 册，第 205 页。

3　余怀：《妇女鞋袜考·费锡璜跋》，载《中国香艳全书》二集卷四，第 1 册，第 204—205 页。

4　沈涛：《瑟榭丛谈》卷下，载《清人考订笔记》（七种），中华书局 2004 年版，第 336—337 页。

是小说家的附会。[1]

近人左君著有《缠足琐谈》一文，所用例子多为余怀、袁枚诸家所引，借此确定缠足始于南唐，而至宋代，已是"人都以为脚小为好看，盛行裹足了"。[2]

在明代，靸鞋多为不缠足的人穿用。至于缠足的人，则以丝制成鞋，有时用羊皮销金箔制成，或者用蒲草麻葛制成。鞋面或绣凤头、伏鸠、鸳鸯，或绣云露花草。妇女鞋底用两种颜色的帛，前后半节合成，元时称为"错到底"。明代的鞋也有用金宝珠玉作装饰物的，显得较为奢侈，大概多为宫中后妃与缙绅士大夫内眷穿用。[3]

至于弓鞋之制，在明代以小为贵。明代有一首《送郎》的民歌，说明了明代女子弓鞋之小。歌道："送郎送到五里墩，再送五里当一程。本待送郎三十里，鞋弓袜小步难行；断肠人送断肠人。"[4] 履原本只有平底，有时也金绣装珠，但无高底笋履。崇祯末年，松江闾里小儿也缠纤脚，于是妇女弓鞋，大多改成高底。"窄小者，可以示美；丰跌者，可以掩拙。"[5]

弓鞋在明代又称"绣鞋"，为缠脚妇女专用之鞋。妇女缠脚，或

1　袁枚：《缠足谈》，载《中国香艳全书》二集卷四，第 1 册，第 205—206 页。

2　此文原载《女声》第 2 卷第 9 期（1944 年 1 月），收入苑利主编：《二十世纪中国民俗学经典·物质民俗卷》，社会科学文献出版社 2002 年版，第 47—48 页。

3　如崇祯朝田贵妃所用之履即为"珠履"，装缀珍珠，从上有："臣周延儒恭进"字样可知，此珠履为当时的内阁首辅周延儒所献，从中可知周氏善媚之品。参见刘銮：《五石瓠节录·大珠当筹》，载《中国香艳全书》八集卷二，第 2 册，第 930 页。

4　墨翰斋主人述：《山歌》卷一○《送郎》，载蒲泉、群明编：《明清民歌选》甲集，第 119 页。

5　叶梦珠：《阅世编》卷八《冠服》，上海古籍出版社 1981 年版，第 182 页。按：与民间女子崇尚缠足，所穿多为"弓鞋"不同，明代宫中后妃、宫婢，却并不缠足，其鞋制为特有的宫样。关于此，明人沈德符的《万历野获编》和邹枚的《邹子家语》都有明确记载。今人的阐述，可参见邓之诚：《骨董三记》卷四《明代宫中不缠足》，中国书店 1991 年版，第 512 页。

许存在于大家闺秀之中。至于那些乡下妇女亦即"乡里姐"之类，由于劳动的需要，或许并不缠脚，因而长着一双大脚。明代题为《大脚》的民歌说乡下妇女云："乡里姐儿偶到城里来望，见一双小脚儿心里（就）着忙。急归来缠上他七八烫，紧些儿疼得很，松些儿（又）痒得慌。这不凑趣的孤拐也，（只怕）明春还要长。"即使大家闺秀房中的丫鬟，很多也并没有缠脚，而是生就一双大脚，明代民歌中说婢女"臀高奶大掀蒲脚"。[1]"蒲脚"之说，即可为证。

明人沈愚写有"绣鞋"诗一首，不妨详引如下：

> 几日深闺绣得成，着来便觉可人情。一弯暖月凌波小，两瓣秋莲落地轻。南陌踏青春有迹，两厢待月夜无声。看花又湿苍苔露，晒向窗前趁晚晴。[2]

说到绣鞋，不能不适当介绍一下明代妇女的缠足之俗以及当时人对小脚的不同看法。明代文人似乎偏爱小脚，在一些香奁褒咏中，总是用"笋牙""半叉"加以形容，而在民间的俚语中，则称之为"三寸三分"，将此作为一种雅致的标准。至于像上面所咏的"弓鞋"，则弯转如弓，实际上是北方妇人之态，往往为当时南方的妇人所嘲笑，称之为"翻头脚""揣船头"，在妇女小脚中属于下品。[3]

小说《金瓶梅》中所提及妇女之鞋，种类颇多：鞋有平底与高底

1　冯梦龙编：《挂枝儿》卷九《谑部》，载《明清民歌时调集》，上册，第229、231—232页。

2　王锜：《寓圃杂记》卷五《沈通理绣鞋诗》，中华书局1984年版，第36页。按：明人郎瑛记苏平亦有《绣鞋》诗（《七修类稿》卷三七《诗文类·咏物诗》，上海书店出版社2001年版，第398页），其中云："几日深闺绣得成，着来便觉可人情。半湾罗袜凌波小，两瓣金莲落地轻。南陌踏青春有迹，西厢立月夜无声。扫花偶湿苍苔露，晒向窗前趁晚晴。"两诗虽有个别字句差异，但显是一诗。此诗究竟属谁所作，俟考。

3　田艺蘅：《留青日札》卷二〇《窅娘新月脚》，第667—668页。

之分，鞋底或用木底，或用毡底。鞋面面料各不相同，或为大红四季花嵌八宝缎子白绫，或为大红光素缎子白绫。鞋有跟，有口，跟或为绿提跟，口或为蓝口金边。鞋上有锁线。有些鞋尖上还绣有花样，如鹦鹉摘桃之类。根据功能不同，鞋又分白天穿的鞋与晚上睡觉时用的睡鞋。[1] 明代民歌《睡鞋》已经证明，妇女在晚上睡觉时，在三寸金莲之外，还套上睡鞋。[2]

袜者，足衣也。[3] 明代又称"膝裤"。明代有的妇女不穿袜，此风在唐时已然。膝裤，大概就是膝袜，属于女袜。旧拖于膝下，下垂没鞋。女袜长幅与男袜相等，或镶彩，或绣画，或纯素，甚至有用金珠翡翠作装饰。饰物虽各有不同，制式却大体相同。

高罗佩通过明代秘戏图《花营锦阵》，对妇女的袜子作了一些研究。从他的研究中可知，当时妇女的双足不穿长袜，而是用一种绑带紧缠着。在《花营锦阵》第二十二图上，这种绑带条的一根松散了。这本图册中的大多数女子，都只缠绕这种紧绑带，脚上穿一双绢鞋。高罗佩接着说："在日常生活中，这些中国人眼中的'隐处'被一种裹腿严遮着，裹腿是一块丝质的宽松垂布，下面镶有花边，用一根带子系在腿肚子上，悬下来直拖至脚上，只露出莲鞋尖。这些裹腿有时被裤腿遮着，有时又覆盖着裤腿。别的版画描有一种不同式样的裹腿，仅及半排，被一根带子紧系在踝部。"[4]

1　兰陵笑笑生：《金瓶梅词话》第二八、二九回，第356、363—364页。
2　冯梦龙编：《挂枝儿》卷八《咏部》，载《明清民歌时调集》，上册，第197页。
3　在明代，"袜"与"足纨"又有细微的差别。史载，文徵明"脱去袜，以足纨玩弄"。可知，袜是一个通称，有长统与短统之别。当短统时，袜就是足衣，相当于"足纨"；当长统时，袜又套在"足纨"之外，显然类似于绑腿。参见何良俊：《四友斋丛说》卷一八《杂纪》，中华书局1983年版，第158页。
4　[荷]高罗佩著，杨权译：《秘戏图考》，广东人民出版社2005年版，第149页。

在说到明代妇女的鞋袜时，我们不能不关注一些妇女在服饰习惯上的地域特点。如四川妇女尽管多有殊色，并且浓妆艳抹，却是"跣其胫，无膝衣，无行缠，无屦，如霜素足"，行走在闹市中，不以为异。广东的风俗亦然，只是脚上穿一双木屐。此外，福建的妇女也多不穿袜。这显然是一种地方风俗。但一等士大夫在南北各地做官，当时的妇女服饰随之有所变化，甚至"竞习弓鞋"。[1]

礼服与便服

明代的妇女服装，依其使用的不同场合和功能，则有礼服、便服之别。

礼　服

1. 宫廷妇女礼服

由于紫禁城特殊的地位，它一直保持着矜持的皇家气魄。服饰也不例外。皇宫内后妃宫女的服饰，即所谓的"宫装"，始终与命妇及民间妇女保持着一定的距离。无论是面料，还是裁制的样式，宫装均自具特色。明宗室朱权所作宫词云："谁剪吴江一幅绡？巧裁宫样缕金袍。妖娆偏称腰肢小，每向龙墀侍早朝。"[2]词中所说"宫样"，就是明宫服装样式的通称。

明宫妇女，包括皇后、皇妃、皇嫔、内命妇及宫人。因社会等级的差异，导致她们的礼服各有不同。宫中妇女若遇到受册、谒庙、朝

1　刘銮：《五石瓠节录·蜀粤妇人皆不履》，载《中国香艳全书》八集卷二，第2册，第930页。
2　朱权：《宫词七十首》，载《明宫词》，北京古籍出版社1987年版，第5页。

会、助祭等大事，就必须穿礼服。

洪武三年（1370）定皇后礼服之制：头戴圆匡之冠，外冒翡翠，上面装饰九龙四凤，加大小花各 12 枝，冠两旁有两博鬓，[1]12 片花钿。身穿袆衣，深青质，上面绣画赤质五彩的翟纹 12 等；内衬素纱中单，黼领，朱色罗縠缘、袖端、衣边及后裙；蔽膝之色与衣相同，并用酱色为其上缘，上绣画翟纹三等。腰所系大带与衣色相同，并用玉革带。着青袜、青舄，并用金作装饰。[2]

永乐三年（1405）对皇后礼服稍有改定：冠用漆竹丝为圆匡，外冒翡翠，用翠龙九，金凤四，中间一条龙口衔大珠一颗，上有翠盖，下垂珠结，其余亦均口衔珠结。冠加翠云 40 片，大珠花 12 枝，每枝上有牡丹花二朵，花蕊二个，小花 12 枝。冠边三博鬓，也就是左右各三扇，比洪武时所定增加一扇博鬓，用金云翠龙并垂珠滴装饰。翠口圈一副，也用珠宝钿花装饰，珠翠面花五事，珠排环一对。皂罗额子一，描出金龙纹，用珠 12 颗。衣为翟衣，深青色，织翟纹 12 等，错杂小轮花，红领及袖端、衣边、后裙，织出金龙云纹。中单为玉色，用纱制作，红领、袖端织 13 种黼纹。蔽膝随衣色，也织翟纹三等，错杂小轮花，上用酱色缘，并织金云龙纹。玉革带，大

---

1 博鬓，在明代只有皇后才可使用。明初，王妃也一度可以使用博鬓，但永乐间又被革除。一些亲王时常替自己之妃请用博鬓，但最终均为朝廷所否。天顺五年（1461），英宗特赐含山大长公主珠翠九翟博鬓冠一顶，显属异数。参见沈德符：《万历野获编》卷三《国初纳妃》，第 72 页。按：含山公主为明太祖第 14 女，母系高丽人。永乐间进为长公主。洪熙初，进为大长公主。生于洪武十三年（1380），卒于天顺六年，享年 83 岁。

2 《明史》卷六六《舆服二》，第 1621—1624 页；申时行等纂：《明会典》卷六〇《皇后冠服》，中华书局 1989 年版，第 373 页；孙承泽：《天府广记》卷一五《礼部上·中宫朝仪》，北京古籍出版社 1983 年版，上册，第 190 页。相关的研究，可参见周锡保：《中国古代服饰史》，中国戏剧出版社 1984 年版，第 414 页。

带，副带，小绶，玉佩，青袜，描金云龙舄，舄首加珠五颗。

皇妃礼服均为遇到受册、助祭、朝会诸大事时所穿。洪武三年（1370）又定皇妃礼服：冠饰九翚、四凤，花钗九枝并有相同数的小花。两博鬓，九钿。翟衣，青质，绣翟纹，编次于衣及裳，重为九等。中单用青色纱，黼领，朱色罗縠缘、袖端、衣边和后裙。蔽膝与裳色同，加纹饰，并绣重雉，分章为二等，用青赤色作领缘。大带随衣之色，玉革带，青色袜、舄、佩绶。皇妃礼服在永乐三年（1405）也作了新的规定，不赘述。[1]

关于九嫔冠服，至嘉靖十年（1531）才得以制定。冠用九翟，冠上之凤少于皇妃。

至于皇太子妃、王妃的冠服，凡是遇到受册、助祭、朝会诸大事时，其礼服均与皇妃相同，只是王妃所用为素纱中单，以稍示区别。[2]

洪武五年（1372），又定内命妇礼服：三品以上花钗、翟衣，四品、五品山松特髻，大衫为礼服。贵人与三品相等，以皇妃燕居所戴之冠及大衫、霞帔为礼服。[3]至于宫中女官的服饰，则衣服为紫色圆领窄袖，在衣服上遍刺折枝小葵花花样，再以金圈之，珠络缝，腰用金束带，下穿红裙及弓样之鞋，头戴乌纱帽，帽上装饰花帽额，上面缀有团形珠结及珠鬓梳，耳饰用垂珠。[4]

2. 命妇礼服

明代品官之妻即命妇，朝廷也规定了其礼服的样式。命妇礼服既指朝服，即命妇朝见皇帝、皇后时所穿的服饰；又指命妇在家见舅

---

1 孙承泽：《天府广记》卷一五《礼部上·冠服之制》，上册，第193页。
2 孙承泽：《天府广记》卷一五《礼部上·冠服之制》，上册，第193页。
3 《明史》卷六六《舆服二》，第1623—1624页。
4 孙承泽：《天府广记》卷一五《礼部上·中宫朝仪》，上册，第191页。

姑、丈夫或者祭祀时所用的服饰。[1]

明代命妇礼服初定于洪武元年（1368），在洪武四年、五年、二十四年、二十六年都分别作了更定。洪武五年定，至洪武二十四年又定：公、侯、伯与一品夫人同，用真红大袖衫；一品至五品，料用纻、丝、绫、罗；六品至九品，用绫、罗、绸、绢。霞帔、褙子皆用深青缎匹。下面根据二十六年所定，胪述如下：

一品，冠用金质，珠翠五个，珠牡丹开头（花开放者）两个，珠半开者三个，翠云24片，翠牡丹叶18片，翠口圈一副，上带金宝钿花八个，金翟两个，口衔珠结子两个；二品至四品，冠用金质，珠翠四个，珠牡丹开头两个，珠半开头四个，翠云24片，翠牡丹叶18片，翠口圈一副，上带金宝钿花八个，金翟两个，口衔珠结两个；五品、六品，冠用抹金银质，珠翠三个，珠牡丹开头两个，珠半开头五个，翠云24片，珠牡丹叶18片，翠口圈一副，上带抹金银宝钿花八个，抹金银翟两个，口衔珠结子两个；七品至九品，冠用抹金银质，珠翠两个，珠月桂开头两个，珠半开头六个，翠云24片，翠月桂叶18片，翠口圈一副，上带抹金银宝钿花八个，抹金银翟两个，口衔珠结子两个。

一品、二品，霞帔、褙子均为云霞翟纹，钑花金坠子；三品、四品，霞帔、褙子均为云霞孔雀纹，钑花金坠子；五品，霞帔、褙子均为云霞鸳鸯纹，镀金钑花银坠子；六品，霞帔、褙子均为云霞练鹊纹，钑花银坠子；七品，霞帔、坠子、褙子，与六品同；八品、九品，霞帔用绣缠枝花，坠子与七品同，褙子绣摘枝团花。[2]

1　孙承泽：《天府广记》卷一五《礼部上·中宫朝仪》，上册，第191页。
2　《明史》卷六七《舆服三》，第1645—1646页。

洪武十八年（1385）五月，又定命妇翠云冠的制式，并颁发天下。其制饰以珠翠，前用珠菊花三，珠蕊菊二，翠叶 27 片，叶上翠云五，云上用大珠五，后用珠菊花一，珠蕊菊三，翠叶 24 片，两旁插金雀口衔珠结一双。金雀唯公侯、一品、二品命妇用之，三品、四品则用金孔雀，五品用银鸳鸯，六品、七品用银练鹊，俱镀以金，衔珠结一双，八品、九品用银练鹊，以金间抹之，衔小珠桃牌一双。[1]

洪武元年（1368），定品官祖母及母、与子孙同居亲弟侄妇女礼服，根据本官所居官职品级，通用漆纱珠翠庆云冠，本品衫，霞帔、褙子，缘边的袄裙，但山松特髻只允许受到封诰的人才能使用。品官的次妻，允许穿用本品珠翠庆云冠、褙子作为礼服。[2]

便　服

上面所述均为正式典礼中所规定的服饰，属于礼服，而平时穿着则较为随便。这就需要对从皇宫妇女到品官命妇的便服给以简单的介绍。

1. 宫廷妇女便服

如果以便服作为考察的起点，那么明代宫廷服饰具有下面三个特征：第一，皇帝的好恶决定了宫眷服饰的时尚。女为悦己者容。后妃为了博得皇帝的欢心，不惜牺牲个人的喜好，在服饰上迎合皇帝的口味。第二，宫廷服饰不仅反映了等级制在宫内的存在以及时尚的变化，更是民间风俗在宫廷生活中的一种折射。第三，明宫后妃与宫人多选自民间，这是明代的特点。这就决定明宫服饰生活必然受到民

1　孙承泽：《天府广记》卷一五《礼部上·冠服之制》，上册，第 195 页。
2　《明会典》卷六一《命妇冠服》，第 393—394 页。

间庶民生活的影响，尤其是受到江南服饰时尚的影响。

洪武三年（1370）定皇后常服：双凤翊龙冠，首饰、钏、镯用金玉、珠宝、翡翠。诸色团衫，金绣龙凤纹饰，带用金玉。洪武四年，对皇后常服重作更定，为龙凤珠翠冠、真红大袖衣、霞帔，红罗长裙，红褙子。冠的形制如特髻，上加龙凤纹饰，衣用织金龙凤纹饰，并加绣饰。[1]

永乐三年（1405）对皇后常服又作更定：冠用皂色縠，附以翠博山，上饰金龙一条，又用珠子装饰。翠凤两只，都口衔珠滴。前后珠牡丹两朵，花蕊八个，翠叶36片。珠翠镶花鬓两个，珠翠云21片，翠口圈一个。金宝钿花九朵，用珠子装饰。金凤二，口衔珠结。三博鬓，用鸾凤装饰。金宝钿24个，边垂滴珠，金簪两只，珊瑚凤冠觜一副。大衫、霞帔，衫黄色，霞帔深青色，上织金云霞龙纹，或绣或铺翠圈金，用珠玉坠子装饰，有龙纹。褙子，深青色，金绣团龙纹。鞠衣红色，前后织金云龙纹，或绣或铺翠圈金，用珠作装饰。大带用红线罗制作，有缘，其他或青色，或绿色，各随鞠衣之色。黄色袄子，都织金彩色云龙纹。红色裙子，织金彩色云龙纹。玉带如翟衣内制，红色线罗系带一条。青色袜、舄，与翟衣内制相同。

洪武三年（1370）定皇妃常服：鸾凤冠，首饰、钏、镯用金玉、珠宝、翠。诸色团衫，金绣鸾凤，不用黄色。带用金、玉犀。后又定：山松特髻，假髻花钿，或花钗凤冠，真红大袖衣，霞帔，红罗裙，褙子，衣用织金及绣凤纹。[2]

至于皇太子妃、王妃燕居时所穿常服，则为犀冠，上面刻有花

1　孙承泽：《天府广记》卷一五《礼部上·中宫朝仪》，上册，第190页。

2　孙承泽：《天府广记》卷一五《礼部上·冠服之制》，上册，第193页。

凤，其余均与皇妃相同。[1]

洪武五年（1372）定内命妇常服：珠翠庆云冠，鞠衣、褙子、缘
襈袄、裙。[2]

大体说来，除了典礼中所规定的服饰之外，后妃平常穿戴相对
要简便一些。如《宫廷睹记》所载后妃服饰云：髻盘顶中，旁缀金
珠钗、钿之属，环满髻侧，额戴凤冠。皇贵妃、大管家婆子亦如是，
只用黑纱一端罩之以示别。衣皆对襟，皇后左龙右凤，贵妃则双凤。[3]
可见，这些后妃服饰均为礼服之外一种较为随便的常服，而且比朝
廷礼制所规定的常服也要简便一些。

洪武朝时，马皇后服用俭朴，为六宫表率。自中期以后，宫中
服饰已习奢侈，花样翻新，不胜枚举。旧制，明宫后妃冠用鸦青石
作点缀，有时也用珠。崇祯朝时，田贵妃将珠改成琲。[4]皇后所戴之
冠，称"博鬓冠"。在明初，亲王的妃子也可以戴博鬓冠。到永乐年
间，此制废除。据《大明典礼》载，宫人也戴乌纱帽，用花作装饰物，
帽额上缀有圆珠、结珠、鬓梳、垂珠、耳饰等物。乌纱帽是宫人礼服，
至于常服，大概只是用青纱护发，再在外面插上钗、钿一类的首饰。

宫女服饰，明初即有定制。据《大明典礼》，宫人的服饰，一般
为紫色，圆领窄袖，衣上遍刺折枝小葵花，以金圈之。宫女衣服上
的护领，均用纸制成，一天一换，以期保持洁净。纸护领专门由江
西玉山县上贡。[5]

1　孙承泽：《天府广记》卷一五《礼部上·冠服之制》，上册，第193页。

2　上面所引资料，除注明出处者外，均见《明史》卷六六《舆服二》，第1622—1624页。

3　周锡保：《中国古代服饰史》，第415页。

4　佚名：《烬宫遗录》，载《笔记小说大观》。

5　李诩：《戒庵老人漫笔》卷一《宫女护领》，中华书局1982年版，第3页。

宫中后妃的服装一般随季节不同而有所变化。每年自三月初四日至四月初四日，宫眷穿"罗衣"。到了四月，换穿"纱衣"。纱衣为暑衣，一般不用纯素。自从崇祯帝时周皇后穿纯素暑衣，以白纱为衫，被崇祯帝赏为"白衣大士"后，一时宫眷裙衫都用白纱裁制，里面用绯交裆、红袙腹作衬，里外掩映，很有看头。至于品级补子，宫眷也在品级之外，随时令节序不同而随意更造名称服用。如腊月廿四日祭灶后，穿"葫芦补子"；上元节，穿"灯景补子"；五月，穿"艾虎毒补子"；七夕，穿"鹊桥补子"；重阳节，穿"菊花补子"；冬至，穿"阳生补子"。[1] 每当宫眷梳洗时，用刺绣的纱绫阔腹，束在胸腰之间，称"主腰"。

　　明宫后妃宫女均来自民间。每当她们入宫，必然会将一些民间妇女的服饰式样带入宫中。如民间的护帽，在宫中也十分流行，称作"云字披肩"。[2] 宫中后妃用花作头饰，这在民间也十分流行。如杭州妇女喜以"玉簪花助新妆"，将它插在鬓髻旁。瞿宗吉《玉簪花》诗云："白露初凝气候凉，花神献宝助新妆。移来银色三千界，压尽金钗十二行。秋水为神冰琢骨，龙涎作炷麝传香。不须石上就磨折，长在佳人鬓髻傍。"[3]

　　明代江南尤其是苏州一带的服饰式样，一直有时装化的趋势，当时人称之为"苏样"，对明宫服饰的影响也至为深远。崇祯朝时，周皇后原籍苏州，田贵妃在入宫前原居扬州，都习用江南服饰，称为"苏样"。田贵妃入宫以后，凡衣、鞋之类，也全用"南制"。田

1　桐西漫士：《听雨闲谈》，上海古籍出版社 1983 年版，第 62—63 页。

2　所谓云字披肩，简称"云肩"。根据李渔的记载，云肩的作用主要是"护衣领，不使沾油"。参见李渔著，江巨荣、卢寿荣校注：《闲情偶寄·声容部·治服第三·衣衫》，第 157 页。

3　田汝成：《西湖游览志余》卷二一《委巷丛谈》，上海古籍出版社 1998 年版，第 313 页。

贵妃的母亲是扬州人，"岁制以进"。[1]在往昔，宫中妇人喜欢高髻居顶，随后也"雅以南装自好"，宫中流行尖鞋平底，"行无履声"，即使周皇后，也"概有吴风"。袁贵妃一向骑马善射，但为崇祯帝所不喜，后来不得不学南装，"袅袅行步"。[2]

宫中妇女靴、鞋，名色众多。每当岁节朝贺，宫眷都穿绒靴，或穿缎靴。崇祯朝时，只有周皇后穿棉鞋，不穿靴，以示与众妃、宫女相别。崇祯五到六年（1632—1633），宫眷在鞋上绣出兽头，用来避邪，称为"猫头鞋"。[3]

2. 命妇常服

命妇除了在朝见皇帝、皇后，或在家见舅姑时穿礼服外，平日所穿则为常服。所谓"常服"，其实就是便服。

按照明代礼制所定，命妇所穿常服一般为衣用各种颜色的圆领衫，不得仍用玄服。命妇的常服，显然与礼服有很大的区别：礼服均以青罗为衣，白纱中单，赤罗裳，均为皂领缘，方心曲领；而常服则用杂色纻丝绫罗彩绣花样。[4]

3. 士庶妇女服饰

洪武三年（1370）规定，士庶之妻，首饰用银镀金，耳环用金珠，钏、镯用银；穿浅色团衫，用纻丝、绫罗、绸绢。

洪武五年（1372）又定，民间妇人礼服只是用紫色粗绸子，不得用金绣；袍衫只用紫、绿、桃红及诸浅淡颜色，不许用大红、鸦青、黄色；带用蓝绢布。

---

1 李清：《三垣笔记》卷上《崇祯》，中华书局 1982 年版，第 22 页。

2 史玄：《旧京遗事》，《四库禁毁书丛刊》本。

3 参见陈宝良：《飘摇的传统——明代城市生活长卷》，湖南人民出版社 1996 年版，第 45 页。

4 孙承泽：《天府广记》卷一五《礼部上·中宫朝仪》，上册，第 191—192 页。

至于那些待字闺中女子的服饰，也有统一规定。按照宋代的制度，女子年二十而笄，未笄之前，服饰之制，史无明文。洪武五年（1372）规定，女子尚未出嫁，作三小髻，金钗珠头巾，穿窄袖褙子。如果是婢女或使女，头上挽高顶髻，绢布狭领长袄，长裙；小的婢女或使女，头上挽双髻，长袖短衣，长裙。[1]

明人王磐《闺中八咏》，所记明代闺中妇女服饰颇详，引述如下：头上所戴，有"昭君帽"，属于冬天所用的暖帽。身上所穿，冬天有寒裘，用紫貂制成；夏天有汗衫，轻衫短裁；洗浴时，有"浴裙"，洗浴完后作为护体之用，长可拖地。脚上所着，夏天有"暑袜"；晚妆时有"睡鞋"，是一种猩红色的软鞋；平常所着，有棕鞋、蒲靴，或玲珑、珍珠面，或银丝细盘，属于弓鞋式样。[2]

美容与饰物

妇女容修、化妆，起源颇早。[3]《诗经》云：岂无膏沐，谁适为容？《庄子》亦云：天子之侍御，不爪揃，不穿耳。由此可见，涂

---

1 《明太祖实录》卷七六，洪武五年九月己丑条；《明史》卷六七《舆服三》，第1650页；孙承泽：《天府广记》卷一五《礼部上·冠服之制》，上册，第195页。

1 《明太祖实录》卷七六，洪武五年九月己丑条；《明史》卷六七《舆服三》，第1650页；孙承泽：《天府广记》卷一五《礼部上·冠服之制》，上册，第195页。
2 王磐：《闺中八咏》，载谢伯阳编：《全明散曲》，齐鲁书社1994年版，第1035—1037页。
3 妇女傅粉化妆，固是常事。但值得注意的是，自古皇帝或士大夫亦有傅粉之俗。如北朝时，多笑南朝诸帝是"傅粉郎君"。明代的万历皇帝，每次上朝以前，也"必用粉傅面，以表晬穆"。至于士人傅粉，如汉之李固，魏之何晏，均是其例。而明代有一大僚，年已耳顺，还是"洁白如妇人"，显然也是效李固故事。参见沈德符：《万历野获编》卷二四《傅粉》，第620—621页。

面油发，穿耳带环，自古已然。[1]

一般中原雅音称妇女的妆饰为"打扮"，黄公绍诗有"十分打扮是杭州"之句，即可为证；又可以称作"妆扮"，如沈明臣竹枝词有"女儿妆扮采莲来"句。[2]

古时妇女化妆，所用一般为粉与黛。粉用来傅面，而黛则用来填额画眉。周天元年间，下令民间妇人不得施粉黛，于是在宫人之外，均为黄眉墨妆，所以《木兰辞》中有"对镜帖花黄"之句。[3]只是因时代久远，现在已无法知道当时的黄眉墨粉是如何点画。

明代朝廷很重视妇女的化妆，洪武年间的马皇后尽管自己生活俭朴，但怜悯一些贫穷的读书生员，赐给他们"花粉鞋布钱"，[4]以便这些读书人的妻子能买得起花粉，以保持一个读书人基本的脸面。明代妇女化妆，名色很多，大体承自前代，不过也有新创的化妆方式与方法。

妆　式

尽管妇女妆式颇为繁多，然就其化妆部位而言，大体可以分为眉妆、面妆与指甲妆三个部分。

眉　妆

《诗》有"蛾眉"之称，《楚辞》也说"蛾眉曼睩"。可见妇女画

1　相关的阐述，可参见褚人获：《坚瓠三集》卷一《妇人朱粉》，载《笔记小说大观》，江苏广陵古籍刻印社 1983 年版。

2　福申辑：《俚俗集》卷一四《打扮》，书目文献出版社 1993 年版，第 405 页。

3　于慎行：《穀山笔麈》卷一五《杂记三》，中华书局 1997 年版，第 169 页。

4　杨仪：《明良记》卷四，载《藏说小萃十集》。

眉，自古已有。秦始皇时，宫中全是"红妆翠眉"。汉武帝时，令宫人"扫八字眉"。又司马相如之妻卓文君眉如远山，时人效之，称"远山眉"。魏武帝时，令宫人扫"青黛眉"。此外，古代妇女画眉名色还有很多，诸如螺子黛翠眉、鸳翠眉、愁眉、墨眉、黄眉、开元御爱眉、小山眉、无岳眉、新月眉、月棱眉、垂珠眉、倒晕眉、分梢眉、涵烟眉，如此等等。眉的式样千奇百怪，画眉的色彩也各种各样。[1] 徐士俊作《十眉谣》，其中就描摹了十种眉式，分别为鸳鸯眉、小山眉、五岳眉、三峰眉、垂珠眉、月棱眉、分梢眉、烟涵眉、拂云眉、倒晕眉。[2]

明人高应玘有一首《怨别》歌曲，描摹妇女相思之苦，就有关于眉妆的记载。歌曲道：

> 柳花杏花飞满荼蘼架，三春魂梦绕天涯，眉淡了无心画。
> 待月弓鞋，偷香罗帕，这恩情岂是假？若他负咱，天也难甘罢！[3]

明代妇女眉妆大体继承了前代的眉式，并有所发展和创新。如明代妇女的柳叶眉、八字眉，"梢分而斜起"，大概从古代的分梢眉变化而来。

眉的样子，因人而异，千差万别。有的天生眉毛细长，不必修饰，而有的人先天粗长，需要修饰。明代《新编百妓评品》记一浓眉之妓，道：

1　宇文氏：《妆台记》，载《中国香艳全书》三集卷一，第 1 册，第 259 页。关于明代妇女化妆，可参见陈宝良：《飘摇的传统——明代城市生活长卷》，第 45、52—53 页。

2　徐士俊：《十眉谣》，载《中国香艳全书》一集卷一，第 1 册，第 10—11 页。

3　路工编：《明代歌曲选》，上海古典文学出版社 1956 年版，第 72 页。

半额翠蛾，扬笑东施，柳叶苍，春山两座如屏障。刀剃了
又长，线界了又长，萋萋芳草。秋波涨，试晨妆，巧施青黛，
羞杀那张郎！[1]

由上可知，明代妇女以细眉为美。若是浓眉，则须修眉。修眉的方
法，或用线绞，或用刀削。修眉之后，方可画眉。画眉一般采用青
黛。[2]

明末清初人李渔就妇女画眉一事曾作过下面的讨论，他说：

张京兆善于画眉，则其夫人之双黛，必非浓淡得宜，无可
润泽者。短者可长，则妙在用增；粗者可细，则妙在用减。但
有必不可少之一字，而人多忽视之者，其名曰"曲"。必有天然
之曲，而后人力可施其巧。"眉若远山""眉如新月"，皆言曲之
至也。即不能酷肖远山，尽如新月，亦须稍带月形，略存山意；
或弯其上而不弯其下，或细其外而不细其中，皆可自施人力。
最忌平空一抹，有如太白经天；又忌两笔斜冲，俨然倒书八字。
变远山为近瀑，反新月为长虹，虽有善画之张郎，亦将畏难而
却走。[3]

李渔之说，已将妇女画眉之"巧"与"拙"明确点出。巧于画眉者，
应该掌握"曲之至"的道理，"即不能酷肖远山，尽如新月，亦须稍
带月形，略存山意；或弯其上而不弯其下，或细其外而不细其中"。

---

1 《大明天下春》卷六，载李福清、李平编：《海外孤本晚明戏曲选集三种》，上海古籍出版社
1993 年版，第 489 页。
2 田艺蘅：《留青日札》卷二〇《绿眉》，第 677—679 页。
3 李渔著，江巨荣、卢寿荣校注：《闲情偶寄·声容部·选姿第一·眉眼》，第 134 页。

拙于画眉者，则不知其中的审美诀窍：或"平空一抹"，使眉如"太白经天"；或"两笔斜冲"，使眉俨然"倒书八字"。

面　妆

妇女的腮红起源于古代的"的"。所谓"的"，就是以丹注面，犹如射之有的。古代天子、诸侯的媵妾以次进御，如果正好碰上女子有"月事"，难以启齿，就在面上点上丹朱，作为标识，其后就演变为两腮之饰，也就是腮红。[1]

说到妇女面妆，我们还是先引江南才子唐寅《芭蕉仕女图》诗作为例证，诗云：

> 佳人春睡倚含章，一瓣梅花点额黄。
> 起对镜自添百媚，至今都学寿阳妆。[2]

在古代，妇女匀面，不过施朱傅粉而已。汉代，妇女用丹青点颊。至六朝，崇尚黄色，妇女在额上点涂黄色纹饰，称"额黄"，为额妆。唐代有"黄星靥"。辽代风俗，称漂亮妇女为"细娘"，脸上涂黄，称"佛妆"，属于面妆。[3]

唐寅诗中所提到的额黄妆，至明代已经不再流行，而是采用在粉面上贴翠花钿。[4]从唐寅的记载中可知，南朝时所盛行的"寿阳

1　谢肇淛：《五杂俎》卷一二《物部四》，第243页。
2　许晓尧选注：《唐伯虎三种》，浙江古籍出版社1987年版，第85页。
3　纳兰性德：《渌水亭杂识》，载《昭代丛书》，清道光间吴江沈氏世楷堂刻本。
4　小说《金瓶梅》记李瓶儿脸上就贴有翠花钿。参见兰陵笑笑生：《金瓶梅词话》第二〇回，第252页。

妆"，一直为明代的妇女所仿效。[1] 当然，如果一个妇女之额有缺陷，如阔额之类，通常可以对额加以修饰，以掩盖自己的瑕疵。正如明代史料所揭示，阔额女子，在化妆时，会用一片荷叶放在额上，以起到翠花钿的作用。[2]

明人刘效祖作歌曲《普天乐》一首，有关于妇女"粉脸"的描述，歌曲记：

> 对菱花，添憔悴。羞匀粉脸，怕扫蛾眉。三春愁病身，一种凄凉味。废寝忘餐心如醉，揾绞绡珠泪偷垂。寻思为谁？分明是你！恐怕人知。[3]

可见，明代妇女化妆喜作"粉靥"，或如月形，或如钱样。又用朱匀面，即用胭脂点饰。在粉面之上，用胭脂点饰两颊，浓者称为"酒晕妆"，浅者称为"桃花妆"。薄薄施朱，用粉罩之，别称"飞霞妆"。尤其是一些脸上长麻点的女子，更是希望通过面贴、花子、花钿，[4] 以掩饰脸上的缺陷。用小花贴在两眉之间，称"眉间俏"，也即古代所谓的"花子"。[5]

在杭州，妇女匀面，流行"圆额"，也有人做成"花尖"式样，额中发际垂下，自成尖尖的花纹，很多妇女纷纷效颦，装饰成尖

---

1 南朝宋武帝女寿阳公主曾睡在含章殿檐下，梅花落额上成五出之花，拂之不去。后人谓之"梅花妆"，简称"梅妆"，又称"寿阳妆"。
2 《大明天下春》卷六《新编百妓评品》，载李福清、李平编：《海外孤本晚明戏曲选集三种》，第488—489页。
3 路工编：《明代歌曲选》，第65页。
4 陶宗仪：《南村辍耕录》卷九《面花子》，中华书局1997年版，第109页。
5 顾起元：《客座赘语》卷四《女饰》，中华书局1997年版，第111页。

纹。[1]

鬓角也需要描，妇女的鬓角有时又称"水鬓"，通常流行的做法是将它描得长长的。[2]

值得一提的是，南京的长江水面出产一种名贵的鱼种，称鲥鱼，在明代是贡品。此鱼的鱼鳞，色如银，纤明可爱。南京的妇女，就用鱼鳞贴在脸上作"花靥"。[3] 这显然是一种独特的面妆。

指甲妆

妇女染红指甲，始见于唐。据说杨贵妃天生手足爪甲是红色，称"白鹤精"。宫中效之，纷纷染红指甲。

妇女纤手，细长修美，煞是风雅可爱，故有"春笋"的美誉。明人沈彦博有一首《纤手》诗，诗云："曾见花梢（一作稍）拣悄枝，宛如春笋露参差。金钗欲溜轻拢髻（一作鬓），宝鉴重临淡扫眉。双送秋千扶索处，半揎罗袖赌阄时。香腮闷托闻嘶马，忙揭朱廉认阿谁？"[4] 此诗以妇女纤手为主题，从妇女服饰、闲暇生活、情感追求诸方面加以刻画，是很可把玩的。

纤手红指如此动人，那么秃指妇人就不免被人们所鄙薄，只好靠涂指甲弥补。至于指甲的染色，一般采用凤仙花和白矾，捣碎和匀，染成红色。周朝俊所作传奇《红梅记》中，说凤仙花之用

1　晚明形容美妓之额，就说"额三尖，八字蛾眉"，说明尖额在晚明颇为流行。详细记载，可参见《大明天下春》卷六《新编百妓评品》，载李福清、李平编：《海外孤本晚明戏曲选集三种》，第511页。
2　兰陵笑笑生：《金瓶梅词话》第二二回，第278页。
3　顾起元：《客座赘语》卷一《珍物》，第13页。
4　郎瑛：《七修类稿》卷三七《诗文类·咏物诗》，第399页。

道："要染纤纤红指甲，金盆夜捣凤仙花。"[1] 此可为证。

化妆品

明代的一些城市中，有专门卖妇女胭脂花粉的店铺。明人陈铎写了一首《胭粉铺》的歌曲，对此多有描述，不妨引述如下：

> 铅华光净蜡膏新，闺阁传闻，浓妆常见倚衡门，休错认；
> 金马记来真。（么）花容月面添风韵，更休提樊素樱唇。粉晕妍，
> 脂香润。古来曾论，红粉赠佳人。[2]

中国自古以来就有一句名言，就是"宝剑赠英雄，红粉赠佳人"。在明代的胭粉铺中，化妆品买卖的种类确实不少，有铅华，有蜡膏，有红粉，而且在闺阁、青楼均有很好的声誉。

明代妇女所用化妆品，史料记载较少，但通过勾勒，也可知其一二。根据功能的不同，当时的化妆品大致可以分为美容修饰，护肤养颜，护发、洗涤等几种。下面根据这种分类予以介绍。

美容修饰品

美容修饰品，主要是指通过修饰而使面容更加娇媚，或者通过涂抹而消除脸上瑕疵的化妆用品。

从前一类来看，主要有化妆用的黛、粉、胭脂、口红、香身用品以及指甲油。

---

1 周朝俊：《红梅记》第十九出，上海古籍出版社 1985 年版，第 99 页。
2 路工编：《明代歌曲选》，第 19 页。

明代妇女画眉，一般采用广东始兴县溪中所出石墨，称"画眉石"。

一些富豪家庭的妇女还用蔷薇露调粉傅面。早在洪武六年（1373）二月，海上的回回商人就将蔷薇进献给明太祖。据说，这是一种"番香"，当地人称之为"阿剌吉"，翻译成中文就是蔷薇露。[1]这种蔷薇露，就是花上之露，而蔷薇花与中土不同，大概产自占城（今越南中部）。傅面用的粉，古称"飞云丹"，在明代则有"水银烧粉"。最上乘的化妆粉，明代称为"玉华花粉"。

关于化妆粉的起源，有两种说法：《墨子》说禹造粉，而张华《博物志》则说纣烧铅锡作粉。明代的化妆粉，最常见的是"胡粉"。胡粉古时有不同的名称，诸如解锡、铅粉、铅华、定粉、瓦粉、光粉、白粉、水粉、官粉。按照《释名》的说法，胡粉之"胡"，其本义是指"糊"，意思是说和脂以糊脸。至于定粉、瓦粉，是就其形状而言；而光粉、白粉，则是就其颜色而言。明人文震亨认为，胡粉是锡粉，并非铅粉。李时珍对此作了辨析。他认为，锡炒制以后就成了黑炭，岂能又有白粉之说。照常理推之，李说较为妥当。胡粉云者，是指铅粉，而非锡粉。

在明代，胡粉产地颇多。金陵、杭州、[2]韶州、辰州、嵩阳等地，均出产胡粉，尤以辰州所产辰粉为真，其色带青。其中韶州所产，称"韶粉"，俗误称"朝粉"。到了明末，全国各直省几乎都产胡粉。胡粉既可供丹青家所用，但更多的是供妇女化妆之用。搽在妇人脸颊

1　朱元璋：《宝训》卷三《却贡献》，载张德信、毛佩琦主编：《洪武御制全书》，黄山书社1995年版，第490页。

2　杭州粉的名望，在小说《金瓶梅》中也得到反映。小说曾记来旺替孙雪娥带了四匣杭州粉。参见兰陵笑笑生：《金瓶梅词话》第二五回，第312页。

上，"能使本色转青"。[1]

此外，茉莉花"合面脂"，即可制作化妆粉；珍珠研碎为粉，涂面，"令人润泽好颜色"；大蛤之壳也可做粉饰面，俗呼"蛤粉"；岭南端州所产白石，其中最白者，磨成粉后，妇女同样可以用来傅面，称为"干粉"，与惠州的画眉石、始兴的石墨，全是闺阁必需品。[2]

明宫有些化妆品，本来就是由民间传入宫中的。如明宫宫眷化妆脸部，采用一种"珍珠粉"。珍珠粉的制法，用紫茉莉花实，捣取里面的核仁，蒸熟即成。到了秋天，则用"玉簪粉"。玉簪粉的制法，取玉簪花蕊，剪去其蒂，形状如一个小瓶。再往里面放进民间所用的"胡粉"，蒸熟即成。这些方子都是熹宗的张皇后从民间传入的。崇祯皇帝不喜欢宫眷涂泽，每次见到宫眷施粉太重，就笑道："活脱像庙中鬼脸。"于是，明宫中一时又流行淡妆。

粉不仅抹于脸上，而且还搽在身上，既是增白，又能香身。如小说《金瓶梅》中，潘金莲就用茉莉花蕊混合酥油定粉，将其搽在身上，使之白腻光滑，异香可掬。[3] 至于盛装花粉者，一般采用盒子，分别有木粉盒、银粉盒。[4]

胭脂、花粉是闺房少女必备之物。胭脂和合粉，就可以傅面，化出酒晕妆、桃花妆、飞霞妆。

按照《中华古今注》，胭脂起自商纣王时，用红蓝花汁和凝制

1　关于胡粉的起源以及生产制作方法，李时珍、宋应星均有很好的梳理，分见李时珍：《本草纲目》卷八《粉锡》，人民卫生出版社1996年版，第474页；宋应星：《天工开物》卷下《五金附胡粉》，江苏广陵古籍刻印社1997年版，第370—371页。

2　李时珍：《本草纲目》卷一四《茉莉》，卷四六《真珠》《车螯》，第895、2528、2537页；屈大均：《广东新语》卷五《锦石》，中华书局1985年版，第193页。

3　兰陵笑笑生：《金瓶梅词话》第二九回，第375页。

4　无名氏撰，锦文标点：《包青天奇案》卷一〇，岳麓书社2004年版，第262页。

成，可以调脂修饰女面。因产于燕地，故又称"燕脂""燕支"，俗作"臙肢""胭支""焉支""阏氏"，既是地名，也是花名、人名。[1]

据明代医学家李时珍的说法，胭脂分为下面四种：一种用红蓝花粉染胡粉而成，如苏鹗《演义》所言："燕脂叶似蓟，花似蒲，出西方，中国谓之红蓝，以染粉为妇人面色"；一种以山燕脂花汁染粉而成，如段公路《北户录》所言，"端州山间有花丛生，叶似蓝，正月开花似蓼，土人采含苞者为燕脂粉"；一种以山榴花汁制成，郑虔《胡本草》中有记载；一种以紫矿染绵而成，称为"胡燕脂"，李珣《南海药谱》有记载，如明代岭南人多用紫矿燕脂，并称其为"紫梗"，就是这种胡燕脂。此外，在明代还有人用落葵子取汁，和粉饰面，也称作"胡燕脂"。[2] 按照明人宋应星的记载，以紫矿染绵制作的燕脂属于上品，而用红花和山榴花汁制作的就稍次一些。到了明末，山东济宁一带用染残红花滓制作燕脂，称为"紫粉"，价格甚贱。[3]

自古形容妇女之美，多用"樱桃小口"或者"朱唇"。如明代有一首《忆当初那人儿》歌描写女子的标致："可人处杨柳细腰樱桃口，柳叶眉儿秋波一转。"[4] 所谓"朱唇"，说明妇女有用朱点唇之习。明代典籍曾说到当时的读书士子多"口脂面药"。"面药"是指饰面的花粉，而"口脂"显然是指点唇的脂膏，相当于今人的口红。

香身用品，种类繁多。用麝香熏衣，以使身上保留一种香气，显然是妇女常用的方法。这可以引唐寅所作《弄花香满衣》诗作为例证。诗云：

1　伍端龙：《胭脂纪事》，载《中国香艳全书》一集卷一，第 1 册，第 21 页。

2　李时珍：《本草纲目》卷一五《燕脂》，第 968—969 页。

3　宋应星：《天工开物》卷上《粹精》，第 130 页。

4　龚正我辑：《急催玉歌》，载蒲泉、群明编：《明清民歌选》甲集，第 41 页。

粟钿花钗细简裙，满身零乱裹香云。

芬芳常似沉烟里，不用交州水麝熏。[1]

诗中所提"水麝"，是麝香的一种，通常以产于岭南两广一带为佳。细玩诗旨不难发现，明代妇女一般还是以水麝熏香衣服。

香身的功能，有些是为了掩饰身上散发出来的不良气味，如腋下狐臭、口臭等。李时珍记载了明代很多除狐臭的方子：一是用水银、胡粉等成分，用面脂和合，频繁搽抹；[2]明人《新编百妓评品》描述女子有体气，即有两腋所起的"腥风"，而消除的唯一办法就是爇烧名香。[3]除口臭之法，为藿香洗尽，煎汤，时时漱口；或者用晒干的梅子，时常含在嘴里。[4]明代妇女还采用在嘴中含一块香茶的方法，以消除嘴中的异味。[5]

在晚明，无论是读书人，还是妇女，无不随身带着扇子，而且用囊装盛。扇子有坠，即所谓的"扇坠"，在唐以前尚未出现，大体是宋以后的产物，其原本的作用是用它将扇子挂在衣带上。在晚明，则已经天下通用扇坠，在北京更是合香制作扇坠，在夏天时用它来辟臭秽。[6]

明末，在北京城隍庙市上，能买到一种香身用具，叫"香串"，[7]原本是宫中使用的香身用具，类似于香袋。到了明末，开始流入民

1　许旭尧选注：《唐伯虎三种》，第112页。

2　李时珍：《本草纲目》卷九《水银》，第527页。

3　《大明天下春》卷六，载李福清、李平编：《海外孤本晚明戏曲选集三种》，第494页。

4　李时珍：《本草纲目》卷一四《藿香》、卷二九《梅》，第901、1739页。

5　冯梦龙编：《挂枝儿》卷二《欢部》，载《明清民歌时调集》，上册，第65页。

6　谢肇淛：《五杂俎》卷一二《物部四》，第241页。

7　刘侗、于奕正：《帝京景物略》卷四《西城内·城隍庙市》，北京古籍出版社1983年版，第166页。

间。苏州人将兰草称作"香草"，夏天收割，用酒、油洒制，用为佩带，以此香身。[1]香袋又称"香囊"，南京秦淮河教坊旧院市场上所卖的香囊，在明代相当出名，属于精品，外间的人都不惜高价收买。[2]据小说《金瓶梅》所述，明代的香袋通常是白银条纱挑线制成，下面有四条穗子。香袋里面所装，或为松柏，或为玫瑰花蕊并交趾出的排草等香火料，香袋外面则绣着字，如"冬夏长青""娇香美爱"之类。[3]

凤仙花有"好女儿花""菊婢""羽客"诸称，女人采其花及叶，包染指甲。当时有一首歌云："指甲花连指甲草，大家染得春笋好。"说的就是妇女用凤仙花染指甲之俗。[4]涂抹指甲的花卉，除了凤仙花之外，还有指甲花、金凤花两种。指甲花有黄、白二色，夏月开花，香似木樨（即桂花），可染指甲，其效果甚至超过凤仙花。广东的妇女就用指甲花加上少许矾石点染指甲。金凤花，又名"指甲桃"，叶小如豆，花四瓣，层层相对，亦可用作染指甲。[5]

1　李时珍：《本草纲目》卷一四《兰草》，第904页。

2　余怀：《板桥杂记》上卷《雅游》，上海古籍出版社2000年版，第15页。按：明代的妇女一般将香囊作为香身之物，放在裙边，其形状有些则如葫芦，故《金瓶梅》中称之为"锦香囊股子葫芦"。参见兰陵笑笑生：《金瓶梅词话》第一二回，第139页。

3　兰陵笑笑生：《金瓶梅词话》第二六回，第329页。

4　李时珍：《本草纲目》卷一七《凤仙花》，第1209页；屈大均：《广东新语》卷二七《凤仙花》，第699—700页。

5　李时珍：《本草纲目》卷一四《茉莉》，第895页；屈大均：《广东新语》卷二五《指甲花》，第649页。按：根据明人周清原的记载，杭州风俗，每年到了七月乞巧之夕，妇女就将凤仙花捣汁，染成红指甲，如红玉一般。凤仙花共有五色，还有一花之上共成数色，还有一种花上洒金星银星之异，极是种类变幻。不过，周清原认为，"好女儿花"就是"凤仙花""金凤花"，与上述记载稍异。关于其中原因，作者认为，宋将凤仙花称为"金凤花"，又名"凤儿花"。因为当时李皇后小名凤娘，因此六宫避讳，不敢称"凤"字，就都改口称"好女儿花"。参见周清原：《西湖二集》第五卷，人民文学出版社1989年版，第77页。

护肤养颜品

明代妇女所用护肤养颜品，流传下来的记载不少。当时就有一种从明代以前就已经知道使用并在明代一直流传的"太真红玉膏"方子，属于女人面脂一类。其制法并不复杂："轻粉、滑石、杏仁去皮等分，为末，蒸过，入脑、麝少许，以鸡子清调匀，洗面毕傅之。旬日后，色如红玉。"[1] 这是一种面部护肤品，有时民间就用茉莉花和合面脂。[2]

此外，若面上有风刺、粉刺或雀斑，也可以通过带有医学性质的护肤品予以祛除。如面上有风刺，用黑牵牛酒浸三宿，研为末，先用姜汁搽面，后用药涂抹。面上有粉刺，就用黑牵牛末兑入面脂药中，每天洗涤，即可。面上有雀斑，就用黑牵牛末，调入鸡蛋清，夜敷日洗。[3]

护发、洗涤品

明代宫中化妆品，自具特色，以至于后来被讹传为"宫中秘方"，其实并无多少神秘之处。如明熹宗乳母奉圣夫人客氏，就用宫人口中津液饰鬟，自称此方传自岭南祁异人，称之为"群仙液"，可以令人老无白发。

有一种荼蘼露，收集荼蘼花上之露所成，据说出之大西洋为最美。暹罗（今泰国）、满剌（今马来西亚）加出银钱购入，用玻璃瓶盛

1 李时珍：《本草纲目》卷九《水银粉》，第529页。

2 李时珍：《本草纲目》卷一四《茉莉》，第895页。

3 李时珍：《本草纲目》卷一八《牵牛子》，第1259页。

装，携带到占城。占城妇女就用它加上香蜡，调和以后用来膏发。[1]
这种护发用品随着东南亚各国的朝贡，也进入明代宫廷。

在明代，民间的一般护发用品有：采素馨花，"压油润头，甚香
滑也"；用薰草浸油饰发，可以散发迷人的香气；兰草，妇女也和油
泽头，故称"兰泽"。[2]

妇女洗脸，通常用肥皂。小说《金瓶梅》中所提及的肥皂有茉莉
花肥皂，显然带有茉莉花香。[3]

洗涤用品最重要的种类，就是香汤。香汤的和合，或用薰草杂
和各种香料，制成汤丸；或用兰草煮水以浴；五患子，捣和麦面或
豆面，也可以作澡药。[4]而女子在与男子行房之前，照例需要洗下身，
一般是在水里加上一些檀香与白矾。[5]檀香起到香身的作用，而白矾
则有杀菌功效。

洗衣之物，广东人用碱，既可去油腻，又可保持衣服色泽。碱
的制作，以山蕉枝或黄花莓为原料，烧而沃之，再熬成灰，就可以
成为碱。熬深则成沙，称为"碱沙"；熬浅则成水，称"碱水"。[6]

1　屈大均：《广东新语》卷一四《茶蘼露》，第390页。
2　李时珍：《本草纲目》卷一四《茉莉》《薰草》《兰草》，第895、902、903页。
3　兰陵笑笑生：《金瓶梅词话》第二七回，第345页。
4　李时珍：《本草纲目》卷一四《薰草》《兰草》，卷三五《五患子》，第902-903、2024页。
5　兰陵笑笑生：《金瓶梅词话》第五一回，第677页。
6　屈大均：《广东新语》卷一四《硷》，第395页。

发式与首饰

据抄没的严嵩家产清单可知，明代首饰种类大体可以分为首饰、金镶珠玉首饰、金镶珠宝首饰、头箍、围髻、耳环、耳坠、坠领、坠胸、金簪、玉簪、镯钏、帽顶、绦环、绦钩之类，至于首饰的花样、质地，就更丰富了。[1] 而明末人朱之瑜到了日本以后，向日本人介绍中国的首饰之名，就谈到了簪、钗、花胜、戒指、耳环、耳色、雷圈、纽扣八种，[2] 或为男子所用，或为女子所佩。

在明代，首饰质地，或金或银，最被看重的用来给首饰镶嵌的宝石，有猫儿眼、祖母绿、颠不刺、蜜蜡、金鸦、鹘石、蜡子、珊瑚等。[3] 这些均因太珍贵，除了见诸皇家或富贵人家之外，在民间一般很少见到，民间最常用的首饰镶嵌物是琥珀、玛瑙。[4] 至明末，形成了一股崇尚珍珠首饰的风气。富贵人家以多珠为荣，而贫穷人家也以

---

1 《天水冰山录》，上海书店 1982 年版，第 53—79 页。

2 朱之瑜：《朱舜水谈绮》卷下《衣服》，华东师范大学出版社 1988 年版，第 354—355 页。

3 珊瑚产自大海，其品分为两等：上等者树身高大，枝柯丛多，纹细纵而色殷红，如银朱而有光泽；稍次者，色淡，而且有髓眼。珊瑚亦可制作首饰，将它车成圆珠，连串即可成镯，或者可以制成簪子。参见屈大均：《广东新语》卷一五《珊瑚》，第 417 页。

4 谢肇淛：《五杂俎》卷一二《物部四》，第 247 页。按：琥珀因产地不同，也分为多种。产自云南者为血珀，而来自洋舶者则为金珀、蜜蜡、水珀。参见屈大均：《广东新语》卷一五《琥珀》，第 417 页。

无珠为耻，甚至出现了"金子不如珠子"的说法。[1]

据刘熙《释名》，所谓"首饰"，原本是指头上的装饰品，兼男女言之；后则专指妇女头饰、臂钏、指环之类。自宋代开始，已将妇女首饰通称为"头面"。在明代的方言俗语中，也通称首饰为"头面"。[2]既然是头饰，就必须涉及男女的发式以及相关的饰物，故下面的介绍，其首饰概念，既兼男女，又着重于女子在头、胸、臂、手上的饰物。

发 髻

按照一般的说法，髻始自燧人氏，不过当时尚是"以发相缠而无系缚"。[3]女子发髻，在古代花样翻新。据徐士俊《十髻谣》所载，周文王时，有"凤髻"，又称"步摇髻"；秦始皇时，有"近香髻"；汉武帝时，有"飞仙髻"；汉元帝时，有"同心髻"；梁冀之妻，所挽为"堕马髻"；魏时甄后，则为"灵蛇髻"；晋惠帝时，有"芙蓉髻"；隋炀帝时，有"坐愁髻"；唐高祖时，有"反绾乐游髻"；唐贞元之时，则有"闹扫妆髻"。[4]

按照古时之礼，男子十五行冠礼；而女子十五则及笄，又称"上头"。笄即簪，女子有云鬟，而且及笄，也是一种成年之礼。明

---

1 屈大均：《广东新语》卷一五《珠》，第413页。按：在明代，珍珠因产地不同，而质量各有差异。珍珠可以分为南珠（出广西合浦）、西珠（出西洋）、东珠（出东洋）三种，以南珠最为珍贵。由于明朝人已经掌握了人工养殖珍珠的技术，所以珍珠又分为天然与人工两种，天然者称"生珠"，养殖者称"养珠"。同注，第414页。

2 李诩：《戒庵老人漫笔》卷五《今古方言大略》，第198页。

3 段柯古：《髻鬟品》，载《中国香艳全书》三集卷一，第1册，第260页。

4 徐士俊：《十眉谣》附《十髻谣》，载《中国香艳全书》一集卷一，第1册，第11—12页。

代的《市井艳词》云："熬这顶鬏髻如同熬纱帽，想这纸婚书如同想官诰。"[1] 这是市井少女迫切想嫁人的真实心情表露，但也说明唯有出嫁成为人妇之后，才有资格戴鬏髻。明代娼家处女，初荐寝于人，也称"上头"，俗称"梳栊"，又称"梳笼""梳弄"。这是一种流变。究其原因，雏妓一般只是散发或结辫，接客后改梳髻，表示成人。[2] 妇女称发为"头"，而假髻则称为"假头"。

高罗佩通过明代的秘戏图《花营锦阵》，对明代妇女的发式作了研究。从他的研究成果可知，当时已婚妇女与她们的女仆，在发式上稍有不同：已婚妇女把头发高盘成几个发卷，用长玉簪固定在适当的地方，并饰以鲜花或花状饰物；年轻的女仆把头发低垂在颈部，分成两扎。[3]

女子发髻及发饰，在明代朝廷的舆服制度中都有明确的规定。但晚明社会风气的变化相当迅速，这在某种程度上也影响了妇女发式以及相关饰物的变化。除了时代变化之外，妇女发髻风气也有南北的差异。就拿南京与北京的妓院作一比较：南曲衣裳装束，四方取以为式，随时变易，引领着天下的时尚；[4] 但北地巷曲中人，正如明人陈铎所嘲，却是头上发髻，高有二尺，完全是一副"蛮娘"的形象，根本谈不上"高髻云鬟宫样妆"。[5]

由于天启皇帝乳母客氏的倡导，宫中宫人都效法江南，作广袖

1 李开先：《词谑》，载《李开先全集》，文化艺术出版社 2004 年版，中册，第 1277 页。

2 兰陵笑笑生：《金瓶梅词话》第一一回，第 131 页，注 2。

3 ［荷］高罗佩著，杨权译：《秘戏图考》，第 150 页。

4 余怀：《板桥杂记》上卷《雅游》，第 13 页。

5 蒋一葵：《长安客话》卷二《皇都杂记·嘲北地巷曲中》，北京古籍出版社 1994 年版，第 34 页。

低髻，形成一时风气。只有熹宗之张皇后生性淡静，厌薄如此装束，喜欢窄袖高髻，装束如图画中所绘古人像一般，但这种装束在明宫中并不流行。

明代妇女发髻的变化，大体可以概括为渐趋高大：在太康县，弘治年间，妇女髻高寸余；到正德年间，发髻逐渐趋高；嘉靖年间，发髻高如官帽，都用铁丝胎制成，高六七寸，口周长一尺二三寸多。[1] 正德初年，京城女髻高至五寸，首尖向后，当时有"妇人髻倒戴"之谣。自嘉靖以后，南北两京的女髻已恢复旧制，但流风所及，影响已及于四方，各省妇女之髻，高五寸，首复反向，俗称"反面髻""背夫髻"。[2] 崇祯末年，髻变得越来越大，而且扁，只用乌纱为质，任人随意自饰珠翠，不用金银。

女子之髻，随时而变。明末，在苏州妇女中，盛兴一种"牡丹头"，其式："发本无多，纳乱发其中，以己发覆之，强饰为多。"[3] 又当额正中，头发显得相当臃肿，高达一尺多。松江女子髻式分别有：发髢，小而矮；纯阳髻，有云而覆后；官髻，有梁。髻的装饰物，或用珠作缀，或垂络于后，也有用翠装饰成龙凤式样。在隆庆初年，松江妇人头髻崇尚圆扁，顶用宝花，称为"挑心"，两边再用捧鬓；至后，又改用满冠倒插，年少者用"头箍"，再缀以团花方块。再往后，开始崇尚雅装，上面挑顶尖髻，或者是鹅胆心髻，渐渐从圆扁转向长

1　顾炎武著，黄汝成集释：《日知录集释》卷二八《冠服》，中州古籍出版社 1990 年版，第659—660 页。

2　霍韬：《渭厓文集》卷九《为定服式以正风化事》。

3　陆文衡：《啬庵随笔》卷四，清光绪二十三年刻本。按：杨慎《艺林伐山》称，宋南渡后，妓女窄袜弓鞋如良人，故当时有"苏州头，杭州脚"之谚。可证苏州妇女发式自宋时已引导天下风气。

圆。[1] 又有一种蝶鬓髻，全都后垂，又称"堕马髻"。[2] 崇祯年间，开始流行松鬓扁髻，发际高卷，虚朗可数，临风吹拂，甚为雅丽。

首 饰

早在金、元时期，一些戏曲作品中，就将妇女所用首饰通称为"头面"。如李行道所著《灰兰记》云："你是将我这头面金钗插。"纪君祥所著《鲁斋郎》云："逼的人卖了银头面。"又云："我戴着金头面。"[3] 此称在明代得以继续沿用。

明代妇女发髻或裹发、饰发之物，各有不同。在明宫后妃中，流行用花插头，作为一种时髦的装饰品。如崇祯帝之后周皇后就喜用茉莉花制成簪形，戴在头上。每天清晨，她"摘花簇成形，缀于鬓髻"。这种装饰颇得崇祯帝欣赏，于是他命宫中才人将桂花"簪于冠"。宫人不仅用天然之花作为头上的装饰物，而且还剪彩为花，以此作为首饰。如崇祯帝的妃子袁贵妃擅长剪彩花，每年入冬就自制花朵，以为妆助，宫中称为"消寒花"。[4] 这样，在明宫中形成了插戴各色花朵的风气。尤其是崇祯帝宠妃田贵妃，专戴一种叫"象生花"的新式花。田贵妃很善于打扮自己，以博得皇帝的宠幸，成为宫人效

1　明人董穀说其家乡海盐妇女，全是"窄衣尖髻"，与北京妇女"曳长衣飘大袖，髻卑而平顶"迥然不同。参见董穀：《碧里杂存》卷上《板儿》，载《宝颜堂秘籍》，明万历绣水沈氏尚白斋刻本。

2　范濂：《云间据目钞》卷二《记风俗》，清光绪四年上海《申报》馆仿聚珍版印本。按：所谓"倒插"，即明末颇为流行的"倒钗"。

3　徐嘉瑞：《金元戏曲方言考·补遗》，商务印书馆1956年版，第28页。

4　王誉昌：《崇祯宫词》，载《明宫词》，第79页。

法的榜样。在平时，她不戴首饰，只是将"副髢"藏在头发中间。[1]

除花之外，明宫宫眷还用楸叶作为首饰。每当春日，宫娥还头戴"闹蛾"，"掠风撩草，须翅生动"。据考查，所谓"闹蛾"，就是逮蝴蝶，戴在头上，作为饰物。有时闹蛾又用真草虫制成，中间夹杂葫芦形状，如豌豆一般大，称作"草里金"，一枝可值二三十两银子。

以花作为首饰，这在民间也相当盛行。如茉莉花，民间女人就"穿为首饰"。[2]

妇女裹发之物，命妇用金冠，称为翟冠，以金凤衔珠串，其式照品级不等。这种翟冠，在古代称为"副"，又称"步摇"。[3]命妇家居，或庶民妻女，则有"冠髻""珠箍"和"包头"。

冠髻高过二寸，大如拳，有的用金银丝挽成。若用乌纱，则在顶上装珠翠沿口，又另装金花衔珠，如新月样，抱于髻前，称为"插梳"。其后式样有变，髻扁而下，高不过寸，大仅如酒杯，虽仍用金银丝挽成，插梳之制却废弃不用。银丝髻内映红绫，光彩焕发，并与素色有别。

珠箍是明代妇女的一种特殊发饰，原本仅为如命妇这样的贵者所用，如上述严嵩家被籍没时，所列家产清单中就有金镶珠宝头箍、玉花头箍等，就是最好的例证。但随后就起了变化，至如一般妇女以及长班家眷、教坊司妓女等外出，也一概头戴珠箍。从小说《金瓶

1 编发作假髻，称"副"。所谓"髢"，也即假发。可知，"副髢"云者，也即假髻，用来系发，以不使发垂而不整。
2 李时珍：《本草纲目》卷一四《茉莉》，第895页。
3 顾起元：《客座赘语》卷四《女饰》，第111—112页。按：下面所引关于妇女首饰，出自此书者不再一一出注。

梅》中可知，所谓的"珠箍"，通常是由珠子穿成。[1]

所谓"包头"，意即古之缠头，也称"额帕"。在古代，用锦制成。到了明代，妇女包头冬用乌绫，夏用乌纱，每幅约阔二寸，长倍之。崇祯以前，包头用全幅斜褶，阔二寸许，裹在额上，即垂后，两秒向前，打成方结，并无裁剪。崇祯中期，缠头之制又是一变。式样开始崇尚狭窄，将整幅料子截为两半，将单幅又分为二幅，幅方寸许，斜褶阔寸余，一施于内，一加于外，外面的稍狭一二分，而在外幅的正面装成方结。以松江府为例，万历十年（1582）时，妇女在夏天时喜欢戴鬃头箍，但随后均改戴纱包头，春、秋天时则用熟湖罗制成的包头。包头的式样，开始流行阔式，后转为流行窄式。尤其是到了万历中期，松江府出了一位吴卖婆，其人在白昼就与人淫恣，因为包头不能束发，于是在包头之内又加了细黑鬃网巾。从此以后，妇女梳妆，为之一幻，闻风效尤者纷纷称便。[2]

妇女常服，戴在头发上的，有冠、丫髻、云髻，俗称"假髻"。所谓"假髻"，其实就是妇女的一种首饰，用头发制作，又称"假头"。假髻始于汉、晋之"大手髻"，即郑玄所谓的"假纷"，唐人所谓的"义髻"。其制用铁丝制成圈，外面用头发编织，高相当于髻的一半，罩于髻上，再用簪别之。如果假髻用头发制成，则称"头发"。前面提到的"副髪"与"发髢"，也都属于假头。尤其是一些天生头发不美甚至秃发之女，更是希望通过假头以掩饰自己的缺陷。[3]

---

1 《金瓶梅》说西门庆拿出四两珠子，递给潘金莲"穿箍儿戴"，此即其例。参见兰陵笑笑生：《金瓶梅词话》第一一回，第128页。
2 范濂：《云间据目钞》卷二《记风俗》。
3 明代《新编百妓评品》记一"秃妓"，说她"云鬟已全稀""坠髻儿也是假的"，说明在明代妇女用假髻掩盖自己的缺陷，已成一时风气。参见《大明天下春》卷六，载李福清、李平编：《海外孤本晚明戏曲选集三种》，第451页。

当然，明代妇女用假头作装饰，更多的还是反映了一种时尚。

正如前面所述，戴上鬆髻是女子成人的标志。鬆髻是一种假髻，一般是用人发制成。其比较高档的则有银丝髻、金丝髻，用金丝、银丝挽成。这通常是富户大家族中的妻妾所戴。至于那些下面的家人妇女，则只能戴下等鬆髻，俗称"头发壳子儿"，即用马尾编织。[1]

早在明弘治末年，北京的妇女开始流行戴假髻，而且全都反着戴，成为一时风尚。明人张弼《假髻篇》云："东家女儿发委地，辛苦朝朝理高髻。西家女儿发及肩，买装假髻亦峨然。金钗宝钿围珠翠，眼底何人辨真伪。夭桃窗下来春风，假髻美人归上公。"[2] 所言即指此。

值得一提的是，自正德以后，妇女喜欢珠结盖额，称为"缨络"。[3] 此外，在明代妇女中流行一种"发拨"。拨者，捵开也。明代妇女理鬓，通常使用"拨"，用木制成，形如枣核，两头尖尖，有三寸长，用漆涂上光泽，用来松鬓，称作"鬓枣"。鬓枣后来不再使用，而是作薄薄妥鬓，犹如古代的"蝉翼鬓"。

妇女理发之具，有梳，有篦，有枆。其齿较为疏者，称为"梳"；其齿较为细密者，称为"篦"；而其齿连节者，则称为"枆"。又有油刷、掠子。在明代城市中，有一种梳篦铺，专卖各色梳篦。明人陈铎用"小梁州"调，写了一首《梳篦铺》歌曲，道：

象牙玳瑁与纹犀，琢切成坯，黄杨紫枣总相宜，都一例，

1　兰陵笑笑生：《金瓶梅词话》第二〇、二五回，第245—246、320页。

2　李延昰：《南吴旧话录》卷上，上海古籍出版社1985年版，第122页。

3　《明武宗实录》卷一四，正德元年六月辛酉条，台湾"中央研究院"历史语言研究所1966年校印本。

齿齿要匀齐。（么）清浊老幼分稀密，向清晨栉裹修饰。拂鬓尘，除发腻。诸人不弃，无分到僧尼。[1]

从上可知，明代梳篦铺所卖梳篦，有象牙、玳瑁、犀牛角、黄杨木、紫枣木等几种，其功能无非是供妇女清晨理鬟修饰之用。明代有题为《牙梳》《木梳》的民歌，[2]专门咏述用象牙与木头制成的梳子。

由于妇女发式趋于繁复，使得她们对头发的梳理，无法自己承担，需要请专门的人加以梳栉，有时一人头式须请二三人妆饰，时间也长达一二十刻。[3]于是在明代出现了专门的篦头之人，即所谓的"栉工"。明人陈铎有一首《篦头》曲，专说篦头之人及其职业。曲道：

> 高人见喜，梳儿光荡，篦子匀密，整容取耳般般会。手段轻疾，风雪儿汤着就起，虮虱儿刮尽无遗，脊背儿时常立。有谁知就里？人头上讨便宜。[4]

由上面的资料，再结合李渔小说《无声戏》，[5]可知这些篦头人业务范围，除篦头外，还包括取耳、按摩、整容、开面等，而且时常出入"姊妹人家"和一些闺房小姐的闺楼，甚至不乏在女子的头上"讨便

1　路工编：《明代歌曲选》，第19页。

2　冯梦龙编：《挂枝儿》卷八《咏部》，载《明清民歌时调集》，上册，第190页。按：明代无名氏所撰小说《包青天奇案》卷一〇（岳麓书社2004年版，第262页），亦记明代妇女房中所备之梳，有木梳、牙梳两种。所谓的牙梳，即指象牙梳。

3　陆文衡：《蔷庵随笔》卷四。

4　谢伯阳编：《全明散曲》，齐鲁书社1994年版，第548页。

5　李渔：《无声戏》第一一回《人宿妓穷鬼诉嫖冤》，载《小说界》1987年第5期。按：小说《二刻拍案惊奇》记苏州嘉定县的风俗，小户人家女儿篦头剃脸，多由男性栉工承担。参见凌濛初：《二刻拍案惊奇》卷二五，岳麓书社2002年版，第267页。

宜"。[1]

这些从事篦头、取耳、按摩、整容、开面之人，在明代通常又被称为"修养家"。在修养家的眼中，无不称梳子为"木齿丹"。他们认为，每日清晨，用梳子梳头千下，就可以固发去风，容颜悦泽。[2]

妇女尤其是闺房少女的梳妆，需要妆台和镜。妆台又称"镜台"。相传镜为轩辕创制，而镜台则由秦始皇创制。这当然仅是一种传说而已。古人之镜，多为铜镜，由铜铸成，再以水银附体。铜无光泽，发光鉴人，靠的就是水银。唐开元年间，宫中之镜尽以白银与铜等分铸成，在当时就每面值银数两。所以唐镜、宣德炉，在明代铜器中享有很高的声誉，被视为盛世的产物。[3]

到了明代，铜镜仍是闺房不可或缺之物，就其质地而言，可分为青铜镜、白铜镜之类。镜子的种类亦颇多，其大小、形状、功能各别。按其尺寸，镜子有大小之分，大镜子通常是摆在妆台之上，用于照脸化妆，小镜子则平常带在身上，随时照镜勾脸；按其形状，则有方圆之分，方的是穿衣镜，圆的则为梳妆镜；按其功能，则有照脸、穿衣之别。至于妆台，亦有漆镜台、描金镜台之分。[4] 明代有一首咏镜的民歌，道：

> 结私情，好似青铜镜。待把你磨得好，又恐去照别人。你团圆不管人孤零，知人不知面，知面不知心，当面见的分明也，

1 李乐：《续见闻杂记》卷一〇，上海古籍出版社 1986 年版，第 820—821 页。
2 谢肇淛：《五杂俎》卷一二《物部四》，第 242 页。
3 宋应星：《天工开物》卷中《镜》，第 246 页。
4 兰陵笑笑生：《金瓶梅词话》第五八、八二回，第 800—801、1267 页；无名氏撰，锦文标点：《包青天奇案》卷一〇，第 262 页。

你背后昏的紧。[1]

可见，好的铜镜需要磨，于是也就出现了磨镜之人。这些磨镜之人多为老人，平常挑着一副担子，手上摇着"惊闺叶"，以招揽生意。[2] 铜镜一直与闺房有情少女相伴，供其梳栊，同欢面，共愁颜。

明代所产铜镜，由于水质的关系，北方以易水所产为最佳，而南方则数吴兴。其实，相比之下，易镜品质远远低于吴镜。[3]

在明代，还出现了玻璃之镜。玻璃，本作"颇黎"，属于西国之宝。[4] 玻璃镜内外皎洁，向明视之，不见其质。显然，与铜镜相比，这是一种进步。

明人熊稔寰辑《精选劈破玉》中有一首《病》的民歌，记病中女子道："花不戴，钗不戴，连环儿也不戴。"[5] 可见，明代女子首饰有花、钗、连环儿。按照明代制度，命妇金冠，用金凤衔珠串。命妇私居时，首饰可用金钗、金簪、金耳环、珠翠。到明末，已一概用珠翠，并无等级之分。一般以金银为主，在上面装饰上翡翠，如捧鬟、倒钗之类，就用金银花枝制成，并在上贴翠加珠。如明末松江妇女，两耳用嵌宝石的大耳环。[6]

妇女包头上有装饰用的珠花，下用珠边口，簪用圆头金银或玉，

1 醉月子辑：《新选挂枝儿》，载蒲泉、群明编：《明清民歌选》甲集，第 96 页。
2 明人陈铎有一首《磨镜》曲，说妆镜年久需磨。曲道："惨弯影尘蒙垢污，饰苔花岁久年多，正佳人春困倚妆阁。听几声铜片响，用一点水银磨，与你治昏迷都是我。"可见，铜镜发光，主要还是靠上面起上光作用的水银。载《全明散曲》，第 551 页。另可参见兰陵笑笑生：《金瓶梅词话》第五八回，第 800—801 页。
3 谢肇淛：《五杂俎》卷一二《物部四》，第 241 页。
4 李时珍：《本草纲目》卷八《玻璃》，第 505—506 页。
5 蒲泉、群明编：《明清民歌选》甲集，第 76 页。
6 瞿宣颖：《中国社会史料丛钞》，上海书店 1985 年版，第 104—106 页。

老年妇女则用玛瑙。后来起了变化，改用金玉凤头簪，口衔珠结串，下垂于鬓；继而用金银珠林，式样斜方，但不用玉；最后干脆直接用金扁方。包头上用珠网束发，下垂珠结宝石数串，两鬓也用珠花、珠结、珠蝶等作装饰。又有一种碗簪，起固定冠髻的作用。起初以大为美，玉质，镶金银装珠。后以小为美，用蜜珀镶金缀珠，或间用侧簪。有时也用金，制成团花式样，或纯金不镶，但装饰珠翠。总的说来，大抵有钱人家多用赤色精金及大白圆珠作首饰，寒素之家宁可淡装无饰，也不屑用银花珠翠作首饰。

用金、玉、珠、宝石作华爵，长而列于鬓旁，称"钗"，即古所谓的"笄"。齐、梁间始有花钗、金钗之名，其实钗这种首饰起源于汉代。比钗稍微小一点的，称"掠子"，相当于古时的"搔头"，取"掠发"之义，有人认为与古代的"导"相类似。

妇人穿耳，戴上耳环，大称"环"，小称"耳塞"。而年轻女子所戴，则称"坠"，也就是古人所谓的"耳珰"。塞即古人所说的"瑱"。此风起源颇早。一般论者从晋、唐间人所画仕女多不戴耳环，以为古无穿耳之习，穿耳不过是蛮夷之习。其实，穿耳之俗，自古就有，《庄子》中有此记载，三国时诸葛恪也有"穿耳附珠"之说，[1]唐杜甫更有"玉环穿耳谁家女"的诗句。这些都是明证。

明人已经知道铅性能入肉，所以女子多用铅来"纤耳"，以期自动穿孔。"实女无窍者，以铅作铤，逐日纤之，久久自开"。[2] 耳环之质，一般为金、银。

1　关于妇女穿耳的史料考订，可参见汪中：《旧学蓄疑》，载《清人考订笔记（七种）》，中华书局 2004 年版，第 286 页。

2　李时珍：《本草纲目》卷八《铅》，第 471 页。

明代宫中嫔妃，无不以带"小葫芦耳坠"作为一种时尚。从史料记载来看，这种耳坠，完全是用真的葫芦制成，取其轻便。其制作之法如下：每当葫芦初次长成形状时，太监就用金银打成两半边小葫芦的形状，将葫芦夹住，缚好，使葫芦不再长大。等到葫芦长老，就取其中比较端正者，再用珠翠装饰在上面，上贡给嫔妃。[1] 然此类耳坠，百不得一，相当难得，所以被宫中视为贵重首饰。

妇女臂上首饰，称为"手镯"。镯，即钲，《周礼》说"鼓人以金镯击鼓"，所指即此。古之镯形如小钟，原本是击打之物。后沿用为妇女手臂的饰物，从这种意义上说，应该相当于古人所谓的"钏"。明代妇女臂上首饰，又称"臂钗""臂环""条脱""条达""跳脱"。

环佩，俗名"坠胸"，[2] 又称"坠领"。大抵用金丝结成花珠，有时也用珠玉、宝石、钟铃等物，有山云题、若花题，贯穿成列，施于当胸。[3] 便服放在宫装之下，命服则放在霞帔之间。如果是系在裙之腰上，则称"七事"。环佩与耳上金环，一向只在礼服上使用。此外，还有用玉作佩，系在身上，走起路来声音叮当，称为"禁步"。换言之，就是要使妇女走路舒缓，符合礼教规范。这些相当于古人所谓的"杂佩"。

用金、玉追炼约于指间，称为"戒指"。又用金丝绕而籍之，称为"缠子"。这就是繁钦诗中所言"约指一双银"。清人褚人获《坚瓠集》载，俗用金银为环，贯于指间，称为"戒指"，又称"手记"。

---

1 刘廷玑：《在园杂志》卷四《葫芦耳坠》，中华书局 2005 年版，第 172 页。

2 叶梦珠：《阅世编》卷八《内装》，第 181 页。

3 小说《金瓶梅》记载孟玉楼之打扮，说她行走时，"胸前摇响玉玲珑"，其中玉玲珑就是环佩一类胸前饰物。参见兰陵笑笑生：《金瓶梅词话》第七回，第 81 页。

这种首饰，其来已久，原本是宫中后妃进御君主的一种记录和标记，后来演变为男女共用的首饰。[1]明代妇女也用戒指作为装饰，故朱之瑜到了日本，需要向日本人介绍戒指这种首饰。

1　福申辑：《俚俗集》卷一四《戒指》，书目文献出版社1993年版，第412—413页。

妇女的社会活动

在晚明的"闺范"类著作中，一些正统士大夫对妇女的社会活动深感忧虑，并对妇女提出严正告诫，诸如莫买命算卦，莫听唱说书，莫随会讲经，莫斋僧饭道，莫修寺建塔，莫打醮挂幡，莫山顶进香，莫庙宇烧香，莫招神下鬼，莫魔镇害人，莫看春看灯，莫学弹学唱，莫狎近尼姑，莫招延妓女，莫结拜义亲，莫来往卦婆、媒婆、卖婆，莫轻见外人，莫轻赴酒席。[1] 所有这些诫条的出现，恰好说明晚明妇女的社会交往已经相当广泛，其生活也不再局限于闺房之中，而是更多地接触社会，招延各色社会上的女子进入闺房，或亲自走出闺房，走向社会，参与看春看灯、外赴酒席一类的社会活动。

近人吴燕和、王维兰在《海外华人妇女的商业行为》一文中，认为中国的人类学界，似乎很少有人通过田野工作，以分析妇女在中国社会、经济方面的实际活动。[2] 现代的人类学、社会学尚且有此缺憾，更不用说仅仅具有传统眼光的中国传统史籍了。尽管如此，通过各类典籍的零星记载，我们还是可以将明代妇女的各项社会活动加以初步地勾勒。

1　张萱：《西园闻见录》卷三《闺范》。
2　李亦园、乔健合编：《中国的民族、社会与文化》，台湾食货出版社 1981 年版，第 103—105 页。

参政与从军

牝鸡之晨，家之索也。中国自古以来就反对妇女干政。至于明代，一般的士大夫普遍认为已经免除了妇女干政的弊端，国家的制度，"少主委裘，权一听于辅臣而母后不得预也，可谓上追三代而远过唐、宋矣"。[1] 揆之史实，大抵可证此说不误。尽管如此，并不能说明代后妃已经完全与政治活动绝缘。不仅如此，在明代的民间，一些官宦人家的妇女，通过自己的见识或者出谋划策，同样在某种程度上影响了丈夫的行政。

宫廷妇女的参政活动

正如明初学者宋濂所言，明代"后妃居中，不预一发之政"。[2] 自太祖朱元璋开始，就立下规矩，禁止母、后干政。洪武三年（1370）五月，朱元璋鉴于元末宫嫔淫渎亵乱，于是专门下了一道诏书，要求严肃整顿宫闱之政。诏书要求"皇后止治宫中嫔妇事，宫门之外，悉不得预。群臣命妇非朝贺不见中宫"。这一规定被朱元璋要求"垂为永制，命子孙世世守之"。洪武五年，明太祖下令工部制作红牌，

1　谢肇淛：《五杂俎》卷一五《事部三》，上海书店出版社 2001 年版，第 299 页。
2　宋濂：《大明日历叙》，载陈子龙等编：《明经世文编》卷一，中华书局 1997 年版，第 7 页。

上面镌刻诫谕后妃之词，悬挂在宫中。牌用铁制成，上面之字用金加以装饰。[1] 随后，太祖又著令典："自后妃以下至嫔御女史，巨细衣食之费，金银币帛、器用百物之供，皆自尚宫取旨，牒内使监覆奏，移部臣取给焉。若尚宫不及奏，内使监不覆奏，而辄领于部者，论死。或私以书外出，罪亦如之。宫嫔以下有疾，医者不得入宫，以证取药。"内外相隔，何其慎重。所以，《明史》的作者称"终明之代，宫壸肃清，论者谓其家法之善，超轶汉、唐"。[2] 不能不说是当时的实录。

尽管明太祖规定了后妃不可干预政事，但从明代政治史的演进事实来看，后妃亦并非与政治绝缘。后妃参与政治，主要反映于下面两大事实之中：一是后妃成为皇帝的内辅，劝诫乃至辅助皇帝行使仁政，以图政治清明；二是后妃为了一己私利，从某种程度上干预皇帝的决策乃至大臣的行政。

以前者而言，明太祖朱元璋时期的马皇后，其贤淑在当时已是有口皆碑，甚至被明太祖比拟为唐代的长孙皇后，并成为明代一代贤后的表率。这当然缘于他们二人在战争年代就患难与共的经历。据史料记载，马皇后不但仁慈，而且有智鉴，更是好书史。太祖凡是有札记，常常让马皇后掌管。朱元璋为郭子兴部下时，子兴曾听信谗言，对朱元璋有所怀疑。于是，马皇后就通过与郭子兴之妻亲自结交，使其中的嫌隙得以解除。尤其是马皇后能清醒地告诫明太祖"定天下以不杀人为本"，不是一般的牺士、佐军所能比拟，更能证明马皇后具有很敏锐的政治洞察力。

1　龙文彬：《明会要》卷二《帝系二·后妃杂录》，中华书局1998年版，第30页。
2　《明史》卷一一三《后妃》，中华书局1984年版，第3504页。

这种政治的卓越见识，反映在具体的政治事务中，就是对明太祖的政治实践有所规正。所谓"规正"，这是后妃参与政治的最高境界，当属于一种参政而归于正，从而与一般的后妃干政有所区别。关于后妃是否当参与政事，明太祖与马皇后也曾经发生过争论。史载，有一天马皇后问明太祖："今天下民安乎？"太祖道："此非尔所宜问也。"马皇后听后却说："陛下天下父，妾如天下母，子之安否，何可不问！"另外，史料还记载马皇后曾对太祖言："法屡更必弊，法弊则奸生；民数扰必困，民困则乱生。"她对明太祖所说的这一番关于朝政法治的言论，更是被太祖叹为"至言"。由此可见，洪武一朝朝政得以走入正轨，除了贤臣的辅佐之外，马皇后在内的规正，当亦不无助益。史载明太祖在前殿决策处理政事，而在回到宫中之后，马皇后时常"随事微谏"。这有具体的事例可以作为证据。其中之一例就是参军郭景祥守和州时，有人告发其子欲杀其父，于是太祖拟将其子诛杀。马皇后获知此事后，就劝道："景祥止一子，人言或不实，杀之恐绝其后。"后太祖经过进一步的调查，才知其子果然被人冤枉。另外一例更是为人所熟知。学士宋濂号称明初文臣之首，因为其孙子宋慎之事而受到牵连，并被逮至京城，将被论死。马皇后听说此事，就向太祖劝言："民家为子弟延师，尚以礼全终始，况天子乎？且濂家居，必不知情。"太祖不听。当时正当马皇后侍奉太祖饮食，马皇后就故意不食酒肉，太祖问其缘故。马皇后答道："妾为宋先生作福事也。"太祖听后恻然，第二天就赦免了宋濂，安置茂州。

即使到了临死之前，马皇后也念念不忘天下百姓，向太祖交代了遗言："愿陛下求贤纳谏，慎终如始，子孙皆贤，臣民得所而已。"[1] 这就是一代贤后临终时的政治遗言。

明成祖朱棣之后徐皇后，则是明代贤后的另一位典范。徐氏为明初功臣徐达之女，洪武九年（1376）被册为燕王之妃。燕王朱棣即帝位以后，被册封为皇后。徐皇后对明成祖之政，亦多所规正。成祖即位以后，徐皇后首先劝诫道："南北每年战斗，兵民疲敝，宜与休息。"又言："当世贤才皆高皇帝所遗，陛下不宜以新旧间。"又言："帝尧施仁自亲始。"[2] 所有这些，无不都是对取得靖难成功之后的明成祖的做法有所规正，希望能在太祖事业之上，更成一仁政的朝局。徐皇后深明大义，不愿其家族成员依靠她的地位而得势。有一件事大抵可以证明这一点。徐皇后有一位弟弟徐增寿，当靖难之役起后，曾经因为向燕王透露军事情报，而被建文帝所杀。明成祖即位以后，拟赠徐增寿爵位，但徐皇后力言不可。成祖没有采纳徐皇后的意见，直接封赠徐增寿为定国公，并命其子徐景昌承袭公爵，然后再告诉徐皇后。徐皇后听说后，只是淡淡地说："非妾志也。"[3] 终究没有因为此事而向成祖道谢。

至天启年间，魏忠贤、客氏专权，皇后张氏性格严正，几次在熹宗面前数说魏、客两人之过失。张皇后还将客氏召至，打算将其绳之以法。为此得罪了魏、客二人。尽管如此，张皇后还是在熹宗面前时有讽谏。一天，熹宗来到皇后所居之宫，张皇后正好在读书。熹

1　以上所引马皇后事，均可参见《明史》卷一一三《后妃一》，第3505—3508页。按：根据典故记载，称"太祖御西楼决事，马皇后从后，尝潜听之。如闻上震怒，候回宫，必询今日处何事，怒何人。因泣谏，正可积德，不可纵怒杀人。太祖从之"。诸如此类的说法，被明末史家朱国祯斥之为"村家怕老婆之言"，其意是说，马皇后决无"尾太祖、退言得失"之事。可备一说。参见朱国祯：《涌幢小品》卷一《不经之语》，中华书局1959年版，第6页。

2　《明史》卷一一三《后妃一》，第3510页。

3　龙文彬：《明会要》卷四三《职官一五·封外戚》，第777页。

宗问所读何书。张皇后道："《赵高传》也。"熹宗听后默然。尤其是熹宗在临终之前，能尽知魏忠贤的谋逆之事，并将帝位传给信王朱由检，其实都是张皇后的主意。[1]

一旦幼主继承大位之后，明代太后还是可以部分干预甚至左右朝政。换言之，太后可以在皇帝、宦官、大臣三者之间起到平衡的作用。英宗时期的张太后以及神宗时期的慈圣皇太后李氏，就是其中最为突出的例子。

张氏为明仁宗之后；宣宗即位以后，被尊为皇太后；至英宗即位，更是被尊为太皇太后。她是太后，是明英宗的祖母。从张太后的政治实践来看，她确实把握住了历史的机遇，在明代政坛上创造出了不凡的业绩，使自己成为彪炳史册的女政治家。[2]

张氏是河南永城人，出身于农民家庭，洪武二十八年（1395），被册为燕世子朱高炽妃，永乐二年（1404）进为太子妃。综合各家的史料记载以及已有的研究成果可知，张氏是一个精明强干、处事周到得体的人。在她丈夫朱高炽、其子宣宗、其孙子英宗的继位问题上，无不是精心策划，处事得当，避免使朝政出现动荡不安的局面。

为了更为深入地了解张氏的政治才干，我们不妨以宣宗与英宗的继位为例，作一些更为详细的说明。永乐二十二年（1424），明成祖朱棣病故后，她的丈夫朱高炽继承皇位，这就是明仁宗。在仁宗即位仅仅 10 个月之后，便于洪熙元年（1425）五月病亡。此时皇太子朱瞻基远在千里之外的南京监国。在当时的交通通信条件下，他至少需

---

1 《明史》卷一一四《后妃二》，第 3542—3543 页。
2 张太后与明初政局之间的关系，林延清《仁宗张皇后与明初政治》一文已作了颇为深入的探讨，可资参看。文载王春瑜主编：《明史论丛》第二辑，兰州大学出版社 2003 年版，第22—32 页。

要一个月左右的时间才能回到北京，处理仁宗的丧事并顺利继承皇位。而当时夺嫡失败的汉王朱高煦，虽然已在离北京不远的封地山东乐安州，但仍然野心不死。他招兵买马，扩充实力，随时准备以武力夺取皇位。当他在北京的密探报知仁宗可能已死，朱高煦觉得时机已到，他立即聚集兵马拦截太子朱瞻基北上，制造混乱，以实现他乱中夺权的图谋。

面对这种"中外汹汹"的险恶形势，张皇后十分清醒地认识到，必须采取果断措施，使皇太子朱瞻基顺利登基才能使政局稳定下来，否则稍有不慎，就可能酿成一场动乱，这对当时社会经济的发展会造成很大的危害。为此，张皇后果断地采取三项措施：一是为仁宗起草遗诏，传位皇太子朱瞻基，以安定人心；二是秘不发丧，严密封锁仁宗去世的消息，以迷惑朱高煦，并命夏原吉处理军国大事，以备不测；三是派遣大学士、工部尚书杨荣继中官海寿之后，出京急召皇太子入京，以继大统。张皇后的三项举措收到了很大的成效，一场可能发生的政治危机被化解了。[1]

明宣宗死后，当时英宗才9岁，在皇位的继承问题上，宫中传出一些讹言，认为将立襄王为帝。为此，张太后专门将一些大臣召至乾清宫，指太子泣道："此新天子也。"正是在张太后的主持之下，才使浮言平息。[2]此外，明宣宗一死，张太后就下令将宫中一切玩好之物、不急之务全都罢去，并且革去宦官不差。英宗即位以后的最初几年，当时的政权大多还在台阁，"三杨"（即杨士奇、杨荣、杨溥）能

---

1 参见林延清：《仁宗张皇后与明初政治》，载王春瑜主编：《明史论丛》第二辑，第22—24页。
2 同样的事例亦见于武宗死后。当时江彬等人心怀不轨，皇太后张氏就与大学士杨廷和等定策禁中，决定迎立世宗，才使朝廷趋安。参见《明史》卷一一四《后妃二》，第3528页。

在政治舞台上发挥作用，大多是依仗张太后之力。正统初年，英宗曾经下过一诏，其中云："凡事白于太后然后行。"于是，朝中大事，太后多命下内阁议决，太监王振就很难专权。每过数日，张太后就派遣宦官到内阁，询问连日曾有何事来商榷，随即以帖开"某日中官某以几事来议，如此施行"，然后太后就以所白检验，有时王振自断而没有将事情下付内阁议决，她就直接召来王振，加以呵责。所以，张太后在世时，王振并不专政。更为可贵的是，张太后具有识人之智。她曾向宣宗分别评骘当时诸位大臣的长短，诸如：说张辅是武臣，却能"达大义"；说蹇义"重厚小心，第寡断"；说杨士奇"克正，言无避忤"，云云。正因为此，张太后被当时的大臣李贤称为"女中尧舜"。[1] 张太后之所以被称为"女中尧舜"，除了将政治大事的处置权交付内阁，并从中抑制太监权力之外，自己也并不垂帘听政。国家大事，一律由内阁处置，拟旨提出处理意见，再以"圣旨"行之，从未直接采用"太后懿旨"施行。[2]

从史料记载可知，明神宗的生母慈圣皇太后，性格颇为严明，对神宗初年政治多有规正。明神宗初次亲政以后，凡是大政无不委任张居正加以处理，综核名实，使国家渐趋富强，史称太后之力居多。明光宗没有被册立为太子，给事中姜应麟等疏请被谪，太后听后不悦。一日，神宗入侍，太后问其原因。神宗说："彼都人子也。"太

---

1 李贤：《天顺日录》，载邓士龙辑：《国朝典故》卷四八，北京大学出版社1993年版，第1141—1142页；李贤：《王振之变二》，载黄训：《皇明名臣经济录》卷二，明嘉靖间刻木；《明史》卷一一三《后妃一》，第3512—3513页。按：明人黄润玉亦云："正统初，张太后不允垂帘，诚女中尧舜。"参见黄润玉：《海涵万象录》卷四《见闻》，载张寿镛辑：《四明丛书》，广陵书社2006年版，第10册，第5812页。

2 万表：《灼艾别集》下，引《双溪杂记》，载张寿镛辑：《四明丛书》，第27册，第16766页。

后听后大怒，道："尔亦都人子！"神宗一听之下，深感惶恐，伏地不敢起身。光宗因此得以被册立为太子。当时群臣请福王就藩，而且已经定下了就藩的日子，但郑贵妃想拖延到第二年再就藩，并以替太后祝寿为辞。太后却说："吾潞王亦可来上寿乎！"贵妃无奈，只好让福王就藩。御史曹学程因为上奏而论死，太后怜其母老，向神宗建议，最后释放了曹学程。太后对自己的家属也多有约束。其父李伟被封为武清伯，家人曾犯罪，太后就命太监切责，并将家人抵罪。[1]

尽管马、徐、张三位皇（太）后均有参政之举，但其目的则是规正朝政，而且在牵涉自己利益之时，无不避嫌，并不为自己的戚党谋利，故尚不形成干政的局面。如明太祖曾想找到马皇后的族人，给他们封官加爵，马皇后却谢道："爵禄私外家，非法。"力辞而止。明成祖在靖难之役成功后，赠徐皇后之弟徐增寿定国公，并令其子景昌承袭爵位，却并不为徐皇后领情，甚至最终亦并无向成祖致谢。[2]尽管在宣德初年，宣宗凡是有军国大议，无不向张太后"禀听裁决"，甚至至英宗初年，有大臣建议让张太后垂帘听政，但张太后仅以"毋坏祖宗法"一言辞之。即使在宣宗朝时，张太后对待自己的外家也相当严厉，其弟张昇为人淳谨，张太后甚至告诫他们不许预议国事。[3]

当然，皇后对皇帝的决策，有时亦有干预之例。如景泰皇帝即

---

1 《明史》卷一一四《后妃二》，第3535—3536页。按：明代内宫称宫人为"都人"，而李太后亦由宫人进为贵妃，故有此说。

2 《明史》卷一一三《后妃一》，第3508、3510页。

3 《明史》卷一一三《后妃一》，第3512—3513页。按：据《明史》卷一一四《后妃二》（第3539页）载，光宗死时，有人上言，让郑贵妃与李选侍同居乾清宫，其目的是谋求垂帘听政，事终究未成。由于明代祖宗家法的压力，后宫垂帘听政一事，很难成为事实。

位之后，拟立妃子杭氏所生子为太子，废除英宗子宪宗，但遭到了皇后汪氏的反对。为此，汪氏得罪了景泰皇帝，景帝废除汪氏，立杭氏为皇后。[1]

从后者来说，明代宠妃专权后宫之事，亦不乏其例。如宪宗时，万贵妃得宪宗之宠，凡是中官用事，一旦忤了万贵妃之意，立见斥逐。于是，一些佞臣如钱能、覃勤、汪直、梁芳、韦兴等，无不假借贡献，苛敛民财，倾竭宫府，以结纳万贵妃之欢。奇技淫巧，祷祠宫观，糜费无算。[2]

从明末的政治实践来看，后宫之争有时已经牵涉到了朝局，或者说朝内的门户之争与宫中的后妃之争已是遥相呼应。最为典型的例子有下面两个：一是万历年间的"妖书"案、"梃击"案；二是泰昌年间的"移宫"案。

《明史》对"妖书""梃击"二案有详细记载。从中可知，"妖书"一案的缘起，还是因为吕坤所作《闺范》一书。当时太监陈矩见到此书之后，将它进献给明神宗。随后，明神宗又将此书赐给郑贵妃。郑贵妃将此书重刻，配上图，并亲自作序，书改称《闺范图说》。其实，此事原本与吕坤无关。到了万历二十六年（1598）秋，有匿名之人忽然撰写《闺范图说跋》，将其名为《忧危竑议》，进而盛传北京。在《忧危竑议》中，这位匿名之人明确指出，吕坤《闺范》一书首

---

1 《明史》卷一一三《后妃一》，第3519页。

2 《明史》卷一一三《后妃一》，第3524—3525页。按：明宪宗之宠幸万贵妃，在宫廷史可以称为一个特例。根据《实录》所载，万贵妃生于宣德五年（1430），年长宪宗17岁。按照一般的道理，"生人之情，色衰即爱弛"，但宪宗对万氏"终身是嬖，至以悼亡殒其生"。可见，宫寝之中，确实有非常理可测之事。相关的探讨，参见万言：《管邨文钞内编》卷二《孝宗本纪赞》，载张寿镛辑：《四明丛书》，第7册，第4032页。

载汉明德马后由宫人进位中宫，其意所指即是郑贵妃，而贵妃刊刻此书，其目的实则借此作为立己子之据。此外，文中还假托"朱东吉"之人，设为问答。所谓"东吉"，即指东朝。其名为"忧危"，那是因为吕坤曾有《忧危》一书，因此假借其名加以讥讽，意思是说此书为"妖书"。郑贵妃之兄国泰、侄承恩认为，给事中戴士衡曾纠劾吕坤，而全椒知县樊玉衡又一同弹劾贵妃，因此怀疑此书出自此二人之手。为此，明神宗对此二人处以重谪，而"置妖言不问"。过了五年，又出现《续忧危竑议》。当时太子已立，大学士朱赓得到此书之后，上报明神宗。此书假托"郑福成"之人，设为问答。所谓"郑福成"，其意是指"郑之福王当成"。此书大意是说："帝于东宫不得已而立，他日必易。其特用朱赓内阁者，实寓更易之义。"词尤诡妄，当时均谓之"妖书"。明神宗为此大怒，下诏给锦衣卫，搜捕甚急。随后，捕获一位"皦光"，处以极刑。

万历四十一年（1613），有一位百户王曰乾又告变，说奸人孔学等为巫蛊，将不利于圣母及太子。言语之间，也涉及郑贵妃。当时幸好大学士叶向高劝明神宗"以静处之，而速福王之藩，以息群言"。此书才没有被深究。其后，"梃击"一案又起。当时主事王之寀上疏，在谈到张差狱情时，言语间牵连到郑贵妃内侍庞保、刘成等人，于是朝议汹汹。郑贵妃听说之后，当着神宗而泣，神宗宽慰道："外廷语不易解，若须自求太子。"贵妃只好向太子哭诉。贵妃拜，太子亦拜。神宗又在慈宁宫慈圣太后几筵前召见群臣，下令让太子降下谕旨，禁止株连，于是张差之狱才成定案。[1]

无论是"妖书"案，还是"梃击"案，无不牵连到郑贵妃。郑

1 《明史》卷一一四《后妃二》，第3538—3539页。

贵妃因为得明神宗宠幸，当时确实势焰甚炽，而且确有让自己的儿子福王争立太子之意。立太子一事，按照明朝人的观念，属于"国本"，亦即国家最大的事情。郑贵妃的行为，显然已经属于"干政"之举，才会成为"妖言"的攻击目标。尽管明神宗宠幸郑贵妃，但在其上尚有太后，为其左右，所以在这场后妃之争中，终究以皇后得胜而告终。

天启年间出现的"移宫"一案，也是相似的例子。从《明史》的记载可知，康妃李氏，是明光宗的选侍。当时宫中有两位李选侍，人称"东李"与"西李"。康妃属于"西李"，最得光宗宠幸。李选侍曾"抚视熹宗及庄烈帝"。光宗即位以后，随之"不豫"，下令召大臣进入内宫。明光宗至暖阁下令命封李选侍为皇贵妃。李选侍驱赶熹宗一同出来，道："欲封后。"光宗没有答应。礼部侍郎孙如游上奏："今两太后及元妃、才人谥号俱未上，俟四人大礼举行后未晚。"继而光宗崩，选侍尚居乾清宫，外廷恟惧，怀疑李选侍有垂帘听政之举。为此，大学士刘一燝、吏部尚书周嘉谟、兵科都给事中杨涟、御史左光斗等上疏力争。无奈，李选侍只好移居仁寿殿。

明熹宗即位，曾降下敕谕，将李选侍凌殴圣母并由此导致圣母崩逝，以及妄觊垂帘诸多罪状，大暴于天下。当时御史贾继春进"安选侍揭"，与周朝瑞争驳不已。明熹宗又降下敕谕，将李选侍的罪状一一道出：

> 九月一日，皇考宾天，大臣入宫哭临毕，因请朝见。选侍阻朕暖阁，司礼监官固请，乃的出。既许复悔，又使李进忠等再三趣回。及朕至乾清丹陛，进忠等犹牵朕衣不释。甫至前宫门，又数数遣人令朕还，毋御文华殿也。此诸臣所目睹。察选

侍行事，明欲要挟朕躬，垂帘听政。朕蒙皇考令选侍抚视，饮膳衣服皆皇祖、皇考赐也。选侍侮慢凌虐，朕昼夜涕泣。皇考自知其误，时加劝慰。若避宫不早，则爪牙成列，朕且不知若何矣。选侍因殴崩圣母，自忖有罪，每使宫人窃伺，不令朕与圣母旧侍言，有辄捕去。朕之苦衷，外廷岂能尽悉。乃诸臣不念圣母，惟党选侍，妄生谤议，轻重失伦，理法焉在！朕今停选侍封号，以慰圣母在天之灵；厚养选侍及皇八妹，以敬遵皇考之意。尔诸臣可以仰体朕心矣。[1]

不久，又数下旨，诘责贾继春，继春只好削籍而去。其实，当时明熹宗刚刚即位，比较信任司礼监太监王安，所以在敕谕中有如此之说。其后，魏忠贤取王安而代之，乱政败国。天启四年（1624），又封李选侍为康妃。天启五年，修《三朝要典》，杨涟、左光斗等人全得死罪而殁，再次召用贾继春，显然已与前旨大异。

"移宫"一案，一波三折，明熹宗的态度前后反复。究其原因，当然并非本意，均是为太监把持所致，而且此案又确实牵涉到朝内的党争。但抛开这些不说，李选侍要求封后，乃至坚持住在乾清宫，确实已有垂帘听政之意。所不同者，因为王安的介入，东林党的抗争，才使李选侍垂帘听政之念未能成功。其后，倒是乳母奉圣夫人客氏，因为与权监魏忠贤狼狈为奸，一时权倾天下。

民间妇女的参政活动

相对于宫廷妇女而言，明代的民间妇女，无论是官宦人家的妇

---

1 《明史》卷一一四《后妃二》，第 3541—3542 页。

女，还是庶民百姓人家的妇女，更是远离政治权力的中心。除了一些少数民族妇女因为民族的特殊性而可以直接掌管政治权力之外，民间妇女整日忙碌的不过是田作、纺织、女红以及琐碎而又繁杂的家务劳动。国家大事与地方利弊，对她们并无直接的关系。她们的利益完全取决于丈夫的社会地位。尽管如此，明代的民间妇女仍有参政活动的具体事例，尤其是她们对某些政治问题所具有敏锐的洞察力与卓越的见识，更是证明妇女见识并不劣于男性，只是因为法律与礼制的强行规定，将她们禁锢在家庭之内，才使她们失去了在政治舞台一试身手的机会。

官宦妇女的政治见识及其参政活动

通观明代官宦妇女，显然存在着直接参与政治的例子。但即使如此，亦不过是丈夫权力的旁落而已。换言之，女性政治权力的取得，仍然有待于丈夫的授受。这有一个典型的例子可以说明。如徐澹宁是大学士徐阶的曾孙，娶大学士王锡爵的孙女为妻。这位徐澹宁完全是一位纨绔子弟，不知书，不知世故，凭借徐阶之荫，官至锦衣卫指挥使。据史料记载，他在官场能平步青云，实借助其夫人之力。如史载："凡官署文书，交游书札，皆送至夫人所，应答如响，文采烨然；或当馈遗者，厚薄轻重，井井有条；又精熟邸报，朝局了了，以故与士大夫酬酢，处处得宜。"[1]从"精熟邸报，朝局了了"，不难发现这位王夫人对国家政治之关切。

即使如此，明代妇女直接参与政治者仍然少见其例，更多的则是通过规劝做官的丈夫行仁政一类，间接参与政治。不妨先举下面四

1　归庄：《归庄集》卷一〇《随笔二十四则》，上海古籍出版社 1984 年版，第 515 页。

个例子加以说明：

第一个例子是王氏，在 22 岁时嫁给葛守礼为妻。当葛守礼中举人时，王氏即已表现出敏锐的政治洞察力，即士子应该在初进之时就持守清廉的节操。史载葛守礼中乡试解元时，一位唐姓知县赠送"赤仄三百千"，作为葛氏"食饮及首途费"。王氏告诫丈夫，按照制度规定，士人中举，可以从地方官那儿得到应有的"棹楔资"，亦所谓的牌坊银，额外的馈赠理应推辞。等到葛氏中进士，"倅彰德"，王氏又劝丈夫"慎狱"，使葛氏在任期间得以称职。此即史料所谓的"俪体饮水，辅成清德"。更为难得的是，葛守礼"起为大司寇，迁御史大夫"，王氏"篜车而随，事必内图"。可见，王氏成为丈夫任官期间的贤内助。如当徐阶与高拱相争时，葛守礼与两者均有交情，一时深感为难。为此，王氏直言相谏，认为"今日之事，宜论曲直，不宜论恩郤"，这无疑使葛守礼保持清醒的政治头脑。其后，高拱与张居正相争，葛守礼同样听从夫人王氏之言，始终保持一种中立的立场，最终避免因政治站队而受到牵连。基于上述事实，明人邢侗称赞王氏："佐夫辞不义金，如乐羊子妻"；"明见远略，如齐国相妻"。[1] 这无疑是切中肯綮之论。

第二个例子是张氏，是王懋钦的夫人。当王懋钦出任开封知府时，正值"谷嗛天莆，转转日甚，膳人糗子在所无聊"。懋钦在"行荒行疫"之时，"动与淑人计"。当时黄河泛滥，懋钦亲自"庐堤上，亲执圭璧，沉投白马，身当水冲"，而张氏则"扃钥郡宇，殊不为动"。当儿子王振宗产生恐惧之意时，张氏谆谆告诫自己的儿子，作

1　邢侗：《来禽馆集》卷十二《累封夫人葛大母传》，载宫晓卫、修广利辑校：《邢侗集》，齐鲁书社 2017 年版，第 313—314、316 页。

为地方长官的儿子，面对地方危机时，不应软弱退缩。王懋钦判案，"悉用原情傅法，不枝柱及他"，更是得到了夫人张氏的支持与赞赏。按照明代制度，知府自己有权考察属吏，张氏告诫丈夫，尽管为官以"爱利洁廉为上上"，但人孰无过，不应过分苛求下属官员，甚至因为"一眚"而断送属吏的前程。懋钦完全接受了妻子的规劝。[1]

第三个例子是一位王氏妇女，嫁给彭而述为妻。崇祯十三年（1640），彭而述中进士，任阳曲知县。史载彭而述"才夫人"，亦即敬重妻子的才能。所以，在为官期间，他常将地方政事告知自己的妻子，以便听取她的意见。王氏直接告诉自己的丈夫，行政必须"宽和"。当时按照朝廷的功令，地方官所承担的主要职责是修、练、储、备四事，而且上司督令甚急。对此，王氏也表现出非凡的见识，说："我妇人不知外事，但勿务以官速化，殚民力耳。"[2] "勿务以官速化"，其意是说，治理地方社会，必须有一个长远的打算，不能为了保有自己的官位，过分注重"催课"，而是应该通过"宽和"的政策，对百姓加以"抚治"。

第四个例子见诸钱谦益撰写的《封安人吴氏墓志铭》，郑鄤之母吴氏，出身世家宦族，颇有一些政治头脑。据钱谦益记载，礼部仪制司主事郑振元，与其子翰林院庶吉士郑鄤，均弱冠取科第，又先后以抗疏敢言显名天下。所谓的"吴安人"，就是郑振元之妻，郑鄤之母。郑振元与郑鄤敢于直言上疏，都与吴氏的支持与鼓励有关。郑振元任职礼部时，"键户草疏"。吴氏从夹窗窥探，见自己丈夫端坐奋笔，须髯猬张，就感叹道："夫子其将有为也！"等郑振元出来，

1　邢侗：《来禽馆集》卷十九《累诰封淑人王公元配张氏行状》，载《邢侗集》，第510页。

2　魏禧：《魏叔子文集外篇》卷一七《彭夫人家传》，中华书局2003年版，第819—820页。

就明确向他表态："夫子无辟我，我为弱女时，诸父学士公以论夺情拜杖，血肉狼籍，私心已知壮之，其敢违夫子之志乎？夫子勉之，脱有不测，老亲稚子，乃吾事也。"这显然是为郑振元壮胆，于是振元就将奏疏上递，"谪永宁，寻中考功法"。夫妻在荒村小筑一同隐居，以终其身。郑振元在盛年遭到贬谪，"能无居隐畏约，为万历完人"，确实是吴氏"有助焉"。郑鄤天启二年（1622）中进士，进入史馆。未逾年，亦抗疏罢归。吴氏为此很高兴，对丈夫说："幸哉君有子矣。"当魏忠贤专权时，"急征考死者相望"。吴氏却显示了自己的见识，对丈夫与儿子说："无恐，将自及。"不久，崇祯继位，"逆阉"被一网打尽。即使如此，吴氏还是告诫郑鄤道："蝮虽死，其螫犹在，子无谓阉败可安枕也。"[1]

明代很多妇女在政治上具有卓越的见识，非一般的男子所能及。这可以从下面两个例子中得到证实。第一位是有"女士"之称的谢氏，其丈夫曾任知县之职。当其儿子罗炌中进士后，人们无不替她感到高兴，但谢氏仍然"泊如"，甚至说："今世法，欲有所建立，不得不阶科目，而科目安足进重？"当罗炌出任嘉兴（今属浙江）知县时，谢氏随儿子一同赴任，而且自带私帑而往，于是仆人就问："何夫人之好劳也，在官岂有不给者乎？而烦其筐箱以累行者？"谢氏则说："尔何知，我观今之仕者，尽室而行以食于兹土。惟是朝夕之不易，而惟贿是求。今之称百石吏至不能自给，而曰以禄养，是诬其亲也。我欲子为廉吏，而不携其帑，何以备缓急？"第二位是盛氏，其丈夫曾任慈溪（今属浙江）知县。不久，丈夫出任工部营缮司员外

---

1 钱谦益:《初学集》卷五八《封安人吴氏墓志铭》，载《钱牧斋全集》，上海古籍出版社2003年版，第1427—1429页。

郎，不时上疏论得失，甚至弹及朝廷公卿。盛氏得知此事后，"窃自忧惧"，对其儿子李雯说："若父伉直好论事，恐失权贵意，将不免祸。"当时李雯等人正当年少气盛，不以其言为然。不久，其丈夫就为人所害下狱。[1]

至于黄道周与他夫人蔡氏的例子，在明末更是闻名于世。正是这位文采风流的蔡夫人，却对黄道周为国尽忠的大节颇多推波助澜的作用，而且可以说两人是心心相印的知音。当黄道周被难以前，蔡夫人专门致书道周，称到此地步，只有"致命遂志"一着，更无转念。谆谆数百言，同于王炎午之生祭，确乎堪称闺阁中的铁汉！可见，作为一个理学家，黄道周与蔡夫人的家庭生活，并非完全说理道性，而是文采风流。蔡夫人可以向道周学书法，两人也可以在绘画上有所商榷。但归根结底在儒家的节义上，显然两人在平日已有一种共同的追求与志趣。蔡夫人所绘十幅花卉，每幅均有自己撰写的题语，无不都是自道其节。如："不言自芳，匪由色媚"，此为励节；"君子子役，闺中肠断"，此为言情；"眷焉北堂，勿之洛阳"，此为教孝；"蜀相军容，小草见之"，此为劝忠。言简意赅，无不得古代君子箴铭之体。[2]

毫无疑问，仕宦家庭中的妇女，除了夫妻之间有诗酒风流的生活之外，有时所言并不仅仅限于"家事"，而是"时为天下画奇计"的国事。如丁玉如嫁给黄灿之后，不但跟她婆婆学唐诗，而且在与丈夫谈话之间，对明代"屯事"之坏颇有感慨。她曾经对丈夫说：

1 陈子龙：《安雅堂稿》卷一四《罗母谢太孺人传》《盛孺人传》，辽宁教育出版社 2003 年版，第 261—263 页。
2 厉鹗：《玉台书史》，载虫天子编、董乃斌等校点《中国香艳全书》五集卷一，团结出版社 2005 年版，第 1 册，第 524 页。

妾与子勠力经营，倘得金钱二十万，便当被阙上书，请淮南北间田垦万亩。好义者引而伸之，则粟贱而饷足，兵宿饱矣。然后仍举盐策，召商田塞下，如此则兵不增而饷自足，使后世称曰以民屯佐天子，盖虞孝懿女，实始为之死且目瞑矣。[1]

这段夫妻间的"悄悄话"，尽管其言稍有夸饰，然销兵宅师，洒洒成议，其志良不可磨。作为一个女子，在家庭中不谈家事，却论国事。可见，明代妇女同样有着极强的参政意识，只是制度并不允许她们一展抱负与才能，只能在家庭中议论，有些甚至通过丈夫的行为以施展自己的抱负。

其实，丁玉如的政治见识乃至抱负，也是与她的家庭有关。自她嫁入黄家之后，其婆婆顾若璞，即为一个很有政治见解的妇女，所著《涌月轩稿》中，多经济理学大文，"率多经生所不能为者"。丁玉如的继母张姒音，也是相当有才学，曾撰写过《讨逆闯李自成檄》，词义激烈，读者如听易水歌声。[2]

有些妇女不但在家庭中事无大小，处置得宜，而且在面临重大的利害关系时，也能决断大去就，砭然以身当之。这不仅体现了她们的政治远见，而且也是一般妇女甚至男子所难以做到的。如正统十四年（1449），"盗"起闽、浙之间，朱英以名御史前去"治盗"，将夫人胡卢留在北京。当时明英宗北狩未还，而且蒙古瓦剌部兵临北京城下。有人向她建议不如离城南还。胡卢当面加以斥责，并召诸子曰："虏何能为！设有不幸，臣为君死，义也。乃何去之！"[3]

1　顾学璞：《与张夫人》，载周亮工辑：《尺牍新钞》卷一〇，岳麓书社 1986 年版，第 344 页。

2　陈维崧：《妇人集》，载《中国香艳全书》一集卷二，第 45 页。

3　陈献章：《陈献章集》卷一《朱夫人胡氏墓志铭》，中华书局 1987 年版，第 92 页。

有些民间妇女对地方事务亦颇为关心。如孙义妇，浙江慈溪人，嫁给浙江定海人黄谊昭为妻，不久丈夫死，孙氏一人独撑门户。明初田赋多令百姓自输，孙氏就与她婆婆一同携带幼子交纳赋税，并向尚书蹇义上诉，称："县苦潮患，十年九荒，乞筑海塘障之。"蹇义见她们孤苦，问道："何为不嫁？"她们答："饿死事小，失节事大。"蹇义听后深为感触，第二天就代为向朝廷奏请，派人协同地方官员具体进行了考察，修筑海塘，起自龙山，迄于观海，使当地永免潮水之患。[1] 为此，慈溪人就在海塘上建庙，对她们加以祭祀。

明代文人徐渭所作《女状元辞凰得凤》一剧，更是显示了黄崇嘏非凡的政治才能。尽管是戏曲之言，却同样与当时妇女的参政意识桴鼓相应。从记载可知，徐渭曾采纳其学生王骥德的提议，将《黄崇嘏春桃记》加以改编，写成了《女状元辞凰得凤》。全剧共有五折。第一折，黄崇嘏乔扮赴考；第二折，周丞相面试及第，中了状元；第三折，黄崇嘏授成都司户参军；第四折，周丞相求婚；第五折，黄氏与周郎成婚。其中第三折描写黄崇嘏巧断冤狱，破获毒害人命的凶犯姜松，释放了嫌疑犯黄天知、乌氏、真可肖，显示了女状元的英明俊秀，胜过一般男人。

《女状元辞凰得凤》的中心内容是揭露传统社会对妇女的压迫。黄崇嘏英才俊秀，当她乔装男人时可以中状元、授参军。但在暴露了女儿身份以后，她的政治天才和文学本领都化为无用，只能弃官成婚。在喜剧的结尾中蕴涵着辛酸的悲痛。显然可以看出，徐渭对于传统社会对妇女的压迫抱有不平之感。但在当时还没有解放妇女的出

---

1 《明史》卷三〇一《列女一》，第 7697 页。

路，因而在反抗中仍有迷惘的悲哀。[1]

殉节就义：妇女参政的别例

每当两朝更替之际，往往是考验一个人节义的关键时刻。值此之时，就出来了很多慷慨殉节就义之妇。

与一些整天讲究节义而在关键时刻变节的男子相比，那些在生死关头却能"从容就义"的妇女，真可谓羞杀"须眉"。正如明人张煌言在诗中所言，"多少须眉巾帼态，却留彤管叹红颜"。[2] 如都督章钦臣的夫人金氏，随丈夫反清被俘。据史料记载，当时章钦臣被俘后，清兵中的问讯官怜其是忠臣，"欲令异词求免，而己为之道地"。章钦臣亦曾一时动摇，打算"留身有为"，但在夫人力争之下，最后还是成全大义。按照清朝的惯例，金夫人例应没入旗下，等到发遣之时，金氏谩骂不屈，当审讯官以磔刑相威胁时，金夫人还是大义凛然，说："死则死耳，吾不可辱。"最后死于磔刑。[3] 顾炎武之母王氏，守节不嫁，在崇祯年间受到朝廷的旌表。弘光元年（1645）夏，年已六十，避兵于常熟县之语濂泾，对顾炎武说："我虽妇人，身受国恩，义不可辱。"绝食而死，"以女子而蹈首阳之烈"。临终留下遗命，告诫顾炎武"无仕异代"。[4]

1　对徐渭所作《女状元辞凰得凤》一剧的研究，可参考徐仑：《徐文长》，上海人民出版社1962年版，第75—76页。

2　张煌言：《奇零草·侍御室人从容就义》，载《张苍水集》，上海古籍出版社1985年版，第64页。

3　全祖望：《鲒埼亭集外编》卷一三《大金夫人庙碑铭》，载朱铸禹汇校集注：《全祖望集汇校集注》，上海古籍出版社2000年版，中册，第1000—1001页。

4　顾炎武：《亭林文集》卷三《与叶讱庵书》《与史馆诸君书》，载《顾亭林诗文集》，中华书局1983年版，第53—54页。

这些妇女殉节就义的例子，尽管有礼教束缚的因素，但在重大政治变动过程中所作的毅然抉择，说明她们同样认同"夷夏之防"的政治观与历史观，显然可以归入妇女参政的一种别例。

从女土官看少数民族妇女的政治生活

在明代的少数民族部落中，出了不少女性政治家。她们或为蒙古部落的政治领袖，但更多的还是西南少数民族地区的女土官。

在明代的蒙古部落中，曾涌现出了一位比较著名的女政治家，她就是三娘子。据史料记载，三娘子，是俺答长女，哑不害所生之女。平日，她除了诵经念佛之外，手不释卷，出言和婉，常常能预先说出人意。她对汉族文化相当仰慕，"常恨生夷中，每于佛前忏悔，求再生当居中华"。隆庆五年（1571）初，封为"忠顺夫人"。[1] 毫无疑问，"隆庆和议"的得以实现，三娘子确实有功。

西南地区的云南、广西，在明代大多是一些土司管辖之区。在土司中，土官死后若无人承嗣，就由妻、女代职，称为"母土官"。[2] 如洪武十六年（1383），云南武定军民府一地的酋长地法叔的妻子商胜，倡义前来归附。明太祖下诏嘉奖，给她的诰文曰："质维柔淑，志尚坚贞，万里来归，诚可嘉尚。"特别授予她为中顺大夫、武定军民府知府，并赐朝服、织金衣、纱帽金带。正统二年（1437），云南武定军民府知府由女土官商智出任。正德年间，商胜之孙阿英改姓凤。传至土知府凤诏，死后无嗣，其母瞿氏代袭。瞿氏老后，又荐

---

1 诸葛元声：《两朝平攘录》卷一附《三娘子》，明万历三十四年高濬刻本。
2 邓士龙辑：《国朝典故》卷七一，引《蓬轩类记四》，第 1576 页。

举凤诏之妻凤索林出任。[1] 万历年间，广西思城知州赵天锡，也是一位妇女。赵氏原本是一位江南女优，在游历广西时，被当地的土酋看中，成为土酋的小妾。土酋死后，无子嗣，于是就按照当地的习俗，承袭了丈夫的官职，成为一个土知州。[2] 这是汉人妇女首次出任土知州。

妇女的从军

明代妇女从军之例，明末清初学者魏禧作了下面简单的概括："乌马寡妇佐胡宗宪平倭，石柱司女官秦良玉勤王歼乱，俺答三娘子哈屯比妓练兵附明，八百媳妇土酋之妻各领一寨。"[3] 这是明代妇女从军的真实例子。此外，魏禧在其所著《兵经》一书中，已经考察了自古以来名将利用妇女参与军事活动的史迹。至于妇女如何"助战"，亦即如何发挥妇女在军事活动中的作用，魏禧进而作了如下详细阐述：

> 但欲为诱袭，当以女前而隐其兵，或厕少年之军于妇人内，一如彼地装饰，从中猝发。或以妇人男服，持竿乘城，搬运瓦砾。或获彼妇人列之于前，彼军顾惜，则令其运土填濠，我军后发；彼不顾惜，则迫其点放铳炮，击打其军。或纵妇人使彼获而迷淫，俟其阴气耗夺，军气不扬，乘怠击之。又淮、凤流

1　沈德符：《万历野获编》卷二九《武定府改流》，中华书局 1997 年版，第 751—752 页。

2　沈德符：《万历野获编》卷三〇《土官之异》，第 763 页。

3　魏禧：《兵迹》卷二《将体编·妇》，载陶福履、胡思敬编：《豫章丛书》，子部第 1 册，江西教育出版社 2002 年版，第 324—325 页。

民能走马踏绳、飞刀掷标，百不爽一，以为戏者，亦可助战。[1]

诚乎古人所言，兵为诡道。为了取得军事胜利，甚至可以借助妇人之力。魏禧此说，显然对古代兵家之说作了更为详尽的发挥。至于上面提及的"淮、凤流民"，其实是指那些专门从事杂技一类表演的江湖女艺人。

在说到妇女从军之前，先引明末风行于妓女中的"尚武"之例，加以简单阐述。据史料记载，明代南京秦淮的名妓，有时喜欢身着戎装，与士大夫一起打猎。关于此，张岱有下面的记载：

> 戊寅冬，余在留都，同族人隆平侯与其弟勋卫、甥赵忻城，贵州杨爱生，扬州顾不盈，余友吕吉士、姚简叔，姬侍王月生、顾眉、董白、李十、杨能，取戎衣衣客，并衣姬侍。姬侍服大红锦狐嵌箭衣、昭君套，乘款段马。……出南门校猎于牛首山前后，极驰骤纵送之乐。……江南不晓猎较为何事，余见之图画戏剧。今身亲为之，果称雄快，然自须勋戚豪右为之，寒酸不办也。[2]

这是模仿宋代梁红玉故事，当然不能说是妇女从军之例，但至少说明在士大夫的眼里，女子穿上戎装，也不失为一件风雅之事。对那些名妓而言，除了为了迎合士人的这种风尚之外，内心深处显然也不免有一种从军的念头。从明代的史料来看，妓女确实有从戎入幕之例。如明末南京珠市之妓郝文姝，字昭文。史称其人谈吐慷慨风生，

1　魏禧：《兵迹》卷七《华人编·妇》，载《豫章丛书》，子部第 1 册，第 417 页。
2　张岱：《陶庵梦忆》卷四《牛首山打猎》，上海古籍出版社 1982 年版，第 32 页。

下笔亦可成琬琰。后宁远大将李如松"物色之，载腠车中"。后辽东战事时，郝文姝承担掌记之职，称为"内记室"，凡所有奏牍，均由其负责。[1]

妇女从军典范，前有花木兰，后有梁红玉。明代妇女女扮男装从军，一如花木兰之行，当以明初韩氏女最为著名。据记载，明初四川有一韩氏女，在遭受明玉珍之乱后，改穿男子服饰，从征云南，其间长达七年，根本无人知晓。后遇到她的叔父，才回到乡里成都，改穿女装，与她一起从军者，无不感到惊异。至洪武四年（1371），嫁给尹氏为妻。成都人以"韩贞女"相称。[2]

明代边政大患，分别为"北虏"与"南倭"。自明代中期以后，"盗贼"四起。每当遇到社会动荡，或者两朝鼎革之际，均有妇女投身军伍的记载。

明代妇女参与军事活动，除了从军这一直接参军之外，一些武将的妻子在军情紧急的情况下，挺身而出，助丈夫守城，保全边城，也可以算是妇女间接参与军事行动。关于此，在明代流传着"二妇全边城"之说，这两位妇女堪称代表性的人物，一个是辽东广宁卫指挥佥事赵忠之妻左氏，另一位则是参将萧如薰之妻杨氏。

正统十四年（1449），赵忠守备镇静堡，正好赶上蒙古部落入侵。赵忠力战不胜，攻围甚急。正当此时，其妻左氏说："此堡破在旦夕，吾宁死不受辱，君其勉之！"说毕，与母及其三个女儿一同自缢

1　厉鹗：《玉台书史》，载《中国香艳全书》五集卷一，第1册，第530页。
2　谢肇淛：《五杂俎》卷八《人部四》，第144页；《明史》卷三〇一《列女一》，第7693页。按：明人郎瑛在其所著《七修类稿》中亦载韩氏女从军一事，并称韩氏女为"贞洁"，所以才被收入"国史"。参见《七修类稿》卷四〇《事物类·崇嘏》，上海书店出版社2001年版，第427页。

身亡。赵忠经其鼓励，颇为感愤，拒守愈坚，此城得以保全。这件事上报到朝廷以后，皇帝下令赠左氏为"淑人"，下谕祭祀赐葬，并旌其门曰"贞烈"。

万历三十年（1602），萧如薰以参将之职守御宁夏平虏堡。当时正值哱刘勾结蒙古部落，以数万之众围困此堡。守御的军队势单力弱，人心惶惶。正在此时，其妻杨氏专门拿出自己的首饰用来犒劳手下军士，并且亲自率领一些健壮的妇女登上城墙，命萧如薰出战，昼夜苦斗，致使敌人退却。[1]

又有一位刘夫人，名淑，江西吉州人，嫁给王巡抚之子王次谐为妻。其父刘铎曾任扬州知府，天启年间为魏忠贤所杀。刘夫人幼年聪颖，能作小诗。崇祯十七年（1644）有两朝鼎革之变，刘夫人叹道："先忠烈与抚军两姓皆世禄，吾恨非男子，不能东见沧海君借椎报韩。然愿与一旅，从诸侯击楚之弑义帝者。"于是举起义旗。当时云南统兵官所率"蛮兵"，"精悍冠诸军"。这位统兵官听说刘夫人之名，请求谒见。夫人开壁门见之。云南统兵官"具牛酒于军中，高宴极欢"。然而这位云南统兵官，不过是一介武夫，而且阴持两端。一次，酒醉之后，与刘夫人争长短，语出不逊。刘夫人大怒，即于筵前按剑欲斩其首。统兵官"环柱走，一军皆挽甲"。刘夫人掷剑笑道："杀一女子何怯也。"索纸笔，从容赋诗一首，辞旨壮激。统兵官又悔又惧。刘夫人道："妾不幸为国难以至于此。然妾妇人也，愿将军好为之。"于是跨马驰去。[2]刘夫人作为一个女子，曾一时统率云

1　沈德符：《万历野获编》卷二三《二妇全边城》，第588—589页。
2　陈维崧：《妇人集》，载《中国香艳全书》一集卷二，第45页；张怡：《玉光剑气集》卷二七《列女》，中华书局2006年版，第967页。

南"蛮兵"，而且极具豪气。

明末还有一个妇女统兵的例子。王氏，为刘孔和之妻。刘孔和，长山人，为内阁大学士刘鸿训的次子。读书怀大略，慕陆游之为人，所著有《日损堂诗》数百首，尽学陆游。明末弃诸生从戎，隶属刘泽清麾下。他的妻子邹平人王氏，亦擅长骑射。弘光朝时，刘孔和与其妻王氏各率一军，王氏号令之严，甚至超过孔和。后孔和为刘泽清所杀，王氏间关北归，出家为尼。[1]

东南沿海地区出现的"倭寇"问题，同样使妇女投身抗倭的行伍之中。这一类活动，在文学上的典型反映，就是徐渭所作的《雌木兰替父从军》北曲杂剧。徐渭为何要将古乐府诗改编成戏曲作品？究其原因，有下面两个：

其一，自己的切肤之痛。有一件事使徐渭相当痛悔，就是湖州归安双林镇的严家曾约他订婚，他当时拒绝了。但在倭寇侵掠双林时，严家被抢劫，严翁被倭寇砍断一臂而死，严氏二女被掳。消息传到绍兴（今属浙江）时，徐渭相当激动，他写下了《宛转词》诗：

> 宛转一臂断，流落二乔轻。覆水已无及，通家如有情。归来妆粉暗，啼罢泪痕清。莫道红裙怯，官家盛甲兵。[2]

作诗后不久，他又听到确实消息，严家长女在被掳后投河自杀，二女放还亦死，于是又写了《宛转词》的第二首：

> 讶道自怨盟，天成烈女名，生前既无分，死后空余情。粉

---

1 陈维崧：《妇人集》，载《中国香艳全书》一集卷二，第45页。
2 徐渭：《徐文长三集》卷六，载《徐渭集》，中华书局1983年版，第171页。

化应成碧，神塞俨若生，试看桥上月，几夜下波明？[1]

徐渭在《严烈女传》中说："事闻，渭痛之如室焉，且悔！以为当其时，苟成之，或得免。然天欲成斯人名，渭独且奈何！"[2]他既痛恨倭寇的残暴，又埋怨官兵的腐败，发出"莫道红裙怯，官家盛甲兵"的悲愤。

其二，妇女抗倭事实的激发。一方面，徐渭在抗倭战争中痛切感到的是妇女被掳掠的悲惨，特别是严烈女的牺牲给他的刺激最为深刻。另一方面，当时广西少数民族参与抗倭的军队中，有田州瓦氏，完全是女土司统率军队，在松江作战，显得相当勇敢，曾在俞大猷的指挥下获得金山之捷。后又受赵文华督促，在漕河泾血战中付出巨大牺牲。朱察卿描写瓦氏兵初到上海，当地人民捕蛇捕猫以供军需，有《江南感事诗》：

> 万里迢遥征戍士，虎符星发路何遥？帐前竖子金刀薄，阃外将军宝髻斜。田父诛茅因缚犬，乞儿眠草为寻蛇。军储不惜人间供，愿斩鲸鲵净海沙。

基于上面两个原因，徐渭后来就以古乐府《木兰辞》为基础，编写了《雌木兰替父从军》的北曲杂剧。

《雌木兰替父从军》杂剧，其主题是歌颂木兰参军保家卫国的爱国精神。《木兰辞》的故事比较简单，经过徐渭的编写，添上木兰的父亲花弧以及回乡以后嫁王郎的情节。全剧有两折：第一折描写花木

1　徐渭：《徐文长三集》卷六，载《徐渭集》，第172页。

2　徐渭：《徐文长逸稿》卷二二，载《徐渭集》，第1046页。

兰乔装替父出征，从换鞋、更衣、试刀、练枪、拉弓、跨马直到离家后的征途情景，都写得相当生动。第二折写花木兰征战十二年，凯旋还家，在路上与同行的军士谈话，故意说些隐语，以便回家后改为女装。徐渭塑造的花木兰，成为爱国妇女的典型，受到人民的喜爱，一直流传下来成为传统的优秀剧目。从昆曲到京剧以至各种地方戏，演花木兰的剧目始终盛行。其实，它是抗倭战争的思想反映，并且对后来的爱国战争仍然起着积极的作用。[1]

明代妇女在"贼"乱中也有不俗的表现，有些甚至投身军伍，且举下面几个例子加以说明：

如正德年间，刘六等剽掠山东。一日，路过东平州，当时有姑嫂三人，正好躲避战乱回家。途中有一贼见到她们颇有姿色，就将她们赶入林莽之中，将大姑与嫂强奸后，正要将小妹强奸。小妹一等此贼上身，就两手交按贼颈，随之大喊，于是其嫂踞坐在贼背上，而大姑则抽出贼人之刀，将其砍死。报官之后，得到了赏格。嘉靖二十一年（1542），北方蒙古部落入侵山西汶水。其中两贼到了一座村庄，正好遇到姑嫂二人躲避，其中之姑躲到一口枯井中，而嫂却为贼所擒。贼问："刚才还有一女，去了什么地方？"其嫂答："在井中。"两位贼人，一在上，一下到井中。姑嫂一同用力，将上面一贼也推入井中，二贼一同死于井中。[2] 这两件事，可见妇女在战乱时期所表现出来的勇敢。

云南景东府治东有邦泰山，土官陶姓，世居其麓。正统年间，

---

1 关于徐渭创作《雌木兰替父从军》一剧的缘由，其研究成果可参看徐仑：《徐文长》，第57—58、69—70页。

2 郎瑛：《七修类稿续稿》卷六《事物类·妇女杀贼》，上海书店出版社2001年版，第599页。

土知府陶瓒袭职，正好赶上麓川"叛寇"入境，陶瓒的祖母阿曩率所部御贼，斩首颇多，得保一方平安，朝廷下令进封阿曩为太淑人。[1]

至于"女子军"与"夫人城"之名的出现，更可证明妇女同样可以成为防御"寇贼"的中坚力量。如香山指挥林兴，其妻苏氏。正统年间，粤寇黄肃养突然进攻广州城。当时林兴正好带兵外出，城上已是无人防守。苏氏率领一些军士之妻，"援兵登城，贯甲若男子"。"粤寇"退兵，使全城安然无恙。为此，广东人称她们为"女子军"。[2]沁水县东北有一个窦庄，是张铨的故居。先前，张铨的父亲尚书张五典认为海内将乱，所以筑墙为堡，相当坚固。崇祯年间，"贼"进犯窦庄，当时张五典已死，张铨也已经尽节，而张铨之子又在北京做官，只有夫人霍氏守家。众人一致建议弃堡而去，夫人对她的小儿子道澄曰："避贼而去，家不保，出而遇贼，身亦不保，等死耳，死于家不愈死于野乎！"于是，亲自率领童仆，严加守御。"贼"至，围而攻之，堡中矢石并发，"贼"伤其众。一连进攻四天，还是没有将窦庄攻破，于是只好退去。当时那些出庄到山谷躲避者，则大多被淫杀，只有张氏宗族得以保全。兵备王肇生对此加以表彰，题此堡为"夫人城"。[3]崇祯十六年（1643），"贼"兵贺锦等攻保定。当时举人张国纮与守城者商议，丁壮登城而守，而女子则运石。张国纮妾杨氏率先倡导，城中女子无不响应。不久城陷，杨氏死于谯楼

1　赵吉士：《寄园寄所寄摘录·闺中异人》，载《中国香艳全书》二十集卷一，第4册，第2434页。
2　张怡：《玉光剑气集》卷二七《列女》，第942页。
3　张怡：《玉光剑气集》卷二七《列女》，第963页。

之旁。[1]

在崇祯年间，更是出了一位天下闻名的女英雄，她就是秦良玉。董说有一首《秦良玉词》，专门描写了秦良玉的飒爽英姿："追奔一点绣红旗，夜响刀环匹马驰。制得铙歌编乐府，姓名肯入玉台诗。"[2]下面根据史料记载，对秦良玉之事稍作介绍。

天启元年（1621），宣抚使奢崇明反叛朝廷，于是石砫宣抚使掌印女官秦良玉就前来"勤王"。秦氏世代出任宣抚司，秦良玉之兄邦屏、邦翰，曾援辽力战而死，弟秦民屏重伤，突围而出，才得以回到家乡。奢崇明"厚遗"秦氏，请求她助一臂之力。秦良玉斩来使首级，留下银子，率领所部精兵万余，同弟民屏及侄翼明，卷甲疾趋，偷渡重庆，扎营在南平关，扼奢崇明归路，遣兵夜袭两河，烧其船以阻其东下，自率大兵沿江而上，水陆并进。此外，秦良玉又留兵一千守护忠州，以为犄角，移文夔州，设兵防御瞿塘，以为上下声援。

其后，秦良玉又大破"流寇"。女将掌兵，一时无两。崇祯末年，秦良玉亲自率领三万精兵支援夔城。过夔州一步，即为石砫司，防守夔州，其实就是守家。当时绵州知州陆逊之罢官归乡，巡抚邵提春派遣陆逊之到秦良玉军中视察。陆逊之到了军中，秦良玉"冠带佩刀出见，左右男妾十余人，然能制度其下，视他将加肃"。秦良玉为陆逊之设宴接风，叹道："邵公不知兵，吾一妇人，受国恩应死，所恨与邵公同死耳。"不久，"贼"大至，张令被射死，秦良玉所率石砫土司兵亦全军覆没。秦良玉单骑去见巡抚邵提春，道："事

---

1 《明史》卷三〇三《列女三》，第 7751 页。
2 朱彝尊：《明诗综》卷七九《董说》，上海古籍出版社 1993 年版，第 1488—1489 页。

急矣，尽发吾溪洞之卒，可二万，我自廪其半，半饩之官，足破贼土。"邵提春发觉杨嗣昌与自己有矛盾，而四川又无现粮。此外，他对秦良玉这一"峒寨之人"还是持怀疑的态度，于是谢绝秦良玉之计。

石砫女帅秦良玉，率师勤王，深得崇祯皇帝器重。崇祯帝曾"召具赐彩币羊酒"，并亲自写诗一首，加以表彰，诗云："蜀锦征袍手制成，桃花马上请长缨。世间不少奇男子，谁肯沙场万里行？"[1]

上面所列，均属正面的妇女从军典型。她们从军的目的，或为"保家"，或为"勤王""卫国"。当然，在明代，也有妇女从军的另外一种典型，因为生活所迫，投身绿林。"母大虫"就是典型一例。

小说《水浒传》中，众盗贼中有"母夜叉"孙二娘。揆之明代史实，也有一位"母大虫"，成为道路上的劫匪。万历二十三、二十四年（1595—1596）之间，畿南霸州、文安一带，有一健妇剽掠，诨名"母大虫"。其人年约30岁。貌亦不陋，双跌甚纤，能在马上施展长枪。在地上放一颗豆子，她在马上迅速驰过，用枪将豆子一剖为二，回头骑马过来，又能将豆子剖为四份，其枪术相当精通。道上与她相遇者，不知她的能耐，与她格斗，必为她所杀。这位"母大虫"在当地横行了三四年，前后有丈夫数人，稍不当意，就亲手将其杀死。当时有一位徽州人王了尘，善用铁鞭，听说了此妇的绝艺之后，拼命与她角斗，半日未分胜负。两人讲和，相见恨晚，并结为夫妇。王了尘后来发觉她杀人太多，逐渐为官兵所搜捕，恐连累自己，就

1　赵吉士：《寄园寄所寄摘录·闺中异人》，载《中国香艳全书》二十集卷一，第4册，第2437—2438页。按：秦良玉左右多"男妾"，谈迁亦有记载，称其"雅度侃议，傔从俱美少年"。参见谈迁：《枣林杂俎》义集《彤管·秦良玉》，中华书局2006年版，第291页。

偷逃入京。此妇恨极，率精兵数人一直追到京城。京城守军发现其人，就急忙聚集选锋军前去搜捕，却被她逃出城，直至郊外才捕获，磔于市。[1] 明末史家谈迁笔下的女响马，大抵与上述"母大虫"可归于一类。据谈迁记载，有嘉兴人某擅长射箭。路过山东时，遇到一位女子"单骑行劫，接其矢反射之者三"。于是女子叫道："君无相苦，当下马少有所语。"随后对其说道："吾阅人多矣，愿事君奉箕帚。"这位嘉兴人从其言，带她回到家乡，结为夫妻，"作孟子湖暴客"，亦即夫妻一同做土匪。[2] 这则史料记载的女主人公尽管已佚其名，而且其事迹与"母大虫"多有相似之处，在史源上是否同出一处，亦有待进一步考证，但她们所从事的是劫掠生涯，则是毫无疑问的。

社会经济活动

妇女的社会经济活动，显然牵涉到妇女在家庭经济中的地位问题。按照传统的观念，大体上体现为一种男主外、女主内的两性角色关系。妇女主要从事在家庭中的家务劳动，至于维持家庭日常开支的经济来源，则是由丈夫承担。正是因为这种观念，才导致明代妇女的社会经济活动，仅仅局限于家庭内的家务劳动，即使从事一些与

1　沈德符：《万历野获编》卷二九《妇人行劫》，第757页。
2　谈迁：《枣林杂俎》义集《彤管·彤管志余》，第292页。

家庭经济来源有关的工作，也不过是田作、纺织或其他在家庭内即可完成的手工劳动。至于像外出经商一类的活动，一般是由男子承担。当然，在明代的家庭中，同样存在着妇女主持内外的例子，即家庭中的主妇不但承担家务劳动，而且还协助自己的丈夫管理外面的生产事宜。如李敬因为热衷于谈经乐道，不问生产，于是其妻子胡氏就"相其夫，检料内外，筹废举权，以笃其生者甚均且至，而有矩法"；又陈谌之妻劳氏，也是"外应里徭，内治生事"，内外之事一力承担。[1]

即使是家庭中由丈夫主外，妇女仅仅限于家庭内的事务，若是商人家庭中的妻子，除了承担起家务劳动之外，有些时候也会对自己丈夫的经营活动给予适当的关注与鼓励，而当丈夫的经商活动出现资金困难时，甚至不惜用自己掌管的首饰或体己（即私房钱）支持丈夫的商业经营活动。如席右源之妻吴氏，在丈夫打算经商，却又"苦无以为资"的情况下，毅然"斥嫁时装以佐什一"，最后使家起至"巨万"。[2]

---

1 焦竑：《澹园集》卷三二《云南永昌府同知简斋李公配宜人胡氏墓志铭》《太孺人陈母劳氏墓志铭》，中华书局 1999 年版，第 505、508 页。

2 吴伟业：《吴梅村全集》卷五二《文集》三〇《吴淑人传》，上海古籍出版社 1999 年版，第 1069 页。按：相关的例子尚有很多。如谢黄谷妻贺氏（1545—1601），在嫁入谢家之后，谢家正值经济状况相当窘迫之时，谢黄谷亦深知不能通过读书暂时解决家庭的经济困难，只好暂辍学业，但又无资金，于是贺氏"脱簪珥"给丈夫，并鼓励他说："古有善征贵贱者，一旦百息，此珥愿相百缗一矣。"黄谷乃至芜城经商，观时角智，"效计然之画"。又周长公妻郑氏，亦出练布，脱簪珥，"资长公治生"，并对自己丈夫说："阃以外，子为政。阃以内，我为政。"两人事迹，分载焦竑：《澹园集》卷二五《谢母贺孺人传》，第 267—269 页；《澹园续集》卷一〇《郑安人传》，中华书局 1999 年版，第 953—954 页。

田作、纺织与其他手工

在说到明代妇女的劳作生活之前，不妨先引用明末清初学者陈确的母亲辛勤劳作的一生作为引子，借此考察明代妇女的实际生存状态。陈确的母亲曾深有感触地与儿子讲述了自己一生操持家庭生计的艰难生活。从她的回忆中可以知道：自陈确的曾祖父以来，陈家已经家道衰落。到了陈确父亲时，更是贫困益甚。陈确父亲在 24 岁时，才开始到外面处馆，每年仅得脩金四两银子。就在那一年的夏天，陈家绝粮。陈确父亲接受父命，让童仆效能到馆舍，预先支取两个季度的脩金二两。陈确的伯父亦命童仆进能拿来一两八钱银子，一同到市场买米。陈确的祖父担心两位童仆年幼，被人所骗，于是就派一"黠者"带着他们前去。当时陈家举家惶惶，正等着买米回来举火，而"黠者竟诱逃二童而攫其金"。过了数日，获悉二童逃匿之处，重新花钱将二位童仆买回，但"黠者"终究不知逃往何处，银米俱化为乌有。

无奈，陈确的母亲只好拿自己头上的簪子典银，去买种谷及农具，种屋西四亩田，主要靠最初收的仆人沈三夫妻耕种。这一年正好闹饥荒，种子相当之贵。簪子典得银子二两，籴四亩田所用种子，花去银子八钱，又买水车一口，用去一两二钱，典金须臾花尽。没有多久，刚播下种子，沈三得疫病而死，陈确的母亲也病得很厉害。陈确的外祖父可怜自己女儿受苦，就指派一些仆人来代为耕种。当时正好是大旱，灌溉困难。代耕者也有罢耕之意，陈确父亲只好支取下半年的脩金，作为他们的工钱。但还是杯水车薪，家中已经力竭，只得听其自然。等到了处暑，田中需要灌水，陈确的外祖父又派仆婢八人"裹糇来"，车水竟日，水仅仅满了一只田角。到冬天，只收得田角谷三石，以其中的二石五斗"纳之柜"，再以五斗"悬于梁"，作为明年之种。当时正好替陈确的三叔举办婚礼，想借陈确伯母的房子，但其没有答应。等到陈确的母亲回来，才将自己的房子让出来，作为他们的婚房。刚满月，陈确的叔母就归宁，房中虚无一人，四壁本来就不完整，小偷将柜中之谷、梁上之谷及二个空釜全数偷去，一年的生活来源就此断绝。

陈确的父亲初时只知读书，对家里的事一概不管。曾经想养一头猪，猪还未买来，先典掉陈确母亲的五丈白绢，买了一些饼麦之类的东西放在家里。后来又不想养猪了，于是饼麦尽为亲邻借散，绢最终也放弃赎回，弃置典当行中。

自从陈确的母亲嫁到陈家，刚刚三个月，就自己分灶而食，所依靠的只有"指授田"一亩七分。至于釜、灶全是陈确母亲自作，又经常被陈确的祖父所打破。陈确的母亲只好昼夜辛勤纺织，用来补贴家用。不够时，只能典当衣服、首饰。陈确的外祖父虽中了举人，但并没有出去做官，外祖母早已去世。后母对陈确的母亲并不仁义，不肯给一点周恤。而陈确母亲的性格又不喜欢求人，也不将自己的困境告诉陈确的外祖父。陈确的父亲在外处馆，前后总共不过四五年，后来不再出去教书。虽然有时也勉强出去，但还是辞多就寡。等到40岁左右，衣食粗给，家境刚有好转，儿女之事又纷至沓来。陈确家原本家徒四壁，陈确的父亲"先拮据营内川二进，又并得三四房破屋四间"，作为陈确兄弟的结婚用房。到陈确父亲49岁时，才自己出海买木材，建造中厅、前厅及墙门侧屋共20间，约费银200两。又以剩下的银子置办瘠田100多亩，分别授予陈确兄弟。田产虽然凉薄，但全都是陈确父母辛苦力作所置，没有丝毫旁人之力。

陈确的母亲姊弟九人，又是老大，最先结婚。她的弟妹结婚都在陈确外祖父中了举人之后，所以都选择一些极势厚之家。每次陈确的母亲回娘家，"群娣姒皆华侈相先"，唯有陈确的母亲"以萧然缊敝厕其间，亦不以为愧也"。群娣姒时相聚笑乐，而陈确的母亲则默然手纫自若。她们并不知道内情，就说："陈姑性不语笑者也。"其中一位沈姨尤其富厚，每次从娘家回来，到家还有一里多地，就能听到榜声，于是数十个使婢就出去迎接，希望能得到一些好处。陈确的母亲习以为常，所以也不觉得世态炎凉。[1]

　　这是一个劳动妇女辛勤劳作的一生。自从嫁给丈夫之后，尽管自己没有亲自下田干活，但一生都在为家计操劳。丈夫是一个只知读书，却不知"治生"之人，所以家里的生产，都需要自己亲自安排；因为家境穷困，不但自己需要昼夜纺织，以补贴家用，有时更需要将自己的衣服、首饰典当，使家中暂时度过困境；回到自己的娘家，又要看娣姒的白眼。

　　上述史实足以证明，作为一个读书人家的主妇，尽管自己可以免于下田干农活，但土地的经营往往也由一些主妇亲自掌管。如明代著名文人李开先记其父亲去世之后，因为家贫，他的母亲就"常为农事，一年有七八月在乡村"。[2]

　　按照传统的观念，妇女只能在家操持家务劳动，即使是从事生产劳动，亦多为女红之类，不过是在家纺织之类。正因为此，传统家庭才出现了"重男轻女"的现象，究其原因，就是因为若是家中

1　陈确:《陈确集·别集》卷一一《先世遗事纪略·父觉庵公》，中华书局 1979 年版，第 530—533 页。
2　李开先:《闲居集》卷七《亡妹卢氏妇墓志铭》，载《李开先全集》，文化艺术出版社 2004 年版，上册，第 582 页。

多为女子，就会导致劳动力的缺乏。尽管如此，明代一些妇女，为了显示自己与男子相同，或者说为了改变父母对自己的歧视，也会下田力作。下面史料所记载的两位孝女，就是最好的例证。两位孝女均姓刘，是汝阳人。她们的父亲共生七女，家中靠种田维持生活。一次，刘父站在陇亩之上，不由得叹道："生女不生男，使我扶犁不辍。"其第四、第六两位女儿听说后，为之恻然，发誓不嫁，身穿短衣，代父耕作。[1]

纺织为女红之一。明代所定的礼制，就有皇后"亲蚕"之礼，这是一种农桑并举之制。此礼更定于嘉靖年间。当行亲蚕之礼时，其参加者尚有各类命妇。此礼的目的，就是显示朝廷对蚕桑之业的重视。[2]

在明代的江南，妇女主要从事纺织。如嘉定县，史称"妇女勤纺织，早作夜休，一月常得四十五日焉"。[3]明人徐献忠也说，"松人中户以下，日织一小布以供食，虽大家不自亲，而督率女伴，未尝不勤"。[4]除了说明妇女从事纺织之外，还指出了江南妇女的辛苦与勤劳。

除了靠纺织收入贴补家里生计之外，江南妇女还从事刺绣、织袜乃至制作手工艺品。如苏州城市中的妇女，大多"习刺绣"。[5]松江府城西郊开了百余家暑袜店，专门生产用尤墩布制作的单暑袜，极其

---

1 《明史》卷三〇二《列女二》，第7725页。

2 沈德符：《万历野获编》卷三《亲蚕礼》，第94页。按：先蚕之礼，其详细的礼仪制度，此不赘引，可参见申时行等纂：《明会典》卷九二《群祀二》，中华书局1989年版，第526页。

3 万历《嘉定县志》卷二《疆域考》下《风俗》，载《中国史学丛书》，台湾学生书局1987年版。

4 徐献忠：《吴兴掌故集》卷一二《风土类》，明嘉靖三十九年刊本。

5 顾炎武：《天下郡国利病书·江南八》，引王鏊《震泽编》，《四库全书存目丛书》本。

轻美，吸引了很多远方客商前来购买。这些袜店的产品来源，则是附近的"男妇"所织。他们都是以制作袜子为生，从"店中给筹取值"。[1]在松江府嘉定县，当地的闺中女子，"间剪纸作灯，人物如画，细见毫发，疑出鬼工"，只是不到市场上出售。[2]

经　商

在明代，妇女从事经商活动虽不可称为一种普遍现象，但在城市繁华之处，妇女经商已经日渐成为一种风俗。根据史料记载，当时杭州城内的一些富家大族，大多让妇女"盛妆坐肆，与人交易"。[3]这尽管尚被传统的儒家知识分子称为一种"陋俗"，但大抵反映了妇女在经济层面上的活动领域日趋扩大的事实。

明代专门有一种"女贾"，出入于大家闺秀中间，收买她们的女红之作。明人李开先记其妹妹云：

> 庚辰，先大夫弃背，家贫几即如卢，母常为农事，一年有七八月在乡村。妹乃造厨，为朝夕饔飧，奉其兄，养其二妹，余力则精针指组纴细工，而丝枲织作，夜以继日，膏火炯然不息，刀尺铿然有声，而机杼则咿轧彻听也。终岁勤劳，母又时脱簪珥，以给日用，妹犹蔬食布衣，仅足疗饥而御寒。一日，偶见枕顶绣鞋，女贾携之而出，工巧炫丽，以为他家物何以至此。妹言："吾所手制，将鬻之以救燃眉之急。"予闻之惨怀，

1　范濂：《云间据目钞》卷二《记风俗》，清光绪四年上海《申报》馆仿聚珍版印本。

2　万历《嘉定县志》卷六《物产》。

3　贺钦：《医闾先生集》卷三《言行录》，载张寿镛辑：《四明丛书》，第12册，第7252页。

洒泪不能已。[1]

这段记载已经说明，那些女贾经常出入于闺门，一方面是收买闺房女子的绣品，另一方面则是向闺房女子兜售首饰与胭脂花粉。此类女贾，在明代有一种专门的称呼，即卖婆。

在广西横州，市场上荷担贸易，百货塞途，"悉皆妇人"，即使乡村人家背着柴米入市贸易，也都是妇人。[2]这或许仅仅是一种地方风俗使然，但这种现象的出现，显然不是孤立的例子。如在广东琼州（治今海南琼山），"妇女出街市行走买卖"，[3]已经成为一种惯例，以致不得不引起当地官府的注意，出榜禁止。而从事实来看，却是很难禁止。以广东南雄为例，一些山中的妇女，因为丈夫全都"担客装度岭去矣"，无奈之下，只好"跣足而肩柴入市"，做一些小买卖，以补贴家用。[4]从史料"趾相错也"之说来看，妇女入市做买卖已经相当普遍。

明代有一位名叫黄善聪的女子，女扮男装，出外经商，堪称妇女经商最典型的例子。据载，这位黄善聪早在12岁时就失去了母亲。她的父亲以贩香为业，怕她一人在家无依无靠，就让她穿上男装，携带她一同在庐州、凤阳一带经商。数年之后，其父死，善聪将姓名改为张胜，仍然继承她父亲贩香之业。当时有一位李英，也以贩香为业，从南京来，与她成为经商路上的"火伴"，一同卧起三年，但根本不知其是女子。回到家乡之后，善聪去见她姊，遭到了其姊

---

1 李开先：《闲居集》卷七《亡妹卢氏妇墓志铭》，载《李开先全集》，上册，第582页。
2 邓士龙辑：《国朝典故》卷八六，引《君子堂日询手镜》上，第1817页。
3 海瑞：《海瑞集》下编《禁妇女买卖行走约》，中华书局1981年版，下册，第445页。
4 王临亨：《粤剑编》卷二《志土风》，中华书局1997年版，第75页。

的诟骂，善聪就以死自矢。无奈之下，传来一媪检验，果然尚是处女，遂改穿女服。李英听说此事后，怏怏若有所失，托人前来求亲，善聪不从，在邻里的劝导下，两人最后结成夫妇。[1] 这件事与祝英台之事颇为相似。

妇女的职责多为主持阃内之事，即使是劳作，也不过是家务劳动，亦即"治麻枲"之类以补贴家用。值得引起注意的是，明代有些妇女尽管自己不外出经商，却通过投资让族人去经商，从中获取子母之利。汪道昆所撰《明诰封恭人顾母杨氏墓志铭》，所记载的那位杨氏，"脱簪珥，授族人之善贾者贾大梁。岁计其赢，取以自给"。[2] 这就是妇女以自己的财产投资商业的最好例证。

社交活动

妇女尽管可以外出，但传统的礼教毕竟规定了男女有别，所以一些官宦人家的女眷，即使是在元宵佳节外出看灯，也通常采用"帷幕"以与他人隔绝。这种帷幕在晋代称为"步障"，当时有"紫丝步障""锦步障"之称。帷幕一般用绢缎或布匹制成，成长圈之形，其目的就是避免与街市上的游人挨挨擦擦，这些女眷就可以在帷幕里

1　黄瑜:《双槐岁钞》卷一〇《木兰复见》，中华书局 1999 年版，第 212 页；谢肇淛:《五杂俎》卷八《人部》四，第 144 页。
2　汪道昆:《太函集》卷四六，黄山书社 2004 年版，第 983 页。

面自由走动，并观赏灯会。这显然是一种大家规范。[1] 至于众多的小户人家妇女，可能并不这么讲究。但即使像经常外出并与男人打交道的妓女，她们也会做一些预防措施。如明代的杭州女子金丽卿，有"家住钱塘山水图，梅边柳外识林苏"的诗句，说明她与林和靖、苏东坡一类的文人学士有交往。据史料记载，这位金丽卿，并不是一位"守礼法"的女子，经常外出游历。值得指出的是，即使是像金丽卿这样的女郎，在外游历时也"拥蔽其面"。[2] 可见，她们的脸是不愿轻易让人看见的。

明代中期以后，妇女在外抛头露面已是蔚然成风。这首先起于那些所谓的"女郎"。明代女郎的身份相当复杂，有些是寡妇，而更多的则是名妓，但她们都有一个共同点，就是有才识，可以与士大夫交往，并且诗歌相和。

社交生活

按照儒家礼教的规定，妇女必须被限制在"大门"之内，甚至"中门"之内。妇女不但不能自由外出，甚至在家庭内也必须男女有别，做到男女授受不亲。换言之，在礼教闭锁世界中生活的妇女，无所谓的社交圈子可言。但是，这仅仅是儒家理想化的妇女生活。对于生活在礼教渐趋松懈的明代社会妇女而言，她们的活动范围并非只有家庭，通常会通过看灯、踏青、看会等机会，走出家庭禁锢的大门，迈向社会。即使妇女不出大门，那些三姑六婆及篦头汉子同样

1　凌濛初：《二刻拍案惊奇》卷五，岳麓书社 2002 年版，第 54 页。
2　王士禛：《香祖笔记》卷一，上海古籍出版社 1982 年版，第 11 页。

得以自由出入大家之门，从某种程度上也是妇女社交渐趋扩大的最好证据。下面从日常社交活动、社交礼仪、称谓三个方面，对明代妇女的社交生活加以初步的探讨。

日常社交活动

若欲对明代妇女的日常社交活动加以考察，首先必须对女性社交的礼制规定作一些简单的介绍。在明代很多家训中，显然已经考虑到了"男女之别"，并将其视为"居家之要"，其实就是要内外界限严格。如杨继盛在家训中就强调："女子十岁以上，不可使出中门；男子十岁以上，不可使入中门。外面妇人，虽至亲不可使其常来行走。一以防谈说是非，致一家不和；一以防其为奸盗之媒也。"[1] 这就不仅仅是限制妇女到大门以外的社会中活动，甚至将她们局限于中门之内，在家庭内部讲究一种男女之间的授受不亲。

尽管礼制或家训对妇女的社会活动有诸多的限制，但并不能因此说女性已无社会交往活动。在明代，妇女外出看戏已是较为平常的事情。明代著名文人汪道昆曾说自己家乡安徽徽州，每当里社演戏之时，"诸士女聚族观之"。[2] 这就是妇女外出看戏的典型例子。正因为如此，一些士大夫尤以此训诫家族内的妇女。如明末清初人申涵光曾说："妇女台前看戏，车轿杂于众男子中，成何风俗！且优人科诨，无所不至，可令闺中女闻见耶？"[3] 这段记载，事实上证明了下面三点：一是妇女外出看戏，已习以为常；二是即使外出看戏，一些

---

1 杨继盛：《杨忠愍公遗笔》，载徐梓编注：《家训——父祖的叮咛》，中央民族大学出版社1996 年版，第 136 页。

2 汪道昆：《太函集》卷二九《郑麒妻罗氏贞节传》，第 633 页。

3 申涵光：《荆园小语》，载《借月山房汇钞》，民国上海博古斋据清张氏刊本。

大家闺秀还是不直接与男子接触，一般只是人在车轿之中看戏；三是看戏对妇女的影响相当之大，尤其是优人的科诨，直接影响到闺房女子。

上面所谓的"士女"或"妇女"在台前看戏，当然包括士绅或庶民家庭妇女。尽管士绅家庭妇女也不乏外出看戏之例，但在比较讲究礼教传统的士绅家庭，妇女通常还是将戏班子请到家中，在家中垂帘观剧。这就是说，在晚明，妇人观剧已经习以为常，即使是大家贵族，也不过是其间仅隔一帘而已。对此，正统人士作了下面的描述，基本符合当时的实情："粉气发香，依依帘中，罗袜弓鞋，隐隐屏下；甚至品评坐客，击节歌声，无所不至。优人之目，直透其中；坐客之心，回光其后。"[1] 可见，即使是妇女在家中垂帘观剧，也是对礼教的一种冲击，其极端的后果，难免会出现男女之间的心性荡漾。

一般说来，大家小姐通常被锁闭在深闺之中，她们日常的活动范围，不过是后花园而已。正因为此，传统的戏曲就不乏创造一些小姐私情约会后花园的场景。这应该说反映了当时的实情，说明大家闺秀缺乏与外界的联系与交往。但值得注意的是，自明代中期以后，通过丫鬟、三姑六婆、篦头汉子这三类人为媒介，闺中小姐同样开始了与外界的交往，尤其是与男子的交往。换言之，这三类人成为小姐与外传情的媒介。尤其是尼姑，由于可以经常出入妇女之房，对妇女的影响尤为深刻。此外，在明代江南，一些大家族内妇女的篦头，大多是由一些篦头汉子承担，使这些人得以出入小姐的闺房。关于此，明人李乐有下面的记载："余年十六七岁时，有一篦头汉子，常为余篦头，忉一向余说里中一大家，其妻妾四五人篦头，

1　周亮工：《因树屋书影》卷一，上海古籍出版社 1981 年版，第 1—3 页。

皆用我。余讶曰:'岂有此理!'已而他询,果然。"[1]这就是一条很好的证据。

社交礼仪

既然妇女有一些必要的社交活动,而且其社交圈也正在逐步扩大,那么她们的社交活动同样需要遵循一些必要的社交礼仪。下面从女性的拜仪、男女交往社交礼仪、妓女社交礼仪及其变化三个方面,对明代妇女的社交礼仪细加分析。

1. 女性的拜仪

儒家经典《周官》所定有九拜,分别为"稽首""顿首""空首""振动""吉拜""凶拜""奇拜""褒拜""肃拜"。在这九种拜仪中,只有"肃拜"属于妇女之拜仪。根据《少仪》:"妇人吉事,虽有君赐,肃拜。为尸坐,则不手拜,肃拜。"郑玄解释道:"肃拜,拜低头也。手拜,手至地也。妇人以肃拜为正,凶事乃手拜耳。"这就是说,妇女以低头而拜之"肃拜"为正礼,只有在遇到丧礼时,才采用"手至地"的"手拜"。又郑玄《昏礼》注云:"妇人于丈夫为礼,则侠拜。"又云:"妇人扱地,犹男子稽首。"由此推之,"扱地"即男子之"稽首","手拜"即男子之"凶事拜","侠拜"即男子之"褒拜"。"肃拜"作为一种"妇人之正礼",男子只有在行军礼时才采用"肃拜"。《左传·成公十六年》:"郤至三肃使者而退。"郑玄所谓"介者不拜"所指即此。可见,"稽首""顿首""空首"三种拜仪,均在"吉事"时使用。而"振动""吉拜""凶拜"三种拜仪,则属于"凶事之拜",此六种拜仪可以成为拜仪之经。男子之"稽

---

1 李乐:《续见闻杂记》卷一〇,上海古籍出版社 1986 年版,第 820—821 页。

首"，即臣向君所行之礼，按照郑玄的解释，为"拜头至地"。所谓"振动"，指丧礼时"拜而后踊"，相当于稽首。所谓"吉拜"，按照郑玄的解释，为"拜而后稽颡"。所谓"凶拜"，按照郑玄的解释，为"稽颡而后拜"。"奇拜""褒拜"，凡行拜仪时经常采用，属于拜仪之纬。所谓"褒拜"，按照郑玄的解释，就是"再拜"。至于"肃拜"，则专指妇人之拜。这就是九拜的基本顺序。那么，"肃拜"究竟属于一种什么拜仪？郑玄有进一步的解释："肃拜，但俯下手，今时抬是也。"所谓"抬"，大抵与"揖"相同。由此可见，古人妇女所行的"肃拜"，就是"妇人之拜不坐"，相当于明朝人的"揖"礼。

明代初年，明太祖朱元璋所定的拜礼，事实上是一套以男性为中心的社交礼仪制度，并未专门就妇女的社交礼仪作出规范性的举措。这套规范制度包括两个方面：一是官民拜礼，二是民间拜礼。[1]

在古代，男女之拜相同。《礼》曰：男拜则尚左手，女拜则尚右手。又居丧之礼，男拜稽颡，女子则俯。所谓"俯"，大抵是指"跪拜"。[2] 自唐武则天之后，为了尊重妇女，才将女子之拜改为"屈膝而拜"，并一直流传至明代。[3]

明人吕坤作有一篇《妇人拜考》，通过对历史上的拜仪进行必要的回顾，进而对明代宫廷妇女的拜礼作了较为详细的考述。从吕坤的记载可知，所谓"拜"，即"曲也，折节以示屈，不敢直躬之谓也"。

---

1 《明太祖实录》卷七〇，洪武四年十二月乙未条，台湾"中央研究院"历史语言研究所1966 年校印本。
2 明代很多学者认为，妇人跪拜不属古礼，于慎行在《榖山笔麈》中专门就此作了考证。然《丧大礼》文云："夫人吊于大夫士"，"夫人入，升堂即位。主妇降自西阶，拜稽颡于下。""夫人退，主妇送于门外内，拜稽颡。"据此，明末清初学者张尔岐认为，"妇人拜跪，其来久矣"。参见张尔岐著、张翰勋整理：《蒿庵闲话》卷一，齐鲁书社 1991 年版，第 329—330 页。
3 王三聘：《古今事物考》卷一《妇人拜》，《续知不足斋丛书》本，商务印书馆 1936 年版。

男子"以伏兴为拜",妇人"以屈膝为拜"。根据古礼,男子"再拜",妇人"四拜",称为"夹拜"。男女之间的礼仪大体如下:"男子鞠躬,妇人立屈膝,男子拜,妇人又立屈膝,男子再鞠躬拜,妇人又两立屈膝。"这就是说,丈夫只是"两拜",妇人则须"四拜"。按照明代的制度:太子与妃子初次去见皇帝、皇后,"太子四起拜,妃八立拜,惟是致词,妃亦同跪。其兴也,太子俯伏。皇太后、皇后庆节,先立四拜,引班首至殿上,内赞跪,外赞皆跪,丹墀诸命妇皆跪,致词称贺毕,不赞俯伏,真赞兴复位,立四拜,而礼毕"。吕坤见到太监时,就问:"宫人见后妃当以何为礼?"太监回答:"宫人遇后妃则叩首而行,遇朝贺亦只立拜。"按照明代相沿的说法,所谓"叩头",属于一种"小礼",而"立拜"则为"大礼"。[1]

2. 男女交往礼仪

男女相见,一般是男的屈身并道"唱喏",而女子则还以"万福"之礼。[2]

小说《金瓶梅》描写潘金莲与武松相见之礼云:

那妇人叉手向前,便道:"叔叔万福。"武松施礼,倒身下拜。妇人扶住武松道:"叔叔请起,折杀奴家。"武松道:"嫂嫂受礼。"两个相让了一回,都平磕了头,起来。[3]

---

1 孙承泽:《天府广记》卷一五《礼部上·宫中朝仪》,北京古籍出版社 1983 年版,上册,第 192 页。按:明末清初学者张尔岐认为,明代命妇入朝,赞行四拜,皆下手立拜,只有谢赐时一跪叩头。虽犹存古意,质之"君赐肃拜"之法,显然已参用近法。参见张尔岐著,张翰勋整理:《蒿庵闲话》卷一,第 330 页。
2 小说《金瓶梅》记西门庆与潘金莲初相见时,"西门庆连忙向前屈身道唱喏",而潘金莲则"还了万福"。参见兰陵笑笑生:《金瓶梅词话》第三回,人民文学出版社 2002 年版,第 43 页。
3 兰陵笑笑生:《金瓶梅词话》第一回,第 14 页。

上面所说的"叉手",是宋、元、明年间通行的一种见面礼仪,即左手握右手拇指,右手四指伸直,掩于胸前。

3.妓女社交礼仪及其变化

据明朝人李日华的记载,假若一个有身份的乡绅出行拜客,并且坐的是有盖的官轿,那么路过狭邪之门时,诸姬必须藏匿。若是改坐便轿,并去掉轿盖,那么妓女就会"倚市卖笑自若",不必避让。为此,李日华专写一绝句,说明这些妓女见到乡绅的前后之态。诗云:"短箔轻舆蹑晓寒,春城风雨杏花残。前驺暂卸青罗盖,赢得朱楼粉面看。"[1]

明末著名文人冯梦龙对妓女社交礼仪的变化有明确的揭示,从他的记载可知,大致在万历中期以前,苏州的妓女外出均不步行,并有专门的"后生"作为随从,帮着自己拿琵琶。妓女见到士大夫及武官,必须行"稽首"之礼。一至明末,这种风气只有"北地"尚有所保存,而在"南国"已是荡然无存。其中的变化,尤以苏州为甚。正如冯梦龙所言,当时确乎已是"娼不唱,妓不伎,略似人形,便尊之如王母,誉之如观音,颐指气使,靡不俯从。曲中稍和一两字,相诧以为凤鸣鸾响,跪拜不暇。又不然,则曰某也品胜,某也人良,而龌龊青楼,遂无弃物。取之弥恕,其质弥下;奉之弥甚,其技弥拙。而所谓抱琵琶过船者,仅归之弹词之盲女,与行歌之丐妇。名娼名妓,实瞽乞之不若矣"。[2]可见,其中的变化包括下面两点:一是妓女才能的下降,亦即"娼不唱,妓不伎",已与"盲女""丐

1 李日华:《味水轩日记》卷四,万历四十年壬子正月十六日条,上海远东出版社 1996 年版,第210 页。
2 冯梦龙编:《挂枝儿》卷五《隙部·嗔妓》,载《明清民歌时调集》,上海古籍出版社 1999 年版,上册,第 148—149 页。

妇"无异；二是尽管妓女才能趋于下降，而在与士大夫的交往过程中，却多不遵守传统礼仪，不但"颐指气使"，而且不再行"跪拜"之礼。

称　谓

妇女作为一个社会群体，她们的交往大致分为两大部分：一是家庭以及亲属之间的交往，二是家庭或亲属之外的社会交往。无论是何种交往，她们的交往对象均包括男、女两性，而其称谓亦随之有所不同。

1. 女性自称

在明代宫廷中，皇后在面对皇帝时，一般自称"妾"，而称皇帝为"陛下"。[1]其实，自汉代以后，凡是公主、命妇一概自称为"妾"，显然妾已经成为妇女"臣事之通称"。[2]

在一些传奇或民歌作品中，女子一般自称"奴家"，或称"奴""小阿奴奴"。[3]这一称呼相对较为通俗，其起源大概就是苏轼诗中"应记侬家旧姓西"之"侬家"，一般用作未字之女子。至于已经出嫁的妇人，则直接自称"妾"即可。[4]若是老年妇女，则自称"老身"，如小说《金瓶梅》中的王婆，对西门庆说："大官人，休怪老

1　《明史》卷一一三《后妃》，第 3510 页。

2　吴翌凤：《逊志斋杂钞》甲集，中华书局 1994 年版，第 4 页。

3　冯梦龙所编民歌集《挂枝儿》中有一首《私窥》，其中有句云："是谁人把奴的窗来瞧破。"又《送别》一首，女子自称"小阿奴奴捉花谢子你"。即可为例。参见冯梦龙编：《挂枝儿》卷一《私部》、卷四《别部》，载《明清民歌时调集》，上册，第 37、107 页。

4　褚人获：《坚瓠余集》卷三《侬家》，载《笔记小说大观》，江苏广陵古籍刻印社 1983 年版，第 15 册，第 558 页。

身直言。"[1] 此即其例。

明代女优与士大夫交往，喜欢模仿士大夫之风气，在通刺时自称"眷侍教旦"。据谈迁《枣林杂俎》记载，当时有一位太学生前去访问一伎，通刺时自称"眷侍教生"，而此伎所报之刺，则称"眷侍教旦"。[2] 所谓"伎"，其实就是女优，自称为"旦"。在明代，此风一直得以沿袭。

在明代士大夫中，好"男风"颇为盛行，导致士大夫家庭中那些具有夫人身份的妇女，在丈夫面前的自称开始发生变化。据明代一位狎客说，当时有一位夫人在丈夫面前，自称"小童"。于是有好事者就以此为题，并戏作下面的破题："即夫人之自称，而邦君之所好可知矣。"其意是说，从夫人自称"小童"，即可知丈夫所好为娈童。此虽戏言，仅可发一笑，但确实可以反映当时的风气。很多记载也已证明，在晚明的士大夫家庭中，男女之事已是合而为一，即妇女在家中不但承担一个妻子的责任，而且还"女兼男淫"，以满足丈夫的男风之好。这还可以当时题为《男风》的一首民歌为证，歌曲借夫人之口，说出了这种风气："痴心的，悔当初错将你嫁，却原来整夜里（搂着个）小官家。毒手儿重重的打你一下，他有的我也有，我有的强似他。枉费些精神也，（我凭你）两路儿都下马。"[3]

2. 男女互称

在一些才子佳人古典戏曲中，在男女之间的称谓上似乎形成了一个不成文的惯例，而且其称谓随着不同的年龄阶段而稍有差异，大

1　兰陵笑笑生：《金瓶梅词话》第三回，第37页。

2　转引自邓之诚：《骨董琐记》卷一《旦》，中国书店1991年版，第33页。

3　冯梦龙编：《挂枝儿》卷五《私部》，载《明清民歌时调集》，上册，第151页。

体如下：若是男子尚是读书做秀才，而女子仅是待字闺中时，两者相好，则男称女为"小姐"，女称男为"相公"；男女一旦成亲，称谓则稍有变化，一般是男称女为"娘子"，女称男为"官人"；等到有了子嗣，而且男子做了官，称谓又是一变，男称女为"夫人"，女称男为"老爷"。这种称谓显然受到了自明以来才子佳人小说的影响，并有其史实依据。[1]

说到"官人"一称，我们不妨简单梳理一下男子的称谓。一般庶民百姓人家男子，照例称为"郎"，再在前面加上排行，如《金瓶梅》小说中的武大郎、武二郎之类，就是最好的例证。一旦发家致富，身份发生变化，其称谓随之有所改变，从"郎"改称"官人"。如《金瓶梅》中的西门庆，原本称"西门大郎"，后来因为发迹有钱，人们就改称他为"西门大官人"。当然，妇女见了男子，有时亦称"官人"，此称也并不仅仅限于妻子对丈夫之称。如《金瓶梅》小说中，潘金莲初次与西门庆相见，则自称"奴家"，而称西门庆为"官人"。[2]

其实，在明代以前，门生故吏、臧获婢妾时常称呼其主人为"官"，这在史传中可以找到很多例子。如梁朝时武陵王纪、河东王誉称元帝为"七官"，其中王纪为元帝之弟，而王誉为元帝之侄。此

1　如明末清初浙江杭州人陆圻在《新妇谱·敬丈夫》中就认为，新妇在称丈夫时，不能简单地用"尔""汝"之称，而是应用"相公""官人"一类的尊称。载《中国香艳全书》三集卷三，第1册，第297页。按："老爷"一称，清人钱大昕引《元史》，称起源于元代，而沈涛则引《三朝北盟会编》，称起源于宋代。此称原本是神灵之号，譬如明清时期民间百姓称"关老爷""岳老爷"之类，而在宋代，即使山大王亦称老爷，而"贼兵"则称之为"爷儿"。参见沈涛：《铜熨斗斋随笔》卷八《老爷》，载《清人考订笔记（七种）》，中华书局2004年版，第844页。
2　兰陵笑笑生：《金瓶梅词话》第二回，第28—29页。

外，宋、齐诸史中，亦多有近臣称呼天子为"官"的记载。[1]可见，这是一种尊称，而且渊源有自。

至于妇女在家庭中的一些称谓，下面一段史料记载颇能说明问题，不妨引述如下：

> 丁氏，五河王序礼妻。序礼弟序爵客外，为贼所杀，其妻郭氏怀孕未即殉。及生子越月，投缳死。时丁氏适生女，泣谓序礼曰："叔不幸客死，婶复殉，弃孤不养，责在君与妾也。妾初举女，后尚有期，孤亡则斩叔之嗣，且负婶矣。"遂弃女乳侄。[2]

这段史料基本可以说明下面两个问题：其一，妇女可以称丈夫为"君"，自称"妾"；其二，在家庭称谓中，妇女大多有"从子"倾向，如上面称丈夫之弟为"叔"，称丈夫弟弟的妻子为"婶"，无不都是从子而称。

在明代的话本小说中，一般丈夫称妻为"浑家"。关于此称的由来，清代学者钱大昕《恒言录》称初见于郑文宝《南唐近事》所引史虚白之诗，即"风雨揭却屋，浑家醉不知"。但清人沈涛对此提出了疑义，认为此诗在马令《南唐书》及龙衮《江南野史》中所载，"浑家"均作"全家"，借此断言"浑家"并非称妻之语。此外，他又引宋人黄庭坚《清江引》云："浑家醉着篷底眠，舟在寒沙夜潮落。"正好是用史诗之语，亦当解为全家。至于钱大昕另所引尤袤《淮民谣》云：无钱买刀剑，典尽浑家衣。其实也是典尽全家衣的意思。[3]两者

---

1 沈涛：《铜熨斗斋随笔》卷八《官》，载《清人考订笔记（七种）》，第845页。

2 《明史》卷三〇二《列女二》，第7727页。

3 沈涛：《铜熨斗斋随笔》卷八《浑家》，载《清人考订笔记（七种）》，第864页。

的争论确实很有意思，我们暂且不论其是非，但至少说明"浑家"一称在南唐时即已出现，而在明清时期，民间已普遍将其当作称妻之语。

"小姐"一称，清人赵翼作了很好的梳理。从他的考订来看，在明清两代南方的缙绅家庭中，闺阁女子多称"小姐"，但其间也有一个演变过程。在宋代，闺阁女子一般称"小娘子"，而"小姐"不过是贱者之称。如钱惟演《玉堂逢辰录》记营王宫起火，属于茶酒宫人韩小姐密谋放火私奔所致。这是宫婢称"小姐"之例。苏东坡亦有《成伯席上赠妓人杨小姐》诗。《夷坚志》载：傅九，好狎游，曾与散乐林小姐绸缪，约窃私逃，不得，遂与林小姐一同自缢身亡。又建康女娼杨氏死后现形，成为蔡五之妻。一道士前来，仗剑逐去，并对蔡五说："此建康娼女杨小姐也。"这是妓女称"小姐"之例。[1]可见，在宋代时，小姐不过是当时妇女的一种通称。至明清时期，才成为官宦人家女儿的美称。[2]

"娘子"一称，赵翼也有考订。据《韵会》，"娘"字本来是少女之称。如北齐裴让之讥诮祖斑曰："老马十岁，尚号骊驹，一见耳顺，强称娘子。"可见，娘为少女之称，自古已然。但据《龙川杂志》，宋高宗时宫中有两位刘娘子，一喜诵经，宫中称为"看经娘子"，一善治馔，宫中呼为"上食刘娘子"。可见，宋代又将"娘子"作为一种尊称，而且已经不是对少女的专称，显然俗称与古义往往并不相合。[3]至于与娘子相对应的"官人"一称，据清人赵翼的考察，

1　赵翼：《陔余丛考》卷三八《小姐》，河北人民出版社 1990 年版，第 682—683 页。

2　相关的考订，亦可参见沈涛：《交翠轩笔记》卷四，载《清人考订笔记（七种）》，第 517—518 页。

3　赵翼：《陔余丛考》卷三八《娘子》，第 681—682 页。

在宋代已经成为一种常谈。他所引用的例子是《夷坚志》的记载，其中"张次山妻"一条记载，次山丧妻以后，入京参选，偶游相国寺，与亡妻相遇。惊问之，其亡妻云："现服事妈妈在城西一空宅，官人可以明日饭后来相会。"这是宋代妻称丈夫为官人之例。按照明代的制度，郡王府自镇国将军以下称呼，一般只称"官人"。但从明代社会生活的事实来看，"官人"一称，不仅仅限于王府支属，而是已经盛行于士庶家庭。[1]

女子称未婚丈夫，亦可作"郎"，如"李郎""张郎"之类。这在明代史籍中同样可以得到印证。如颍州刘梅之女刘氏，曾许配给李之本。之本死后，女泣血不食，对其父亲说："儿为李郎服三年，需弟稍长，然后殉。寄语翁，且勿为李郎置椁。"[2]此为女称男为"郎"之例。又称"良人"，如白氏嫁给惠道昌为妻。在18岁时，丈夫死亡。怀孕已六个月，想以死相殉。众人劝解道："胡不少待，举子以延夫嗣。"白氏哭泣道："非不念良人无后，但心痛不能须臾耳。"[3]最后一连七日不食而死。此为妻子称丈夫为"良人"之例。

据《苇航纪谈》，词人多用"冤家""俏冤家"等称，[4]表示妇女对相好男人爱之深，以及恨之切，亦即爱极怜极之意。这在明代仍

1　赵翼：《陔余丛考》卷三七《官人》，第669—670页。按：女子称未婚丈夫为"官人"，这在正史中亦可发现其例。如杨玉英曾被许配给官时中。后因中有非意之狱，玉英之父母打算改受他聘。玉英听说之后，就嘱咐其使婢云："吾箧有配囊、布鞋诸物，异日以遗官人。"此即其例。事载《明史》卷三〇二《列女二》，第7724页。
2　《明史》卷三〇二《列女二》，第7725页。
3　《明史》卷三〇三《列女三》，第7742页。
4　"俏冤家"之"俏"字，在明清时期一般是形容妇女的美丽。清代学者钱大昕认为，"俏"字是方言"釥"字的俗写。而沈涛则有不同意见，认为在唐时只作"憔"，当作"僬"。至于"俏"字，则当盛行于宋末。参见《铜熨斗斋随笔》卷八《俏》，载《清人考订笔记（七种）》，第839—840页。

相当普遍。如民歌《性急》中云："人眼多，看定冤家也，性急杀了我。"又《搂抱》云："俏冤家，想杀我，今日方来到。"[1]均可为例。究"冤家"一称之义，过去有六种解释：其一，情深意浓，彼此牵系，宁有死耳，不怀异心；其二，两情相系，阻隔万端，心想魂飞，寝食俱废；其三，长亭短亭，临歧分袂，黯然消魂，悲泣良苦；其四，山遥水远，鱼雁无凭，梦寐相思，柔肠寸断；其五，怜新弃旧，辜恩负义，恨切惆怅，怨深刻骨；其六，一生一死，触景悲伤，抱恨成疾，迨与俱逝。由此可见，冤不簇，不成眷属。至于像俗间所传《欢喜冤家》小说，始则两情眷恋，终或至于仇杀，真所谓"不是冤家不聚头"。[2]当然，即使是恨之极，而内心却尚存一份感情，所以女子称男子，最多也不过是用"劣冤家""歹冤家"之称而已。[3]

前面提到的"冤家""俏冤家"，无不都是女称情郎的爱昵之称。除此之外，女称男的昵称尚有很多，如"哥哥""俊亲亲""乖亲"之类，[4]也在一些民歌时调中经常出现。

说到昵称，有一个称谓值得一提。如在小说《金瓶梅》中，当床笫枕席之间，女子通常称男子为"达达"。据有人考察，此称原由"鞑靼"转音而来，为蒙古人的别称，后在很多方言中称父亲为"达

---

1 冯梦龙编：《挂枝儿》卷一《私部》，载《明清民歌时调集》，上册，第37—38页。

2 褚人获：《坚瓠四集》卷二《冤家》，载《笔记小说大观》，第15册，第118—119页；赵翼《陔余丛考》卷三八《冤家》，第701页。

3 冯梦龙：《挂枝儿》卷五《隙部·骂》《隙部·交恶》，载《明清民歌时调集》，上册，第131、141页。

4 如《调情》一首有云："哥哥等一等，只怕有人来。"又一首云："俊亲亲，奴想你风情俏，动我心。"又《梦》一首云："梦儿里就把乖亲叫。"云云，均可为例。参见《挂枝儿》卷一《私部》、卷三《想部》，载《明清民歌时调集》，上册，第45、88页。

达"，今山西、陕西、宁夏一带仍沿袭此称。[1]至于那些教坊或院中妓女，一般也多称相好的嫖客为"爹"。[2]

至于情郎称自己喜欢的女子，其昵称也有很多。或称"玉人儿"，如民歌《自矢》又一首云："玉人儿，我为你一条心萦系。"[3]或称"姐姐"，如民歌《帐》另一版本之前有数落山坡羊，其中称男子在女子面前，"姐姐又长，姐姐又短"。[4]

凡是仕宦人家的小姐，一般称父母为"老爷"或"奶奶"。如汤显祖《牡丹亭》内《惊梦》一出，杜丽娘云："恁般景致，我老爷和奶奶再不提起。"[5]即可为证。

3. 女性互称及其变化

按照惯例，亲属之间妇女相见，一般照亲属惯例相称，譬如家中妯娌之间之互称"伯母""婶母"。至晚明，妇女无不崇尚"太太"一称，即使年龄仅仅三四十人，也无不称"太太"。[6]

女性社交网络及其扩大

山人、清客、帮闲的出现，显然是商业化、城市化与科举制度的产物。商业化、城市化所直接导致的后果，则是农村人口的分化乃至

---

1 兰陵笑笑生：《金瓶梅词话》第八回，第 101 页，注 1。
2 如《金瓶梅中》，李桂姐对西门庆有言："爹许久怎的也不在里边走走？"此即一例。参见兰陵笑笑生：《金瓶梅词话》第一一回，第 129 页。
3 冯梦龙编：《挂枝儿》卷一《私部》，载《明清民歌时调集》，上册，第 47 页。
4 冯梦龙编：《挂枝儿》卷三《想部》，载《明清民歌时调集》，上册，第 85 页。
5 汤显祖：《牡丹亭》，载《汤显祖戏曲集》，上海古籍出版社 1982 年版，第 268 页。相关的探讨，参见刘廷玑：《在园杂志》卷一三《老爷奶奶》，中华书局 2005 年版，第 122 页。
6 李乐：《见闻杂记》卷二，上海古籍出版社 1986 年版，第 64 页。

流入城市，使城市积聚了一大批的"闲人"与"闲民"，成为帮闲的后备力量。科举仕途的不畅，导致了大量失职之士的涌现，这些游士中的一部分最后也就成为山人、清客。[1] 当然，"女山人"与"女帮闲"的出现，则是明代社会的特殊现象。

就其本质而言，女山人与女帮闲均可归于职业妇女。然若细加比较，两者则又稍显差异：前者凭借自己的文学或绘画才艺，在大家闺秀的闺房或官宦夫人的内室做伴；后者则凭借自己的辩捷之口，或者说依靠自己特殊的职业，出入于官宦家庭的内室，从中帮闲。有才女子的山人化，以及三姑六婆的帮闲化，无疑就是明代妇女社会独具的特点。

"女山人"：才女的名士化

在论及女山人之前，有必要对晚明有才女子名士化的倾向稍作梳理。毫无疑问，妇女的名士化倾向建立在妇女好文的风气之上。在这里，有一个非常重要的人物必须提及，他就是李贽（字卓吾）。李卓吾不但对晚明的思想界有很大的影响力，即使是对蕲黄一带（今属湖北）的地域人文风气的形成，其影响力也是不容忽视。正因为他对妇女见识的肯定，才导致在蕲黄一带"女郎"辈出，而且很多都是能够作诗文的女中高手，甚至一些比丘尼辈，也形成了一股高谈禅理的风气。[2] 此外，根据张岱的记载，崇祯年间的一天晚上，陈洪绶与张岱一同在杭州西湖赏月，曾与一位女郎萍水相逢。这位女郎"轻

1　关于明代失职之士的社会动向，可参见陈宝良：《晚明生员的弃巾之风及其山人化》，载《史学集刊》2000年第1期。
2　这方面的看法，初见于陶晋英《楚史》，转见邓之诚：《骨董续记》卷一《李卓吾》，第335页。

纨淡弱，婉嬺可人"。当陈洪绶用酒"挑之"时，女郎还"欣然就饮"。[1]"女郎"现象的出现，从某种程度上也反映了晚明妇女已经开始趋于名士化。

晚明女郎辈出，其中尤以杨慧林、林雪、王微三人最为闻名。三人尽管身份各不相同，但凭借自己的才艺与文人士大夫交往，并深得男性文人欣赏则相同。

杨慧林，字云友，别号林下风，以诗、书、画三绝名噪西泠。慧林专工山水画，曾在汪汝谦随喜庵中画《断桥秋柳图》，一时名流争相题诵。根据张朝墉《明女士杨云友墓志铭》的记载，慧林在父亲亡故以后，孝事其母，性格端谨，交际皆媪母出应，不轻易见人，由此得到士林的敬重。当时钱塘人汪汝谦，在浙西结诗社，一时胜流韵士、高僧名妓，觞咏无虚日。慧林也时一参与，尤多风雅韵事。当时的名流如董其昌、高贞甫、胡仲修、黄汝亨、徐震岳诸贤，时一至杭，一到杭州就与慧林相见。慧林至，"裣裙抑袂，不轻与人言笑。而人亦不以相嬲，悲其遇也。每当酒后茶余，兴趣洒然，遂拈毫伸绢素，作平远山水，廖廖数笔，雅近云林，书法二王，拟思翁能乱其真，拾者尊如拱璧。或鼓琴，声韵高绝，常不终曲而罢"。[2]

林雪，字天素，福建人，为"女校书"，在杭州与杨慧林俱以善画著名。根据《西湖遗事诗》记载，慧林逝世后，林雪寂处无侣，怅然有归乡之思，汪汝谦就将她送回福建。汪汝谦的后人仍保存着一幅《摩筵图》，系谢彬写像，蓝瑛补图。在画中，杨慧林与林雪俱宫

1 张岱：《陶庵梦忆》卷三《陈章侯》，上海古籍出版社1982年版，第29页。
2 胡祥翰辑：《西湖新志》卷九《冢墓·明女士泉塘杨云友墓》，上海古籍出版社1998年版，第501—502页。

妆，一吹竹，一弹丝，坐在梧桐下，对面坐石而倾听者，则为汪汝谦。此画设色古雅，俨如周昉笔意。[1] 女郎与文人交往生活已是跃然纸上。

与此同时，一些寡居在家的仕宦人家妇女，有时也通过诗文，或与士大夫唱和，或与士大夫来往。如南京吴交石尚书有一姊，老而寡，居住在吴家。这位老媪能诗文，一时士大夫多与她酬咏。有时一些士大夫登吴交石之门，正好吴氏外出，客人就请老媪出见，并与她一起谈论，询问她近日又有哪些新作，供茗而去。[2] 嘉兴名家闺咏，在明季也相当闻名，前有青峨居士所著之《玉鸳草》，后有白雪才人之《月露吟》。所谓青峨居士，为范君和妻姚氏；而白雪才人，则是黄学士家项氏。

在晚明以能诗著称的女郎中，其中最著名者当数吴中王修微，自号草衣道人。她与明末著名文人陈继儒、钟惺相善，并且有自己的集子行世。据记载，王修微曾经到过钱塘，在西湖中结一诗社，成为一时韵事。[3] 王修微，又作王微，竟陵派文人谭元春称其人具多种角色：其一，"香粉不御，云鬟尚存"，此为"女士"角色；其二，日与文人士大夫辈"往来于秋风黄叶之中，若无事者"，此为"闲人"角色；其三，"语多至理可听"，此为"冥悟人"角色；其四，人人均说其"诛茆结庵，有物外想"，此为"学道人"角色；其五，曾出一诗草，请谭元春删订，此为"诗人"角色。至于其诗，谭元

1　胡祥翰辑：《西湖新志》卷九《冢墓·明女士泉塘杨云友墓》，第502页。

2　顾起元：《客座赘语》卷八《吴媪》，中华书局1997年版，第248页。

3　宋起凤：《稗说》卷一《近代诗媛》，载《明史资料丛刊》第二辑，江苏人民出版社1982年版，第3页。

春评其"有巷中语，阁中语，道中语，缥缈远近，绝似其人"。[1]谭元春路过吴兴时，曾一访修微所居山庄，并作《过王修微山庄》诗，称王微为自己的"女伴"。[2]

在明末，云间王修微、常熟柳如是、钱塘李因，堪称鼎足而三，全凭唱随风雅而闻名天下。继王修微之后，则有柳是，字如是，也是吴姬，以善诗著称，后来成为明末文坛领袖钱谦益之妾。柳如是也有集子行世，当时如程孟阳与其他诸文士都与柳如是有唱和之作。[3]李因，字今生，号是庵，浙江钱塘（今杭州）人。据史料记载，其人生而韶秀，父母就让她学习诗歌、绘画，很快就掌握了其中的奥妙。等到及笄之年，其艺术成就已颇有盛名。当时有人流传她所作《咏梅诗》，其中有"一枝留待晚春开"之句。海昌葛光禄见及此诗，说："吾当为渠验此诗谶。"将她迎娶为妾。[4]在明末，柳如是、王修微、李因三人之诗相当流行，即使如"伧父担板"，也无不将她们艳称为"玉台佳话"。

所谓"山人"，原本属于那些挟薄技、问舟车于四方之客的称号。在晚明，山人清客，遍布各地，甚至出现了"女山人"之名。汉代荀奉倩有论，妇女才智不足论，当以色为主。正是从王修微身上，谭元春感到此论甚浅，不足以反映明代一些才女的真实情况。他认为，像王修微这样的才女，就不应仅仅视之为"色"，也不可视之为"妇人"，而是经常出入于男子之间，应该属于一种女山人。

1 谭元春：《期山草小引》，载《鹄湾文草》，岳麓书社 1988 年版，第 93 页。

2 谭元春：《谭元春集》卷五，上海古籍出版社 1998 年版，第 208 页。

3 宋起凤：《稗说》卷一《近代诗媛》，载《明史资料丛刊》第二辑，第 3 页。

4 黄宗羲：《黄宗羲诗文集·文集》卷五《李因传》，载《传世藏书·集库·别集》，海南国际新闻出版中心 1996 年版，第 12 册，第 239 页。

明末竟陵派文人谭元春专写《女山人说》一篇，记载了一位名叫澜如的女山人，其中云：

> 澜如善貌兰，通书，粗知韵事，与一时素士交处，故一巷中相与"山人"之，似赞似嘲。此俱无足论。独念世之为山人者，岁月老于车马名刺之间，案无帙书，时时落笔，吟啸自得，而好弹射他人有本之语，口舌眉睫，若天生是属喵唤人者。虽其中多贤者，然天下人望而秽其名久矣。而今以其名集澜如，澜如乐而受之。户外之屦，来求一观山人，各当其意去。退而省其私，或自厌其尾琐之言，轻其钱谷之好，陈其箧笥之书，亦有回旋其面目，曰："吾不如女山人。"[1]

其另有一首《江夏女客行》诗，与上文相得益彰，诗云：

> 昔年秋泊孤山趾，邻舟夜半一女子。空杯久坐厌明月，各掩船扉翻书史。雁过人绝无众声，不闻咳唾闻响纸。别后流落吴越间，好名卜宅梅花里。前日寄我江州书，我笑不答动其耻。不知何处得金钱，两三画舫游未止。近说江城有女郎，好访良朋移行李。往过其户芦帘惊，深心察客良有以。孤山女子清照物，同心虽结未可倚。不如坐此炉香消，细雨酸风街鼓起。[2]

从上可知，所谓的"女山人"，同样需要具备一些基本的条件，就是善于绘画，兼通书法，而且粗知诗歌一类的韵事。在具备了这些基本的条件之后，再与那些士人相交，就可以成为一个女山人了。在

1　谭元春：《谭元春集》卷二九，第789—790页。
2　谭元春：《谭元春集》卷四，第135—136页。

晚明山人普遍丧失风雅之名的境况下，这位澜如女山人反而有山人之实，这也是她被竟陵派文人谭元春称道的原因之一。

据钞本《明事杂咏》云："山人一派起嘉隆，末造红裙幕此风。黄伴柳姬吴伴顾，宛然百穀与眉公。"注云："黄媛介常在绛云楼伴河东君，吴岩子常与横波夫人游，所谓女山人也。较之山人，尤风流可传。"[1]可见，当时的女山人、女清客之流，或以书画，或以诗词，均非幸致。上面所提及的黄媛介、吴岩子，就是明末著名的女山人，而她们经常相伴的则是"河东君"柳如是及"横波夫人"顾媚。

关于黄媛介其人，因为其名头几乎可以与当时的山人陈继儒与王穉登相比拟，所以在诸家记载中多有记录。黄媛介，字皆令，浙江嘉兴人，原本是一儒家之女，能诗善画。其夫杨兴公，聘后贫不能娶，黄媛介就只好流落到苏州。其后，媛介诗名日高，曾有人出千金，愿聘她为名人之妾，但其兄坚持不肯。最后，媛介客于钱谦益之妾柳如是绛云楼中，成为一个女山人、女清客。[2]从钱谦益的记载可知，黄媛介有集若干卷，姚叔祥曾为其作叙刊刻。后黄媛介又让其夫杨兴公到常熟，通过柳如是的关系，请钱谦益为自己集子作序。钱谦益曾与其妾柳如是对明末的闺秀之诗作过评论，钱谦益认为王修微之诗"近于侠"，而柳如是则认为黄媛介之诗"近于僧"。侠与僧，非女子之本色。作此评论，媛介诗之特点不难想见。[3]

入清后，黄媛介随其夫避兵播迁。当时卞处士之妻吴岩子以诗名，于是借馆卞家，留待数月，与吴岩子订为文字交。如吴伟业记

---

1 谢兴尧：《谈明季山人》，载氏著《堪隐斋随笔》，辽宁教育出版社 1995 年版，第 241 页。

2 吴伟业：《吴梅村全集》卷五八《梅村诗话》，上海古籍出版社 1990 年版，第 1143 页。

3 钱谦益：《初学集》卷三三《士女黄皆令集序》，载《钱牧斋全集》，上海古籍出版社 2003 年版，第 967—968 页。

道："吴岩子偕女卞玄文皆有诗名，媛介相得甚。"[1]所记即为此事。根据施闰章的记载，媛介后来曾栖隐浙江绍兴府山阴县梅市，与诸大家名姝静女唱酬，作有《越游诗》。媛介年既垂老，正好石吏部有一知书之女，专门派人从北京聘请她为女教师。舟抵天津，她的儿子德麟溺死。第二年，女儿本善又夭折，媛介只好南归。到了南京，遇到佟夫人贤而好文，留媛介于留园养病，半年后去世。媛介遗诗千余篇，曾募人剞劂，她在自叙中云："家世中落，生蓼长茶。饥不食邪蒿之菜，倦不息曲木之阴。天既俭我乾灵，不敢顽质，借此班管，用写幽怀。倘付诸蠹鼠，与腐草流电一瞬消沉，殊为恨恨。"词旨酸妍，读者悲之。[2]

女山人的风气，在当时的小说中也留下了部分的印记。如至迟成书于清顺治年间的小说《平山冷燕》，其中的女才子山黛，仿照当时著作名公聘请记室以代笔之风，也想寻找记室以代笔，以帮忙解决自己的文字应酬。[3]这一记载，基本可以证明当时的大家女子亦有聘请类似女山人一类记室之例。

女山人的出现，大抵源于晚明闺秀诗人的普遍化。所以，明末文坛宗主钱谦益将女山人称为"粉黛山人"，他说：

> 近世闺秀之集，多于稻苇，花叶骈俪，金碧填砌，观者瞀乱眩运而不知所自来。其或投谒朱门，呈身绮席，膏蓬纍以献笑，倚漆管以救饥。轻薄之子，交口誉訾，以为粉黛山人，笄

1　吴伟业：《吴梅村全集》卷五八《梅村诗话》，第1143—1144页。
2　施闰章：《施愚山集·文集》卷一七《黄氏皆令小传》，黄山书社1992年版，第352—353页。
3　佚名：《平山冷燕》第五回，人民文学出版社2006年版，第56页。

帏乞士。吁！其可伤也已！¹

可见，闺秀之诗，转而成为"粉黛山人"，这是一种新动向。闺秀诗人一旦成为女山人，那么就如同"筝帏乞士"一般，整天靠诗歌投谒朱门，易头借面，完全失去了"闺门之本色"。

女帮闲：三姑六婆的帮闲化

在明代的城乡，民间专有这么一等妇女，周旋于富豪大族或小户人家的妇女中间，有一张利辩之嘴，从事买卖，说事传言。她们就是影响明代妇女生活极为深远的"三姑六婆"。小说《禅真逸史》第六回有一首诗，道出了三姑六婆的厉害："老妪专能说短长，致令灾祸起萧墙。闺中若听三姑语，贞烈能叫变不良。"

古人将尼姑、道姑、卦姑称为"三姑"，而"六婆"则为牙婆、媒婆、师婆、虔婆、药婆、稳婆。明代有人主张应将三姑六婆拒之门外，方才做得人家，对她们避之如蛇蝎，显然是因为厌恶她们会贻害无穷，败坏家风。

尼姑，在明代又称"女僧"。从小说《金瓶梅》中可知，这些尼姑通晓一些佛教经典，会讲说《金刚科仪》，以及各种因果宝卷。她们"专在大人家行走，要便接了去，十朝半月不放出来"。当然，这些尼姑也会替一些大族女子寻找符药，以便能及时怀上孩子。可见，她们在深宫大院中，整天与大家闺秀为伴，借着讲天堂地狱、谈经说典为由，背地里就干些说媒拉纤、送暖偷寒的事。²卦姑，又称卦

<hr />

1　钱谦益：《牧斋外集》卷四《新安范劬淑诗草序》，载《钱牧斋全集》，第670页。
2　兰陵笑笑生：《金瓶梅词话》第四〇回，第526、528页。

婆，其职业是替人"卜龟儿卦"。小说《金瓶梅》是这样描写卦婆的："穿着水合袄、蓝布裙子，勒黑包头，背着褡裢。"这些卦姑通常也出入妇女闺房之门。其卜卦的方法，是求卜者先将属相、出生的干支相告。卦姑把灵龟一掷，在停住之处，再来看卦帖。至于卦帖，上面会有一些卦画，卦姑再根据画面作一些推测。[1] 道姑又称"女冠"，亦即女道士。牙婆，又称"牙媪""牙嫂"，主要是指以介绍佣工或买卖人口为职业的妇女。小说《喻世明言》第一卷中的薛婆，属于牙婆一类。她们能言快语，又整日走街串巷，而且可以穿房入户，如果一些女眷感到冷清寂寞时，就会招致牙婆，与她们交往。从薛婆所从事的卖珠子的职业来看，所谓的"牙婆"，又可以视为卖婆。[2] 媒婆，主要是指替人说媒撮合之人。在明代，媒婆虽已成一种职业，但也不是专职的，往往是一些妇女的兼职。如小说《金瓶梅》中的王婆，其正业是开茶坊卖茶的，但也兼做媒人，小说称其"积年通殷勤，做媒婆，做卖婆，做牙婆，又会收小的，也会抱腰的，又善放刁"。又说她也会"针灸看病"，也会做贼。[3] 师婆，主要是指那些巫婆。虔婆，即妓女的假母，俗称"鸨子""鸨儿"。药婆，又称医婆，通常出入大家之中，替妇女看病。如小说《金瓶梅》记潘金莲茶饭慵餐之后，吴月娘就让人请来了经常在家中走动的刘婆子前来看病，刘婆子"一面打开药包来，留了两服黑丸子药儿，晚上用姜汤吃"。[4] 这位刘婆子就是经常出入大家的医婆。稳婆，主要是指替人接生的妇女。

1　兰陵笑笑生：《金瓶梅词话》第四六回，第609—612页。

2　冯梦龙：《喻世明言》第一卷，岳麓书社2002年版，第5、10页。

3　兰陵笑笑生：《金瓶梅词话》第二回，第32、34页。

4　兰陵笑笑生：《金瓶梅词话》第一二回，第148—149页。

什么是帮闲？明代史料有下面的解释："无籍之徒，不务生理，专帮富家子弟宿娼饮酒，以肥口养家而已。宋柳隆庆、胡子传是也。"[1]明代的帮闲，有男女之别，亦即除了男帮闲之外，尚有女帮闲。万历二十年（1592），松江府最为著名的男帮闲为翟衍泉、朱沂川、朱良宰等人。这些人的特点就是"能坏人名节，破人家产"，被称为"一郡之蠹"。这几位男帮闲最后被巡按御史甘紫亭所擒获，并在通责以后加以问罪，为此"诸恶敛戢"。仅仅过了一年多，又死灰复燃。当时一丁姓宰相府家有两位奴仆，一姓包，一姓陆，又开始引诱相府子弟前去赌博，不到五年，"万金家业俱成乌有"。

至于女帮闲，当时以吴卖婆最为闻名。据史料记载，吴卖婆名木樨，是范长卿家的女奴，因为长卖给吴姓人家，所以又称吴卖婆。其人颇有姿色，凭借兑换首饰这一职业，得以出入大户人家，这些大户人家的男主人"多狎之"。除了靠姿色迷惑男人之外，这位吴卖婆还另外有一种本领，吸引了很多大户人家女子的信任。她擅长制造一些淫具、淫药，以迎合那些好淫的妇女，借此获财。一旦富足，吴卖婆就开始变得张扬起来，出入必坐轿，而且衣饰盛妆，平常的饮食也与富贵人家看齐，于是就招致一些人的嫉恨，甚至不能相容。至万历二十年（1592），巡按御史甘紫亭按临松江府，有人向这位御史告发了吴卖婆的恶迹，称之"女帮闲"，将其批送知府项东鳌处置。项知府对吴卖婆深恶痛绝，就将其剥去衣服，重重责打，并追罚赃款。[2]由上不难发现，时至晚明，诸如吴卖婆一类的三姑六婆，已经开始帮闲化，进而出现了"女帮闲"一称。

1　朱权：《原始秘书》卷一○《俳优伎艺门》，《四库全书存目丛书》本。
2　李绍文：《云间杂识》卷一，民国二十四年上海瑞华印书馆据上海黄氏家藏旧本印行。

妇女的社交网络

明代妇女的社会交往，基本有下面几种区别：一是城市妇女与农村妇女的社交之别。照理说来，城市妇女的社会交往，显然多于农村妇女，再加之城市妇女所见之事较多，眼界自然比农村妇女高出许多。二是江南妇女与北方妇女的社交之别。在江南，妇女外出，参与各项社会娱乐之事，已是蔚然成风，于是江南妇女的眼界比起北方妇女来，又要高出许多。三是已婚妇女与未婚妇女的社交之别。黄宗智对清代华北乡村的研究表明，村落中已婚妇女通常来自村外，并与娘家和原来的村庄保持联系。在这方面，她们的眼界并不如男子般局限于一个单一的村庄之内。同时他也指出，既定的社会俗例对妇女社交的束缚，却较男子更为严厉。[1] 既然已婚妇女的眼界甚至较男子为开阔，那么比起那些未婚的待字闺中的女子来说，就尤为胜之。清代妇女如此，明代妇女大体也可以常理推之。

妇女的社交圈，其实就是她们的关系网络。妇女最为熟悉的关系，首先应该是"对门隔壁"家的妇女，亦即邻里妇女之间的交往。她们之间通常有比较密切的交往，时日一久，就会变得无话不谈，甚至涉及男女之间的私情问题。于是，邻里女子之间的"学样"，也即邻里妇女之间的互相影响，这是明代妇女最为常见的一种现象。当时有一首题为《学样》的民歌，基本反映了这样一种现象。[2] 从中可知，邻里妇女之间的互相影响，确实很大，举凡为人、处事，到日常的饮食、服饰，无不如冯梦龙所言，妇女各自"学样"。至于男女

1　黄宗智：《华北的小农经济与社会变迁》，香港牛津大学出版社 1996 年版，第 238 页，注 1。
2　冯梦龙编：《山歌》卷一《私情四句》，载《明清民歌时调集》，上册，第 278 页。

之间的"私情"，妇女之间的相互影响则更为明显，无不一学就会。

其次，会茶结社，同样促进了妇女之间的社会交往。早在明初，一些地方官员的眷属，大多盛行一种"会饮"，即同僚的家属聚集在一起，通过饮酒的形式，互相沟通，交流情感。[1]浙江吴兴（今湖州）邻里妇女之间的"会茶"，大体上也是相同意义上的妇女结社。每月朔、望两日，妇女就在家中堂上设茶果，茶多者达30碗，作为一种供奉土地之神的仪式。但在供神完毕之后，"或通饮啜于邻姬"。[2]显然，这是借供神的仪式以行结社之实。

这种会茶的仪式，在明代妇女中间相当盛行。从小说《金瓶梅》中可知，会茶的全称为"会茶倚报"，一般是指妇女中的友朋同道为聚资而举行的茶会。其参与者均为同一个进香会中的妇女，亦即小说所说的"道妈妈子"。她们聚集在一起，就是为了"进香算账"，即为了筹集进香时的资金，以便能赶在腊月里到"顶上"进香。小说说及张罗其事者为说媒的文嫂，说明此类会茶的组织者多为平常喜欢抛头露面的妇女，如三姑六婆一类的人物。[3]

明代妇女的结社习俗，无疑扩大了妇女的社会交往，其流风余韵一直影响到清初。如清初的常熟，一些妇女"联其同侪八九人，作车轮会，以尼姑为陪堂。冬则乌靴、秃裙，貂皮作顶，夏则轻衫、短袖、嘉定凉鞋。至期，早集会所，或于园亭，或于画舫，游和掷色，大铜烟管不离于口，饮酒剧谈，终日而罢。见男子亦不甚相避，自以为风流放达，巾帼藉怜"。[4]

1　陈继儒：《眉公见闻录》卷三，载《陈眉公杂著十五种》，清光绪间铅字排印本。

2　徐献忠：《吴兴掌故集》卷一二《风土类》。

3　兰陵笑笑生：《金瓶梅词话》第六八、六九回，第978、983页。

4　戴耒：《鹊南杂录》，载《虞阳说苑》乙编，初园丁氏校印本。

女山人的出现，是为了迎合当时士族家庭妇女好文的风气；而传统的三姑六婆的帮闲化，更是晚明妇女社交网络日趋扩大的最好佐证。如果说明代的女帮闲，尚不过是从三姑六婆一类人物中分化出来的角色，那么清代的女帮闲已有演变为女流氓之势，而清代的女流氓，则更是属于职业的游民。从清代的小说可知，在明清两代普遍存在的三姑六婆中的卖婆、媒婆，有从女帮闲转化为女流氓之势。这一转变的最重要标志，就是清朝人已经将这些媒婆称为"女无籍"。众所周知，自宋元以来，乃至明清两代，传统文献一直将流氓一类称为"无籍之徒"，而所谓的"女无籍"，显然即指此类人群中的女性人物。清代佚名所撰小说《山水情》记载了两位外号分别为"赵花嘴"与"包说天"的媒婆，为了争夺替宦家小姐做媒的生意，不但两人当场相骂，而且扭打在一起，骂的骂，打的打，真个热闹之极。[1] 一至清末，在江苏江都县境内，有一位陈大脚，"无恶不作，人所共知"。还有一位探花巷长源店的店主刘三娘，史料均称其为"女棍"，其实相当于女流氓。她们所从事的多为掠卖人口的职业，在自己的店里豢养妇女多人，以待出售。此外，东关德昌店店主"大脚蓝子"，三义阁巷豫隆昌店主"杨小瞎子"，都是她们掠卖人口的"软下处"。所以，史料又称她们"引诱良家闺阁，藏垢纳污"。[2] 这已经是典型的女流氓。

1　佚名著，王建华点校：《山水情》第一七回《义仆明冤讲媛病》，中国文联出版社 2003 年版，第 136—137 页。
2　丁日昌：《抚吴公牍》卷七《江都县禀访获地恶杨五瞎虎等分别讯办由》《加函》，清宣统元年南洋官书局石印本。

宗教信仰和节日活动

妇女的闲暇生活主要有二：一是宗教信仰。换句话说，宗教既是妇女的精神寄托，又是她们打发闲暇的主要方式。二是节日活动。一方面，妇女整天被女红、中馈一类的家务琐事所缠，无暇消闲；另一方面，她们又通常被拘囿于家庭之内。因此，只有在节日之时，妇女才可以获得短暂的放松与休息时间，并可借此机会，走出家庭，融入社会。

宗教信仰

妇女与宗教有一种天然的亲近感，导致她们与宗教的关系尤为密切。明代史料有言："天下大势，崇佛之地多，而妇人女子尤多。"[1]明人谢肇淛亦言："士人之好名，与妇人女子之好鬼神，皆其天性使然，不能自剋。"[2]这两条史料大抵可以证明，"崇佛"或"佞佛"，乃至"好鬼神"，无不都是妇女的天性使然。在河南，自清代以来一直称那些普通妇女为"斋供"，称老妪为"老斋供"，这是因为妇女

---

1 李乐：《见闻杂记》卷五，第467页。
2 谢肇淛：《五杂俎》卷八《人部四》，第144页。

敬神并结成"斋供会"的缘故。[1] 诸如此类，究其原因，正如有些研究者所言，主要是因为传统中国是一个父权社会，所有社会的教化规定全都由男人来建构，而妇女则仅仅是扮演了社会生产者的角色，不能实现个人的抱负。无奈之下，她们就只能从宗教的另一个世界中，去寻求个人的价值实现。[2] 但值得引起注意的是，宗教同样是男子建立却让女子去崇拜的一种礼制或信仰，所以"宗教的立场并不是从女子方面来看女子，而是从男子方面说女子应当这样怎样"。[3]

妇女与宗教之间关系，明末文坛领袖钱谦益曾有下面一段详细的阐述：

> 余尝论之，女子之有栉縰笄总衿缨綦屦之制，箴管线裳，具有仪则，即佛氏之律也。其与左右图史珩璜琚瑀之训，德容言功，昭于管彤，即佛氏之教也。贤明贞顺，婉娩柔则，其守律守教也，不啻金科玉条，吾征其修习，可以渐而趋净。烈妇孝女，断肌截鼻，其护律护教也，不惜头目脑髓，吾判其决定，可以顿而之禅。要其指归，岂有异哉？今之女子，亦间知求出世法，其执相而求之，膜拜礼诵，专勤布施。莲花其口，柴棘其心。一切女人相宛然在焉，何况生死？其破相而求之，脱落仪范，剽窃文句，掠婆子之机锋，拾团栾之语话，此入地狱如箭射者也，何况于出生死？[4]

1　丁世良、赵放主编：《中国地方志民俗资料汇编》，《中南卷》上，北京图书馆出版社 1997 年版，第 96、172 页。

2　黄美英：《宗教与性别文化——台湾女神信奉初探》，载《中国海洋发展史论文集》(三)，台湾"中央研究院"中山人文社会科学研究所 1988 年版，第 297—325 页。

3　许地山：《宗教底妇女观》，载高巍选辑：《许地山文集》，新华出版社 1998 年版，第 712 页。

4　钱谦益：《初学集》卷五九《张母黄孺人墓志铭》，载《钱牧斋全集》，第 1443 页。

钱谦益所要表达的意思，就是"女律即佛律，女教即佛教"。

妇人、女子之好鬼神，这是明代的基本事实。而究其原因，除了源自妇女的"天性"之外，其中最为主要的原因，还应是客观的外部社会环境使然。无论是朝廷的法规、家族的训令，还是一些儒家学者的教导，无不限制妇女与社会接触，致使她们缺乏更多的社会活动，或由这些活动而带来的家庭与个人的生活乐趣。换言之，家庭内男女的不平等或妇女个人行动的不自由，如此等等，显然都是促使妇女亲近鬼神或宗教并把自己个人生活幸福的希望寄托于神灵的主要原因。举例来说，一些妇女因为丧夫、无子，或者即使有夫有子，但家庭生活并不和谐，如何打发整日的余暇？无奈之下，她们只好在家奉斋，甚至剃发出家，与尼僧为伍。又如缙绅之家的女子，许嫁而未婚，丈夫去世。父母、翁姑好名，高谈守节，强迫女子依从，不再嫁人。这样的做法，无论是家风，还是门风，听起来当然可以传誉一时，但对女子是很不公平的。她们正值青春年少，白日无聊，只好借助焚修甚至出家祝发，或者到名刹听讲，在禅房卧宿，借此度过余生。[1]

从传统的神庙系统来看，主要可以分为男性神祇与女性神祇两类。在女性神祇中，诸如后、妃、娘娘、公主、夫人、婆、母、娘、妈、姑、姑娘一类的神祇称谓，无不显示出女性化的特征，尤其为一些女性所崇奉。在这些女神中，观音菩萨更是为很多老年女性所崇拜。女性的宗教崇拜，少女与中老年信徒的目的各不相同。少女信奉女神，其目的或许是出于对自己终身依托的考虑，希望能借此获取自己的如意郎君，这在某种程度上反映了对"父母之命"的不满以及

---

1 陆衡：《蔷庵随笔》卷五，清光绪二十三年刻本。

无奈；少妇信奉宗教，每天念经诵佛，其目的无非是求嗣祈子；[1] 而中老年女性对观音的崇奉，是因为女人大多把后半辈子寄托在儿子身上，而一旦她们年老，发现自己已经没有能力把握儿子，便失去了依靠，通常就会从宗教中寻找慰藉。此外，在宗教神话中，观音也被妇女迷信地认为是那些死后无子嗣祭祀的孤魂的保护神。[2]

照例说来，佛教一直采用一种与妇女隔离的政策，于是有如来难姨母出家之说。就明代的国典来说，亦有禁止妇女入寺烧香之条。到了晚明，著名的禅师紫柏更是不许妇女与外人见面。可见，律用遮恶，礼贵别嫌。从佛教的根本意义上说，一旦毁坏世相，就不可能通达佛法。但晚明妇女与宗教之间的关系，却完全是另一副样子。关于此，钱谦益揭示道：

> 顷者末法陵夷，禅门澜倒，妖尼魔眷，上堂示众，流布语录，皆一时邪师替禅，公然印可。油头粉面，争拈锥佛，旃陀魔登，互作宗师。[3]

妇女擅入寺观，就会造成男女无别，是"鹑奔之私所由起"的原因之一。[4] 明代烧香"念佛婆"的出现，可以证实老年妇女信奉宗教的原因以及这些烧香活动对妇女生活的影响。关于此，明人田艺蘅

1　自唐以来，乃至清代，妇女信佛，无不蕴含着一层"求嗣祈子"之意。如唐贞观三年（629）富豪王姓之妻，通过勤诵《长寿经》而获子；清康熙八年（1669），江苏上海县曹文樵之妻每日虔诵《佛说长寿命经》而获子；清咸丰四年（1854），山西太原姚氏之妻，书写《佛说长寿经》而获子。诸如此类，均可为证。均参见觉先：《佛说长寿经》附章，清宣统三年石印本。
2　黄美英：《宗教与性别文化——台湾女神信奉初探》，载《中国海洋发展史论文集》（三），第297—325 页。
3　钱谦益：《有学集》卷一五《李孝贞传序》，载《钱牧斋全集》，第 726—727 页。
4　嘉靖《蕲水县志》卷一《风俗》，载《天一阁藏明代方志选刊》，上海古籍书店 1982 年版。

有下面的揭示：

> 今烧香名念佛婆者，人家老妇衰败，无所事事，乃怕死，修善、结会、念佛，如古白莲教，皆为师姑、尼姑所引，因而成群倾国，老幼美恶，无不入会。淫僧泼道，拜为干娘，而淫妇泼妻，又拜僧道为师、为父，自称曰弟子，昼夜奸宿淫乐。其丈夫子孙亦有奉佛入伙，不以为耻。大家妇女，虽不出家，而持斋把素，袖藏佛珠，口诵佛号，装供神像，俨然寺院。妇人无子，诱云：某僧能干，可度一佛种，如磨脐过气之法，即元之所谓大布施，以身布施之流也。[1]

这段记载证实了下面几个事实：一是老妇烧香、修善、结会、念佛，是出于"怕死"的考虑；二是僧道与妇女的交往已是相当密切，僧、道拜老妇为"干娘"，而妇女则拜僧、道为"师父"；[2]三是大家妇女尽管不亲自上寺院烧香，但整天持斋把素，袖藏佛珠，口诵佛号，家中俨然成为一座寺院；四是妇人无子，靠僧人度子，并流行一种"磨脐过气"之法，实际上就是"以身布施"。

众所周知，结社念佛，始自惠远庐山白莲社。值得指出的是，白莲社中，如十八贤之类，其参加者仅为男性，而无女性。但在明

1　田艺蘅：《留青日札》卷二七《念佛婆》，上海古籍出版社1985年版，第884—885页。按：陈龙正亦曰："近见大族妇人入寺焚香听经，拜高僧为师，可不禁与？"云云。说明妇女这种宗教活动相当普遍，即使大族妇人也不例外。参见陈龙正：《几亭外书》卷二《妇女勿入寺》，《四库禁毁书丛刊》本。

2　明人陆人龙所著《型世言》小说记寂如这位僧人道："这和尚极是真诚，博通经典，城中仕宦奶奶小姐，没个不拜他为师，求他取法名讲解。"这是仕宦家中妇女拜僧人为师之例。载《型世言》第四回，中华书局1993年版，第60页。

代的宗教结社中，却出现了"男女杂而同社"的现象。[1]尤其是在民间的宗教活动中，更是提倡不分男女。如小说《梼杌闲评》借用道人玉支教导妇女之口，曾说下这样一番话：

> 羞从何来？你我虽分男女，在俗眼重看若有分别，以天眼看来总是一个，原无分别，譬如禽兽，原有雌雄，至以人眼看之，总是一样，何从辨别。况我等这教，何以谓之混同、无为，只为无物无我，不分男女人物，贵贱贤愚，总皆混同一样。[2]

有鉴于此，明季著名僧人袾宏才要求女人"在家念佛，勿入男群"，以便能远世避嫌。

佛道信仰

明代妇女的佛教信仰，不能不说是受到了尼姑的影响。按照明代小说中比较形象的说法，尼姑是寻老鼠的猫儿，没一处不钻到，无论是贫寒的小户人家，还是富室宦门，她们都可以假借抄化为名，一旦引了个头，随后便可以时常去闯。口似蜜，骨如绵，先奉承得人喜欢，却又说写因果，打动人家，还替和尚游扬赞颂。而妇女是最听得哄的，听了尼姑的甜言蜜语，哪个不背地里拿出钱来布施，更有甚者，还撺掇自己的丈夫护法施舍。[3]尽管这一段阐述不过是小说之言，却清晰地勾勒出下面一幅场景：尼姑的劝导甚至勾引，最终导致妇女信奉佛教，而且致使这些妇女背着自己的丈夫，拿出钱

1　袾宏：《竹窗二笔·结社会》，台湾印经处 1958 年版，第 88—89 页。
2　《梼杌闲评》第二五回，人民文学出版社 1983 年版，第 299—300 页。
3　陆人龙：《型世言》第二八回，第 389 页。

来布施；妇女一旦迷信佛教，则又劝诱自己的丈夫信佛，使其成为寺院的护法。

在明代的皇宫中，后妃大多礼佛。如永乐朝的仁孝皇后，精通内典。早在燕邸时，曾梦见观音大士授给她佛经一卷，梦中诵读一遍，醒后书写下来，称为《观音梦感经》。此经被人称为"洁净精微，深入三昧，不减《圆觉》诸经"。万历朝慈圣皇太后也信奉佛教，被宫女称为"九莲菩萨"。史称其"好佛，京师内外多置梵刹，动费巨万"。[1] 据《过日集笺》记载，当时外方进贡绿刺观音一座，高六尺，慈圣皇太后将它迎供慈宁宫中。慈圣皇太后也很信道教。她曾造了一座玄帝金像，派太监张维到武当山安供。[2] 又据《玉台书史》记载，万历朝时的郑贵妃，奉佛甚虔，曾在磁青纸上用泥金书写《观世音普门品经》一卷，以恭祝神宗万寿。在崇祯朝，懿安皇后也时常制作一些与宗教活动相关的佛像及服饰。如她曾用素绫作底，用五色绢剪叠成大士宝相，宫中称为"堆纱佛"。又用素绫与黄桑色绫相间，制成衣服，如毛氅之式，并穿着此服礼拜观音大士，宫中称为"霓裳羽衣"。

明代的宫中女子，上从后妃、下至一般宫女，无不都与佛、道二教关系密切，她们同样是宗教的忠实信徒。她们施舍、建筑寺庙，以体现自己的宗教信仰。如北京大悲寺廊房有一口万历十五年（1587）所铸的铜钟，从捐助人名中可知，很多就是宫中的妃嫔，如贵妃郑氏、德妃许氏、端嫔周氏以及一些女官；北京灵佑宫中有一座"玄穹锡福宝阁"，从王绍徽撰写的《敕建护国灵佑宫道院记》中可知，其

---

1 《明史》卷一一四《后妃二》，第3536页。
2 刘若愚：《酌中志》卷二二《见闻琐事杂记》，第197页。

捐助者除了桂王与一些太监之外，还有勤宁宫勤慎夫人彭金花，牌子杨月女、张杨女、冯玉花、赵寿女、崔文福女、许淮女、张爱女等。[1] 又如浮山华严寺，殿宇庄严，大殿东西楹列四大柜，里面所藏佛经，则由万历年间国母陈娘娘颁施，"遣中官赍敕到寺，又赐随藏紫衣"。[2]

宫中后妃，不仅出钱布施寺庙，而且其人还被供奉在寺庙中，成为菩萨。如北京长椿寺中的多宝阁，就是崇祯皇帝之妃田贵妃所立。长椿寺猊座中奉一铜佛，左边供奉"九莲菩萨"，右边供奉"智上菩萨"。所谓九莲菩萨，就是孝定皇太后李氏；智上菩萨，即孝纯皇太后刘氏。[3]

在亲王府中，宫女也礼拜佛道成风。如宪王府中宫女夏云英，7 岁就尽通释典，法名悟莲。后出家为尼，受菩萨戒。在河南开封，有一座观音寺，属于周王府的香火院。寺内设有一所女学，周府内的小婢女在此读书。寺中有尼僧一百余人。[4]

一些士族妇女，也把入寺庙烧香当作日常生活的主要内容。如在三吴一带，一些大族妇女时常"入寺拈香听经"，并拜高僧为师。[5] 由于一些士大夫本人就信奉佛教，这样也就影响到了他们的女儿，导致她们也大多皈依佛教，从小对宗教产生一种虔诚的感情。如袁宗道之女，通竺典，诵《金刚经》，"时有问答，皆出意外"。[6] 又如顾

1 周肇祥：《琉璃厂小志》卷三、四，北京燕山出版社 1995 年版，第 127—128、159 页。
2 钱澄之：《田间文集》卷一一《重修浮山华严寺碑记》，黄山书社 1998 年版，第 206 页。
3 谈迁：《北游录·纪游下》，中华书局 1997 年版，第 122 页。
4 明佚名著，孔宪易校注：《如梦录·街市纪第六》，中州古籍出版社 1984 年版，第 43 页。
5 陈龙正：《政书·杂训》，《四库禁毁书丛刊》本。
6 袁宗道：《白苏斋类集》卷一六《寄三弟》，上海古籍出版社 1989 年版，第 229 页。

璜之女顾敬，也是"奉佛甚虔，绝荤习静，遂悟空寂"。[1]女子信佛成风，导致她们平常的生活也多少带有一些宗教的色彩。"高楼终日礼弥陀，天女生来厌绮罗。"这一诗句即是青年女子信佛的最好注脚。至于那些年长的妇女，则更是"披缁持槵子，修西方"，[2]成为一种普遍的现象。

　　至于民间一般百姓家的妇女，一方面是受时风影响，另一方面由于天灾人祸的不断，更使她们将希望寄托于神灵的佑护。据载，明代小户人家的妇女，相聚二三十人，结社讲经，不分晓夜。每当朔、望，就入祠庙烧香，或者跋涉数千里外，望南海，走东岳，进香祈福。明末名僧袾宏笔下记录了三个贤女，均与宗教有着一种亲近的关系。除了那位出家的严姓之尼外，尚有下面两位妇女：一位在家赵姓之女，手书《华严经》81卷，另一位则是朱姓之女，为了劝其丈夫休罢渔业，宁愿不顾身命，自己投身水中。[3]

　　在这些信佛斋素的妇女中，寡妇无疑是一个特殊的群体。据史料记载，明末崇祯年间，杭州有一位僧人金台，在皋亭建了一座禅院。于是，凡是死了丈夫的寡妇，纷纷"执弟子礼，倾家财布施，受法名，焚修院中"，其目的就是求得来世"不为寡妇"。[4]

　　更有一些妇女，其信佛之诚，达于一生，甚至影响到自己的儿子。明末名僧袾宏记一张姓女子云：

　　　　袁居士母张氏，自幼归依普门大士甚严，其嫁也，奉大士

1　顾璘：《顾华玉集》卷三九《俞介妇顾女墓志铭》，《文渊阁四库全书》本。

2　郝敬：《与田肖玉》，载周亮工：《尺牍新钞》卷七，第242页。

3　袾宏：《竹窗三笔·三贤女》，第174页。

4　张履祥：《杨园先生全集》卷三一《言行见闻录》一，中华书局2002年版，第884页。

像以俱。孕居士腹中十月，无一日怠胎教也。夫内人之能倾向事佛者，世亦恒有，至于将作新妇，不汲汲以服饰为光华，而供大士于奁具，可谓迥出凡情，耳目所未闻见。[1]

妓女固然名列贱籍，然民间的许多宗教活动，诸如庙会或祭祀之类，都离不开这些妓女。与其他的行业一样，妓女这一行也有自己的行业神。据说，明代的妓女供奉"白眉神"。此神长髯伟貌，骑马持刀，与关帝像略肖，但眉白而眼赤。[2]坊曲中娟妓初次接客，必与嫖客同拜此神，然后再定情。

妇女的宗教活动，多与那些游荡于城乡各地并自称师长、火居道士、师公、师婆、圣子一类的巫师有关。这些巫师、尼姑、道姑或假画地狱，私造"邪书"，伪传佛曲，摇惑四民；或烧香施茶，降神跳鬼，举行一些修斋设醮的活动。正如明代的小说所言，道姑借着吃斋念佛的名头，专门哄骗人家妇女"上庙烧香"，导致很多妇人"瞒了公婆，背了汉子，偷粮食作斋粮，捐簪环作布施。渐哄得那些混账妇人瞒了成群合队，认娘女，拜姊妹，举国若狂"。[3]史称巫师"交通妇女"，[4]就是最好的例证。

在晚明，不但宫中女子向寺观布施成风，即使民间士大夫家族乃至一般百姓家中的女子，也大多为了求得佛道之神的佑护，向寺庙布施。如明末著名诗人吴伟业就说她的母亲朱淑人，"精心事佛，尝于邓尉山中创构杰阁，虔奉一大藏教"。而当时秦留仙的祖母秦太

1　袾宏：《竹窗二笔·袁母》，第123—124页。

2　沈德符：《万历野获编补遗》卷四《神名称误》，第919—920页。

3　西周生：《醒世姻缘传》第六回，上海古籍出版社1985年版，第806—807页。

4　黄佐：《泰泉乡礼》卷三，清道光元年香山黄氏刊本。

夫人也在宗教信仰上"实用同心，信施重叠，像设庄严，俾愿力克有所成就"。[1] 南京南门外普德寺，距雨花台大约一里许，寺中有铜佛一尊，高约一丈多，又有铁罗汉五百尊，高约三尺，同时供奉在一座大殿中，为南京各寺所仅见，全是万历年间"某姓妇人所铸，以布施僧侣者"。[2] 钱谦益信佛，自称"聚沙居士"。其妾柳如是，受其影响，亦自称观音座下女弟子。如是因为多病，发愿舍财，造了一座大悲观世音菩萨像，长三尺六寸，四十余臂，相好庄严，并奉安于家里我闻室中。[3]

在晚明，出现了一些著名的佛教僧人，在士大夫中有着广泛的影响力，达观就是其中的代表。据万历三十年（1602）御史康丕扬的疏奏，达观在真定时，从他听讲佛经的士大夫很多，甚至家中"妻女出拜，崇奉茹素"。[4] 可见，士大夫家族中妇女之信佛，与这些佛教名僧颇有关系。

明末，士大夫大多好禅，甚至聚众讲经，于是在北京、南京、杭州、苏州等地，经常可以看到一些禅僧主持的讲经大会。在这些讲经大会中，妇女也成了忠实的参与者与听众。如在北京，每年的四月，各座佛教寺庙均有参禅礼佛之会，大多"男女杂遝"，[5] 说明妇女也是这种群众性佛教活动的积极参与者。又崇祯二年（1629），有一位江西的法师在南京南门讲经，"听者数十万人，男女夹杂，至不

1　吴伟业：《吴梅村全集》卷三八《文集》一六《秦母太夫人七十序》，第815页。
2　刘声木：《苌楚斋五笔》卷四《明中叶以铜铁等铸佛像等》，中华书局1998年版，第973页。
3　钱谦益：《初学集》卷八二《造大悲观世音像赞》，载《钱牧斋全集》，第1745页。
4　《明神宗实录》卷三七〇，万历三十年三月乙丑条，台湾"中央研究院"历史语言研究所1966年校印本。
5　《明世宗实录》卷九九，嘉靖八年三月甲子条，台湾"中央研究院"历史语言研究所1966年校印本。

忍言"。崇祯七年，杭州也举行过一次相同的讲经大会。崇祯十年，在苏州的虎丘又举行了讲经大会，"僧俗各半，而妇女尤多，至绕台攀座"。[1]

从妇女的家庭职责来看，起初需要相夫教子，但一旦儿子娶妻成家，外事由儿子掌管，内事由儿媳妇承担，此时往往就不再过问家业，而是专修净业。这显然是一个相当普遍的现象。如汪道昆所作《周母传》中的薛应星，自嫁入周家以后，在晚年就不再过问家事，而是"闭关，阅《华严》《法华》《金刚》诸经，及慈悲、忏法、净土诸籍"。闭关三年，尚不出关。随后又闭关，"日诵《圆觉经》五百余言，即衣食无所问"。[2]

妇女的烧香活动

通观明代的法律，从制度的层面禁止妇女去寺观烧香。其中有一条规定："若有官及军民之家，纵令妻女于寺观神庙烧香者，笞四十，罪坐夫男。无夫男者，罪坐本妇。其寺观神庙住持及守门之人，不为禁止，与同罪。"[3]

尽管法律有此禁例，但其实际的执行状况并不乐观。明代的史料记载揭示，自弘治以后，妇女出入寺观烧香已经成为一个社会问题。弘治十一年（1498）十一月，户科给事中丛兰上奏，在每月的朔、望以及四月初八，北京的妇女"假以烧香游山为名，出入寺观，

---

1 吴应箕：《楼山堂集》卷一九《虎邱书禅僧讲经事》，《四库禁毁书丛刊》本。
2 汪道昆：《太函集》卷三八《周母传》，第822—823页。
3 怀效锋点校：《大明律》卷一一《礼律一·亵渎神明》，法律出版社1999年版，第89页。

亦有经宿或数日不回者"，[1]要求痛加禁约，以正风俗。又如明人张萱有言："今田野人家妇女，有相聚三二十人，结社讲经，不分晓夜者；有跋涉数千里外，望南海、走东岳祈福者；有朔、望入祠庙烧香者。"[2]基本概括了明代妇女烧香活动的基本形式，亦即分为以下两种：一是在近处祠庙烧香，二是远出朝山进香。

妇女入寺庙烧香，或者外出进香，这在明代各地已经成为一个相当普遍的现象。如北京城东有东岳庙，庙中供奉东岳神。每年三月二十八日，为东岳大帝的降生之辰，设有国醮。民间每年各随其地，预集近邻，结成"香会"。妇女也结成香会。这一天，行者塞路，呼佛声震天动地，甚至有的人一步一拜，称为"拜香庙"。[3]又万历三十六年（1608），在北京城西的蓝靛厂建了一座西顶娘娘庙，于是一些"室女艳妇，藉此机会以恣游观，坐二人小轿，而怀中抱土一袋，随进香纸以徼福焉"。[4]

在苏州一带，按照当地的风俗，每当春日、秋月，"妇女多之名山胜刹拈香佛前"。[5]据黄省曾《吴风录》的记载，每年的二三月间，苏州"士女浑聚至支硎山观音殿，供香不绝"。[6]支硎山，在苏州府城西25里，因山之东脚下有观音寺，故又称观音山。苏州妇女主要是在观音诞日之时，至观音殿朝拜烧香。在越地绍兴，在一些妇女中也流行入庙烧纸锭的习俗，号称将纸锭烧毁，"先是寄之冥司，死得

---

1 《明孝宗实录》卷一四三，弘治十一年十一月己亥条，台湾"中央研究院"历史语言研究所1966年校印本。

2 张萱：《西园闻见录》卷三《闺范》。

3 沈榜：《宛署杂记》卷一七《上字·土俗》，北京古籍出版社1982年版，第191页。

4 刘若愚：《酌中志》卷一六《内府衙门职掌》，第111页。

5 王衡：《缑山先生集》卷一四《诰封一品夫人先母朱氏行实》，明万历刻本。

6 顾禄：《清嘉录》卷二《观音山香市》，上海古籍出版社1999年版，第51页。

用之也"。[1]

明代的小说已经明白地显示，当时大户人家女眷若是到寺庙里进香，在时间上不是清晨，就是傍晚。为什么选择这种时间？其实原因也很简单，就是为了避免男女之嫌。早则人还没来，晚则人都已经散去。[2]

明末清初人李雯，专门写有一篇《烧香曲》，对明代闺阁女子的烧香活动作了很好的描摹。其中云：

> 金阁秋净天如水，桂花坐落凉风里。东墙云叶吐明蟾，绣户鸾屏临夜起。翡翠瓶高金博山，隔窗云母香盘盘。细劈犀纹怜素手，斜斜麝月弄青烟。凭将桂火沈沈力，吹散行云袅空碧。各存密意对秋风，共展芳襟礼瑶席。江南画阁复重重，欲卷珠帘怨不逢。莫愁堂上无消息，几度香销明月中。[3]

上面所记是明代妇女日常在家中的烧香拜佛。从明代小说与戏曲的记载中，我们可以证实一些大家闺秀每天在家中佛前烧晚香，[4]几乎已成一种惯例。

为了更为详细地阐述妇女外出烧香的事实，我们不妨引一篇当时题为《烧香娘娘》的民歌作为例子加以具体分析。这则民歌详细描摹了苏州城中一户市井小生意人家的娘子，前去穹窿山烧香还愿的经过，其中有下面几点值得引起关注：

1　陶奭龄：《小柴桑喃喃录》卷上，明崇祯八年刻本。

2　冯梦龙：《醒世恒言》第一一卷，岳麓书社 2002 年版，第 126 页。

3　方濬师：《蕉轩随录》卷七《李雯烧香曲》，中华书局 1995 年版，第 269—270 页。

4　明人陆人龙所著小说《型世言》，就记妙珍佛前烧晚香之事，此可为证。参见《型世言》第四回，第 60 页。

其一，妇女外出烧香，或是"许愿"，或是"还愿"。民间妇女的许愿抑或还愿，虽然是一种宗教信仰活动，但就其本质来说，仍然是一种赤裸裸的人神"交易"活动，体现了中国民间宗教信仰活动最为明显的现世利益性。妇女通过烧香的形式在神前许下愿心，无论愿望是否得以实现，最后都必须再到神前烧香偿还愿心。而这类愿心的偿还，其最为简单的形式，就是到神像前烧香还愿。除此之外，尚有诵经、刻经、造像以及其他一些宗教布施之举，借此偿还心愿。可见，从烧香活动中可以反映出人神交易的完整过程：人们在神前许下愿心→神对人们愿心的报偿（无论愿心是否得以实现）→人们通过一些物质乃至精神上的付出，得以偿还在神前许下的愿心，亦即所谓的"还愿"。于是，人神之间的一次交易活动就此完成。所有这些，在这首民歌中得到了很好的印证。如民歌中的女主人公是一位城市市井少妇，她之所以去穹窿山烧香，其目的有二：一是从小就在穹窿山许下了"香愿"，需要前去偿还；二是在夜里偶然做得一梦，亦即"三茆菩萨派我灾殃"，顿时引发心理恐慌，需要通过烧香的形式而得以"禳灾"。可见，一次偶然得梦而引发的心理恐慌，再加之在神前久已许下的香愿，最终促成了这位市井妇女的烧香之旅。

其二，在明代城市市井家庭中，通常在妇女外出烧香问题上，存在着家庭争执。就小生意人家的男性主人来说，首先关心的是家中的生计，即如民歌中所云，生意不好，无处赚钱，家中既"无柴少米"，又兼"春季屋钱要紧"，说明房子也是租赁而来，显然并无余钱支付外出烧香的费用；其次，妻子外出进香，抛头露面，对丈夫来说，显然也是一种威胁，难免会产生对妻子烧香的反感。民歌后面所述妻子外出烧香途中的经历，大抵说明丈夫的担心不是多余的。坐船之时，船家已是春心荡漾，甚至掠过一丝"若能替渠歇介一夜，再贴渠介五钱放光"的歪念头；下船坐轿，更是"引动了多少个后生"，让轿夫顿生"妄想"。而就妻子来说，外出烧香显然也有自己的理由。一方面，外出烧香确实从某种程度上代表了她对宗教的虔诚情感，希望借此还愿；另一方面，对妇女来说，外出烧香更是一次展现自我的最好机会，从某种程度上说，到乡下烧香甚至可以满足城市市井妇女的虚荣心。

有了如此的想法差异，夫妻难免会产生一些矛盾。然从民歌的记载来看，市井家庭中的妇女，并非一味受到丈夫的压制，而是充分掌握着话语权甚至决定自己行动的自由。民歌记道，这位"烧香娘娘"外出烧香的念头遭丈夫拒绝之后，先是对丈夫"天灾神祸""乌龟亡八"一通乱骂，而后就是摔东西，亦即民歌所谓的"抬儿眺凳只听得霹雳拍拉，碗盏壶瓶流水倾匡"。面对河东狮吼，或者说"姐儿凶似老虎"，那么，做丈夫的只好"奔似山獐"，退避三舍。

其三，民歌真实地道出了明代城市市井妇女外出烧香所需要的费用，以及为了使烧香之旅成行，妇女如何筹集这些经费。对此，民歌中的"烧香娘娘"自己已经一语道破："我先脱个小衣裳洗洗浆浆，打发两人转背，就央个姑妈外甥，收铜构注子两件，同两领补打个衣裳，替我拿来典当里去当当，买停当子纸马牙香，蜡烛要介两对，还要介一块千张，籴子三升白米，明朝煮饭，一箍松箍今夜烧子个浴汤。兑介钱半成银子，还个船轿，换介三十新铜钱，我打发个叫化婆娘。"可见，外出烧香所需要的花销，包括烧香必需的"纸马牙香""蜡烛""千张"，路上所带饭食，烧香旅途上必要的"船轿"钱，以及伴随烧香的"叫化婆娘"的辛苦钱。所有这些费用，对于一个市井小民家庭来说，显然是一笔不小的开支。在家中无余钱可使的窘况下，只好通过典当家中的衣服、日用器皿来筹集烧香旅费。

其四，民歌真实地反映了妇女的外出烧香之旅，宗教还愿与休闲旅游合而为一。毫无疑问，宗教还愿，完成在神前许下的诺言，显然是这次烧香之旅的主要成因，也是得以成行的主要借口。但在这层冠冕堂皇的宗教外衣之下，烧香娘娘却要履行休闲旅游之实。民歌揭示道：在这次烧香之旅中，烧香娘娘除了先到穹窿山还了香愿之外，剩下的所有活动，诸如"后到玄墓山看看假山经堂""转来要到天池看看石殿""再到一云徐家坟上张张""还要看金山寺里坐关个和尚，天平山看看范文正公个祠堂"，如此等等，均与宗教信仰无涉，而是一种实在的借烧香为名的旅游活动。至于烧香时间正值"春二三月"，天气已显"暖洋洋"之候，江南繁花似锦，更为外出烧香旅游提供了便利条件。

其五，既然名为烧香，实则已成旅游的赏心乐事，那么，这些城市市井妇女对烧香之旅就会格外精心布置，充分体现出市井妇女图虚荣的心理。民歌中所反映的烧香娘娘，因为家庭经济状况拮据，外出烧香所需的穿着打扮，亦即所谓的"首饰"与"衣裳"，全都借自对门的"知心妈妈"和隔壁"着意"的"娘娘"。先来看头上的首饰，正如民歌所言："头上嵌珠子天鹅绒云髻，要借介一个，芙蓉锦苓子包头借介一方，兰花头玉簪要借一只，丁香环借介一双。"此外，"一个金镶玉观音押鬓"借自"徐管家娘子"，"两只摘金桃个凤凰"借自"陈卖肉新妇"，"涂金蝴蝶"借自"张大姐"，"点翠个螳螂"借自"李三阿妈"。还有，花"四个铜钱"，"买条红头绳札子个螺蛳"，再用"饶星鹿角菜来刷刷鬓傍"。再来看身上的衣裳，也如民歌所言："借介件绵绸衫桃红夹袄来衬里，外头个单衫，弗拘莩桃青或是柳黄，花绸连裙、洒线披风各要一件，白地青镶靴头鞋对脚膝裤各要一双，再借一付洗白脚带。"显然，也都是借来之物。此外，还要"讨一圆香圆肥皂打打身上，拆拽介两根安息香熏熏个衣裳"。如此"试要风光"，显然是为了在烧香旅途中引起乡下人的瞩目。从民歌中可知，烧香娘娘这一虚荣的心理完全得到了满足。到了乡下，不仅乡下人把她当成"出乡个观音菩萨""抄化个陈州娘娘"，而且"蜂喧蝶嚷，到处生香"，引发一些后生痴心"妄想"。[1]

明代的小说资料同样可以补充说明当时妇女外出进香的基本情况。小说《金瓶梅》记载，吴月娘为了还西门庆病重时所许的愿，就打算去泰山碧霞元君庙的"顶上娘娘"进香。这是一次出远门进香，从清河至泰安州，每天行两程，只能走六七十里地，共用了数日，才到达泰安州。为了这次进香，事先就必须有充分的准备。先要买香烛、纸马、祭品之类，并雇好驴马（即头口）等交通工具，并由仆人跟随。

尽管在进香路上必须远涉关山，但宗教的虔诚心支撑着她们可以承受路上的艰辛。到了泰山，上山之后，一般是先到岱岳庙，在正殿上进香，瞻拜圣像。在进香过程中，由庙祝道士在旁念文书，然后在两廊均烧了纸钱，吃了斋食。在做了这些之后，再到顶上，登49盘，行45里，才到达娘娘金殿，亦即碧霞宫。宫内塑着娘娘金身，其塑像小说作了下面的描述：

> 头绾九龙飞凤髻，身穿金缕绛绡衣。蓝田玉带曳长裙，白玉圭璋擎彩袖。脸如莲萼，天然眉目映云鬟；唇似金朱，自在规模瑞雪体。犹如王母宴瑶池，却似嫦娥离月殿。

在瞻拜完娘娘的塑像之后，再由庙祝道士替进香者宣读还愿疏文，

1　冯梦龙编：《山歌》卷九《杂咏长歌》，载《明清民歌时调集》，上册，第418—424页。

在金炉内点上香，将纸马金银焚化，呈上祭物，进香就算基本完成。[1]

小说《二刻拍案惊奇》也记载了妇女外出烧香的事实。如当时北直隶张家湾有一位莫大姐，因为在家闷得不耐烦，就问了丈夫，与邻里两三个妇女相约，一同到岳庙里烧香。根据当时北方的风俗，女人外出，只是自行，男子尽管自己做事，通常并不一同随行。于是，莫大姐与一伙女伴就带了纸马酒盒，抬着轿，出去烧香。她们在庙里烧过香之后，就"各处游耍，挑了酒盒，野地里随着好坐处，即便摆桌吃酒"。[2]

更有甚者，从明代小说的记载中可知，很多妇女尚结会进香。如在开封城正北有一座泰山娘娘庙，里面所供奉的神祇，有太岳天齐七十五司，以及各样神灵，属于第一大会场。每年到了元宵节，士女出游上千百万。梦笔生所著《金屋梦》小说记其事道：

> 那一年黎指挥娘子、孔千户娘子和这一班会上堂客，都约到庙里进香去。进香毕，各家都带酒盒到庙前一带汴河林子里，铺着毯条打着凉棚，吃酒行乐；也有清唱的、吹弹的、走马卖解的，林子里不分男女坐满了。[3]

上面所引，尽管是民歌、小说之言，故事或许是虚构的，而且不乏文饰、夸张之处，但所反映的烧香之事，却亦可以从史料中得到印证。如史料记载，在福建建宁，"妇年三十以上，朔望群聚念

1　兰陵笑笑生：《金瓶梅词话》第八四回，第 1284—1286 页。

2　凌濛初：《二刻拍案惊奇》卷三八，岳麓书社 2002 年版，第 384 页。

3　梦笔生：《金屋梦》第一一回，载《明清珍本小说》，大众文艺出版社 2002 年版。

佛，老少丛杂，诵声嘈嘈，则有道媪为之领袖，或导之入寺烧香，
虽有司严禁，不能革也"。[1]

在明代，杭州天竺已经成为东南香火盛地，很多去普陀进香者，
均先至杭州天竺烧香，由此也就形成了著名的"香市"。正如张岱所
言，天竺香火，"当甲东南"，而至天竺进香、"宿山"之人，"与南
海潮音寺正等"。[2] 又如袁宏道记天竺烧香盛况道："天竺之山，周遭
攒簇如城。余仲春十八宿此，烧香男女，弥谷被野，一般露地而立，
至次早方去。堂上堂下，人气如烟不可近。"[3] 这是袁宏道的亲身经历，
所记相当真实。从中不难发现，妇女至天竺进香，主要集中于仲春，
尤其是每年二月十九日观音大士诞辰前后。明人季婴的记载同样提供
了相关的佐证："朝谒者，四时不绝，春间尤盛。二月十九日，大士
诞辰。殿上建会设斋，远近士女虔集。阗山塞道，烟焰薰天。累朝
多宣赐金帛、宝幡之属。"[4] 妇女至寺庙烧香，有时还带着自己家中孩
子。如张岱就清楚地记录了自己少时跟随自己的母亲，至杭州高丽寺
烧香的情景。[5]

普陀、天竺香火之盛，与妇女的观音信仰有密切的关系。此外，
尚有一个现象值得引起关注，即妇女不去东岳庙、城隍庙烧香，而

---

1 钱澄之：《田间文集》卷二六《建宁风俗纪》，第503—504页。
2 张岱记杭州上天竺道："崇祯末年又毁，清初又建。时普陀路绝，天下进香者，皆近就天竺，
香火之盛，当甲东南。二月十九日，男女宿山之多，殿内外无下足处，与南海潮音寺正等。"可
见，天竺香火之盛，从明末一直延续到清初，而尤以清初为盛。参见张岱：《西湖梦寻》卷二《西
湖西路·上天竺》，上海古籍出版社1982年版，第34页。
3 袁宏道：《西湖记述·涌上杂叙》，载王国平主编：《西湖文献集成》，杭州出版社2004年版，
第3册，第1070—1071页。
4 季婴：《西湖手镜·北山叙胜》，载《西湖文献集成》，第3册，第1012页。
5 张岱：《西湖梦寻》卷四《西湖南路·高丽寺》，第69页。

更喜欢去尼姑庵烧香。究其原因，正如明人李开先《新编林冲宝剑记》剧中尼姑妙好之口云："小门闺怨女，大户动情妻，姻缘成好事，到此会佳期。"[1] 尽管是文学作品之言，却一语道出了妇女去尼姑庵烧香的真正原因，同时也为进一步剖析妇女烧香的心理动机提供了很好的佐证。

更有甚者，一些妇女开始组织进香组织"香社"，前往泰山进香。在这些进香团体中，其中聚集了众多的善男信女，一路浩浩荡荡，向泰山进发。关于此类妇女参与其间的香社，小说有下面的揭示：

> 好个丁寡妇，他在三百多人里选了十个能事的，做了香头，造起泰山进香的十面旗来，每一个香头领一面旗去，招那进香的入旗。他又用了三十两分上银子，央济宁一个翰林封君，与了郓城知县一封书，说连年荒歉，今有善男信女虔诚往泰山进香行礼，保一境大安，那旗上都写着"风调雨顺，国泰民安"八字，求知县每一旗上用一颗红印。……丁寡妇期定在二月十二日起身，赶三月初一日上泰山烧香，哄动了地方。[2]

小说记载并没有说香头出任者是男性还是女性，但从整个香社由一个寡妇倡导乃至组织这一点来看，其中的香头必然不乏妇女出任的例子。

明代天下大势，崇佛之地很多，而妇女信佛尤甚。如浙江湖州一带，百里之内，称"佛爷""佛祖""佛师"者甚多，"巍然上坐，群男妇数百人，罗拜其下"。在吴地的一些老人婆子中，更是盛行结

1　李开先：《新编林冲宝剑记》，载《李开先全集》，中册，第1027页。

2　江左樵子编辑：《樵史通俗演义》第四回，人民文学出版社1989年版，第24—28页。

成念佛会。[1] 这些老妇年老无所事事，尤其惧怕死亡，于是修善结会念佛，如白莲教一般，全为师姑、尼姑所引诱，以致成群倾国，老幼美恶，无不入会。

妇女的宣卷

在明代妇女的宗教信仰活动中，有一种"宣卷"非常值得注意。民间妇女的宗教活动，除了平时每月朔、望两日的烧香，以及远出朝山进香之外，比较重要而且相对定期的宗教活动，就是"宿山"与"宣卷"。尽管有些比较有见识的妇女，能够遵守"妇人女子，无出闺门"的礼教准则，并将僧尼道士终日群聚于"无主之家"视为一种耻辱，[2] 但从明代的事实来看，无论是官宦人家的妇女，还是一般小户人家的妇女，无不都与佛、道二教人员有往来，有时甚至关系相当密切。

所谓"宿山"，就是妇女去附近寺庙烧香，并顺便旅宿在山上寺庙之中。在宿山期间，当然还有群聚一起的念经、修忏活动。这种活动在后世妇女的宗教活动中仍然相当普遍。

所谓"宣卷"，就是妇女聚集在一起，由僧尼宣讲佛教的经卷，尤其是一些宝卷。这种妇女信仰之俗，在浙江吴兴（今湖州）的"村姬"中相当盛行。史料记载道：

> 近来村庄流俗，以佛经插入劝世俗语，什伍群聚，相为倡

---

1 李乐：《见闻杂记》卷五，第467—468页。
2 如周谓之妻莫荃，当有人劝她烧香祷神佛时，却遭到了她的严厉拒绝，说："妇人女子，无出闺门之理。僧尼道士，岂宜群聚终日于无主之家？"这是明代妇女不与僧尼交往之例。参见张履祥：《杨园先生全集》卷四四《近古录》二，引钱蓉《厚语》，第1285页。

和，名曰"宣卷"。盖白莲之遗习也。湖人大习之，村妪更相为主，多为黠僧所诱化，虽丈夫亦不知堕其术中，大为善俗之类，贤有司禁绝之可也。[1]

从上述记载中可知，宣卷活动是民间秘密宗教白莲教的遗习。鉴于这些妇女所宣讲之经卷，是将佛经插入劝世俗语之中，事实上就是一种"宝卷"。经卷的宣讲者，或为僧人，或为尼姑。每次宣卷，"村妪更相为主"，也就是轮流聚集在一家宣卷。

小说《金瓶梅》留下了相当完整的宣卷记载。从中可知，宣卷的承讲人，一般是庵中尼姑，而举行宣卷的仪式，通常又在妇女的家中。在宣卷之前，一般是中间放一张小桌，妇女全都围着尼姑而坐。在桌子正中间，焚上香，点上一对蜡烛，静静地听尼姑说因果。宣卷时，通常有两个尼姑举行这种仪式，一个尼姑道经文之白，说完之后，另一个尼姑接偈，在旁妇女一同齐声接佛。所宣宝卷，在明代民间比较流行的脚本为《黄氏女卷》（又称《三世修道黄氏宝卷》）、《红罗宝卷》。[2]

妇女与民间宗教信仰

明代许多官方文献，在谈及民间秘密宗教时，大多称其"男女杂处无别"，[3]说明在民间秘密宗教中，存在着很多妇女信徒。如弘治

1　徐献忠：《吴兴掌故集》卷一二《风土类》。

2　兰陵笑笑生：《金瓶梅词话》第三九、七〇、八二回，第519—524、1096—1097、1267页。按：《黄氏女卷》，在李开先所著《宝剑记》剧中亦有记载。

3　如明代史料曾载："又有一种无知愚民，妄称道人，一概蛊惑，男女杂处无别，败坏风俗。"此即其例。参见《明太宗实录》卷一二八丙戌条，永乐十年五月，台湾"中央研究院"历史语言研究所1966年校印本。

十年（1497），北京郑村坝军余刘普善妄称"天仙玉女"托梦于己，令盖造庙宇，于是"各处男女听其诱惑，争趋礼拜，布施钱物"。[1]至晚明，即使是隐伏于乡村的民间斋供，其宗教聚会活动的形式也多是"诵经食素，召集男妇，罗拜而师之，十百为群，夜聚晓散"。[2]可见，妇女与民间宗教信仰活动关系密切，她们无不成为民间宗教活动的积极参与者。

永乐年间，山东蒲台县"妖妇"唐赛儿"作乱"一事，是明代妇女参与民间秘密宗教最突出的例子。据史料记载，唐赛儿是林三之妻，少时就好佛诵经，自称"佛母"，诡称能知道前后成败之事。又广泛散布言论，说自己能剪纸为人马相斗。此后，唐赛儿往返于益都、诸城、安丘、莒州、即墨、寿光等州县，吸引了诸如刘信、刘俊等民众，拥众500多人，最后起事造反。

唐赛儿借助于民间秘密宗教这样一种形式反抗朝廷，最后不免失败。但事后，唐赛儿本人却一直没有被朝廷抓获。明成祖担心她已削发为尼，或者混处于女道姑中，于是下令法司，要求凡是北京、山东境内的尼姑或女道士，全都逮捕到北京。此后，又命在外地方官员，凡是当地有妇女出家为尼姑或道姑者，全都押送至北京。[3]

妇女与基督教

明季耶稣会士进入中国以后，开始在中国的士大夫与民众中间传

---

1 《明孝宗实录》卷一二七，弘治十年七月戊申条，台湾"中央研究院"历史语言研究所1966年校印本。
2 《明神宗实录》卷一七二，万历十四年三月戊申条。
3 《明太宗实录》卷二二二，永乐十八年二月乙酉条；卷二二三，永乐十八年三月戊戌条；卷二二五，永乐十八年五月丁丑条。

授基督教，一时教徒人数大增。在这些教徒中，当然也不乏女性基督信徒。

史料显示，耶稣会士在进入南京以后，同样开始向妇女传授基督教，扩大基督教在妇女中的影响力，并吸收女性信徒。按照当时入教程序，一般是先擦"圣油"，后淋"圣水"，再令拜天主四拜。当然，若是女性信徒入教，就将仪式相对简化一些，因妇女不便亲临天主教堂，一般是由教士亲自至妇女之家，只用圣水，而不用圣油。[1]同时，入教妇女必须宣咒，其中有云："我洗尔，因拔的利揭，非略揭，西比利多，三多明者，亚门。"[2]

从史料记载可知，在当时的南京，经过钟明仁之手，受洗的女性信徒有十五六人。对于妇女普遍信仰佛道而言，这一信徒数或许微不足道，然若结合明末基督教刚传入中国，并广泛为正统士大夫所排斥的境况，妇女基督教信徒的出现，不能不说是妇女宗教信仰史的一大转向。

女神信仰

在明代妇女的宗教信仰中，最为流行的是观音大士（尤其是送子观音）、碧霞元君。除此之外，即为各类女神信仰。这显然与妇女的生理以及心理特征有关。

在妇女的女神信仰中，首先值得关注的是黄道婆。松江府（今上海）能在明代成为棉都，主要得力于黄道婆，而黄道婆在死后也就成为妇女供奉的纺织行业女神。从史料记载可知，黄道婆原本是松江

1　徐昌治：《圣朝破邪集》卷一《会审钟明礼等犯一案》，明崇祯十二年刻本。

2　徐昌治：《圣朝破邪集》卷一《会审钟明礼等犯一案》。

人，后来因故流落到崖州（今海南崖县）。在元代元贞年间，携带纺织器具回到松江乌泥泾，教会当地妇女制造"捍弹纺织之具，至于错纱配色，综线挈花，各有其法"。相传黄道婆能够在被褥带帨之上，织成折枝团凤棋局花纹，灿然可爱。松江人在她传授的技术之上，稍加改进，于是就出现了象眼、绫文、云朵、膝帨胸背等花样。黄道婆死后，当地人为了纪念她，就专门建祠，岁时祭祀。至明代万历年间，张之象将祠改建于张家滨。天启六年（1626），布政使张所望重修宁国寺，将黄道婆像供奉在宁国寺之西。后来在松江渡鹤楼西北小巷内也建有祭祀黄道婆的祠庙。每年那些喜欢女红的妇女，就一起前往礼拜，称她为"黄娘娘"，而城中从事纺织的织工，亦在黄道婆祠赛会。[1]

在传统中国，无不将女神称为"娘娘"。如观音大士之称为"观音娘娘"，碧霞元君之称为"顶上娘娘"，均堪为例。除了观音娘娘、顶上娘娘之外，"大金娘娘"又可称为典型一例。至于民间何以喜称女神为娘娘，究其原因，正如清代史家全祖望所云："今东越人盛传所云'大金娘娘'之祀，里俗凡以巾帼成神者，即呼之曰'娘娘'。"上面所谓的"大金娘娘"，即为清初抗清将领都督章钦臣的夫人金氏。金氏随丈夫抗清失败被俘，最后被清兵处以磔刑。死后，时时降神东越，"居民尸祝之"，称之为"大金娘娘"，并为之立庙祭祀。[2]

---

1 陶宗仪：《南村辍耕录》卷二四《黄道婆》，中华书局 1997 年版，第 297 页；褚华：《木棉谱》；毛祥麟：《对山余墨·黄道婆祠》，载《中国香艳全书》十六集卷三，第 4 册，第 1967 页。
2 全祖望：《鲒埼亭集外编》卷一三《大金夫人庙碑铭》，载《全祖望集汇校集注》，中册，第1000 页。

节日活动：娱乐与旅游

从明代的实际状况来看，妇女的日常生活大多被限制在家庭之内，缺少外出活动的机会。关于此，明代小说《二刻拍案惊奇》有很好的揭示。如小说称当时官宦大家的姬妾，因为整日被关在家里面，日长夜永，无事可做，就只好以"抹骨牌、斗百草、戏秋千、蹴气球"等，消遣度日。[1] 另外，从侯岐曾的记载可知，明末江南士大夫家族中的妇女，通常采用斗叶子戏以打发闲暇时间。如侯岐曾在他的日记中记道："吾母时共儿女辈叶戏送闲。"[2] 唯有当各种民间节日来临之时，妇女才得以有机会走出家庭，参与各类节日活动，借此消闲娱乐或旅游。

明代妇女的节日活动相当丰富，其中主要内容包括下面两项：一是消闲娱乐，二是旅游。当然，在明代妇女的节日活动中，通常兼具消闲娱乐与旅游两种倾向。下面依次分述之。

节日消闲娱乐

岁时节日是一年四季劳动之余的休闲娱乐。每年的节日很多，女性均可与男性一起享受节日所带来的欢乐。但相对于男性而言，在很多节日里，妇女仍然被限制在家庭内，仅仅与家人一起欢度佳节。唯有在元宵、春社、清明时节，妇女才得以走出家庭，与男性一起

---

1 凌濛初：《二刻拍案惊奇》卷三四，岳麓书社 2002 年版，第 342 页。
2 侯岐曾：《侯岐曾日记》，载《明清上海稀见文献五种》，人民文学出版社 2006 年版，第 618 页。

享受节日的欢愉。

每当元宵佳节，到灯市上看灯，无疑在妇女的年节生活中占据相当重要的位置。如在北京，灯市照例在正月十八收灯，城中游冶顿寂。到了正月十九这一天，京城中的士女，大多前往西郊的白云观，联袂嬉游，席地布饮，北京人称之为"耍烟九"。[1]在福建，上元灯烛之盛，也是闻名天下。福建的方言以"灯"为"丁"，每添设一灯，民间就将它称为"添丁"，于是吸引了很多妇女前来赏灯。"游人士女，车马喧阗，竟夜乃散"；"大家妇女肩舆出行，从数桥上经过，谓之'转三桥'"。[2]

在浙江杭州的乡村，妇女则在正月十五的夜里，"召厕姑卜问一岁吉凶，蚕田丰歉"。[3]而绍兴的灯景，更是在明代相当闻名。每当灯节时，城中不论贫富之家，无不挂灯。在大街上，多者挂有百灯，而小巷亦有十灯。又在十字街头搭一木棚，挂大灯笼一个，当地人俗称"呆灯"，在上面画上《四书》或《千家诗》的故事，或者在上面写上灯谜，供人商猜。在庵堂寺观，用木架制作柱灯及门额，上面写有"庆赏元宵""与民同乐"等字。佛像前红纸荷花琉璃灯百盏，"以佛图灯带问之，熊熊煜煜"。在正月十五夜里，如横街、轩亭、会稽县西桥等，"闾里相约，故盛其灯"。在这些地方，民间还斗狮子灯，鼓吹弹唱，施放烟火，挤挤杂杂。在小街曲巷的空地上，"则跳大头和尚，锣鼓声杂，处处有人团簇看之"。值得关注的是，无论是城市妇女，还是乡村妇女，无不成为看灯队伍中的一员。正如史

1　沈德符：《万历野获编补遗》卷三《淹九》，中华书局1997年版，第901页。

2　谢肇淛：《五杂俎》卷二《天部二》，第20页。

3　万历《钱塘县志·纪事·风俗》，台湾成文出版社有限公司1975年版。

料所描摹："城中妇女，多相率步行，往闹处看灯；否则大家小户杂坐门前，吃瓜子糖豆，看往来土女，午夜方散。乡村夫妇，多在白日进城，乔乔画画，东穿西走，曰'钻灯棚'，曰'走灯桥'，天晴无日无之。"[1]

在绍兴元宵灯节中，尤其值得一提的是龙山城隍庙元宵灯节，而且吸引了许多妇女前去观灯。张岱曾详记其事，不妨引述于下：

> 万历辛丑年，父叔辈张灯龙山……男女看灯者，一入庙门，头不得顾，踵不得旋，只可随势，潮上潮下，不知去落何所，有听之而已。……灯凡四夜，山上山下糟邱肉林，日扫果核蔗渣及鱼肉骨蠡蛳，堆砌成高阜，拾妇女鞋挂树上如秋叶。相传十五夜灯残人静，当炉者政收盘核，有美妇六七人买酒，酒尽，有未开瓮者。买大罍一，可四斗许，出袖中蓏果，顷刻罄罍而去。疑是女人星，或曰酒星。又一事，有无赖子于城隍庙左借空楼数楹，以姣童实之，为帘子胡同。是夜有美少年来狎某童，剪烛蝉酒，蝶衰非理，解襦乃女子也，未曙即去，不知其地、其人，或是妖狐所化。[2]

就上面记载而言，诸如"男女看灯"，灯节结束后，"拾妇女鞋挂树上如秋叶""有美妇六七人买酒"，以及所谓的"帘子胡同"中的"姣童"实乃"女子"，等等，无不说明妇女已经成为元宵灯节的积极参与者。

元宵节之后的迎春与春社，也是妇女消闲娱乐的重大节日。如正

1　张岱：《陶庵梦忆》卷六《绍兴灯景》，第53—54页。
2　张岱：《陶庵梦忆》卷八《龙山放灯》，第71—72页。

德十二年（1517），明武宗在宣府迎春，其中就有妇女的参与。当时准备了各种戏剧，又备有大车数十辆，让僧人、妇女数百人在车中共戏，而妇女各执圆球，当车奔驰之时，就用球猛击僧人之颐，"或相触而堕"。明武宗以此为乐。[1] 每当春天的春社，苏州一带就举行"社会"，最著名的是"五方圣贤会"，有 20 多处地方举行。在长洲县，则主要在东仓、娄门、葑门、虎丘、陆墓、浒墅等处举办。每当举行赛社仪式时，有各种妆会，甚至"遣闺秀以耀市观"，[2] 说明妇女也亲自参与了赛社的表演。

社戏是春社活动的内容之一。如张岱记载，当春社之时，张余蕴在绍兴演武场搭起一座大台，演员全是徽州旌阳戏子，个个剽轻精悍，又能"相扑跌打"，共计三四十人，专门演出目莲戏，凡三日三夜。尤其是"四围女台百十座"一句，[3] 更可证明每当演社戏之时，妇女也成为台下的看客。

在唐朝时，清明节盛行一种拔河之戏。到了明代，清明节时妇女只流行一种"鞦韆（又作'秋千'）"之戏。此戏仅在北方的妇女中间盛行，在南方却并不流行。[4] 所以小说《金瓶梅》的作者借助来旺之口说了下面一番话："秋千虽是北方戎戏，南方人不打他，妇女每到春三月，只斗百草耍子。"[5] 小说所云的"斗百草耍子"，从史料中确实可以得到印证。如在春日，杭州的妇女喜欢玩"斗草之戏"。[6] 所谓斗

---

1 《明武宗实录》卷一五七，正德十二年闰十二月丁亥条，台湾"中央研究院"历史语言研究所1966 年校印本。

2 万历《长洲县志》卷一《风俗》，载《中国史学丛书》，台湾学生书局 1987 年版。

3 张岱：《陶庵梦忆》卷六《目莲戏》，第 52—53 页。

4 谢肇淛：《五杂俎》卷二《天部二》，第 22—23 页。

5 兰陵笑笑生：《金瓶梅词话》第二五回，第 311 页。

6 田汝成：《熙朝乐事》，载《说郛续》卷二八。

百草，多为妇女儿童的游戏。以草茎对拉，先断者为负。或以花草名相对赌胜负，对不上者为负。[1]

"鞦韆"又作"秋千"，一般是在清明节时玩耍。从《金瓶梅》小说中可知，每当清明节时，一些大户人家就会在花园中扎起秋千架，以供妇女玩耍。妇女通过荡秋千，既是一种游戏，又可以消除春困。玩秋千之法甚多，最难者为打立秋千，其法为妇女用手挽定彩绳，将身子立于画板之上，再由人在下面扶持相送。[2]

六月六日，明代妇女多在这一天沐发。根据民间的传说，在这一天洗发，头发就不会产生垢腻。[3]

每年的七月初七，是七夕。此时正好是暑退凉至，自是一年之中的佳候。七夕之节，与妇女关系颇深，尤其是"乞巧"之说，已成妇女之俗。关于乞巧一说的起源，小说《醒世恒言》作了下面的记载：

> 元来七夕之期，不论大小人家，少不得具些酒果为乞巧穿针之宴。你道怎么叫做乞巧穿针？只因为天帝有个女儿，唤做织女星，日夜辛勤织纴。天帝爱其勤谨，配与牵牛星为妇。谁知织女自嫁牛郎之后，贪欢眷恋，却又好梳妆打扮，每日只是梳头，再不去调梭弄织。天帝嗔怒，罚织女住在天河之东，牛郎住在天河之西。一年只许相会一度，正是七月七日。到这一日，却教喜鹊替他在天河上填河而渡。因此世人守他渡河时分，皆于星月之下，将彩线去穿针眼。穿得过的，便为得巧；穿不过的，

---

1 兰陵笑笑生：《金瓶梅词话》第二五回，第311页，注5。

2 兰陵笑笑生：《金瓶梅词话》第二五回，第309页。

3 沈德符：《万历野获编》卷二四《六月六日》，第619页。

便不得巧。以此卜一年之巧拙。[1]

　　每当七夕佳节，无论是宫廷妇女，还是民间妇女，无不都是节日的主角，而且其活动多围绕"乞巧"展开。如在宫廷中，专门设有供宫人所用的"乞巧山子"，兵仗局进献乞巧针。至于那些宫嫔，则多穿"鹊桥补服"。[2] 至于民间妇女，则仍修乞巧故事。按照沈榜的记载，在七月初七这一天，北京民间妇女有"浮巧针"之俗。有女之家各以碗盛水，置于烈日之下，令女自投小针泛之水面，徐视水底，日影或散如花，动如云，细如线，粗如槌，借此以"卜女之巧"。[3] 松江府嘉定县的妇女，用面和糖，再用油煎，使其红白相间，成花果之形，称为"巧儿女"。妇女又在庭园中乞巧。此外，捣凤仙花，用来染指甲，红如琥珀，累月不去。[4] 在杭州，每年的七夕，妇女就设瓜果为"乞巧会"。在一些殷富之家，甚至"果列七品，益以肴饵"。杭州妇女乞巧有三种方式：一是在这一天的晚上，妇女对月穿针乞巧；二是将蜘蛛贮藏在一个盒子内，通过观蜘蛛织网的疏密，以定得巧多寡；三是采荷花，养在水盆中，放在露天的高处，到第二天用来洗手。[5]

　　明代文人汪道昆有一首《七夕行》，诗云："天孙婀娜锦衣裳，结好夫君河汉旁。握手盟言夜未央，有如誓水无相忘。大道青楼多女郎，纷纷荐糈罗椒浆。愿施膏沐倾朝阳，声价十倍邯郸倡。谁叩天

1　冯梦龙：《醒世恒言》第二六卷，岳麓书社 2002 年版，第 321 页。

2　沈德符：《万历野获编》卷二《七夕》，第 68 页。

3　沈榜：《宛署杂记》卷一七《上字·民风一·土俗》，第 192 页。

4　万历《嘉定县志》卷二《疆域考下·风俗》。

5　万历《钱塘县志·纪事·风俗》。按：明人张瀚亦记七夕之时，杭州妇女"陈瓜果于几筵，望月穿针，以为乞巧"。参见张瀚：《松窗梦语》卷七《时序纪》，中华书局 1985 年版，第 137 页。

阃诉上皇？盘空霹雳侵人床。女郎辟易多彷徨，河汉冥冥不可望。庐家少妇习流黄，夫婿远戍甘糟糠。孤烛煌煌照洞房，何用邻女分余光！"[1]由诗可知，七夕佳节虽属以女性为主体的节日，但就情感表达而言，"青楼女"与"庐家少妇"却多有差异。

节日旅游

节日不但是妇女休闲娱乐的好时光，而且还为她们外出旅游提供了很好的借口。就妇女旅游而言，除了烧香之旅外，一年四季之中无过于春游、夏游与秋游。下面依次分述之。

1. 春游

所谓"春游"，则主要集中在元宵、寒食、清明三节。正如小说《金瓶梅》所言，三月清明佳节，城外景物芳菲，花红柳绿，到处都是仕女游人。一年四季，无过春天，景致最好：日谓之"丽日"，风谓之"和风"，吹柳眼，绽花心，拂香尘；天色暖谓之"暄"，天色寒谓之"料峭"；骑的马谓之"宝马"，坐的轿谓之"香车"，行的路谓之"香径"，地下飞的土谓之"香尘"；千花发蕊，万草生芽，谓之"春信"。当春天到来时，凡是府、州、县与各处村镇乡市，都有游玩的去处。至于妇女外出游玩，无不打着"上坟"的旗号，其实是为了"踏青游玩"，所以又称"上坟耍子"。[2]

北京妇女一年外出旅游，主要集中在元宵、三月祭墓、四月八日这些日子。正月十六这一天晚上，妇女群游祈免灾咎，一般是令人持一香辟人，称为"走百病"。凡有桥之所，三五成群，相率一过，

1　汪道昆：《太函集》卷一〇八，第 2274 页。

2　兰陵笑笑生：《金瓶梅词话》第八九回，第 1345、1348 页。

取"度厄"之意，或云"终岁令无百病"。妇女还有暗中举手摸城门钉之俗，摸中者，以为一年"吉兆"。元宵节晚上，朝廷也取消夜禁，正阳门、崇文门、宣武门均不关闭，任民往来。至清明这一天，北京的小民男妇穿着盛服，携带盒酒，前去祭扫祖先之墓，祭毕野坐，醉饱而归。每年此日，"各门男女拥集，车马喧阗"。[1]

在江浙一带，妇女大多好游。明人徐献忠言，"吴中女郎类喜游"，游风很盛，即使是女子，也是"相携必竟日夕"；杭州西湖已成游市，当地的士大夫"或与诸女郎杂沓而至"，于是女郎又成为士大夫的游伴。[2] 每当寒食、清明节时，杭州乡人在岳庙祈蚕之暇，"伐鼓鸣金，野唱把盏，自得村姬，连袂踏青，弄花笑语，坐立无伦，喧喧直达陡镇"。[3]

在杭州，妇女在春天已经形成一种游湖之习。明代杭州大众游览西湖，多集中于断桥至苏堤一带。其游况之盛，正如袁宏道在《断桥望湖亭小记》中所云："歌吹为风，粉汗为雨，罗纨之盛，多于堤畔之草，冶艳极矣。"但更如张京元在《断桥小记》中所云："酒多于水，肉高于山，春时肩摩趾错，男女杂沓，以挨簇为乐。无论意不在山水，即桃容柳眼，自与东风相倚游者，何曾一着眸子也。"[4]

毫无疑问，每遇春月之时，妇女艳妆冶容，三五成群，遨游于山水之间。这已是江南妇女的普遍习俗。尤其是浙江的天竺、法相诸寺，苏州的虎丘、观音诸山寺，每当春游之时，更是"履相错也"，

---

1 沈榜：《宛署杂记》卷一七《上字·民风一·土俗》，第 190 页。

2 徐献忠：《吴兴掌故集》卷一二《风土类》。

3 汪砢玉：《西子湖拾翠余谈》卷中《戊亥登竺合记》，载《西湖文献集成》，第 3 册，第1169 页。

4 张岱：《西湖梦寻》卷三《西湖中路·十锦塘》，第 38—39 页。

还引来了许多髡徒或少年无赖子的围观。[1] 苏州府常熟县的士女也借着"展墓"的名头,外出旅游,"载酒留衍山谷,迨暮而返",作一日之游。[2]

有一首题为《出门俱是》的民歌,基本反映了苏州妇女的"游春"习俗。歌曲云:"沈沈春暖百花新,姐儿打扮去游春。粉容娇面,胭脂绛唇,绣鞋罗袜,藕丝绢裙。姐道:我扇子虽拿,遮弗得个众人眼,出门俱是看花人。"[3] 妇女春天外出旅游,其打扮颇费一番功夫。尽管拿着扇子遮脸,但免不了被那些"看花人"所骚扰。民歌《牧童遥指》一曲,所反映的就是少女在清明节时外出踏青而迷路的事实。歌曲云:"妆台前插柳是清明,二八娇娘去踏青。寻芳拾翠,千人万人,奴归独自,迷却路程,日落西山,不知啰哩是奴家里,牧童遥指杏花村。"[4] 董说有一首《清明竹枝词》,说的也是苏州妇女在清明节时上虎丘山游览之事,其中云:"碧纱轿驻水塘湾,杨柳风吹燕尾鬟。耍赴灯前弦子社,莫携侬上虎邱山。"[5]

在扬州,当清明节时,"城中男女毕出,家家展墓。虽家有数墓,日必展之,故轻车骏马,箫鼓画船,转折再三,不辞往复。监门小户,亦携骰核纸钱,走至墓所,祭毕,席地饮胙。自钞关、南门、古渡桥、天宁寺、平山堂一带,靓妆藻野,袨服缛川"。[6] 甚至那些曲中名妓,亦无不赶来凑热闹。

1　伍袁萃:《林居漫录多集》卷二,《四库全书存目丛书》本。
2　嘉靖《常熟县志》卷四《风俗志》。
3　冯梦龙编:《夹竹桃》,载《明清民歌时调集》,上册,第456页。
4　冯梦龙编:《夹竹桃》,载《明清民歌时调集》,上册,第459页。
5　朱彝尊编:《明诗综》卷七九《董说》,上海古籍出版社1993年版,第1487—1488页。
6　张岱:《陶庵梦忆》卷五《扬州清明》,第48页。

在绍兴，所谓的"越俗扫墓"，反而成为妇女一次很好的春游。对此，张岱有详细的描摹，不妨引述如下：

> 越俗扫墓，男女袨服靓妆，画船箫鼓，如杭州人游湖，厚人薄鬼，率以为常。二十年前，中人之家尚用平水屋帻船，男女分两截坐，不坐船，不鼓吹，先辈谑之曰："以结上文两节之意。"后渐华靡，虽监门小户，男女必用两坐船，必巾，必鼓吹，必欢呼畅饮。下午必就其路之所近，游庵堂、寺院及士大夫家花园。鼓吹近城，必吹《海东青》《独行千里》，锣鼓错杂。酒徒沾醉，必岸帻嚣嚷，唱无字曲，或舟中攘臂与侪列厮打。自二月朔至夏至，填城溢国，日日如之。[1]

从穿戴均为"袨服靓妆"来看，绍兴人在清明节时，名为扫墓，实则"厚人薄鬼"，如同杭州人游西湖一般。究其原因，绍兴人在扫墓之余，通常"就其路之所近，游庵堂、寺院及士大夫家花园"。

2. 夏游

所谓夏游，主要集中在四月初八、端午等节。以北京为例，四月八日，妇女通常以娘娘庙烧香为名，行夏天出游之实，而其旅游盛景则集中于高梁桥一带，遂使高梁桥成为明代北京旅游文化的标志。从史料记载可知，高梁桥在宛平县西五里，有一座娘娘庙。庙内有娘娘塑像，如妇人育婴之状，备极诸态。高梁桥正好在娘娘庙前，为西湖之水流入禁城之口。当时民间相传，四月八日为娘娘降生之日，于是一些不能生子的妇女前来乞灵求子。其后，则演变为倾城妇女，不论长少，前往游览，"各携酒果音乐，杂坐河之两岸，

---

[1] 张岱：《陶庵梦忆》卷一《越俗扫墓》，第6页。

或解裙系柳为围，妆点红绿，千态万状，至暮乃罢"。而北京妇女的踏青之游，则定在端午节。史载这一天，北京的妇女相约携酒果游赏天坛松林、高梁桥柳林、德胜门内水关、安定门外满井，甚至比南京雨花台更盛。[1]

众所周知的五月初五端午节，仅仅限于下面两点：一是纪念屈原，二是吃粽子。其实，在明代的北京，还将端午称为"女儿节"。究其原因，史料作如下解释：在每年五月初一至初五，北京"饰小闺女，尽态极妍。出嫁女亦各归宁，因呼为女儿节"。[2]

至于端午节观赏龙舟竞渡，则以杭州为盛。那么，西湖龙舟竞渡究竟是怎样一种繁盛景象？我们不妨用明朝人汪砢玉的记载作为一个例子，他记道：

> 朱明竞渡，三吴固胜，而杭藉西湖点缀为尤胜。……忽金鼓六桥，内有龙舟，两两飞出。望河亭，人多状五瘟，使画戟朱干，拥绣旗女将，露晳显血，尖如榴花瓣，蹻空以艳目。酒船投雏波心，看棹郎溯波相樱，浪笑传呼，山谷答响。午后，重湖阴翳，两峰合云而雨矣。湿具咸乏，舆马俱尽，队队大堤游女，莫不粉消梨颊，脂淡樱唇。宝钿挂柳丝，珠舄遗草际。甚一大家妾，跌落闸濠间，淋漓宛洛妃出浦，至曳雪凭侍儿肩，香钩滑滑，真凌波拾翠人也。昼而繁华，暮而狼藉，各是一番风景。更是时出游者，半系吴侬，益擅胜非寻常矣。[3]

---

1 沈榜：《宛署杂记》卷一七《上字·民风一·土俗》，第191页。

2 沈榜：《宛署杂记》卷一七《上字·民风一·土俗》，第191页。

3 汪砢玉：《西子湖拾翠余谈》卷中《西湖竞渡》，载《西湖文献集成》，第3册，第1169页。

从上面的记载中可知，西湖龙舟竞渡之风，"昼而繁华，暮而狼藉"，却各有一番风景。来到湖上看龙舟竞渡之人，并非只有男子，还有很多妇女。在妇女之中，也并不仅仅限于"大堤游女"，而且还有"大家妾"。

在妇女的夏游生活中，值得一提的还有苏州葑门外荷宕之游。荷花宕一年四季杳无人迹，只有在六月二十四日这一天，士女无不以足迹未到为耻。从张岱的记载可知，每年的六月二十四日，苏州士女倾城而出，毕集于葑门外之荷宕，观看荷花。大到楼船画舫，小至鱼肚小艇，全都被雇觅一空，以致远方游客，有持数万钱无所得舟，只好在岸上徘徊。宕中以大船为经，小船为纬，游冶子弟，轻舟鼓吹，往来如梭。至于舟中丽人，皆倩妆淡服，摩肩簇舄，汗透重纱。明人袁宏道称荷宕之游，"其男女之杂，灿烂之景，不可名状"。而张岱则有如下描述："舟楫之胜以挤，鼓吹之胜以集，男女之胜以溷……靡沸终日而已。"[1]

3. 秋游

所谓"秋游"，主要集中在七月十五、中秋诸节。

杭州妇女的秋游，主要有七月半的游湖看月，以及八月十五前后的钱江观潮。到了每年的七月半，杭州人纷纷前往西湖，游湖看月。在这些游湖看月的人群中，同样包括许多名姝闺秀和名妓。这就是群众性旅游的基本特点，其意不在山水，不在身旁之桃柳，而是关注于酒肉，甚至以"挨簇为乐"。人山人海，人与人相挤，挤得满身臭汗，即使暖风也会时而吹来一些"粉汗"之味。[2]明代的史料记

1　张岱：《陶庵梦忆》卷一《葑门荷宕》，第6页。

2　张岱：《西湖梦寻》卷三《西湖中路·十锦塘》，第39页。

载已经显示，杭州人观看钱江大潮，大多是在八月昼观，很少有人夜观钱江潮。尤其是每年的农历八月十八日这一天，杭城士女无不云集于开化寺，在此处观看钱江大潮。[1]

在明代，苏州虎丘中秋之夜，堪与扬州清明、西湖夏、北京水关冬并称，属于四大人文景观。在苏州，每当中秋之夜，社会各色妇女无不聚集在虎丘，欣赏月景。正如明人张岱所言："虎邱八月半，土著流寓、士夫眷属、女乐声妓、曲中名妓戏婆、民间少妇好女、崽子娈童及游冶恶少、清客帮闲、傒童走空之辈，无不鳞集。自生公台、千人石、鹤涧、剑池、申文定祠，下至试剑石、一二山门，皆铺毡席地坐，登高望之，如雁落平沙，霞铺江上。"[2]

妇女的节日活动，一方面是她们的一种娱乐，同时也对她们扩大社会交往有着不可低估的作用。传统学者大多希望禁止妇女这种节日期间的抛头露面，原因就在于在这些节日活动期间，难免会发生一些男女之间的暧昧之事。即使没有发生暧昧之事，也会使妇女心神荡漾。譬如，春节期间的走桥看灯，就是最好的例子。关于此，小说《隋史遗文》的作者袁于令作了如下揭示：

> （节日期间）多少游玩，凭你是极老成、极贞节的妇女，不由他心神荡漾，一双脚头只管向外生了。遇一班好事的亲邻，彼此相邀，有衣服首饰的，妆扮出来卖俏；没有的，东失西借，要出来走桥步月。张家妹子搭了李店婆姨，赵氏亲娘约了钱铺妈妈，嘻嘻哈哈，如痴如醉，郁捺不住。若是丈夫少有越趄，阻当一句，先要变起脸嘴，骂一个头臭，到底邻舍亲眷，走来打

1　浦祊：《游明圣湖日记》，载《西湖文献集成》，第3册，第1135页。

2　张岱：《陶庵梦忆》卷五《虎邱中秋夜》，第46—47页。

合，原要出去一遭。也有丈夫父兄肯助兴的，还要携男挈女，跟随在后，大呼小叫，摇摆装腔，扬扬得意……也还要害得这些少年们，回去乱梦颠倒：也有把自家妻子憎恶，对了里床睡的；也有借自己妻子来摹拟干事的；也有因了走桥相会，弄出奸谋杀祸的。最不好的风俗就是这走桥看灯一事。[1]

至于元宵节妇女"走桥观灯"，是否真是"最不好的风俗"，这显然是仁智互见的事。但从传统的观念来说，节日期间妇女外出游玩，必然会带来社会风气的改变，尤其是引发男女关系的混乱，如此担忧当然不无道理。即以北京为例，其中西直门外的高粱桥，是北京人最好的旅游胜地。其地两水夹堤，积蓝布岸，游人丛集，不但"缙绅布舄"，而且"游女猗靡"。其游风已是男女混杂，而且相当率真。正如明人吴伯与所言："随地布荫，随荫张席，一切礼法尽捐。"[2] 所谓的"礼法尽捐"，其实就是社会风气改变的最好注脚。

1 袁于令：《隋史遗文》第二二回，北京大学出版社 1988 年版，第 175—177 页。
2 吴伯与：《游高粱桥》，载黄宗羲编：《明文海》卷三五八，中华书局 1987 年版，第 3690 页。

妇女的才艺及其成就

在传统社会里，重德轻才不仅仅是对男子的要求，更是对妇女的要求。在传统的士大夫看来，做父亲的如若有了李清照这样的有才女儿，做丈夫的如若有了李清照这样的有才妻子，显然是一种不幸。如明人叶盛就从宋代李清照《武陵春》一词中，领悟出了妇女的语言文字，确实是一种"不祥之具"，甚至会"遗讥千古"。[1] 即使是一些颇有文才的妇女，亦以妇节为重，并不过分卖弄自己的文才。如丹阳姜士进之妻蒋氏，幼年就很颖悟，喜欢读书。所写文章，刚脱稿就加以毁去，所存只有《烈女传》及《哭夫文》四篇、《梦夫赋》一篇。这位蒋氏妇女，在丈夫死后，殉节而死。御史将其事迹上报朝廷，被朝廷旌表，在门上挂上"文章贞节"四字。起初，其兄见她能写文章，就以李易安、朱淑真比之，蒋氏听后则嗔蹙道："易安更嫁，而淑真不慊其夫，虽能文，大节亏矣。"[2] 可见，在那些受礼教束缚的正统妇女眼中，妇女当以大节、志操为重。

明代妇女的才华，体现在各个方面。如山阴人王端淑，字玉映，

1　明人叶盛记道："李易安《武陵春词》：'风住尘香花已尽，日晚倦梳头。物是人非事事休，欲语泪先流。闻说双溪春尚好，也拟泛轻舟。只恐双溪舴艋舟，载不动许多愁。'玩其辞意，其作序《金石录》之后欤？抑再适张舟之后欤？文叔不幸有此女，德夫不幸有此妇，其语文字，诚所谓不祥之具，遗讥千古者矣。"载氏著《水东日记》卷二一《李易安春词》，中华书局 1997 年版，第214 页。

2　《明史》卷三〇二《列女二》，中华书局 1984 年版，第 7723 页。

为王思任之女。其人意气落落，尤其擅长史学，深得其父怜爱，称"身有八男，不易一女"。萧山人毛奇龄有诗云："江南才女一代稀，王家玉映声先知。著书不数汉时史，织锦岂怜机上诗？"[1]这是妇女精通史学之例。除此之外，诸如文学、书画、音乐、歌舞等领域，妇女均不乏有所建树。

女务"外学"：妇女的名士化倾向

所谓的"女务外学"，其中"外学"一词，大抵借用了佛教的话头。按照明朝著名僧人袾宏的说法，晚明的僧人群体中流行两种倾向：一是"僧务外学"，即僧人不再以学习内典为荣，而是与文人士大夫交往，学习儒家经典，并赋诗习文。[2]换言之，僧人的本分是念经、礼佛。但在明代，僧人却不再安分守己，而是争相去做"诗僧"。二是"僧务杂术"，即僧人不再恪守在寺念经的清净之风，而

1　陈维崧：《妇人集》，载虫天子编、董乃斌等校点《中国香艳全书》一集卷二，团结出版社2005年版，第1册，第43页。

2　如明代僧人袾宏云："儒者之学，以《六经》《论》《孟》等书为准的，而《老》《庄》乃至佛经禁置不学者，业有专攻，其正理也，不足怪也。为僧亦然。乃不读佛经而读儒书，读儒书犹未为不可，又至于读《老》《庄》，稍明敏者，又从而注释之，又从而学诗、学文、学字、学尺牍，种种皆法门之衰相也，弗可挽也。"此即其例。相关的记载，可参见袾宏：《竹窗三笔·僧务外学》，台湾印经处1958年版，第151—152页。

是学习一些诸如看相、地理一类的江湖杂学。[1]概括言之，这是僧人的名士化以及山人化。

那么，晚明的名士风气究竟又是如何？从很多史料记载中不难发现，当时的名士也开始追求一种"有致"。何谓有致？明末著名山人名士陈继儒作了下面解释："名妓翻经，老僧酿酒，将军翔文章之府，书生践戎马之场，虽乏本色，故自有致。"[2]可见，所谓的"有致"，就是人们不再追求本色正业，而是一种矫情，甚至是故作标致。

在引述了上面这些记载之后，我们不妨顺着袾宏、陈继儒的思路再稍加引申与发挥，即晚明妇女群体中所出现的"闺秀吟诗"与"名媛念佛"现象，无疑就是"女务外学"的典型例子。至于妇女不安于闺房，而是外出与文人士大夫交往，或者刻意模仿文人的生活习气，这更是当时妇女名士化倾向的基本特征，大体反映了晚明妇女追求名士一般"有致"生活的风气。

按照儒家传统的观念，自从混沌初分以后，自然是乾道成男，坤道成女。尽管造化无私，却也是阴阳分位，亦即阳动阴静，阳施阴受，阳外阴内。正是基于这样一套阴阳理论，儒家文化已经将男女之职各自作了区分，亦即所谓的"男主外""女主内"。即使是那些仕宦家族中的闺女，其家长虽然也让她们读书识字，但不过是教她们识些姓名，记些账目。她们无须应科举，更不必求取名誉，所

---

1 按照袾宏的说法，晚明僧人已经形成一种"末法之俗"，就是僧人不在寺院好好修行，诵经念佛，而是多务"杂术"。所谓的杂术，其间亦不一：有作地理师者，作卜筮师者，作风鉴师者，作医药师者，作女科医药师者，作符水炉火烧炼师者。相关的记载，可参见袾宏：《竹窗三笔·僧务杂术一》，第152页。

2 陈继儒：《岩栖幽事》，载《陈眉公杂著十五种》，清光绪间铅字排印本。

以，诗文一类的雅事，与她们全不相干。[1]然究之以晚明妇女史的实际演变之态，却与传统儒家的观念多有相左之处，即当时的一些妇女已是不务女红，只好诗书。闺房之中，"都无针线箱"，但有"图书箧"。这确实是晚明妇女生活所出现的新动向。

谈禅好道

在晚明的士大夫阶层中，已经形成一股禅悦之风，其影响及于他们家庭中的很多妇女。

如明末人张履祥说："近世，士大夫多师事沙门，江南为甚，至帅其妻子妇女，以称弟子于和尚之门。兵饥以来，物力大诎，民不堪生，而修建寺宇，斋僧聚讲，殆无虚日。民间效之，都邑若狂。"[2]又崇祯年间，有一僧人，名金台，善于惑众。在杭州皋亭建禅院，"自尚书、状元，率其命妇女子皈依之"。[3]

晚明士大夫家族妇女好禅修行之风，其例可谓俯拾即是，不妨试举几例如下：公安派文人袁宗道在京城为官，全家之中，只有他一人吃肉，家中女眷"俱长素念佛，精勤之甚，辰昏梵呗，宛同兰若"。[4]尤其是其女儿，更是"通竺典，诵《金刚经》，时有问答，皆出意外"，宗道甚至比之为"灵照"。[5]袁宏道之女禅那，性沉静，在

---

1 关于男女之职的分析，明刻话本小说《女翰林》的作者作了较为详细的探讨。参见《明刻话本四种》，载《古本平话小说集》，人民文学出版社 1984 年版，上册，第 74 页。

2 张履祥：《杨园先生全集》卷二七《愿学记》二，中华书局 2002 年版，第 748 页。

3 张履祥：《杨园先生全集》卷三一《言行见闻录》一，第 883 页。

4 袁宗道：《白苏斋类集》卷一六《笺牍类·寄三弟》，上海古籍出版社 1989 年版，第 230 页。

5 袁宗道：《白苏斋类集》卷一六《笺牍类·寄三弟》，第 229 页。

14岁听说佛法后就想受戒。其父母对她说："儿女身且适人，不得具戒也。"于是禅那深厌女儿身，曾在佛前发誓道："愿弟子速脱女身，生安养国，不乐五浊世也。"每次拜佛，则祈早死。读《法华》《华严》，皆通大旨。[1]常熟人黄翼圣，崇祯间任四川新都知县。其人修香光之业，自号"莲蕊居士"。其女黄若，嫁于杨氏而寡，回到娘家，则"依其父学佛"。[2]顾璘之女顾敬，"奉佛甚虔，绝荤习静，遂悟空寂"。[3]明末著名学者方以智的姑母姚维仪，"酷精禅藻，其白描大士尤工"。[4]明末黄汝亨的孙女埈儿，法名智生。性喜学佛，在她患重病之时，父母深感痛心，但她安慰父母道："金枪马麦，定业难逃，大人独不闻之乎？且女特身痛耳，心无所苦。"年十九而夭折。[5]

在这股士大夫家族女子谈禅好道之风中，涌现出了两位较具代表性的人物，即梅国桢之女澹然和王世贞的仲女昙阳子。

在说到澹然之前，有一个非常重要的人物必须提及，他就是李贽。

在与李贽交往并深得其欣赏的妇女学佛之人中，最著名者当数澹然。此外，尚有善因与明因。澹然，为梅国桢之女，被李贽称为"澹然师"。其人有才色，嫠居之后，结庵事佛，颇于宗门有悟入处。[6]这位梅澹然，深得李贽器重，甚至称她是"出世丈夫，虽是女

1　袁中道：《珂雪斋集》卷三《袁氏三生传》，上海书店1982年版，第75—76页。

2　钱谦益：《有学集》卷三一《黄子羽墓志铭》，载氏著《钱牧斋全集》，上海古籍出版社2003年版，第1133—1134页。

3　顾璘：《顾华玉集》卷三九《俞介妇顾女墓志铭》，《文渊阁四库全书》本。

4　陈维崧：《妇人集》，载《中国香艳全书》一集卷二，第1册，第41页。

5　陈维崧：《妇人集》，载《中国香艳全书》一集卷二，第1册，第44—45页。

6　沈德符：《万历野获编》卷二三《假昙阳》《黄取吾兵部》，中华书局1997年版，第593—595页。

身，然男子未易及之"。[1]澹然出家为尼的行为，并不为其父梅国桢所禁。澹然戒律甚严，对佛法颇有心得，甚至"父子书牍往来，颇有问难"。[2]

对于信佛的妇女，李贽根据她们出家或在家之不同，而各有称呼。凡是正式出家的妇女，李贽称之为"师"，如称澹然为"澹然师"；凡是未出家而在家修行之妇女，则李贽一概称之为"菩萨"。[3]而善因，即被李贽称为"菩萨"。关于善因，李贽有下面记载："若善因者，以一身而综数产，纤悉无遗；以冢妇而养诸姑，昏嫁尽礼。不但各无间言，亦且咸得欢心，非其本性和平，真心孝友，安能如此？我闻其才力其识见大不寻常，而善因固自视若无有也。时时至绣佛精舍，与其妹澹师穷究真乘，必得见佛而后已。"[4]可见，善因为澹然之姐，[5]其没出家而守佛戒的行为，更是得到李贽的"真心敬重"。

李贽在给周友山的书信中，有言："此间澹然固奇，善因、明因等又奇，真出世丈夫也。男女混杂之揭，将谁欺，欺天乎？即此可知人生之苦矣。"[6]可见，除了澹然、善因之外，当时跟随李贽学佛的妇女，还有一位明因。

上面所提到的几位妇女，均为晚明妇女好禅的典型例子。而在晚明名噪一时的昙阳子，不仅谈禅念佛，而且好道。她曾手书《阴符

1　李贽：《焚书》卷四《豫约》，中华书局 1975 年版，第 183 页。

2　袁中道：《珂雪斋近集》卷三《梅大中丞传》，第 56 页。

3　李贽：《焚书》卷四《豫约》，第 184 页。

4　李贽：《焚书》卷四《豫约》，第 185 页。

5　按：澹然与善因为姐妹关系，这一点毋庸置疑。然两人究竟谁是姐，谁是妹，则相关的记载不一。如沈德符即认为，澹然为梅国桢长女。果若如此，则澹然为姐，善因为妹。沈德符的记载，可参见《万历野获编》卷二三《假昙阳》《黄取吾兵部》，第 593—595 页。

6　李贽：《续焚书》卷一《与周友山》，中华书局 1975 年版，第 15 页。

经》赠给一位姓徐的学使，而且还手书《心经》，赠予王世贞。梅鼎祚称其所书"鸟迹龙文，若出造化，其原反终始，必归轨于正经"。[1]在她得道"化去"之时，更是引得当时诸如沈懋学、屠隆、冯梦祯、瞿汝稷数百名士前来顶礼膜拜，并且自称"弟子"，甚至出现"以父师女"之事。[2]这在当时轰动一时。

风流好文

近人周作人对于中国古代女子与文学之间的关系，有一段较为精辟的阐述。他说：

> 中国古来的意见，大抵以为女子与文学是没有关系的。文学是载道的用具，然而吟风弄月也是一种文人的风流。……"女子无才便是德"这句话即是这派思想的精义。纵使不如此说，也觉得这是很无聊的事情。我的一个长辈曾说："妇女做诗，只落得收到总集里去的时候，被排列在僧道之后，倡妓之前"，可以算是这派见解的一例。[3]

周作人之论，其实并非空穴来风，而是有事实依据的。换言之，即

---

1 梅鼎祚：《鹿裘室集·昙阳子书阴符经跋》，收入厉鹗：《玉台书史》，载《中国香艳全书》五集卷一，第1册，第532页。

2 沈德符：《万历野获编》卷二三《假昙阳》《黄取吾兵部》，第593—595页。按：昙阳子是王世贞之女，吴国伦却记道："予友王元美中岁好佛，为小祇园事之。顷岁又好道，师昙阳子，而受其偈戒，闭关修持。"此为"以父师女"的典型例子。参见吴国伦：《甔甀洞稿》卷四五《像教精舍记》，台湾伟文图书出版社1976年影印本。

3 周作人：《女子与文学》，载陈子善、张铁荣编：《周作人集外文》，海南国际新闻出版中心1995年版，上集，第428页。

使是在明代的妇女之中，也并不尽是以能诗自豪，而是羞于让人知道自己的诗才。如宛丘人王氏，15岁时就嫁给周亮工，并且以能诗歌著称。她所写《溪上》诗有云："小雨匀溪榖，闲花落钓丝。"其《夜坐》诗云："秋心增半夜，雨气满孤灯。"所写诗句，多有思致。她作有诗歌200多首，并有小词数十首。当周亮工建议将这些作品刻印出来时，王氏则一口拒绝，甚至拟将其焚毁。她有自己的见解，说："吾不欲他日列狡狯瞿昙后，秽迹女士中也。"她说这番话，也是事出有因。关于此，周亮工作如下解释："盖自来刻诗者，方外之后紧接名媛，而贞妇、烈女、大家、世族之诗，类与青楼泥淖并列。"[1]王氏说这些，无非是为使自己免于这样的结局，甚至羞与方外、青楼为伍。正是出于这样的考虑，周亮工并未将这些诗词刊刻出来，甚至她的名字也不忍外露。[2]

周亮工的父亲曾作有《观宅四十吉祥相》，里面也对妇女识字问题提出了一些担忧：妇女尤其是大家族中的妇女识字，在明代已经相当普遍。照例说来，妇女所学，理应是《列女传》《闺范》之类的书，以培养妇德。但事实则不然。当时已是淫词丽语，触目皆是。这就不能不引起部分正统人士的担忧，认为对妇女来说，宁可使人称其无才，不可使人称其无德。这还是其次的事，最为重要而且最被这些世家大族所担心的是，他们家族中妇女的诗章，不幸流传于世，就必然会被列在释子之后、娼妓之前。这无疑更让他们觉得可耻。[3]

1　周亮工：《因树屋书影》卷一，上海古籍出版社1981年版，第26页。

2　周亮工：《因树屋书影》卷一，第26页。

3　周亮工：《因树屋书影》卷一，第1—3页。

明末清初人李渔的记载也已经证实，当时的妇女中确实出现了一些专攻"男技"之人，反不屑女红，"鄙织纴为贱役，视针线如仇雠，甚至三寸弓鞋不屑自制，亦倩老姬贫女为捉刀人者"。[1] 传统女子原本应以女红为正业，而晚明的妇女反而迎合时尚，专门研习以文字翰墨为主的"男技"，这就不是简单的"借巧藏拙"，而是当时妇女名士化倾向的最好体现。

晚明妇女之诗文风流，大多与家庭环境有关，而且出现家族化的倾向。如杭州黄氏家族中的顾若璞，是黄汝亨的儿媳。早年夫亡，但人有绮才。所著有《涌月轩稿》行世，其中包括替自己舅姑所撰写的墓志铭及为丈夫所写的行状，号称文章"详赡"。她的孙女埈儿，生而端丽，能作诗歌小令。其中《宫词》一首云："长信宫中侍宴来，玉颜偏映夜光杯。银筝弹罢霓裳曲，又报西宫侍女催。"又《咏雪》一首云："霏霏玉屑点窗纱，碎碎琼柯响翠华。乍可庭前吟柳絮，不知何处认梅花。"[2] 清警殊甚。宁波屠氏家族亦多出能文之女。如屠瑶瑟，字湘灵，著名文人屠隆之女，士人黄振古之妻。沈天孙，字七襄，沈典之女，屠隆的儿媳妇。此二女少皆明慧，读书能诗。七襄嫁入屠家之后，湘灵"时时归宁，相与征事绌书，分题授简，纸墨横飞，朱丹狼籍"。当时屠隆的夫人亦谙篇章，每有讽咏，就与她们一起商订。为此，屠隆诗云："封胡与遏末，妇总爱篇章。但有图书箧，都无针线箱。"又云："姑妇欢相得，西园结伴行。分题花共咏，夺锦句先成。"[3] 这确乎可称一家之盛事，亦一时之美谈。

1　李渔著，江巨荣、卢寿荣校注:《闲情偶寄·声容部·习技第四》，上海古籍出版社 2000 年版，第 166 页。
2　陈维崧:《妇人集》，载《中国香艳全书》一集卷二，第 1 册，第 44 页。
3　张怡:《玉光剑气集》卷二七《列女》，中华书局 2006 年版，第 962 页。

明代妇女能诗之人，代不乏人。尤其是到了晚明，小品文渐趋流行，山人更是到处可见，妇女亦渐为这种风气所染，于是，晚明女子所作小札，多有小品气象。最典型的例子是杭城妓王琐，娴诗歌、尺牍，其所作尺牍，致妍韵冷，置诸晚明文人小品之林，毫不逊色。[1]

妇女对文学的主动参与，必然导致妇女文学的发达，这可以从晚明大量的女子诗歌总集中得到证明。明人纂辑女子诗总集的历史，可以上溯到嘉靖时期，至万历、天启时期达到极盛，流传至今者有《诗女史》《淑秀总集》《彤管遗编》《名媛玑囊》《秦淮四美人诗四集》《青楼韵语》《古今名媛汇诗》《古今青楼集选》《花镜隽声》《古今女诗选》《闲情女肆》《女中七才子兰咳集》《名媛诗归》。[2]

明代妇女风流好文，这无疑是事实。但值得指出的是，明代闺阁诗人的作品，很多出自"好事者"的假托，诸如章纶之母金节妇诗"谁云妾无夫"一篇，为高季迪之诗；陈少卿之妻"野鸡毛羽好"一篇，则为僧人道原所作乐府诗；甄节妇"泉流不归山长歌"，实为罗一峰之诗。[3]当然，"好事者"的假托，对明代妇女的尚文之风，确乎起到了推波助澜的作用。

1　王琐致程静致小笺云："昨日下雨，今日又下雨。老天闷人，足下斋头攻书。曾知下雨，必知闷人。知闷人，不妨过来走走。"又曰："连日冷冷，足下独居冷不？无事过我冷斋，说几句冷话，万勿以我为冷人也。"寥寥数笔，小品之性已具。参见郑仲夔：《耳新》卷五《谐艳》，载《明史资料丛刊》第三辑，江苏人民出版社 1983 年版，第 196 页。
2　详细阐述可参见陈正宏、朱邦薇：《明诗总集编刊史略——明代篇（下）》，载朱立元、裴高主编：《中西学术》（二），复旦大学出版社 1996 年版，第 124—129 页。
3　相关的考证，可参见钱谦益：《列朝诗集小传》闰集《铁氏二女》，上海古籍出版社 1983 年版，第 740 页。

名士化倾向

前面已经论及的女山人，以及妇女文章模仿士人小品之风，基本已经反映了晚明妇女的名士化倾向。下面再从几个方面详细加以阐述：

其一，走出闺房，主动与文人士大夫交往，并自称"女弟"，进而出现了"女郎"。明代中期以后，妇女在外抛头露面已是蔚然成风。这首先起于那些所谓的"女郎"。在晚明，妇女称为"女郎"之例甚为普遍。如妓女所用的丫鬟，当着他人之面，称自己的女主人为"女郎"。如杭州妓女吴二娘曾与浦祊交好。一天，派遣其丫鬟送口信给浦祊。丫鬟传话道："女郎不日东归，欲与诸郎君言别。"云云。[1] 又如杭州妓女王琐，字余青。她在给文士郑仲夔的书信中，就自称"王郎"。[2] 其实，这种称呼也是渊源有自。齐时韩兰英，颇有文词，曾教六宫书学，以其年老，多称其为"韩公"。[3] 此外，有时文人士大夫亦称与他们交往的妇女为"女郎"。明代女郎的身份相当复杂，有些是寡妇，而更多的则是名妓，但她们都有一个共同点，就是有才识，可以与士大夫交往，并且诗歌相和。崇祯年间的一天晚上，明末著名画家陈洪绶与张岱一同在杭州西湖赏月，曾在湖上与一位女郎萍水相逢。此女郎不但来到张岱的船上，而且还与陈洪绶、

1　浦祊：《游明圣湖日记》，载王国平主编：《西湖文献集成》，杭州出版社2004年版，第3册，第1136页。
2　郑仲夔：《耳新》卷五《谐艳》，载《明史资料丛刊》第三辑，第196页。
3　沈涛：《铜熨斗斋随笔》卷五《妇人称公》，载《清人考订笔记（七种）》，中华书局2004年版，第733—734页。

张岱一起饮酒。[1]

其二，妇女使用私印。与官印讲究一定的礼制规范不同，明代妇女的私印则更能反映妇女生活的风貌。如明代妓女徐惊鸿书扇印，其印文为"徐夫人"。冒襄之姬人金玥、蔡含合笔画红梅至格小印，其文为"书中有女，画中有诗"。又秦淮有一妓女的私印，其印文称"同风月平章事"。[2]黄道周之妻蔡夫人，尤其精于绘画，所绘花卉一册十幅，在画上自题"石道人命石润蔡氏写杂花十种，时崇祯丙子"。画上所钤之印为"石润""玉卿"。[3]从史料记载可知，石润是蔡夫人之名，而玉卿则为其字。明代女画家赵端容，其所画《文石良姜图》，右角上方印二：一曰"赵氏文淑"，白文，中"文"字朱文。一曰"端容"，朱文。左角下方印三：一曰"寒山兰闺画史"，一曰"乔叶贞蕤"，白文图印；一曰"端操有从，幽间有容"，朱文。女画家周照，作一幅名为《坐月浣花图》的自画像，图尾有两方篆字印，一曰"络隐"，一曰"照"。明代嘉兴妓女薛素素，所画兰花扇面，钤有二印：一曰"薛素素"，一曰"五郎"。[4]

其三，模仿文人结社之习，结社会文，进而在妇女群体中开始出现犹如男性文人那样的"文人相轻"现象。晚明的有才女子，互相以诗文相交。如柴静仪，工诗，与同里闺秀冯娴、钱凤纶、林以宁、顾启姬相唱和，著有《凝香室诗钞》。每当采兰之期，杭州画船绣幕，交映于湖滨。柴静仪独自驾驶小舟，与冯、钱、林、顾诸大

1　张岱：《陶庵梦忆》卷三《陈章侯》，上海古籍出版社 1982 年版，第 29 页。

2　章学诚：《丙辰札记》，中华书局 1986 年版，第 86 页。

3　厉鹗：《玉台书史》，载《中国香艳全书》五集卷一，第 1 册，第 524 页。

4　汤漱玉：《玉台画史》，载《中国香艳全书》十集卷一，第 2 册，第 1166 页、1169 页、1191 页。

家，"练裙椎髻，授管分笺赋诗，邻舟游女望见，悉俯首徘徊，自愧勿及"，[1]成为西湖一段佳话。尽管明代闺秀多有篇章流行于世，但妇女自己评选诗集，绝无仅有。一至明季，出现了新的转向，亦即妇女自己评选的诗集，开始在市场上流行。王玉映之《名媛诗纬》，就是其中的代表作。据史料记载，王玉映是浙江山阴人，为王季重之幼女，[2]也算名家之女，擅绝代之恣。当时文坛宗主钱谦益评其所选之妇女诗云："走群娥于笔端，笼姿诸于几上。玄音高唱，若嵩岳之会众真；墨兵萧闲，如吴宫之教女战。"[3]

晚明很多名闺，不但自己精通书法绘画，文采风流，而且还模仿士人生活，收女弟子，结会结社。如张徽卿，为柯孝廉之妻，寓居南京，擅长书法。她收有一个女弟子，一为云涛，一为月液。她曾流传下来一幅诗札墨迹，自署"眉社女弟张徽卿"，[4]说明在妇女之间也有称为"眉社"一类的结社。这种妇女所结文学之社，乃至社内成员服饰之怪，直至清初犹有遗风。如清顺治十一年（1654），谈迁就在绍兴听说一些巨室妇女结成诗社、词社，并将这些社团妇女的生活记录了下来。[5]

妇女互相交游，结成各种社团，模仿当时名士的风气，渐渐也就沾染上了名士习气，尤其是好名甚至"文人相轻"习气。试举一例如下：徐媛，字小淑，范长白夫人。她与寒山陆卿子相唱和，为

1 胡祥翰辑：《西湖新志》卷一一《人物二·柴静仪》，上海古籍出版社 1998 年版，第 524 页。
2 据钱谦益《山阴王大家玉映以小影属题敬赋今体十章奉赠》诗小注，可知玉映是王季重幼女。钱氏在诗中对玉映诗才多有称颂，如曰："季重才名噪若耶，缥囊有女嗣芳华。汉家若采《东征赋》，彤管先应号大家。"参见钱谦益：《有学集》卷一一，载《钱牧斋全集》，第 532 页。
3 钱谦益：《有学集》卷四七《明媛诗纬题辞》，载《钱牧斋全集》，第 1556 页。
4 厉鹗：《玉台书史》，载《中国香艳全书》五集卷一，第 1 册，第 522—523 页。
5 谈迁：《北游录·纪程》，中华书局 1997 年版，第 22 页。

吴中士大夫所艳称。对此，桐城方夫人颇为不满，评论道："偶尔识字，堆积龌龊，信手成篇，天下原无才人，遂从而称之。始知吴人好名而无学，不独男子然也。"[1]在这条记载下，有朱笔批语："数语骂尽天下男妇。桐城人毒口争胜习气，中于闺闱如此。"由此可见，在晚明有才妇女之间，同样存在着争强好胜之习。

在一个重德而不重才的社会里，妇女能够展现才华，崭露头角，究其原因，大抵有二：首先，是女子的天分所致。尽管传统的儒家思想限制妇女从事文学一类的创作，但妇女的资性、天分又各不相同。其中的愚蠢者，即使教她们识两个字，也犹如登天之难。而那些聪明者，则过目成诵，不教而能，吟诗可以与李杜争强，作赋更是共班马斗胜。换言之，造化弄人，有时确实颇有意思。至于山川秀气，偶然不钟于男子，而钟于女人，这更不是令人稀奇之事，晚明妇女的文士化倾向显然已经为此下一注脚。其次，与她们"好名"的意识有关。传统社会所倡导的妇女名声，是一种妇德，而官方所树立的贞女、节妇的典范，也不是才女。所以，传统观念认为，诗歌非女子所宜。他们这种立论的依据显然来自《诗经·小雅》之言："无非无仪，惟酒食是议。"所强调的还是女德。尽管如此，正如明人谢肇淛所言，妇人而知"好名"，毕竟可以称得上是"女丈夫"。[2]而钱澄之更是认为古代的卫国庄姜和许穆夫人，尽管都是"德女"，但又都能诗，而且其诗歌也均被圣人所录。从这些事例中，他得出结论："圣人之不禁女子之为诗也审矣。"[3]

妇女热衷于文学创作，当然不能排除与男子在才能上争一席之地

1　张怡：《玉光剑气集》卷二七《列女》，第962页。
2　谢肇淛：《五杂俎》卷八《人部四》，上海书店出版社2001年版，第144页。
3　钱澄之：《田间文集》卷二〇《书松声阁集后》，黄山书社1998年版，第400页。

的动因，但很大程度上也是为了排除胸中郁闷，甚至是为了鸣"不平"。正如明末著名女诗人顾学璞在给她弟弟的书信中所言，她游息于骚雅词赋，其目的就是"冀以自发其哀思，舒其愤闷，幸不底于幽忧之疾。而春鸟秋虫，感时流响，率尔操觚，藏诸箐簏。虽然，亦不平鸣耳，讵敢方古班左诸淑媛，取邯郸学步之诮耶？"[1]这种创作愿望，除了合于男性作者之外，尚有妇女所处地位的特殊性，亦即打发自己在家庭中的枯燥乏味生活，以避免自己抑郁成疾。但更值得关注的是，晚明"女务外学"风气的形成，同样可以证明在当时的妇女群体中确实存在着一种名士化的倾向，而这正好反映了明代妇女史的新转向。

艺术与体育活动

在妇女名士化的大潮下，不但妇女的文学才能值得关注，而且在书画、音乐、歌舞等艺术领域中，妇女亦多有成就，甚至独树一帜。至于与节日相关的众多活动，更是成为妇女展示体育才能的最好舞台。

书法、绘画

明代妇女的艺术才能，可以从书法、绘画两个层面加以探讨。

1　顾学璞：《与弟》，载周亮工《尺牍新钞》卷一〇，岳麓书社 1986 年版，第 345 页。

先来看妇女的书法造诣及其成就。无论是宫廷妇女，还是士大夫家族妇女、庶民家庭女子及一些姬侍、妓女，其中不乏书法的爱好者，有些甚至颇有造诣，深得书法名家的赏识。

在明代的宫廷妇女中，不少人对书法表现出极大的兴趣。如万历年间，慈圣皇太后在宫中只是以观书史为爱好，每天写字一幅，又亲自课令宫中侍女30岁以下都读书写字。万历三年（1575），明神宗曾经让太监捧出慈圣皇太后亲自书写的书法作品一帧，让那些内阁辅臣观赏。张居正等在观赏之后，称之为"体裁点画，字字精工"。[1]据史料记载，在明宫文华殿的后殿，悬挂一匾，共计12字，每行二字，分为六行，其文曰："学二帝三王治，天下大经大法。"[2]一般误认为是明神宗之手笔，其实出自慈圣皇太后的亲笔。这些字龙翔凤翥，备得八法精蕴。此外，明神宗贵妃郑氏，曾用泥金书写《观世音菩萨普门品经》一卷，卷首题语所书楷法秀整，前面所绘佛像相当精细。[3]又崇祯朝田贵妃在书法上也有一定的造诣，自幼就临习钟、王的楷法。入宫之后，又得以看到宫中所藏的许多禁本临摹，终于在书法上达到了"能品"的境界。凡是宫中书画卷轴，崇祯皇帝都让她签题。[4]

妃子、女官、郡主，亦多有工于书法之人。如娄妃，所书模仿詹孟举，其所书楷书千字文极佳。江西永和门及龙兴普贤寺的匾额，

1 《明神宗实录》卷三八，万历三年五月丁巳条，台湾"中央研究院"历史语言研究所1966年校印本。

2 沈德符：《万历野获编》卷三《母后圣制》，第71页。按：这条记载亦为清人厉鹗《玉台书史》所引，载《中国香艳全书》五集卷一，第1册，第506页。

3 厉鹗：《玉台书史》，载《中国香艳全书》五集卷一，第1册，第506页。

4 佚名：《烬宫遗录》卷下，载《笔记小说大观》，江苏广陵古籍刻印社1983年版。

均出娄妃之笔；杨妃，书法学赵文敏，颇得笔意；陈二妹，字瑞贞，入宫任司彩一职，亦善六书；安福郡主，宁靖王奠培长女，工于草书。[1]

至于民间士大夫家族中妇女、庶民家庭女子及一些姬侍、妓女，亦有很多人擅长书法。如明末复社领袖张溥的长女张一娘，读书甚多，诸如《十三经》及《廿一史》，无不淹贯。其书法在当时也很有名，"法汉魏，尤喜临十三行"，被人称为"献之复生"。[2]根据清人厉鹗的钩稽，尚可举下面这些人为例：高妙莹，字叔琬，解缙之母，不但通经史传记，而且善小楷；蔡氏，隐士韩奕之妻，读书通大义，善于笔札，曾亲书经刻行世；徐氏，陆舆之妻，知楷法；杨夫人，邢子厚之妻，博学能文，书法自成一家；马氏，名问卿，字芷居，翰林陈鲁南的继室，书法学苏东坡，得其笔意；黄氏，黄公珂之女，杨慎之继室，博通经史，工于笔札；金元宾之妻，万历时人，书法绵丽多态；邢慈静，贵州左布政马拯之妻，少卿邢侗之妹，书法学李卫，流传下来的有《自述诗帖》，行书，乌丝阑纸本；黄氏，翰林编修赵景之妻，读书通晓大义，工于楷书；姚氏，姚元瑞之女，范君和之妻，摹晋诸家书法；徐媛，字小淑，副使范允临之妻，多读书，好吟咏，号称名闺中以书法著称的代表人物，流传下来的有《天上谣》墨卷；张徽卿，柯孝廉之妻，寓于南京，善书，流传下来的诗札墨迹，其所书无不翔鸾舞凤；叶小鸾，字琼章，一字瑶期，叶绍袁之女，每日临摹曹子建《洛神赋》或《藏真帖》一遍；袁九淑，左布政袁随之女，钱良眉之妻，少读经史，书法遒媚；叶纨纨，

---

1 厉鹗：《玉台书史》，载《中国香艳全书》五集卷一，第1册，第507页。
2 冒丹书：《妇人集补》，载《中国香艳全书》一集卷三，第1册，第56页。

字昭齐，书法遒劲，有晋人之风；蔡夫人，黄道周之妻，能诗，书法学黄道周；沈纫兰，字闲静，黄承昊之妻，攻于书史，雅善临池之业；马孺人，翰林陈石亭继室，书法得苏东坡笔意；二位方姓夫人，均喜欢以泥金书写诸经，布施供奉；徐范，能摹诸家书体，卖字自活，其所书《圣教序》，无一笔不肖，亦无一毫闺帏羞涩之态，深得怀仁集王羲之《圣教序》笔意，行笔秀劲，嘉兴射圃《关西夫子庙碑记》即出自徐范手笔；梁小玉，八岁摹大令帖，书写《两都赋》，费时半载；何玉仙，号白云道人，史痴翁之妾，擅长篆书；张家婢，为张天骏家厮养之婢，善于书法，观者啧啧称赏；柳如是，钱谦益妾，书法得虞世南、褚遂良之法；姜舜玉，隆庆年间旧院之妓，工于楷书；薛素素，姿度娴雅，擅长书法，能书《黄庭经》小楷；马如玉，南京桃叶妓，善于楷书；朱无瑕，字泰玉，南京桃叶妓，工于楷书；顾文瑛，擅长书法，经常用碧丝作小行楷，绣之盛镜囊，以此赠送所喜之人；卜赛，明末秦淮名妓，工于小楷；王曼容，曾学字于周公瑕；郝婉然，工写《宣示帖》。在这些名妓仕女中，有些人的书法已经得到当代书家的赞赏。如杨宛，字宛叔，南京名妓，后嫁给明大将茅元仪，工于小楷，尤其擅长草书，当时著名书法家董其昌称颂杨宛书法道："杨宛书，非直媚秀取容，而回腕出锋，绝无媚骨。"[1]

再来看妇女的绘画造诣及其成就。明代宫中后妃，有些也相当懂画、善画。如崇祯皇帝的贵妃田氏，工于"写生"，曾经作《群芳图》，进献给崇祯皇帝，"上留之御几，时展玩焉"。[2]

1　厉鹗：《玉台书史》，载《中国香艳全书》五集卷一，第1册，第521—531页。

2　佚名：《烬宫遗录》卷上，载《笔记小说大观》。

至于宦家夫人、大家闺秀，或姬妾、名妓，其中亦不乏善画之人，不妨析为下面三类：

一为善画之官宦、文士夫人及大家闺秀。如明末著名学者黄道周之妻蔡夫人，史称"尤精绘事"，曾创作了一幅《瑶池图》，赠送给其母，作为祝寿之礼。蔡夫人流传下来的作品，有史可考者有花卉一册，共十幅，至清代时藏于赵谷林的小山堂。据清人厉鹗记载，这十幅花卉册，作于崇祯九年（1636），分别题为"山茶""千叶桃""芍药""诸葛菜荷包牡丹""罂粟""萱花剪春罗""铁线莲""金丝桃品字兰""秋海棠淡竹叶""月季长春"。每幅花卉画中，均有蔡夫人亲自题写之句。[1] 又如明末清初著名学者方以智的姑母姚维仪，酷精禅藻，所著有《清芬阁集》，文章宏赡，而且精于绘画，其白描大士像，尤其工整。[2] 明末翰林李长祥，乱后侨居金陵，娶姚夫人。其夫人善于丹青，得北宋人笔意。曾为云间董黄母夫人画一粉箑（扇子），烟墨离离，深秀不可言，为香奁画手中逸品第一。另据记载，姚夫人还擅长画仕女画。[3] 赵灵均为明末文字学家，其父赵宦光，更是《说文解字》的研究专家。赵灵均之妻文俶，字端容，其高祖是文徵明，画学也是渊源有自。据史料记载，文俶"性明惠，所见幽花异卉，小虫怪蝶，信笔渲染，皆能忬写性情，鲜妍生动，图得千种，名曰《寒山草木昆虫状》。摹内府《本草》千种，千日而就。又以暇画《湘君捣素》《惜花美人图》，远近购者填塞。贵姬季女，争

1　厉鹗：《玉台书史》，载《中国香艳全书》五集卷一，第 1 册，第 524 页。

2　陈维崧：《妇人集》，载《中国香艳全书》一集卷二，第 1 册，第 41 页。

3　陈维崧：《妇人集》，载《中国香艳全书》一集卷二，第 1 册，第 49 页。

来师事，相传笔法"。[1]

　　明代很多名媛闺秀，亦以善画著称，其例分列如下：戴文进之女戴氏，效法其父，能画山水人物，所画多有笔力；金夫人，陈钢之妻，擅长水墨画，所画番马，峭劲如生；卢允贞，为倪文毅夫人，其所作白描相当精妙，有《九歌图》《璇玑图》二卷；陈鲁南夫人马闲卿，善于山水白描；画家仇英之女仇史，自号"杜陵内史"，能画人物，绰有父风，其所画着色白衣大士像，无论相好庄严，而璎珞上堆粉圆凸，宛然珠颗，有《青鸟传音图》传世；杨伯海妻沈氏，沈宜谦之女，工折枝花；吴兴人许氏，雅善绘事；方孟式，山东布政使张秉文之妻，所绘大士像，得慈悲三昧；韩玥，太史韩求仲之女，兼长山水，号称有管夫人韵致；范道坤，嫁于山东东平州李生，所画山水、竹石及花卉，清婉绝尘，明末著名画家董其昌跋其画册，称"北方学画，自李夫人创发，亦书家之有李卫，奇矣奇矣"；叶小鸾，工部郎中叶绍袁之女，能画山水，写落花飞蝶，皆有韵致；江阴处士周容起二女周淑祜、周淑禧，工于丹青，花卉虫鸟，用笔如春蚕吐丝，设色鲜丽；杭州女子梁孟昭，工花鸟画，陈继儒比之为天女花、云孙锦，非人间所易得；任道逊妻孙夫人，浙江永嘉人，善画梅，寒梢粉瓣，逗月凌霜，皆从笔花渍出；王朗，金坛王彦泓之女，能画水墨梅花，时称奇绝；宫婉兰，冒襄之妻，工于画墨梅；江西举人康范生之妻，工于画竹，最似管夫人手法；江夏女子周照，善绘画，绘有一幅自画像《坐月浣花图》；卢洪芳妻王伯姬，所画山水花卉，无一不精；赵伯章妻赵淑贞，工花鸟芦雁，笔法秀洁，更

1　钱谦益：《初学集》卷五五《赵灵均墓志铭》，载《钱牧斋全集》，第 1382—1383 页；张怡：《玉光剑气集》卷二七《列女》，第 963 页。

饶姿韵；徐安生，徐季恒之女，美慧多艺，其写生出入宋元名家。[1]

二为善画之姬妾。胡净鬘与顾媚堪称姬妾善画的典型之例。胡净鬘是明末著名画家陈洪绶的小妾。陈洪绶，字章侯，浙江诸暨人。明朝灭亡后，混迹于僧人之间，自号老迟，又称老莲。擅长绘画，名闻海内，然不轻易替人作画。从史料记载可知，他的小妾胡净鬘也以善于绘花卉出名。[2]顾媚，字横波，原本为曲中名妓，后嫁与著名文人龚鼎孳。史料记载也证实，顾媚为人识局朗拔，尤其擅长画兰蕙，其画萧散落托，畦径都绝，确实称得上是"神情所寄"。[3]

三为善画之名妓。明代坊曲中的女子，很多亦以擅长绘画著称。如林奴儿，号秋香，成化年间妓女。曾学画于史廷直、王元父二人，笔最清润。当时著名画家沈周曾以《临江仙》为调作一词，以寄林奴儿。明末秦淮名妓马守真，善于画兰，故自号湘兰子。她曾作有双钩墨兰立轴，旁作筱竹瘦石，气韵绝佳。薛素素，尤工兰竹，下笔迅扫，各具笔意。[4]又如卞玉京，字云装，南京（今属江苏）人。善画兰，并精书法，好作小诗。曾题诗一首于扇，送于吴伟业之兄云："蓊烛巴山别思遥，送君兰楫渡江皋。愿将一幅潇湘种，寄与春风问薛涛。"据吴伟业所记，玉京明慧绝伦，书法逼真王羲之《黄庭经》，琴亦妙得指法。[5]

值得一提的是，在晚明涌现出了很多与文人士大夫交往甚密的"女士""女郎"，亦无不以擅长绘画而闻名于世，杨慧林、林雪、李

1 汤漱玉：《玉台画史》，载《中国香艳全书》十集卷一，第 2 册，第 1175 页。
2 胡祥翰辑：《西湖新志》卷一〇《人物一·陈洪绶》，第 513 页。
3 陈维崧：《妇人集》，载《中国香艳全书》一集卷二，第 1 册，第 40 页。
4 厉鹗：《玉台书史》，载《中国香艳全书》五集卷一，第 1 册，第 529—530 页。
5 吴伟业：《吴梅村全集》卷五八《梅村诗话》，第 1139—1140 页。

因堪称其中的代表。杨慧林，字云友，别号林下风。专工山水画，以诗、书、画三绝名噪杭州西泠。每当酒后茶余，兴趣洒然，遂拈毫伸绢素，作平远山水，"廖廖数笔，雅近云林"。她曾在汪汝谦随喜庵中画《断桥秋柳图》，一时名流争相题诵。[1]据《西湖遗事诗》记载，林雪，字天素，福建人，亦为湖上"女校书"，与杨慧林俱以善画著称于世。《摩筵图》系谢彬写像，蓝瑛补图。在这幅画卷中，慧林与林雪俱宫妆打扮，一吹竹，一弹丝，坐梧桐下，对面坐石而倾听者，为汪汝谦。此画设色古雅，居然周昉笔意。[2]李因，字今生，号是庵，浙江钱塘人。暇即泼墨作山水，或花鸟写生，雅自珍惜，然脱手即流传于世。所作水墨花鸟，幽淡欲绝。其所作《芙蓉鹭鸶图》，有人题其画云："寒入金塘花叶孤，非烟非雨态模糊。姚家女子丹青绝，写作芙蓉匹鸟图。"[3]

尽管明代妇女中不乏善画之人，但有一点必须强调，即妇女观画不同于男性，自有其独特的审美视角。据记载，明代妇女观画，"辄问甚么故事，谈者往往笑之"。[4]可见，她们所喜欢的是一种工笔之画，而不是专求师心、写意的文人画。这当然是妇女的群体性格使然。然从上面所提及的几位善画的女士来看，妇女在绘画风格上亦渐趋与文人画合流。

1　胡祥翰辑：《西湖新志》卷九《冢墓·明女士泉塘杨云友墓》，第 501—502 页。

2　胡祥翰辑：《西湖新志》卷九《冢墓·明女士泉塘杨云友墓》，第 502 页。

3　黄宗羲：《南雷诗文集·传状类·李因传》，载《黄宗羲全集》，浙江古籍出版社 2005 年版，第 10 册，第 584—585 页；陈维崧：《妇人集》，载《中国香艳全书》一集卷二，第 1 册，第 49 页。

4　谢肇淛：《五杂俎》卷七《人部》三，第 135 页。

音乐、歌舞

明代妇女在音乐、歌舞史上也留下了很多印记。按照一般的看法，在明代北方的士大夫家族中，"闺壶女人皆晓音乐，自江以北皆然"。又据当时的扬州人说，朱射陂夫人的琵琶技艺已是相当之高，足堪与男性艺人媲美。[1]

明代妇女与民歌之间的关系最为密切。民歌起于元代的小令。至明代宣德、正统、成化、弘治以后，在中原又盛行《锁南枝》《傍妆台》《山坡羊》之类，尤其是在晚明盛传的《泥捏人》《鞋打卦》《熬髭髻》三阕，更是成为上面三个词牌名之冠。此后，又有《耍孩儿》《驻云飞》《醉太平》诸曲，然不如前面三曲之盛。嘉靖、隆庆年间，开始流行《闹无更》《寄生草》《罗江怨》《哭皇天》《干荷叶》《粉红莲》《桐城歌》《银纽丝》之类，自两淮以至江南，无不流行这些曲子。自万历以后，出现了《打枣竿》《挂枝儿》二曲，其腔调约略相似。此外，又有《山坡羊》，在南、北词中均有此名，尤以北方为盛，其曲从宣府、大同、辽东三镇传来，而北京的妓女，更是惯于用此充弦索北调，"其语秒亵鄙浅，并桑濮之音，亦离去已远，而羁人游婿，嗜之独深"。[2]

这些小令，其演唱者多是歌姬，其内容不过是写淫媟情态，略具抑扬而已，但是不问南北，不问男女，不问老幼良贱，无不人人习之，人人喜听，成为当时的一种时尚。

---

1 何良俊:《四友斋丛说》卷一八《杂记》，中华书局1983年版，第160页。
2 沈德符:《万历野获编》卷二五《时尚小令》，第647页。

自从北剧兴起以后，一般将演戏中的男子称为"正末"，而将女子称为"旦儿"，慢慢相传流入南剧，虽然稍有更易，但旦之名不改。旦之名，起源于辽代，原本不过是司乐之总名。金、元相传，并命歌妓领之，借以做杂剧，一直流传到明代。在明代，旦角全用娼妓充任，若无娼妓，才用年少的优伶假扮。[1] 若是优伶假扮，又称"妆旦"。

就舞蹈的起源而言，古有鞞舞、馨舞、铎舞、笛舞、肇舞等，已经失传，其表演程式亦无从考知。在唐代，如唐太宗时有七德舞，唐明皇时有龙池舞、倾杯舞及霓裳羽衣之舞，在宋代时已亡佚。然古人每当酒欢之时，或是和歌起舞，必是男子。唐朝开成年间，乐人崇尚胡人，出现了软舞，其舞姿有大垂手、小垂手以及惊鸿、飞燕、婆娑之类，其腰肢已经不异女郎，可知唐末已经开始重视女子舞蹈，但并不专用女郎。至宋代，除了宗庙朝享所用舞蹈之外，也多用女子，其中所谓的"女童队""小儿队""教坊队"之类，已经与明代的俗舞没有多少差别。明代舞蹈，一般"俱作汴梁与金陵"，大抵都是软舞，尽管有北舞、南舞之异，但全用女妓表演。若是男子，则也是扮女妆以悦客。[2]

体育活动

明代妇女所从事的体育活动，大抵可以分为下面两类：一是专业女性的体育活动，尤以江湖女艺人的杂技表演居多；二是一般妇女在

1　沈德符：《万历野获编》卷二五《戏旦》，第649页。
2　沈德符：《万历野获编》卷二五《舞名》，第651页。

节日或日常所进行的体育娱乐活动。

明末清初学者陈确在《新妇谱补》中，要求妇女"不看剧"，其中就提到了街上的"走马""走索"之戏。[1]所谓走马、走索，即为杂技。这种杂技，在明代又被称为"走解"。清人沈涛考证道：

> 马上卖解之徒，明时谓之走解，见彭时《笔记》。《朝野金载》即有所谓一手捉鞍桥，双足直上捺蜻蜓者。彭以为金元遗俗，非是。《西河诗话》载淮妓卖解，有舜子投井并秦王立碑、道旁拾芥、灯里藏身诸名。[2]

可见，从毛奇龄的《西河诗话》中可知，明时淮妓所表演的杂技节目，大体有"舜子投井""秦王立碑""道旁拾芥""灯里藏身"等。

清人刘廷玑的记载，则显然可以对妇女杂技表演作更进一步的补充。他记道：

> 走解本军营演习便捷之法，晋曰猿骑，明曰走骠骑，皆于马上呈艺，上下左右，超腾跻捷。近则男子较少，咸以妇女习之，为射利之场，奸污之技矣。须演马极熟，马疾如飞，妇女仍于鞍上逞弄解数。有名秦大王撒马、小撒马、单鞭势、左右插花、蹬里藏身、童子拜观音、秦王大立碑之类。或马首或马尾，坐卧偃仰，变态百出。抑且倒竖踢星，名朝天一炷香。疾驰不稍欹侧，两马对面相交，能于马上互换相坐。统曰走马卖解，俗所谓卦子也。[3]

---

1 陈确：《新妇谱补·不看剧》，载《中国香艳全书》三集卷三，第 1 册，第 301 页。
2 沈涛：《瑟榭丛谈》卷下，载《清人考订笔记（七种）》，第 347 页。
3 刘廷玑：《在园杂志》卷四《走解》，中华书局 2005 年版，第 162 页。

从上可知，中国传统的杂技表演，多以马上表演为主，所以通称"走马卖解"，简称"走解"。此类杂技，在晋时称为"猿骑"，明时则称"走骠骑"。其中表演的节目，除了前面所述几种之外，尚有"秦大王撒马""小撒马""单鞭势""左右插花""童子拜观音""朝天一炷香"等。至明代以后，此类杂技表演，"男子较少，咸以妇女习之"，几乎已经成为妇女的演出专利。

在明代，各种杂技广泛流行，并成为江湖艺人尤其是女艺人谋生的一种手段。在明代的民间，各种杂耍更是风行一时。每当迎神赛会之时，必有杂技表演。而一些专门的杂技艺人或戏班，为了谋生的需要，也多出入于南北各地的城市和码头，表演杂技项目。在明人王圻所著《三才图绘》的"人事类"中，保存了明代杂技武术活动的图画多幅，画上描绘的杂技表演，都在露天广场，其中项目有飞叉、中幡、耍花坛、双石、杠子、石锁、花砖、舞狮子等。图上还画着围观的看客和放道具的箱担、装石担的马车等。参加活动的除艺人外，还有不少的文人秀才。

在明代各地的城市中，民间杂技活动十分流行，到处留下了杂耍艺人活动的踪影。明佚名所著《如梦录》一书，对明代开封城内杂耍艺人的活动反映得较为详细。书中提到了"杂耍戏棚"，就分别包括高竿索上、走索、跟斗、吞剑、弄刀、弄钹、舞盆、踏高跷、撮戏法、摆架子、牵丝戏、隔壁戏等项目。在北京，除经常性的杂技演出外，每逢上元灯节和清明节，均有杂戏表演。明人刘侗、于奕正所著《帝京景物略》卷五《高粱桥》，就记载了北京清明时节踏青时百戏艺人的活动，包括扒竿、筋斗、钻圈、叠案、筒子、解数等杂艺。明人王穉登《吴社编》一书，真实地记载了苏州一带迎神仪式中各种乐扮和伎艺演出，包括傀儡、竿木、刀门、马戏、弄伞、广东狮子（舞狮）。郑仲夔所著《耳新》卷六也记载，在湖广宜黄县，每当七夕迎赛时，其杂戏有"鱼龙角牴之戏"。田汝成《西湖游览志余》一书，也对明初杭州佑圣观庙会上表演的雀竿之技作了详尽的描绘，从中可以看出，当时百戏中的竿技艺人，能在竿顶上作"变态多端"的舞姿，从而进一步将精湛纯熟的杂技与优美的舞蹈结合在一起。在当时的扬州，每当清明节，杂戏纷呈，其中有《浪子相扑》的剧目，戏中把角力技艺也搬上了舞台。另外，在阮大铖所作《双金榜》《牟尼会》《春灯谜》《燕子笺》等戏曲中，都穿插表演跳狮子、跳跑马、舞龙灯、盘杠子等杂技中的技巧，从而大大丰富了戏曲的内容，同时也反映出百戏中的杂技已渐与戏曲相结合。[1]

当然，这些杂耍艺人所表演的杂耍节目中，很多需要力气的节目，大多仍由男性艺人承担。至于那些轻便灵巧一类的杂技，逐渐由女性艺人担当。[2]在明人所著小说《梼杌闲评》第二回中，曾提到山东临清州迎春社火时，有江湖杂耍艺人赶市的精彩杂技，称为"靺鞨技"，据说传自靺鞨国。表演者为江湖艺人全家，包括夫妻与一个小孩，至于小孩是男孩抑或女孩，小说没有明言。此杂技分为以下三部分：第一部分先用 13 张桌子，一张张叠起，然后男性表演者从地上打一路飞脚，翻几个筋斗，从桌脚上一层层翻将上去，到绝顶上跳舞。一会儿将头顶住桌脚，直壁壁将两脚竖起，又将两脚钩住桌脚，头垂向下，两手撒开乱舞。又将两手按在桌沿上，团团

---

1 相关的阐述，参见陈宝良：《明代社会生活史》，中国社会科学出版社 2004 年版，第 568—569 页。

2 如明人刘侗、于奕正描写北京上元节、清明节时高梁桥的杂技表演，有"骄妓勤优，和剧争巧"一语，可见这些杂技节目由男女承担。参见刘侗、于奕正：《帝京景物略》卷五《高梁桥》，北京古籍出版社 1983 年版，第 191 页。

走过一遍。第二部分是收去桌子，只剩一张。女性表演者仰卧在上，将两脚竖起。将一条朱红竿子，上横一短竿，直竖在表演者脚心。小孩子爬上竿去，骑在横的短竿上跳舞。女性表演者将竿子从左脚移到右脚，又将竿子从右脚移到左脚。第三部分是男性表演者取一把红箸，用索子扣了两头，就如梯子一样。将红箸往空中一抛，直竖在半空中。表演的孩子一层层爬上去，将到顶，立住脚，两手左支右舞，又一路筋斗从箸子空中钻翻。[1]

明代妇女的日常体育活动，相对来说也较为丰富，主要有荡秋千、踢球、斗百草等。

明代妇女多玩秋千之戏，又分作"秋千"与"千秋"。杨慎《词品》中，有"秋千两绣旗"之句，这是作"秋千"之例；又董迢周《春情诗》中也说："杂佩明珰竞可怜，春风渐短画楼前。千秋戏罢莺同坐，百草赢来柳共眠。"[2] 这又可成为"千秋"的证据。

明代文人李开先作有一首《秋千》诗，云："索垂画板横，女伴斗轻盈。双双秦弄玉，个个许飞琼。俯视花梢下，高腾数秒平。出游偶见此，始记是清明。"[3] 李开先另有《观秋千作》二首，从其序中可知，每当清明这一天，山东章丘大沟厓这一村庄，就高竖秋千数架，"近村妇女，欢聚其中"。诗云："彩架傍长河，女郎笑且歌。身轻如过鸟，手捷类抛梭。村落人烟少（意谓人多逃亡，不但禁烟节令而已），秋千名目多（有转立、独脚等名）。从旁观者惧，仕路今如何？"又云："每遇清明日，山南祀祖阡。先期陈俎豆，此日戏秋千。水浅

---

1 《梼杌闲评》第二回，人民文学出版社 1983 年版，第 19—20 页。

2 褚人获：《坚瓠首集》卷一《秋千》，载《笔记小说大观》，第 15 册，第 6 页。

3 李开先：《闲居集》卷二，载《李开先全集》，文化艺术出版社 2004 年版，上册，第 158 页。

闲舟楫，风轻度官弦。不才甘废弃，随处乐余年。"[1]

在明代的西北，秋千之戏，玩耍之人最多达三人，而秋千架最高者更是达一丈五尺，秋千坐板距离地面数尺余，一般均为富贵人家妇女的一种游戏。其中比较引人注目的是一种带轮子的秋千，秋千架安在一个辘轳上，高达二三丈之多，距离地面已达十尺余。而这种秋千则主要流行在农村妇女之间。当时的农村妇女认为，在每年的春天荡这样的秋千，可以借此"却疾"。所以，每当正月结束，民间妇女就开始了这种秋千之戏。[2]可见，荡秋千此类体育活动，并不仅仅是一种游戏，其主要目的还是强身"却疾"。

球名踏毬，始于轩后军中练武之剧，蹴蹋而戏。此事见《霍去病传》。穿城踏鞠，在唐代相当盛行。其制以草为圜囊，实以毛发。其后，则流变为将球打上气，成为一种气球。

明代妇女中也流行踢球之戏。如明初有一位彭云秀，专门擅长此技，靠这一球技游历江南。有人向她请教，她曾道出其中踢法多达16种，[3]技法堪称丰富多彩。

斗百草之名，最初见于隋炀帝的曲名。《荆楚岁时记》亦云：三月三日，四明踏百草。其后就变为斗百草之戏。[4]在明代的杭州，每当春日，"妇女喜为斗草之戏"，[5]说明这种习俗在明代还是广泛存在的。

1　李开先：《闲居集》卷二，载《李开先全集》，上册，第168—169页。

2　刘銮：《五石瓠节录》，载《中国香艳全书》八集卷二，第2册，第929页。

3　褚人获：《坚瓠首集》卷一《踢球》，载《笔记小说大观》，第15册，第6页。

4　褚人获：《坚瓠首集》卷一《斗百草》，载《笔记小说大观》，第15册，第6页。

5　田汝成：《熙朝乐事》，载《说郛续》卷二八。按：明人记杭州钱塘县二月风俗云："自是西湖探春赏花之会日以增盛，幼儿女辈则于家园作斗草之戏。"参见万历《钱塘县志·纪事·风俗》。

明代女性的『活力』及『多样性』

本书的结尾部分，将对明代妇女作一个系统的总结，并进而尝试就妇女生活、人格作较为深入的探索。概括言之，将集中于下面三个方面：

妇女的群体人格

　　在讨论明代妇女群体人格之前，不能不先提一下"闺女性儿"这一专有名词。这是因为，尽管"妇女"一词，是由"妇"与"女"构成，并代表"为人女"与"为人妇"两个不同的人生阶段，但事实上"为人妇"的习性，大多在"为人女"的阶段已经基本定型。

　　明代流传着一句较为普遍的俗语，道：三个性儿，不要惹他。所谓"三个性儿"，即："太临性儿，闺女性儿，秀才性儿。"[1] 明人将此三者相提并论，说明这三类群体具有较为相同的性格特征。众所周知，太临为刑余之人，喜怒无常，其性介于男、女之间，自可无论；明代的秀才或喜怒无常，任意闹事，或多泪常颦，一味娇痴；至于闺女，惯于慈母，养成一种多泪常颦之态，其实也是一种娇痴。可见，他们共同的性格特征即为骄、娇二气。

1　吕坤：《九儿入学面语诫之》，载张伯行、夏锡畴录：《课子随笔钞》卷二，台湾文史哲出版社1987 年版，第 102—103 页。

借用宋明理学的话头，人之性可分为"气质之性"与"义理之性"两类。前者属于自然的天性，后者则属于经过后天教育的人性。就妇女的群体人格而言，显然亦可分为上面两类。关于明代妇女群体人格的探讨，既要关注其"气质之性"，同时也必须对她们的"义理之性"加以相当的重视。究其原因，在妇女人格的形成过程中，尽管儒家教育体制已经尽了最大的努力，希望将妇女塑造成诸如"贤妻""良母""贞女""节妇"一类的人格典型，但妇女自然的天性往往也得到很好的遗存。与此相应，妇女的自然天性，在她们的成长过程中，通常因为家庭教育、社会礼仪规范的约束等等，往往也会得到自然的消融。值得指出的是，妇女的群体人格特征并非一成不变的固定体，而是不断有所改变的进化体。换言之，在探讨妇女群体人格时，必须考虑妇女范型人格的历史性变化，尤其是随着时代变化而产生的历史性的转向。

明代妇女的群体人格，大抵可以从下面两个方面加以探讨：一是礼教闭锁世界中的妇女人格，二是妇女人格的多样化趋势。

礼教闭锁世界中的妇女人格

礼教闭锁世界中的妇女人格，无疑就是妇女的一种范型人格。这种范型人格的形成，显然得力于朝廷乃至文人士大夫的"女德"教育，而一旦妇女自己对这种"女德"有了自觉的意识，范型人格就最终趋于定型。鉴于此，不妨从下面四个方面对明代妇女的范型人格作进一步的分析：

其一，"女德"教育下的妇女人格。毫无疑问，"女德"是构成传统妇女范型人格的主要内容。在传统观念中，正如强调男女内外有别一样，同样承认男女之间的道德差异。尽管承认男女之间道德存在着差异，但无论是朝廷所定的礼制，乃至后妃与一般文人士大夫所撰写的女教书，无不将"女德"放在妇女教育的首要位置。究其目的，无非是通过教育，使妇女更多地消除"气质之性"，形成符合儒家道德规范的"义理之性"，进而重塑妇女道德典范。

朝廷的礼制规范，乃至各类女性教科书的灌输，显然并不仅仅限于一种对妇女的强制，事实上也会对妇女起到潜移默化的作用。换句话说，传统妇女人格的塑造，不仅需要外铄，更需要妇女内心的自觉。久而久之，妇女对传统的"女德"开始由天性的排斥，进而转为自觉的接受。如明代商河有一黄氏女子曾说："女德一而已，言则长舌，容则诲淫，工则堕巧。德一而已，何四为？"[1]"妇言""妇容""妇工"三者，与"女德"相较，已经落入第二义。究其原因，"妇言"的极端，则会沦为"长舌妇"；"妇容"的极端，则会"诲淫"，使闺阁之女变为娼妓；而"妇工"的极端，则会沦为奇技淫巧。显然，这是将妇女的四德归为一德，而以"女德"统领其他三者。

其二，妇女与轻生之关系。很多明代小说已经明确揭示，妇女在遇到没有奈何之事时，通常会轻生寻短见。换言之，在明代，缢死之事，"惟妇人为多"。[2]相较于男性而言，为何妇女更容易轻生自杀？

假若对明代妇女的自杀事件作一简单的分类，其轻生的原因可以归结为以下几种：或为夫妻不和，因受丈夫的虐待而轻生；或因婆媳不和，因受"悍姑"的凌辱而轻生；或为妻妾不和，小妾为正妻

1　张怡：《玉光剑气集》卷二七《列女》，中华书局 2006 年版，第 964 页。

2　凌濛初：《二刻拍案惊奇》卷三五，岳麓书社 2002 年版，第 353 页。

所逼而轻生；或因奸情败露，以及为人调戏、强奸，羞于见人而被迫轻生。如此等等，无不显示出如下特点：或为殉情而自杀，或为殉节而自杀，或为被逼而自杀。以殉情自杀为例，妇女因为缺乏更多的社会交往，与男性相较，对男女之间的感情更为专一，所以更容易为情而轻生。在此之中，社会原因及个人心理原因交织在一起，更多的是妇女的自觉选择。以殉节自杀为例，显然是妇女迫于贞操观的压力而轻生，完全是一种被动选择行为。以被逼自杀为例，就情势而言，无论社会的客观现实，抑或个人的心理状况，无不使妇女到了不得不死的地步，则更偏重于是一种被逼无奈的被动选择行为。

其实，早在明代，当时的文人基于时代的道德价值观念，就已经将妇女自寻短见分为"死得有用"与"死得无用"两类：一类是坚贞守节，为了表明自己不愿受侮辱的心迹，断然自缢身亡。如小说《二刻拍案惊奇》记载湖广蕲水县一位陈氏女子，在嫁入周家之后，其婆婆马氏不守妇道，与人通奸，甚至强迫她与奸夫一起淫乱。陈氏不从，自缢身亡，后来被朝廷旌表为烈妇。[1] 在传统的观念看来，这是一种"死得有用"的自缢行为，它至少证明了自杀者是莲花出水，不染泥淤。另一类则是为了家中些小琐事，或为婆媳不和，或为夫妻争吵，一时负气，自缢身亡。还有一些妇女因为偷情，在事情败露之后，怕出丑不敢见人，只能自缢而死。小说《二刻拍案惊奇》又记载了下面一则故事：湖广承天府景陵县有一个人家，有姑嫂二人，共居一个楼上。两人情欲已动，看上了一个邻家学生，通过一个卖糖的小厮四儿传递消息，约好晚上相会。相会之法是楼上窗里抛下一个布兜，将这位学生吊上楼去。此事让对门一位姓程的70多

1　凌濛初：《二刻拍案惊奇》卷三五，第353页。

岁老头知道后，就冒充学生，前去相会。当二女将布兜提上来之后，一看之下，发觉是一个白发老人，吃了一惊，手臂一松，布兜掉下去后，程老儿一命呜呼。此事被官府知道后，在调查过程中，需要二女前去衙门调查。二女怕丑事被人知晓，就双双缢死于楼上。[1]在传统的观念看来，此二女就是"死得没用"。她们因为一时不正经，就丧了性命。

如此众多的妇女轻生自杀行为，不论其死得"有用"，还是"无用"，都需要对其中的原因作一个较为合理的解释。简单言之，妇女轻生自杀，究其原因，大体可以归结为以下两个：一是自身性格与心理的原因。众所周知，妇女天性柔弱，一旦在家庭中长期遭受丈夫、婆婆、正妻的虐待与凌辱，就很难疏解心理上的积怨，只能选择自杀，作为最后的抗争。而当遭遇到被人调戏、凌辱一类的突发事件时，同样缺乏应变的心理承受能力，走向轻生也是必然之事。二是社会原因。从上面所引用的妇女轻生事例来看，一方面妇女囿于传统的礼教教育，为了保持自己的志节，不得不殉节而死，以示清白。另一方面，妇女的对外交往相对较少。在家中受了婆婆或丈夫的欺负，若是回到娘家诉说，其娘家的父母抱着"嫁出去的女儿，泼出去的水"的心态，一般很少愿意掺和其事，最多不过是劝其孝顺婆婆、敬重丈夫，心中的怨气无法通过娘家人而得到宣泄。因为传统礼教对妇女的限制，妇女也很少有要好的邻里小姐妹。主观的乃至客观的原因混杂在一起，妇女只能将怨气埋于心头，时日一久，以自杀而了结一生。

其三，妇女佞佛，亦即妇女对宗教的迷信问题。在明代这样的

1　凌濛初：《二刻拍案惊奇》卷三五，第 354—356 页。

传统社会中，妇女最为佞佛；而对男子来说，最喜妇女佞佛，却又最怕妇女佞佛。

妇女佞佛显然已具一种不同于男性的群体人格特征。探究其中的原因，同样可以析为以下两点：一是妇女的天性所致。无论是宗教人类学的探讨，抑或很多宗教史所反映的事实，无不说明妇女与宗教具有一种天然的亲近感。二是现实社会迫使妇女亲近宗教。一方面，妇女生活被限制在家庭一隅，生活得过分压抑，乃至缺乏生趣，无不使妇女去亲近佛教，借此作为生活的依托，或者借助宗教给自己的心灵以慰藉；另一方面，在明代这样的男性社会里，传宗接代的意识弥漫整个社会，生育已经成为一种相当重要的"妇职"，进而形成一种母以子贵的社会怪现象。为了求子，妇女不惜借助于宗教的超自然力量，于是"送子观音"也就成为妇女普遍信奉的女神。

基于上述事实，所以说男子最喜妇女佞佛。这就是说，无论是妇女的家庭生活压力，抑或妇女情感的缺失，均可以从宗教信仰中找到慰藉。为此，家庭得以暂时相安无事。然值得注意的是，妇女往往通过宗教活动的形式，得以走出家庭，迈向社会。明代妇女宗教生活史的诸多史实已经证实，妇女的进香，事实上已经成为妇女外出旅游的最好借口。与此相应，妇女外出烧香这种抛头露面的行为，不但会引来诸多狂蜂浪蝶的纠缠，而且也会引得妇女"春心"荡漾，感情稍起波澜，进而导致家庭夫妻感情生活的危机。正是基于这一点，所以说男子最怕妇女佞佛。

其四，"三姑六婆"与"继母""晚婆"（或"晚娘"）社会形象的定型。在很多明代的史料抑或文学作品中，无论是"三姑六婆"，还是"继母""晚婆"，她们的群体形象显然开始定型化，无不成为妇女人格的反面典型。

在明代的文学作品中，"三姑六婆"由于角色特质的约束，通常会被塑造成"模式化"的形象而广泛出现，进而带有许多浓厚的贬低乃至歧视的意味。换言之，文人眼中的"三姑六婆"，显然是一种划一的定型化的人格特征，她们已经形成一些基本相似的社会形象，亦即"利口""贪财"与"淫媒"三种典型性格特征。[1]

明代流传于民间大众之间的拟话本小说，通常将"继母""晚婆"刻画成一个恶妇形象。小说《初刻拍案惊奇》的编者凌濛初曾就继母有下面一番感慨之言，似乎就反映了民间对继母的普遍看法。首先，凌濛初已经主观断定夫妻原配优于夫妻重配。他说："世上只有一夫一妻，一竹竿到底的，始终有些正气，自不甘学那小家腔派。独有最狠毒、最狡猾、最短见的是那晚婆，大概不是一婚两婚人，便是那低门小户、减剩货与那不学好为夫所弃的这几项人，极是'老唧溜'，也会得使人喜，也会得使人怒，弄得人死心塌地，不敢不从。"其次，凌濛初又从男女的生理特征方面剖析了继母搅扰家庭的原因。他说："元来世上妇人除了那十分贞烈的，说着那话，无不着紧。男子汉到中年筋力渐衰，那娶晚婆的大半是中年人做的事，往往男大女小，假如一个老苍男子娶了说也似一个娇嫩妇人，纵是千箱万斛尽你受用，却是那话儿有些支吾不过，自觉得过意不去。随你有万分不是处，也只得依顺了他。所以家庭间，每每被这等人炒得十清九浊。"[2] 正是本着如此的观念，凌濛初在小说中所刻画的"晚婆"形象，首先是一种不守妇道的淫荡之人。自己有了偷汉这种不干不净之

1　关于文人笔下"三姑六婆"定型化形象的起源、演变乃至特点，衣若兰已经作了相当深入的探讨，足可参证。参见《三姑六婆——明代妇女与社会的探索》，台湾稻香出版社 2006 年版，第 19—37 页。

2　凌濛初：《初刻拍案惊奇》卷二〇，岳麓书社 2002 年版，第 182 页。

事，却又怕被儿子、媳妇所发现，心虚之下，就会在老公面前吹枕边风。于是，即使儿子、媳妇如何孝顺，但老子容不得几句枕边风，还是会责骂自己的儿子、媳妇。在《二刻拍案惊奇》中，凌濛初又塑造了一位生性淫荡的继母。她是竹山知县董元广的继室，不是头婚，先前曾嫁过一个武官，只因她风姿妖艳，情性淫荡，武官十分钟爱，尽力奉承，日夜不歇，淘虚了身子，一病而亡。青年少寡，哪里熬得？待要嫁人，那里的人听说她的妖淫之名，没人敢揽头，故此才嫁与外方，嫁了董元广。而这位董元广也是禀性怯弱，越发不济，再也没有使她畅快过。于是在欲火难忍之时，这位继室又开始了与人偷情。[1]

其实，继母与儿子关系的难处，有一首诗已经基本道出了实情。诗云："当时二八到君家，尺素无成愧枲麻。今日对君无别语，莫教儿女衣芦花。"这首诗是明朝嘉定县一个妇人临终嘱夫之作。末句中"衣芦花"，用的是闵子骞的故事。她的丈夫有感于词意痛切，所以终身不再续娶。就此而言，难道天下继母都是不好的？平心而论，并非如此。做继母者，其实也有她们的难处。清人笔炼阁主人对此作了较为理性的分析，一语道出身为继母者的苦处，所用语言比较直白，就引述于下：

> 人子事继母，有事继母的苦；那做继母的，亦有做继母的苦。亲生儿子，任你打骂，也不记怀；不是亲生的，慈爱处便不记，打骂便记了。管他既要淘气，不管他，丈夫又道继母不着急，左难右难。及至父子之间，偶有一言不合，动不动听了

1　凌濛初：《二刻拍案惊奇》卷七，第76页。

继母。又有前儿年长，继母未来时，先娶过媳妇，父死之后，或继母无子，或有子尚幼，倒要在他夫妻手里过活。此岂非做继母的苦处？所以，尽孝于亲生母不难，尽孝于继母为难。试看二十四孝中，事继母者居其半。[1]

尽管笔炼阁主人确实是在替那些继母辩解，但他随后话锋一转，依然开始对"前妻"表示同情，说："然虽如此，前人种树后人收，前妻吃尽苦辛，养得个好儿子，倒与后人受用，自己不能生受他一日之孝，深可痛惜。"言外之意，即使子能孝顺继母，其实也是"前妻"的功劳。

事实上，继母与前妻儿女关系的恶化，显然就是传统家庭伦理关系的痼疾，只是小说将其夸大，进而使继母人格定型化为恶的化身。鉴于此，明代的妇女教科书中，通常对继母教育也格外关注。如吕得胜所著《女小儿语》中，云："继母爱前男，贤名天下传。"[2] 显然，这是希望通过对继母的教育，希冀继母做一个贤母。然而在明代社会中，一个男子中年丧偶之后，若欲"续弦"，确实是一件令人左右为难的"费处"之事。究其原因，明末学者温璜之母已明白道出："前边儿女，先将古来许多晚娘恶件，填在胸次；这边父母婢妇唆教，自立马头出来。两边闲杂人，占望风气，弄去搬来；外边无干人，听得一句两句，只肯信歹，不肯信好。真是清官判断不开。不幸其苦，全在于此。"[3] 由此不难说明，"晚娘"社会形象定型化为恶

---

1 笔炼阁主人：《反芦花》，载笔炼阁主人著，陈翔华等点校：《笔炼阁小说十种》，浙江文艺出版社 1985 年版，第 169 页。
2 陈宏谋辑：《教女遗规》卷中《吕近溪女小儿语》，载氏编《五种遗规》，清道光三十年重刊本。
3 陈宏谋辑：《教女遗规》卷下《温氏母训》，载《五种遗规》。

的化身之后，再加之"两边闲杂人"等的搬弄是非，无疑使继母与前妻儿女的关系更趋恶化。

妇女人格的多样化趋势

毫无疑问，妇女尽管有其固定化的人格特征，但并非一成不变。从明代妇女史的发展来看，妇女人格同样呈现一种多样化的趋势，具体表现为下面三点：一是从柔到刚，"悍妇"形象得以重塑；二是从"德"到"才"，"才女"形象逐渐取代"贞女"与"烈妇"，成为时代的人格典范；三是从"无识"之女，到"有识"之女，妇女的见识逐渐得到传统士大夫的肯定。

传统的礼教最为强调的是妇女的"三从"，亦即所谓的"在家从父，出嫁从夫，夫死从子"。换言之，所谓的妇女，在传统社会中的角色地位，不过扮演一个"从人者"的角色。在这"三从"之中，前面"二从"比较容易理解。妇女之从父，这是为了尽"子道"；出嫁从夫，这是为了尽妻道。对于母子之间的关系来说，显然是"以母遇子"，亦即先有母亲，才有儿子，为何还是要求母亲"从子"？究其原因，一是强调阴阳刚柔之义；二是从传统时代的实际状况来看，母以子贵是相当普遍的现象。无论是"就业之多寡，还是声誉之污隆"，这一切均来自儿子。即使是诰封之命，做母亲的也必须借助于儿子的仕绩。[1] 由此可见，在"三从"制约下的女性人格，无不都是温柔的典型。

然而，在明代妇女人格的发展历程中，有一点显然值得注意，

1　相关的阐述，可参见汪道昆：《太函集》卷一一《郑母八十寿序》，黄山书社 2004 年版，第240 页。

就是从柔顺到阳刚的转变。按照传统的观念，妇女属于阴类，理应柔顺，不必刚明，行事不免因循姑息。无论是官方的《列女传》，还是私家所修的妇女传记，无不都是代表妇女阴柔之美的女性人物。明初著名学者宋濂，对妇女之刚柔问题却别具新解。他明确断言，妇女若能改变柔顺之态，而且身具阳刚的气质，反而可以使家庭兴旺发达。[1]换言之，女德唯一，而其行为却可以多姿多彩。正是基于这样一种看法，明末清初人张怡在他的史学作品中所塑造的"列女"形象，就其性格与行为而言，尽管有"苕荣"与"蕙穆"之别，但最终还要归结为女中"丈夫"这种人格典范。[2]

一旦妇女之刚开始得到肯定，那么"悍妇"的形象也就随之得以重塑。尽管明代各类小说中所出现的"悍妇"形象，从传统的礼教观念着眼，属于一种阴阳颠倒，而且小说作者的本意，或许并非尽是称颂悍妇形象。但是，在文学作品中普遍出现的悍妇形象，显然也是妇女自我意识觉醒的真实反映，而从小说作者对这些悍妇就控制丈夫的经验之谈娓娓道来的事实来看，同样显示出了作者对这些悍妇带有肯定的倾向。与小说不同，明代文人士大夫在正经的妇女传记中，不敢对这些悍妇行为加以明确肯定，只好将其隐晦地归结为"妇健"。当然，无论是悍妇，抑或健妇，无不都是对妇女形象的一种重塑，反映在这种重塑背后的，则是妇女人格的转向。

传统中国士人中间流传着如下的说法："士有百行，女惟一德。"探究这句话的实质，其实还是男尊女卑的意识在作祟，其言外之意

---

1 宋濂：《翰苑别集》卷七《建宁黄母夫人陈氏墓版文》，载《宋濂全集》，浙江古籍出版社1999年版，第1070—1072页。

2 张怡：《玉光剑气集》卷二七《列女》，第936页。

无非是说，即使是在节义之行方面，男子可具"百行"，可以多姿多彩，而妇女则以"一德"即可包括所有妇女之行。在这种意识的支配下，传统史学所谓的"列女传"，确实已经成为单一而且程式化的"烈女传"，其中所记妇女，均具贞、节之德，千篇一律，形同土偶。值得注意的是，自明代中期以后，这种传统的妇女观已经开始受到质疑，并陆续出现了一些更为符合社会实况而又反映妇女情性的观念。以明末清初的张怡为例，他就明确提出了"女德唯一，而行亦有百"的看法。于是，他所谓的"列女"，其性格乃至行为更趋多样化：有的婉娩顺从，有的慷慨激烈，有的励志士之志，有的临大节之节，有的具富家之才，有的具保身之明哲，有的学博而能文，有的奇胲而建业，有的身居房闼而见识早洞乎几微，有的迹堕风尘而守独尊于冰雪……[1] 真可谓是千姿百态，各具风采。随之而来的，则是"才女"形象开始取代"贞女""烈妇"，成为时代的典型人格。

不论男女所处社会环境有何等的差异，传统的观念已经主观地断定妇女见识短，而且更多地刻画、塑造那些仅有妇德却无妇识的典型人格。可见，从贬斥妇女"无识"，到肯定妇女"有识"，乃至"有识"妇女的再塑，不能不说是明代妇女人格典型的又一种转向。

礼教松懈与妇女生活的"活力"及"多样性"

自明代中期以后，当时的思想界堪称最具"活力"（vitality）与

---

1 张怡：《玉光剑气集》卷二七《列女》，第 936 页。

"多样性"（diversity）的时代。[1] 从这种角度来说，明朝人思想之活跃，兴趣之广泛，视野之开阔，均是前无古人的。[2] 社会之转向，乃至思想之活跃，无不导致晚明妇女的生活更具"活力"与"多样性"。

妇女生活的活力乃至多样性，显然导源于传统礼教的松懈。妇女解放是衡鉴社会解放的天然尺度。晚明妇女解放思想的萌芽，则有待于"礼"教这根绳索的松动，而这种松动在理论上是由李贽完成的。

王阳明面对传统道德的日趋衰微，其最大的目的无非是将已经松动的"礼"教之索更加拧紧。但事与愿违，王阳明"致良知"之说势必造成他对"礼"有超乎常人的理解，而这种新的解释恰好为礼教松动奠定了理论基础。王阳明当然也将"礼"解释为"天理"，决不允许有半点的偏离。然而他在论"礼"与"情"的关系时，充分注意到了人情对制礼的制约作用。他深信，"先王制礼，皆因人情而为之节文"。[3] 因之，后世制礼就不应该"拘泥于古"，而应以人情为基础，以自己之"心"为准绳，如果"反之吾心而有所未安者"，完全可以"以义起礼"。[4] 就此而言，王阳明开启了明代将"礼"内在化的先河，亦即将外在的属于客观规范乃至自然准则的"礼"，转化为内在的主观的"礼"，进而增添许多自我的因子。换言之，王阳明通过自己的"良知"说，证明了"以义起礼"的可能性，并以"简切明白"之"礼"作为终极目标。这样，王阳明一方面承认传统礼教的永恒性，另一方面又允许自我作古，重新制作礼制。这一哲学体系的

---

1 Chü-fan Yü, *The Renewal of Buddhism in China*: *Chu-hung and the Late Ming Synthesis*. New York: Comlumbia University Press, 1981, p.2.

2 陈宝良：《明代文化的动态研究》，北京师范大学历史系硕士论文，1987 年。

3 王阳明：《王阳明全集》卷六《寄邹谦之》，上海古籍出版社 1995 年版，第 202 页。

4 王阳明：《王阳明全集》卷六《寄邹谦之》，上海古籍出版社 1995 年版，第 202 页。

内在矛盾，使王氏后学得以找到冲击"礼教"的突破口。[1]

　　李贽从理论上完成了对传统礼教的异化，使"礼"这一概念包含了近代人文主义的内涵。他是这样解释"礼"与"非礼"的："盖由中出者谓之礼，从外而入者谓之非礼；从天而降者谓之礼，从人而得者谓之非礼；由不学不虑、不思不勉、不识不知而至者谓之礼，由耳目闻见、心思测度、前言往行、仿佛比拟而至者谓之非礼。"[2]可见，李贽从王阳明"心学"的哲学前提出发，将"礼"解释为出自内心，与生俱来，不学而知的本能，而不是外力强加于人的道德规范。这就将"礼"这种传统道德准则异化为一种人类的本能，从而为"私欲"说提供了足够的理论依据。"礼"既然是一种本能，那么"哀至则哭"，这不过是"作而致其情"，是生者对死者表示哀痛的一种感情流露，绝不是那种矫揉造作的"道学礼教之哀"。[3]

　　至明末，黄宗羲上承王阳明"心学"，并重拾李贽"礼"观的遗绪，对"礼"与"非礼之礼"进行了辨析。他说："吾心之化裁，其曲折处谓之礼，其妥帖处谓之义，原无成迹。今以为理在事物，依仿成迹而为之，便是非礼之礼，非义之义。盖前言往行，皆圣贤所融结，吾不得其心，则皆糟粕也。曾是礼义而在糟粕乎？"[4]黄宗羲虽然从主观上并无否定传统礼教之意，然客观上为当时的人们冲击"前言往行""成迹"之类的传统礼教大开方便之门。

1　谢肇淛继承王氏此说，主张"礼顺人情"，宣称"自我作古"。参见谢肇淛：《五杂俎》卷一四《事部一》，上海书店出版社 2001 年版，第 292 页。

2　李贽：《焚书》卷三《四勿说》，中华书局 1975 年版，第 101 页。

3　李贽：《初潭集》卷一九《哀死》，中华书局 1974 年版，第 318 页。

4　黄宗羲：《孟子师说》卷四《非礼之礼》，载《黄宗羲全集》，浙江古籍出版社 2005 年版，第 1 册，第 106 页。

从王阳明到李贽，再从李贽到黄宗羲，在礼的观念上显然存在着内在演进的"理路"，亦即对礼的阐释上与传统之见迥然有别。正是因为有了如此的理论基础，才使得妇女生活的"活力"与"多样性"成为一种可能。晚明妇女生活的"活力"与"多样性"可以从以下三个层面加以考察：一是士大夫女性意识的改观，二是女性自我意识的加强，三是女性生活开始冲破传统的礼教等级秩序。

士大夫女性意识的改观

在传统中国的礼教社会里，由于儒家伦理纲常的压制和礼教的束缚，妇女一直处于社会的最下层。在她们的头上，套着一条由"妇德""妇道""礼义"织成的无形绳索。依据礼教的要求，青年女子在家应该从父，出嫁应该从夫，夫死然后从子守节。节、孝、贞构成"妇德"的三大内容，成为扼杀妇女情性的无形枷锁。侮辱女性当然是野蛮社会固有的本质特征，但它更是文明社会的本质特征。假如说在野蛮社会里，统治者只是以简单的形式犯下了欺凌女性的罪恶，那么以繁复的、伪善的道德准则压迫女性则是文明社会的拿手好戏。即就守节而言，在礼教重压下的节妇同样有正侧的等级差别。"从古来，只有守寡的妻妾，哪有守寡的梅香？"[1] 这已成了人们习以为常的训条。做丫鬟的人，失节无损于己，守节亦无益于人，出身低微卑贱的女性被剥夺了做"节妇"的权利，却仍然难以逃脱作为主人玩物的命运。女性不仅受夫权这根绳索的压迫，同样受到族权的束缚。族长可以处死触犯名教、有伤风化的族人，这样的事例在明代中期已经

1　李渔：《无声戏》第一二回《妻妾抱琵琶梅香守节》，刊于《小说界》1987 年第 5 期。

出现。[1]

明代正统的理学家、卫道士从维护传统统治出发，仍然对礼教恪守不渝。[2]但一些文人学士对传统的礼教却别有新解。号称"江南第一风流才子"的唐寅，对慧眼识英雄的红拂妓极为赞赏，他有诗颂红拂妓云："杨家红拂识英雄，着帽宵奔李卫公。莫道英雄今没有，谁人看在眼睛中？"[3]这是对女子"私奔"的肯定。李贽一旦对"礼"作出新的阐释，必将对妇女作出新的评价。李贽对"好女子"大加称颂，认为她们择婿往往以"道德"为重，不求门第势利，这样的女子与卓文君无甚差别。有了好女子，就可以成家立业，用不着男儿！[4]在论及妇女的"才识"时，他举出25位夫人，都是"才智过人，识见绝人"的妇女，认为她们的"才识"，"男子不如"，因而将她们评价为"真男子"。[5]在李贽的心目中，"男子"与"真男子"有着本质的区别，所以他"言男子，必系以真也"。[6]可见，他评妇女为"真男子"，实是对蔡文姬、王昭君此类女子的最高褒奖。

继李贽之后，晚明很多著名的文人学者，在妇女问题上都不同程度地提出反对传统礼教的新观念。赵南星从男女生理、情感的相同点中，看出男女不平等的时代特征，从而对这种故意造成的男女差

---

1 张萱：《西园闻见录》卷八五《平反》。
2 赵时春曾作《贞女节妇解》一篇，认为"妇从一而终曰节"。此外，他对"贞女"又作新的解释，贬斥"奔女"，宣扬"贞女"。倪元璐也宣扬"节""孝"为内涵的妇德，称构成妇德者有二："婴变著节，安常著孝"。分见赵时春：《赵浚谷文集》卷六，《四库全书存目丛书》本；倪元璐：《鸿宝应本》卷九《从母王太孺人墓志铭》，《四库禁毁书丛刊》本。
3 唐寅：《唐伯虎汇集》卷二《题画诗六十八首》，全国图书馆文献缩微中心1992年版。
4 李贽：《初潭集》卷一《合婚》，第6页。
5 李贽：《初潭集》卷二《才识》，第26页。
6 李贽：《初潭集》卷四《苦海诸媪》，第56页。

别甚感不满，并采用笑话的形式，对男女不平等的固有观念、秩序加以针砭。[1] 汤显祖也称颂某女"立侠节于闺阁嫌疑之间，完大义于山河乱绝之际"，她的事迹可歌可舞，如此"奇妇人"，男子不如。[2] 他笔下的杜丽娘，完全是晚明女子冲击传统礼教的缩影。袁宏道在诗歌中对妇女冲击传统礼教的行为百般称颂，他在《秋胡行》中曾写下这样的诗句："妾死情，不死节。"[3] 这与其弟袁中道称颂声伎守情如出一辙。

自范晔在正史中设《列女传》之后，后史沿袭成风。但后史"列女传"实已成为"烈女传"，千篇一律，毫无风采、个性可言。当然，明代史乘也流行这样的弊端，一设《列女传》，其中所列必定是"早寡守志，及临难捐躯者"，除"贞""节"之外，其他妇女一概摒弃不录。谢肇淛一反成见，认为记载妇女，除了节烈之女以外，其他"才智""文章"之女，都应列于传中，使《列女传》中的女子有血有肉，风采照人。[4] 这种合理主义的设想逐渐为一些进步的文人学士所接受。他们先后为一些出身卑贱而又完全符合传统道德准则的女

---

1 赵南星著有《打差别》笑话一则，故事情节大致如下：有一位名叫赵世杰的人，在半夜里睡醒，对他妻子说："我梦中与别人家的妇女交媾，但不知妇女是否也有类似的梦？"他的妻子道："男子与妇人有什么差别。"这位赵世杰就将自己的妻子痛打一顿。更有意思的是，赵南星在这则笑话后面的赞中，对此事作出了评判。他认为，这对夫妻在半夜里论心，都说出了出于真情实感的不妄语，但这种话由丈夫来说则可，而由妻子说出则不可。这是为什么？赵南星对此感到疑惑，于是不得不认为，此事若是去问李贽，必能得出奇解。在这则赞语中，不难看出赵南星的倾向性意见，亦即要打破男女之间的生理乃至心理的"差别"。参见赵南星：《笑赞》五一《打差别》，载《明清笑话四种》，人民文学出版社1983年版，第22页。

2 汤显祖：《汤显祖诗文集》卷三三《旗亭记题词》。

3 袁宏道著，钱伯城笺校：《袁宏道集笺校》卷一三《瓶花斋集》之一《诗》，上海古籍出版2008年版，中册，第579页。

4 谢肇淛：《五杂俎》卷八《人部四》，上海书店出版社2001年版，第153页。

子列传。如袁中道称颂妓女陈姬"守志不改";黎遂球记载了一位活泼巧慧的美丽歌妓张丽人;侯方域通过自己的亲身经历,为奇侠慧丽的妓女李香君列传。[1] 如此等等,均可说明自明代中期以后,在史学传记日趋平民化的大势之下,妇女传记文学亦开始出现新的转向。

女性自我意识的加强

在妇女解放思想渐趋萌芽的晚明时代,不仅一批启蒙思想家在理论上存在着男女平等的思想,而且在实际的行动上妇女也在逐步冲破礼教的防线,追求男女平等,随之而来的则是女性自我意识的加强。这种思想乃至行为,既体现在大量的历史事实中,同样在晚明的文艺作品中也时有反映。

早在弘治、正德年间,女子追求个性自由的意识已初露端倪。焦竑在《我朝两木兰》一文中,记载了两个身份不同的女扮男装的女子。其中后一则史实与传统戏曲中传诵的梁山伯与祝英台的故事颇为相似,只是男主人公由书生变成了商人,女主人公由女扮男装求学,变成了女扮男装外出经商。两人的爱情也不像梁祝那样,建立在同窗共读三载的基础上,而是在旅途贸易中,在同舟共济的日日夜夜中建立。[2] 这种妇女追求个性自由的思潮,万历年以后达到了高潮,不但思想家不时流露出男女平等的思想,而且妇女自己也在某种程度上追求平等,大有巾帼不让须眉的气魄。如草衣道人王微,"才情殊

1　袁中道:《珂雪斋前集》卷二○《书雪筝册后》,台湾伟文图书出版有限公司1976年版;黎遂球:《莲须阁集》卷二四《歌者张丽人墓志铭》,《四库禁毁书丛刊》本;侯方域:《壮悔堂文集》卷五《李姬传》,《四库禁毁书丛刊》本。

2　焦竑:《焦氏笔乘》卷三《我朝两木兰》,载《粤雅堂丛书》,清道光三十年南海伍氏刻本。按:谢肇淛亦认为此人"甚似祝英台"。参见谢肇淛:《五杂俎》卷八《人部四》,第144页。

众，扁舟载书，往来吴会间"，流传下来不少诗作。[1]黄皆令也是清文丽句，有禅家本色。她们的诗作，功底深厚，意境广远，大有"不服丈夫胜女人"的气概。[2]明朝女子在才情上不服男子，在明末的戏曲中也有所反映。吴炳在《绿牡丹》中，除了有"馆阁不如闺阁"之叹外，在《晤贤》一出中，更是唱出了"莫欺儿女亚君贤"的新声。[3]

明代妇女个性意识的自我觉醒，在文学作品中更是得到了深刻的反映。这种自我意识体现在具体的爱情观上，就是择夫标准与男女爱情观的变化。凌濛初在一篇小说中描述了书生凤来仪与父母双亡的小姐素梅冲破包办婚姻的枷锁，自由结合的故事。在这个故事中，女主人公素梅自小就立愿，要自己选择丈夫，而择夫的标准，不是门第、财富与官衔，而是"只要人好"。[4]这种男女爱情观的变化，其最大的特点就是不用父母之命，媒妁之言，而是自己大胆地去追求爱人。如在另一篇小说中，王维翰与谢天香以及周国能与妙观的结合，一是两个写字的成了一对，一是借围棋传情结双成对，完全是一种志同道合的配偶。[5]

如果说从"女子守闺阁"向"裙钗入学堂"的转变，还只是明代妇女个性解放的起点；那么"文武习成男子业，婚姻也只自商量"，就不仅仅是文人学士那种理想主义的美好愿望而已，而是有客观现实

1　钱谦益：《列朝诗集小传》闰集《草衣道人王微》，上海古籍出版社1983年版，第760页。

2　钱谦益：《牧斋初学集》卷三三《士女黄皆令集序》，载《钱牧斋全集》，上海古籍出版社2003年版，第967页。

3　吴炳在曲词中有"馆阁休夸有鉴裁，不如闺阁闲评第"一句。相关的记载，分见《绿牡丹》第二〇、二六出，载《粲花斋五种曲》，明崇祯金陵两衡堂刊本。

4　凌濛初：《二刻拍案惊奇》卷九，第93—107页。

5　凌濛初：《二刻拍案惊奇》卷二，第11—26页。

基础的女性自我意识逐渐深化的最好体现。

随着这种妇女个性自由思潮的深入，至明末，更是出现了"文人不能诗，而女子能诗；谏臣不上书，而女子上书"的奇异现象。[1]这种变异，与其说是"世之季"所体现出来的"阴阳易位"，毋宁说是女子追求个性解放的必然结果。

女性生活开始冲破传统的礼教等级秩序

传统的礼教秩序基本规范了妇女的职责仅仅限于家庭之内，主要负责主中馈、相夫、教子、管理仆婢一类的家庭琐事。此即所谓的"男主外""女主内"。

自明代中期以后，妇女从大门不出、二门不迈，转而变为走出家门，迈向社会，不能不说是妇女生活史的一大转向。就其大概而言，尽管妇女走出家庭，尚限于借助元宵、清明等传统的节日，或者以外出进香为借口，但这种有限的外出机会，同样对于开阔妇女的视野至关重要。明代的历史已经证实，妇女一旦有机会外出，就会给男女之间的交往提供极大的方便，进而造成两者之间情感的产生。就此而言，当时妇女"淫奔"之风的存在，以及男女通奸现象的广泛出现，无疑就是女性生活冲破传统礼教秩序的最好证明。

尤其值得注意的是，晚明"女务外学"现象的萌生，"女山人""女郎"的普遍出现，显然不仅仅反映一种妇女模仿士人的生活样式，亦即妇女名士化的倾向，更是体现了妇女社会交往层面的扩

1　陈际泰：《已吾集》卷一《邓光含诗稿序》，《四库禁毁书丛刊》本。按：倪元璐也认为明末正直之气"不在须眉，而在巾帼"。参见《鸿宝应本》卷九《华母陆孺人墓志铭》。

大以及妇女社交圈的基本形成。换言之，晚明妇女的社交，已经不再限于家族内女性之间的日常或节日聚会，或者是邻里之间固定的"茶会"，而是多与男性的名士、官宦相交，进而形成男女之间社会交往的良性循环与互动。

妇女社交圈子的扩大，已经证明明代的妇女正在走出闺房，迈向社会。如何看待妇女走向社会的新动向，西方女子社会地位在19世纪的实际变化历程，无疑有利于我们解剖中国的妇女问题。在19世纪以前，西方社会中的女子同样生活在社会的最底层，从没有人想到她们在社会上的地位。至1790年，Mary Wollstonecraft 写了一本《女权的申辩》（*The Vindication of the Rights of Women*），才使女子从黑暗的深洞中渐渐地走了出来。所以，在19世纪，女子的生活就显得比过去光明许多，她们在社会上的种种活动也更加显然。

这种妇女地位的改观无疑得益于当时社会经济的发展以及由此而来的社会的进步，但当时的社会学家在理论上的鼓吹显然也功不可没。在19世纪，西方社会学家对妇女社会活动的看法，最占势力的学派分为两派，近人许地山分别称之为"不宜派"与"不应派"。不宜派以孔德为代表，其主要观念是认为女子不宜于参与社会与政治的活动。他以为女子的天性是服从的，所以除了同情和社交的自然职务之外，女子在事业上宜居于男子之下，而家庭的组织是女子最重要的职务。孔德认为，女子就是道德的保护者。这保护者可以分作三种模型，就是母、妻和女儿。不应派以斯宾塞为代表，其主要观点是认为妇女不应当参与社会和政治活动。他主张女子的心理和生理的组织和男子不同，所以不应当教她们和男子一样地在社会上活动。斯宾塞无非是要将保存种族的责任加在女子身上，也就是说，保育婴儿是她们的职务，也是她们的职能。[1]

这当然是西方近代社会对妇女问题所作的一种反思，其理论的基点则是妇女活动的广泛社会化。而明代则不然。在传统社会向近代开始转型的时期，妇女走向社会显然是一种进步。

就妇女的日常生活来看，显然也在逐步冲破传统的礼教等级秩序，具体体现在下面几个方面：在家庭职责分工上，妇女已不再仅仅限于"主中馈"，亦即所谓的"下厨房"，而是走出家庭，从事社会经济活动，从而导致诸如女贾、卖婆一类的职业妇女大量涌现；在家庭夫妻关系上，妇女已不再是礼教等级的绝对顺从者，而是起而抗争，大量"悍妇""健妇"的出现，就是最好的证明；在服饰上，妇女已不再安于礼制的等级规定，"尚奢"风气下的妇女服饰，不但冲破了官与民、良与贱之间的等级界限，而且男穿女衣、女穿男衣现象的出现，更是证明了男女角色错位在当时已经相当普遍。

清初礼教秩序的重建

清兵铁骑入关，以及随之而来的明清两朝易代鼎革，势必会对妇女生活史造成很大的冲击，而其结果则是清初礼教秩序的重建。在清初，保守的文人学士力图把僵硬的道德准则强加于社会生活的方方面面。在16世纪与17世纪的大部分时间，江南绅士和商人家庭的妇女不仅是文学、文化的消费者，而且是创造者。但自清初以后，妇女已被告诫不要阅读白话小说，不要看戏，不要在街上行走或者在

1　这方面的阐述，可参见许地山：《19世纪两大社会学家底女子观》，载高巍选辑：《许地山文集》，新华出版社1998年版，第620—623页。

公众场合男女混杂。[1]

进而言之，晚明妇女自我意识增强以及士大夫女性意识的改变所带来的妇女解放的一线光明，至清初已被理学的乌云遮盖得一无所有，妇女仍然落入礼教的重压之下。这可以从以下两个层面加以讨论：

一是在"礼"与"情"的关系问题上，清初重新转向以"礼"抑"情"。这可以清初文人学者张尔岐、杜濬两人的相关说法加以讨论。

就"礼"论来说，张尔岐对"礼"进行了重新诠释。这种新诠释，主要集中于以下两点：首先，张尔岐说："夫礼，抑人之盛气，抗人之懦情，以就于中。天下之人质之所不便，皆不能安。不安，恐遂为道裂，指礼之物而赞以坦易之辞，以究其说于至深至大至尽之地，所以坚守礼者之心而统之一途也。"尽管有将"礼"归于原始的"中庸"的色彩，但其最终目的还是想将人心"守礼"，进而"统之一途"。其次，张尔岐又说："礼者，道之所会也，虽有仁圣，不得礼，无以加于人。则礼者道之所待以征事者也，故其说不可殚。圣人之所是，皆礼同类者也。圣人之所非，皆礼之反对者也。"[2] 与晚明学者不以圣人是非为是非不同，张尔岐不得不又重新回到礼教最为传统的老路，亦即以圣人的是非作为确立礼教的准绳。

就"情"论而言，杜濬尽管强调"情"的重要性，但他所谓的"情"，已与汤显祖为之大唱赞歌的"情"迥然不同。换言之，虽然杜濬仍提倡"情贵与壹"，然而这种"情"已经流变为

1　Kai-wing Chow, *The Rise of Confucian Ritualism in Late Imperial China: Ethics, Classics and Lineage Discourse.* Stanford, California: Stanford University Press, 1994, p.4.

2　张尔岐著，张翰勋整理：《蒿庵集》卷一《中庸论上》，齐鲁书社 1991 年版，第 23—24 页。

696　明代妇女生活

"忠""孝""贞"的同义语，[1] 其目的还是维系传统的纲常伦理秩序。与之相应，清初官方编修的《明史》，其中所收的节妇、烈女传比《元史》以上任何一代正史至少要多出四倍以上，说明编修者所刻意追求与宣扬的不过是妇女的节烈之事。而清初宋嵫编辑的《女鉴》一书，"述诸贤行，而于节烈之事尤致意焉"，[2] 事实上是与清初崇尚"节妇"的风气遥相呼应的。可见，从晚明的"情女"到清初重新倡导"节妇"，无疑就是明清之际妇女史演进过程中的一大倒退。

二是在妇女观上，与晚明诸多学者开放的心态与意识迥然不同，清初学者的妇女观转而趋于保守，随之而来的则是"男尊女卑"的观念在清初重新甚嚣尘上。如王夫之云："不可拂者，大经也。不可违者，常道也。男正位乎外，女正位乎内，既嫁从夫，夫死从子，妇道之正也。"[3] 相关的看法，王夫之尚有许多，诸如："故圣王之治，以正俗为先，以辨男女内外之分为本。权移于妇人，而天下沈迷而莫能自拔，孰为为之至此极！""妇人司动而阴乘阳，阳从阴，履霜而冰坚，豕孚而蹢躅。天下有之，天下必亡；国有之，国必破；家有之，家必倾。""女子之干丈夫也，鬼之干人也，皆阴之干阳也。"[4] 对于历史上的母后临朝，王夫之则断言"未有不乱者也"。即使像东汉邓太后那样，以"得贤名"，但在王夫之看来，也不过是"小物之俭约、小节之退让而已，此里妇之炫其修谨者也。所见所闻，不出闺阃，其择贤辨不肖，审是非，度利害，一唯琐琐姻亚之是庸"。最后，王夫之认为，凡是"良史"，就不应该奖励"妇贤"。至于那些

1　杜濬：《变雅堂遗集》卷三《华山畿拟古题词》，清光绪二十年刻本。
2　王崇简：《青箱堂集》卷三《女鉴序》，《四库全书存目丛书》本。
3　王夫之：《宋论》卷四《仁宗一》，中华书局 2003 年版，第 76 页。
4　王夫之：《读通鉴论》卷五《哀帝四》，中华书局 2002 年版，第 110 页。

事奉女主的臣子，更不是"丈夫之节"。[1] 又如清初学者陆世仪亦认为，教育女子，"只可使之识字，不可使之知书义"。究其原因，就是妇女识字以后，可以治理家政，治理货财，借此免除丈夫的劳累。然如果知道书义，亦即知晓读书的道理，不但没有用武之地，反而会出现"导淫"的恶果。随后，陆世仪以李清照为例加以说明，认为如果李清照不知道书义，就未必不是一个好女子。[2]

所有上述言论，无非为了强调妇女从一而终，男女内外有别，以及反对妇女从政乃至干政。就妇女观而言，与晚明相较，无疑是一种退步。

以妇女典型人格为例，晚明为识字妇女最为崇尚者是"女山人"，又可别称"女郎"。女山人的广泛出现，与文人士大夫倡导与鼓励妇女之才大有关系。一至清初，一些文人学士开始对妇女之才提出批评，并重新界定了"女士"的标准。从钱谦益到施闰章，大抵可以视为士大夫女性观念演变历程中的一种内在转向。钱谦益通常将有才女子区分为"女士"与"女郎"两类。钱氏所谓的"女士"，通常是一些"四德浑圆，五福咸备"的大家夫人。至于她们的诗作，则"篇什严整，多兔园册中之语，俨然笋帷中道学宿儒"，显然并不以词章取胜。"女郎"则不同。她们或为女校书，或为大家之妾，或遇人不淑而流落于世，可见均为一些"四德"有亏、"五福"不全之人。而她们的诗作，却无头巾气、道学气，不乏个人的性灵。两者相较，钱氏显然更为欣赏"女郎"。[3] 一至施闰章，则无疑要将女山

---

1 王夫之：《读通鉴论》卷七《安帝三》，第 184—185 页。

2 陆世仪：《思辨录辑要》卷一《小学类》，清同治五年刻本。

3 钱谦益：《列朝诗集小传》闰集《濮孺人邹氏》《孙夫人杨氏》，第 728—729 页。

人回归到女士中去。他在著名女山人黄媛介的记载后面作了如此评论："妇人以才见者众矣，鲜有完德，则无非无仪者尚焉。李易安无足论，即朱淑真作配庸子，意多怏怏，诗固可以怨哉！黄氏以名家女，寓情毫素，食贫履约，终身无怨言，庶几哉称女士矣！"[1]这种"女士"新标准的确立，显然是为了迎合清初礼教秩序的重建。从晚明的"女山人"或"女郎"，到清初新型标准下的"女士"，不能不说是妇女社交史变迁过程中的一大波折。

1　施闰章：《施愚山集·文集》卷一七《黄氏皆令小传》，黄山书社 1992 年版，第 353 页。

后 记

在《明代妇女生活》修订完毕之际，我觉得有必要再赘言几句，以作此书的后记。

此书原是《中国妇女通史》的一卷，亦即明代卷。蒙元史研究大家陈高华先生不弃，又承宋史研究专家徐吉军教授的青睐，邀请我参与《中国妇女通史》的编写工作，担任整套书的编委，并直接承担明代妇女这一卷的撰写，当时不免有些惶恐。究其原因，一则这套书的主编陈高华先生，是先师顾诚教授生前的挚友，其学养之深厚，以及在元史研究方面取得的卓越成就，早已令我钦仰；二则担任这套书编委，且承担各断代卷次撰写工作的学者，诸如郭松义、彭卫、王子今、高世瑜等，均为各断代妇女研究领域的一时之选。我能忝列其间，确乎有与有荣焉之感。参与其事之后，在北京、杭州，分别参加编纂方面的讨论会，其乐融融，从中得益甚多。至于在具体撰写过程中，因查阅资料所需而沉浸于史海的经历，更使我真正体验到读书之乐。

学术史的内在规律久已证明了如下事实：一部上佳的史学著作的问世，显然得益于以下两点：一是作者必须是一时人选，足以担当起重任；二是作者不只是依靠自己的名声而敷衍了事，而是老老实实地下功夫，去认真地撰写。具此二者，方可出佳作。事实确乎证明如此。《中国妇女通史》付梓后，得到了很好的社会反响，先后获得了出版界的三大奖项，即"第四届中华优秀出版物奖""第四届'三个一百'原创图书出版工程奖""第三届中国出版政府奖（提名奖）"。

　　我一直信奉儒家治学的信条，独乐乐不如众乐乐，深惧自己会陷入"德孤""道孤"的尴尬境地，希望在治学的道路上，能够得到真诚的师友扶掖前行。但学问之事，正如钱锺书先生所言，终究是一项荒江野老屋中二三素心人商量培养之事，用不着像诗酒文会那样的热闹，得三两个知心的师友，此生足矣。回溯自己治学的历程，最得先师顾诚先生的教益。除此之外，处于师友之间相交，且深获我心的素心人，则有韩国学者吴金成教授、中国台湾学者吴智和教授，以及日本学者夫马进教授。蒙吴金成教授青睐，极力推荐拙著《中国流氓史》，最终获得韩国大宇财团的资助，使韩文版最终得以出版。吴智和教授与我相知甚深，一直有书信往来，且承他惠赐各种大作，从中获益匪浅。不幸的是，吴先生早逝。前些年承徐泓教授厚爱，邀我赴台湾参加研讨，得以借此机缘与柏桦教授一同前往宜兰县的罗东镇，以尽晚到的吊唁之意。尤其是夫马进教授，自1997年与他在北京相识，迄今已长达20余年，对我的治学一直多有鼓励与奖掖。我曾寄呈《中国妇女通史·明代卷》给夫马进先生，向他请益。蒙他不弃，多有揄扬，在回复中对拙著作如下评述："《中国妇女通史·明代卷》虽然是一部运用传统手法的妇女史研究著作，却是一部全新的中国妇女史。不仅引用的资料十分丰富且具说服力，立论也恰到好处。"又云："该书告诉我，在妇女史之外，中国明代性别史研究的实际情况，以及当时的男女是如何思考和如何生活的。在中国妇女史的研究方面通常认为台湾学界的水平最高，但所指主要是与近代史有关的部分。在这一点上，《中国妇女通史·明代卷》具有独创性，在今后相当长的一段时期之内应该难以出现超越之作。"如此的评骘，显然是对我艰辛付出的肯定，更是对我今后治学的鞭策。

《中国妇女通史·明代卷》首次出版，距今已有 10 余年。这次承中国工人出版社傅娉女史的照拂，得以修订再版，增加了后来读书所得关于明代妇女生活的一些关键性史料，并改名为《明代妇女生活》，希望不负读者的厚望。

陈宝良识于缙云山下嘉陵江畔之螺壳室

2022 年 11 月 18 日

图书在版编目（CIP）数据

明代妇女生活/陈宝良著.—北京：中国工人出版社，2023.3
ISBN 978-7-5008-8085-1

Ⅰ.①明… Ⅱ.①陈… Ⅲ.①女性－社会生活－中国－明代 Ⅳ.①D691.968

中国国家版本馆CIP数据核字（2023）第038072号

明代妇女生活

出 版 人	董 宽	
责任编辑	傅 娉	
责任校对	赵贵芬	
责任印制	黄 丽	
出版发行	中国工人出版社	
地 址	北京市东城区鼓楼外大街45号 邮编：100120	
网 址	http://www.wp-china.com	
电 话	（010）62005043（总编室）	
	（010）62005039（印制管理中心）	
	（010）62379038（社科文艺分社）	
发行热线	（010）82029051 62383056	
经 销	各地书店	
印 刷	宝蕾元仁浩（天津）印刷有限公司	
开 本	880毫米×1230毫米 1/32	
印 张	22.25 插 页 0.5	
字 数	540千字	
版 次	2023年6月第1版 2024年12月第2次印刷	
定 价	108.00元	

本书如有破损、缺页、装订错误，请与本社印制管理中心联系更换